ALEXANDER DEMANDT

DER IDEALSTAAT

ALEXANDER DEMANDT

DER IDEALSTAAT

Die politischen Theorien
der Antike

1993

BÖHLAU VERLAG KÖLN WEIMAR WIEN

Die Deutsche Bibliothek – CIP-Einheitsaufnahme
Der Idealstaat: Die politischen Theorien der Antike
Alexander Demandt. – Köln : Böhlau, 1993
  ISBN 3-412-00892-3
NE: Demandt, Alexander

Copyright © 1993 by Böhlau-Verlag GmbH & Cie, Köln

Alle Rechte vorbehalten

Ohne schriftliche Genehmigung des Verlages ist es nicht gestattet, das Werk unter Verwendung mechanischer, elektronischer und anderer Systeme in irgendeiner Weise zu verarbeiten und zu verbreiten. Insbesondere vorbehalten sind die Rechte der Vervielfältigung – auch von Teilen des Werkes – auf photomechanischem oder ähnlichem Wege, der tontechnischen Wiedergabe, des Vortrags, der Funk- und Fernsehsendung, der Speicherung in Datenverarbeitungsanlagen, der Übersetzung und der literarischen oder anderweitigen Bearbeitung.

Satz: SATZPUNKT Ursula Ewert, Braunschweig
Druck und Bindung:
Wiener Verlag, Himberg bei Wien

Printed in Austria
ISBN 3-412-00892-3

Dem Andenken meines Vaters

Karl Ernst D e m a n d t

* 6.°IV.°1909 Apia/Samoa
30.°VI.°1990 Lindheim/Hessen

INHALT

Vorwort		IX
I	Voraussetzungen	1
II	Die politische Aufklärung der Vorsokratiker	19
III	Macht und Recht bei den Sophisten	45
IV	Platon und der Idealstaat	71
V	Aristoteles und die Demokratie	109
VI	Das hellenistische Herrscherideal	139
VII	Kosmopolis und Utopie	165
VIII	Die römische Mischverfassung	195
IX	Cicero und die Res Publica	221
X	Die Lehre vom gerechten Krieg	245
XI	Kaisertum und Romidee	277
XII	Der geistige Widerstand gegen Rom	307
XIII	Politik in Fabeln	333
XIV	Christentum und Staat	365
XV	Wirkungen	393
Literatur		423
Register		435

VORWORT

„In den historischen Wissenschaften wechseln zwei Richtungen ab, die sich gegenseitig steuern; die Neigung: streng zu beobachten, mit der anderen: frei zusammen zu verbinden. Jede", so Jacob Grimm 1820, „gewährt ihren Vorteil, und jede leidet an den Unvollkommenheiten aller menschlichen Arbeiten". Die vorliegende gewiß. Ich habe mich über ihre Mängel mit der Lust an der Sache getröstet. Worauf beruht sie? Unterschiedliche Gründe bestimmen den Reiz eines historischen Themas. Seltener liegt er darin, daß der Autor Neuland betritt. Das eröffnet zwar die Chance, Entdeckungen zu machen, birgt aber die Gefahr, in Ödland zu führen, das nicht zufällig bisher umgangen wurde. Häufiger – so in unserem Falle – befindet sich der Bearbeiter einer reizvollen Thematik indes in großer Gesellschaft. Das hat den Vorzug, daß auch er auf Leser rechnen darf, zumal auf solche, die meinen, das Neueste sei auch das Beste. Der Nachteil ist, daß dies ein Irrtum sein kann.

In der Historie dürfen wir das in Kauf nehmen. Sie gehört primär zu den auf reine Erkenntnis abzielenden, theoretischen Wissenschaften, die eine andere Zielrichtung haben als die auf Anwendung ausgerichteten, praktischen Disziplinen der meisten Naturwissenschaften. Arbeiten diese vorrangig daran, unsere objektiven, in Erfahrungsregeln und Gebrauchsanweisungen gespeicherten, in Instrumenten und Material verdinglichten Kenntnisse zu mehren, so bemühen sich jene nicht zuletzt darum, wertvolles, nicht unbedingt neues Wissen subjektiv lebendig zu erhalten, unser Bewußtsein zu erweitern. Dort geht es um das, was wir können, hier darum, wer wir sind. Treffend bemerkt Aristoteles[1] in der Einleitung zu seiner Schrift über die Seele: „Ich setze voraus, daß das reine Wissen (*eidésis*) zu den schönsten und wertvollsten Dingen gehört". Dazu zählt auch das Wissen um die Anfänge der politischen Reflexion, die Geschichte des Staatsdenkens.

Die folgenden Skizzen sind erwachsen aus Vorlesungen und Übungen, in denen ich den Studenten 1973/74 in Konstanz und dann am Friedrich-Meinecke-Institut der Freien Universität in Berlin die politischen Theorien der Antike nahezubringen versucht habe. Es handelt sich nicht um eine erschöpfende Darstellung der Staatsideale von Aristoteles oder Cicero *exem-*

---

1 Arist. de anima 402 A

pli gratia, nicht einmal um Annäherungen, sondern lediglich um Aneignungen, um Versuche, das mir Interessante, mir Relevante wiederzugeben. Darum habe ich auch auf die Einarbeitung von Sekundärliteratur weitgehend verzichtet. Meine Einführung will nur den Weg zu den Klassikern verkürzen – wer sie zur Hand hat, lese lieber Platon als Demandt.

Die folgenden Texte wären nicht oder noch nicht erschienen, wenn Diethelm Krull aus dem Böhlau-Verlag, mich nicht immer wieder ermuntert hätte. Meine Bedenken zerstreute schließlich eine Bemerkung des Hieronymus aus der Präfatio zum Jesajas-Kommentar: *Nullus tam imperitus scriptor, qui lectorem non inveniat similem sui.*

Lindheim, 28. August 1992   Alexander Demandt

GRIECHISCHE ZITATE

Griechische Buchstaben werden folgendermaßen latinisiert:
Alpha mit a, Beta mit b, Gamma mit g, vor Gutturalen mit n (z. B. *synklétos, phalanx*), Delta mit d, Epsilon mit e, Zeta mit z, Eta mit é, Theta mit th, Iota mit i, Iota subscriptum erscheint als Iota adscriptum (z. B. *téi géi*), Kappa mit k, Lambda mit l, My mit m, Ny mit n, Xi mit x, Omikron mit o, Pi mi p, Rho mit rh, Sigma mit s, Tau mit t, Ypsilon mit y, Ypsilon nach Alpha, Epsilon oder Omikron mit u (z. B. *autonomia, eunomia, boulé*), Phi mit ph, Chi mit ch, Psi mit ps, Omega mit ó; Spiritus asper, auch innerhalb des Wortes, erscheint als h (z. B. *synhodos*); griechische Akzente und Spiritus lenis werden ignoriert.

Kapitel I

VORAUSSETZUNGEN

1. THEMA 3
   a. Zusammenleben 3
   b. Idealstaat Platons 3
   c. Piccolomini: Paradoxie 3
   d. Status variabilis 3
   e. Idealität des Staates 4

2. QUELLEN UND DISZIPLINEN 4
   a. griechisch 4
   b. römisch 5
   c. christlich 5
   d. Disziplinen: Philologie,
      Philosophie, Staatsrecht,
      Politologie 5
   e. Historiker 6
   f. Theorien und Fakten 6
   g. Geschichte und Theorien 7

3. THEORIE 7
   a. theoria und theatron 7
   b. Systematik erforderlich 7
   c. Praxisbezug 8
   d. Kritik 8

4. STAAT 9
   a. moderne Definitionen 9
   b. „Staat" erst neuzeitlich? 9
   c. *griechisch:* polis 10
   d. politeia, politeuma 10
   e. Herodot: pragmata, arché 10
   f. Homer: koirania 10
   g. Philipp V: drei Typen 11
   h. Aristoteles: politeia 11
   i. *römisch:* res publica 12
   j. Cicero: res populi 12
   k. imperium, provincia 13
   l. civitas 13
   m. status 13

5. ANTIKE 14
   a. Alter Orient 14
   b. *Griechenland:* Archaik 14
   c. Klassik 15
   d. Hellenismus 15
   e. *Rom:* Republik 15
   f. Revolutionszeit 16
   g. Kaiserzeit 16

> Der Sinn des Staates kann nicht der
> Staat, noch weniger die Gesellschaft
> sein: sondern der Einzelne.
> Nietzsche

I. Voraussetzungen

1. Thema

1a. Die politischen Theorien der Antike füllen jenen Ausschnitt aus dem Denken der Griechen und Römer, in dem es um Wesensfragen und Grundsatzprobleme des menschlichen Zusammenlebens in größeren, dauerhaften Gemeinschaften geht. Gefragt wird nach Ursprung, Wandel und Untergang von Städten und Reichen, nach Gesetz und Gerechtigkeit, nach Herrschaft und Gesellschaft, kurz: nach Wesen und Sinn des Staates.

1b. Das politische Denken der Antike kreist um den Begriff des Idealstaates. Auch wenn nur eine einzige der erhaltenen Staatsschriften einen ausgereiften und abgerundeten Entwurf überliefert, darf doch eben diese, die ›Politeia‹ Platons, als Muster für alle stehen. So wie Platon das ältere Staatsdenken verarbeitet, geht das jüngere von ihm aus, setzt sich mit Platon auseinander. Daß dabei weitgehende Abweichungen von seinen Vorstellungen begegnen, könnte die Idee einer haltbaren Verfassung, einer verwirklichten Gerechtigkeit überhaupt als Wahn erscheinen lassen. Es fehlt nicht an Stimmen.

1c. Wenn Aeneas Silvius Piccolomini (gest. 1464) in seiner Gnomologie schreibt: *Insulsi est animi, manentem in terris exquirere civitatem,* so erklärt er es für abgeschmackt, über einen dauerhaften Staat auf Erden nachzudenken. Gewiß verbirgt der Gedanke des Idealstaates eine Paradoxie. Staaten sind konkrete, veränderliche Gebilde. Ideale sind abstrakte, ewige Vorstellungen. Wie geht das zusammen? Welchen Sinn hat es, Staaten in der Idealität zu entwerfen, die bloß in der Realität einen Zweck erfüllen?

1d. Dieser Widerspruch steckt indessen bereits im Begriff des Staates selbst. ‚Staat' kommt von lateinisch *stare* – ‚stehen'. *Status* ist das, was steht, was beständig ist, wenn anderes wankt. Staat hat etwas mit Stabilität zu tun. Die Geschichte zeigt uns indessen, daß es wenige Lebensbereiche gibt, die solchem Wandel ausgesetzt sind, wie eben die Staaten. Während Völker und

Religionen, Wirtschaftsformen und Gesellschaftsordnungen vergleichsweise langlebig sind, verändern sich die politischen Strukturen rasch. Mächte und Rechte kommen und gehen, Staaten und Reiche steigen und stürzen.

1e. So gewiß dies von den Handelnden insofern nicht beklagt werden dürfte, als sie diese Veränderungen selbst herbeiführen, sind diese Umwälzungen gewöhnlich mit soviel Not und Leid verbunden, daß man früh darüber nachgedacht hat, wie sich das Zusammenleben reibungsloser gestalten ließe, wie ein Regelsystem aussehen könnte, das Bestand hat. Es geht um ein Gemeinsystem, in dem Eintracht (*homodoxia*[1]) herrscht, in dem jeder das Seine tut[2]. Der Idealstaat will dieses Problem lösen. Er will Krieg und Streit beheben, Politik erübrigen, ja die als Pathologie erkannte Geschichte selbst überwinden. Indem er *stasis* verhindert und Stabilität beweist, erfüllt er *in abstracto* ein Versprechen, hinter dem der Realstaat *in concreto* zurückbleibt. Insofern enthält der Realstaat immer ein Quantum Idealität, der Idealstaat ein Quantum Realität. Indem der Idealstaat die Spannung zwischen Anspruch und Wirklichkeit des Staatsgedankens modellhaft überbrücken will, verkörpert er keine Paradoxie, sondern überwindet eine solche auf der Ebene der Theorie, die uns auf dem Boden der Praxis zu schaffen macht.

2. Quellen und Disziplinen

2a. Sehr verschiedenartige Quellen unterrichten uns über das antike Staatsdenken. Am Anfang steht der Mythos: einzelne Aussprüche im Heldenepos Homers, einzelne Bilder im Götterepos Hesiods. In gebundener Rede haben auch Tyrtaios und Solon ihre politischen Grundsätze vorgetragen, während die Äußerungen der Vorsokratiker, sonst in Prosa, leider nur in fragmentarischen Sprüchen vorliegen. Vielfach waren sie Staatsdenker und Staatslenker zugleich. Während die Staatsschriften der Sophisten fast völlig verloren sind, blieben die Werke Platons, seine philosophischen Dialoge erhalten. Sie spiegeln zugleich die von ihm bekämpften Ansichten der Sophisten. Die Philosophie des Aristoteles kennen wir nur aus den allerdings umfangreichen Vorlesungstexten für den Schulbetrieb, sein publiziertes Oeuvre ist komplett zugrunde gegangen. Die hellenistischen Staatstheorien finden wir in Reden, Romanen und legendären Einsprengseln bei den Geographen, so die utopischen Reiseberichte.

---

1 Plat. rep. 433 C; 442 D
2 Plat. rep. 433 B; 443 ff.

2. Quellen und Disziplinen

2b. Die römische Staatstheorie beginnt mit den Reflexionen des Griechenhassers Cato und des Römerfreundes Polybios, beide waren Staatsmänner und – das ist neu – Historiker. Den Höhepunkt bildet Cicero mit seinen, Platon in der Form, nicht aber in der Sache nachgebildeten Staatsdialogen. Für die augusteische Romideologie haben wir unterschiedliche Quellen; neben die Dichter, insbesondere Vergil und Horaz, treten archäologische, epigraphische und numismatische Zeugnisse. Wie schon im Hellenismus gehen Staatstheorie und Staatsideologie ineinander über. Das lehren auch die protreptischen Dialoge Senecas sowie die Lobreden von Plinius und Aelius Aristides auf die *Pax Romana*.

2c. Christliche Gedanken zum Staatsleben finden sich seit dem Neuen Testament bei Paulus und den Evangelisten sowie in vielen patristischen Texten der Urgemeinde. Sie behandeln zumeist aber nur die Frage, was der Staat fordern darf, der Christ leisten muß. Erst mit Constantin fassen wir eine christliche Staatsideologie, eine politische Theologie, deren Hauptvertreter Eusebios von Caesarea ist. Er verbindet römische und christliche, weltliche und geistliche Ideen und legt den Grund zum Cäsaropapismus. Anders Augustin. Seine Schrift ›De civitate Dei‹ ist keine eigentliche Staatstheorie, enthält aber zahlreiche Aussagen über Herrschaft und Gerechtigkeit, über Krieg und Frieden. Augustin betont die Fremdheit des Christen in ‚dieser Welt', die nur als Ort der Prüfung gelten könne.

2d. Die Quellen, die uns über das antike Staatsdenken belehren, liegen im Schnittpunkt mehrerer Wissenschaften. Je nach deren Ausrichtung unterscheiden sich Interessen und Methode. Altphilologen stellen die literarische Form in den Vordergrund. Die meisten antiken Staatstheoretiker waren zugleich bedeutende Literaten und sind daher früh von der Philologie behandelt worden. Im engeren Sinne geht es den Philologen um die Sprach- und Textgestalt; im weiteren um ein Verständnis aus dem Geiste des Autors und seinem Umfeld, um seine Vorbilder und Nachahmer. Anders die Philosophen, sie interessieren sich vornehmlich für den Ideengehalt und den gedanklichen Aufbau der Staatstheorien. Deren namhafteste Vertreter waren ja selbst Philosophen. Staatsrechtler wiederum untersuchen das juristische und begriffliche Regelwerk der antiken Staatstheorie innerhalb der zeitgenössischen Rechtsordnung oder der zeitübergreifenden Rechtstraditionen. Hier kommen die Normen des Zusammenlebens zur Sprache, die einerseits in die Staatstheorien Eingang gefunden haben, andererseits von ihnen beeinflußt worden sind. Politologen sodann traktieren System und Funktion der Theorien im Rahmen enger oder weiter gefaßter Interaktionsmodelle. Sie verbinden die normative und die reale Seite des Gemeinschaftslebens. Alle genannten Disziplinen beachten auch historische Gesichtspunkte, aber ein Geschichtsforscher tut dies in erster Linie.

2e. Was ist nun ein ‚historischer Gesichtspunkt'? Geschichte hat es mit dem Geschehen zu tun, mit wirklichen Handlungen und Ereignissen, mit deren Voraussetzungen und Auswirkungen. Geschichte ist das, was bestimmte Menschen an bestimmten Orten zu bestimmten Zeiten getan und gedacht haben. Geschichte besteht aus Tatsachen. Bisweilen wird den Tatsachen die ‚bloße' Theorie gegenübergestellt. Das hat auf der Ebene der Ereignisgeschichte Sinn, nicht auf der Ebene der Geistesgeschichte. Theorien sind Tatsachen der Geistesgeschichte.

2f. Der Historiker betreibt Geistesgeschichte nicht um ihrer selbst willen, sondern wegen ihrer Stellung innerhalb der Geschichte überhaupt. Der Zusammenhang mit ihr ist ein zweifacher. Zum ersten werden in den Geisteswerken, den Theorien, geschichtliche Realien verarbeitet. Gerade die Staatstheorien beruhen auf politischen Erfahrungen, auf realem Geschehen. Im Umkreis des Marxismus ist hier oft von ‚Widerspiegelung' die Rede, so als ob die Geistesgeschichte der mechanische Reflex der sozialen Wirklichkeit wäre. Die Metapher der Widerspiegelung ist indessen irreführend, denn das Gehirn ist keine bloß rezeptive Mattscheibe, sondern zugleich eine Werkstatt, eine individuelle, produktive, organische Potenz. Friedrich Meinecke[3] hat den Begriff vom ‚schaffenden Spiegel' aus den Paralipomena zum >Faust< aufgegriffen, um diese rezeptiv-produktive Doppelfunktion auszudrücken. – Die produktive Fähigkeit des denkenden Individuums bestimmt nun den zweiten Strang des Zusammenhangs zwischen Geistesgeschichte und Realgeschichte. Er besteht darin, daß die Gedanken in Motive und Motive in Handlungen umgesetzt werden können. In jeder Handlung werden Absichten, Ideen, Vorstellungen wirksam, und deshalb ist es um der Ereignisgeschichte willen erforderlich, Geistesgeschichte zu treiben. Gerade die Staatstheorien haben in vielfältiger Weise auf das Geschehen zurückgewirkt und sollten dies, denn sie sind zumeist in praktischer Absicht geschrieben. Und wäre es nur der Wunsch der Phantasie, zu zeigen, was der Empirie abging.

---

3 F. Meinecke, Die Entstehung des Historismus, 1936/65, 530; Ders., Ausgewählter Briefwechsel, 1962, 197; Ders., Schaffender Spiegel, 1948

2g. Ob sich eine Geschichte des antiken Staatsdenkens schreiben läßt, ist zweifelhaft. Dies gelingt nur, wenn wir beide Begriffe weit fassen. Geschichte erfordert Zusammenhang: Ihre Elemente sollten kausal zusammenhängen wie die Glieder einer Kette, nicht nur thematisch wie die Perlen auf der Schnur, wie die Bilder einer Galerie „zusammen hängen". Die antiken Staatstheorien vereinen beides: Zunächst ihre thematische Zusammengehörigkeit, sodann der Einfluß der älteren auf die jüngeren Theorien, der stärker oder schwächer sein kann, aber nicht vorhanden sein muß. Schließlich gibt es eine mittelbare Abhängigkeit, sofern alle politischen Theorien nehmend und gebend auf die politische Praxis bezogen sind, in unserem Falle auf die griechisch-römische Geschichte, die ihrerseits ein kausaler Zusammenhang verbindet.

3. THEORIE

3a. Das griechische Wort *theória* ist verwandt mit unserem Wort ‚Theater', es bedeutet ursprünglich das Anschauen eines Schauspiels, dann die Betrachtung überhaupt. Bei Herodot[4] ist die Rede vom Reisen durch die Welt zum Zwecke der *theória*, die hier von der *empeiria*, der ‚Erfahrung', nicht getrennt ist, während Isokrates[5] *theória* neben *emporia* stellt: man reist, um die Welt zu sehen und um Geschäfte zu machen. Seit Platon hat der Begriff *theória* seine philosophische Bedeutung der wissenschaftlichen Betrachtung[6], so daß wir fast synonym von Staatstheorie und Staatsphilosophie reden. Theorie wird vielfach antithetisch zu Praxis gesetzt. *Praxis* stammt von *prattó* – ‚tun, handeln', bedeutet Wirklichkeit oder Verwirklichung. Platon[7] spricht von *politiké praxis*. Für ihn ist der Gegensatz zu *praxis* nicht *theória*, sondern *pathos*; Handeln steht hier nicht gegen Denken, sondern gegen Leiden.[8]

3b. Der philosophisch-systematische Charakter unserer Staatstheorien ist unterschiedlich ausgeprägt. Am stärksten bei Platon und Cicero; Aristoteles und Augustin liefern eher Materialien als Architektur, keine in sich abgerundete Lehre; von den Vorsokratikern und den Sophisten besitzen wir nur

---

4 Herodot I 30
5 Isokr. XVII 4
6 Plat. Phil. 38 B
7 Plat. leg. 737 A
8 Plat. leg. 876 D

Bruchstücke, die wir selbst zu einem Ganzen zusammensetzen müssen. Die griechischen Utopien, die antiken Fabeln und die christlichen Äußerungen zum Staat gehören eher in den Bereich der Mentalitätsgeschichte. Sie bezeugen ein bestimmtes politisches oder auch antipolitisches Denken, das nicht zu einem geschlossenen System ausgebaut worden ist. Insofern haben wir es mit Theorien von sehr unterschiedlichem Reifegrad zu tun. Gleichwohl geht es in allen Fällen unmittelbar oder indirekt um die Wesensbestimmung des Staates, um seinen Ursprung und seinen Zweck, um das zuträgliche Verhältnis zwischen Befehl und Gehorsam, um die Regelung von Pflichten und Rechten in dauerhaften Lebensgemeinschaften.

3c. Der Sinn aller antiken Staatstheorien liegt in der praktischen Absicht, das Zusammenleben zu verstehen und zu verbessern, den Idealstaat zu zeigen, zu schaffen oder zu erhalten. Wie wenig Theorie und Praxis sich ausschließen, zeigt Platon[9] an der Rhetorik, die eine *praxis dia logón* ist, eine Handlung durch Worte. Daß eine optimale Staatsform denkbar und realisierbar sei, daran zweifelte im Altertum niemand außer Marc Aurel[10]. Dazu mußte man die bestehenden Staaten jedoch mit ihren Fehlern und Vorzügen begriffen haben, und dafür benötigte man Maßstäbe und eine Vorstellung vom perfekten Staat, der dem jeweils eigenen näher oder ferner stehen konnte. Für Platon war der Idealstaat beinahe das Gegenteil der attischen Demokratie, für Cicero hingegen war der Idealstaat mit der *res publica Romana* identisch, wenigstens mit deren Verfassung, auch wenn gegen sie immer wieder verstoßen wurde.

3d. So ist Staatstheorie immer zugleich Staatskritik, sei es Kritik am Staat, sei es Kritik an den Kritikern des Staates. Die Form der Kritik wandelt sich. Sie ist an die jeweils gegebenen Ausdrucksmöglichkeiten gebunden. Am freiesten entfaltete sie sich im frühen Griechentum. Von Homer bis Aristoteles ist die Staatstheorie überwiegend negativ, ja aggressiv. Sie begleitet den Demokratisierungsprozeß, will ihn teils beschleunigen, teils umlenken. In der Zeit des Perikles beginnen jedoch die Asebieprozesse und Bücherverbrennungen. Der Tod des Sokrates 399 v. Chr. bezeichnet die Grenze dessen, was sich die Demokratie nicht mehr gefallen ließ. Die hellenistische Staatstheorie besteht aus Jasagern und Neindenkern. Die Jasager halten dem Fürsten ein Ideal vor und überlassen es ihm und dem Publikum, ihn daran zu messen. Die

---

9 Plat. Gorg. 450 D
10 Marc Aurel IX 29

Kritik versteckt sich im ungerechtfertigten Herrscherlob. Die Neindenker lehnen Staat und Zivilisation überhaupt ab oder entwerfen utopische Gegenwelten. Die römische Staatstheorie trägt konstruktiv-konservativen Charakter. Sie will den bestehenden Zustand bewahren, Cicero plädiert für die bedrohte Republik, die Panegyristen knüpfen an die hellenistischen Fürstenspiegel an. In den Fabeln Äsops fassen wir den zynischen Realismus des kleinen Mannes; die Widerstandsbewegungen gegen Rom sind von utopisch-chiliastischen Träumen getragen, das Christentum beginnt mit einem *contra Romam* und endet in einem *pro Roma*.

4. STAAT

4a. Das Wort ‚Staat' bezeichnet eine größere Gruppe von Menschen, die auf einem begrenzten Gebiet nach bestimmten Sitten und Gesetzen dauerhaft zusammenleben, zu gemeinsamem Handeln in der Lage sind und keinen fremden Herrn über ihre eigenen Angelegenheiten anerkennen. Drei Elemente sind konstitutiv: Volk, Land und Herrschaft. Die Zugehörigkeit zu einem Staatsvolk wird gewöhnlich durch Geburt erworben, in der Regel kann man nur in einem einzigen Staate Bürger sein. Die Gesellschaft aller Staaten ist sozial gegliedert, Rechte und Pflichten stehen in einem geregelten Verhältnis. Jünger als das Personalprinzip ist das Territorialprinzip, dennoch ist für unseren Staatsbegriff ein abgegrenztes, ‚umfriedetes' Staatsgebiet erforderlich, innerhalb dessen Friede und Recht herrschen sollen. Dies ist die Aufgabe der Herrschaft, ob sie einer oder mehrere ausüben, ob die Rechte und Regeln aufgezeichnet sind oder nicht. Der Herrschende benötigt Zustimmung bei den Beherrschten und Waffen gegen innere wie äußere Gegner. Er besitzt die höchste, aber nicht die alleinige Gewalt im Staat.

4b. Carl Schmitt bemerkte in seinem ›Glossarium‹ zum 22.IX.1947, „Staat" sei ein welthistorisch einmaliges Phänomen des 16. bis 20. Jahrhunderts. Lassen wir die Prognose dahingestellt, verdient doch die Retrospektive Kritik. Schmitt argumentiert mit der Neutralisierung der konfessionellen Bürgerkriege. Der Souveränitätsbegriff wird zurückgeführt auf Jean Bodin im 16. Jh., als der Reichsgedanke durch den modernen Nationalstaat und die Standesrechte durch den Absolutismus abgelöst wurden. Diese Auffassung ist unpraktisch, weil wir auch in der Antike staatliche von nichtstaatlichen Gemeinschaften unterscheiden müssen, und sie ist unberechtigt, denn Bodin hat seinen Souveränitätsbegriff in Anlehnung an Cicero und Aristoteles entwickelt.

4c. Einzuräumen ist, daß es einen genau gleichwertigen Begriff für unser Wort ‚Staat' weder im Griechischen noch im Lateinischen gibt. Das Wort *polis*, von dem unser Begriff ‚Politik' stammt, bezeichnet bei Homer die Burg, dann die ummauerte Stadt, personifiziert als politische Körperschaft. Aber da auch nicht souveräne Städte *poleis* heißen, ist der Begriff weiter, und da souveräne Flächenstaaten nicht umgriffen sind, ist er enger als unser ‚Staat'. Die Entstehung der griechischen *polis* wurde kaum je als allmählicher Wachstumsvorgang seit grauer Vorzeit begriffen, sondern erschien zumeist als politische Tat. Entweder handelt es sich um eine Stadtgründung durch Einwanderer unter einem *ktistés*, so vor allem außerhalb des griechischen Mutterlandes, denken wir an Syrakus und Alexandria, oder aber um eine Zusammensiedlung, einen *synoikismos* aus umliegenden Siedlungen, so im Falle von Athen oder Megalopolis.

4d. Abgeleitet von *polis* ist *politeia*: Bürgerrecht oder Verfassung, Staatsform oder Staatsführung im Stadtstaat. In den pseudo-platonischen ›Definitionen‹[11] heißt es: *Politeia* ist die Gemeinschaft einer Vielzahl von Menschen, die selbstgenügsam hinsichtlich ihrer *eudaimonia* ist und nach Gesetzen lebt. Aristoteles[12] nannte die *politeia* das ‚Leben' oder die ‚Ordnung' der *polis*, Isokrates[13] sah sie als die ‚Seele' (*psyché*) der Stadt, sie bestimmend wie der Geist den Körper. Aristoteles[14] bezeichnet so im engeren Sinne diejenige Verfassung, die im entarteten Zustand ‚Demokratie' heißt. Verwandt ist *politeuma* – Regierung, Staatsgewalt, staatliche Maßnahme – sonst wie *politeia*. Die Facetten von *politeia* erörtert Plutarch[14a].

4e. Etwas unbeholfen spricht Herodot[15] im Verfassungsgespräch von *ta pragmata tón pantón*: die Angelegenheiten aller. Das aber ist aus dem Zusammenhang als ‚Staatsform, Staat' erkennbar, und zwar im demokratischen Sinne. Der Staatsbegriff ist hier an eine Form der Herrschaft gebunden, deren griechisches Äquivalent *arché* auch mit ‚Reich' wiedergegeben wird.

4f. Es wäre ganz falsch, zu meinen, weil der Terminus ‚Staat' fehle, könne auch kein Begriff vom Staat existiert haben. Die Begriffsgeschichte kennt

---

11 Plat. horoi 413 e
12 Arist. pol. IV 9, 3 = 1295 B; 1289 A
13 Isokr. VII 14; XII 138
14 Arist. pol. 1293 B, s. u. V 3 m
14a Plutarch mor. 826
15 Herodot III 80

den Fall vielfach, daß eine Sprache zwar die Spezies, aber nicht das Genosbenennen kann, etwa Worte für ‚Rot' und ‚Grün', aber kein Wort für ‚Farbe' hat. Es gibt im griechischen keine Worte für ‚Kultur' oder ‚Kunst', wer wollte daraus schließen, daß den Griechen die Vorstellung oder gar die Sache gefehlt hätte! So ist es auch mit dem Staat. Homer hat Wörter für herrschen (*archein*) und führen (*hégeisthai*), für König (*basileus*), Anführer (*hégemón*) und Herrscher (*archos, kyrios, koiranos*) – nicht aber für Abstrakta wie Staat oder Gesetz, Reich oder Herrschaft. Gleichwohl kannte Homer die beiden Grundtypen der antiken Herrschaftsorganisation, Einherrschaft und Vielherrschaft[16].

4g. Seit Homer wird unter den Griechen über Staatsformen diskutiert, werden Staaten gegründet und reformiert, obwohl der Oberbegriff niemals sauber gefaßt und allgemein anerkannt worden ist. Dazu ein Beispiel: Als Philipp V von Makedonien 215 v. Chr., im Jahr nach der Schlacht bei Cannae, ein Bündnis mit Hannibal abschloß, wollte er in diesen Vertrag auch alle diejenigen Mächte aufnehmen, mit denen er seinerseits im Bunde stand oder in einen Bund treten würde[17]. Um diese Mächte terminologisch zu fassen, spricht er von *basileis* (Königen), *poleis* (Städten) und *ethné* (Völkern). Offenbar sollte damit ein kompletter Katalog möglicher Bundesgenossen aufgestellt sein, und daher umschreibt die Typologie: ‚alle Könige, Städte und Völker' nichts weiter als die Sache, die wir mit ‚alle Staaten' wiedergeben würden.

4h. Das historische Fundament dieser Dreiteilung läßt sich der ‚Politik' des Aristoteles entnehmen. Aristoteles[18] hat in seine Sammlung von 158 *politeiai* demokratische, oligarchische, aristokratische und tyrannische Stadtverfassungen aufgenommen, nicht aber Königreiche. Die *basileia* hat er gesondert behandelt[19], denn sie ist für ihn nichts als ein riesenhafter Privathaushalt, gehört darum eigentlich in die Lehre von der Hauswirtschaft, in die *oikonomia*. Entsprechend begegnen unter den möglichen Bundesgenossen Philipps V nicht Königreiche, sondern Könige, d. h. nicht Institutionen, sondern Personen. Eine *politeia* ist für Aristoteles eine Herrschaft über Freie und Gleiche: In der Monarchie gibt es zwar eine Herrschaft, nicht aber Freie und

---

16 Ilias II 204 f.
17 Polyb. VII 9, 16
18 Diog. Laert. V 27
19 So nach dem Werkverzeichnis bei Diog. Laert. V 22

Gleiche. Ebenso grenzt Aristoteles das *ethnos* von der *polis* ab. Dabei ist nicht die Siedlungsweise entscheidend: Bekanntlich haben ja auch die Spartaner in Dörfern gewohnt, und dennoch bilden sie eine *polis*, sogar eine Musterpolis. Aristoteles[20] verweist auf die Arkader, und das erklärt, was er meint: die arkadischen Dörfer sind zwar in einem Bund (*ethnos, koinon*) organisiert, doch sind die Kompetenzen der Bundesorgane derart beschränkt, daß das Ganze lediglich eine Symmachie darstellt. Hier gibt es Freie und Gleiche, aber keine Herrschaft. Ein Staat verlangt beides: Bürger und Herrschaft.

4i. Wenden wir uns nun der römischen Welt zu, so ist der Befund nicht wesentlich anders. Der Terminus *res publica* kommt unserem Begriff ‚Staat' vielleicht am nächsten. Er entspricht dem griechischen Ausdruck *ta pragmata tón pantón*, ist aber konziser. Er ist als Gegensatz zu *res privata* gefaßt. Als Kollektivsingular (wie Butter oder Speck) kann man *res publica* nicht in den Plural setzen und daher nicht als historisch oder strukturell je Besonderes fassen. Es ist nicht möglich, mit Hilfe des Begriffes *res publica* von Staaten im Plural oder von Staatsformen zu sprechen. *Res publica* bezeichnet im engeren Sinne den Freistaat, den nichtmonarchischen Staat im Unterschied zum *regnum*, dem Königreich. Ciceros Klage über die *res publica amissa*[21] während des Bürgerkrieges zwischen Pompeius und Caesar gewinnt ihren tragischen Akzent durch den Anschein, als wäre der Staat untergegangen – dabei ist es bloß die republikanische Staatsform, die nicht mehr funktioniert. Die Kaiser haben gleichwohl am Begriff *res publica* festgehalten und damit zu erkennen gegeben, daß die Kaisermacht ursprünglich eine Kombination von republikanischen Amtsgewalten dargestellt. In der Maecenas-Rede bei Dio[22] wird der Kaiser geradezu als Garant von Demokratie und Freiheit gepriesen, wie das auch Aelius Aristides[23] behauptete.

4j. Cicero hat für *res publica* eine wegweisende Definition gegeben. Er schreibt in seinem Werk ›De re publica‹[24]: *Res publica, res populi; populus autem non omnis hominum coetus, quoquo modo congregatus, sed coetus multitudinis, iuris consensu et utilitatis communione sociatus.* Die *res publica* ist die Sache des Volkes (*populus*), Volk aber ist keine irgendwie zusam-

---

20 Arist. pol. II 1,5 = 1261 A
21 Cic. Att. IX 5,2
22 Dio LII 14, 4
23 Ael. Arist. XXVI 60 (Rede auf Rom)
24 Cic. rep. I 39

4. Staat

mengelaufene Menschenherde, sondern der Zusammenschluß einer Menge, durch rechtliche Übereinkunft und gemeinsamen Nutzen vergesellschaftet. Daran lehnte Kant[25] 1797 seine Definition an: ‚Staat (*civitas*) ist die Vereinigung einer Menge von Menschen unter Rechtsgesetzen'.

4k. Neben dem Begriff *res publica* stehen einige weitere Staatsbegriffe im Lateinischen. *Imperium* bedeutet die militärische Blutgewalt, die Konsuln und Prätoren ausübten. Sie setzt die Existenz eines Staates voraus. Die Bezeichnungen *fines imperii* (Cicero) und *corpus imperii* (Tacitus) leiten über zur räumlichen Bedeutung von *imperium*. Sinnverwandt ist *provincia*, der zunächst juristische, dann geographische Amtsbereich eines Magistrats, später eines Statthalters.

4l. Civitas bezeichnet wie *politeia* das Bürgerrecht und die Bürgerschaft einer Stadt, ob selbständig oder nicht. Das Wort *civis* – Bürger, kommt wahrscheinlich von *cieo* – ‚in Bewegung setzen, herausrufen' und erinnert an den griechischen Begriff für ‚Volksversammlung' – *ekklésia*, von *ekkaleó* – ‚herausrufen'. *Civitates* heißen die Stadtbezirke, in welche die römischen Provinzen zerfielen, aber auch außerrömische Staaten beliebiger Verfassung. Der römische Weltherrschaftsanspruch verhinderte geradezu die Konzeption von einem im Plural möglichen Staatsbegriff, der erst im 14. Jh. erneuert wird: Die Formulierung *civitates superiorem non recognoscentes* begegnet in Italien gegen den Kaiser gewendet.

4m. Folgenreich wurde der Ausdruck *status rei publicae*. Im klassischen Latein bezeichnet dies den Zustand des römischen Gemeinwesens im Vergleich zu früheren oder späteren Zuständen[26]. Erst in der Spätantike heißt *status Romanus*[27] oder *status publicus*[28] soviel wie ‚römischer Staat'. Die diachrone Pluralität der verschiedenen Zustände desselben Gemeinwesens drehte sich um neunzig Grad in eine synchrone Pluralität verschiedener Staaten, als während des 13. Jh. die italienischen Kommunen gegen die römisch-deutsche Reichsidee in Opposition traten. Damals wurde der Ausdruck *status rei publicae* oder dann einfach *status* zu seiner jetzigen Bedeutung umgeprägt. Vollendet ist dieser Vorgang mit dem ersten Satz des ›Principe‹ von Machiavelli (1513): *Tutti gli stati ... sono o repubbliche o principa-*

---

25 Kant V 433
26 Liv. XXXIV 7, 1
27 Aurel. Vict. 24, 9; Salvian GD. V 23
28 Sidon. ep. I 11, 15

ti. Das war die Zweiteilung Homers. Im Deutschen begegnet das Wort ‚Staat' im Sinne von *res publica* erst – nach Kluge + Mitzka – 1677 als Entlehnung aus dem Niederländischen.

5. ANTIKE

5a. Wenn im folgenden von den politischen Theorien der ‚Antike' die Rede ist, so wird darunter die einschlägige griechische und lateinische Literatur des Altertums zwischen Homer und Justinian verstanden. Aus dem Alten Orient kennen wir keine kritischen Reflexionen über den Staat als solchen, wohl aber Klagen über den Zeitenlauf und den Sittenverfall[29], Ratschläge für Regenten[30] und Lobreden auf den guten Herrscher[31]. Das hellenistische Königsideal setzt altorientalische Traditionen fort (s. u. VI). Von den Randvölkern der Antike, von Karthagern, Kelten, Germanen und Skythen, besitzen wir gar keine einschlägigen Zeugnisse.

5b. Das frühgriechische Staatsdenken ist durch die Polis geprägt, durch den kleinräumigen Stadtstaat der archaischen Zeit.[32] Er ist nicht die älteste Lebensform der Hellenen. Vorausgegangen ist das Stammeskönigtum der Wanderzeit, das sich in der kretisch-mykenischen Palastkultur niedergeschlagen hat und uns in den Epen Homers entgegentritt. Die Stadt als Staatstypus ist orientalischen Ursprungs, doch wissen wir nicht, auf welche Weise und in welcher Stärke der östliche Einfluß auf die griechische Staatenbildung gewirkt hat. Charakteristisch ist die nach Hunderten zählende Vielfalt der griechischen Poliswelt, die ihre erste Kulturblüte seit dem 7. Jh. v. Chr. an der ionischen Küste erlebte. Hier wurzelt die Aufklärung der vorsokratischen Naturphilosophie. In der spätarchaischen Zeit verlor der Adel in den Städten an Bedeutung. In Korinth, Syrakus, Megara, Athen und vielen anderen Städten kam es zu Tyrannenherrschaften; sie führten einen wirtschaftlichen Aufschwung herbei und bildeten häufig den Übergang zu mehr oder weniger demokratischen Verfassungen. Unverändert dauerte lediglich die spartanische Staatsordnung mit ihrem traditionellen Doppelkönigtum, eben wegen ihrer Stabilität vielfach gepriesen.

---

29 Bissing 1955, 122 f.; 129 f.
30 Bissing 1955, 54 ff.
31 Dvornik 1966, 1 ff.
32 Zur Geschichte: Ed. Meyer GdA. III 1937

5. Antike

5c. Mit der Abwehr der Perser bei Marathon 490[33] und Salamis 480[34] beginnt die klassische Phase.[35] Es ist die große Zeit Athens. Über diese Stadt wissen wir mehr als über alle anderen griechischen *poleis* zusammen. Ihre Verfassungsgeschichte überliefert Aristoteles in seiner ›Athénaión Politeia‹. Höhepunkt war die Zeit unter Perikles[36], der bis zu seinem Tode 429 alljährlich zu einem der zehn Strategen gewählt wurde, aber die Stadt wie ein Monarch leitete [37]. Der Peloponnesische Krieg gegen Sparta, der sich aus der perikleischen Politik ergab, hat Athen zwar geschwächt, aber seine kulturelle Schaffenskraft kaum beeinträchtigt. Der Ausbau der Akropolis, die Leistungen der Bildhauer und Vasenmaler gingen ebenso weiter wie das Theaterleben und das Literaturschaffen überhaupt. In diese Zeit fällt auch das Wirken des Sokrates und anschließend die seines Schülers Platon.

5d. Der Aufstieg Makedoniens unter Philipp und Alexanders Eroberungen in Asien nach 333 eröffneten das Zeitalter des Hellenismus,[38] die ‚moderne Zeit des Altertums'[39], in der das Griechentum weltläufig wurde und einen einheitlichen Verkehrsraum schuf. Die alten Städte behielten zwar ihre Autonomie, verloren aber außenpolitisch an Handlungsspielraum. An den Versuchen, durch Zusammenschluß in der Art der achäischen oder ätolischen Bundesrepublik den neuen Großmächten Paroli zu bieten, haben sich Athen und Sparta bezeichnenderweise nicht beteiligt. Die ökonomische und militärische Macht lag nun bei den Diadochen: den Ptolemäern in Ägypten, den Seleukiden in Syrien und den Antigoniden in Makedonien. Der monarchische, durch zentrale Verwaltung erschlossene Flächenstaat, der die Arbeitskraft der Asiaten und die Intelligenz der Griechen zu nutzen wußte, bildete dann auch das Vorbild des aufstrebenden Rom.

5e. Die römische Geschichte[40] beginnt mit der sagenhaften Königszeit bis zur Vertreibung des letzten Tarquiniers 510[41], mit der Bildung der von Rom

---

33 Herodot VI 102 ff.
34 Herodot VIII 40 ff.
35 Zur Geschichte: Ed. Meyer GdA. IV 1, 1939; IV 2, 1956
36 Plut. Per. pass.
37 Thuk. II 65
38 Zur Geschichte: W. Tarn, Die Kultur der hellenistischen Welt, 1966
39 Droysen, Historik 1937, 384 (von 1843)
40 Zur Geschichte: Mommsen RG. I u. II
41 Liv. I 57 ff.

beherrschten italischen Wehrgenossenschaft und dem innenpolitischen Ausgleich der 287 abgeschlossenen Ständekämpfe, in denen die *plebs* durch die Lex Hortensia ihre Gleichberechtigung mit den *patricii* errang[42]. Zu literarischen Leistungen brachte es aber erst die klassische Republik nach dem Sieg über Hannibal 202[43]; die Berührung mit dem Griechentum hat die Römer zum Schreiben bewogen. Das 3. Jh. hatte die Vorherrschaft Roms im Westen begründet, im 2. Jh. gerieten die untereinander verfeindeten griechischen Mächte nach und nach unter römische Kontrolle.

5f. Die außenpolitischen Erfolge Roms haben die republikanische Verfassung zunächst gestärkt, schließlich aber geschwächt, nachdem die siegreichen Prokonsuln nicht mehr auf die Senatsbank zurückkehren wollten. Die mit den Reformen der Gracchen einsetzende ‚römische Revolution'[44] führte zu den Kämpfen zwischen Popularen und Optimaten: zwischen Marius und Sulla, der die republikanische Verfassung vergeblich zu erneuern suchte, dann zum Bürgerkrieg zwischen Pompeius und Caesar, der als erster erkannte, daß ein Weltreich nicht mit den Institutionen eines Stadtstaates zu regieren war[45]. Die Umwandlung in die Monarchie gelang schließlich gegen den Widerstand der 42 bei Philippi besiegten Caesarmörder dem Großneffen des Dictators, Augustus. Er überwand 31 v. Chr. bei Actium Marcus Antonius und Kleopatra und begründete jene aus römisch-republikanischen und orientalisch-hellenistischen Elementen zusammengesetzte Staatsform, die wir seit Mommsen ‚Principat' nennen. Die späte Republik und der frühe Principat waren künstlerische und literarische Blütezeiten, das römische Staatsdenken kulminierte in Cicero, der 43 v. Chr. sterben mußte.

5g. Die römische Kaiserzeit,[46] in der sich kurzlebige Dynastien ablösten, weist weder außenpolitisch noch innenpolitisch nennenswerte Entwicklungen auf. Die Verwaltung wurde ausgebaut, die Städte gediehen, der Westen romanisierte sich, nachdem der Osten bereits hellenisiert war. In der vielfach gefeierten *Pax Romana* verbreitete sich neben anderen orientalischen Kulten auch das Christentum, das dynamischste Element der Zeit. Nach den durch

---

42 Liv. per. 11; Plin. NH. XVI 15/37; Gell. XV 27, 4
43 Polyb. XIV f.; Liv. XXIX f.; Zur Geschichte: Mommsen RG. III; K. Christ, Krise und Untergang der römischen Republik, 1979
44 Mommsen RG. II 97
45 Suet. Caes. 77
46 Zur Geschichte: K. Christ, Geschichte der römischen Kaiserzeit von Augustus bis zu Konstantin, 1988

5. Antike

persische und germanische Angriffe ausgelösten Wirren der Soldatenkaiserzeit im 3. Jh. setzte sich der neue Glaube mit Constantins Sieg 312 an der Milvischen Brücke durch[47]. Das vierte Jahrhundert ist nochmals eine literarisch und künstlerisch fruchtbare Zeit, sie bestimmt das Gesicht der Spätantike.[48] 376 beginnt mit dem Einbruch der Goten ins Reich die Völkerwanderungszeit. In den hundert Jahren zwischen der Schlacht bei Adrianopel 378[49] und dem Staatsstreich Odovacars 476[50] übernahmen die Germanen die Führung im Westen. Das Reich zerfiel. Der Osten erlebte unter Justinian nochmals eine Stabilisierung; erfolgreicher als die Siege über Vandalen und Goten war die Kodifizierung des römischen Rechts im Corpus Iuris Civilis, 534 publiziert.

Das politische Ende der römischen Herrschaft bedeutete einen zivilsatorischen und kulturellen Niedergang. Mehr als neun Zehntel der antiken Literatur gingen verloren. Klägliche Reste überlebten in den Klöstern, aus denen die Humanisten sie wieder hervorzogen.[51] Sie begannen die antiken Texte zu rekonstruieren und zu publizieren. Etliches fiel unter die Dornen; und die Dornen wuchsen auf und erstickten es. Etliches aber fiel auf ein gut Land, ging auf und brachte Frucht hundertfältig.

---

47 Lact. MP. 44; Eus. VC. I 38
48 Zur Geschichte: A. Demandt, Die Spätantike, 1989
49 Amm. XXXI 13; Hieron. chron. z. J.
50 Anon. Vales. 37 f.; Chron. Min. II 91
51 G. Voigt, Die Wiederbelebung des classischen Altertums, I/II 1893

Kapitel II

DIE POLITISCHE AUFKLÄRUNG DER VORSOKRATIKER

- a. *Homer*: Thersites 21
- b. Göttliches Königtum 21
- c. *Hesiod*: Perses 22
- d. Göttliches Recht 22
- e. Drama, Gesetze 22
- f. Aufklärung 23

1. SOLON 24
   - a. Sieben Weise 24
   - b. Reformen 24
   - c. Elegien 25
   - d. Armenhilfe 26
   - e. Ausgleich 26
   - f. Kroisos 27
   - g. Demarat 27
   - h. Charondas 28

2. HERAKLIT 28
   - a. Darius-Brief 28
   - b. Welt als Staat 29
   - c. Maß 30
   - d. Naturgesetz 30
   - e. Kausalität 31
   - f. Gegensatz 31
   - g. Staatsgesetz 31
   - h. Pessimismus 32
   - i. Demokratiekritik 32
   - j. Egalisierung 33
   - k. Relativismus 33
   - l. Geld korrumpiert 34
   - m. Ende 34

3. PERIKLES 35
   - a. Phaleas 35
   - b. Hippodamos 35
   - c. Totenrede 36
   - d. Authentizität 36
   - e. Idealisierung 37
   - f. Leerer Sarg 37
   - g. Vorfahren 37
   - h. Demokratie 38
   - i. Mehrheit 38
   - j. Freiheit 39
   - k. Wohlstand 39
   - l. Wehrbereitschaft 39
   - m. Gemeingeist 40
   - n. Fremde 40
   - o. Bildung 40
   - p. Kinder 41
   - q. Popper 41
   - r. Menexenos-Parodie 42
   - s. Aspasia-Rede 42

4. RÜCKBLICK 42
   - a. Mythos 42
   - b. Leitbegriffe 43
   - c. Solon 43
   - d. Heraklit, Perikles 43

> Der Staat kennt keine mächtigeren ungeschriebenen
> Gesetze als das mythische Fundament.
>
> Nietzsche

II. DIE POLITISCHE AUFKLÄRUNG DER VORSOKRATIKER

a. Im zweiten Gesang der Ilias beschreibt Homer, wie sich unter den Griechen im Lager vor Troja die Unlust ausbreitet, den Krieg weiterzuführen. Wortführer der Kriegsgegner in der Heeresversammlung ist Thersites, ein Großmaul, schielend und verkrüppelt, das Gegenbild des homerischen Helden. Thersites fordert die Achäer auf, ihren beutegierigen König seinen Krieg allein führen zu lassen und heimzusegeln. Die Autorität Agamemnons reicht nicht hin, um die Griechen zu halten. Da stellt sich Odysseus den Adligen, den „Königen", wie sie genannt werden, entgegen, er fordert sie auf, sich dem Befehl Agamemnons zu fügen, und erklärt: „Können wir doch nicht alle hier Könige sein, wir Achaier! Nichts Gutes ist Vielherrschaft: einer soll Herr sein, einer König, dem der Sohn des krummgesonnenen Kronos Stab und Satzungen gab, daß er König sei unter ihnen" *ouk agathon polykoiranié, heis koiranos estó, heis basileus*[1]. Den Schreihals Thersites bringt Odysseus durch Schläge zum Schweigen.

b. Die Situation zeigt eine Krise. Die angestammte Eigenständigkeit der griechischen Fürsten, die in Griechenland ihr Territorium regieren und nun im Kampfe dem Agamemnon Kriegsfolge leisten, schlägt gegen dessen Ansehen durch und bedroht den Erfolg des Unternehmens. *Polykoiranié* ist natürlich noch nicht im Sinne von Demokratie zu verstehen – obwohl dieses Zitat später meist mit antidemokratischer Tendenz gebraucht wurde – sondern bezeichnet die Feudalautonomie. Gegen sie gerichtet weist Odysseus auf den Ehrenrang Agamemnons hin. Zeus habe ihm den Stab (*sképtron*) als Zeichen der Herrschaft und die Satzungen (*themistai*) verliehen. Dies ist die Begründung der patriarchalischen Monarchie aus der Tradition und der Religion. Daneben aber benutzt Odysseus auch ein rationales Motiv: wenn jeder sein eigener Herr sein wolle, komme kein gemeinsames Handeln zustande. Die Achäer sehen dies ein und fügen sich dem König, der auch ihre Interes-

---

[1] Hom. Ilias II 203 ff., deutsch von W. Schadewaldt

sen vertritt, denn sie alle wollen ja nicht ohne Ruhm und Beute heimkommen. Die dargestellte Szene läßt die Vermutung zu, daß man wo nicht in mykenischer, so doch in Homers Zeit über Herrschaft und Gemeinschaft diskutiert hat.

c. Wenn somit die frühesten Zeugnisse für die Auseinandersetzung um politische Grundsatzprobleme im Kontext des Mythos begegnen, so darf es nicht verwundern, wenn der Mythos seinerseits die Struktur der Argumentation bestimmt. So wie Homer auf den göttlichen Ursprung des Königtums verweist, zugleich freilich die Gottesfurcht als Herrschertugend lobt[2], so beruft sich Hesiod auf den göttlichen Rang des Rechtes. Hesiod ist etwas jünger als Homer; seine Gedichte – ebenfalls in Hexametern – stammen aus der Zeit um 700. Das Epos ›Werke und Tage‹ (WT) spricht unter anderem über Hesiods Rechtsstreit mit seinem Bruder Perses. Dieser hatte den Dichter um sein väterliches Erbe betrogen und die Richter bestochen. Wie im Falle des Thersites ist es ein Streitfall – diesmal aber kein mythischer, sondern ein autobiographischer – der das Nachdenken über Recht und Unrecht in Gang setzt.

d. Gegenüber den versagenden Institutionen argumentiert Hesiod nicht mit Vernunftgründen, sondern er appelliert an religiöse Traditionen. Höchster Hüter des Rechts sei Zeus, er strafe die Rechtsbrecher[3]. Diké und Themis thronen zu beiden Seiten des Zeus (*parhedroi*), ohne sie kann er nicht regieren[4]. Hesiod betrachtet Eunomia (das gute Gesetz), Diké (die Gerechtigkeit), und Eiréné (den Frieden) als Töchter des Zeus von der Themis, der personifizierten Satzung. Dies meinte ebenfalls Theognis[5]. Wer Diké mißachte, werde von dieser bei Zeus verklagt und von ihm bestraft. Wer das Recht hingegen fürchte, dem gerate alles nach Wunsch, auch die Natur spende ihm Segen[6]. Über den Erfolg dieser Mahnung ist sich Hesiod nicht sicher, er glaubt im eisernen Zeitalter zu leben, in dem Scham und gerechte Vergeltung vor den Menschen hinweg, hinauf zu den Göttern geflüchtet seien[7].

e. Die Epen Homers und Hesiods sind die wichtigsten, aber keineswegs die einzigen Zeugnisse dafür, daß sich das älteste politische Denken der

---

2 Hom. Od. XIX 109
3 Hes. WT. 238 ff.; ähnlich schon Hom. Od. VI 207 f.; VII 180 f.
4 Hes. WT. 256 f.
5 Theognis 901 ff.
6 Hes. WT. 213 ff.
7 Hes. WT. 200

II. Die politische Aufklärung der Vorsokratiker

Griechen im Medium des Mythos abgespielt hat. Auch die Tragiker belegen dies. Aischylos hat in seiner ›Orestie‹[8], Sophokles im ›Oedipus Rex‹[9] und in der ›Antigone‹[10] mythische Szenen benutzt, um die Grundnormen von Staat und Herrschaft darzulegen und zu beglaubigen, d. h. sie der Willkür zu entziehen. Ebenso hat Euripides einem Heroen das Wort in den Mund gelegt: „Achte die Gleichheit, die Freunde und Städte und Kampfgenossen verbindet. Gleichheit kommt den Menschen von Natur zu"[11]. Das Recht erscheint hier als höheres Gebot, das jeder einsehen kann, wenn er sein Gewissen befragt, über das sich niemand hinwegsetzen darf, wenn er der höheren Vergeltung entgehen will. Aus diesem Grunde werden die frühen Rechtsordnungen häufig religiös sanktioniert. Moses, der mythische Gesetzgeber der Israeliten, soll die Zehn Gebote vom Gott Zebaoth auf dem Sinai empfangen haben[12]; Lykurg, der mythische Staatsgründer Spartas, und Minos, der Urkönig Kretas, erhielten ihre Verfassung angeblich von Apollon[13]; Numa, der mythische König aus Roms Urzeit, ließ sich gemäß der Tradition seine Reformen von der Nymphe Egeria eingeben[14].

f. So gewiß nun der Mythos zu allen Zeiten seinen Einfluß in dieser oder jener Form behauptet hat, so tritt ihm doch seit dem 6. Jh. v. Chr. eine andere Denkweise entgegen, die wir als die ionische Naturphilosophie, als die vorsokratische Periode der antiken Philosophie bezeichnen. Die allmähliche Ablösung tradierter Selbstverständlichkeit durch kritisches Argument ist ein Prozeß, den Wilhelm Nestle 1940 „Vom Mythos zum Logos" genannt hat. Mit dem Aufkommen der ionischen Naturphilosophie können wir von einem Erwachen auch des politischen Bewußtseins reden. Denn Staatsdenken und Naturphilosophie stehen in engem Zusammenhang. Der Mythos der Götter, der Mythos der Natur, der Mythos der Macht werden der Kritik unterworfen und durch Plausibilität und Evidenz erschüttert. Die vorsokratische Philosophie ist darum zu Recht als eine erste Aufklärung bezeichnet worden.

Der Vorgang der politischen Aufklärung läßt sich in drei Stufen entwickeln: die erste ist Solon, der die Grundlagen der Demokratisierung legt; die

---

8 Aischylos, Eumeniden 470 ff.
9 Sophokles, Oedipus Rex 863 ff.
10 Sophokles, Antigone 450 ff.
11 Plut. 481A (in dieser Form sind Plutarchs Moralia zitiert)
12 2. Mose 19 ff.; zu Ägypten: Aelian VH. XII 4; XIV 34
13 Plut. Lyk. 5; Jos. c. Ap. II 16
14 Liv. I 19, 5

zweite Stufe bildet Heraklit, der diesen Vorgang kritisiert, die dritte Stufe bezeichnet Perikles, unter dem sich die attische Demokratie vollendet.

1. SOLON

1a. Solon aus Athen war der älteste der Sieben Weisen. Diese Bezeichnung kanonisiert eine Gruppe von frühgriechischen Philosophen und Staatsmännern, zuerst belegt bei Platon[15] und später unterschiedlich zusammengesetzt. Insgesamt 17 Namen begegnen; Solon, den wir am besten kennen, ist – neben Thales, Bias und Pittakos – immer dabei. Von diesen Sieben Weisen überliefert Plutarch[16], vermutlich aus hellenistischer Quelle, sie hätten sich einmal zu einem philosophischen Gelage getroffen und ihre Maximen über den besten Staat ausgetauscht. Der Staat wird vorweg als *politeia isonomos* definiert, d. h. als Demokratie mit gleichen Rechten für alle. Als erster wurde Solon gefragt. Er antwortete: Der beste Staat ist jener, in dem ein Verbrecher genau so von den Nichtbetroffenen wie von den Betroffenen angeklagt und bestraft wird. Als zweiter Bias: Der beste Staat ist jener, in dem alle das Gesetz wie einen Tyrannen fürchten. Als dritter Thales: Der beste Staat ist jener, der weder allzu Reiche noch allzu Arme kennt. Als vierter Anacharsis: Der beste Staat ist jener, in dem man nach der Tugend den Vorzug und nach der Schlechtigkeit den Nachteil zumißt und alles andere gleich achtet. Als fünfter Kleobulos: Der beste Staat ist jener, wo die Bürger einen Tadel mehr fürchten als das strafende Gesetz. Als sechster Pittakos: Der beste Staat ist jener, wo es nicht möglich ist, daß die Guten nicht herrschen. Als siebenter Chilon: Der beste Staat ist jener, der am meisten auf Gesetze, am wenigsten auf Redner hört. Soweit Plutarch. – Stobaios überliefert noch weitere Kernsprüche Solons: Solon wurde gefragt: Welches ist der beste Staat? Er antwortete: In dem es die meisten Preise für Tugend gibt. Eine andere Antwort: In dem die Guten geehrt und die Schlechten abgewehrt werden. Eine weitere Antwort: In dem die Bürger den Herrschenden gehorchen, die Herrschenden aber den Gesetzen[17].

1b. Nun zum historischen Solon! Solon lebte etwa von 640 bis 560. Im Jahre 594 waren die Spannungen zwischen dem alten Adel, den Eupatriden, und den verschuldeten Bauern soweit gewachsen, daß ein Bürgerkrieg auszu-

---

15 Plat. Prot. 343 A
16 Plut. 154 D ff.
17 Snell 1971, 110 ff.

1. Solon

brechen drohte. Solon, aus verarmtem Adel stammend, wurde von beiden Seiten als „Schiedsmann" (*diallaktés*) gewählt. Er hob zunächst die Schuldsklaverei auf (*seisachtheia*) und ließ die außer Landes verkauften Schuldner auf Staatskosten zurückkaufen. Solon reformierte sodann die Verfassung im demokratischen Sinne, ohne daß freilich der Begriff Demokratie damals schon auftaucht. Das passive Wahlrecht wurde nach Einkommensklassen gestaffelt (*timokratia*), das aktive Wahlrecht und die Teilnahme an Volksversammlungen und Volksgericht standen jedem Bürger offen. Dies war nach Aristoteles[18] die demokratischste aller Maßnahmen Solons. Neutralität im Bürgerkrieg wurde mit Ächtung bedroht, weil der Staat jeden etwas angehe. Es sei die Pflicht aller, sich um die Angelegenheiten aller zu kümmern. Die Popularklage erlaubte jedem Bürger, für jeden anderen vor Gericht zu gehen; das Recht wurde Sache aller, nicht bloß Sache der betroffenen Familie. Nach Plutarch[19] verglich Solon die Bürger mit den Gliedern eines Körpers, die durch gemeinsame Empfindung verbunden sind. Derselbe Gedanke der Solidarität begegnet dann bei Perikles (s. u.) und Platon[20].

1c. Solon hat die Grundsätze seiner Maßnahmen in politischen Gedichten ausgesprochen[21]. Das findet sich im frühen Griechentum mehrfach. Die politische Lyrik Solons scheint beeinflußt zu sein von dem spartanischen Dichter Tyrtaios. Tyrtaios, der auch als Feldherr im 2. Messenischen Krieg (7 Jh.) hervorgetreten ist, hat eine Reihe patriotischer Gesänge gedichtet, einer trägt den Titel ›Politeia‹. Diese Lieder feiern den spartanischen Staat, verherrlichen den Tod fürs Vaterland und stehen vermutlich im Zusammenhang mit einer Verfassungsreform. Auch Solons erste Elegie ist eine Aufforderung zum Kampf, zur Eroberung der Insel Salamis, und der Erfolg dieses Unternehmens aus der Zeit um 600 hat Solons Ansehen begründet. Solons spätere politische Dichtung gilt innerstaatlichen Problemen. Er griff die *Hybris*, die Überheblichkeit seiner Staatsgenossen an, nahm den kleinen Mann gegen die Ausbeutung und die Mißhandlung durch die Mächtigen in Schutz und forderte *Eunomia*, die schon von Hesiod gepriesene gute Ordnung[22].

---

18 Arist. Ath. Pol. 9: „Als Herr über den Stimmstein wurde das Volk Herr über die Verfassung"
19 Plut. Solon 18
20 Plat. rep. 462 D
21 Franyo 29 ff.
22 Solon 3

1d. Solons wichtigstes Ziel war es, die soziale und politische Lage der Bauern und Handwerker zu bessern. So spricht er in einem seiner Gedichte[23] von der Not der Armen, wie sie durch den Schuldenerlaß aus ihrer früheren Knechtschaft befreit worden seien: „Habe ich etwa den Plan, weswegen ich das Volk vereinte, aufgegeben, bevor er durchgeführt war? Nein. Dafür diene mir einst vor dem Richterthron der Zeit als beste Zeugin die größte Göttin, die Mutter Erde, du, mein dunkelscholliges Land. Manchen Schuldpfahl habe ich gelöst, in Knechtschaft lag das Land: ich habe es freigemacht. So manchen habe ich heimgeführt, den Willkür oder hartes Recht in fremden Knechtsdienst geschickt hatte. Ich kam zum Ziel: was ich wollte, habe ich getan. Dann schrieb ich das Gesetz, für alle strenges Recht: für gute, wie für böse, wie es jedem gebührt. Vor allen Seiten habe ich mich geschirmt und ging wie ein Wolf meinen Weg durch die Meute kläffender Hunde".

1e. Solon versuchte nicht, den Adel völlig zu entmachten und zu enteignen. Er verstand sich nicht als Anwalt der Unteren gegenüber den Oberen, sondern verfolgte mit einer Politik der Mitte und des Maßes den Ausgleich zwischen den Armen und den Reichen. Aristoteles beschreibt in seiner ›Athenaion Politeia‹[24] die Lage so: Das Volk hoffte, Solon werde den Landbesitz aufteilen; die Vornehmen dagegen glaubten, er werde alles wieder ins alte Geleise bringen oder doch sich auf geringe Änderungen beschränken. Er aber widersetzte sich beiden. So machte der Mann, der doch, gestützt auf welche Partei er wollte, Alleinherrscher hätte werden können, sich lieber bei beiden Parteien verhaßt, zufrieden damit, sein Vaterland vor dem Bürgerkrieg bewahrt und die ihm nach dem Maße des Möglichen beste Verfassung gegeben zu haben. Sie war nicht so aristokratisch, wie die Adligen es erwartet hatten, und nicht so demokratisch, wie das Volk begehrt hatte. Solon schreibt: „Ansehen hab ich dem Volk verliehen, soviel ihm gebührt, seiner Würde gemäß, mehr nicht und weniger nicht. Doch den Mächtigen auch und die da prunkten im Reichtum, ihnen auch klugen Bedachts gab ich nicht über Gebühr. Beiden stand ich zur Seite mit kräftig schützendem Schilde, nimmer, nicht hier, nicht dort, gönnt' ich dem Unrecht den Sieg." In demselben Fragment[25] redet er von der Volksmenge, wie sie zu behandeln sei: „Nicht den Zügel zu straff, auch nicht zu locker gehalten, also, mein ich, gehorcht leichtlich dem Führer das Volk. Wer in der Fülle des Glücks nicht klug sich weiß zu bescheiden, Übersättigung zeigt bald ihm zum Frevel den Weg."

---

23 Sol. 24
24 Arist. Ath. Pol. 11
25 Sol. 5

1f. Nach dem Abschluß seines Reformwerks ließ Solon nach Herodot[26] die Athener schwören, die neue Verfassung zehn Jahre zu bewahren, und ging auf Reisen. Dabei soll er auch den reichen Kroisos, den König von Lydien, besucht haben. Herodot[27] berichtet, daß Kroisos den Weisen gefragt habe, wen er für den glücklichsten Menschen halte. Diese Geschichte spiegelt eine andere, zu Herodots Zeit geführte Diskussion. Man fragte nicht nur nach dem besten Staat, sondern auch nach dem glücklichsten Leben. Der Begriff *Eudaimonie* bezeichnet dabei weniger das persönliche Wohlbehagen als die Würdigkeit dessen, ein Leben im Einklang mit Natur und Gesellschaft. Aus diesem Grunde mußte Solon den König enttäuschen. Kroisos glaubte, er selbst sei der glücklichste Mensch, und hoffte, beneidet zu werden, weil er sich alles leisten könne. Solon aber nannte einen gewissen Tellos aus Athen. Kroisos war erstaunt und fragte: „Warum meinst du, daß Tellos der Glücklichste sei?" Solon antwortete: „Tellos lebte in einer blühenden Stadt, hatte treffliche Söhne und sah, wie ihnen Kinder geboren wurden, die alle am Leben blieben. Er war nach unseren heimischen Begriffen wohlhabend, und sein Leben krönte ein schöner Tod. Er nahm an einem Kampfe der Athener gegen ihre Nachbarn in Eleusis teil, brachte die Feinde zum Weichen und starb einen herrlichen Tod. Die Athener begruben ihn auf Staatskosten an der Stelle, wo er gefallen war, und ehrten ihn hoch."

1g. Die Gegenüberstellung des reichen Tyrannen Kroisos und eines athenischen Kleinbürgers verrät etwas vom Stolz des Demokraten auf seine Stadt. Kroisos protzte mit seinen Gütern, die doch der Tod oder höhere Gewalt rauben kann. Niemand sei, so sagte Solon, vor seinem Tode glücklich zu preisen, und das Ende des Kroisos bestätigt das. Herodot, der diese Geschichten überliefert[28], berichtet auch ein ähnliches Gespräch zwischen dem Perserkönig Xerxes und dem Spartaner Demaratos. Der König fragte, ob die Hellenen es wagen würden, seiner Übermacht entgegenzutreten. Darauf erwiderte Demarat: „In Hellas hat immer die Armut gewohnt, aber Klugheit und strenge Gesetze haben die Tatkraft geweckt, die *areté*, die uns vor Not und Gewaltherrschaft schützt. Einer fremden Macht werden die Griechen nicht weichen. Sie sind frei und doch nicht ganz frei. Ihr Herr ist das Gesetz (*nomos*), dem sie williger gehorchen als dir deine Perser. Und ihr Gesetz befiehlt, fest in der Schlachtreihe zu stehen, zu siegen oder zu sterben"[29]. Im

---

26 Herodot I 29
27 Herodot a. a. O.
28 Herodot I 85 ff.
29 Herodot VII 101 ff.

selben Sinne nannte Pindar den *nomos* den König der Sterblichen und der Unsterblichen[30]. Diese Staatsgesinnung war nicht bloß Theorie, sie hat Hellas in den Perserkriegen vor dem Angriff aus dem Osten gerettet.

1h. Eine ähnliche Bewegung läßt sich unter den Westgriechen Siziliens und Unteritaliens feststellen. Charondas von Katane, der noch vor Solon seine Gesetze niedergelegt haben soll, ist nur durch eine verderbte Überlieferung bekannt[31]. Aber auch sie ist wissenswert. Charondas stammte aus der Mittelschicht, typisch nach Aristoteles[32], und ordnete die nach einem Bürgerkrieg eingerichtete Demokratie. Dem Gesetz sei unbedingt Gehorsam zu leisten, auch wenn es schlecht sei. Jedes Gesetz aber könne verbessert werden. Damit aber keine leichtfertigen Vorschläge behandelt werden müßten, sei dem Antragsteller während der Abstimmung eine Schlinge um den Hals zu legen, um ihn zu erdrosseln, falls die Eingabe durchfiele. Charondas verurteilte Wehrdienstverweigerer und Fahnenflüchtige, drei Tage öffentlich Weiberkleider zu tragen; er bestimmte, daß alle Bürger in städtischen Schulen Lesen und Schreiben zu lernen hätten, so wie andernorts alle Bürger auf städtische Kosten ärztlich betreut wurden. Reichere Straftäter hätten höhere Bußen zu entrichten als arme. Andere Gesetze dienten dem Schutz von Waisenkindern und der Erhaltung der Ehe: eine Frau dürfe ihren Mann nicht verlassen, um sich mit einem jüngeren zu verbinden, ebenso der Mann keine jüngere Frau als die verstoßene heiraten. Für eine reiche Witwe sei ein neuer Mann zunächst in der Familie ihres verstorbenen Gatten zu suchen. Beim Besuch der Volksversammlung dürfe keine Waffe getragen werden – und als Charondas versehentlich selbst dagegen verstieß, habe er sich das Leben genommen[33].

2. Heraklit

2a. In der Zeit der Perserkriege, um 500, lebte in Ephesos Heraklit. Ephesos war damals, wie alle kleinasiatischen Städte, den Persern untertan. Diogenes Laertios[34], unsere wichtigste Quelle für die antiken Philosophen, überliefert einen Briefwechsel zwischen Heraklit und dem Perserkönig Dar-

---

30 Plut. 780 c
31 Ed. Meyer GdA. III 1937, 522 f.
32 Arist. pol. 1296 a
33 Diod. XII 11,3 ff.; Arist. pol. 1297 A; Val. Max. VI 5 ext. 4
34 Diog. Laert. IX 13 f.

2. Heraklit

eios, der den Philosophen um einen Besuch bat. Dareios wollte sich griechische Bildung erwerben und den Rat Heraklits hören, den seine Landsleute in Ephesos verachteten. Heraklit aber habe die Reise abgelehnt – er mißbilligte den Pomp, wie er am Hofe des Großkönigs herrsche. Das Motiv des „weinenden Philosophen" Heraklit hat der „lachende Philosoph" Demokrit aus Abdera (ca. 460–370) auf den Begriff gebracht: „Die Armut in einer Demokratie ist um so viel besser als das sogenannte Glück am Hofe der Mächtigen, wie Freiheit besser ist als Sklaverei"[35]. Demokrit ist als Atomtheoretiker noch zu den Naturphilosophen zu rechnen, dennoch meinte auch er: „Die Angelegenheiten des Staates muß man für die wichtigsten von allen halten, damit er gut regiert wird. Gegen die Billigkeit streiten oder sich Macht anmaßen, ist übel. Eine gut verwaltete Stadt ist eine großartige Sache, denn darin ist alles beschlossen. Mit ihr steht und fällt alles"[36].

Der Briefwechsel zwischen Heraklit und Dareios ist vermutlich eine Erfindung aus dem 2. Jh. n. Chr. – chronologisch wäre er möglich. Sein Gedankengut aber ist geschichtlich. Heraklit stammte aus dem Königschlecht von Ephesos, das sich auf die alten ionischen Könige zurückführte. In Heraklits Zeit besaßen die Könige nur noch Priesterfunktionen und gewisse Ehrenrechte (Purpurstreifen, Stab und Vorsitz bei Wettspielen), die sich in seiner Familie bis in römische Zeit gehalten haben. Heraklit hat auf diese Rechte zugunsten seines Bruders verzichtet. Heraklits Ruhm gründet sich auf sein Buch >Über die Natur<, das drei Teile enthielt: über das Universum, über die Politik und über die Götter[37].

2b. Von seinen naturphilosophischen Lehren wurden zweie berühmt: daß die Welt aus Feuer bestünde und periodisch durch Feuerbrände vernichtet würde[38] und daß alle Dinge beständigem Wandel unterworfen seien: alles fließt[39]. Für die Staatstheorie ist Heraklit ebenfalls in zweierlei Hinsicht interessant: weil er die Welt in Analogie zu einem Staatswesen interpretierte und die Demokratisierung kritisierte. Die Gleichsetzung der Welt mit einem Staat ist alt. Bereits der Mythos kannte diese Parallele: so wie ein König auf Erden herrscht Zeus über die Welt, und zwar genau wie Agamemnon mit Hilfe von Unterkönigen: Poseidon regiert das Meer, Hades das Totenreich,

---

35 VS. 68 B 251
36 VS. 68 B 252
37 Diog. Laert. IX 5 f.
38 VS. 22 B 30 f.
39 VS. 22 A 7

Artemis die Tierwelt usw. Diese Vorstellung von der Welt als Staat ist von den ionischen Naturphilosophen uminterpretiert und entmythisiert worden. Die einzig wirkliche Weisheit kann man, nach Heraklit[40], mit dem Namen Zeus benennen oder auch nicht, wobei durch ein Wortspiel (*zén-Zénos*) statt „Zeus" auch „Leben" übersetzt werden kann. Zeus ist mithin einfach die Lebenskraft, die Potenz. Heraklit war Pantheist. Diese Ansicht findet sich in Heraklits Zeit mehrfach, am prägnantesten ausgesprochen bei Pindar[41]: *ti theos? to pan* „Was ist Gott? Das All". Das göttliche Element lebt in allen Körpern und ist bei Heraklit irgendwie mit dem Feuer, dem Urstoff identisch.

2c. Unter dieser Prämisse muß auch Heraklits Spruch gedeutet werden: „Die Sonne wird ihr Maß nicht übertreten, andernfalls werden die Erinyen, die Schergen der Diké, sie erwischen"[42]. Die Rachegöttinnen erscheinen hier als mythischer Ausdruck für die Macht des rechten Maßes, das im frühgriechischen Denken eine regulative Funktion erfüllte. *To metron ariston*, das Maß ist das Beste, heißt es bei Kleobul von Lindos[43]. *Méden agan*, nicht im Übermaß, galt als Wahlspruch Solons[44]. Der Pythagorasschüler Alkmaion von Kroton[45] sah im Gleichmaß (*symmetron, isonomia*) der Kräfte die Gewähr für die Gesundheit. Sie werde von der *monarchia* einer einzelnen Kraft bedroht, sowohl im Körper wie im Staat.

2d. Die anorganische wie die organische Natur untersteht, so wie die Menschenwelt, dem Prinzip des Ausgleichs, der Vergeltung, dem Recht. Einen ähnlichen Gedanken äußerte bereits Anaximander von Milet um 550: die Vergänglichkeit in der Natur sei eine Buße für die Ungerechtigkeit des Entstehens gemäß der Satzung der Zeit[46]. Hier wird die Zeit als Gesetzgeberin der Natur aufgefaßt und alles Geschehen nach dem Prinzip der Vergeltung gedeutet. Die Natur untersteht weder der Willkür von Göttern, noch dem blinden Schicksal, sondern einem allgemeinen Gesetz – ebenso wie der aufgeklärte Staat. Diese Entsprechung führt Heraklit von der Natur über den Staat auf den Menschen: die Vernunft ist das allen Menschen gemeinsame Gesetz[47], darauf muß man sich stützen, wie die Stadt auf ihre Verfassung.

---

40 VS. 22 B 32
41 Pindar fr. 119
42 VS. 22 B 94
43 Stob. III 1, 172
44 Stob. III 1, 172; Diog. Laert. I 63; Sidonius carm. XV 47
45 VS. 24 B 4
46 VS. 12 B 1
47 VS. 22 B 113

Alle menschlichen Gesetze nähren sich von dem einen göttlichen Gesetz[48]. So kommt es durch die Übertragung vom Staat auf die Natur zur Vorstellung vom Naturgesetz (*nomos tés physeós*).

2e. Die Bedeutung dieser Analogie ergibt sich auch aus dem etymologischen Ursprung des Kausalitätsbegriffs. Deutsch „Ursache", lateinisch *causa*, griechisch *aitia* bedeutet jeweils anfänglich soviel wie „Schuld", „Streitsache". Die Zeit als Richterin sühnt in der strafenden Wirkung die schuldige Ursache. Der Kosmos funktioniert wie ein Staat, und im Dorischen bezeichnet das Wort *kosmos* zugleich den „Staat" (so in Sparta[49]) oder die „Obrigkeit" (so in Kreta[50]). Im Sinne von „Ordnung" meint *kosmos* vielfach die jeweilige Einrichtung, die Staatsform einer Polis[51]. Heraklit verwendet als soziomorphe Metaphern für die Natur außer dem Recht auch den Handel und den Krieg. Das Feuer, aus dem alles entsteht und in das sich alles auflöst, entspreche dem Geld, für das man alles kaufen und in das man alles verwandeln kann[52]. Die Welt wird hier als Markt interpretiert, alles ist in Bewegung.

2f. Wichtiger noch ist die Metaphorik des Kampfes. „Der Krieg ist der Vater aller Dinge", und zwar im Menschenleben wie im Naturgeschehen. Er macht die einen zu Freien, die andern zu Sklaven[53]; alles Leben entsteht aus Streit und Gegensätzen[54]. Homer[55] war töricht, den Kampf zu verwünschen, denn alles Geschehen resultiert aus der Auseinandersetzung widerstrebender Kräfte[56]. Heraklit vertrat die dialektische Einheit der Widersprüche, und von ihm haben Hegel und Marx diesen Gedanken übernommen.

2g. Heraklits Äußerungen zum Staatsleben selbst lassen sich in zwei Gruppen teilen. Die erste steht ganz in der Tradition Solons und vertritt den demokratischen Staatsgedanken. „Kämpfen muß das Volk für sein Gesetz wie für seine Stadtmauer"[57]. Das Gesetz verkörpere die gemeinsame Sache,

---

48 VS. 22 B 114
49 Herodot I 65, 4
50 Arist. pol. 1272 A
51 Thuk. IV 76, 2
52 VS. 22 B 90. Die Münzprägung entstand um 600 in Lydien. Herodot I 94
53 VS. 22 B 53
54 VS. 22 B 80
55 Hom. Ilias XVIII 107
56 VS. 22 A 22
57 VS. 22 B 44

ihr müsse man folgen[58]. Im gleichen Sinne äußerte sich dann Demokrit: „Das Gesetz will das Leben der Menschen bessern, sie müssen es sich darum gefallen lassen. Nur indem es geachtet wird, erweist es seine Kraft"[59]. Nach außen wie nach innen, meint Heraklit, muß das Gesetz verteidigt werden. Im Kriege Gefallene werden bei Göttern und Menschen mit Recht geehrt[60]; ein großer Tod bringt großen Ruhm[61]. Das erinnert an Tyrtaios oder an Solons Tellos (s. o.). Innenpolitisch warnt Heraklit wie Solon vor der gesetzlosen Hybris. Man müsse sie löschen wie ein Großfeuer[62]. Ob das gegen Übergriffe Einzelner oder gegen Anmaßungen der Menge gerichtet ist, wird nicht deutlich – vermutlich ist beides gemeint. Heraklit hat einmal auch politisch eingegriffen. Er hat den Tyrannen Melankomas zum Abdanken bewogen[63]. Es mache müde, stets demselben Herrn zu gehorchen[64]. Das klingt sehr demokratisch.

2h. Diese rhetorische Leistung des Philosophen läßt sich aber auch anders erklären. Heraklit hat im Alter resigniert, er ist melancholisch geworden, und so könnte es sein, daß er dem Tyrannen klar gemacht hat, die Stadt verdiene es nicht, gut regiert zu werden. Wir haben Aussprüche von Heraklit, die alles andere als volksfreundlich sind: „Die meisten Menschen sind schlecht, nur wenige gute gibt es"[65], oder noch drastischer: „Einer gilt mir so viel wie zehntausend, wenn er der beste ist"[66]. Hier fassen wir ein aristokratisches Menschenbild, aus dem auch politische Konsequenzen abgeleitet werden: „Gesetz ist es auch, dem Willen eines Einzelnen zu folgen"[67], natürlich nur dann, wenn es sich um den besten handelt. In diesem Sinne sagt Demokrit: „Vor dem Gesetz, der Obrigkeit und dem Weiseren sich beugen, ziert einen Menschen"[68].

2i. An die Lehre von der Gleichheit aller Menschen hat Heraklit gewiß nicht geglaubt. Das ergibt sich aus einem Wort, in dem seine Demokratiekri-

---

58 VS. 22 B 2
59 VS. 68 B 248
60 VS. 22 B 24
61 VS. 22 B 25
62 VS. 22 B 43
63 VS. 22 A 3. Der Mann ist sonst unbekannt.
64 VS. 22 B 84 b
65 VS. 22 B 104
66 VS. 22 B 49
67 VS. 22 B 33
68 VS. 22 B 47

2. Heraklit

tik deutlich wird: „Aufhängen sollten sich die Ephesier, Mann für Mann, und ihren Kindern die Stadt überlassen, haben sie doch den Hermodor, den tüchtigsten unter ihnen, aus der Stadt verbannt, indem sie sprachen: von uns soll keiner der Tüchtigste sein, und wenn schon, dann an einem anderen Ort, bei anderen Leuten"[69]. Den Mann und den Vorfall kennen wir nicht näher, aber die Situation in Ephesos erinnert an das attische Scherbengericht. In jener Zeit hatte Kleisthenes in Athen die Regel eingeführt, daß jedes Jahr das Volk gefragt würde, ob es jemanden zu verbannen wünsche[70]. Dabei war an mögliche Tyrannen gedacht, deren politische Gefolgschaft die demokratische Gleichheit gefährdete. Wenn bei einem Ostrakismos 6000 Scherben auf denselben Namen lauteten, dann war der Betreffende für 10 Jahre verbannt. Eine Anklage oder eine Begründung erübrigte sich gegenüber dem souveränen Volkswillen. Diejenigen, die dem Ostrakismos in Athen zum Opfer gefallen sind, waren hervorragende Männer, denen Athen seine Größe verdankte: Themistokles, Aristides, Kimon usw.

2j. Egalisierungspolitik ist ein Herrschaftsinstrument, das zuerst für die Tyrannis bezeugt ist. Heraklit[71] berichtet, Periander, der Tyrann von Korinth, der auch zu den Sieben Weisen gerechnet wird, habe einmal einen Boten zu Thrasybulos, dem Tyrannen von Milet gesandt und ihn gefragt, wie man am besten regiere. Thrasybulos habe den Boten an einem Kornfeld vorbeigeführt und dabei mit der Hand immer die herausragenden Ähren abgeknickt. Und genau dieses Verfahren liegt dem Scherbengericht zugrunde, indem der Démos die Rolle des Tyrannen übernimmt, dem der hervorragende Einzelne gefährlich wird. Die Nivellierung nach unten ist ein Topos der Demokratiekritik[72].

2k. Es scheint, als ob Heraklit alle sozialen Mächte seiner Zeit angegriffen hätte, die Tyrannen wie den Demos, aber auch die religiösen Bräuche und Vorstellungen (so die Phallos-Prozession und den Jenseitsglauben), sowie die beliebtesten Dichter und Philosophen (so Homer, Hesiod und Archilochos, Pythagoras, Xenophanes und Hekataios). Das Resultat drückt sich in Bildern aus: „Esel mögen lieber Spreu als Gold"[73], „Schweine lieben mehr

---

69 VS. 22 B 121
70 Arist. Ath. Pol. 22
71 Herodot V 92
72 Arist. pol. 1284 A
73 VS. 22 B 9

den Schlamm als das saubere Wasser"[74], „Hühner baden sich im Staub"[75], „Was der Hund nicht kennt, das kläfft er an"[76]. In Klartext lesen wir bei Heraklit: „Die eigene Art (*éthos*) ist der Daimon eines jeden Menschen"[77]. Das läßt sich religionskritisch verstehen, indem der Daimon als mythischer Ausdruck des Charakters entschlüsselt wird, kann aber auch im Sinne eines ethischen Relativismus gedeutet werden: jeder Mensch gehorcht seinem eigenen Wesen, sowie das die Esel, Schweine und Hühner auch tun. Das verweist bereits auf sophistische Gedanken voraus.

2l. Das Wesen des Menschen offenbart sich in bestimmten sozialen Umständen, vor allem, wenn der Mensch tun und lassen kann, was er will, wenn er von äußeren Zwängen frei ist. Mittel dazu sind Macht und Reichtum. Er zeigt, was der Mensch ist, und hier hat Heraklit keine Illusionen. Seine Abwendung von der Vaterstadt Ephesos gipfelt in dem Wunsch: „Möge euer Reichtum euch nie verlassen, ihr Ephesier, damit eure Schlechtigkeit ans Licht kommt!"[78]. Das Interesse der Menge, meint Heraklit, sei bloß, satt zu werden, wie das Vieh[79]. Offenbar hat es in Ephesos einmal innere Unruhen gegeben, denn die Ephesier baten Heraklit, ihnen Gesetze zu verfassen. Parmenides hatte das um dieselbe Zeit in seiner Heimatstadt Elea getan[80]. Heraklit aber lehnte das ab mit der Bemerkung, die Leute seien bereits derartig moralisch verkommen, daß sie sich den Gesetzen doch nicht fügen würden[81]. Im übrigen sei die Unterscheidung von Gerecht und Ungerecht allzu menschlich, für Gott sei alles schön, gut und gerecht[82].

2m. Heraklit hat sich ins Heiligtum der Artemis zurückgezogen und mit den Kindern gespielt. Die Ephesier hätten sich staunend um ihn versammelt, aber er hätte sie angefahren und erklärt, es sei besser, sich mit den Kindern zu amüsieren, als mit den Erwachsenen zu politisieren. Schließlich sei er in die Berge gegangen und habe von Kräutern und Wurzeln gelebt. Alt und krank

---

74 VS. 22 B 13
75 VS. 22 B 37
76 VS. 22 B 97
77 VS. 22 B 119; ähnlich Xenophanes VS. 21 B 15
78 VS. 22 B 125 a
79 VS. 22 B 29
80 Diog. Laert. IX 23
81 VS. 22 A 1, 2
82 VS. 22 B 102

zurückgekehrt, sei er auf dem Marktplatz von Ephesos gestorben und von den Hunden gefressen worden[83].

3. PERIKLES

3a. Der Tod Heraklits fällt in die Zeit der Perserkriege, in denen sich die Athener Demokraten erfolgreich gegen den Versuch der Perser gewehrt haben, die 510 vertriebenen Tyrannen wieder einzusetzen. Kurz zuvor (507/506) hatte Kleisthenes seine demokratische Verfassungsreform durchgeführt, wenig später (462/1) hat Ephialtes mit dem Areopag die letzte aristokratische Institution beseitigt. An diesem Akt soll schon der junge Perikles beteiligt gewesen sein[84], unter dessen Leitung in den Jahren 443 bis 429 Athen seinen Höhepunkt erlebte. 444 betrieb Perikles die Gründung der panhellenischen Musterstadt Thurioi in Unteritalien[85]. Gründer war der Dichter und Musiker Dionysios Chalkos[86]. Die Stadt erhielt einen Schachbrett-Grundriß mit programmatischen Straßennamen[87]. Eine solche Gelegenheit eignete sich zur Schaffung einer idealen Verfassung. Phaleas von Chalkedon, der nicht genau zu datieren ist, meinte, bei einer Stadtgründung sei vor allem auf Besitzgleichheit zu achten, da aller Bürgerkrieg aus Besitzstreit entspringe. Sofern aber einmal Ungleichheit eingerissen sei, müsse ein Gesetz befehlen, daß bei einer Hochzeit jeweils der reichere der beiden Schwiegerväter allein eine Mitgift gäbe. So vollzöge sich der Ausgleich friedlich. Phaleas forderte außer gleichem Besitz auch gleiche Erziehung[88]. Robert von Poehlmann[89] hat Phaleas als den ältesten Sozialisten betrachtet.

3b Perikles stand solchen Gedanken nahe. Für die Modernisierung des Piräus gewann er den Hippodamos aus Milet, der nach Aristoteles[90] als erster Nichtpolitiker eine Schrift über den besten Staat verfaßte. Dieser sollte zehntausend Einwohner haben, gegliedert nach drei Ständen: Handwerker, Bauern und Krieger. Auch der Landbesitz wird dreigeteilt: der erste Teil gehört

---

83 Diog. Laert. IX 4
84 Plut. Per. 7; 9; vgl. Plut. 805 D; Arist. Ath. pol. 25
85 Plut. Per. 11; Diod. XII 10 f.
86 Plut. Nikias 5
87 Diod. XII 10
88 Arist. pol. II 4, 2 = 1266 B
89 v. Poehlmann 1925 II 5
90 Arist. pol. II 5 = 1267 B

den Göttern, davon werden die Kosten der Opfer und Feste bestritten. Der zweite Teil ist Staatsland, davon werden die Krieger unterhalten. Der dritte Teil ist als Privateigentum an die Bauern vergeben; die Handwerker brauchen kein Land. Das höchste Gericht setzt Hippodamos aus alten Männern zusammen, die wie alle Behörden gewählt werden. Auch die Ausländer und die Waisen fallen in ihre Obhut. Die Kinder der Gefallenen sollten auf Staatskosten unterhalten werden, wie dies später in Athen tatsächlich geschah. Singulär ist die Bestimmung, daß jeder Bürger, der eine für den Staat nützliche Erfindung mache, eine öffentliche Ehrung empfangen sollte. Hier fassen wir den Architekten, den Techniker, der den Fortschritt gleichsam gesetzlich verankern möchte.

3c. Die politische Aufklärung der Vorsokratik führt vom traditionellen Geschlechterstaat zum demokratischen Rechtsstaat. Sie findet ihre Vollendung in der bei Thukydides[91] aufgezeichneten Totenrede des Perikles. Im Jahre 431 war der Krieg zwischen dem von Athen geführten delisch-attischen Seebund und dem von Sparta geleiteten Peloponnesischen Bund ausgebrochen. Die Rede des Perikles gilt den im ersten Sommer, 431, Gefallenen. Seit den Perserkriegen war es in Athen üblich, bei der staatlichen Trauerfeier zu Beginn des Winters, am Ende der Saison, eine derartige Rede zu halten. Die Gattung dieses *logos epitaphios* (*laudatio funebris*) ist auch durch andere Texte bekannt, etwa im Dialog ›Menexenos‹ von Platon. In der römischen Republik gab es ähnliches, wie wir von Polybios[92] wissen. All dies bezeugt, daß der Tenor und die Gliederung der Totenrede echt sind.

3d. Der Inhalt im einzelnen ist hingegen problematisch. Zunächst wissen wir nicht, inwieweit er authentisch ist. Thukydides schreibt in seinen Methodenkapiteln, daß er die Reden der Staatsmänner und Feldherrn nicht im Wortlaut wiedergeben könne. Vielmehr suche er das Gesagte so zu rekonstruieren, wie es vermutlich gesagt worden sei, stets jedoch so historisch getreu wie möglich[93]. Möglich war eine genaue Wiedergabe. Denn Thukydides hat, wie er selbst mitteilt, sofort nach Beginn des Krieges beschlossen, seine Geschichte zu schreiben[94]. Als er an die Ausarbeitung ging – vermutlich erst nach seiner Verbannung 424 – könnten ihm eigene oder fremde Notizen jener Rede vorgelegen haben. Gewiß ist, daß Thukydides die An-

---

91 Thuk. II 34–46; K. Gaiser, Das Staatsmodell des Thukydides, 1975
92 Polyb. VI 53; W. Kierdorf, Laudatio funebris, 1980
93 Thuk. I 22; Ed. Meyer 1899, 379 ff.
94 Thuk. I 1, 1

3. Perikles

sicht des Perikles, und nicht seine eigene ausspricht, denn er selbst stand der radikalen Demokratie skeptisch gegenüber[95]. Die Komposition der Rede ist thukydideisch, sie richtete sich nicht an die Athener, sondern an die Mit- und Nachwelt. Sie ist, wie Eduard Meyer[96] bemerkt, in Wirklichkeit die Leichenrede auf das 404 gefallene Athen und hat wohl erst damals ihre vorliegende Formulierung gefunden.

3e. Ein zweites Problem unserer Rede liegt darin, inwieweit die in ihr gemachten Aussagen über die Verfassungswirklichkeit Athens zutreffen. Ohne Frage hat diese weniger strahlend ausgesehen. Aber das ist für die Staatstheorie zweitrangig. Die Totenrede des Perikles ist das Hohelied der antiken Demokratie, und die in ihr formulierten Ideale haben das, was man unter Demokratie, unter einem offenen Rechtsstaat begriff, zu allen Zeiten beeinflußt.

3f. In jenem Winter 431/430 also veranstalteten die Athener nach der Sitte ihrer Väter das Staatsbegräbnis für die Gefallenen. Die Gebeine der Toten waren in zehn Särgen aus Zypressenholz gesammelt, für jede Phyle einer. Zunächst standen sie auf der Agora unter einem Zelt, wo ihnen die Angehörigen Totenehren in Gestalt von Blumen- oder Opferspenden erwiesen. Am Bestattungstage wurden die Särge auf Wagen gehoben und zum Kerameikos gefahren, zur schönsten Vorstadt Athens, wo man die Kriegsgefallenen zu bestatten pflegte. Außer den zehn Phylensärgen wurde ein elfter, leerer Sarg mitgeführt. Er galt dem Andenken an die Vermißten, deren Leichen nicht gefunden worden waren. Der Gedanke wurde während der Französischen Revolution wieder aufgegriffen, er liegt dem Grabmal des Unbekannten Soldaten zugrunde.

3g. Als Redner hatte der Rat Perikles ernannt; er war damals einer der zehn jährlich gewählten Strategen. Diese waren formal gleichberechtigt; faktisch aber bestimmte Perikles die Politik. Er verwandelte die Demokratie, wie Thukydides[97] schreibt, nur aufgrund seines Ansehens, beinahe in eine Monarchie. Einleitend spricht Perikles über die Vorfahren, die dieses attische Land immer bewohnt – die Athener hielten sich für bodenständig – und es den Lebenden als freies Erbe hinterlassen hätten. Der Gedanke der Freiheit tritt bereits hier hervor, er hat in der Abschüttelung der Tyrannis 510 seine

---

95 Thuk. VIII 97
96 Ed. Meyer 1899, 397 f.
97 Thuk. II 65; Plut. 802 C

innenpolitische, und in der Abwehr der Perser 490 bis 480 seine außenpolitische Bedeutung gewonnen[98]. Perikles rühmt sodann insbesondere die Väter, die alle Angriffe von Barbaren und Hellenen zurückgewiesen und im attischen Seebund eine Macht geschaffen hätten, die sich vor keiner anderen verstecken müsse. Der Seebund wird aus der Verteidigungspolitik erklärt, zugleich aber auch als Garantie der Stabilität gewertet[99].

3h. Sodann folgt das eigentliche Lob der Stadt, für welche die Gefallenen ihr Leben geopfert haben. So wie Solon bei Herodot, so rechnet Perikles bei Thukydides zu den Bedingungen der Eudaimonie nicht ein möglichst langes Leben, aber einen schönen Tod, die Euthanasie. Dieser Begriff ist in unseren Sprachgebrauch über Kaiser Augustus gelangt, der jedesmal, wenn er vom schnellen, schmerzlosen Tode eines Menschen hörte, sich und den Seinen einen ebensolchen wünschte[100]. Doppelt glücklich zu preisen ist, wie Solons Tellos von Athen, wer sein Leben einer guten Sache opfert. Was diesem Opfer Sinn gibt, ist nicht die Macht der Athener, sondern ihre spezifische demokratische Verfassung. „Wir leben in einer Staatsform (*politeia*), die nicht die Gesetze ihrer Nachbarn imitiert, sondern vielmehr diesen zum Vorbild dient. Ihr Name ist Demokratie". Hier wird Athen zum Muster auch für andere Staaten hingestellt, tatsächlich sind in jener Zeit die Gesetze Athens vielfach nachgeahmt und übernommen worden.

3i. Der Begriff Demokratie war damals neu und wird darum erläutert. Sie beruhe auf der Mehrheit der Bürger. Gemeint sind hier die Mehrheitsentscheidungen von Volksversammlung und Volksgericht. Die Demokratie beanspruchte nicht, von allen Bewohnern getragen zu werden. Frauen, die keinen Wehrdienst leisteten, und Sklaven, die darüber hinaus größtenteils importierte Barbaren waren, besaßen kein (volles) Bürgerrecht. Auf Frauen und Sklaven wurde die Gleichheit nicht ausgedehnt, wohl aber auf Adlige und Nichtadlige, auf Reiche und Arme. „Vor dem Gesetz, wenn es um private Angelegenheiten geht, sind alle gleich. In den öffentlichen Angelegenheiten entscheidet die persönliche Leistung, nicht der Besitz. Auch dem Armen ist es erlaubt, für den Staat etwas zu leisten". Hier wird der Begriff der *isonomia* umschrieben, der seit Solon für die Demokratie grundlegend ist. Solon erklärte, Gleichheit verhindere Unruhen, doch unterschied man später arithmetische Gleichheit, in der die Stimmen gezählt werden, und geometrische

---

98 Raaflaub 1985, 71 ff.
99 Thuk. II 36
100 Suet. Aug. 99

3. Perikles 39

Gleichheit, in der sie gewogen werden[101]. Unterschiedliche Leistung spiegelt sich in unterschiedlichem Vermögen. Eine Gleichheit des Besitzes hat Perikles offenbar nicht angestrebt, die ökonomische Ungleichheit wird nicht bedauert oder entschuldigt. Perikles vertritt nicht die Position des Phaleas.

3j. Die Ungleichheit entspringt der Freiheit, die anschließend gewürdigt wird. Freiheit, sagt Perikles, herrscht bei uns im Staat wie im Privatleben. Was unser Nachbar treibt, das verfolgen wir nicht mit Argwohn, jeder soll tun, was ihm behagt. Respekt verdienen und genießen allein die Behörden und die Gesetze, insbesondere jene zum Schutze der ungerecht Behandelten und die ungeschriebenen Gesetze, die zu übertreten Schande bringe. Hier spielt Perikles auf das solonische Prinzip der Solidarität an: Jeder solle den Schmerz, den ein Mitbürger erleidet, wie einen eigenen empfinden.

3k. Sodann wird der Freizeitwert Athens gepriesen. Freiheit hat etwas mit Freizeit zu tun. Zur Erholung von der Arbeit gibt es Wettspiele und Opferfeste, über das ganze Jahr verteilt. „Unsere Wohnungen sind schön und stattlich eingerichtet, und das hält uns den täglichen Ärger vom Leibe". Die Größe der Stadt bringt die Erzeugnisse aus aller Welt bei uns auf den Markt, wir genießen die Güter aus anderen Ländern ebenso wie unsere eigenen[102]. Als Zentrum des Welthandels wurde Athen auch von Isokrates[103] gepriesen, während antidemokratische Autoren wie Pseudo-Xenophon[104] und Plato (s.u.) im Seehandel einen Grund zum Sittenverfall erblickten. Der Komödiendichter Hermippos[105] hat im Dialog zwischen einem Kaufmann und einem Bauern die positiven und negativen Importgüter gegenübergestellt. Kaufmann: „Syrakus liefert uns Schweine und Parmesankäse". Bauer: „Und aus Thrakien beziehen wir die Krätze". Kaufmann: „Rhodos liefert Rosinen und Feigen, Spender lieblicher Träume". Bauer: „Und aus Pagasai importieren wir unsere Schieber und Taschendiebe" usw.

3l. Perikles vergleicht Athen mit Sparta im Hinblick auf das Kriegswesen, und dieser Vergleich steht unausgesprochen hinter der ganzen Rede. „Nicht unsere Rüstungen, nicht unsere List, sondern unsere Wehrbereitschaft macht uns stark. Schon unsere Kinder erziehen wir hart und wehrhaft; und wenn der

---
101 Plut. 484B; Plat. Gorg. 508A
102 Thuk. II 38
103 Isokr. IV 42
104 Ps. Xen. rep. Ath. II 7
105 Hermippos fr. 63

Lebenswandel der Erwachsenen auch lockerer ist als in Sparta, so gehen wir doch ebenso entschlossen in den Krieg." Perikles rühmt sodann die Kriegserfolge über das Maß des Plausiblen hinaus, sein Beweisziel ist, daß ein militarisiertes Leben, wie es in Sparta herrschte, nicht nötig sei, um abwehrfähig zu bleiben[106].

3m. „Wir lieben das Schöne, aber mit Maß; wir schätzen das Wissen, ohne zu verweichlichen. Unser Reichtum dient nicht der Prahlerei, sondern praktischen Zielen. Und was die Armut angeht: niemandem bringt es Schande, seine Armut zuzugeben, aber schimpflich ist es, wenn man nicht versucht, durch Arbeit aus der Armut herauszukommen. Dieselben Menschen, die daheim ihre eigenen Geschäfte betreiben, widmen sich den Staatsangelegenheiten, privates und öffentliches Leben wird bei uns verbunden. Wir sind die einzige Stadt, die den reinen Privatmenschen für einen unnützen Bürger hält. Das Volk trifft die Entscheidungen und unterrichtet sich zuvor. Lange Debatten ersetzen den Entschluß nicht, sondern bereiten ihn vor. Blinder Aktionismus liegt uns ebenso fern wie fruchtloses Diskutieren". Perikles berührt hier einen wunden Punkt seiner Demokratie, ja aller Demokratie, der stets vorgeworfen wird, daß man zuviel rede und zuwenig tue.

3n. Aus der demokratisch-volksfreundlichen Gesinnung leitet Perikles dann ein Verhalten gegenüber den Nachbarn ab, wie es gewiß nicht der Realität, um so mehr aber dem Ideal entspricht: „Wir erwerben uns Freunde weniger durch Empfangen als durch Erweisen von Wohltaten; wir sind die einzigen, die anderen helfen ohne Rücksicht auf den eigenen Nutzen, nur im Vertrauen auf die Früchte der Freiheit"[107]. Fremdenausweisung und Angst vor Spionen kennzeichne die spartanische, nicht die athenische Politik. Tatsächlich war in Athen jedermann willkommen, der die Gesetze einhielt, Steuern zahlte und Wehrdienste leistete. Politische Rechte erhielten diese Metöken jedoch nicht.

3o. Nicht nur für das leibliche, auch für das geistige Wohl werde gesorgt, heißt es weiter. „Jeder Einzelne bildet sich bei uns zum vollendeten Menschen heran, und so sind wir" – und damit faßt Perikles sein Lob Athens zusammen – „die Schule für ganz Griechenland, *tés Hellados paideusis*"[108]. Dieser Gedanke ist nicht ohne Grund oft wiederholt worden. Wir finden ihn

---

106 Thuk. II 39
107 Thuk. II 40
108 Thuk. II 41

3. Perikles

bei Platon[109], bei Diodor[110] und in einem Thukydides selbst zugeschriebenen Epigramm[111] auf Euripides mit der berühmten Dreiwortformel *Hellados Hellas Athénai*: „Athen ist das Griechenland Griechenlands" oder „Athen bedeutet für Griechenland, was Griechenland für die Welt bedeutet". Athen, so meint Perikles bei Thukydides, sei ein Gegenstand der Bewunderung für Zeitgenossen und Nachwelt, Athen brauche keinen Homer als Ruhmredner, sondern spreche für sich selbst.

3p. Perikles lenkt dann wieder zurück auf die Gefallenen. Für eine solche Stadt lohne das Leben wie das Sterben[112]. Er wendet sich an jene Eltern, die noch weitere Nachkommen haben könnten. Er fordert sie auf, zu zeugen, um die Stadt stark und groß zu erhalten. Nur wer selbst Kinder habe, biete die Gewähr einer verantwortungsvollen, weitblickenden Politik der Gleichheit und der Gerechtigkeit. Es gibt in der antiken Verfassungsgeschichte Beispiele dafür, daß Ämter nur an Familienväter mit Kindern vergeben wurden, von denen man deswegen annahm, daß sie nicht auf Kosten der Zukunft politisieren würden. Bekanntester Fall ist Massilia[113]. Perikles tröstet die Eltern und die Frauen der Gefallenen, die Erziehung ihrer Kinder übernehme der Staat[114]. Dies war eine Forderung des Hippodamos von Milet (s. o. 3b).

3q. Die Totenrede des Perikles ist jenes Dokument, in dem die ideale Seite der attischen Demokratie am reinsten zum Ausdruck kommt und die insofern einen Höhepunkt in der Entwicklung des antiken Staatsdenkens darstellt. Sie beschreibt den demokratischen Rechtsstaat, die ausgeglichene und gesetzmäßige Verfassung (*isé kai ennomos politeia*[115]). Zu allen Zeiten hat Thukydides damit die demokratischen Theorien beeinflußt, Karl Popper[116] zeigte an ihr den Gegensatz zwischen der „offenen" Gesellschaft, repräsentiert durch Athen, und der „geschlossenen" Gesellschaft, vertreten durch Sparta. Popper nannte das von Perikles beschriebene Athen eine Schule der Menschheit, „für Jahrtausende, die vergangen sind, und die noch kommen mögen".

---

109 Plat. Prot. 337 D
110 Diod. XIII 27, 1
111 Anth. Gr. VII 45
112 Thuk. II 43
113 Strabo IV 1, 5
114 Thuk. II 46
115 Aeschines I 5
116 Popper 1944/70, I 137 f.; 249 ff.

3r. Poppers Angriff richtet sich gegen Sparta und gegen Platon, der eine andere Staatsidee vertrat. Platon hat sich mit der Totenrede auseinandergesetzt. In seinem Dialog ›Menexenos‹ liefert er eine ironische Persiflage, die durch ihre Übertreibungen und Verdrehungen die schwachen Punkte der perikleischen Rede bezeichnet. Es hätte, meint Platon durch den Mund des Sokrates, wohl doch einiges für sich, im Krieg umzukommen. Ohne sonderliche Leistung bekäme man ein großes Begräbnis und eine wunderschöne Rede, alle Welt griffe das ans Herz, und selbst er, Sokrates, brauche drei Tage, bis er die erhabenen Gefühle wieder los wäre und zu klaren Gedanken fähig sei. Die Verfassung Athens vor den Athenern zu loben, sei ja nicht sonderlich schwierig, aber dasselbe vor einem spartanischen Publikum zu tun oder die Verfassung Spartas vor einem Athener Auditorium zu preisen, dazu gehöre etwas. Und das wage niemand.

3s. Nebenbei bemerkte Sokrates, daß die Totenrede gar nicht von Perikles stamme, sondern von dessen Mätresse, der Hetäre Aspasia, und die könne, wenn sie wolle, noch viel bessere Reden halten. Eine solche referiert Sokrates sodann. Die Rede des Perikles wird darin Punkt um Punkt übertroffen. Der Staat ist nicht nur eine Demokratie, weil alle Macht vom Volke ausgeht, sondern zugleich eine Aristokratie, weil natürlich stets die Besten gewählt werden, und indem diese in Wahrheit Könige sind, ist Athen zugleich eine Monarchie. Seine Kriege habe Athen nur aus Menschenliebe begonnen, seine Niederlagen seien nur einem ungünstigen Schicksal zu verdanken, selbst ihre Bürgerkriege hätten die Athener geradezu vorbildlich geführt. Alle Mißerfolge, alle Dunkelstellen aus der Geschichte Athens werden ausradiert und umgedeutet. Die Rede der Aspasia ist ein Meisterwerk der patriotischen Geschichtsfälschung. Sie gipfelt darin, daß die Glanzleistungen Athens bis zum Jahre 386 gepriesen werden, obwohl Sokrates selbst, wie jeder Athener wußte, bereits im Jahre 399 gestorben ist.

4. Rückblick

4a. „Der Staat kennt keine mächtigeren ungeschriebenen Gesetze als das mythische Fundament, das seinen Zusammenhang mit der Religion, sein Herauswachsen aus mythischen Vorstellungen verbürgt". Wer wollte Nietzsche[117] darin widersprechen? Mythos ist jene Form von Geschichte, die

---

117 Nietzsche I 125

4. Rückblick

durch ihr Alter ehrwürdig, in ihren Grundzügen festgelegt ist und den Stolz einer Gemeinschaft bildet. Alte Staaten pflegen ihre Ursprungslegende, neue Staaten schaffen sich solche. Solange er seine stabilisierende Funktion erfüllt, ist der Staatsmythos unverfügbar, historisch-rationaler Kritik entzogen. Sobald sich jedoch im Zusammenleben Wandlungen vollziehen, verliert der Mythos seine Selbstverständlichkeit, liefert seine Auflösung Stoff und Raum für Neues. Ein solcher Vorgang zeigt sich im frühen Griechentum.

4b. Die politische Aufklärung der Vorsokratiker setzte ein mit der Ablösung mythischer Vorstellungen durch rationale Begriffe. An die Stelle von religiösen Personifikationen traten abstrakte Normen, die es erlaubten, übernommene Formen zwischenmenschlichen Verhaltens zu diskutieren, zu kritisieren, zu modifizieren. Wertbegriffe wie Recht (*diké*), Gesetz (*nomos*) und Maß (*metron*) dienten dem Verständnis der natürlichen Weltordnung und der Gestaltung menschlicher Lebensgemeinschaften.

4c. Die früheste reflektierte Staatsreform war, soweit wir wissen, diejenige von Solon in Athen. Er hat es geschafft, einen scheinbar unlösbaren politischen und sozialen Gegensatz auszugleichen, indem er einen Kompromiß fand, der keine Seite ganz befriedigte, aber beiden zumutbar war. Mit Solon beginnt die Politisierung der Politen, er vertrat den demokratischen Gedanken, daß die Staatsangelegenheiten weder einem durch Gott eingesetzten König, noch einem durch die Geschichte gerechtfertigten Adel vorbehalten seien, sondern alle Bürger angingen.

4d. Der damit angedeutete reflektierte Demokratisierungsprozeß hat dann allerdings Rückschläge erlebt, praktisch durch die Tyrannis der Peisistratiden, theoretisch durch die Philosophie Heraklits. Er hat zuerst den klassischen Einwand gegen die Demokratie formuliert, daß die Gleichheit der Menschen nicht naturgegeben sei und politisch nur hergestellt werden könne, indem die aus der Masse herausragenden Persönlichkeiten beseitigt werden. Gleichwohl hat sich die Demokratie wenigstens einmal eine überragende Führerfigur gefallen lassen, in der Gestalt des Perikles. Daß die Entwicklung hier nicht stehengeblieben ist, hat die platonische Parodie im >Menexenos< gezeigt; das wird die Lehre von Macht bei den Sophisten bestätigen.

Kapitel III

MACHT UND RECHT BEI DEN SOPHISTEN

    a. Nietzsche, Hegel 47
    b. Aristophanes 47
    c. Platon 47

1. DEMOKRATISCHE
TENDENZEN 48
    a. Herodot Verfassungsgespräch 48
    b. Begriff Demokratie 49
    c. Staatsvertrag:
       Anonymus Jamblichi
       Lykophron
       Sokrates 49
    d. Gleichheit: 49
    e. Barbaren 50
    f. Sklaven 50
    g. Frauen: Lysistrata 51
    h. Ekklesiazusen 52

2. DER MENSCH ALS MASS 53
    a. Nomos gegen Physis 53
    b. Antiphon, Hippias 53
    c. Protagoras 54
    d. Sein Staatsmythos 54
    e. Gegner ausrotten 55
    f. Gorgias 55
    g. Kritias 55
    h. Kritik daran 56
    i. Homo Mensura 56
    j. Subjektivismus 57

3. RECHT DES STÄRKEREN 58
    a. Pindar 58
    b. Kallikles 58
    c. Ungleichheit 58
    d. Mehrheit 58
    e. Moral 59
    f. Erziehung 59
    g. Kampf ums Dasein 59
    h. Normen willkürlich 60
    i. Thrasymachos 60
    j. Tyrannis 60
    k. Götter fern 61
    l. Alkibiades 61
    m. Xenophon 61
    n. Pseudo-Xenophon 62

4. DER MELIERDIALOG 62
    a. Athenagoras 62
    b. Melier-Dialog 63
    c. Natur-Prinzip 65
    d. Situations-Ethik 65
    e. Ausgang 65
    f. Rechtsfrage 66
    g. Natur-Prinzip 67

5. RÜCKBLICK 68
    a. Demokratismus 68
    b. Subjektivismus 68
    c. Antigone 69
    d. Politische Technik 69

> Die Grenze zwischen Gut und Böse verwischt sich ...
> Das ist der Sophist.
>
> Nietzsche

III. Macht und Recht bei den Sophisten

a. Friedrich Nietzsche[1] faßte seine Lehre zusammen in die Worte: „Nichts ist wahr. Alles ist erlaubt." Diese These war nicht neu, sie enthält die Quintessenz der Sophistik, zu der sich Nietzsche[2] ausdrücklich bekannt hat. Nietzsche stimmte in seinem Urteil über die Sophisten ausnahmsweise mit Hegel[3] überein, der meinte, erst die Sophisten hätten den blinden Patriotismus durch die „subjektive Reflexion" ersetzt und gelehrt, „daß jeder nach seiner Überzeugung handeln müsse". Hegel und Nietzsche fanden darin Zustimmung bei Karl Popper[4]. Die Sympathisanten der Sophisten sind eine sehr heterogene Gruppe.

b. Dennoch steht das positive Urteil über die Sophisten im Gegensatz zur herrschenden Auffassung der Philosophiegeschichte. Schon die Zeitgenossen haben den Relativismus und die Geschäftstüchtigkeit der Sophisten angeprangert. Das beginnt mit Aristophanes. In seiner Komödie ›Die Wolken‹ bringt ein Athener seinen Sohn zu dem als Sophisten betrachteten Sokrates, der ihn unterrichten möge[5]. Auf die Frage: Worin? treten die „altbewährte Redlichkeit" und die „neumodische Beredsamkeit" als Personifikationen auf, beschimpfen einander, und man kann sich denken, wer triumphiert. Der gegen die Sophisten erhobene Vorwurf, weiß aus schwarz zu machen und die Jugend zu verderben, hat Sokrates das Leben gekostet.

c. Platon, der dies überliefert[6], bringt auch die eine frühe Definition des Sophisten. Er schreibt in seinem Dialog ›Sophistes‹, die Sophisten seien

---

1 Nietzsche II 889
2 Nietzsche II 637; III 757
3 Hegel SW. 1832 ff. IX 308 f.
4 Popper 1944/70, 102 f.; 253
5 Aristoph. Wolken 867 ff.
6 Plato, Apol. 3

Männer, die auf reiche junge Leute Jagd machten und ihnen gegen Bezahlung das Reden beibrächten[7]. Ganz ähnlich nennt Aristoteles[8] die Sophisten Kaufleute, die mit ihrem Scheinwissen Geschäfte machten. Diese Vorwürfe haben nicht verhindert, daß der Begriff „Sophist" bis in die Spätantike wertneutral für „Philosoph", „Rhetor" in Geltung blieb[9]. Sie sind auch insofern einseitig, als ihnen das Verdienst der Sophisten gegenübersteht, den Menschen ins Zentrum des philosophischen Nachdenkens gerückt zu haben. Während die älteren Vorsokratiker, d. h. die ionischen Naturphilosophen, sich vornehmlich mit dem Kosmos befaßt haben, geht es den seit der Mitte des 5. Jh. auftretenden Sophisten hauptsächlich um Staat, Gesellschaft und Erziehung. Sie fördern, zunächst jedenfalls, sowohl die theoretische Aufklärung als auch die praktische Demokratisierung. Mit dem Homo-Mensura-Satz kippt die Demokratisierung um in die Lehre vom Recht des Stärkeren, sie kulminiert im Melier-Dialog des Thukydides.

1. DEMOKRATISCHE TENDENZEN

1a. Das früheste Dokument sophistischer Staatstheorie ist das Verfassungsgespräch bei Herodot[10]. Hier werden die drei reinen Typen der Herrschaft vorgestellt: Monarchie, Aristokratie und Demokratie. Herodot verlegt die Diskussion nach Persien in den September des Jahres 522. Darius hat durch eine Palastrevolution den „falschen Smerdis" beseitigt und überlegt nun mit seinen Genossen, welche Staatsform einzuführen sei. Als Vorzüge der Demokratie erscheinen die Gleichheit aller vor dem Gesetz (*isonomia*), die Besetzung der Ämter nach dem Lose, die Rechenschaftspflicht der Beamten und die Entscheidung der wichtigsten Dinge durch die Gesamtheit. Dagegen wird der Aristokratie zugute gehalten, daß sie zwischen der Herrschaft der unbesonnenen Masse und der Willkür eines einzelnen Tyrannen die Mitte einnehme. Der Vertreter der Monarchie macht jedoch geltend, daß die Demokratie sich in Parteien spalte, aus denen dann die Herrschaft Weniger hervorgehe, bis sich der Beste an die Spitze gestellt habe, den man darum auch gleich bestimmen könne.

---

7 Plato, Soph. 231 D. Zur Bezahlung auch Diog. Laert. IX 50; Philostr. Vit. Soph. 494
8 Arist. soph. elench.165 a 21
9 So bei Philostrat VSoph. 485; ähnlich bei Themistios und Libanios
10 Herodot III 80 ff.

1. Demokratische Tendenzen

1b. Herodot mußte dieser Ansicht den Sieg überlassen, gleichgültig, welche er für die richtige hielt, weil sie sich in Persien tatsächlich durchgesetzt hat. Daß Herodot hier eine griechische Argumentation Persern in den Mund legt, gibt er augenzwinkernd zu. „Manchen Lesern werden diese Reden unglaubhaft vorkommen" – in der Tat, denn nichts deutet darauf hin, daß man in Persien jemals über die beste Verfassung debattiert hätte. Die demokratische Staatsform beschreibt Herodot, ohne den Fachausdruck „Demokratie" zu verwenden, das Verbum *demokrateisthai* – „vom Volk regiert werden" benutzt er jedoch in den späteren Teilen seines Werkes[11]. Bei Thukydides und Aristophanes ist der Begriff *demokratia* geläufig.

1c. Ob Herodot das Verfassungsgespräch von einem Sophisten übernommen oder selbst in sophistischer Manier erfunden hat, ist für uns unerheblich. Jedenfalls war Herodot Demokrat, so wie die frühen Sophisten allgemein. Sie haben auch zuerst den von Rousseau vertretenen Gedanken des Staatsvertrages ausgesprochen. Das zeigt der >Anonymus Jamblichi<[12], der Text eines unbekannten Sophisten aus der Zeit um 400. Er leitet die Entstehung des Staates zwar aus der Naturnotwendigkeit des Zusammenlebens ab, betont aber, daß dieses nur dann funktioniere, wenn Recht und Gesetz herrschten. Nicht die Gewalt eines Häuptlings, nicht ein natürlicher Herdentrieb habe den Staat geschaffen, sondern die Übereinkunft mündiger Bürger. Auch der gleichzeitige Sophist Lykophron erklärte das Gesetz zum Regulativ sozialer Ansprüche unter selbständigen Bürgern[13], vertritt somit die Lehre vom Staatsvertrag. Gesetzlosigkeit, Krieg und Tyrannei sind die größten Übel für den Anonymus, ihnen folgte auch der wirtschaftliche Niedergang, der mit der politischen Dekadenz verbunden wird. Die ethische Seite des Staatsvertrages erläutert Platon im >Kriton<. Sokrates würde sich, sagt er, als vertragsbrüchig gegenüber dem Gesetz betrachten, wenn er nach seiner Verurteilung flöhe, nachdem er bis zu seiner Verurteilung den Schutz der Gesetze freiwillig genossen hat[14].

1d. Die Sophisten sind auf der zu ihrer Zeit erreichten Stufe der Gleichheit nicht stehen geblieben. Solon hatte die erblichen Standesunterschiede aufgehoben. Die verbliebenen Besitzunterschiede verloren im Zuge der Entwicklung zur radikalen Demokratie an Bedeutung. Ganz verschwunden sind sie

---

11 Herodot IV 43
12 VS. 89
13 Arist. Politik 1280 B
14 Plat. Kriton 50 A ff.

nie, weil Staatsdienst gegen Entgelt ein privates Interesse an der Sache der Allgemeinheit ermöglicht und daher anstößig schien[15]. Beamtengehälter gab es nur an orientalischen Königshöfen. Von der Besitzfrage abgesehen, ging die theoretische Egalisierung in drei Richtungen weiter: in der These von der Gleichheit zwischen Griechen und Barbaren, zwischen Freien und Sklaven und zwischen Männern und Frauen.

1e. Barbarophonoi nennt Homer[16] die „bla-bla sprechenden" Karer in Kleinasien, ebenso ist für Aischylos[17] das Kennzeichen der Perser ihre unverständlich-barbarische Sprache. Von einer Abwertung der Nachbarn im Osten und Norden ist noch nichts zu spüren, sie macht sich erst nach den Perserkriegen bemerkbar. Die damals aufkommende Geringschätzung der Barbaren bekämpfte der Sophist Antiphon von Athen, ein Zeitgenosse des Sokrates. Ein 1915 in Oxyrhynchos gefundener Papyrus enthält den Satz: „Von Natur sind alle Menschen in jeder Hinsicht gleich, Barbaren wie Hellenen." Alle haben dieselben Grundbedürfnisse, alle haben dieselben Fähigkeiten, diese Grundbedürfnisse zu befriedigen, alle atmen durch Mund und Nase, alle essen mit den Händen. Einen natürlichen Gegensatz zwischen Griechen und Barbaren gibt es nicht[18]. Der Unterschied sei bloß ein solcher der Erziehung. Antiphon kritisiert damit die Überschätzung der Bildungsunterschiede, die künstlich, nicht natürlich seien. Die schon von Phaleas[19] vertretene Forderung nach gleicher Erziehung scheint auch Antiphon verfochten zu haben, denn er erklärte die Erziehung für die wichtigste Sache der Welt[20]. Die These von der Gleichheit zwischen Griechen und Barbaren ist von Aristoteles (s. u.) abgelehnt worden, doch hat sie sein Schüler Alexander d. Gr. insofern respektiert, als er eine großangelegte Verschmelzungspolitik verfolgte: Griechen und Perser sollten ein einziges Volk werden, nicht die Abstammung, sondern die Leistung bestimmte den Wert eines Menschen[21]. Über Zenon und die Stoa hat dieser Gedanke in die Römerzeit hineingewirkt.

1f. Wenn man die kulturellen Unterschiede zwischen den Menschen für geringer erachtet als die natürlichen Gemeinsamkeiten, liegt es nahe, auch

---

15 Arist. pol.1309 A
16 Homer, Ilias II 867
17 Aisch. Agamemnon 1051
18 VS. 87 B 44
19 Arist. pol.1266; s. o. II 3a
20 VS. 87 B 60
21 Strabo I 4, 9; Plut. 329 C

1. Demokratische Tendenzen 51

den Gegensatz zwischen Freien und Sklaven als naturfremd zu erkennen. Die Mehrzahl der griechischen Sklaven bestand aus Barbaren, daher mußte die Gleichwertigkeit der Barbaren anerkannt sein, ehe man die Gleichwertigkeit der Sklaven zugab. Ein frühes Zeugnis dafür liefert Euripides in seiner Tragödie >Ion< aus der Zeit nach 413, wo es heißt, die Differenz zwischen dem Freien und dem Sklaven läge bloß in der Bezeichnung, nicht in der Sache[22].

In den letzten Jahren des Peloponnesischen Krieges wurden in Athen Stimmen laut, die Demokratie würde erst dann gut, wenn auch Besitzlose und Sklaven Anteil an der Herrschaft erhielten[23]. Aus dem frühen 4. Jh. stammt dann die These des Gorgiasschülers Alkidamas: „Gott schuf alle Menschen frei. Die Natur hat keinen zum Sklaven bestimmt"[24]. Das Zitat stammt aus einer Rede an die Spartaner, sie sollten ihre Heloten in Messenien freilassen. Die natürliche Gleichheit der Sklaven ist später sogar ins römische Recht übernommen worden; in den Institutionen des >Corpus Juris< heißt es: *servitus autem est constitutio iuris gentium, qua quis dominio alieno contra naturam subicitur*[25]. Die rechtliche Begründung der Sklaverei wird dort aus dem Kriegswesen hergeleitet: dem Gegner wird das Leben geschenkt und *contra naturam* die Freiheit genommen. Die Forderung nach grundsätzlicher Abschaffung der Sklaverei ist weder von den Sophisten noch von den Stoikern oder den Christen je erhoben worden, auch die antiken Sklavenrevolten suchten offenbar niemals die Einrichtung als solche zu beseitigen. Sie schien der Antike ebenso natürlich wie uns der Gehaltsunterschied der Berufe oder die Rechtlosigkeit der Tiere. Immerhin finden wir im Altertum Staatsutopien, wo keine Sklaven vorkommen (s. u. VII).

1g. Neben der Gleichwertigkeit von Barbaren und Sklaven ist auch die der Frauen in der Sophistik diskutiert worden. Der Grund für die politische und rechtliche Benachteiligung der Frau in den frühen Gesellschaften ist in ihrem Ausschluß vom Kriegswesen zu suchen. Das lehrt die Gegenprobe: der mythische Frauenstaat der Amazonen besteht aus kriegerischen Frauen. Daß es einzelne Frauen in Hellas – wie Sappho und Aspasia – zu Ansehen brachten, änderte am System nichts. >Aspasia< war dann der Titel eines Dialogs, in dem der Sokrates-Schüler Aischines die Ansicht vertrat, Frauen

---

22 Eur. Ion 856 ff.
23 Xen. hell. II 3, 48
24 Arist. rhet.1373 B
25 Corpus Iuris, Inst. I 3

seien zur Politik ebenso befähigt wie Männer. Die unter den Sophisten geführte Diskussion über die Stellung der Frau kennen wir aus Aristophanes. Im Jahre 411 führte er seine >Lysistrata< auf. Der Name der Heldin bedeutet: „die Auflöserin des Heeres". Kurz die Geschichte: Zwanzig Jahre dauert der Peloponnesische Krieg schon, da beschließt Lysistrata, ihn durch eine Verschwörung zu beenden. Sie bewegt die Frauen in Athen und dann ebenfalls in Sparta dazu, ihren Männern den Beischlaf solange zu verweigern, bis sie endlich Frieden gemacht haben. Es kommt zum Aufstand der Frauen, sie besetzen die Akropolis und beschlagnahmen die Staatskasse. Der Hormondruck wächst bei den Männern wie bei den Frauen, sie aber halten durch, die Männer kapitulieren und schließen Frieden.

1h. Vermutlich 392 brachte Aristophanes die zweite feministische Komödie, die >Weibervolksversammlung< (Ekklesiazusen) auf die Bühne. Diesmal ist es nicht die außen-, sondern die innenpolitische Unfähigkeit der Männer, was die Frauen in Bewegung bringt. Ihre Führerin Praxagora („Die auf der Agora handelt") beklagt die soziale und ökonomische Ungleichheit, demonstriert an den Speisen: der Arme begnügt sich mit Hirsebrei, der Reiche ißt eine üppige Pastete, deren Namen bei Aristophanes 79 Silben beträgt. All das soll aufhören, Praxagora bringt wiederum eine Konspiration zuwege. Die Frauen verkleiden sich als Männer, gewinnen die Mehrheit in der Ekklesia, und Praxagora wird zur Reform gerufen. Die Frauen führen nun den Kommunismus ein. Alles wird Gemeingut, Arme und Reiche gibt es nicht mehr; das Geld, der Boden und die Sklaven gehören fortan allen. Schulden und Prozesse verschwinden, niemand hat auf irgendetwas einen besonderen Anspruch. Auch die Ehe wird abgeschafft, man liebt sich frei nach Laune. Das ganze Projekt scheitert aber, weil nur die Dummen und Armen ihren Besitz abliefern und weil die Freigabe der Paarung zum Kampf der Frauen untereinander um die schönsten Männer führt. – Der Luxus der Athenerinnen wurde von Aristophanes gleichwohl angeprangert[25a].

Platon hat den Gedanken einer Gleichberechtigung der Frau und einer Abschaffung der Ehe dann in seinen Idealstaat eingebaut (s. u. IV). Hipparchia, die Frau des Kynikers Krates, betätigte sich selbst als Philosophin[26], und im Garten Epikurs finden wir mehrere philosophierende Hetären[27].

25a Aelian VH. I 18
26 Diog. Laert.VI 7
27 Diog. Laert. X 4 ff.

2. Der Mensch als Maß

2a. Bisher haben wir jene Zeugnisse der sophistischen Staatstheorie betrachtet, die als Fortsetzung der politischen Aufklärung zu werten sind. Wir kommen nun zu dem Punkt, wo diese Entwicklung umkippt. Die Kritik an Staat und Gesellschaft macht bei der egalitären Demokratie nicht halt, sondern greift auch diese an. Entscheidend ist die Umwertung des Gesetzesbegriffs. Die ionischen Naturphilosophen hatten gezeigt, daß die Natur nicht dem unberechenbaren Willen der Götter, sondern festen Regeln gehorcht, ähnlich wie sie dem Staatsleben zugrundeliegen. Staat und Universum wurden gewissermaßen aus ein und demselben Blickwinkel gesehen. Diese Einheit haben die Sophisten bestritten. Die Menschensatzungen erschienen ihnen keine Analogie zur Naturordnung, sondern die Lösung von ihr. Der Begriff *nomos*, der bisher als Werkzeug zum Verständnis der Natur und als Hebel der Kritik am Staatsleben diente, wird nun selbst zum Problem und zum Gegenstand der Kritik, während die Natur (*physis*), die bisher Objekt des Nachdenkens war, zum Instrument der Kritik wird. Das Verhältnis verkehrt sich, man gründet nicht mehr das Gesetz auf die Natur, sondern argumentiert mit der Natur gegen das Gesetz.

2b. Dies tat bereits der genannte Antiphon, als er sagte, die Geringschätzung der Barbaren sei bloß Konvention, bloß Tradition. Solche willkürliche Menschensatzung aber verachte der Weise. Er respektiere auch die Staatsgesetze nur, um nicht erwischt zu werden. Könnte er sich ohne Unannehmlichkeiten über sie hinwegsetzen, so täte er es. Die Naturgesetze hingegen beachte er sorgfältig, sonst bekomme er den Schaden zu spüren. Antiphon ruft auf zur Befreiung aus den Fesseln, die das Gesetz der Natur angelegt habe[28].

Ganz ähnlich argumentierte Hippias von Elis. Er erklärte in einer Versammlung alle Anwesenden für Verwandte, Hausgenossen und Mitbürger, und zwar von Natur, nicht vom Gesetz her. Das Gesetz sei ein Tyrann des Menschen und zwinge ihn, vieles entgegen der Natur zu tun[29]. An der Stelle der positiven Wertung des Nomos, wie sie uns seit Solon und Heraklit begegnet ist, tritt die negative Wertung. Bisher hieß es: die Tyrannis soll durch das Gesetz abgelöst werden. Nun hören wir: das Gesetz selbst ist der Tyrann, von dem die Menschen befreit werden müssen. Gesetz und Gesittung werden als naturwidrige Konventionen hingestellt; die Natur wird zum Kor-

---

28 VS. 87 B 44; Thuk. VIII 68; Philostr. VSoph. 498
29 Plat. Prot. 337 D

rektiv angeblich gedankenlos übernommener Tradition. Die herrschenden Normen stehen, so meint man, im Dienste der Herrschenden, gleichgültig, ob diese eine Minderheit oder die Mehrheit sind. Die Verbindlichkeit von Gesetz und Gebot resultiert allein aus den Machtverhältnissen. Die Lehre von der Macht gilt als das eigentlich sophistische Element. Sie läßt sich an drei Zeugnisgruppen aufzeigen: an Protagoras, der sie theoretisch begründet, an Kallikles und Thrasymachos, die sie ausführen und am Melierdialog, der sie in politische Praxis umsetzt.

2c. Die Tendenzwende liegt in der >Antilogika< (Widersprüche) betitelten[30] Staatstheorie des Protagoras von Abdera, dem bedeutendsten Sophisten[31]. Protagoras führte wie die meisten Sophisten ein Wanderleben, war mehrfach in Athen und trat dort mit großem Erfolg auf. Er war mit Euripides und Perikles befreundet und soll, wie auch Herodot und Hippodamos, im Jahre 444 bei der Gründung der Musterkolonie Thurioi in Unteritalien als Gesetzgeber mitgewirkt haben[32]. Staatsdenker und Staatslenker fallen noch einmal zusammen. 411 wurde Protagoras in Athen der Asebieprozeß wegen Gottlosigkeit gemacht, auf der Flucht nach Sizilien ist er ertrunken[33], seine Schriften wurden in Athen auf Staatsbeschluß öffentlich verbrannt[34] – die früheste Bücherverbrennung fand statt im demokratischen Athen.

2d. Protagoras[35] hat seine Theorie in der Form eines didaktischen Mythos erzählt. Er knüpft an die bei Hesiod überlieferte Prometheus-Sage an und schmückt sie aus. Nachdem Prometheus dem Zeus das Feuer entwendet, der Athena die Webekunst abgesehen, dem Hephaistos die Metalltechnik gestohlen und den Menschen gebracht hatte, habe diesen nur noch die Staatskunst gefehlt. Ihre Versuche zur Gemeinschaftsbildung seien erfolglos geblieben, hätten zu Kriegen geführt, die schließlich die Menschheit mit dem Untergang bedrohten. Darauf hätte Hermes den Menschen im Auftrag des Zeus das Rechtsbewußtsein vermittelt. Aber nicht wie die Künste und Gewerbe jeweils nur einzelnen Begabten, sondern so, daß alle daran teilhätten.

---

30 Diog. Laert. III 37; 57
31 VS. 80; Diog. Laert. IX 50 ff.
32 Herakleides Pontikos bei Diog. Laert. IX 50
33 Diog. Laert. IX 55
34 Diog. Laert. IX 52; Hieron. chron. zu 442 v. Chr.
35 Plat. Prot. 320 C

2. Der Mensch als Maß

2e. Diese egalitäre Rechtslehre des Protagoras entspricht durchaus der demokratischen Nomos-Philosophie der älteren Staatstheorie. Ihrethalben hat Popper[36] Protagoras zum Vorkämpfer einer offenen Gesellschaft gemacht. Dazu paßt allerdings schlecht der Schluß des Mythos. Protagoras läßt Zeus zu Hermes sagen: „Alle Menschen sollen Anteil haben an Schamgefühl und Rechtsbewußtsein. Wer aber keinen Anteil daran nimmt, den soll man bekämpfen wie eine Krankheit am Staate und soll ihn töten"[37]. Wen solche Lehren nicht erfreun, verdient es nicht, ein Mensch zu sein. Wenn man diejenigen Menschen, denen Schamgefühl und Rechtsbewußtsein fehlen, ausrotten muß, dann hat Hermes schlecht gearbeitet. Protagoras stellt sich offenbar auf den Standpunkt, daß die Mehrheit immer Recht hat. Diese Ansicht ist in Athen von den radikalen Demokraten verfochten worden. Als im Arginusenprozeß 406 die Verteidiger die gesetzlichen Schutzbestimmungen in Anspruch nahmen, schrie die Masse, es sei unerhört, daß jemand das Volk daran hindern wolle, zu tun, was ihm beliebe[38]. Das ist die totalitäre Demokratie, die sich nicht an Grundrechte des Einzelnen bindet.

2f. Die These des Protagoras, das Rechtsbewußtsein liege bei der Menge, resultiert nicht aus der Annahme, daß die Menge vernünftig sei, sondern aus dem Zweifel daran, ob man politische Urteile überhaupt sachlich begründen könne. „Was immer einem Staate Recht erscheint, ist Recht, solange es ihm Recht erscheint"[39]. Gegen den Glauben an das Naturrecht wird der Rechtspositivismus gesetzt. Recht hat, wer sich praktisch behauptet, denn theoretisch hat niemand Recht. Zu jeder Frage, heißt es, gebe es zwei Standpunkte, von denen aus man sie entweder verneinen oder bejahen könne, ganz wie man wolle. Dieser Agnostizismus des Protagoras erinnert an den berühmten Beweisgang des „Vaters der Sophistik", des Gorgias von Leontinoi. Er lautet: These Eins: Es gibt nichts; These Zwei: wenn es etwas gäbe, wäre es nicht erkennbar; These Drei: wenn es etwas gäbe und dies erkennbar wäre, könnte man es weder begreifen noch mitteilen[40].

2g. Diesem Nihilismus in der Erkenntnistheorie entspricht in der Ethik der Utilitarismus. Protagoras meinte, gut sei, was dem Handelnden nützt. Die traditionelle Vorstellung, daß die Götter die Hüter des Rechts seien, lehnte

---

36 Popper 1944/70, 253
37 Plat. Prot. 322 D
38 Xen. hell. I 7,12
39 Plat. Theait. 167 C
40 Philostrat Vit.Soph. 492; VS. 82 B 3

Protagoras ab. Ob es Götter gäbe, das könne man nicht sagen[41]. Die Verankerung des Rechts bei Zeus war für einen Sophisten nur „Eiapopeia vom Himmel" (so Freud[42] zur Religion). Am radikalsten äußerte sich hierzu Kritias, ein Onkel Platons, der 404 als einer der dreißig Tyrannen in Athen regierte[43]. Kritias erklärte, in der Urzeit hätten die Menschen wie Tiere gelebt. Später hätten sie sich Gesetze gegeben, um die Gewalt zu kontrollieren. Aber die Gesetze hätten nur die öffentlichen Verbrechen verhindert. Ein kluger Mann sei darum auf die Idee gekommen, Götter zu erfinden, die auch heimliche Sünder strafen. Er hätte zu seinen Landsleuten gesagt: „Es gibt nicht nur irdische, sondern auch himmlische Richter. Die Götter sehen alles und strafen, was Menschen nicht strafen können." So hätte der Erfinder der Götter den Leuten Furcht vor der himmlischen Vergeltung eingeflößt und durch einen nutzbringenden Betrug die Religion eingeführt und die Sitten verbessert[44].

2h. Die Religionstheorie des Kritias ist zweifellos ein Stück Aufklärung, denn er bemüht sich um eine rationale Erklärung der Religion. Dennoch ist sie im Ansatz falsch. Kritias erkennt richtig die Geschichtlichkeit der Religion, übersieht aber die Geschichtlichkeit der Vernunft. Er unterstellt nämlich den früheren Priestern ein Bewußtsein, wie es die zeitgenössischen Sophisten besaßen, namentlich Kritias selbst. Indem Kritias die Religion als ein sozialpädagogisches Instrument und die Götter als Buhmänner entlarvt, entbindet er sich und seinesgleichen von der Gottesfurcht. Zwar sagt er nicht, daß straflose Verbrechen empfehlenswert seien, doch hat er als einer der dreißig Tyrannen solche begangen.

2i. Die Religionskritik des Kritias ergibt sich aus einem Kerngedanken der Sophisten, der zugleich die Essenz ihrer Staatstheorie enthält. Es ist der Homo-Mensura-Satz des Protagoras. Er lautet: „Der Mensch ist das Maß aller Dinge; der seienden, daß sie sind; der nichtseienden, daß sie nicht sind"[45]. Dieser Satz bezeichnet den Punkt, an dem die Sophistik umschlägt in Scharlatanerie, denn es lassen sich aus ihm sowohl vernünftige als auch widersinnige Folgerungen ableiten. Beispiele einer gelungenen Anwendung des Homo-Mensura-Satzes liefern schon Xenophanes (VS. 21 B 14) mit

---

41 Diog. Laert. IX 51
42 S. Freud, Kulturtheoretische Schriften, 1986, 249
43 Philostr. Vit. Soph. 501 f.: Kritias der größte Verbrecher.
44 VS. 88 B 25
45 Plat. Theait. 152 A; Diog. Laert. IX 51

2. Der Mensch als Maß

seiner Kritik an der anthropomorphen Gottesvorstellung und namentlich Herodot. Er will mit den völkerkundlichen Exkursen in seinem Geschichtswerk die trügerische Selbstverständlichkeit der griechischen Sitten entlarven. So berichtet er[46], der Perserkönig Darius habe einmal die Griechen an seinem Hofe gefragt, um welchen Preis sie ihre gestorbenen Väter verzehren würden. Die Griechen waren darüber entsetzt, ebenso entsetzt wie die anwesenden Inder, die Darius fragte, um welchen Preis sie ihre Toten verbrennen würden. So pflege eben jedes Volk seine eigenen Bräuche und Pindar habe Recht: der Nomos ist der König über alle.

2j. Während Herodot an diesen Beispielen zutreffend zeigt, daß manche Gesetze zu Unrecht für naturgemäß gehalten werden, – es gibt keine naturgemäße Form der Bestattung – behauptet Protagoras unzutreffend, daß jegliche Satzung willkürlich sei – alle Völker bestatten ihre Toten. Der Homo-Mensura-Satz stimmt kasuell, aber nicht prinzipiell. Das beweist Platon, der diesen Satz nach allen Richtungen auseinandernimmt. Indem Protagoras behauptet, Sein und Schein sei dasselbe, Wahrheit und Wesen der gegebenen Objekte hingen vom betrachtenden, bewertenden Subjekt ab, vertritt er die These eines extremen Subjektivismus, der die Welt als Produkt unseres Denkens ausgibt.

Diese Haltung birgt einen Selbstwiderspruch: denn wenn alles Einbildung ist, dann ist auch diese selbst Einbildung. Platon[47] zeigt die absurden Konsequenzen dieses Skeptizismus und die Motive der Zustimmenden. Wäre Protagoras nämlich als Kaulquappe auf die Welt gekommen und hätte er den anderen Kaulquappen erklärt, die Kaulquappe sei das Maß aller Dinge, so hätten sich die Kaulquappen geschmeichelt gefühlt wie die Menschen und so wie diese zugestimmt. Platon erklärt, daß die Dinge in ihrem Sein nicht davon abhingen, was die Menschen meinen, weswegen man überhaupt niemals „meinen" soll, sondern lernen, wie die Dinge sich tatsächlich verhalten, unabhängig von unserem Wollen und Meinen. Für Platon ist der Gott als Schöpfer das Maß aller Dinge[48], d. h. Sein und Nichtsein sind nicht Sache des Menschen, sondern Sache der Natur, nicht *nomói*, sondern *physei*. Anderenfalls hätten die Athener, wie Antisthenes[49] ihnen empfahl, durch Volksbeschluß alle Esel zu Pferden befördert.

---

46 Herodot III 38
47 Plat. Theaet. 161 C ff.
48 Platon, Gesetze 716 C
49 Diog. Laert. VI 8

3. Das Recht des Stärkeren

3a. Die politischen, sozialen und religiösen Normen sind in der vorsokratisch-sophistischen Kritik relativiert worden. Herodots Pindar-Zitat nimmt die Konsequenz aus dem Homo-Mensura-Satz gleichsam vorweg. Es heißt im Kontext des Dichters, der Nomos sei König über Sterbliche wie Unsterbliche, mit unbezwinglicher Hand rechtfertige er die Gewalt, da selbst Herakles Raubtaten begangen habe, die niemand verurteile, weil eben Herakles sie begangen habe. Das Recht des Stärkeren sei das Gesetz der Natur[50].

3b. Auf dasselbe Pindarwort beruft sich ein anderer Sophist zum Beweise, daß Recht sei, was die Menschen als Recht erklären, sofern sie nur die Macht dazu haben. Es ist Kallikles, der Schüler des Sophisten Gorgias. In seiner Auseinandersetzung mit Sokrates[51] unterscheidet Kallikles zwischen Natur und Gesetz. Sokrates hatte die These aufgestellt, Unrecht leiden sei besser als Unrecht tun. Kallikles hält dem entgegen, daß Sokrates hier bloß den Standpunkt des Strafgesetzes vertrete. Denn das Gesetz straft den, der Unrecht tut, nicht den, der es leidet. Die Natur aber werte umgekehrt. Unrechtleiden sei vom Übel, denn das verursache Schmerzen. Unrecht tun hingegen sei indifferent oder angenehm, jedenfalls naturgemäß, da auch in der Natur kein Wolf nach dem Recht des Schafes fragt, das er frißt.

3c. Kallikles geht aus, nicht von einer natürlichen Gleichheit, die Antiphon und Hippias behauptet hatten, sondern von einer natürlichen Ungleichheit. Die Gleichheit sei künstlich, sie erscheint als Produkt von Konvention und Tradition. Gesetze seien von den vielen Schwachen gemacht, um die wenigen Starken zu bändigen. Die Idee der Gleichheit vor dem Gesetz solle die Starken über ihre Stärke täuschen. Man wolle sie dazu bewegen, darauf zu verzichten, zu ihrem eigenen Nachteil, zum Vorteil der Masse. Da die Masse aus schwachen Einzelnen besteht, ist es für sie vernünftig, sich mit einem untereinander gleichen Anteil zu begnügen. Für den Starken, der mehr haben könnte, ist es aber dumm, diese Egalität prinzipiell zu respektieren. Somit ist der Gleichheitsgedanke ein widernatürlicher Trick, um die von Natur aus Starken zu überlisten.

3d. Eine ähnliche Begründung findet Kallikles für das Mehrheitsprinzip. Da die Schwachen die Majorität ausmachen, hätten sie die Stimmenmehrheit

---

50 Platon, Gesetze 690 B; 715 A
51 Plat. Gorg. 482 C ff.

als rechtsetzend erklärt. Faktisch praktizieren sie damit selbst aber bloß – weil sie gemeinsam stärker sind als die einzelnen Starken – das Recht des Stärkeren, das sie theoretisch dann ablehnen, wenn es die Starken anwenden. Also handelt die Masse auch nicht anders als der mächtige Einzelne – jeder denkt an seinen Eigennutz.

3e. Die Masse sei sich ihrer Stärke nicht gewiß, darum verstärke sie die Gesetze durch die Moral. Weil das Gesetz nicht überall erzwungen werden kann, soll derjenige, der es zu brechen vermag, durch ein schlechtes Gewissen bestraft und zum gesetzestreuen Verhalten bewogen werden. Die Devise „Gemeinnutz geht vor Eigennutz" beschönigt die Übermacht der Vielen gegenüber dem Einzelnen. So wie bei Kritias die Religion ist bei Kallikles die Moral nur ein Machtinstrument im Interesse der Herrschenden.

3f. Zur Durchsetzung der Interessen der Majorität der Mittelmäßigen diene die Jugenderziehung im demokratischen Athen. Sie bezwecke mitnichten die Entfaltung der natürlichen Anlagen des Individuums. Denn dabei würden sich unweigerlich die geborenen Löwen von den geborenen Hasen scheiden, und die naturgegebene Ungleichheit träte ans Licht. Die Erziehung solle vielmehr genau dieses verhindern. Sie solle die starken Naturen künstlich unterdrücken, die schwachen Naturen künstlich aufpäppeln, zum Schaden der Starken, zum Nutzen der Schwachen. Solange die Menschen noch formbar seien, suche man sie durch die Gewöhnung an den Gleichheitsgedanken, durch die Achtung vor der Mehrheit, durch die Unterwerfung unter eine Herdenmoral zu domestizieren. Mit dieser These ist nicht nur Nietzsche, sondern auch Freud[52] vorweggenommen, der die Moral gleichfalls für ein Produkt der Erziehung erklärte.

3g. Wir verstehen, weshalb sich die Sophistik gerade die Erziehung zur Stätte ihrer Wirkung erkor. Das Ziel dieser neuen Erziehung war, den jungen Mann mit jenen rhetorischen Mitteln auszurüsten, die er im Kampf ums Dasein benötigte. Die sophistische Seelenbildung beschränkt sich auf die Befreiung aus den traditionellen Vorurteilen vom Typus: Du sollst nicht töten, lügen, ehebrechen usw. Wer richtig leben will, so Kallikles, verwirklicht sich selbst. Er läßt seine Triebe so mächtig als möglich werden, er lebt sich nach allen Richtungen aus und bedenkt allenfalls eigene Unannehmlichkeiten, gewiß aber nicht Rücksichten auf andere Menschen, denn von diesen ist nichts anderes zu erwarten.

---

52 Freud l.c. 250 ff.

3h. Die Schlußfolgerung des Kallikles ergibt sich. Wer den gesellschaftlichen Egoismus im Regelwerk der Normen erkannt und die allweil dahinterstehenden Interessen durchschaut hat, für den ist die angebliche Allgemeingültigkeit sozialer Normen ein bloßer Einschüchterungsversuch. Er erkennt, daß allenthalben mit List oder Macht gekämpft wird. Kallikles zitiert ebenfalls die erwähnte Stelle aus Pindar, wonach das Gesetz die Macht rechtfertige und ein Herakles sich in seiner Stärke an keine Normen binde. Das Naturrecht sei eben das Recht des Stärkeren, die Natur der Gerechtigkeit spricht aus der Gerechtigkeit in der Natur – und sie besteht darin, daß jeder tut, was er will und kann, nicht aber, was er darf und soll.

3i. Die ausführlichsten Berichte über die Machttheorie der Sophisten überliefert uns Platon, weil er diese Ansicht zu widerlegen versucht hat. Neben Protagoras und Kallikles ist uns auf diesem Wege noch ein dritter Vertreter der Machtlehre bekannt geworden, der Sophist Thrasymachos aus Chalkedon. Er spielt im 1. Buch von Platons ›Staat‹ den Gegner des Sokrates. Thrasymachos führt aus[53]: Das Gerechte ist nichts anderes als der Vorteil des Stärkeren. Die Demokratie erläßt demokratische, die Aristokratie aristokratische, die Monarchie monarchische Gesetze, jedes System erklärt den Gehorsam gegen seine Gesetze für gerecht, eine systemfreie Gerechtigkeit gibt es nicht. Die jeweils Herrschenden denken nur an ihren eigenen Vorteil, auch die besten Schaf- und Rinderhirten sind letztendlich nicht auf das Wohl ihrer Schafe und Rinder bedacht, sondern auf ihr eigenes.

3j. Ein Gerechter ist gegenüber dem Ungerechten, d. h. jemandem, der das allgemeine Recht nicht respektiert, immer im Nachteil, so im Geschäftsleben wie im Staatsleben: wer Steuern unterschlägt, wer seine Interessen wahrt, wer seiner Clique nutzt – der ist im Vorteil. Das zeigt am besten die allerübelste Staatsform, die Tyrannis, das heißt die perfekte Ungerechtigkeit: sie mißhandelt, entehrt, beraubt die Bürger im größten Stil und wird dafür respektiert, ja bestaunt. Sobald die Ungerechtigkeit im Großen auftritt, verliert sie ihren kriminellen Charakter, dann ist sie etwas Gewaltiges, Herrliches, Freies. Und alle Leute, die sich über die Ungerechtigkeit entrüsten, haben bloß heimlich Angst davor, Unrecht zu erleiden. Ungerechtigkeit ist die praktische Haltung des Starken, Gerechtigkeit eine bloß theoretische Forderung des Schwachen, Ängstlichen, Feigen. Den naheliegenden Einwand, daß ohne innere Gerechtigkeit nicht einmal eine Räuberbande beste-

---

53 Plat. Staat 383 C ff.

3. Das Recht des Stärkeren 61

hen könnte, dreht Thrasymachos um. Die Gerechtigkeit in einer Räuberbande diene auch bloß der Stärke, der Ungerechtigkeit nach außen.

3k. Unabhängig von Platon ist eine weitere staatstheoretisch wichtige Aussage des Thrasymachos überliefert, die in der Form milder, in der Sache aber gleich lautet: die Götter achten nicht auf die Menschendinge. Denn andernfalls hätten sie die Dikaiosyne nicht vergessen, zwar das höchste Gut unter den Menschen, das bloß niemand berücksichtigt[54]. Die Götter werden zu einer wirkungslosen Idee, die Gerechtigkeit zu einem leeren Wunschtraum ausgeblasen.

3l. Die Machtlehre der Sophisten ergibt sich aus einer Skepsis gegenüber allem, die nur noch den Skeptiker selbst übrig läßt und auf dem Wege dahin auch das System unterhöhlt, in dem er lebt, die Demokratie. Kallikles und Thrasymachos sind Typen, die an gar nichts mehr glauben. Unübertroffenes Muster dieser forschen jungen Herren ist Alkibiades, ein Zögling von Perikles und Sokrates aus bestem Hause, reich und populär, von seiner Vaterstadt zu den höchsten Ämtern berufen, verurteilt, verbannt, zurückgeholt, abermals gefeiert, abermals gefeuert. Ein glänzender Diplomat und Feldherr, ein Frauenheld, Landesverräter, Modekönig, alles in einer Person[55]. Alkibiades hat über die Götter ebenso gelästert wie über die Demokratie.

3m. Der junge Alkibiades, schreibt Xenophon[56], sei zu seinem Pflegevater Perikles gekommen und habe ihn gefragt, was ein Gesetz sei. Perikles erklärte, ein Gesetz sei eine vom Volk nach vorheriger Untersuchung beschlossene und schriftlich niedergelegte Bestimmung darüber, was man tun und lassen soll. Alkibiades fragte darauf, wenn aber keine Demokratie bestehe, sondern eine Oligarchie, ob deren Beschlüsse ebenfalls als Gesetze zu betrachten seien. Natürlich, meinte Perikles. Jetzt wollte Alkibiades wissen, ob dann etwa auch die Anordnungen eines Tyrannen Gesetze wären. Perikles konnte nicht umhin, zuzugeben, daß dies in einer Tyrannis so sei. Jetzt fragte Alkibiades, ob Perikles auch erklären könne, was Gewalt sei. Dies sei, so Perikles, wenn der Starke den Schwachen zwinge, statt zu überzeugen. Dann, so Alkibiades, seien die Gesetze des Tyrannen doch wohl Gewaltakte. Dies gab Perikles zu. Und weiter, in der Oligarchie, wo eine Minderheit die Mehrheit beherrscht? Auch deren Erlasse mußte Perikles nun als Gewalt anerkennen.

---

54 VS. 85 B 8
55 Plut. Alkibiades
56 Xen. mem. I 2, 40 ff.

Nun schloß Alkibiades auf die Demokratie: sind die Beschlüsse, mit denen nun umgekehrt die Mehrheit die Minderheit zwingt, ohne sie zu überzeugen, keine Gewalt? Perikles war in der Klemme, denn augenscheinlich waren nun Gewalt und Gesetz, Macht und Recht dasselbe.

3n. Somit stimmen die Sophisten, die sich selbst als modern empfanden, in ihrer Demokratiekritik zusammen mit den altadligen Oligarchen[57], deren Opposition gegen die demokratische Verfassung in der pseudoxenophontischen ›Athenaión Politeia‹ aus dem späten 5. Jh. deutlich wird[58]. Die Situation erinnert an Weimar, wo ja auch die Kritik am Parlamentarismus sowohl von den Monarchisten alten Schlages, als auch von den modernen Radikalen rechter oder linker Prägung kam. Die konservative Kritik an der attischen Demokratie geht aus von der sophistischen Prämisse, daß in der Politik jeder nur den eigenen Vorteil suche. Das könne man ihm nicht vorwerfen[59]. Übel sei nur, daß die vorgebliche Herrschaft Aller tatsächlich eine Klassenherrschaft sei, nämlich die Herrschaft der Unterschicht einerseits über die Reichen, andererseits über die Bundesgenossen des Seebundes. Unser unbekannter Oligarch hat nicht ganz Unrecht: tatsächlich ruhte die Finanzierung der attischen Demokratie weitgehend auf den Liturgien der Reichen und auf den Steuern der Bundesgenossenstädte, wo gleichfalls die Begüterten enteignet wurden. Die Reichen werden als kulturbewußte, frugale Landherren dargestellt, der Demos erscheint als ein ungebildeter, geldgieriger und gewalttätiger Haufe, der mit der moralischen Schuld am Peloponnesischen Krieg belastet wird. Für den Autor hat sich die Verfassung von der Eunomia über die Isonomia zur Kakonomia entwickelt[60].

4. Der Melier-Dialog

4a. In der Zeit des Peloponnesischen Krieges bündelt sich die Diskussion um Staat und Recht wie nie zuvor. Die gesamte Palette der Argumente liegt vor bei Thukydides. Nachdem er Perikles zum Jahr 431 das Hohelied auf die Demokratie Athens in den Mund gelegt hat (s. o. II 3c), bringt er zu 415 eine Verteidigung der Demokratie von Syrakus[61]. Der Redner Athenagoras wen-

---

57 Prestel 1939
58 Kalinka 1913
59 Ps. Xen. 19
60 Ps. Xen. 8
61 Thuk. VI 38 f.

det sich gegen dieselben Vorwürfe, die bei Pseudo-Xenophon erhoben wurden: Die Demokratie sei unvernünftig und kostspielig, d. h. sie werde von den Ungebildeten und Armen geleitet. Stattdessen sollten, so die Oligarchen, diejenigen, die das Geld besitzen, auch die Macht ausüben. Athenagoras bestreitet dagegen, daß finanzielle Fähigkeiten etwas mit politischem Urteil zu tun hätten. Tatsächlich sei die gesammelte Einsicht aller Bürger derjenigen irgend eines Teiles überlegen. In der Demokratie komme jeder zu seinem Recht, in der Oligarchie jedoch profitierten allein die Reichen.

4b. Thukydides behandelte den Peloponnesischen Krieg, weil dieser die echte, die tierische Natur des Menschen offenbarte. Das demonstriert Thukydides[62] in seinem Melier-Dialog. Es ist das berühmteste Beispiel sophistisch legitimierter Machtpolitik. Gewiß ist der Dialog nicht wörtlich gehalten worden, aber die in ihm ausgesprochenen Gedanken waren wohl die der Beteiligten.

Im Sommer 416 fuhren die Athener mit 38 Schiffen und über 3000 Kriegern zur Insel Melos in der südlichen Ägäis. Die Melier waren eine Kolonie Spartas und hatten sich als Dorier nicht bereitgefunden, so wie die ionischen Inseln sich den Athenern zu unterwerfen. Angesichts der Übermacht Athens zur See hatte Melos Neutralität gewahrt und sich Sparta erst angeschlossen, als die Athener das offene Land der Insel verwüsteten. Nun also erschienen die Athener vor der Stadt, griffen aber nicht sofort an, sondern erklärten sich zu Verhandlungen bereit. Die Ratsherren und Vornehmen der Melier nahmen das Angebot an, weigerten sich aber, öffentlich vor dem Volk zu diskutieren. Dies monierten die Athener, während die Melier beanstandeten, daß die Athener mit Übermacht erschienen seien, mithin als Richter in eigener Sache aufträten, und den Meliern nur die Wahl ließen zwischen Unterwerfung und ungleichem Krieg.

Die Athener behaupteten nun, sie hätten die beste Absicht, sie wollten mit den Meliern über ihre Rettung reden. Sie selbst seien nicht an einer Zerstörung der Stadt, sondern an deren Eintritt in den attischen Seebund interessiert. Auf „rechtliche", d. h. ideologische Argumente solle man tunlichst verzichten. Sie, die Athener, wollten nicht ihren Führungsanspruch als Sieger über Persien geltend machen, die Melier sollten nicht bestreiten, daß sie innerlich auf Seiten Spartas stünden. Derartige Rechtsgründe seien nur unter gleichen

---

62 Thuk. V 84 ff.

Bedingungen triftig, jetzt aber seien sie die Stärkeren, und für die Schwächeren sei es ein Gebot der Klugheit, sich zu unterwerfen.

Dagegen meinten die Melier, es gebe zwar im Augenblick keinen Zweifel über die ungleiche Lage, aber es sei doch kurzsichtig für die Athener, im Stolz auf ihre Macht die Billigkeit hintanzusetzen, denn auch sie selbst könnten einmal in die Lage kommen, aus der Position des Schwächeren argumentieren zu müssen. Wenn sie jetzt ihre Stärke mißbrauchten und dann schließlich doch unterlägen, sei die Rache an den Athenern um so schlimmer. Also läge eine Schonung von Melos auch im weiterblickenden Interesse Athens.

Die Athener entgegneten, darauf könne man es ankommen lassen, das Ende ihrer Herrschaft sei nicht in Sicht. Es wäre zum Vorteil beider Parteien, wenn die Melier sich unterwürfen.

Die Melier machten nun geltend, das wäre doch ein sehr ungleicher Vorteil, wenn die Athener zu den Herren der Melier, sie aber zu Sklaven der Athener würden. Sie boten abermals Frieden und Neutralität an.

Dem setzten die Athener entgegen, ihre sonstigen Untertanen würden dies als Schwäche auslegen. Wenn Melos als gleichberechtigte Macht von Athen respektiert würde, gäbe das ein schlechtes Beispiel für die aufsässigen Inseln, die unter Athens Herrschaft stünden. Sie verlören dann alle Furcht vor Athen.

Die Melier nahmen den Beispielcharakter auf, meinten aber umgekehrt, es könne sich doch keine Stadt mehr sicher fühlen, wenn Athen andere, neue Untertanen brauche, um die alten zu sichern.

Die Athener widersprachen: die Landmächte entschlössen sich nur zögernd zum Kampf, und die Seestädte befänden sich sowieso fast ausnahmslos in ihrer Gewalt. Darum brauchten sie auch Melos.

Darauf antworteten die Melier, wenn die Athener für ihre Herrschaft kämpften, dann müßten sie selbst doch wenigstens für ihre Freiheit kämpfen dürfen. Und wenn sie schon schwächer seien, so setzten sie ihre Hoffnung auf die Hilfe der Götter, die einen solchen Rechtsbruch der Stärkeren nicht ungestraft ließen.

4. Der Melier-Dialog

4c. An dieser Stelle der Diskussion argumentierten die Athener nun als aufgeklärte Vertreter der sophistischen Machtlehre. Die göttliche Vergeltung erschien ihnen als der reine Aberglaube. Religiös motivierte Ethik war für sie ein veralteter Bewußtseinsstand. Beachtung verdiene nur das Naturgesetz des universalen Egoismus. „Wir glauben, daß die Götter – wenn es solche gibt – jedenfalls aber die Menschen, einem unentrinnbaren Zwang der Natur unterstehen. Und der besagt, daß jedes Wesen seine Macht so weit ausdehnt, wie es nur kann. Der Starke befiehlt, der Schwache gehorcht. Dieses Gesetz haben nicht wir gegeben, weil es uns zur Zeit nützt, auch nicht als erste angewandt. Wir finden es in der Welt vor, übernehmen es aus der Vergangenheit, gehorchen ihm und geben es weiter an die Zukunft. Ewige Zeiten wird es gelten, und wenn andere sich in unsrer Lage befinden, handeln sie genauso. Selbst ihr, Männer aus Melos, tätet nichts anderes, nichts besseres, wenn ihr nur könntet"[63].

4d. Die Athener vertraten eine Situationsethik und gaben das zu, in der überlegenen Position begreiflich. Bereits zu Beginn des Krieges läßt Thukydides[64] die Gesandten Athens in Sparta die Herrschaft so rechtfertigen: Aus Furcht vor den Persern wurde sie begründet; aufrechterhalten wird sie, weil sie rühmlich und nützlich nun auch für Athen ist. Würde sie aufgegeben, so wäre die Rache der Bundesgenossen zu fürchten. Es sei natürlich, daß die Schwachen den Starken gehorchen, und wenn diese ihre Herrschaft maßvoll ausübten, so könne man mehr nicht verlangen. Ähnlich äußerte sich auch Demokrit[65].

4e. Betrachten wir noch den Abschluß des Dramas von Melos! Die Athener bekräftigten ihr gutes Gewissen, indem sie erklärten, es sei nicht unehrenhaft für Melos, sich einer so großen Macht wie Athen anzuschließen. Der richtige Weg in der Politik sei, sich Ebenbürtigen gegenüber zu behaupten, Stärkeren nachzugeben und Schwächere zu schonen. Und letzteres wollten sie mit ihrem Dialog erreichen. Falls die Melier halsstarrig blieben, sähen sie sich leider gezwungen, die Waffen sprechen zu lassen. Die Ratsherren von Melos gaben indessen nicht nach. Sie weigerten sich, ihre seit 700 Jahren bestehende Freiheit den Athenern zu opfern und beschlossen, im Vertrauen auf die Götter und die Spartaner zu kämpfen. Die Athener fanden ein solches Verhalten verbohrt und schritten zur Belagerung. Der Kampf zog sich hin,

---

63 Thuk. V 105
64 Thuk. I 75
65 VS. 68 B 267

Athen schickte Verstärkung. Die Lage wurde hoffnungslos, eine Gruppe von Meliern übte Verrat, und die Stadt fiel. Die Athener schlugen auf Antrag des Alkibiades[66] alle erwachsenen Männer tot und verkauften Kinder und Frauen in die Sklaverei[67]. Das war damals üblich.

4f. Der Melier-Dialog des Thukydides ist eines der großen Lehrstücke der politischen Ethik. Er zeigt einen Konflikt, wie er immer wieder auftritt, er zeigt Argumente, wie sie immer wieder vorgebracht werden. Wer hatte Recht?

Die Haltung der Athener wird wenig Fürsprecher finden. Die Berufung auf ein natürliches „Recht des Stärkeren" ist zynisch. „Das Recht des Stärkeren ist das stärkste Unrecht", heißt es bei Marie von Ebner-Eschenbach. Fraglos kommt es immer wieder vor, daß Macht mißbraucht wird, aber dieses Faktum beweist bloß seine Faktizität, niemals zugleich seine Legitimität. Selbst wenn es keinen einzigen Fall in der Geschichte gäbe, daß die Macht das Recht respektiert hätte, wären Macht und Recht noch immer nicht dasselbe. Die Macht ist eine Realität. Das Recht ist eine Idee. Zweck dieser Idee ist es, die Macht zu zügeln. Wenn es mißlingt, spricht das gegen die Inhaber der Macht, nicht gegen die Evidenz der Idee.

Die Athener argumentierten mit der Erfahrung gegen die Hoffnung. Die Hoffnung der Melier, mit Hilfe der Götter und der Spartaner ihre Freiheit zu retten, hat sich in der Tat zerschlagen. Insofern hatten die Athener mit ihrer Prognose Recht. Aber schließlich ist Athen im Jahre 404 unterlegen und erfuhr die Rache seiner Gegner. Insofern hatten die Melier Recht. Bloß nützte ihnen das nichts mehr. Sollen wir darum doch die realpolitischen Argumente der Athener für die besseren halten?

Wer den Spielraum seines Handelns eingrenzt auf den Raum der gesicherten Erfahrung, der bringt die Zukunft der Vergangenheit zum Opfer. Der benimmt sich Möglichkeiten, bevor deren Unmöglichkeit erwiesen ist. Es hätte sich niemals auf der Welt etwas gebessert, wenn es nicht Leute wie die Melier gegeben hätte, die das Risiko auf sich nahmen. Die Frage ist, welches Gut ist welches Risiko wert?

Um ihre Freiheit zu bewahren, haben die Melier ihr Leben eingesetzt. Die Aussichten, den Kampf zu gewinnen, waren gering, und sie haben verloren.

---
66 Plut. Alk. 16
67 Thuk. V 116

4. Der Melier-Dialog

Niemand wird dieser Haltung die Achtung versagen. Dennoch hat sie einen kleinen Schönheitsfehler. Die Ratsherren von Melos haben die Verhandlungen nicht vor dem Volk geführt. Melos war vermutlich eine Oligarchie, so daß die Ratsherren wohl formal korrekt gehandelt haben. Die Athener unterstellten ihnen jedoch die Befürchtung, im Volk wäre die Bereitschaft zur Unterwerfung größer als der Wille zum Kampf. Falls diese Annahme der Athener zutrifft, muß man fragen: hätten die Ratsherren einem Mehrheitsbeschluß über die Aufgabe oder die Bewahrung der Freiheit herbeiführen müssen? Schwerlich. Denn die Mehrheit kann niemals das Recht beanspruchen, über die Freiheit auch nur eines einzigen ehrenwerten Bürgers zu befinden. Das wäre nur in Form eines Bürgerkrieges oder einer Revolution möglich. Und eine solche kann man als Ratsherr schlecht beantragen. Das Volk hat den Kampf gegen die Athener aufgenommen und dadurch den Rat legitimiert.

Dennoch hat es unter dem Volk von Melos einige Leute gegeben, die durch Unterwerfung ihr Leben zu retten bereit waren. Das waren die späteren Verräter. Der eigenen Haut zuliebe wollten sie die Freiheit anderer opfern. Ob die Athener ihnen das Leben geschenkt haben, berichtet Thukydides nicht. Man liebt den Verrat und man haßt den Verräter.

4g. Das Naturgesetz der Macht, auf das die Athener sich berufen, hat Polybios[68] auf die Formel gebracht „Die großen Fische fressen die kleinen". Diese Lehre ist im 19. Jh. durch Charles Darwin wieder entdeckt worden. Der Kampf ums Dasein und das Überleben des Stärkeren wurden als Verhaltensnorm von Pflanzen, Tieren und Menschen gedeutet. Der prominenteste Anhänger dieser Lehre war Adolf Hitler. In seinen Tischgesprächen[69] sagte er am 1. XII. 1941 in der Wolfsschanze: „Man kann es schrecklich finden, wie in der Natur eines das andere verzehrt... ändern kann man das nicht ... Das Einzige ist deshalb, die Gesetze der Natur zu erforschen, damit man sich nicht gegen sie stellt". Hitler hat an diesem sophistischen Glauben festgehalten, noch als ihm die Niederlage klar war. Sie bewies ihm nur, daß die slawische Rasse stärker war als die germanische, aber das mußte eben ausprobiert werden, denn am Kampf ums Dasein selbst sei nichts zu ändern[70]. Der Krieg hatte ihm die Lehre bestätigt. Gleichwohl ist sie falsch: zum einen ergibt sich aus der Natürlichkeit noch längst nicht die Sittlichkeit eines

---

68 Polyb. XV 20, 3
69 H. Picker, Hitlers Tischgespräche im Führerhauptquartier 1941–1942, 1963, 153
70 Am 19. III. 1945. A. Speer, Erinnerungen, 1969, 446

Verhaltens, und zum anderen kommt es ebenso vor, daß die großen Fische von den kleinen gefressen werden.

5. Rückblick

5a. „Die Sophisten sind nichts weiter als Realisten ... Sie haben den Mut, den alle starken Geister haben: um ihre Unmoralität zu wissen." Nietzsche[71] sah darin einen Fortschritt in der intellektuellen Redlichkeit. „Die Sophisten streifen an die erste Kritik der Moral, die erste Einsicht über Moral. Jeder Fortschritt der erkenntnistheoretischen und moralistischen Erkenntnis hat die Sophisten restituiert."[72] Dieses Lob der Sophistik ist begreiflich. Die politische Aufklärung, die mit den ionischen Naturphilosophen und den Sieben Weisen begonnen hatte, fand in den Sophisten ihre Fortsetzer. Die Lehre von den drei reinen Staatsformen entstand, die Idee der politischen Gleichheit schritt voran, sie wurde von einzelnen Denkern auf die Barbaren, die Sklaven und die Frauen ausgeweitet. Dadurch, daß der Mensch zum Gegenstand des Nachdenkens erhoben wurde, erfuhr die Philosophie eine thematische, durch die Einführung der Dialektik[73] eine methodische Bereicherung. Dies ist der berechtigte Grund für die positive Bewertung der Sophistik bei Hegel, Nietzsche und Popper.

5b. Der nicht minder berechtigte Grund für das negative Urteil über die Sophistik seit Platon liegt in den selbstmörderischen Konsequenzen ihrer Kritik. Treffend bemerkte Jacob Burckhardt[74] zur Spätzeit der Demokratie: „Es meldet sich die Reflexion, angeblich als Schöpferin neuer politischer Formen, tatsächlich aber als Allzersetzerin, zuerst in Worten, worauf es dann unvermeidlich auch zu Taten kommt." Die grundsätzliche Infragestellung aller überkommenen Werte untergrub schließlich die Voraussetzungen der Kritik selbst. Nachdem nichts für unbedingt, alles für verfügbar erklärt war, blieb das subjektive Interesse des Einzelnen als letzter Maßstab übrig. In dieser Folgerung liegt die Stoßkraft des Homo-Mensura-Satzes. Indem zugleich gegen die Überlieferung auf die Natur zurückgegriffen wurde, erschien die Humanität des Menschen nicht als Ziel, sondern als Relikt und Tabu, das durch Aufklärung und Erziehung entzaubert werden kann. Die

---

71 Nietzsche III 730
72 Nietzsche III 757
73 Diog. Laert. IX 53
74 Burckhardt 1868/1935, 128

5. Rückblick

sophistische Erziehung dient der Entfaltung der praktischen Tüchtigkeit der Einzelnen auf Kosten der anderen, der Unerzogenen. Der sophistisch gebildete Mensch glaubt an nichts und erlaubt sich alles, er hält sich an nichts, außer an sich selbst. Er steht auf seinem Vorteil und berechnet die Kosten. So unterscheidet er sich vom Tier lediglich durch seine Geschäftstüchtigkeit.

5c. Entsprechend gilt für den Staat als oberste Maxime die Staatsraison, die keine Rücksichten kennt. Bisweilen wird Machiavelli als der Erbe der sophistischen Machtlehre erklärt, doch läßt er keinen Zweifel daran, daß er bloß beschreibt, nicht rechtfertigt. Bereits im Jahre 443 hat Sophokles, der Freund des Perikles, gegen diese Staatstheorie Stellung bezogen. In seiner >Antigone< schildert er einen Versuch, das Staatsinteresse gegen alle humanitären und religiösen Bedingungen durchzusetzen. Damit stürzt Kreon alle Beteiligten in die Katastrophe.

5d. Die Staatslehre der Sophistik legitimiert eine Instrumentalisierung der Politik zugunsten jeder beliebigen Herrschaftsform. Die radikale Demokratie konnte sie ebenso verwenden wie die Oligarchie der Dreißig Tyrannen. Indem sie jeder Interessengruppe als Waffe zur Verfügung stand, hat sie den inneren Kampf bloß verschärft, nicht geschlichtet. Aus diesem Dilemma suchte Platon einen Ausweg in seinem Idealstaat. Er ist unser nächstes Thema.

Kapitel IV

PLATON UND DER IDEALSTAAT

- a. Popper 73
- b. Vorgeschichte:
  Aufklärung 73
- c. Perikles 73
- d. Sokrates bei Nietzsche 74
- e. Leben und Lehre 74
- f. Zwischenstellung 75
- g. Platon 75
- h. Akademie 76
- i. Staatsschriften Platons 76

1. DER AUFBAU DES
   IDEALSTAATES 76
   - a. Dikaiosyne 76
   - b. *I Thrasymachos* 77
   - c. *II Arbeitsteilung* 77
   - d. Fortschritt 78
   - e. Luxus 78
   - f. Krieg, Barbaren 78
   - g. Polis-Rahmen 79
   - h. Krieger 79
   - i. *III Kulturkontrolle*: Musik 79
   - j. Luxuskontrolle 80
   - k. *IV Wächter* 80
   - l. Mobilität 81
   - m. Kommunismus 81
   - n. Askese 81
   - o. Zahl, Tugenden 81
   - p. Philosophenkönige 82
   - q. *V Frauen* 82
   - r. Kinder 83
   - s. Eugenik 83
   - t. Realisierbarkeit 84
   - u. *VI Revolution?* 84
   - v. Ideenlehre 85
   - w. *VII Höhlengleichnis* 85
   - x. Erziehung 86

2. DER ZERFALL DES
   IDEALSTAATES 86
   - a. *VIII Dekadenz* 86
   - b. Timokratie 86
   - c. Plutokratie 87
   - d. Demokratie 87
   - e. Liberalismus 88
   - f. Demokratischer Mensch 88
   - g. Anarchie 88
   - h. Richard von Weizsäcker 88
   - i. Führer 89
   - j. Kriege 89
   - k. *IX Tyrannenseele*
     X Maß der Freiheit 90
   - l. Wahrheitsgehalt 90
   - m. Staatsformen im Politikos ... 90

3. PLATON IN SYRAKUS 91
   - a. Megalopolis 91
   - b. Reise von 366 91
   - c. Ehrenhaft 92
   - d. Reise von 361 92
   - e. 7. Brief von 354 92
   - f. 8. Brief von 353 93

4. NOMOI 93
   - a. Rahmengeschichte 93
   - b. Erziehungsstaat 94
   - c. *I/II*: Wein 94
   - d. Vier Ratgeber 95

e. Bildungswert 95
f. Symposiarch, Trinkverbote . 95
g. *III: Werden und
   Vergehen der Staaten* 95
h. *IV: Stadtbau* 96
i. Gesetzeseinleitungen 96
j. *V: Güterlehre* 96
k. Götter 97
l. Bürger, Besitz, Landbau 98
m. *VI: Gesetzeswächter* 99
n. Rat, Strategen, Aufseher,
   Priester 100
o. Landaufseher 100
p. Schule, Frauen, Gericht 100
q. Heirat, Sklaven 101
r. *VII: Erziehung* 102
s. Keine Arbeit für Bürger 102

t. *VIII: Erwachsenenbildung* 103
u. *IX: Strafrecht* 103
v. *X: Gottesbeweise
   XI: Recht,
   XII: Euthynen,
   Nächtlicher Rat* 104
w. Markt 104
x. Mischverfassung 105

5. AUSBLICK 105
   a. Keine Utopie 105
   b. Praktische Wirkung 106
   c. Theoretische Wirkung 106
   d. Römer, Christen 106
   e. Islam, Neuzeit 106
   f. Totalitarismus 107
   g. Elysium 108

> Hoffe nicht auf Platons Staat, sondern
> sei zufrieden mit dem kleinsten
> Schritt, wenn er nur vorangeht.
>
> Marc Aurel IX 29

IV. PLATON UND DER IDEALSTAAT

a. Sir Karl Popper[1] hat Platon für den größten Philosophen aller Zeiten erklärt, und Alfred Whitehead[2] meinte, die europäische Philosophie bestünde nur aus Fußnoten zu Platon. Auch wer das für übertrieben hält, wird einräumen, daß man die nachplatonische Staatstheorie als einen fortlaufenden Kommentar zu Platon lesen kann. Umgekehrt begegnen uns, je tiefer wir in Platon eindringen, desto mehr Vorwegnahmen von Gedanken aus Aristoteles und Paulus, Spinoza und Kant.

b. Platon reagierte mit seiner politischen Philosophie auf eine zweifache Krise, eine Krise im Staatsdenken und eine Krise im Staatsleben Athens. Beide Bewegungen begegnen sich in der Verurteilung des Sokrates im Jahre 399. Wie war das möglich?

Die mit den Sieben Weisen beginnende politische Aufklärung hatte zunächst die überlieferte Staats- und Gesellschaftsordnung einer Kritik unterzogen. Der wichtigste Leitbegriff war der „Nomos", das auf Übereinkunft und Billigkeit beruhende Gesetz, das zum Besten Aller für Alle gleichermaßen gelten solle. Der Entwicklung dieser Theorie entsprach eine Entwicklung in der Praxis. Die traditionale Herrschaft des Königtums, dann des Adels über den Demos verwandelte sich in eine Herrschaft des Demos über sich selbst, in eine Demokratie.

c. Die Zeit des Perikles war in zweifacher Hinsicht ein Kulminationspunkt. Die Staatstheorie erlebte mit den Sophisten den Umschlag in die Gegenaufklärung. Die Kritik machte vor nichts mehr Halt. Alles wurde in Frage gestellt und dem Gespött preisgegeben: die Religion, die Moral, das Gesetz, die Gerechtigkeit, die Demokratie, die Wahrheit selbst. Am Ende blieb der Egoismus als angeblich einziges Naturprinzip übrig. Das aber bedrohte den politischen Rahmen, den man zum Philosophieren benötigte.

---

1 Popper 1944/70, 141
2 A. Whitehead, Process and Reality. An Essay on Cosmology, 1929, 63

IV. Platon und der Idealstaat

Sophistisch geschulte Demagogen, wie die Wortführer des Melier-Dialogs[3] oder Alkibiades[4], propagierten eine Großmachtpolitik, die Athen ins Verderben riß. Die Stadt überstand zwar das Tyrannenregiment der Dreißig, als aber die wiederhergestellte Demokratie 399 Sokrates den Prozeß machte, war Schlimmeres zu befürchten.

d. Wer war nun dieser Sokrates? Friedrich Nietzsche nannte ihn einen „Wendepunkt und Wirbel der sogenannten Weltgeschichte"[5], einen „Hanswurst, der sich ernstnehmen machte"[6], der die „Krankheit des Moralisierens in die Wissenschaft eingeschleppt" hat[7]. Platon[8] verglich Sokrates mit einem Zitterrochen, dessen Berührung elektrisiert. Sokrates selbst beschrieb seine Aufgabe in Athen als die einer Stechfliege, die der Gott der Stadt gleich einem edlen Rosse beigegeben habe, damit es nicht träge werde[9].

e. Sokrates war Steinmetz und Sohn eines Steinmetzen und besaß in seinen Mannesjahren genug, um als Schwerbewaffneter an den Kriegen Athens teilnehmen zu können[10]. Später verarmte er. Anders als die Philosophen seiner Zeit hat Sokrates kein Geld genommen, ist auch nie auf Reisen gegangen. 406 saß er im Rat der Stadt, 404 widersetzte er sich den 30 Tyrannen. Ähnlich wie Buddha und Pythagoras, wie Jesus und Mohammed hat Sokrates nichts Schriftliches hinterlassen[11]. Seine Methode war das Gespräch, bei dem er vorwiegend als Fragender auftrat, um festzustellen, wie begründet die Ansichten seiner Mitbürger waren. Sokrates pflegte zu sagen, er wisse, daß er nichts wisse, und wolle hören, ob wenigstens andere etwas wissen[12]. Das delphische Orakel hatte ihn für den weisesten Mann seiner Zeit erklärt, und dies wollte Sokrates prüfen, indem er andere prüfte. Seine Mutter war Hebamme, und als geistige Hebamme sah er sich selbst. Er wollte mit Hilfe seiner

---

3 Thuk. V 84 ff.
4 Thuk. VI 15 ff.
5 Nietzsche I 85. Zur Person: Ed. Meyer GdA. IV 1, 1956, 150 ff.
6 Nietzsche II 953
7 Nietzsche III 460
8 Plat. Men. 80 B
9 Plat. apol. 30 D
10 Plat. apol. 28 E
11 Plut. 328 A
12 Plat. apol. 21 D; A. Demandt, Sokrates vor dem Volksgericht von Athen 399 v. Chr. In: Ders. (Hg.), Macht und Recht, Große Prozesse in der Geschichte, 1991, 9 ff.

"maieutischen" Kunst die ungeborenen Gedanken seiner Mitbürger ans Licht bringen. Daß bei diesen Gesprächen manch einflußreicher Athener bloßgestellt wurde zum Gaudi der jugendlicher Zuhörer, hat deren Eltern erbost und Sokrates in Verruf gebracht. 399 wurde er vor das Volksgericht gebracht, weil er die Staatsgötter leugne, aus Weiß Schwarz mache und die Jugend verdürbe. Sokrates wurde verurteilt, lehnte die von Freunden bereits organisierte Flucht ab und starb am Schierlingsbecher[13]. Der Prozeß gegen Sokrates gehört zu den sogenannten Asebieprozessen – *asebeia* heißt Gottlosigkeit – unter denen zahlreiche Intellektuelle zu leiden hatten, so Aischylos[13a], Phidias, Aspasia und Anaxagoras[14], Diagoras[15], Theodoros[16] Protagoras[17] und Aristoteles[18].

f. Die Stellung des Sokrates zwischen den Fronten der Alten und der Neuen ähnelt jener der Philosophie in anderen Zeiten, in denen die Traditionshüter die Philosophen verdächtigten, den Staat zu unterhöhlen, und die Traditionsgegner ihnen vorwarfen, den Staat zu stabilisieren. So schien Sokrates den Alt-Athenern ein staatsschädlicher Sophist und den Sophisten ein Alt-Athener, der noch an das „Gute" und die „Gerechtigkeit" glaubte[19].

g. Unter den Hörern des Sokrates befanden sich mehrere Männer, die später eigene Philosophenschulen begründet haben. Platon ist der Bedeutendste unter ihnen, acht Jahre hat er Sokrates gehört. Platon (428–347) stammte aus einer angesehenen Familie und hätte wohl in der Staatsführung Athens Karriere machen können. Aber die Hinrichtung des Sokrates brachte ihn zu der Überzeugung, daß die Stadt von den Sitten der Väter abgefallen sei, daß überhaupt alle Staaten schlecht verwaltet wären[20]. Platon verließ Athen und ging auf Reisen. Er besuchte unter anderem die Phythagoreer in Unteritalien, kam nach Sizilien, um den Ätna zu sehen, und nahm 388 Verbindung auf mit Dionysios I, dem Tyrannen von Syrakus. Mit ihm hat er sich zwar überworfen – er soll sogar von ihm in die Sklaverei verkauft

---

13a Aelian VH. V 19
13 Plat. Phaid.117 f.
14 Plut.Per. 32
15 Diod. XIII 6, 7; Aelian VH. II 23
16 Athen. 611 A
17 Diog. Laert. IX 52
18 Diog. Laert. V 5
19 R. Spaemann, Philosophische Essays, 1983, 81
20 Plat. VII. Brief 325 f. Als echt erachte ich, in Anlehnung an Eduard Meyer, die Briefe II, III, VII, VIII

worden sein[21] – doch schloß er Freundschaft mit Dion, dem Schwager und Schwiegersohn des Tyrannen[22].

h. Wahrscheinlich 387 begründete Platon im Hain des Akademos die erste Athener Philosophenschule, die danach bekannte Akademie. Der Gesprächscharakter der Lehre spiegelt sich in der Dialogform von Platons Schriften. Sie zeigen nicht die Lehre als fertiges System, sondern mimen dessen Entstehungsprozeß. Das ist die dialektische Methode im Ursinn des Wortes[23]. Nicht die Philosophie, sondern das Philosophieren wird vorgeführt. Hauptredner in diesen Dialogen ist Sokrates, ihm legt Platon seine Theorien in den Mund.

i. Platons staatstheoretisch wichtigster Dialog ist der über den Staat, die ›Politeia‹ (De re publica), verfaßt um 370. Der Untertitel lautet: Über das Gerechte, *to dikaion*. Er entspringt Platons Verzweiflung an der attischen Demokratie. Treffend bemerkte Jacob Burckhardt[24]: „Die politische Utopie Platos ist der indirekte Beweis, weshalb Athen verloren sei." Es folgen die Briefe nach Syrakus und der lange Altersdialog über die Gesetze. Platons Schrift über den Staatsmann (Politikos) wird im Zusammenhang mit dem Herrscherideal behandelt (s. u. VI 2e).

1. Der Aufbau des Idealstaates

1a. Die Ausgangsfrage der ›Politeia‹ gilt dem Wesen der Gerechtigkeit (*dikaiosyné*). Im Griechischen hat dieser Begriff eine etwas andere Bedeutung als im Deutschen. Er bezeichnet dort nicht ein regulatives Prinzip in einer Gemeinschaft, wie es schon mit dem lateinischen Wort *iustitia* angesprochen wird, sondern gilt der individuellen Gesinnung. *Dikaiosyné* ist eine Eigenschaft, eine Verhaltensweise. Insofern ist die Frage zunächst auf eine ethische Haltung gerichtet, aber insofern diese den einzelnen Gerechten im Staatsverband lebend voraussetzt, wählt Platon den Umweg, die Gerechtigkeit zunächst im Staatsganzen aufzuspüren. Platon[25] betrachtet den Staat als einen Menschen im Großen. Der von ihm entwickelte Idealstaat ist gedacht als vergrößertes Abbild der Seele des gerechten Menschen.

---

21 Diod. XV 7
22 Plut. Dion 11 ff.
23 Diog. Laert. III 48
24 Burckhardt 1868/1935, 127
25 Plat. leg. 829 A

1. Der Aufbau des Idealstaates

1b. Das erste Buch der ›Politeia‹ enthält die Auseinandersetzung zwischen Sokrates und Thrasymachos, einem Sophisten, dessen provozierende These lautet: Gerechtigkeit gibt es überhaupt nicht, es sei denn als beschönigende Fassade der Herrschaft[26]. Indem Platon die Antwort in einem Idealstaats-Entwurf sucht, gibt er Thrasymachos insofern Recht, als er den Ort wahrer Gerechtigkeit nicht in der historisch-politischen Landschaft sucht. Er fragt vielmehr: Wie sähe die Gerechtigkeit aus, wenn es sie irgendwo gäbe? oder: Welche Bedingungen müssen erfüllt sein, wenn wir von Gerechtigkeit sprechen wollen? Insofern wird der theoretische Charakter der Gerechtigkeit zugegeben, sie ist – platonisch gesprochen – eine Idee, oder – kantianisch gesprochen – ein regulatives Prinzip, nach dem die Wirklichkeit zwar nicht beschrieben werden kann, aber beurteilt werden muß und gestaltet werden sollte. Die Auseinandersetzung mit der sophistischen Machtlehre im ersten Buch verknüpft Platons Idealstaats-Entwurf mit der politischen Diskussion seiner Zeit. Daß Platon alle wesentlichen Gedanken von Protagoras übernommen habe, ist gewiß bloß üble Nachrede.[27]

1c. Im zweiten Buch beschreibt Platon die Entstehung des Staates[28]. Diesem liege die Notwendigkeit der Lebensfürsorge zugrunde. So wie Lactanz[29] später leitet Platon die Geselligkeit aus der Schwäche des Menschen ab. Nahrung, Wohnung und Kleidung lassen sich leichter beschaffen, wenn mehrere sich zusammentun. Gemeinsames Interesse am besseren Leben, verbunden mit unterschiedlichen Neigungen und Begabungen, schaffen die arbeitsteilige Kleingruppe. Die Aufgaben sind entsprechend den Naturanlagen (*kata physin*) zu verteilen[30]. Platon ist ein entschiedener Vertreter der Arbeitsteilung, sowohl im horizontalen Sinne (zwischen verschiedenen Berufen) als auch im vertikalen Sinne (zwischen Anordnenden und Ausführenden). Dies sei für alle Beteiligten das Beste, vorausgesetzt, das Zusammenwirken ist gut geregelt und nicht nur auf den Vorteil der Herrschenden ausgerichtet[31]. Der Zweck der Gesetze ist demgemäß die Bändigung der Starken, so wie auch Horaz[32] und Lactanz[33] das sahen. Die Furcht ist die

---

26 s. o. III 3 i
27 Diog. Laert. III 37; 57
28 Die Argumentation der Bücher II bis V wiederholt Platon kurz zu Beginn seines ›Timaios‹
29 Lact. opif. 4
30 Plat. Tim. 17 C
31 Plat. rep. 590 D
32 Hor. serm. I 3, 99 ff.
33 Lact. opif. 4

Mutter der Gesetzgebung. Platos Funktionsteilung entspricht seiner Sympathie für Ägypten, das Platon wohl auch bereist hat, wo es gemäß Isokrates[34], Strabo[35] und Diodor[36] drei Klassen gab: Priester, Krieger und Arbeiter, während Herodot[37] deren sieben nennt: Priester, Krieger, Rinder- und Schweinehirten, Händler, Dolmetscher und Schiffer.

1d. Aus den erwiesenen Vorzügen der organisierten Zusammenarbeit erwächst eine Tendenz zur Vergrößerung der Gruppe und zur Erhöhung des Lebensstandards. Überproduktion erlaubt den Handel mit anderen Gruppen; Händler, Schiffsbauer, Seeleute werden nötig, das Geld erleichtert die Geschäfte und ermöglicht die Lohnarbeit solcher Mitbürger, die zu ungeschickt für ein bestimmtes Handwerk sind und daher ihre Arbeitskraft verkaufen. Der Fortschritt erzeugt und erfordert den Tagelöhner. Diese Leute, meint Sokrates, verbringen ihr Leben bei guter Gesundheit, sterben im hohen Alter und hinterlassen ihren Nachkommen ein ebensolches Dasein. Von einer politischen Organisation ist noch nicht die Rede.

1e. Da erhebt Glaukon, Platons Bruder, einen Einwand. Was bisher gezeichnet worden sei, das sei doch in Wahrheit ein Schweinestaat. Die Menschen lebten gesund, aber primitiv wie das Vieh[38]. Sokrates akzeptiert dies und entwickelt, entsprechend den wachsenden Bedürfnissen aus der Schweinestadt die Luxus-Stadt. Neue Berufsgruppen werden gebraucht: Ärzte, die aus dem Wohlleben resultierende Krankheiten kurieren; Richter, die den Streit unter den Besitzenden schlichten.

1f. Aus dem Luxusbedürfnis erwächst der Krieg, man will mehr haben, als man hat, und sucht es beim Nachbarn. Das Hegemonialstreben verhindert den Frieden[39]. Kriege scheinen Platon auch im Idealstaat nicht grundsätzlich vermeidbar. Er empfiehlt indes eine Humanisierung des Krieges, zumal zwischen Griechen: keine verbrannte Erde hinterlassen, keine Gefangenen versklaven, keine Waffenbeute in Tempeln zur Schau stellen, keine Beraubung der Gefallenen. Kriege unter Griechen hält Platon für eine Schande. Natürliche Feindschaft hingegen sieht er gegenüber den Barbaren, und so

---

34 Isokr. XI 15
35 Strabon XVII 1, 3
36 Diod. I 28, 5
37 Herodot II 164
38 Plat. rep. 372 D
39 Plat. rep. 471 AB

verstehen wir, daß die panhellenisch-perserfeindliche Politik von Makedonien nach Platons Tod von der Akademie unterstützt worden ist, so von Speusippos[40]. Nichtsdestoweniger finden sich unter Platons Verehrern später auch Perser[41].

1g. Polisübergreifende Macht- oder Vertragssysteme, wie sie in der Zeit von Themistokles bis Philipp von Makedonien mehrfach entworfen wurden, bleiben außerhalb von Platons Denkrahmen. Er begnügt sich mit der Warnung vor außenpolitischen Experimenten. Die Großmachtpolitik von Themistokles, Kimon und Perikles lehnte er ab[42], durch sie sei der Staat aufgedunsen, und die Bürger hätten Begierden entwickelt, die ihnen zum Schaden ausschlugen.

1h. Platons Idealstaat kämpft nur in der Verteidigung. Dazu braucht man Krieger. Damit diese ihr Handwerk ordentlich betreiben, müssen sie es vollberuflich tun. Platon lebt in der Zeit des Söldnerwesens. Die Söldner waren den Bürgersoldaten technisch überlegen, aber politisch unzuverlässig. Wie erreicht man, daß sie nicht gegen die Mitbürger, sondern nur gegen Fremde kämpfen? Platon verweist auf die Hirtenhunde und antwortet: man muß wie die Hunde auch die Wächter entsprechend erziehen. Als Erziehungsfächer nennt er Gymnastik für den Körper und Musenkunst für die Seele. Auf pythagoreischem Einfluß beruht vermutlich Platons Liebe zur Geometrie[43]. Den Kindern solle man staatsfördernde Mythen erzählen, d. h. die überlieferten Mythen unter dem Gesichtspunkt ihrer staatserhaltenden Tendenz auswählen und umgestalten. Homer und Hesiod hätten unsittliche Mythen gedichtet, deswegen sollen sie verboten werden[44].

1i. Platon fordert im dritten Buche eine Überwachung des gesamten Kulturlebens im Interesse des Staates. Was gelesen werden darf, unterliegt einer Zensur; das Theaterwesen wird überhaupt verboten, weil es die Leidenschaften aufrührt. Die Musik wird streng getrennt in zulässige und unzulässige Weisen. Platon fußt hier auf Damon, einem Sophisten und Musiktheoretiker aus dem Freundeskreis des Perikles. Die Bedeutung der Musik für die Sittlichkeit wurde bei den Griechen allgemein hoch veranschlagt. Auch Poly-

---

40 Bickermann + Sykutris 1928
41 Plut. 328 CD; Diog. Laert. III 25
42 Plat. Gorg. 503 C–519 A
43 Diog. Laert. VIII 11
44 Plat. rep. 377 D

bios[45] schrieb ein ganzes Kapitel darüber. Noch das Mittelalter moralisierte die Musik. Die Musik der Engel erbaut die Seele, die Musik des Teufels verdirbt sie. Die Menschen verwenden beide Weisen: in der Kirche die himmlische, auf dem Jahrmarkt die höllische.

1j. Im Hinblick auf die Staatsgesinnung wird der Luxus kontrolliert; verpönt sind sizilische Speisen, attisches Gebäck und korinthische Mädchen. Je mehr Ärzte, je mehr Richter – desto verdorbener sei eine Stadt. Unheilbar Kranke soll man nicht, wie sich das wohlhabende Patienten zu Platons Zeit leisten konnten, künstlich am Leben erhalten, sondern in Ehren sterben lassen. An der Stelle eines Lebens, das der Gemeinschaft nichts nützt, fordert er einen ehrenvollen Tod, eine *euthanasia*[46].

1k. Im Unterschied zum Schweinestaat benötigt der Luxusstaat eine politische Organisation. Es erhebt sich die Frage: Wer soll richten und regieren?[47] Die Antwort lautet: die Älteren und Besseren. Die Älteren lassen sich mühelos herausfinden, die Besseren nicht. Platon entwickelt dafür eine Methode. Im vierten Buch heißt es, man solle das Verhalten der Kinder beobachten. Solche, die Anstrengungen durchhalten, die sich nicht einschüchtern lassen, die Versuchungen widerstehen, soll man durch ein gestaffeltes Prüfungsverfahren auswählen und sie zu Wächtern und Regenten heranbilden[48]. Platon geht aus von angeborenen Charakterunterschieden. Im Gegensatz zur Grundannahme der attischen Demokraten, daß im Prinzip jeder Privatmann regieren könne, betont Platon immer wieder, daß die Staatskunst eine hohe Wissenschaft sei, die ebenso erlernt werden müsse wie jede andere Fertigkeit auch. Staatskunst ist für ihn Verwaltung. Den zur Regierung ausersehenen Zöglingen soll man zur Hebung ihres Selbstbewußtseins einreden, sie allein besäßen die Eudaimonie, denn sie seien durch eine göttliche Anlage in ihrer Seele etwas Besseres als die übrigen Bürger. Mehrfach vertritt Platon die Ansicht, daß sogenannte notwendige Täuschungen statthaft seien[49], daß die staatliche Propaganda es mit der Wahrheit nicht so genau nehmen müsse. Das war ein sehr erfolgreicher Ratschlag. Verbannt man die Lüge aus der Politik, verbannt man die Politik aus dem Leben.

---

45 Polyb. IV 20 f.
46 Cic. Att. XVI 7; Suet. Aug. 99
47 Plat. Tim. 17 D
48 Plat. rep. 415 BC
49 Plat. rep. 389 B

1. Der Aufbau des Idealstaates

1l. Nachdem somit die erste Generation der Wächter geschaffen ist, stellt sich das Problem, wie es weitergehen soll. Die Möglichkeit einer Erbfolge innerhalb der beiden Stände schließt Platon aus. Die Begabung vererbe sich nicht mit der erforderlichen Regelmäßigkeit. Kinder aus dem Wehrstand, die dessen Anforderungen nicht genügen, solle man in den Nährstand zurückversetzen, tüchtigen Nachwuchs von diesem in den Wehrstand aufnehmen[50]. Es gibt eine soziale Mobilität nach oben wie nach unten, die sich an Leistungskriterien orientiert.

1m. Die Lebensordnung der Wächter gehört zu den bekanntesten und umstrittensten Partien der ›Politeia‹. Sie ist kommunistisch. Den Wächtern ist jedes Eigentum verwehrt, insbesondere Grundbesitz und Edelmetall. Geld gibt es im Idealstaat, aber nicht für die Wächter[51]. Ihre Behausungen sind nicht abschließbar. Die Lebensmittelrationen werden den Wächtern von der Gesamtbürgerschaft auf jeweils ein Jahr zugewiesen. Sie speisen gemeinsam. Auslandsreisen finden nicht statt[52]. Hier spüren wir den Einfluß der lykurgischen Verfassung Spartas und des pythagoreischen Gemeinschaftsideals[53], das Platon in Unteritalien kennengelernt hatte. Aus Athen konnte man ohne weiteres auswandern[54].

1n. Sofort erhebt sich die Frage, wer wird unter solchen Umständen Wächter? Platon weist die Berufung auf das Lebensglück zurück. So frage nur, wer selbst nicht zur Elite gehöre. Wer dagegen die höchste Stellung im Staate einnimmt, muß das höchste Opfer bringen. Platon fordert von den Wächtern Askese, Privatinteressen sind zurückzustellen. Wie es dem einzelnen Bürger, dem einzelnen Stand ergehe, bleibe unerheblich – entscheidend sei das Wohl des Staates, und sobald dieser floriere, sorge schon die Natur dafür, daß der Einzelne nicht zu kurz kommt.

1o. Platon setzt eine Zahl von 1000 Kriegern für seinen Idealstaat fest[55]. Ein Wachsen des Staatsgebietes scheint ihm gefährlich, weil damit die Einheit verlorengehe. Die Wächter sollten darauf achten, daß innerhalb des Nährstandes kein allzugroßer Reichtum, keine drückende Armut auftrete –

---

50 Plat. rep. 423 C
51 Plat. rep. 417 A
52 Plat. rep. 420 A; Tim. 18 B
53 Diog. Laert. VIII 10
54 Plat. Kriton 51 DE
55 Plat. rep. 423 A

beides bedrohe den Bürgerfrieden. In der idealen Polis herrschen die vier Kardinaltugenden: Weisheit, Tapferkeit und Besonnenheit, jeder tut das Seine und eben dies ist die Gerechtigkeit[56]. Diese vierte und höchste reguliert die drei anderen Tugenden.

1p. Das Zweistände-Modell, bestehend aus Nährstand und Wehrstand, ist damit um einen dritten, um den Lehrstand, erweitert, der sich aus dem zweiten, aus den Wächtern rekrutiert. Dies sind die Regierenden (*archontes kai archousai*[57]). Sie werden als Philosophen bzw. Philosophinnen beschrieben, als Sachkundige. Nur wenn die Staatslenker Philosophen oder die Philosophen Staatslenker werden, kann es besser werden[58]. Über diese Forderung Platons ist viel geschrieben worden. Kant[59] hat sie in seiner Schrift zum ewigen Frieden abgelehnt. „Daß Könige philosophieren oder Philosophen Könige würden, ist nicht zu erwarten, aber auch nicht zu wünschen, weil der Besitz der Gewalt das freie Urteil der Vernunft unvermeidlich verdirbt". Selbst Friedrich d. Gr. hatte ja der Versuchung der Macht nicht widerstehen können. Kant begnügte sich im Realstaat mit dem Rederecht des Philosophen, Platon fordert für sie im Idealstaat die Gewalt. Er glaubte, sie sei durch Einsicht zu zügeln. Die Philosophenkönige hätten einerseits darüber zu wachen, daß jeder das Seine tut, damit die Gerechtigkeit realisiert wird, und andererseits über philosophische und mathematische Probleme nachzudenken. Sie verbinden Einsicht mit Macht, Forschung mit Politik. Sie tun das, was Platon wohl selbst am liebsten in Athen oder Syrakus getan hätte. Die höchsten Staatsämter werden unter den Philosophen ausgelost. Das ist wieder ein demokratisches Erbstück. – Platons Ständestaat resultiert aus dem Gedanken der Arbeitsteilung. Sie erbringe eine höhere Leistung und entspreche der beim Einzelnen unterschiedlichen Neigung und Begabung. Der Nährstand ist am Wohlergehen interessiert, der Wehrstand an der Ehre, der Lehrstand an der Weisheit.

1q. Im fünften Buch erörtert Platon die von Aristophanes[60] popularisierte Frauenfrage. Platon verweist auf die Hirtenhunde und die Zugtiere: Weibchen und Männchen leisten dort dasselbe, also warum nicht ebenso bei den Menschen? Abgesehen von den physischen Unterschieden und deren Konse-

---

56 Plat. rep. 427 E; 432 F
57 Plat. Tim. 18 D
58 Plat. rep. 439 D; VII. Brief 326 B
59 Kant V 690
60 s. o. III 1gh

quenzen verficht Platon eine vollständige Gleichbehandlung der Frau[61]. Wenn die Frauen wie Männer erzogen würden, dann seien sie zu allem in gleicher Weise geschickt, sogar zum Wehrdienst in leichten Waffen. Daher sollen sie mit den Männern gemeinsam (nackt) turnen, wohnen und speisen. Praktische Folgerungen zog Platon daraus in seiner Akademie, wo wir unter den Studierenden auch Frauen finden. Eine soll Männerkleidung getragen haben[62]. Platon ist hier wohl von Sokrates beeinflußt, der zwei Lehrerinnen gehabt haben soll, Aspasia aus Milet[63] und Diotima aus Mantineia[64].

1r. Der Kommunismus unter den Wächtern umfaßt Frauen– bzw. Männergemeinschaft. Ehe gibt es nicht. Daß die Kinder ihren Vater nicht kennen, hält Platon für einen Solidarisierungsfaktor. Es gibt nicht meine und deine Kinder, sondern nur unsere Kinder[65]. Die Kinder werden von Staats wegen aufgezogen. Die Kinderzeugung überläßt Platon aber keineswegs dem Belieben der Einzelnen. Wie man in der Haustierzüchtung die Rasse verbessere, so hätte dies auch bei den Menschen zu geschehen. Die besten Männer sollten mit den besten Frauen möglichst viele Kinder zeugen, ungesunde Kinder sollten nicht aufgezogen werden. Neu im Hinblick auf die Erziehung war Platons Vorschlag, die Kinder mit in den Krieg zu nehmen, damit sie sich an Blutvergießen gewöhnen. Feiglinge wären in den Nährstand zurückzustufen.

1s. Eugenik ist ein alter griechischer Gedanke[66]; er wirkte zumal in Sparta. Dort waren die Kinder nicht Eigentum ihrer Väter, sondern Staatseigentum. Über die Aufzucht entschied eine Behörde[67]. Eine staatliche Geburtenkontrolle kennen wir auch aus Theben[68]. Platon empfiehlt sie, um die Bürgerzahl zu halten[69]. Die Untüchtigen, meint Platon, sollen durch einen Verlosungsbetrug vom Geschlechtsverkehr ausgeschlossen werden. Der Staat werde so eine einzige Familie, ja ein einziger Leib, bei dem das Ganze den Schmerz jedes einzelnen Gliedes spüre[70]. Platon betrachtet seinen Ständestaat als

---

61 Plat. rep. 451 D; Tim. 18 CD
62 Diog. Laert. III 46; Clemens Alex. (ed. Stählin) II 302, 13
63 Plat. Menex. 235 E
64 Plat. symp. 201 D
65 Plut. rep. 457 C
66 Theognis I 535 ff.
67 Plut. Lyk.15 f.
68 Aristot. pol. 1274 B
69 Plat. rep. 460 A; Nomoi 740 E empfiehlt er Auswanderung.
70 Plat. rep. 464 C ff.

IV. Platon und der Idealstaat

Organismus, dessen Teile unterschiedliche Aufgaben erfüllen und dennoch aufeinander angewiesen sind wie ein Körper auf seine Organe.

1t. Nachdem der platonische Sokrates die Grundzüge des gerechten Staates entwickelt hat, stellen ihm seine Gesprächspartner die naheliegende Frage, ob dieses Modell denn realisierbar sei. Platon weiß, daß es einen solchen Vernunftstaat nie gegeben hat und nirgends gibt, glaubt aber, daß dies für die Vorbildwirkung unerheblich sei[71]. Grundsätzlich könne man diesen Staat schaffen, doch sei die Voraussetzung dafür schwer zu erfüllen. Macht und Einsicht müßten sich paaren, die Könige müßten Philosophen oder die Philosophen Könige werden[72]. Platon meinte, daß sein Staat der einzige Ausweg aus dem politischen Elend sei, anderenfalls nehme die Misere der Menschen niemals ein Ende. Er glaubte, daß dann, wenn irgendwo, selbst bei den Barbaren, einmal ein Prinz als Philosoph geboren werde, er diesen platonischen Staat einrichten würde.

1u. Der Idealstaat ist nur von oben, nicht von unten zu schaffen. Von der Demokratie aus sah Platon keinen Weg. Im sechsten Buch bezweifelt er die Möglichkeit, die Menge zu überzeugen. Die Menge hätte die Philosophen allezeit ausgelacht und sei unfähig, philosophisch zu denken[73]. Wer der Menge gefallen wolle, müsse sich ihr gleich machen. Der Philosoph habe die Wahl, sich abzusondern wie Heraklit[74], oder zugrunde zu gehen, wie Sokrates[75]. In den gegenwärtigen Staaten würden sowohl die Philosophen als auch die Philosophie verdorben, zumal wenn gegen sie von Demagogen und Komödianten gehetzt werde. Sobald deren Aktivitäten aufhörten, würde die Menge vielleicht erkennen, daß die Philosophen ihr das Glück bringen, und bereit sein, alle bestehenden Einrichtungen abzuschaffen und den Idealstaat gewissermaßen auf freiem Felde zu errichten[76]. Im 7. Brief betont Platon, daß ein gewaltsamer Umsturzversuch grundsätzlich abzulehnen sei. Der Philosoph habe die Pflicht, seine Stimme zu erheben und die heimische Verfassung zu tadeln, wenn es erforderlich wird. Aber eine Revolution brächte nur neues Unheil[77]. Platon zeigt hier dieselbe Haltung wie Immanuel Kant 1793.

---

71 Plat. rep. 592 B
72 Plat. rep. 473 B ff.; Gorgias 447 B ff.; Protagoras 311 B ff.
73 Plat. rep. 487 F
74 s. o. II 2
75 Plat. rep. 496 C
76 Plat. rep. 501 A
77 Plat. VII. Brief 331 C

1. Der Aufbau des Idealstaates

Auch er vertrat revolutionäre Ideale, warnte aber vor einer revolutionären Praxis[78] und vertraute wie Platon auf die Kraft der Vernunft, durch die „Freiheit der Feder", das „Palladium der Volksrechte"[79] eine bessere Welt herbeizureden. Daß man eine Revolution mit friedlichen Mitteln erzwingen kann, haben wir 1989 erlebt. Vorher glaubten das mit Platon und Kant nicht bloß aufklärerische Träumer, sondern auch wachsame Gewalthaber – sonst hätten sie die freie Rede nicht verboten.

1v. Die Voraussetzung für die Realisierung des Idealstaates ist in Platons Augen die Teilhabe an der Einsicht in die Ideen, und dies ist für Platon das höchste Gut, so wie die höchste Idee die des Guten sei. Wer Philosoph und Regent sein wolle, der müsse die Erkenntnis des Guten besitzen, das aus der Erkenntnis erwächst[80]. Das Gute sei im Ideenreich dasselbe, was die Sonne im Naturreich sei: Ursprung aller Erkenntnis und Quelle allen Werdens. Über das, was Platon unter den Ideen versteht, ist viel gerätselt worden. Griechisch *idea* hängt mit *eidó* – „sehen" zusammen und bedeutet das, was man sieht, wenn man ein Wort hört. Die Idee des Schönen sei das, was alle schönen Dinge gemeinsam haben, was unabhängig von den schönen Dingen bestehen müsse, damit diese daran Anteil haben können. Platon hält die Ideen für erschaubar, sobald man sich von den konventionellen Betrachtungsweisen losreiße, kehrt mache und dem Ursprung der Erscheinungen nachforsche. Wie dies geschehe, erläutert er im siebenten Buch mit dem Höhlengleichnis.

1w. Platon beschreibt eine Höhle, in der Menschen von Kind auf gefesselt sind, und zwar so, daß sie nur die Rückwand der Höhle, nicht den Eingang sehen können. Das Ganze gleicht weniger einem altgriechischen Schattenspiel – daher kommt das Bild – als einem modernen Kino. Ihr Licht empfängt die Höhle durch den Eingang von einem draußen brennenden Feuer. Zwischen dem Feuer und dem Eingang werden Gegenstände vorübergetragen, deren Schatten auf die Rückwand der Höhle fallen. Die Leute in der Höhle sehen die Schatten und halten sie für die Gegenstände selbst. Wenn nur einer der Gefangenen sich lösen kann, sich umdreht und das Feuer sieht, blendet und schmerzt es ihn zunächst. Allmählich aber gewöhnt er sich ans Licht und erkennt, daß er die Schatten der Dinge irrtümlich für die Dinge selbst gehalten hat. Im Höhlengleichnis verhalten sich die Schatten zu den Dingen wie in der Wirklichkeit die Dinge zu den Ideen. Wer sich durch eine entschlossene

---

78 Kant I 203
79 Kant I 209
80 Plat. rep. 504 B f.

Kehrtwendung von den Vorurteilen der Menge losreißt, kann die Ideen erschauen, namentlich die höchste aller Ideen, die Idee des Guten. Um keinen Preis würde ein solcher Mensch in den vorherigen Irrtum zurückwollen. Geht er aber wieder in die Höhle und erklärt seinen Mitgefangenen, was er gesehen hat, so lachen sie ihn aus oder bedrohen ihn. So gelingt, meint Platon, dem Einzelnen unter Umständen die Einsicht in das Wesen der Dinge; sie aber andern zu vermitteln, sei schwer.

1x. Der Rest des siebten Buches gilt der Auslegung des Höhlengleichnisses. Die Befreiung vom Wahn muß eingeübt werden. Platon entwirft ein Erziehungsprogramm für die Wächter. Junge Männer und Frauen, die sich als fleißig und klug erwiesen hätten, seien durch Mathematik, Geometrie, Astronomie und Dialektik zur Erkenntnis des Guten heranzubilden, so daß sie mit ihrem 50. Lebensjahr wechselweise die Aufgabe des Regierens übernehmen könnten. Vorausgesetzt ist die Fähigkeit der „Umlenkung", der Wendung von Schein zur Wahrheit, vom Vergnügen zur Pflicht[81].

2. Der Zerfall des Idealstaates

2a. Das Höhlengleichnis bildet den kompositorischen Gipfel von Platons Staatswerk. Nachdem er den Weg hinauf gezeigt hat, vom Urmenschen zum Idealstaat, führt er uns den Weg herab. Er glaubt nämlich, daß der ideale Staat dauerhafter sei als die realen Staaten, aber trotzdem nicht ewig halten werde. Analog zur allgemeinen Vergänglichkeit in der Welt sei auch der Idealstaat einer Degeneration unterworfen, sobald aufgrund statistischer Wahrscheinlichkeit in der Kinderzeugung das biologische Erbgut entarte[82]. Es folgt im achten Buch eine Beschreibung der stufenweisen Dekadenz, einerseits der Staatsform und andererseits des Menschentypus. Der Niedergang durchläuft fünf Stufen: vom Königtum zur Timokratie und zur Plutokratie – den schlechteren Formen[83] der Aristokratie – und weiter zur Demokratie und zur Tyrannis.

2b. Die erste Staatsform, die der Philosophenkönige, die auch als königliche Aristokratie bezeichnet wird, löse sich auf, indem in der herrschenden Schicht Streit entstehe. Der Primat der Erkenntnis weiche dem Wunsch nach

---

81 *periagógé* Plat. rep. 518 E
82 Plat. rep. 546 A
83 *hamartémata* Plat. rep 544 A

Ansehen. Die Philosophen würden ehrgeizig und gerieten aneinander. Sie übernähmen die den Wächtern zugedachte Funktion und übten eine Militärherrschaft im Inneren aus. Platon nennt diesen zweiten Staat Timokratie und zeichnet ihn weitgehend nach dem Vorbild Spartas[84]. Zwar sei dieser Staat noch stark, aber da die Erziehung nicht philosophisch, sondern militärisch und gewaltsam erfolge, identifizierten sich die Krieger nicht mehr mit ihrem Staat, und dieser entarte weiter.

2c. Aus der Timokratie entsteht die dritte Staatsform, die Oligarchie, genauer: die Plutokratie. Hier regiert der Reichtum; die Tüchtigkeit der Menschen wird nach dem Einkommen bemessen, danach regeln sich die Rechte. Platon vergleicht dieses System mit einem Schiff, wo der reichste Insasse zum Steuermann erhoben wird. Der in Reiche und Arme zerfallene oligarchische Staat sei außenpolitisch ohnmächtig. Er könne keinen Krieg führen. Den Armen dürfe man keine Waffen anvertrauen, ohne eine Revolution fürchten zu müssen, und die Reichen wären nur an sicheren Geschäften interessiert. Platon denkt bei diesem Staat vermutlich an bestimmte Phasen der attischen Vefassungsgeschichte. Xenophon[85] nannte den Profithunger die angeborene Krankheit des demokratischen Athen.

2d. Die vierte, aus der Oligarchie erwachsende Staatsform ist die Demokratie. Wir könnten ebensowohl vom Übergang der oligarchisch-gemäßigten zur egalitär-radikalen Demokratie sprechen. Sie entsteht aus einem Generationenkonflikt innerhalb der reichen Oberschicht. Auch der Philosophenstaat und die Timokratie verfallen, sobald ihre jeweilige Führung versagt. Platon übt Selbstkritik an der Oberschicht. Die Erblichkeit des Vermögens bringt die Herrensöhnchen – Platon nennt sie Drohnen im Staat – ohne Arbeit zu Geld. Nachdem das verjubelt ist, verbünden sich die Ehrgeizigen unter ihnen mit den Armen gegen die Reichen. Sie machen den Armen klar, daß die Reichen ihren Rang nur der Feigheit der Armen verdanken[86]. Hier beschreibt Platon eine revolutionäre Modellsituation. Ausgangspunkt ist eine in Ausbeuter und Ausgebeutete gespaltene Gesellschaft. Mit wachsendem Gegensatz zerbricht die Klassensolidarität der Herrschenden. Einzelne deklassierte Elemente der Oberschicht werfen sich zu Anführern der Unterschicht auf. Platon konnte schon zu seiner Zeit diesen seither vielfach bestätigten Mechanismus beobachten, daß Revolutionen von Abtrünnigen der alten Oberschicht gemacht

---

84 Plat. rep. 547 C
85 Xen. mem. III 5,17
86 Plat. rep. 556 D

werden. Friedrich Engels war ein Unternehmer, Marx ein Bürgerlicher, Graf Mirabeau ein Adliger; Luther war ein Mönch, Augustinus ein Manichäer, Paulus ein Jude, Lucifer ein gefallener Engel. *Similes similibus obstant.*

2e. Das Resultat der Revolution ist die radikale Demokratie. Das Sagen haben die „Volksfreunde", die erklären, sie seien dem Volke wohlgesonnen. Die Reichen werden geschröpft, aber nicht enteignet. Man ist liberal. Die Ämter werden unter allen verlost, Gleichheit und Freiheit heißen die Parolen. Platon karikiert den vollendeten Liberalismus, der alles erlaubt: wer nicht mag, muß nicht zur Schule gehen; wer nicht will, braucht keine Staatsämter übernehmen; wer keine Lust hat, zieht nicht mit in den Krieg. Wenn er sich am Nachbarn vergreift und die Gesetze mißachtet, wird er milde oder gar nicht bestraft.

2f. Zu dieser wie zu jeder Staatsform beschreibt Platon den zugehörigen Menschentypus. Der demokratische Mensch lebt spontan, er folgt jeder Eingebung. Seine Grundsätze sind groß, aber klein sind seine Taten. Bescheidenheit und Disziplin werden bespöttelt. Man liebt den Wein und die Musik, frißt sich einen Bauch an und macht Abmagerungskuren im rhythmischen Wechsel. Die demokratische Stadt ist bunt, und bunt ist die Seele des Demokraten.

2g. Wie jeder Staat, so trägt auch dieser den Keim zum Verfall in sich selbst. Er beginnt, wenn das tragende Prinzip sein Maß verliert. Die Monarchie krankt an der Ehrsucht, die Oligarchie krankt an der Geldgier, die Demokratie krankt an der Maßlosigkeit ihres Freiheitsbegehrens. Es führt zur Anarchie, zur allgemeinen Unsicherheit. Die Väter fürchten sich vor den Söhnen, die Einheimischen vor den Fremden, die Lehrer vor den Schülern. Die Jungen geben den Ton an, und die Alten gebärden sich wie Jugendliche[87]. Die allgemeine Gleichheit erstreckt sich auf Sklaven und Frauen, selbst die Hunde und Esel werden nicht mehr gezügelt. Sitte und Gesetz erscheinen als lästige Fesseln, jeder Zwang wird abgetan.

2h. Die Aktualisierbarkeit dieser Platonpassage ist evident. Ein Beispiel: Am 2. Juli 1981 diskutierte das Berliner Abgeordnetenhaus über die Regierungserklärung des neuen CDU-Senats. Der damalige regierende Bürgermeister Richard von Weizsäcker zitierte aus dem VIII. Buch von Platons ‚Staat' die Frage: „Ist es nicht so, daß die Demokratie sich selber auflöst durch eine gewisse Unersättlichkeit in der Freiheit?" Der Oppositionsführer

---

87 Plat. rep. 563 E

2. Der Zerfall des Idealstaates

Hans-Jochen Vogel nahm das Zitat auf und bekannte sich zu dieser Unersättlichkeit, wenigstens was die von Platon karikierte Gleichberechtigung von Fremden, Sklaven und Frauen angeht. Weizsäcker widersprach nicht, aber meinte mit Platon, daß dem Freiheitsbegehren Einzelner – er dachte wohl an die Kreuzberger Chaoten – da ein Riegel vorgeschoben werden müßte, wo die Freiheit aller bedroht wird. Hier hätte die Debatte beendet werden können, wenn nicht der F.D.P.-Abgeordnete Kunze mit dem griechischen Originaltext gekommen wäre. Er akzeptierte die Ähnlichkeit des Athen von damals mit dem Berlin von heute, d. h. mit Spree-Athen, meinte aber, mit Platon sei uns nicht zu helfen. Platon sei vielmehr, wie Karl Popper bewiesen habe, der „Erzvater des totalitären Staates". Nicht Platon, sondern Solon könne und müsse unser Vorbild sein, Solon habe die Krise Athens bewältigt. Der Herr von der F.D.P. hat offenbar Geschichte studiert. Nur hat er anscheinend jene Vorlesung versäumt, als es von Solon zu Peisistratos weiterging. Platon wußte das besser, denn die Tyrannis des Volksführers Peisistratos resultierte daraus, daß die demokratische Partei nicht mit dem zufrieden war, was Solon ihr gegeben hatte. Platons Vermutung ist gar nicht so dumm, daß totale Freiheit in totalen Zwang umschlagen kann. Hitler kam aus dem Chaos von Weimar, Stalin aus dem russischen Bürgerkrieg, Napoleon aus der französischen, Cromwell aus der puritanischen und Caesar aus der römischen Revolution – das hätte Platon nicht verwundert.

2i. Platon vergleicht die Freiheit mit dem Wein. In Maßen getrunken beschwingt er, aber zuviel davon berauscht den Trinker. Er kann nicht mehr auf eigenen Füßen stehen und ruft nach einem Führer. So das freiheitstrunkene Volk, sobald es, voll des süßen Weines, das Gleichgewicht zu verlieren droht. Der Führer kommt. Er räumt auf, schafft Ordnung. Die Reichen werden enteignet, davon bezahlt der Tyrann seine Schutzstaffel, damit dem Volke sein „Helfer" erhalten bleibe. Alle Maßnahmen erfolgen im Namen des Volkes. Der Tyrann macht große Versprechungen. Eine Bodenreform sichert ihm die Liebe des Volkes, die Grundbesitzer und Systemgegner werden in die Verbannung geschickt. Das ist die, nicht erst von Stalin erfundene, „Säuberung" (*katharmos*) des Staates von den Volksfeinden.

2j. Wenn nun Ordnung und Wohlstand wiederhergestellt sind, wird der Tyrann eigentlich überflüssig. Um sich unentbehrlich zu machen, zettelt er Kriege an[88]. Er benötigt äußere wie innere Gegner, sie rechtfertigen das

---

[88] Plat. rep. 567 A

Halten von Söldnern und Leibwächtern, die überwiegend aus Fremden und Sklaven genommen werden, weil sie dem Tyrannen alles verdanken. Sobald er dann noch Dichter findet, die ihn gegen gute Geschenke verherrlichen, dann ist seine Stellung perfekt. Das Volk aber ist in die Knechtschaft gefallen und merkt es erst, nachdem es zu spät ist. Aus dem Maximum an Freiheit erwächst das Maximum an Zwang.

2k. Im neunten Buch beschreibt Platon die Seele des Tyrannen, die genau so unfrei ist wie das System selbst. Ihr stellt er die Seele des Weisen gegenüber, der sich um Einsicht und Harmonie bemüht. Das letzte, das zehnte Buch versucht, das Maß an zuträglicher Freiheit zu bestimmen, d. h. jenen Punkt zu finden, wo das Übermaß beginnt, namentlich im kulturellen Leben, das die eigentliche Spiegelung der Seele darstellt.

2l. Platons Lehre vom Staatsverfall verarbeitet politische Erfahrung. Sehen wir ab von der problematischen Bewertung der Verfassungsfolge, so läßt sich der Ablauf, wie er in den letzten Büchern der >Politeia< idealtypisch wiedergegeben ist, auch in solchen Staatsentwicklungen zeigen, die Platon noch nicht kannte. Die griechische Verfassungsgeschichte hatte sich vom archaischen Stammeskönigtum über die Aristokratie zur Demokratie hin entwickelt, und diese schwebte ständig in der Gefahr, in eine Tyrannis umzuschlagen. Daß die Monarchie im Hellenismus tatsächlich wieder die dominante Staatsform wurde, hat Platon nicht mehr erlebt. Dieselbe Sequenz hat dann auch Rom durchgemacht. Am Anfang standen die etruskischen Könige, dann folgte die Patrizierherrschaft der frühen Republik, die Demokratisierung schritt voran bis zu den Gracchen, und in den folgenden revolutionären Wirren setzte sich die Monarchie wieder durch.

2m. Die Lehre von den fünf Staatsformen hat Platon im >Politikos< nochmals aufgenommen. Das echte Königtum, in dem der Weiseste regiert, ist die beste, die Tyrannis ist die schlechteste aller möglichen Staatstypen. Die Aristokratie, in der eine Gruppe von tüchtigen Männern herrscht, erscheint als die zweitbeste, die Oligarchie, in der die Reichen bestimmen, als die zweitschlechteste Regierung. Die Demokratie, in der die Mehrzahl das Sagen hat, ist weder im Guten noch im Bösen zu großen Taten fähig und steht darum in der Mitte[89].

---

89 Plat. polit. 302 C ff.; Diog. Laert. III 82

	Gut	Mittel	Schlecht
Einherrschaft	Königtum		Tyrannis
Mehrherrschaft	Aristokratie	Oligarchie	
Volksherrschaft		Demokratie	

3. PLATON IN SYRAKUS

3a. Um die Politik in Athen hat sich Platon nicht gekümmert. Doch erhielt er von den Thebanern und Arkadern den ehrenvollen Auftrag, der neugegründeten Stadt Megalopolis die Gesetze zu geben. Er lehnte es aber ab, als die Bürger sich weigerten, gleiches Recht und gleichen Besitz einzuführen[90]. Die Qualität eines Staates beruhe auf seinen Gesetzen: Das Gesetz sei die Seele des Staates[91]. Ein guter Staat zeichnet sich dadurch aus, daß seine Gesetze gut sind, daß sie befolgt werden und daß die Leute auch die ungeschriebenen Gesetze beachten. Letzteres spiegelt den Stand der Sittlichkeit. Wo diese fehlt, ist nichts mehr zu retten.

3b. Um eine andere Stadt hat er sich indessen intensiv bemüht, und das war Syrakus, die größte und mächtigste Stadt in der damaligen griechischen Welt[92]. Als Dionysios II Platon 366 an seinen Hof berief, tat er genau das, was Platon im achten Buch seines ›Staates‹ beschrieb. Platon sollte offenbar, ähnlich wie Aischylos[93] und Aristipp[94] vor ihm, dem Hof kulturelles Ansehen verschaffen. Platon hat das vermutlich geahnt. Dennoch hoffte er, daß nicht der Tyrann ihn, sondern daß er den Tyrannen würde benutzen können, um seinen Idealstaat zu verwirklichen. Denn wenn irgendeine Staatsform als Ausgangsbasis dafür geeignet war, dann die Tyrannis, sobald der Tyrann zu einem Philosophen werde[95]. Die Verbindung von Macht und Einsicht, von *dynamis* und *phronesis* hielt Platon[96] für naturgemäß und hoffnungsvoll für beide Teile (s. o.).

---

90 Diog. Laert. III 23; Aelian VH. II 42. Ähnlich zu Kyrene: Aelian VH. XII 30
91 Gnom. Vat. 427
92 Plut. Dion 11ff; mor. 779 B; Diog. Laert. III 18f. Zu Unrecht verweist M. Finley, Das antike Sizilien, 1968/1979, 121 ff. Platons Sizilienreisen in die Legende.
93 Vita Aisch. 8; 16
94 Diog. Laert. II 66
95 Plat. leg. 710 D ff.
96 Plat. II. Brief 310 E

3c. Platon segelte nach Sizilien[97]. Seine erste Forderung war, daß der Tyrann und das Volk von Syrakus von seinen Lebensgewohnheiten abgehen müßten. Statt Wein, Weib und Gesang sollten die Leute früh aufstehen, Sport treiben und sich in der Geometrie üben. Der Tyrann hätte sodann seine Söldner zu entlassen, einen besitzlosen Kriegerstand zu schaffen und selbst als gleicher unter gleichen in ihn einzutreten. Einige wenige Gespräche zwischen Dionysios und Platon waren ausreichend, um zu zeigen, daß der Tyrann unbelehrbar und der Philosoph unbeugsam war. Der Tyrann nahm Platon in eine Art Ehrenhaft im Garten der Burg auf der Wachtelinsel und ließ ihn nur auf die Fürbitte der phythagoreischen Freunde wieder frei.

3d. Wieso Platon sich später, 361, von Dionysios zu einem abermaligen Besuch hat verführen lassen, versteht nur, wer die Freundschaft Platons zu Dion in Rechnung stellt. Um zu begreifen, wieviel für einen Griechen Freundschaft bedeuten konnte, müßte man selbst einmal ein Gedicht auf einen Freund gemacht haben wie Platon es nach dem Tode Dions getan hat[98]: „Tränen hat das Schicksal für Hekuba und die Frauen von Troja bestimmt. Dir, Dion, haben Dämonen mitten im Glanz deiner Taten die Hoffnung gestohlen. Nun liegst du in der weiten Heimaterde, geachtet von den Mitbürgern, geliebt von mir". Dion hatte es 357 v. Chr. geschafft, den Tyrannen zu verjagen, wollte die darauf entstandene radikale Demokratie, die er mit Platon eher für einen Kramladen als für eine Staatsform hielt, abschaffen und eine aus Volksmacht und Königtum gemischte Verfassung mit einer leitenden Aristokratie einführen, nach dem Muster von Kreta und Sparta, ist aber selbst von seinen eigenen Anhängern ermordet worden. Sie waren von Dion zu knapp gehalten worden[99].

3e. Nach dem Tode Dions 354 hat Platon noch einen letzten Versuch unternommen, die Verhältnisse in Sizilien zu bessern. Allerdings fuhr er nicht mehr selbst hinüber, sondern schickte zwei politische Sendschreiben, den 7. und 8. Brief an Dions Freunde. Die Herrschaft von Tyrannen sollte ersetzt werden durch die Herrschaft der Gesetze, der Isonomia. Platon forderte, die sizilischen Griechen sollten zu ihrer väterlichen, dorischen Lebensweise zurückkehren. Hier schwebt Platon wieder das spartanische Muster vor. Den Anhängern der Tyrannen müsse Amnestie gewährt werden, sonst nehme das Blutvergießen nie ein Ende. Die verödeten griechischen Städte auf

---

97 Ed. Meyer GdA. V 487 ff.; v. Fritz 1968; Plut, mor. 779 B
98 Diog. Laert. III 30; Anth. Gr. VII 99
99 Plut. Dion 45 ff.; Aelian VH. VII 14

4. *Die Nomoi* 93

der Insel sollten neu besiedelt werden, und zwar durch je 10 000 Siedler. Jeweils 50 Männer sollten die Gesetze abfassen, und zwar gleiche für Sieger und Besiegte. Nur so sei der Gefahr von Seiten Karthagos zu begegnen. Soweit der 7. Brief.

3f. Der 8. Brief, wahrscheinlich von 353, zeigt einen neuen Wissensstand Platons und bringt darum etwas abweichende Ratschläge. Platon mahnt, den Bürgerkrieg und damit den dauernden Wechsel zwischen Tyrannis und Demokratie zu beenden, damit die Griechen nicht wehrlos wie bisher gegenüber den punischen und italischen Barbaren seien. Dann sollten Gesetze angenommen werden, die verhindern, daß die Syrakusaner bloß nach Besitz und Reichtum streben, und bewirken, daß sie an Seele und Körper zu besseren Menschen würden. Die Idee des Erziehungsstaates kehrt wieder. Als Staatsoberhaupt empfiehlt Platon ein Triumvirat, zu dem die beiden Anführer der Demokraten und der geflohene Tyrann Dionysios II gehören sollten. Nur so ließen sich die Parteien versöhnen. Die drei neuen „Könige" sollten nach spartanischem Muster herrschen, „eingeschränkt nach Übereinkunft", gemeinsam mit 35 Gesetzeswächtern, dem Volk, dem Rat und mehreren unabhängigen Gerichtshöfen. Platon entwirft hier ein konstitutionelles Mehrkönigtum, eine Art Mischverfassung mit gesonderter Judikative, also einer Gewaltentrennung. Platons Vorschlag, den gestürzten Tyrannen am Aufbau des Staates zu beteiligen, mußte von den Demokraten als Zumutung empfunden werden. Daß er dennoch nicht unsinnig war, lehrt der Fortgang. Während die Demokraten sich stritten, lag Dionysios auf der Lauer, und 347 brachte er die Stadt wieder unter seine Herrschaft[100].

4. DIE NOMOI

4a. Nach seinen Erfahrungen in Sizilien hat Platon in seinem unvollendeten Alterswerk[101] über die Gesetze (Nomoi, De legibus) um 350 einen zweiten Staatsentwurf vorgelegt, der aufs Ganze gesehen theoriefemer und praxisnäher ist und bei seinen Bürgern nicht so viel Opferbereitschaft voraussetzt wie der Staat der ›Politeia‹. Die Gedankenführung ist bisweilen sprunghaft, es gibt oft Nachträge in späteren Büchern zu den Themen der früheren – ich ordne sie im folgenden *suo loco* ein. Die Rahmenhandlung zeigt drei alte

---

100 Plut. Tim. 1
101 Platons Sekretär Philippos von Opus hat es postum redigiert und ediert: Diog. Laert. III 37

Männer, die von Knossos zur Zeushöhle des Ida hinaufsteigen und über die Verfassung für eine Tochterstadt von Knossos beraten, die im Landesinneren gegründet werden soll. Sie heißt die Stadt der Magneten. Platon spricht nicht, wie sonst, durch den Mund des Sokrates, sondern durch den eines ungenannten Atheners, der sich mit Megillos, einem Spartaner, und Kleinias, einem Kreter, unterhält.

4b. Ausgangsüberlegung ist, daß die Menschen permanent in einem doppelten Kriegszustande lebten. Einerseits kämpfte Polis gegen Polis, andererseits streite in jeder Seele das bessere gegen das schlechtere Ich. Um diese Übel zu beenden, entwirft Platon das Modell einer Stadt, deren Zusammenhalt auf Gerechtigkeit beruht[102] und in der die Vernunft regiert[103]. Da aber die Regierten mehr oder weniger unvernünftig sind, handelt es sich um einen Erziehungsstaat, der nicht die Aufgabe hat, den Bürgern zu einem angenehmeren Leben zu verhelfen, sondern sie zu besseren Menschen zu machen[104]. Der Staat ist eine Schule, die Bürger bleiben bis ins hohe Alter unreif und entwicklungsbedürftig. Immer stehen sie unter Aufsicht[105]. Wie in der ›Politeia‹ verbindet Platon Staatslehre und Seelenlehre, Politologie und Psychologie mit Hilfe der Pädagogik. Die Staatsform der Magnetenstadt soll keine Demokratie, keine Oligarchie, keine Tyrannis sein, wo je eine Partei herrscht, sondern ein Mischtypus, der auf dem Prinzip der Freiwilligkeit beruht[106]. Die echte Staatskunst zielt auf das Wohl der Gemeinschaft, nicht auf das Einzelner[107].

4c. In den ersten beiden Büchern formuliert Platon, etwas überraschend, eine politische Philosophie des Alkohols. Er wird eingesetzt, um Frieden zu stiften, denn was man so Frieden heiße, sei doch bloß ein leeres Wort. Das zeige Sparta. Der dauernde Kriegszustand sei die Ursache, daß die Männer wie im Felde so auch in der Stadt gemeinsam tafelten. Die Sitte selbst billigt Platon, tadelt aber das angebliche Weinverbot. Trunkenheit lehnt auch er ab, doch *abusus non tollit usum*: Möglicher Mißbrauch ist kein Grund gegen sinnvolle Nutzung.

---

102 Plat. leg. 945 D; Stalley 1983, 23 ff.
103 Plat. leg. 829 B
104 Plat. leg. 770 D
105 Plat. leg. 942 A
106 Plat. leg. 832 C
107 Plat. leg. 875 B

4d. Platons Argument lautet: Erziehung muß an die natürliche Neigungen anknüpfen. So wie die Kinder Lust am Spielen zeigen, so besäßen auch die Jugendlichen und Erwachsenen ein Gefühlsleben, das nicht, wie in Sparta, möglichst auszuschalten, sondern pädagogisch zu nutzen sei. Die Seele besäße vier vernunftlose Ratgeber: Freude und Schmerz über gegenwärtige Umstände, Hoffnung und Furcht vor künftigen Begebenheiten. In Sparta habe man zwar Schmerz und Furcht gemeistert, aber zugleich Freude und Hoffnung erstickt. Ihr Staat gleiche einem Heerlager, und diesem fehle die Anmut, die Charis, die einen Staat erst schön mache. Das Gelage mit Gespräch und Gesang, mit Trinken und Tanzen gehört für Platon zum Kernbestand der Paideusis. Wer daran keinen Anteil nehme, der sei ein ungebildeter Mensch.

4e. Den Bildungswert des Symposions erblickt Platon in drei Punkten. Es ist die intellektuelle Reifung durch die belehrenden Tischgespräche; es ist die moralische Besserung durch Selbstzucht und Maßhalten; es ist die soziale Bindung durch die gegenseitige Öffnung der Trinkenden. So entstehen jene Freundschaften, die den menschlichen Zusammenhalt einer Polis ausmachen. Beim Wein plaudern wir unsere Geheimnisse aus: Wein und Kindermund tun die Wahrheit kund[108].

4f. Die Trinkzucht wird beaufsichtigt vom Symposiarchen. Es soll ein mindestens sechzigjähriger, selbst nüchterner Mann sein. Die Quanten werden nach Altersklassen gestaffelt. Untersagt ist der Wein den untersten wie den obersten Angehörigen der Gesellschaft: den Sklaven, damit sie nicht aufsässig werden und gut gehorchen, und den Beamten, damit sie nicht leichtsinnig werden und gut befehlen. Auch ein Arzt, auch ein Steuermann müsse nüchtern sein. Trunkenheit am Steuer war schon in der Antike gefährlich.

4g. Das dritte Buch beginnt Platon mit einer Erörterung über Entstehen und Vergehen der Staaten. Das Entstehen verbindet er mit zivilisatorischem Fortschritt, das Vergehen mit philosophischer Unwissenheit. Der Mangel an politischer Vernunft äußert sich nach Platon in einer falschen Güterlehre. Die Fehler werden gemessen am höchsten Gut des Staatslebens: das ist die Philophrosyne, das Wohlwollen gegenüber den Mitmenschen[109]. Es gebietet, daß die Herrschaft des Gesetzes nur über Freiwillige statthaft ist und nicht

---

108 Plat. symp. 217 E; Zenobios, Paroem. Graeci I S. 85
109 Plat. leg. 628 C

gewaltsam im Interesse Einzelner ausgeübt werden darf. Das größte Übel ist die Selbstliebe. Der private Egoismus bedrohe die Eintracht im Inneren, der kollektive Egoismus bedrohe den Frieden nach außen. Platon demonstriert diese politischen Gefahren an den beiden Prototypen Persien und Athen. Das frühe Persien ist für ihn das Muster für die Monarchie, das frühe Athen steht als Beispiel für die Demokratie. Monarchie und Demokratie werden als die beiden Mütter aller anderen Verfassungen bezeichnet, die entweder Varianten der Monarchie oder der Demokratie seien[110]. Als Urübel erscheint in unterschiedlicher Dosierung jeweils die Maßlosigkeit, die Unwissenheit und die fehlerhafte Erziehung.

4h. Mit dem vierten Buch kommt Platon zum Thema. Die neue Stadt soll achtzig Stadien (15 km) vom Meere entfernt liegen, aber gute Häfen besitzen. Wie alle antiken Moralisten warnt Platon vor den Übeln der Seefahrt: sie verschlechtere die Sitten. Platon fordert eine Akropolis mit Ringmauer[111], eine Agora, an welcher die Tempel liegen – ähnlich wie in Athen – und rings herum, auf den Anhöhen, die Häuser – alle gleichgroß. Sie sollen so aneinander gebaut sein, daß sie einen einzigen Mauerring bilden[112].

4i. Die Siedler sollen Griechen sein, vorwiegend Kreter und Peloponnesier: hinreichend verwandt, um sich zusammengehörig zu fühlen, und hinreichend vermischt, um sich neuen Gesetzen zu beugen. Unabdingbar dafür sei, daß auch die Herrschenden Diener der Gesetze seien. Die Gesetze sind bei Platon Ausdruck der Vernunft, die Vernunft ist die Stellvertreterin Gottes, und Gott ist das Maß aller Dinge. Soll die Bürgerschaft als ganze gedeihen, so bedarf es vorab einer Ehrerbietung gegenüber den Göttern, den Eltern und den Alten als den natürlichen Autoritäten, sodann einer Anerkennung der Vernunft als der rationalen Autorität. Sie spricht aus den Gesetzen, sofern diese nicht einfach als Anordnungen ausgesprochen, sondern durch Einleitungen verständlich gemacht werden. Platon fordert für jedes Einzelgesetz eine Begründung, die Teil des Gesetzestextes ist, und eine Präambel für die Verfassung insgesamt.

4j. Das fünfte Buch beginnt nun auch mit einem Prooimion, sein Thema ist die Güterlehre. Auf ihr beruht Platons politische Philosophie. Höchstes Gut

---

110 Plat. leg. 693 DE; Kriton 52 E
111 Plat. leg. 745 B
112 Plat. leg. 778 C ff.

4. Die Nomoi

im formalen Sinne ist die Wahrheit, bei Göttern sowohl wie bei Menschen[113]. Sie ermöglicht eine Werteskala im inhaltlichen Sinne. An oberster Stelle rangiert die Seele, wir pflegen sie durch Selbsterziehung zur Tugend, d. h. zur Herrschaft über uns selbst und zur Gerechtigkeit gegen andere. An zweiter Stelle steht der Körper, seine Pflege ist die Gymnastik, die Schönheit und Gewandheit, Kraft und Ausdauer verleiht. An dritter Stelle erst kommt, was man gewöhnlich an die erste setzt: der Reichtum. Was bei Platon fehlt, ist die Ausbildung zu geistigen und handwerklichen Fertigkeiten. Letzteres wäre ihm banausisch vorgekommen, jedes Spezialistentum widerspricht seinem Bilde vom ganzen Menschen.

4k. Wenn Platon die Vernunft dazu mahnt, die Seele zu pflegen, so trennt er zwischen dem Begehrungsvermögen, dem Epithymetikon, und dem Leitvermögen, dem Hegemonikon. Bisweilen umfaßt der Begriff Seele auch beide, etwa da, wo er ihre göttliche Natur betont. So wie die Seele die bewegende Kraft im Menschen darstellt, so ist Gott die bewegende Kraft im All. Die Gottesverehrung spielt im Staat der ‚Gesetze' eine wichtige Rolle. Platon behält die Namen der griechischen Götter bei, Tempelkult und Orakelwesen entsprechen dem damals üblichen. Daß Platon ein gläubiger Anhänger der mythischen Überlieferung war, kann man gleichwohl nicht sagen. Für ihn ist die Tradition die jeweils zufällige Form, in der die Menschen ihre notwendige Achtung vor den höheren Mächten bekunden, die bei Platon gemeinhin *ho theos* – „Gott" heißen. Götterkult ist für ihn Folklore mit tieferer Bedeutung. Dazu zählt auch die sozialisierende Wirkung der gemeinsamen Feste, von Platon eigens thematisiert: gebe es für eine Stadt doch keinen größeren Vorteil, als wenn die Bürger einander kennen[114]. Insbesondere soll sich die heiratslustige Jugend auf den Götterfesten kennenlernen. Sie haben dieselbe Funktion wie die Kirchweihe früher auf unseren Dörfern, mit dem Unterschied, daß diese einmal im Jahre stattfindet, Platons Götterfeste aber zweimal im Monat[115]. Das erforderliche Wohlwollen erstreckt sich auf die Fremden: ihre freundliche Aufnahme sei eine Pflicht gegen Zeus Xenios, Zeus den Hüter des Gastrechts[116]. Nach den religiösen Pflichten behandelt Platon die säkularen Tugenden und folgert, nur der lebe glücklich, der Maß halte, tapfer sei und seinen Verstand gebrauche. Ursache aller Übel sei die übergroße Eigenliebe.

---

113 Plat. leg. 730 C
114 Plat. leg. 738 E
115 Plat. leg. 771 D
116 Plat. leg. 730 A; s. o. II d!

41. Nach dieser Einleitung bespricht Platon die Besitzordnung. Die Stadt der Magneten soll so viele Vollbürger umfassen, daß sie sich gegen Angriffe feindlicher Nachbarn wehren können, und zwar 5040 wehrpflichtige Grundbesitzer[117]. Es ist eine pythagoreische Zahl: 1 mal 2 mal 3 mal 4 mal 5 mal 6 mal 7. Sie soll auf demselben Stand gehalten werden, indem Bürger ohne Erben solche adoptieren müssen und überzählige Söhne und Töchter, zumal aus verarmten Familien, ihrerseits wieder Apoikien gründen sollen. Jeder Bürger erhält ein gleichwertiges Landlos, bestehend aus einem Grundstück in der Stadt und Liegenschaften außerhalb. Die ungesunden Gegenden sind gleichmäßig aufzuteilen. Um regionale Interessengruppen zu verhindern, gliedert Platon, ähnlich der kleisthenischen Phylenordnung, das Volk in 12 Phylen und das Land in 12 Teile, die wie Stücke einer Torte geschnitten sind, in deren Mitte die Stadt liegt. In jedem Bezirk liegt eine Ortschaft mit Agora und Tempeln[118].

Das Territorium soll so groß sein, daß die Bewohner in mäßigem Wohlstand leben können. Die beste Verfassung wäre zwar die einer Güter-, Frauen- und Kindergemeinschaft, also der Kommunismus der >Politeia<, aber für die Magnetenstadt sei die zweitbeste Lösung vorzusehen[119]. Um den Streit um Grundbesitz und Schuldenbildung zu vermeiden, erklärt Platon das Landlos für unveräußerlich. Auch im Strafverfahren ist es nicht zu enteignen[120]. Die Grundstücksgrenzen unterstehen dem Schutze des Zeus, ihre Verletzung ahndet das erste Gesetz im Magnetenkodex[121]. Einzige Erwerbsquelle für die Bürger ist der Landbau, einschließlich der Imkerei[122]. Die Erträge werden gedrittelt: den ersten Teil erhalten die Bürger, den zweiten ihre Sklaven, den dritten die Fremden, unter denen die Handwerker sind[123]. Als Erwerbsgrenze gilt der vierfache Wert des Gutes, demgemäß werden die Bürger in vier Schätzklassen geteilt. Entsprechend der solonischen Timokratie sind nach ihnen passives Wahlrecht und Höhe der Abgaben bestimmt[124]. Höhere Vermögensunterschiede stifteten Unfrieden[125]. Was jemand darüber

---

117 Plat. leg. 737 E
118 Plat. leg. 848 D
119 Plat. leg. 739 CD
120 Plat. leg. 855 B
121 Plat. leg. 842 E
122 Plat. leg. 843 D; Stalley 1983, 108 ff.
123 Plat. leg. 847 E
124 Plat. leg. 744 B
125 Plat. leg. 684 DE; 744 D

hinaus erwirbt, fällt an den Staat. Erworben werden kann Geld einer nicht konvertierbaren Währung, die für den Verkehr mit und unter den Handwerkern, Sklaven und Ausländern dient. Gold und Silber sind, wie in Sparta, Staatsmonopol für den Außenhandel. Zölle gibt es weder für Ausfuhr noch für Einfuhr. Luxus und Bettelei sind verboten[126]. Platon will Armut und Reichtum vermeiden[127]. So wie es das Neue Testament[128], das Grimm'sche Märchen[129] und Karl Marx übereinstimmend verkünden, meint auch Platon[130]: Gut und reich ist niemand zugleich.

4m. Buch VI handelt von den Behörden. Sie sind ähnlich wie in Athen geregelt. An der Spitze stehen 37 Gesetzeswächter, ursprünglich der Gründungsrat, 18 Männer aus Knossos, 19 aus den übrigen, an der Gründung beteiligten Städten. Wie alle Amtsträger müssen die Gesetzeswächter vor ihrer Wahl ihren eigenen Lebenswandel von Kindheit an sowie den ihrer Angehörigen prüfen lassen. Dabei handelt es sich, wie in der Antike üblich, nicht um fachliche Eignung, sondern um sittliche Bewährung. Die Gesetzeswächter sind zwischen 50 und 70 Jahren alt[131] und gehören der obersten Zensusklasse an. Gewählt wird durch die Bürgerschaft mit Handzeichen. Für die beiden obersten Zensusklassen besteht Wahlpflicht, ihre Verletzung wird durch Geldstrafen geahndet.

Die Nomophylakes können bis zu 20 Jahren amtieren[132]. Die zehn ältesten von ihnen bilden, gemeinsam mit anderen würdigen Greisen, den Nächtlichen Rat, ihm obliegt der Verfassungsschutz[133]. Mit Grund vermutet Platon, daß sich die neuen Bürger an die Gesetze dieses Staates schwer gewöhnen und Gefahr besteht, daß sie abgeändert werden. Das wird erlaubt, doch fordert er dafür Einstimmigkeit der Bürger und Götter, vertreten durch Orakel[134]. Kritik der Gesetze ist statthaft, soll aber nicht von Jugendlichen, sondern von Erwachsenen und vor den Behörden geübt werden. Platon spricht ausdrücklich davon, daß die Gesetzgebung sich den wandelnden

---

126 Plat. leg. 936 C
127 Plat. leg. 919 B
128 Ev. Matth. 19,24: eher geht ein Kamel durch ein Nadelöhr ...
129 Kinder- und Hausmärchen 87
130 Plat. leg. 742 D; 743 C
131 Plat. leg. 755 A
132 Plat. leg. 755 A
133 Plat. leg. 961 A ff.
134 Plat. leg. 772 C

Zeitverhältnissen anpassen und sich dabei im Verlaufe von Generationen verbessern müsse[135]. Hier kommt ein Fortschrittsgedanke ins Spiel.

4n. Die Einrichtung eines Kleinen Rates neben dem Großen Rat könnte Platon aus der Verfassung Karthagos entlehnt haben. Der Große Rat entspricht der attischen *boulé*. Er umfaßt 360 Bouleuten, je dreißig aus jeder der 12 Phylen und je 90 aus jeder der vier Schätzklassen. Je ein Zwölftel der Ratsherren amtiert einen Monat lang, die übrigen versorgen unterdes ihre häuslichen Angelegenheiten. Wie in Athen heißt der geschäftsführende Teil des Rats die Prytanie. Ihre Aufgabe ist es, ordentliche und außerordentliche Volksversammlungen einzuberufen und Neuerungen abzuwehren. Durch Volkswahl werden weiter bestimmt die Strategen und hohen Offiziere, die ihrerseits die niederen ernennen, außerdem die Aufseher der Straßen, Märkte, Häfen, Brunnen usw. Jährlich werden ebenso die Priester gewählt, die so wie die jüdischen und katholischen Geistlichen ohne körperlichen Fehler und von ehelicher Geburt sein müssen. Fremde sollen gleichfalls Priester werden können, um die Eintracht zu fördern. Neben der Stimmenwahl gibt es auch die Loswahl[136], sie gilt stets nur für ein Jahr. Erlost werden Priester und Richter[137].

4o. In Anlehnung an die spartanische Krypteia gibt es in der Magnetenstadt 60 Landaufseher, für je zwei Jahre gewählt. Sie sollen Befestigungen gegen feindliche Einfälle bauen, Dämme und Kanäle anlegen und überall Sportplätze (Gymnasien) für die Jugend und warme Bäder für die Landarbeiter errichten. Die Landwachen essen und schlafen gemeinsam, begnügen sich mit einfacher und kalter Kost und durchstreifen das Land in Waffen[138].

4p. In der Gesetzesstadt herrscht Schulpflicht. Schulen, Musik und Sport unterstehen besonderen Behörden. Der für die Ausbildung der weiblichen und männlichen Jugend zuständige Beamte trägt die größte Verantwortung im Staat. Er wird aus den Gesetzeswächtern von den Beamten in geheimer Wahl bestimmt und amtiert fünf Jahre. Frauen sind grundsätzlich gleichberechtigt, sie nehmen an der Ausbildung und den Symposien teil[139]. Mindestalter für Zeugnisrecht vor Gericht und für die Bekleidung von Ämtern ist bei

---

135 Plat. leg. 769 D; 772 B
136 Plat. leg. 945 B
137 Plat. leg. 956 E
138 Plat. leg. 760 C ff.
139 Plat. leg. 781 A ff.

4. Die Nomoi

Frauen 40[140], bei Männern 30 Jahre. Männer sind wehrpflichtig vom 20. bis zum 60. Lebensjahr, Frauen von der Geburt ihres letzten Kindes bis zum 50. Lebensjahr, doch soll man sie militärisch nicht überfordern[141].– Die Gerichtshöfe werden, wie in Athen, aus Schöffen gebildet. Wie das Wahlrecht und die Wehrpflicht zählt die Rechtsprechung zu den elementaren Aufgaben aller Bürger[142].

4q. Ausführlich wird die Ehe behandelt, unbeschadet der Tatsache, daß Platon selbst nicht verheiratet war. Bei der Partnerwahl sei auf die Familie zu achten, doch solle sie nur nach moralischen, nicht nach ökonomischen Gesichtspunkten beurteilt werden. Heiraten zwischen Reichen und Armen dienten der Mischung und Verbindung der Bürgerschaft, und ein solches politisches Motiv sei wichtiger als die individuelle Neigung. Männer sollen zwischen 25 oder 30 und 35 heiraten, Frauen zwischen 16 und 20. Das Kinderzeugen ist eine Pflicht gegen die Götter, denen man Diener zu geben schuldig sei[143]. Wer nach dem 35. Jahr nicht verehelicht ist, wird diskriminiert und zahlt Sondersteuern. Mitgift und Morgengabe entfallen. Der Aufwand bei Hochzeiten wird ebenso begrenzt wie der bei Begräbnissen und bei der Kleidung[144]. Kinder sind im nüchternen Zustand zu zeugen. Die Heirat ändert nichts an der Pflicht der Männer und Frauen zur Teilnahme an den Syssitien[145]. Zehn Jahre unterstehen die Jungvermählten der Aufsicht durch die Familienministerin der Stadt; bleiben sie kinderlos, sollen sie sich trennen[146]. Der eheliche Liebesakt soll nur selten stattfinden, das fordert die Selbstbeherrschung[147], und nicht vor den Augen anderer, das gebietet die Scham[148]. Verheiratete Frauen, die noch Kinder bekommen können, dürfen mit fremden Männern keinen Geschlechtsverkehr haben, sonst werden beiden bestimmte Ehrenrechte entzogen. Scheidung ist statthaft, wo die Charaktere der Eheleute nicht harmonieren[149]. Homosexualität, Prostitution und Masturbation werden verboten[150]. Mit seiner eigenen Sklavin darf der Herr

---

140 Plat. leg. 937 A
141 Plat. leg. 785 B
142 Plat. leg. 768 B
143 Plat. leg. 773 E
144 Plat. leg. 774 DE
145 Plat. leg. 780 A
146 Plat. leg. 784 A
147 Plat. leg. 840 C
148 Plat. leg. 841 AB
149 Plat. leg. 930 A
150 Plat. leg. 841 D; anders im >Symposion< 192 A

ein Liebesverhältnis unterhalten, solange es geheim bleibt[151]. Zur Familie zählen die Sklaven. Man soll mit ihnen nicht scherzen, jedes Wort an sie soll ein Befehl sein, dessen Verweigerung bestraft wird. Freundschaft zwischen Freien und Sklaven ist unmöglich. Man soll sie gut behandeln, sonst wird der Umgang mit ihnen beschwerlich. Griechen soll man überhaupt nicht versklaven[152].

4r. Nach der Ehe folgt die Erziehung der Kinder, beschrieben im VII. Buch. Ohne eine Regelung des Privatlebens von Morgenrot bis Morgenrot[153] gebe es, meint Platon, keine Sicherheit im Staate. Die Kleinkinder müssen von ihren Ammen hinreichend geschaukelt werden. Die Kinder vom 3. bis zum 6. Jahr sollen bei den Tempeln zusammenkommen und von Kindergärtnerinnen betreut werden, die selbst einem zwölfköpfigen Frauenkollegium unterstehen. Kinder dürfen nie ohne Aufsicht sein[154]. Mit 6 Jahren beginnt die Schule, für Knaben und Mädchen obligatorisch, aber separat. Die Knaben müssen, die Mädchen sollen den Umgang mit den Waffen lernen. Platon erinnert an die Sauromatinnen und Amazonen. Die linke Hand ist ebenso auszubilden wie die rechte. An Unterrichtsfächern nennt Platon Schreiben und Lesen, Lyraspiel und Rechnen[155]. Neben diesen Elementarfertigkeiten werden Astronomie und Geometrie – beides nicht Sache der Mehrzahl – von Lernwilligen anschließend betrieben[156]. Das Erziehungswesen soll wie das Leben aus Lust und Mühe gemischt sein und keinen Veränderungen unterliegen. Dies erreicht man dadurch, daß man die Musenkünste zu heiligen Handlungen macht: Tänze, Lieder, Musik und Dichtung sollen edle Charaktere darstellen. Klagelieder und Theaterpossen dürfen allenfalls von Sklaven oder auswärtigen Gruppen aufgeführt werden[157] und keinen ehrbaren Bürger beleidigen[158]. Die Fachlehrer in den Musenkünsten sind staatlich bezahlte Ausländer. Alle Darbietungen unterliegen der Zensur.

4s. Arbeit ist die Sache der Fremden und ihrer Sklaven. Kein Bürger darf sich als Kaufmann betätigen[159] oder mit einem Handwerk abquälen, auch

---

151 Plat. leg. 841 E
152 Plat. leg. 776 E ff.
153 Plat. leg. 807 E
154 Plat. leg. 808 D
155 Plat. leg. 809 C
156 Plat. leg. 818 A
157 Plat. leg. 816 E
158 Plat. leg. 935 E
159 Plat. leg. 847 D; 919 E

ihren Sklaven ist allein Landarbeit gestattet[160]. Nur bei Fremden ist das Interesse am Besitz verzeihlich. Sie dürfen als Metöken 20 Jahre im Lande bleiben, doch können Rat und Volksversammlung eine lebenslange Anwesenheit gestatten[161]. Platons Magneten schlafen nur soviel, wie die Gesundheit es fordert, und essen bloß, um satt zu werden. Sie genießen die denkbar größte Muße[162], die sie der Pflege von Geist und Körper widmen sollen. Körperlichen Anstrengungen unterzieht sich der Freie nur im Spiel bei der Gymnastik und im Ernst beim Kampf[163]. Im Frieden verdient bloß das Spiel den Ernst; eine Mischung bildet die Jagd, genauer: die Jagd mit Pferden und Hunden auf Vierfüßler. Vogelstellen und Fischfang ist hinterhältig und abzulehnen. Fallenstellerei ist verboten.

4t. Das VIII. Buch geht von der Jugend- auf die Erwachsenenbildung über. Sie vollzieht sich in drei Formen. Es ist zum ersten die Ausrichtung der zwölf Götterfeste für die zwölf Phylengötter, ergänzt um reine Frauenfeste, wie man sie in der Antike für Persephone und Demeter kannte. Zum zweiten sind es die Kriegsübungen, einen Tag im Monat, woran auch Frauen und Kinder teilnehmen. Die Sieger der Kampfspiele werden durch Gesänge und Preise geehrt, doch gibt es für Wettkämpfer ohne Waffen keinen Siegerlohn. Mädchen nehmen bis zur Hochzeit teil, turnen auch nicht nackt, wie in Sparta, sondern bekleidet. Verheiratete Frauen dürfen, aber müssen nicht mitturnen. Das Gymnasium war in Hellas der Ort, wo päderastische Verhältnisse angeknüpft wurden. Platon verurteilt sie als unnatürlich[164]. Das dritte Erziehungsmittel sind die Syssitien, die bei den Magneten auch die Frauen, allerdings für sich, abhalten.

4u. Im IX. Buch diskutiert Platon das Strafrecht. Grundsätzlich nimmt er an, daß niemand wissentlich und willentlich Böses tue, daß dies nur aus Dummheit oder Leidenschaft geschehe[165]. Das Strafrecht wird in das Erziehungsprogramm einbezogen[166]: die Strafe dient der Belehrung des Täters[167]. Es gibt allerdings Untaten, die zeigen, daß der Delinquent unbelehrbar ist,

---

160 Plat. leg. 806 D E; 846 D
161 Plat. leg. 850 BC
162 Plat. leg. 832 C
163 Plat. leg. 796 D
164 Plat. leg. 836
165 Plat. leg. 862 E; 860 D
166 Plat. leg. 862 DE; 944 D
167 Plat. leg. 854 E

und dafür reserviert Platon die Todesstrafe, die von den Gesetzeswächtern und einem besonderen Volksgericht ausgesprochen wird. Sie steht auf Tempelraub, Hoch- und Landesverrat und Elternmord. Diebe müssen doppelten Schadensersatz leisten. Affekt, Notwehr und Versehen mildern die Strafe. Ausführlich werden Untaten von Sklaven abgehandelt, sie werden härter geahndet. Selbstmordversuche sind strafbar, wenn kein überzeugender Grund vorliegt. Außer Peitschenhieben verordnet Platon keine Grausamkeiten.

4v. Buch X enthält einen Exkurs über philosophische Theologie, worin Platon die notwendige Strafbarkeit der Blasphemie nachweisen will. Daß es überhaupt etwas Göttliches gibt, leitet er ab aus der Erklärungsbedürftigkeit der Welt, genauer: der Bewegung in der Welt, deren Ursprung er als Weltseele oder Gott bezeichnet. Die Frage nach der Möglichkeit von Natur ist, wie Platon weiß, ist keine naturwissenschaftliche Frage; der Physiker muß sie dem Metaphysiker überlassen, der sie für sinnlos oder für übersinnlich erklären wird. Nachdem Platon das Göttliche oder die Götter in seinen Gesetzesstaat eingeführt hat, schreibt er ihnen Vollkommenheit zu, die darin besteht, daß sie ihre Aufgaben in der Welt erfüllen. Daß man sie aber durch Bitten erreichen könne, scheint Platon unwürdig. Wer an diesen Auffassungen rüttelt, sei wegen Gottlosigkeit ins Gefängnis zu stecken. Not lehrt beten, auch den anständigen Atheisten. Privatreligionen sind unstatthaft. Diese Bestimmungen Platons überraschen, weil er die Straftat der Asebie, der Sokrates zum Opfer fiel, beibehält.

In der – wohl durch Philipp von Opus verfaßten[168] >Epinomis< wird die Schulung der Mitglieder des Nächtlichen Rats beschrieben.[169] Arithmetik, Geometrie und Astronomie erscheinen als Grundwissenschaften, die zugleich Theologie und Weisheit vermitteln, ähnlich wie in Platons Spätdialog >Timaios<.

4w. Das XI. Buch der >Nomoi< bringt Nachträge zum Marktrecht – Platon fordert das *pretium iustum* – und zum Familienrecht, wichtig für die Kontinuität der 5040 Herdstellen. Buch XII enthält Zusätze zum Strafrecht, beschreibt die Einrichtung eines Kontrollrates für die gesamte Beamtenschaft, bestehend aus zwölf Euthynen, Priestern des Apollon und des Helios, in deren heiligem Bezirk sie alljährlich nach der Sommersonnenwende bestimmt

---

168 Diog. Laert. III 37
169 Plat. epinomis 974 D ff.; leg. 961 ff.

werden. Diese Euthynen genießen die höchsten Ehrenrechte im Magneten-Staat, der vornehmste gibt dem Jahre den Namen. Dem Staatsschutz dient ebenso die Erschwerung von Auslandsreisen – wieder ein paradoxes Prinzip, wenn wir bedenken, daß Platon selbst Italien, Sizilien, Kyrene und Ägypten[170] besuchte, die frühen Philosophen überhaupt viel unterwegs waren. Dennoch sollen die Magneten an den panhellenischen Spielen teilnehmen. Den Abschluß der ›Nomoi‹ bildet der Nächtliche Rat, der die Verfassung schützen soll.

4x. Der Magneten-Staat wird als eine Mischung aus Monarchie und Demokratie beschrieben[171]. Die Stellung des Einzelnen bestimmt die politische Gerechtigkeit nicht nach dem Prinzip der arithmetischen Gleichheit, die jedem dasselbe gibt, sondern der geometrischen Gleichheit, die jedem das Seine gewährt[172]. Diese Unterscheidung von schematischer und verhältnismäßiger Gleichheit blieb ein Topos der Demokratiekritik bei Aristoteles[173], Isokrates[174] und Plutarch[175]. Leitidee ist, wie stets, der Versuch Platons, die Wahrheit zu ermitteln. Sie ist das größte Gut für Götter und Menschen[176].

5. Ausblick

5a. Platons Idealstaat wird gewöhnlich unter die Utopien vom Typus *Amaurote* gerechnet. Dabei gehen indes wesentliche Unterschiede verloren. Gemeinsam ist beiden allein, daß es sich um erdachte Musterstaaten handelt. Während Platon daran keinen Zweifel läßt, sein Staatsideal Stück um Stück vor dem Leser aufbaut und Vor- und Nachteile jeder Einrichtung erörtert, bedient sich Thomas Morus des fiktiven Reiseberichts, der so tut, als gäbe es den perfekten Staat auf einer fernen Insel, der als fertig beschrieben wird. Morus knüpft eher an den hellenistischen Reiseroman eines Jambulos an[177] als an Platon. Eine weitere Differenz liegt darin, daß Platon an die Realisierbarkeit seines Projektes glaubt und deren Bedingungen darlegt. Sodann bie-

---

170 Diog. Laert. III 6
171 Plat. leg. 756 E
172 Plat. leg. 757 B; Gorg. 508 AB
173 Arist. pol. 1301 B
174 Isokr. VII 21
175 Plut. 719 BC
176 Plat. leg. 730 B
177 s. u. VII 2 p

ten weder der Staat der ›Politeia‹ noch derjenige der ›Nomoi‹ eine endgültige Lösung des Problems: jener zerfällt nach einer Weile wieder, und dieser ist einer unbegrenzten Verbesserung fähig. Insofern tragen die Idealstaatsentwürfe Platons eher Modellcharakter.

5*b*. Platons Wunsch, zu wirken, hat sich auf der Ebene der politischen Realität nur in bescheidenem Maße erfüllt. Immerhin sind aus seiner Schule mehrere Gesetzgeber[178] und Feldherren[178a], Tyrannen[179] und Tyrannenmörder hervorgegangen[180]. Bedeutsamer ist Platons Einfluß im literarischen Bereich. Aristoteles, Cicero und Augustinus haben sich mit ihm auseinandergesetzt. Seine Lehre wurde weitergegeben, einerseits von der Akademie, die als letzte Philosophenschule erst 529 durch den byzantinischen Kaiser Justinian geschlossen wurde[181], andererseits durch den Neuplatonismus in den übrigen Universitätsstädten des Ostens, insbesondere Alexandria.

5*c*. Um so stärker war Platons Einfluß auf die politische Theorie. Dabei fällt auf, wie unterschiedlich die Gruppe seiner Anhänger zusammengesetzt ist, und welche Gegensätze seine Gegner trennen. Ist es nicht geradezu kennzeichnend für die Koryphäe, daß sie sich aus jeder Richtung, jeder Entfernung anders darstellt?

5*d*. Platon hat das römische, das christliche, das islamische und das neuzeitliche Staatsdenken inspiriert. In Rom hat namentlich Cicero platonische Anregungen verarbeitet (s. u. IX). Aber auch Kaiser wie Marc Aurel[182] und Severus Alexander[183] haben seine ›Politeia‹ gelesen. Unter Gallienus plante Plotin in Campanien eine Musterstadt Platonopolis[184] Augustin suchte in Platon einen Bundesgenossen gegen den Polytheismus.

5*e*. Unter den arabischen Philosophen haben sich Alfarabi[185] und Averroes mit ihm befaßt[186]. Alfarabi († 950) lobte an Platon die Abschaffung des

---

178 Plut. Philopoimen 1
178a Dion s. o.
179 Plat. VI. Brief; Diod. XVI 52; Athenaios 85 AB
180 Plut. Philopoimen 1; ders. mor. 1126 CD
181 Malalas 451
182 Marc Aurel, Selbstbetrachtungen IX 29
183 Script. Hist. Aug., Sev. Al. 30
184 Porphyr. Vita Plotini 66
185 E. Rosenthal 1958, 122; Lerner + Mahdi 1978, 83 ff.

5. Ausblick

Bürgerkrieges durch die Einschärfung des Gesetzes, die Überordnung des Friedens über den Krieg überhaupt und die Forderung, daß ein Herrscher sein Regierungsamt verstehen müsse wie ein Künstler sein Handwerk[187]. Alfarabi schrieb selbst eine Abhandlung über den Musterstaat in Anlehnung an Platon[188]. Averroes verfaßte am Ende des 12. Jh. in Cordoba ein Buch über die >Politeia<, um zu beweisen, daß der islamische Staat, die *shari'a*, das platonische Ideal erfüllte. An ihm müßten sich die kranken Gemeinwesen kurieren. Im christlichen Mittelalter verlor Platon an Einfluß zugunsten des Aristoteles, gewann jedoch mit dem Florentiner Humanismus wieder an Bedeutung. Manuel Chrysoloras übersetzte die >Politeia<, Georgios Trapezuntios die >Nomoi< ins Lateinische.

In der Aufklärung begegnet Platon zumal bei Montesquieu, dessen Gedanke der Gewaltenteilung durch Platon angeregt scheint. Zuletzt hat Francis Fukuyama erklärt, die liberale Demokratie unserer Zeit sei deswegen die beste aller möglichen Staatsformen, weil sie die von Platon in der >Politeia< aufgestellten Prinzipien verwirkliche und das Gleichgewicht der drei Seelenteile verbürge[189].

5f. Während des Zweiten Weltkrieges hat Karl Popper in seiner >Open Society< umgekehrt den Versuch unternommen, Platon zum Erzvater des totalitären Staatsideals zu machen. Darin war er einig mit Carl Schmitt[190]. Popper suchte nach den Vorläufern des faschistischen und des kommunistischen Staates und gelangte dabei zu Platon. Daß hier Verbindungslinien bestehen, hat schon Nietzsche[191] bemerkt, wenn er von dem „alten typischen Sozialisten Plato" sprach. Nationalsozialisten zeigten vielfach eine Sympathie zu Sparta, wie sie auch Platons >Politeia< kennzeichnet: so zum Gedanken eines Kriegerstandes, einer eugenischen Nachwuchsplanung, einer Unterordnung aller Privatinteressen unter den Staat. Kommunistischen Charakter trägt bei Platon die Aufhebung des Privateigentums, das Verbot der Auslandsreisen, der Verzicht auf konvertierbare Edelmetallwährung. Beide totalitären Systeme stimmen mit Platon überein in dem Versuch, den Klassenkampf stillzustellen: die Kommunisten durch die klassenlose Gesellschaft, die Nationalsozialisten durch die Ständeordnung der organischen

---

186 Averroes l. c. 174
187 F. Rosenthal, 1965, 153 ff.
188 F. Rosenthal, 1965, 159 ff.
189 F. Fukuyama, Das Ende der Geschichte, 1992, 444
190 C. Schmitt, Glossarium, 1991, 47 aus dem Jahre 1947

Volksgemeinschaft, beide erstreben wie Platon eine Überwachung des Kulturlebens. Das nannte Popper die „geschlossene Gesellschaft", Poppers Gegenbild ist die liberale, die offene Gesellschaft anglo-amerikanischen Zuschnitts. Ihr Muster sucht er im Staatsideal des Perikles. Popper glaubte, der demokratische „Imperialismus" Athens hätte auf ein humanitär-liberales Commonwealth abgezielt[192], Perikles sei eine Art Wilson gewesen, und die Niederlage Athens 404 sei auf den Dolchstoß verräterischer Oligarchen zurückzuführen[193].

5g. Platon kannte aber seinen Perikles besser. Wenn sich Platon und Popper eines Tages im Elysium begegneten, könnte Platon sich folgendermaßen rechtfertigen: „Sir Karl, du versuchst aus den Fehlern der Staatswesen zu lernen, so wie ich das auch versucht habe. Du hältst es mit der Erfahrung und bist rigoros mit dem, was du ablehnst. Ich halte es mit der Vernunft und bin rigoros mit dem, was ich anstrebe. Die Radikalität ist nicht vernünftig, aber die Vernunft ist nun mal radikal. Die fatalen Wirkungen eurer Heilsbringer beruhten auf denselben Mißständen, die unsere Tyrannen genutzt haben, und sie sind an derselben Hybris zugrunde gegangen. Die Fehler der Staatsmänner erwuchsen überwiegend aus ihrer Unersättlichkeit. Auch Perikles ist keine Ausnahme – er hat den Peloponnesischen Krieg angezettelt. Feindschaft zwischen den Städten, Bürgerkrieg zwischen Armen und Reichen – das ist die Realität unserer Politik. Du, Sir Karl, hast die buntscheckige Seele eines Demokraten, darum schwärmst du für den liberalen Staat. Staat hat etwas mit Stabilität zu tun. Wenn du den liberal-demokratischen Staat behüten kannst vor der Habgier eurer Kapitalisten, vor dem Aufbegehren eurer Armen, vor den Umtrieben eurer Chaoten und vor den außenpolitischen Abenteuern eurer Demokratoren, dann hättest du Recht. Dabei wirst du nicht ganz auf die Erziehung der ach! so mündigen Bürger zur Rücksicht auf ihresgleichen verzichten können, ja die Freiheit der ewig Unersättlichen, der ewig Unzufriedenen etwas einschränken müssen. Das Maß der Einschränkung aber wird stets die Gerechtigkeit, und das Ziel der Gerechtigkeit der Friede sein, und wenn die Menschheit ihn auf deinem Wege gefunden hat, dann gebe ich zu, daß mein Weg der falsche war. Dann darfst du weiterhin mit Nietzsche[194] behaupten: ‚Plato bleibt das größte Malheur Europas.' "

---

191 Nietzsche I 686
192 Popper 1944/70, 245 f.
193 Popper 1944/70, 257
194 Nietzsche, Briefe 9. Jan. 1887

Kapitel V

ARISTOTELES UND DIE DEMOKRATIE

a. Leitbegriff „Mitte" 111
b. Leben des Aristoteles 111
c. Erzieher Alexanders 112
d. Asebie-Prozeß 112
e. Wissenschaften 112
f. Überlieferung:
   Verloren Exoterisches 112
g. Erhalten Esoterisches 113
h. >Politik< 113
i. Ihr Inhalt 114

1. URSPRUNG UND WESEN DES STAATES 114
   a. Gutes Leben 114
   b. Sprache 114
   c. Entwicklung 115

2. GESELLSCHAFT 115
   a. 115
   b. Symphonie 116
   c. Rang der Tätigkeiten 116
   d. Handel 116
   e. Geld 117
   f. Besitzgleichheit? 118
   g. Sklaven 118
   h. Barbaren bei Aristoteles 118
   i. Barbaren seit Homer 119
   j. Rasse 119
   k. Alexander 119
   l. Weberschiffchen 120
   m. Sklave als Mitmensch 120
   n. Negersklaverei 120
   o. Verhaltensbiologie 120

3. STAATSFORMEN 121
   a. Äußere Bedingungen 121
   b. Geschichte 121
   c. Berufe 122
   d. Waffen 122
   e. Geographie 122
   f. Drei Funktionen 123
   g. Sechs Herrschaftsformen ... 123
   h. Mischverfassung 124
   i. Monarchie 124
   j. Tyrannis 125
   k. Aristokratie 125
   l. Oligarchie 126
   m. Politie 126
   n. Demokratie 126
   o. Revolution 127

4. DER BESTE STAAT 127
   a. Eudaimonie 127
   b. Gerechtigkeit 128
   c. Außenpolitik 128
   d. Innenpolitik 129
   e. Makedonien 129
   f. Autarkie überhaupt 130
   g. wirtschaftlich 130
   h. Mindestgröße 130
   i. Ideale Bürger 131
   j. Rentner 131
   k. Arbeiter 131
   l. Militär 132
   m. Kult 132
   n. Grundbesitz - kein Kommunismus 133
   o. Mittelstand 133

p.	Zensus	133
q.	Regierung	134
r.	Familie	134
s.	Erziehung	135
t.	Musik	135

5. RÜCKBLICK 136
    a. Treitschke 136
    b. Aristoteliker-Platoniker .. 136
    c. Empirie-Ideal 137
    d. Realismus? 137
    e. Peripatos:
       Naturwissenschaft 137
    f. Demokratie? 137
    g. Stadtstaat-Ideal 138

Die Mitte ist überall.
Nietzsche

V. ARISTOTELES UND DIE DEMOKRATIE

a. Die meisten Philosophen lassen sich von bestimmten Kernbegriffen her verstehen. Ein Kernbegriff für Heraklit ist der „Gegensatz", ein Kernbegriff für Sokrates ist die „Ironie", ein Kernbegriff für Platon ist die „Idee". Suchen wir einen solchen Kernbegriff auch für Aristoteles, so wäre dieser wohl die „Mitte". Aristoteles ist der Philosoph der *mesotés*. Cicero schreibt: *Mediocritas, quae est inter nimium et parum, placet Peripateticis et recte placet*[1]. Allenthalben sucht Aristoteles zwischen dem Zuviel und dem Zuwenig die rechte Mitte, die „eine Art Höhepunkt" sei. Was die rechte Mitte sei, demonstriert er an einer schön gewachsenen Nase[2]. Er stellt den Menschen in die Mitte zwischen Tier und Gottheit[3], er stellt die Griechen in die Mitte zwischen den südlichen und den nördlichen Barbaren[4], und er selbst steht, ohne daß er das wissen konnte, in der Mitte zwischen der klassischen und der hellenistischen Philosophie.

b. Aristoteles (384–322) stammt aus Stageiros auf der Chalkidike, sein Vater war Leibarzt des Königs Amyntas II von Makedonien[5]. 366 trat er in die platonische Akademie ein und studierte dort zwanzig Jahre[6]. Nach Platons Tod 347 konnte Aristoteles als Metöke – er besaß kein Bürgerrecht in Athen – nicht die Akademie übernehmen, darum folgte er dem Ruf des Tyrannen Hermias von Atarneus in der kleinasiatischen Aiolis, der ebenfalls Platonschüler[7] und ein Vasall des Perserkönigs war. Aristoteles heiratete Pythias, die Nichte des Stadtfürsten, und gründete in Atarneus eine Schule[8].

---

1 Cic. off. I 89
2 Arist. EN. 1107 A; pol. 1309 B
3 Arist. pol. 1253 A
4 Arist. pol. 1327 B; Hippokrates, Über die Umwelt 16; 23 f.
5 Diog. Laert. V 1
6 Diog. Laert. V 9
7 Plat. ep. VI
8 Diog. Laert. V 3 f.

Hermias wurde 342 durch die Perser wegen verräterischer Beziehungen zu Philipp II von Makedonien hingerichtet[9].

c. König Philipp II von Makedonien hatte 343 Aristoteles zum Erzieher Alexanders bestellt[10]. Seine Mahnschrift an ihn[11] ist verloren. Da Philipp Stageiros erobert und zerstört hatte, erwirkte Aristoteles den Wiederaufbau seiner Vaterstadt und gab ihr die Gesetze[12]. 335 gründete er seine eigene Schule im Hain des Lykeion zu Athen. Ihr Name „Peripatos" besagt, daß man „im Wandeln" philosophierte. Überhaupt unterscheidet sich die griechische Philosophie von der modernen darin, daß sie nicht am nächtlichen Schreibtisch einsamer Gelehrter entstand, sondern unter blauem Himmel im Gespräch zwischen Alten und Jungen, die auch nicht, wie unsere Professoren und Studenten, vom Staat dafür bezahlt wurden, sich Gedanken über den Staat zu machen.

d. Nach dem Tode Alexanders wurde Aristoteles als Makedonenfreund wie namhafte Philosophen vor ihm (s. o. IV e) der Asebie angeklagt und aus Athen vertrieben. Er starb 322 in Chalkis auf Euboia mit 62 Jahren[13], angeblich hatte er beim Nachdenken über die komplizierten Meeresströmungen Darmverschlingung bekommen.

e. Aristoteles ist der Empiriker unter den Philosophen. Nachdem sich Sophisten und Sokratiker von der Naturbetrachtung zum Menschen gewandt hatten, nahm er die Naturwissenschaften wieder auf. Nach Diogenes Laertios[14] überragte er darin alle früheren und späteren Philosophen des Altertums. 400 Bücher soll er geschrieben haben, genau 445.270 Zeilen: über Physik, Astronomie, Meteorologie, Zoologie, Medizin, Logik, Ethik, Rhetorik, Musik, Psychologie, Religion, Technik usw. Nur die Geschichtswissenschaft fehlt. Aber auch Gedichte und Briefe hat er publiziert. Die philosophischen Schriften waren überwiegend Dialoge.

f. Alle diese, für die Öffentlichkeit bestimmten Werke sind verloren. Der letzte antike Autor, der einige von ihnen in der Hand hatte, lebte um

---

9 Diod. XVI 52, 4 ff.
10 Plut. Alexandros 7
11 Diog. Laert. V 22
12 Diog. Laert. V 4
13 Diog. Laert. V 6 ff.
14 Diog. Laert. V 32

V. Aristoteles und die Demokratie

200 n. Chr. Es war Alexander von Aphrodisias. Wiedergefunden wurde im Jahre 1890 jedoch ein Exemplar der Schrift über den Staat der Athener. Sie hatte sich auf einer Papyrusrolle im Wüstensand Ägyptens erhalten und bildet heute unsere wichtigste Quelle zur Geschichte der attischen Demokratie. Aristoteles hatte eine Sammlung von 158 Staatsverfassungen[15] anlegen und veröffentlichen lassen[16], und aus diesem Corpus scheint der Text zu stammen.

g. Außer den exoterischen (publizierten) Schriften gab es allerdings auch solche, die nur für den Lehrbetrieb bestimmt waren, die sogenannten esoterischen. Dabei handelt es sich um Vorlesungsnachschriften durch Studenten oder um Konzepte des Meisters selbst. Nach dessen Tod gingen sie durch viele Hände, moderten generationenlang in feuchten Kellern und wurden im Jahre 86 v. Chr. von Sulla nach Rom gebracht und blieben so erhalten[17]. Häufig in der Kulturgeschichte ist der Raub eine Form der Rettung.

h. Die Titelverzeichnisse der verlorenen Werke zeigen, daß Aristoteles zahlreiche politosophische Dialoge veröffentlicht hat. Sie handelten von der Gerechtigkeit, vom Staatsmann, vom Reichtum, vom Adel, von der Kolonisation, vom Königtum, von der Wirtschaft, von der Politik, vom Recht, von der Redekunst, von den Gesetzen bei Griechen und Barbaren, einschließlich der Etrusker. Erhalten ist lediglich die Politikvorlesung (*politiké techné*) in acht Büchern, sie ist unvollständig. Da der Tod Philipps II erwähnt wird[18], fällt die Abfassung in die Jahre zwischen 336 und 322. Die *politiké techné* zählt zu den angewandten Wissenschaften wie Geometrie und Medizin. Zu ihrem Verständnis ist die ›Nikomachische Ethik‹ (EN) heranzuziehen, benannt nach dem Sohne des Philosophen[19]. Politik und Ethik hängen für Aristoteles aufs engste zusammen, denn so wie Ethik das Verhalten des Einzelnen regelt, bestimmt die Politik das Zusammenleben der Gemeinschaft. Weil es daran hapert und alle bestehenden Staatsformen Mängel aufweisen, befaßt sich Aristoteles mit der Politik[20]. Schlecht sind Staaten, die den Herrschenden nützen und nicht dem allgemeinen Besten dienen[21].

---

15 Diog. Laert. V 27; Arist. EN. 1181 B 15
16 Dilts 1971
17 Strabo XIII 1, 54
18 Arist. pol. 1311 B
19 Diog. Laert. VIII 88
20 Arist. pol. 1260 B
21 Arist. pol. 1279 A

V. Aristoteles und die Demokratie

i. Die ›Politik‹ des Aristoteles unterscheidet sich von der ›Politeia‹ Platons positiv durch eine Fülle von Nachrichten über antike Städteverfassungen, die beschrieben und kritisiert werden. Aristoteles legt Wert auf Faktenkenntnis. Der ideale Hörer sei der mit dem größten Wissen und den geringsten Leidenschaften. Aus diesem Grunde sei die politische Wissenschaft ungeeignet für junge Menschen[22]. Freilich sei weniger das Alter als die Reife wichtig, und die zeige sich in der Bereitschaft zur Vernunft. Negativ unterscheidet sich Aristoteles von Platon durch den wesentlich geringeren Grad an Systematik im Aufbau der Schrift. Deswegen muß, wer das Staatsdenken des Aristoteles charakterisieren will, eine eigene Gliederung zugrundelegen. Die meinige soll vier Punkte umfassen: 1. Ursprung und Wesen des Staates, 2. die Gesellschaft, 3. die Staatsformen und ihren Wandel, 4. den Idealstaat.

1. Ursprung und Wesen des Staates

1a. Für Aristoteles ist der Staat nicht eine Stiftung des Zeus wie für Homer, nicht das Ergebnis einer Konvention wie für die Sophisten, und nicht das Resultat einer rationalen Arbeitsteilung wie für Platon. Für Aristoteles ist der Staat ein Werk der Natur. Der Mensch ist ein von Natur aus staatenbildendes Lebewesen (*ho anthrópos physei politikon zóon*[23]). Entstanden sei der Staat aus der Notwendigkeit, das Leben überhaupt zu erhalten; entwickelt habe er sich, um das gute Leben (*to eu zén*) zu verwirklichen. Dies sei nur im Staate möglich. Entstand der Staat bei den Sophisten und bei Platon aus einem Mangel der menschlichen Natur, aus dem Unvermögen, allein zu überleben, so erwächst der Staat bei Aristoteles aus einem Vorzug der menschlichen Natur, sich über das tierische Dasein erheben zu können.

1b. Der Staat ist bei Aristoteles grundsätzlich demokratisch gedacht. So wie für Demosthenes[24] war für Aristoteles die Politie eine Herrschaft von Freien und Gleichen über sich selbst mit Hilfe von selbsterlassenen Rechtsgesetzen. Der Staat, die geregelte Gemeinschaft, ist eine notwendige Voraussetzung für die Entwicklung des Menschen. Ohne ihn gäbe es keine Sprache, keine Kultur, keine Humanität – darum ist der Staat, sozusagen älter als der

---

22 Arist. EN. 1095 A
23 Arist. pol. 1253 A
24 Demosth. XXIV 75 f.; VI 25

Mensch[25]. Er ermöglicht die Entfaltung der Anlagen und Fähigkeiten (*aretai*) des Einzelnen. Der Staat habe das Zusammenleben zu regeln, die Interessen auszugleichen unter dem Leitgedanken des Gemeinwohls (*to koinon sympheron telos poleós*). Was allen nützt, ist die Gerechtigkeit[26]. Die Wissenschaft vom Staate, ohne den es keine anderen Wissenschaften gäbe, ist die höchste aller Wissenschaften[27].

1c. Aristoteles nimmt den von Platon in den >Nomoi< ausgesprochenen Gedanken der Entwicklung auf: der Staat muß dauernd reformiert werden, doch solle man behutsam vorgehen, weil die Änderung von Gesetzen deren Autorität schwäche. Im Prinzip aber müsse man, wie in der Medizin und in der Gymnastik, nicht nach dem Überlieferten, sondern nach dem Besten fragen[28]. Die Entwicklungsidee hat bei Aristoteles einen höheren Stellenwert als bei Platon. Jedes Wesen trage das Ideal seiner eigenen Vollendung in sich und strebe, sie zu verwirklichen. Die „Entelechie" des Menschen sei nur im Staate zu erreichen. Der ideale Mensch ist der perfekte Bürger.

2. DIE GESELLSCHAFT

2a. Der Staat setzt sich zusammen aus den freien Bürgern, die an der Regierung und an der Rechtsprechung teilhaben[29]. In der Regel handelt es sich um die Oberhäupter von Familien[30]. Da bei den Griechen das Einfamilienhaus üblich war, ist auch von „Häusern" die Rede. Das Haus ist die kleinste Einheit, aber kein Abbild der Polis[31]. Denn während die Polis die Herrschaft von Gleichen und Freien über sich selbst darstellt, ist das Haus durch drei Herrschaftsverhältnisse gekennzeichnet[32]: der Mann herrscht naturgemäß über die Frau[33]; er erwirbt, und sie verwaltet[34]. Die Eltern herrschen naturgemäß über die Kinder, solange sie uneinsichtig sind und der Fürsorge bedür-

---

25 Arist. pol. 1253 A
26 Arist. EN. 1160 A
27 Arist. EN. 1094 A
28 Arist. pol. 1269 A
29 Arist. pol. 1275 A
30 Arist. pol. 1280 B
31 Arist. pol. 1255 B
32 Arist. pol. 1259 B
33 Arist. pol.1254 B
34 Arist. pol.1277 B

fen. Die Freien herrschen naturgemäß über die Sklaven; ohne Befehlsgewalt sei keine arbeitsteilige Planung durchführbar[35].

2b. Gegen Platons Auflösung der Hausgemeinschaft bei den Wächtern erklärt Aristoteles, jeder Mensch bedürfe einer Privatsphäre, eines unantastbaren Eigentums, um das er sich vorrangig kümmere. Innerhalb des Hauses müßte sich, vom Staate unbelästigt, der Einzelne entfalten dürfen. Ein Körper bestehe aus ungleichen Teilen[36], eine Harmonie (*symphónia*) erfordere verschiedene Töne, anderenfalls entsteht Monotonie. Nicht Einheitlichkeit[37], sondern Freundschaft solle das verbindende Element sein. Das kennen wir wieder aus Platons ›Nomoi‹. Der Staat ist nicht so festgefügt wie eine Hausgemeinschaft, er hängt nicht so lose zusammen wie die Dörfer Arkadiens[38], sondern stehe zwischen der homogenen Familie und dem heterogeneren Stamm in der Mitte.

2c. In seiner Lehre vom Rang der Tätigkeiten unterscheidet Aristoteles drei Stufen. Am höchsten steht die Philosophie (das Nachdenken über die Welt), darunter die Politik (die Sorge für das Gemeinwesen), darunter die Arbeit (die Bemühung um den Lebensunterhalt). Diese Tätigkeiten lassen sich kombinieren, so die Philosophie mit der Politik und die Politik mit der Arbeit. Die Arten der Arbeit werden wiederum nach ethischen Prinzipien abgestuft. Am gesündesten und natürlichsten ist das Leben der Bauern und Hirten. Es erzieht auch zum Krieger. Eine weniger edle Lebensform ist die des Handwerkers. Wenn er reich wird, ist er (seelisch) vom Geld, bleibt er arm, ist er (wirtschaftlich) vom Markt abhängig. An unterster Stelle stehen für Aristoteles die Händler. Zweck der Ware sei ihr Verbrauch, nicht der Verdienst[39]. Handel, namentlich der Seehandel[40], verführe zu ungerechter, ungesunder Bereicherung. Auch dies ist platonisch.

2d. Das Lob der Landwirtschaft, das schon Hesiod gesungen hatte, ist vielfach wiederholt worden, auch von Aristoteles selbst[41]. Die Polemik von Platon und Aristoteles gegen Handel, Profitgier und Zinsnehmen findet eine

---

35 Arist. pol.1259
36 Arist. pol.1277 A
37 Arist. pol.1263 B
38 Arist. pol.1261 A
39 Arist. pol.1257 A ff. Am tiefsten steht der Geldverleiher.
40 Arist. pol.1327 A; vgl. Cic. off. I 150 ff.
41 Arist. oec. I 2 = 1343 A 25 ff.

2. Die Gesellschaft

Entsprechung einerseits bei Cato[42] und Cicero[43], andererseits in den alttestamentarischen Zinsverboten[44], die in den Koran übernommen wurden[45]. Das antik-biblische Verdikt ist gegen den Frühkapitalismus ausgespielt worden, etwa von Martin Luther. Er empfahl 1520, den Fuggern und dergleichen Gesellschaften „einen Zaum ins Maul zu legen". *Das weyß ich wol, das viel gotlicher weere, acker werck mehren und kauffmanschafft myndern*[46]. Montesquieu[47] jedoch wandte sich in diesem Punkt gegen Aristoteles, der Handel schien ihm wichtig für die Förderung des Wohlstandes.

2e. Aristoteles hat zwischen dem Gebrauchswert und dem Tauschwert einer Ware unterschieden[48] und Kerngedanken zu einer Philosophie des Geldes formuliert: Das Geld sei – obschon es unersättlich mache[49] – keineswegs eine naturwidrige und schädliche Einrichtung, sondern es versinnliche die ökonomische Gerechtigkeit. So wie das gerechte Handeln die Mitte bilde zwischen Unrechttun und Unrechtleiden, so erscheint der gerechte Preis als die Mitte zwischen dem, was der Verkaufende bekommen kann (obwohl er lieber noch mehr bekäme), und dem, was der Kaufende zu zahlen bereit wäre (obschon er gern weniger ausgäbe). Das Geld wird so zum Mittler zwischen Produzent und Konsument, wie das Recht ein Mittler ist zwischen dem Kläger und dem Angeklagten. In beiden Fällen geht es um das Prinzip „jedem das Seine", um den Ausgleich von Schaden und Gewinn[50]. Diese, schon von Platon[51] vertretene Auffassung ist in der Scholastik, zumal bei Albertus Magnus und Thomas von Aquin in die Theorie vom *iustum pretium* eingegangen, die bei Luther als Norm für Bereicherung, bei Marx als Maßstab für Ausbeutung eine Rolle spielt. Vergessen wird zuweilen, daß der „gerechte" Preis nur über den Markt zu ermitteln ist, daß er den Wettbewerb der Hersteller, die Wahlmöglichkeit der Käufer voraussetzt.

---

42 Plutarch, Cato Maior 21, vgl. schon Homer Od. VIII 159 ff.
43 Cic. off. I 150 f.
44 z. B. 5. Mose 23, 20
45 Koran, Sure 2, Die Kuh, 276 f.
46 M. Luther, An den christlichen Adel deutscher Nation. In: Ders., Werke in Auswahl, hg. von O. Clemen I 1950, 418
47 Montesquieu, Esprit des Loix XXI 20
48 Arist. pol. 1257 A
49 Arist. pol. 1257 B
50 Arist. EN. 1131 B–1133 B
51 Plat. leg. 917 B, 921 A–C

2f. Aristoteles betrachtet den Erwerb als eine zwar notwendige, aber auch auf das Notwendige zu beschränkende Tätigkeit. Die Verschiedenheit der Menschen habe zur Folge, daß es Arme und Reiche gibt. Besitzgleichheit, wie sie Phaleas[52] gefordert hatte, wäre wünschenswert, sei aber schwer einzuführen und noch schwerer aufrecht zu erhalten. Dazu müßte nicht nur die Arbeit, sondern auch die Kinderzahl reguliert werden, was bisher stets vergeblich versucht worden sei. Immerhin könne man den Landbesitz beschränken und die Armen aus Staatsmitteln unterstützen, doch solle man ihnen nicht Lebensmittel, sondern Saatgut spenden, damit sie sich nicht an Almosen gewöhnen. Platos Idee vom Gemeinbesitz lehnt Aristoteles ab[53], weil die Menschen sich erfahrungsgemäß darum zu wenig kümmerten, nur das Privateigentum liege ihnen wirklich am Herzen[54] – eine Einsicht, die sich erst 1989 durchgesetzt hat.

2g. Tiefer als die freien Bauern und Händler stehen die lohnabhängigen Arbeiter, unter diesen wiederum die Sklaven. Die Sklaverei ist bei Aristoteles eine notwendige Einrichtung. Er unterscheidet zwei Arten von Sklaverei, die eine nach dem Gesetz, die andere nach der Natur. Sklaverei nach dem Gesetz ist durch Kriegsgefangenschaft begründet[55]. Sie sei unnatürlich, insofern ein zur Freiheit fähiger Mensch Sklave geworden wäre; das aber sei deswegen nicht ungerecht, weil dem Unterlegenen ja das Leben gelassen worden wäre.

2h. Als Sklaven von Natur betrachtet Aristoteles alle Barbaren[56]. Er rechnet mit einem anthropologischen Menschentypus, der prinzipiell unmündig und zum selbständigen Gebrauch seiner Verstandeskräfte unfähig ist. Das meinte er sogar am Körperbau ablesen zu können. Wer zur Unfreiheit geboren sei, werde auch in der Freiheit nicht wirklich frei, so wie der zur Freiheit geborene selbst in der Unfreiheit nicht wirklich unfrei werde. Dem geborenen Sklaven wird die Vernunft nicht abgesprochen, wohl aber die Selbständigkeit. Darum sei es für den Barbaren selbst dienlich, wenn er einen Griechen zum Herrn habe[57]. Hier nimmt Aristoteles ein Prinzip des politischen Hellenismus vorweg: Bildeten die Griechen zusammen einen einzigen Staat, könnten sie alle anderen Völker beherrschen[58].

---

52 Arist. pol. 1266
53 Arist. pol. 1261 A
54 Arist. pol. 1261 B
55 Arist. pol. 1255 A
56 Arist. pol. 1252 B; 1259 ff.
57 Arist. pol. 1333 f
58 Arist. pol. 1327 B; Plato ep. VIII 355 D; 357 A

2. Die Gesellschaft

2i. Aristoteles hat den Barbarenbegriff biologisch gefaßt. Ursprünglich wurzelt er in der Sprache. Homer[59] nannte die kleinasiatischen Karer *barbarophónoi*, Leute, die Bla Bla reden. Von einer angenommenen Minderwertigkeit der Asiaten ist bei Homer noch nichts zu spüren. Auch die Perserkriege haben dieses Bild nicht wesentlich verändert. Aischylos und Herodot behandeln die Perser durchaus mit Respekt. Herodot betrachtete als Griechen jeden, der eine griechische Erziehung durchgemacht, griechische Sitte und griechische Sprache angenommen, seine geistigen und körperlichen Fähigkeiten ausgebildet habe. Selbst die Athener wären ursprünglich barbarische Pelasger gewesen und seien erst im Laufe der Zeit hellenisiert worden[60].

2j. Aristoteles nimmt dagegen einen Rassenunterschied an zwischen Griechen und Barbaren. Krieg gegen Barbaren sei gerecht, sei ebenso natürlich wie die Jagd[61]. Die Hinrichtung seines Schwiegervaters Hermias durch die Perser und die perserfeindliche Politik Philipps machen sich hier bemerkbar. Die achämenidischen Könige betrachtet Aristoteles als Despoten, die über Sklaven herrschen und selbst Sklaven ihrer Launen sind[62]. Ebenso hielt Demosthenes[63] die Barbaren für geborene Sklaven. Dieses Klischee hat bis zu Hegel[64] nachgewirkt. Daß Aristoteles, der doch selbst ein so guter Beobachter war, hier Opfer eines Vorurteils geworden ist, hat man ihm zu Recht angelastet, so etwa Montesquieu in seinem ›Esprit des Loix‹[65].

2k. Nach Plutarch[66] hat Aristoteles seinem Schüler Alexander den Rat erteilt, den Griechen als erster unter Gleichen (*hegemonikós*) gegenüberzutreten, die Barbaren dagegen zu behandeln, wie ein Herr seine Sklaven (*despotikós*). Die fremden Völker seien gleichsam als Tiere oder Pflanzen zu betrachten. Alexander hätte das jedenfalls nicht getan, schreibt Plutarch, sondern einen kosmopolitischen Weltstaat angestrebt, in dem alle Menschen Brüder wären (s. u. VI 3c).

---

59 Hom. Ilias II 867
60 Herodot I 57
61 Arist. pol. 1256 B
62 Arist. EN. 1160 B
63 Demosth. XV 15
64 G.W.F. Hegel, Vorlesungen über die Philosophie der Geschichte, (Reclam) 1961, 59
65 Montesquieu, Esprit des Loix XV 7
66 Plut. 329 BD

2l. Aristoteles rechtfertigt mit seiner Anthropologie eine Arbeitsteilung, die angeblich allen nütze. Die niederen Dienste müßten nun einmal geleistet werden. Wenn das Weberschiffchen von selbst hin und her spränge, wenn das Plektron automatisch die Kithara schlüge, wenn die Werkzeuge auf bloßen Befehl hin arbeiteten, dann, ja dann könnte man auf Sklaven verzichten. Bis dahin benötige man Sklaven als „lebendige Werkzeuge", so wie man nicht ohne Werkzeuge als unbeseelte Sklaven auskomme[67]. Daß der Sklave eine Art Werkzeug sei, das lesen wir noch im Buche Varros über die Landwirtschaft[68]. Dort wird unterschieden zwischen dem *instrumentum mutum*, dem stummen Werkzeug wie Wagen und Pflug, dem *instrumentum semivocale*, dem stimmbegabten Werkzeug wie Ochse und Esel, und dem *instrumentum vocale*, dem redenden Werkzeug, eben den Sklaven.

2m. Aristoteles weiß, daß auch der Sklave ein Mensch ist, der an der Vernunft teilhat, ein Wesen, zu dem man Freundschaft empfinden, demgegenüber man Gerechtigkeit üben kann, ja sollte[69]. Es hätte überhaupt nichts Großartigeres und Schönes an sich, einen Sklaven als Sklaven zu verwenden. Das sei einfach nötig, sonst nichts. Ausführlich behandelt Aristoteles den Umgang mit Sklaven in der Schrift über die Hauswirtschaft[70]. Man solle ihnen nicht zuviel Wein geben. In seinem Testament[71] hat Aristoteles für seine Sklaven vorbildlich gesorgt.

2n. Die noch bei Thomas von Aquino unbestrittene Anthropologie des Aristoteles war eine der beiden ideologischen Wurzeln der neuzeitlichen Negersklaverei. Um sie zu rechtfertigen, ist die einschlägige Stelle aus der ›Politik‹ oft zitiert worden. Die zweite Legitimation lieferte die Bibel, insbesondere das Alte Testament. In der Legende von Noah[72] werden die Hamiten, d. h. die Afrikaner, zu ewiger Knechtschaft verflucht.

2o. Die Legitimation der Sklaverei bei Aristoteles durch die angebliche Minderwertigkeit der Barbaren entspricht der Mentalität vieler sklavenhaltender Völker, die Fremde als Halbmenschen angesehen haben. Parallelen zeigen sich in der Versklavung von Kanaanitern durch Juden, von Negern

---

67 Arist. EN. 1161 B
68 Varro rust. I 17, 1
69 Arist. pol. 1259 f.
70 Arist. oec. 1344 AB
71 Diog. Laert. V 1, 12 ff.
72 1. Mose 9, 20 ff.

durch Weiße, von Christen durch Türken, von Slawen durch Byzantiner. Letzteres bildet die Wurzel unseres Wortes für „Sklave", ursprünglich ist es ein Volksname. Es sind jeweils Angehörige anderer Gruppen, die in untergeordnete Stellungen herabgesetzt werden, und das spricht für verhaltensbiologische Komponenten im Institut der Sklaverei.

3. Die Staatsformen

3a. In seine Lehre von den Staatsformen verarbeitet Aristoteles erheblich mehr theoretische Gesichtspunkte und empirische Daten als Platon. Zum Verständnis der verschiedenen Typen verweist Aristoteles auf die jeweiligen Bedingungen. Platon hatte den Idealstaat nach abstrakten Prinzipien konstruiert. Aristoteles geht aus von der Bestandsaufnahme seiner 158 Verfassungen. So stellt er die Frage nach dem überhaupt bestmöglichen Staat zurück hinter die Frage nach dem unter den jeweiligen Umständen besten. Er berücksichtigt historische, wirtschaftliche, soziale, militärische, geographische und anthropologische Aspekte.

3b. Einen historischen Gesichtspunkt berücksichtigt Aristoteles, indem er das Königtum als die älteste Herrschaftsform bezeichnet, die noch heute bei den Barbaren herrsche, früher aber auch bei den Griechen üblich gewesen sei[73], bei ihnen aber nicht mehr neu entstehe[74]. Aristoteles verweist auf den Götterkönig Zeus und die monarchische Struktur des Olymp; er weiß mithin, daß dies ein Spiegelbild früher Verhältnisse bei den Griechen ist. Die Könige der Vorzeit seien hervorragende Männer gewesen, wie sie heutzutage nicht mehr geboren würden. Gäbe es sie noch, so müßte man sie sofort wieder zu Königen erheben. Allerdings habe es damals auch immer nur einen einzigen tüchtigen Mann gegeben. Sobald deren mehrere auftraten, wurde der Staat aristokratisch. Das Geld habe die Aristokratien in Plutokratien verwandelt, die Spannungen zwischen Arm und Reich habe Tyrannen nach oben gebracht, und mit deren Sturz habe sich in allen größeren Städten die Demokratie durchgesetzt[75]. Damit verbindet Aristoteles einen Fortschrittsgedanken. Früher seien die Griechen so barbarisch gewesen, daß sie immer in Waffen gegangen seien und ihre Frauen gekauft hätten[76]. So wie die Zivilisation von

---
73 Arist. pol. 1252 B
74 Arist. pol. 1313 A
75 Arist. pol. 1286 B; 1297 B
76 Arist. pol. 1268 A

der Linderung der Not zur Verschönerung des Lebens voranschreite, so entwickelten sich auch die politischen Institutionen von primitiveren zu perfekteren Formen[77].

3c. Soziale und ökonomische Aspekte werden bedeutsam, wenn die Abhängigkeit der Verfassung von Berufsgruppen aufgezeigt wird. Grundbesitzer und Großbauern seien stolz auf Herkunft und Erbe und neigten zur Aristokratie. Kaufleute und Handwerker seien stolz auf ihr Geld und tendierten zur Oligarchie. Tagelöhner und Seeleute seien stolz auf ihre große Zahl und bevorzugten die Demokratie[78].

3d. Ökonomische und militärische Gesichtspunkte treten in Erscheinung, sobald nach dem Zusammenhang zwischen der Staatsform und der vorherrschenden Waffengattung gefragt wird. Wo die Kampfkraft auf Streitwagen oder Reitern beruht, da ist eine Aristokratie zu erwarten. Pferde waren immer teuer, immer waren sie mit dem Reichtum, aber auch mit dem Adel verbunden[79]. Platon unterschied einmal zwischen Menschen, Pferden und sonstigen Lebewesen[80], stellte das Pferd also in die Mitte zwischen den Menschen und die übrigen Tiere und dies mit Recht. Tatsächlich hat kein Tier auf die Sozialgeschichte einen solchen Einfluß genommen wie das Pferd. Der Reiter ist ein höherer Mensch, stärker und schneller als andere, ein Gegenstand der Furcht wie der Bewunderung, selbst in unserer Zeit, wo das Pferd sich zum Auto verhält wie die Weihnachtskerze zur Glühbirne. Als der Wagenkampf durch die schwerbewaffnete Schlachtreihe, die Hoplitenphalanx abgelöst wurde, verwandelte sich die Aristokratie in die Oligarchie[81], denn auch eine Rüstung war, wie Aristoteles betont, eine teure Sache. Leichtbewaffnete Krieger und Schiffsmannschaften tendierten zur Demokratie[82], der Piräus war allzeit der demokratischste Stadtteil Athens[83].

3e. Geographische Aspekte berücksichtigt Aristoteles, wenn er betont, daß ein Siedlungsraum, der sich um einen Berg herumlege, ein Königtum begünstige; daß eine Gegend mit mehreren Bergen, auf denen die Adligen ihre

---

77 Arist. pol. 1329 B
78 Arist. pol. 1296 B
79 Arist. pol. 1321 A
80 Diog. Laert. III 108
81 Arist. pol. 1297 B
82 Arist. pol. 1321 A
83 Arist. pol. 1303 B

3. Die Staatsformen

Burgen bauen könnten, für eine Aristokratie günstig sei; während Ebenen und Küstengebiete eher für Demokratie geeignet schienen[84]. Die Völker in den kalten Regionen Europas seien freiheitsbewußt, aber es mangele ihnen an Zucht, an Geschick und Verstand, so daß sie nicht in der Lage seien, sich selbst und andere politisch zu organisieren. Die Menschen im warmen Asien hingegen seien kunstfertig und klug, doch es fehle ihnen die Begeisterungsfähigkeit, so daß sie als Sklaven ihrer Despoten lebten. Die Griechen aber in der Mitte hätten Anteil am Freiheitsbewußtsein Europas und am Kunstsinn Asiens[85].

3f. Für die Einteilung der Staatsformen sodann liefert Aristoteles zwei Prinzipien: das erste betrifft die Regelung der drei Grundfunktionen des Staates, a) die Beschlußfassung über Gesetze, Kriege, Eigentum usw., b) die Auswahl und Amtsführung der Staatsorgane und c) das Gerichtswesen. Hier sind jene drei Tätigkeiten unterschieden, die in der neuzeitlichen Theorie der Gewaltenteilung auseinandergehalten werden: Legislative, Exekutive und Judikative[86].

3g. Das zweite Einteilungsprinzip ist die Regelung der Herrschaft, ob einer herrscht, mehrere oder alle herrschen. Vorausgesetzt ist jeweils eine Herrschaft gemäß dem Gesetz; wo dieses fehlt, gibt es keine *politeia*, sondern bloß eine *dynasteia*, ein Machtsystem[87]. Die Dreigliederung lehnt sich an Platon an. Wie er unterscheidet Aristoteles nach jeweils guten oder schlechten Verfassungen zweimal drei Formen[88], wobei die bei Platon vorgenommene Gegenüberstellung einer guten und einer schlechten Demokratie begrifflich dadurch fixiert wird, daß „Demokratie" als Name der schlechten[89], „Politie" als Name der guten Volksherrschaft erscheint. Aristoteles verwendet den allgemeinen Verfassungsbegriff *politeia* für diese Staatsform, weil sie ihm die sympathischste ist, gleichsam der Staat als solcher. Auch Demosthenes[90] spricht von „Politie" wie wir von „Demokratie". Dieser Sprachgebrauch ist ungeschickt, weil *politeia* dadurch doppeldeutig wird, zum einen die Verfassung überhaupt und zum anderen die Verfassung der gemäßigten

---

84 Arist. pol. 1330 B
85 Arist. pol. 1327 B
86 Arist. pol. 1298 A
87 Arist. pol. 1272 B; 1292 B; Thuk. III 62, 4
88 Arist. EN. 1160 A
89 so auch Platon ep.VII 326 D
90 Demosth. XII 141

Demokratie bezeichnet[91], die daneben als „Timokratie" bestimmt wird[92]. Aristoteles ist auch nicht konsequent, denn „Demokratie" steht bisweilen für beide Formen der Volksherrschaft, die radikale und die gemäßigte[93]. Das Denkschema bei Aristoteles sieht folgendermaßen aus:

	gut		*schlecht*
Einherrschaft	Königtum	–	Tyrannis
Mehrherrschaft	Aristokratie	–	Oligarchie
Volksherrschaft	Politie	–	Demokratie

3h. Wie Platon erweitert Aristoteles das Schema der zweimal drei Typen um eine siebente. Bei Platon war dies der Gesetzesstaat, in dem die Elemente kombiniert sind. Bei Aristoteles ist es ganz ähnlich die Mischverfassung[94]. Er nennt als historische Beispiele Sparta[95], dem Kreta und Karthago ähneln[96], wo jeweils monarchische, aristokratische und demokratische Kräfte zusammenwirken[97]. Dieses System erscheint ihm gut. Eine Mischung (*synkrasis*) aus aristokratischen und demokratischen Elementen hatte schon Thukydides[98] an der Verfassung Athens von 411 gelobt. Die Erhebung der gemischten Verfassung zur bestmöglichen ist vor Aristoteles vorgenommen worden von Platon[99] im Hinblick auf Sparta[100], nach ihm durch Polybios und Cicero im Hinblick auf Rom (s. u. VIII und IX).

3i. Die gute Monarchie ist bei Aristoteles das Königtum[101]. Es wird definiert als jene Staatsform, in der ein Einzelner zum Wohle aller regiert. Vier Königsherrschaften werden unterschieden: das mythische Königtum Agamemnons und seiner Zeitgenossen, eine traditional gemäßigte Herrschaft über Freie. Diesem Typus hätte Aristoteles das makedonische Königtum

---

91 Arist. pol. 1289 A
92 Arist. EN. 1160 B
93 Arist. pol. 1317
94 Arist. pol. 1297 A
95 Arist. pol. 1265 B
96 Arist. pol. 1272 B
97 Arist. pol. 1269 AB
98 Thuk. VIII 97
99 Plat. leg. 712 C
100 Arist. pol. 1265 B
101 Arist. pol.1284 B

3. Die Staatsformen

zurechnen müssen. Daneben steht zweitens das erbliche Königtum der Barbaren, eine Herrschaft über Unfreie. Als dritten Typ nennt Aristoteles die auf Zeit gewählten Schiedsmänner wie Solon und Pittakos, die auch monarchisch, aber gesetzestreu regierten und darum keine Tyrannen waren[102]. Typ Vier ist das spartanische Doppelkönigtum[103], gleichfalls gesetzlich geregelt. In der Machtkontrolle sieht Aristoteles eine Stabilitätsgarantie: Je weniger der Monarch zu sagen habe, desto dauerhafter sei die Monarchie[104]. Die *pambasileia*, in der nur der Wille des Königs zählt, sagt ihm nicht zu[105]. Alkaios[106] hat zuvor Zeus, Balbilla hernach Hadrian *pambasileus* genannt[107].

3j. Die Tyrannis, die nur dem Wohl des Tyrannen dient, beschreibt Aristoteles genauso wie Platon, sie ist auch für ihn die schlechteste aller möglichen Staatsformen[108]. Aristoteles nennt eine Reihe von Erfolgsbedingungen, die Machiavelli in seinen >Principe< übernommen hat: der kluge Tyrann ist ein eifriger Verehrer der Götter, er verkehrt mit angesehenen Männern; Belohnungen teilt er selbst aus, Strafen läßt er durch andere ausführen; er mißhandelt niemand körperlich, ist in Liebesdingen zurückhaltend und regiert als Hausvater. Gefährdet wird der Tyrann durch politische Clubs und ehrgeizige Einzelne. Dagegen müsse er sich durch Spione schützen. Die Interessen des Volkes werde er auf die Wirtschaft lenken und durch technische Großprojekte binden. Auch durch Kriege könne er Revolutionen vermeiden und sich selbst unentbehrlich machen. Er fördere die Frauen, die Fremden und die Sklaven, die ihn darum gegen die Bürger unterstützten[109].

3k. Die Aristokratie bleibt bei Aristoteles blaß. Die Vornehmen und Gebildeten regieren zum Wohle aller[110]. Eine solche Verfassung findet Aristoteles in Karthago, wo gewählte Adlige herrschen, das Volk aber Rechenschaft von ihnen fordert und über Krieg und Frieden entscheidet. Ob Karthago eine Aristokratie oder eine Mischverfassung besitze, bleibt nicht zufällig unklar, denn auch die anderen Mischverfassungen, Kreta, Sparta und Rom, ließen sich als Aristokraten bezeichnen.

---

102 Arist. pol.1285 A
103 Arist. pol.1285 B
104 Arist. pol.1313 A
105 Arist. pol. 1287 A
106 Alkaios I 2 (5)
107 G. Kaibel, Epigrammata Graeca 1878, p. 990, 3
108 Arist. pol.1293 B
109 Arist. pol. 1313 f.
110 Arist. pol. 1299 B

3l. In der Oligarchie regieren die Reichen im eigenen Interesse. Die Oligarchie ist wie bei Platon in Wahrheit eine Plutokratie. Diesen Begriff hat nach Xenophon[111] Sokrates eingeführt. Die Plutokratie ist stets durch den Aufstand der Armen bedroht. Dem Argument, wer viele Steuern zahle, solle auch viel bestimmen dürfen, setzt Aristoteles entgegen, daß die Armen zusammen doch mehr als die Reichen beisteuern. Überhaupt sei der Staat kein Geldverwaltungsinstitut, auch wenn er von den Reichen dazu verhunzt werde[112]. Der Staat sollte weniger einem Markt als einer Schule ähneln. Gleicht der Staat unter Königen einer Familie, unter Tyrannen einem Gefängnis, unter der Plutokratie einem Markt und unter der Demokratie einer Küche, so mißfällt das dem Philosophen, dem die *res publica litterarum* in der Art der Akademie als Staatsmodell vorschwebt. Erst Goethe[113] sah am Ende des Fortschritts den Staat als Hospital, wo einer des anderen humaner Krankenwärter ist.

3m. Die Demokratie im weiteren Sinne ist gekennzeichnet durch die Freiheit[114], und dies bedeutet, daß die Bürger abwechselnd regieren und regiert werden, daß die Mehrheit beschließt, was geschieht, daß alle Bürger gleichen Anteil an den politischen Rechten haben und jeder so leben darf, wie er will – das ist demokratische Freiheit[115]. Die positive Form der Vielherrschaft heißt bei Aristoteles „Politie" (*politeia*). Sie wird in der Mitte zwischen der Oligarchie und der Demokratie angesiedelt[116], in ihr herrscht nicht der Reichtum, nicht die Armut, sondern der Mittelstand. Er bildet die Mehrheit. Das historische Beispiel ist Sparta, dessen Königtum allerdings in diesem Zusammenhang ebenso ausgeklammert bleibt wie Spartas Bestimmung als Mischverfassung.

3n. In der aristotelischen Demokratie im engeren Sinne herrschen die Armen[117]. Sie fordern Freiheit und Gleichheit für alle; jeder kann ohne Prüfung und Erfahrung Beamter werden, wie das Los ihn trifft, er wird vom Staat bezahlt. Sklaven, Frauen und Kinder genießen mehr Freiheit, d. h. leben

---

111 Xen. mem. IV 6, 12
112 Arist. pol. 1280 A
113 Goethe, 8. Juni 1787 aus Neapel an Charlotte von Stein
114 Arist. pol.1294 A; 1317 A
115 Arist. pol. 1317 B
116 Arist. pol. 1293 B; Thuk. VIII 97
117 Arist. pol. 1317 ff.

zügelloser als in anderen Staaten[118]. Die Bauerndemokratie sei noch erträglich, aber die Herrschaft der städtischen Tagelöhner schwanke zwischen Gesetzlosigkeit und Demagogenwillkür, zwischen Anarchie und Tyrannis. Die Armen sollten im Staat sowieso nicht in der Überzahl sein, das erscheint Aristoteles ein ökonomisches Manko, mit dessen Beseitigung auch die Herrschaft der Armen verschwände.

3o. Die sechs reinen Verfassungsformen sind, wie Platon das schon gezeigt hat, dauerndem Wandel ausgesetzt. Im 5. Buch der ›Politik‹ liefert Aristoteles seine Revolutionstheorie, wobei er elf Gruppen von Umstürzen unterscheidet[119]. Der gemeinsame Grund aller Revolutionen ist die Ungleichheit, genauer: die Unausgeglichenheit zwischen den gesetzlichen und den sozialen Kräften. Umstürze geschehen, wenn Menschen, die gleich sind, zwangsweise ungleich behandelt werden oder umgekehrt[120].

4. DER BESTE STAAT

4a. Auf die Suche nach dem besten Staat geht Aristoteles aus von der Empirie, Platon ging aus von der Idee. Sie kommen einander nahe. Der Idealstaat des Aristoteles ist vom zweitbesten Staat der platonischen ›Gesetze‹ nicht weit entfernt. Die wichtigsten Ausführungen über den Idealstaat finden sich im siebenten und achten Buch der ›Politik‹. Sie beginnen: „Wer immer untersuchen will, welches die beste Form des Staates ist, muß zuvor feststellen, welches die beste Form des Lebens ist"[121]. Diese Frage hatte damals schon eine lange Geschichte. Verschiedene Antworten lagen vor: Protagoras[122] nannte dafür die *euboulia*, die Lebensklugheit; Demokrit[123] die *euthymia*, die Heiterkeit; auch *euschémosyné,* die Wohlanständigkeit, *euétheia*, die Wohlgesonnenheit, und *eurythmia*, die Wohlgemessenheit werden genannt.[124] Varro sammelte später 288 Antworten auf die Frage nach dem höchsten Gut und wurde dafür zum Gespött Augustins.[125] Für Aristote-

---

118 Arist. pol. 1319 B
119 Arist. pol. 1301 ff.
120 Stobaios II p. 151
121 Arist. pol. 1323 A
122 Plat. Prot. 318 E
123 Diog. Laert. IX 45
124 Plat. rep. 400 DE
125 Augustinus CD. XIX 1

les wie für Platon lautet der Schlüsselbegriff *eudaimonia*. Die Polis ist für Aristoteles eine Gemeinschaft von Gleichen zum Zwecke des bestmöglichen Lebens, und dessen Ziel heißt „Eudämonie"[126]. Ursprünglich wird damit das Wohlwollen der Dämonen, der Götter, bezeichnet; übersetzt wird es meistens mit „Glückseligkeit". Gemeint ist aber nicht die *hédoné*, das animalische Wohlbefinden organischer Bedürfnisbefriedigung[127], auch nicht das individuelle Behagen, das auf Kosten der Mitwelt oder zu Lasten der Nachwelt geht, sondern das Resultat aus Einsicht, Tugend und Tätigkeit, oder um mit Schiller[128] zu sprechen, die Verknüpfung von Pflicht und Neigung. Nicht der Genuß, um dessentwillen man für sich selbst tätig ist, sondern das Glück, das abfällt, wenn man in der Gemeinschaft für die Gemeinschaft tätig ist, wenn man Gerechtigkeit verwirklicht.

4b. Wahrhaft gerecht sei, meint Aristoteles, wer mit Freuden gerecht ist[129], denn erst dies zeigt, daß er mit Einsicht gerecht ist, nicht bloß instinktiv. Die Gerechtigkeit, definiert als die Mitte zwischen Schaden und Gewinn[130], ist wie bei Platon das regulative, ausgleichende Prinzip, das sich über die Gesetze in die Wirklichkeit vermittelt. Zweck des Zusammenlebens ist also die Eudämonie, und zwar für den Staat als ganzen wie für den Einzelnen. Platon glaubte, man müsse zunächst für das Glück des Staates sorgen, dann bekäme auch der Einzelne schon sein Teil. Epikur meinte später umgekehrt, zunächst müsse der Einzelne glücklich werden, dann übertrüge sich das auf den Staat. Aristoteles dagegen bestand darauf, daß die Eudämonie nur im Staat und im Einzelnen zugleich zu erreichen sei. Er sucht die Mitte zwischen dem allzu individualistischen Athen und dem allzu kollektivistischen Sparta.

4c. Wenn uns heute die Eudämonie, das Wohlbefinden, das Gedeihen, als selbstverständliches Ziel eines Gemeinwesens erscheint, so ist das Bentham zu danken: *The greatest happiness of the greatest number.* Doch war das nicht immer so. Aristoteles mußte seine innenpolitische Zielsetzung gegen eine außenpolitische verteidigen, die nicht in der Eudämonie, sondern in der Hegemonie den Zweck einer guten Staatsordnung erblickte. Herrschaft, so Aristoteles, sei überhaupt nichts Herrliches[131], der Krieg – so schon Platon –

---

126 Arist. pol. 1328 A
127 Arist. EN. 1177 A
128 Schiller, Über Anmut und Würde, 1793
129 Arist. EN. 1099 A
130 Arist. EN. 1132 A
131 Arist. pol. 1324 B

4. Der beste Staat

werde nicht um des Sieges, sondern um des Friedens willen geführt[132]. Das agonale Bestreben, „allzeit der erste zu sein und ausgezeichnet vor allen", war seit Homer[133] das Ziel der Selbsterziehung, und dieses Ideal wurde von vielen Griechen auch im politischen Bereich vertreten, insbesondere von den Spartanern und den Spartafreunden. An diesem Punkt kritisiert Aristoteles Sparta, dessen Niedergang auf seine Machtpolitik zurückgeführt wird. Der Krieg selbst wird zwar als Erziehungsmittel geschätzt, er zwinge zur Besonnenheit, während der Genuß des Friedens übermütig mache[134]. Krieg dürfe allein der Verteidigung dienen[135].

4d. Aristoteles setzte gegen diesen Primat der Außenpolitik den Primat der Innenpolitik. Wie der Zweck der Arbeit die Muße, der Zweck des Notwendigen das Edle sei, so sei der Zweck des Krieges nicht die Herrschaft über andere, sondern der Friede mit ihnen. Kriegerstaaten vertrügen den Frieden nicht, sie blieben nur erhalten, solange sie Kriege führten. Unterlägen sie aber, so gingen sie ebenso zugrunde wie wenn sie siegten, denn die Herrschaft verderbe auf die Dauer auch den Herrschenden. Das Verhältnis zu den Nachbarn sollte friedlich sein. Man müsse jeden Angriff abschlagen können, solle aber selbst nicht angreifen. Aristoteles hatte den abermaligen Zerfall des attischen Seereiches und den des peloponnesischen Bundes erlebt. Man möge Nachbarn so behandeln, wie man selbst von diesen behandelt werden wolle.

4e. Aristoteles ist in diesem Punkte ebenso optimistisch wie Platon, obschon er die fortwährenden Kriege zwischen den Städten beklagte und sah, wie dies die Voraussetzungen für die makedonische Hegemonie schuf. Er hat sie, wie seine Vertreibung aus Athen nahelegt, begrüßt, aber in seine Staatstheorie, soweit sie erhalten ist, sind der von Makedonien beherrschte Korinthische Bund und die allgemeine Landfriedensordnung nicht eingegangen. Aristoteles steht hier in der Tradition der Polis und hat die monarchischen Großraumordnungen des Hellenismus nicht im Blick. Den Primat der Innenpolitik kann man bekanntlich immer nur solange halten, wie der Nachbar nicht den Primat der Außenpolitik verfolgt. „Es kann der Frömmste nicht in Frieden leben, wenn es dem bösen Nachbarn nicht gefällt", heißt es in Schillers ›Tell‹, doch hielt Aristoteles die Makedonen offenbar für gute Nachbarn.

---

132 Arist. pol. 1333 A
133 Hom. Ilias VI 208
134 Arist. pol. 1334 A
135 Arist. pol. 1333 B

4f. Der Idealstaat des Aristoteles steht in einem Umfeld von etwa gleichstarken Stadtstaaten. Jeder soll politisch und wirtschaftlich unabhängig sein, jeder besitzt Autonomie und Autarkie[136]. Der ideale Staat erfüllt seine sechs Grundfunktionen ohne fremde Hilfe: er ernährt sich selbst, er besitzt eine von Importen unabhängige Industrie, er ist gegen innere und äußere Feinde gewaffnet, prägt eigene Münzen, versorgt seinen Kult und hat seine eigenen Gesetze und Gerichte[137].

4g. Besonders schwer zu erreichen ist die wirtschaftliche Selbstgenügsamkeit. Aber Aristoteles ist hier konsequent. Ein Staat, der vom Außenhandel abhänge, sei nicht frei, darum dürfe er Ein- und Ausfuhr nur soweit zulassen, als er nicht darauf angewiesen sei. Lange Überlegungen widmet Aristoteles dem Seehandel[138]. Platon hatte in ihm ein zersetzendes Element erblickt, weil allzuviele fremde Menschen, Güter und Gedanken einströmten. Aristoteles geht so weit nicht; er meint, die positiven Seiten ließen sich ihm auch ohne die negativen abgewinnen, indem etwa der Handel nur mit eigenen Gütern, nicht mit fremden betrieben werde – letzteres taten die Karthager – und indem man als Ruderer nicht Bürger, sondern Sklaven oder Fremde verwende. Die ideale Stadt hat auch eine ideale Lage, sie soll zum Lande und zum Meere gleich gut gelegen sein.

4h. Aus dem Gebot der militärischen und wirtschaftlichen Unabhängigkeit ergibt sich die erforderliche Mindestgröße des Idealstaates. Ist er zu klein, kann er nicht auf sich selbst gestellt existieren. Ist er dagegen zu groß, zerfällt die Bürgerschaft in Gruppen, zwischen denen es zu Spannungen, ja zu Bürgerkriegen kommen könnte. Denn außer den Bürgern beherberge jede größere Stadt noch zahlreiche Sklaven, Fremden und Metöken[139]. Außerdem funktioniert dann das Prinzip der Marktplatzdemokratie nicht. Im Idealstaat kann der Herold vom gesamten Staatsvolk gehört werden. Um die richtigen Beamten zu wählen, muß man sie kennen. Aristoteles gibt keine Zahlen für seinen Staat, aber es ist klar, daß jeder jeden kennt. Wiederum sucht Aristoteles nach der rechten Mitte; nicht zu klein und nicht zu groß[140].

---

136 Arist. pol. 1261 B
137 Arist. pol. 1328 B
138 Arist. pol. 1327
139 Arist. pol. 1326 A
140 Arist. pol. 1326

4. Der beste Staat

4i. Wie sollen nun die Bürger beschaffen sein? Der ideale Staat benötigt ideale Menschen[141]. Wegen dem über Nordvölker und Orientalen Gesagten müssen die Bürger des idealen Staates Griechen sein oder die Eigenschaften von Griechen haben. Der ideale Bürger führt ein ideales Leben. Dies besteht aus Philosophie, Politik und Sport. Man pflegt die Geselligkeit, feiert die Götterfeste und huldigt den, wie man später sagte, „eines freien Mannes würdigen" Künsten wie Literatur, Musik, Geometrie – kurz: allen Tätigkeiten, die Aristoteles in seinem Lykeion selbst betrieben hat. Das Ziel ist die Entfaltung der *areté*, lateinisch *virtus*, deutsch „Mannhaftigkeit" oder „Tugend". Ohne sie gibt es keine Eudaimonie[142]. Dieses Lebensideal verteidigt Aristoteles gegen das Streben nach Reichtum und Genuß.

4j. Natürlich muß auch der ideale Bürger leben, aber die Sorge dafür sollte er den Bauern und Handwerkern, den Banausen, überlassen. Die Arbeit, insbesondere die abhängige Arbeit für die bloßen Notwendigkeiten, sie ist für Aristoteles ein menschenunwürdiges Übel. Dafür benötigt man eben Sklaven und Barbaren[143]. Die arbeitende Klasse gehört nicht zur Bürgerschaft, zählt nicht zum Staat[144]. Banausen mögen so reich sein wie sie wollen, ihre Sorge um private Geschäfte disqualifiziert sie von den öffentlichen Angelegenheiten[145]. Der Idealstaat des Aristoteles ist eine Gemeinschaft von kulturschaffenden Rentnern, die als Freie und Gleiche auf Kosten einer Unterschicht von politisch rechtlosen Fremdarbeitern leben. Über das Zahlenverhältnis zwischen Sklaven und Freien schweigt Aristoteles. Da er aber gegen jeden Überfluß polemisiert, kann die Zahl der erforderlichen Arbeiter nicht allzu groß gewesen sein. Vielleicht dürfen wir uns ein Verhältnis Eins zu Eins vorstellen. Xenophon[146] plädierte für Eins zu Drei und bewies, daß bei einer sinnreichen Verwendung von Staatssklaven und Metöken schließlich kein Athener mehr arbeiten müsse.

4k. Im platonischen Idealstaat war die Handarbeit von den Angehörigen des Nährstandes geleistet worden. Sie waren nicht, wie bei Aristoteles, Sklaven, sondern Freie, soweit im Staat Platons überhaupt jemand frei war. Jedenfalls bildeten sie die Rekrutierungsbasis für den Wehr- und Lehrstand,

---

141 Arist. pol. 1327 B
142 Arist. pol. 1323 B
143 Arist. pol. 1330 A
144 Arist. pol. 1328 f.
145 Arist. pol. 1278 A
146 Xen. vect. IV 17

hatten politische Rechte und lebten gewiß angenehmer als Sklaven. An einer Stelle deutet Aristoteles indessen die Freilassung von Sklaven an, die sich gut geführt hätten[147]. Es muß sich wohl um „Sklaven nach dem Gesetz" handeln (s. o. 2g). Aristoteles verwies für sein Ständemodell auf die uralte Weisheit der Ägypter, die schon unter Pharao Sesostris erkannt hätten, daß die Klasse der Bauern von der Klasse der Bürger und Krieger geschieden sein müsse[148].

4l. In der Zeit des Aristoteles war es üblich, nicht nur die Handarbeit, sondern auch den Wehrdienst auf andere abzuwälzen. Die meisten Städte ließen ihre Kriege durch Söldner führen. Die Gefahr war dabei stets, daß mit der militärischen auch die politische Selbständigkeit verloren ging. Wer die Waffen in der Hand habe, der habe den Staat in der Hand[149]. Die bewaffnete Ungerechtigkeit sei das größte politische Übel[150]. Aus diesem Grund hält Aristoteles im Idealstaat am Bürgersoldaten fest. Die arbeitende Klasse leistet keinen Wehrdienst. Er obliegt den Bürgern in den jungen Jahren, während die Alten regieren. Militärische Pflichten und politische Rechte sind somit demselben Stand zugewiesen, aber nach Altersstufen geschieden[151].

4m. Wie der Wehrdienst, so sollte auch der Götterkult auf die Vollbürger beschränkt bleiben[152]. Inwieweit Aristoteles selbst an die griechischen Götter geglaubt hat, wissen wir nicht. Ähnlich wie Platon nahm er ein höheres Prinzip an, dessen eher zufällige Gestalt die griechische Götterlehre bot. Kulte verfolgten den doppelten Zweck, die Ehrfurcht vor dem höheren Wesen lebendig zu halten und durch die Festesfreude die Gemeinschaft zu stärken. Die Kosten für den Götterkult seien aus dem von Staatssklaven bestellten Staatsland zu bestreiten. Zugleich sollten daraus die obligatorischen Syssitien, die nach spartanischem Vorbild gedachten Bürgermahlzeiten, versorgt werden[153]. Die Priester werden bei Aristoteles zu den Beamten gerechnet, offenbar gewählt wie diese und haben ihre eigenen Syssitien[154].

---

147 Arist. pol. 1330 A; 1277 B
148 Arist. pol. 1329 B; Diod. I 73 f.; Strabo XVII 1, 3; Plato Tim. 24; Isokr. XI 15 f.
149 Arist. pol. 1329A
150 Arist. pol. 1253A
151 Arist. pol. 1329A
152 Arist. pol. 1329A
153 Arist. pol. 1330A
154 Arist. pol. 1331B

4. Der beste Staat

4n. Es war eine gemein-antike Anschauung, daß Vollbürger nur sei, wer am Wehrdienst, am Staatskult und am Grundbesitz Anteil habe. Dies meint auch Aristoteles. Alle Bürger sind Grundbesitzer, die Landarbeiter haben kein Eigentum am Boden[155]. Statt des platonischen Gemeinbesitzes empfiehlt Aristoteles wieder die maßvolle Mitte. Seine Bürger sollen weder völlig ohne Eigentum noch genau gleich wohlhabend sein. Allzu Arme seien zu unterstützen[156], allzu Reiche zu besteuern. Ähnlich äußerte sich Platon[157]. Grundbesitz dürfe eine bestimmte Größe nicht überschreiten[158]. Jeder Bürger muß neben dem Hof in Stadtnähe auch einen Hof in Grenznähe besitzen, um an allen Landesteilen das gleiche Interesse zu haben[159]. Das erinnert an Platons >Nomoi<[160]. Hat Nietzsche[161] recht damit, daß die „Konsequenz des demokratischen Staatsbegriffs" die „Entfesselung der Privatperson" ist, so hat Aristoteles dem zu steuern versucht.

4o. Innerhalb der Bürgerschaft müsse der Mittelstand die Mehrheit bilden, nur so sei zu verhindern, daß die Verfassung in eine Oligarchie oder eine radikale Demokratie, in eine Herrschaft der Reichen oder der Armen entarte[162]. Dasselbe meinte auch Euripides, der in den ‚Schutzflehenden'[163] die Bürgerschaft in drei Klassen einteilt: die Reichen, die unnütz und unersättlich nur an sich denken; die Armen, die unruhig und neidisch nur auf andere schielen; und den Mittelstand, der die Ordnung wahrt. Er solle herrschen. Schon Phokylides[164] schrieb: „Das Mittlere ist bei Weitem das Beste, ein Mittlerer möchte ich im Staate sein." Unter den empirischen Staatsformen steht die gute Demokratie, die Politie, dem Idealstaat des Aristoteles am nächsten.

4p. Platon hatte kein Vertrauen zur Mehrheit und forderte stattdessen Fachpolitiker. Aristoteles ist hier zuversichtlicher. Er meint, die Fachleute mögen im Einzelfall oder gegenüber dem Einzelbürger klüger sein. Aber aufs

---

155 Arist. pol. 1329B
156 Arist. pol. 1320 A
157 Plat. leg. 919 B
158 Arist. pol.1319 A
159 Arist. pol.1330 A
160 Plat. leg. 745 C
161 Nietzsche I 682
162 Arist. pol.1295
163 Eur. Suppl. 231 ff.
164 Phokylides fr.12

ganze gesehen besitze die Mehrheit doch das sicherere Gefühl für das politisch Zuträgliche[165]. Volksversammlung und Volksgericht stehen bei ihm darum allen Bürgern offen. Gegen alle Beschlüsse der Regierung soll die Volksversammlung ein Vetorecht besitzen, sie soll aber nur mit Zustimmung der Regierung Beschlüsse fassen dürfen[166]. Das passive Wahlrecht für die höheren Staatsämter sei einerseits an ein Mindestalter[167], andererseits an ein Mindestvermögen zu koppeln, das so niedrig angesetzt ist, daß es gerade eben von der Mehrzahl der Bürger erreicht werde.

4q. Über die erforderlichen Ämter ist Aristoteles sehr ausführlich[168]. Regieren sollen die Würdigsten, und zwar abwechselnd. Sie werden von der gesamten Bürgerschaft gewählt. Zu den wichtigsten Eigenschaften eines guten Bürgers gehört, daß er gut regiere und sich gut regieren lasse[169]. Neben der Regierung benötigt man einen Rat, der die Massenorgane einberuft. Man braucht Militär- und Kultbehörden, Finanzbeamte für Einnahmen und Ausgaben, Aufseher für Markt und Hafen, für Straßen und Wasserleitungen, für Bauten und Mauern, für Wald und Feld. Auch ein Staatsarchiv, eine Beschwerdestelle und Kontrollorgane für die Beamten muß es geben. Auf Gerichtsvollzieher und Gefängniswärter kann selbst der Idealstaat nicht verzichten. Da es aber undankbare Aufgaben sind, sollten sie reihum versehen werden. Aufseher für die Frauen und Knaben und eine Luxuspolizei dagegen wäre nur in schlecht verfaßten Staaten erforderlich. Alle Staatsämter sollten unbesoldet sein. Ein Beamter dürfe nur durch Ehrungen ausgezeichnet werden[170]. Außer dem Zensus müsse er charakterliche und intellektuelle Eignung nachweisen und verfassungstreu sein. Im Bilde: die beste Flöte für den besten Flötenspieler[171].

4r. Als Schüler Platons hat sich Aristoteles ausführlich über die Erziehung geäußert. Das Familienwesen bedürfe der Überwachung[172]. Das ideale Heiratsalter sei für Mädchen 18, für Männer 37, höchstens 55 Jahre. Kinder zeugen solle man am besten im Winter, und zwar bei Nordwind, das gebe

---

165 Arist. pol. 1281 f; 1286 A
166 Arist. pol. 1298 B
167 Arist. pol. 1332 B
168 Arist. pol. 1321 ff.
169 Arist. pol. 1277 B
170 Arist. pol. 1309 A
171 Arist. pol. 1282 B
172 Arist. pol. 1334 B

4. Der beste Staat 135

gesunden Nachwuchs[173]. Schon Pythagoras[174] hatte das empfohlen – auf ihn geht die Theorie zurück, daß Geschlechtsverkehr die Gesundheit schädige[175]. Weiterhin meint Aristoteles, verkrüppelte Kinder seien nicht großzuziehen; gesunde Kinder dagegen dürften nicht ausgesetzt werden. Eugenik und Euthanasie gehören fest ins Programm. Für die Beschränkung der Kinderzahl empfiehlt Aristoteles die Abtreibung. Unsittliche Schaustellungen sowie außerehelicher Beischlaf sei sowohl für Frauen wie für Männer unstatthaft, das bringe nur Unfrieden[176]. Wir kennen das von Platon[177]. Knabenliebe weist Aristoteles ebenso ab wie Platon[178] das getan hatte. Er betrachtet sie als Perversität ebenso wie den Kannibalismus oder die Selbstverstümmelung[179].

4s. Kinder sollten planmäßig abgehärtet werden. Gesetze gegen Kindergeschrei lehnt Aristoteles ab. Das stärke die Lungen. Zur Beschäftigung der Säuglinge empfiehlt Aristoteles die vom Pythagoreer Archytas von Tarent erfundene Kinderrassel[180]. Kinder sollten bis zum siebenten Lebensjahr im Hause, dann in Gruppen leben. Aristoteles spricht sich gegen die Sitte aus, Kinder von Sklaven betreuen zu lassen, darum mögen sich die Bürger selbst kümmern[181]. Die Erziehung sei sämtlichen Kindern aus allen sozialen Schichten in gleicher Weise zu erteilen und auf den Staat und die Verfassung auszurichten[182]. Die beste Gewähr für die Dauer einer Staatsform sei eine entsprechende Erziehung[183].

4t. Das Ziel der Erziehung sei die Sozialisierung, der Einklang des vollkommenen Bürgers mit seinesgleichen in der Polisgemeinschaft. Ob daneben eher die nützlichen oder die bildenden Fächer vorzuziehen seien, läßt Aristoteles offen. Er selbst hält es für banausisch, überall nach dem Nutzen zu schnüffeln[184], edler sei es, sich um die Kalokagathie zu bemühen. Das alte

---

173 Arist. pol. 1335
174 Diog. Laert. VIII 9
175 a. O.
176 Arist. pol. 1335 Bf
177 Plat. leg. 841 D
178 Plat. leg. 836 B ff.
179 Arist. EN. 1148 B
180 Arist. pol. 1340 B
181 Arist. pol. 1336 A
182 Arist. pol. 1337 A
183 Arist. pol. 1310 A
184 Arist. pol. 1338 B

griechische Erziehungsideal, das Schönheit und Tüchtigkeit verband, galt auch noch für Aristoteles. Vor allem solle die Erziehung keine Spezialisten und Virtuosen heranbilden, sondern abgerundete Menschen, die dem Ideal der ausgeglichenen Mitte entsprechen. Gymnastik sollten Jungen wie Mädchen treiben[185]. Das geistige Leben müsse zugleich edel und angenehm sein: Lesen, Schreiben, Turnen, Zeichnen und Musik werden einzeln behandelt, wiederum finden wir lange Ausführungen über die Musik[186]. Junge Menschen sollten Musik ausüben, alte sich aufs Zuhören beschränken. Die *paideia* wird gerühmt: Bildung hat bittere Wurzeln, aber süße Früchte. Oder: In Zeiten des Glücks ist sie eine Zierde, in Zeiten des Unglücks eine Zuflucht. Oder: Der Gebildete unterscheidet sich vom Ungebildeten wie der Lebendige vom Toten. Oder: Bildung ist die schönste Wegzehrung, die man ins Alter mitnehmen kann[187]. Denn der Geist ist das Beste in uns[188].

5. RÜCKBLICK

5a. „Wer wahrhaft politischen Sinn sich erwerben will", heißt es bei Heinrich von Treitschke[189], „der soll sich stählen im Stahlbad des klassischen Altertums, das das größte theoretisch-politische Meisterwerk hervorgebracht hat, die >Politik< des Aristoteles, vor der wir alle noch als Stümper stehen". Dieses Bekenntnis steht für eine ganze Denkschule[190]. Ihr tritt freilich eine andere gegenüber, die Platons >Politeia< für die größere Schöpfung hält.

5b. Wenn es stimmt, daß alle denkenden Europäer entweder geborene Platoniker oder geborene Aristoteliker sind, liefert uns das Studium der beiden Philosophen ein Stück Selbsterkenntnis. Der Nutzen des Philosophie-Studiums liegt ja überhaupt vor allem darin, daß wir uns in unserem eigenen Gehirn zurechtfinden. Platon suchte die Grenzen, Aristoteles die Mitte. Platon hatte die größere Tiefe, Aristoteles die größere Breite. Platon war der Theoretiker, Aristoteles der Empiriker. Den Platoniker besticht die gedankliche Schärfe des einen, den Aristoteliker das gesunde Augenmaß des anderen.

---

185 Arist. pol. 1335 B
186 Arist. pol. 1339 ff.
187 Diog. Laert.V 18 f.; 21
188 Arist. EN. 1177A
189 Treitschke, Politik I, 5. Aufl. 1922, 2. Bd.
190 Angeführt von W. Roscher; vgl. O. Hintze, Soziologie und Geschichte, 1964, 6

5c. Platon wollte mit seinem Idealstaat das Problem des Zusammenlebens grundsätzlich lösen. Aristoteles war bescheidener. Er wußte, wie Kant[191] das 1784 formuliert hat, „aus so krummem Holze, als woraus der Mensch gemacht ist, kann nichts ganz Gerades gezimmert werden". Aristoteles zitiert statt des Schreiners den Schuhmacher: der beste Schuster sei derjenige, der aus dem gegebenen Leder den schönsten Schuh verfertigt[192]. Platon würde sagen: wenn aber das Leder schlecht ist, dann müssen wir erst einmal über die Gerberei nachdenken. Platon war Utopist, Aristoteles ist Realist; Platon dachte revolutionär, Aristoteles bleibt reformistisch; Platon sucht das Wünschenswerte, Aristoteles das Machbare.

5d. Der Gegensatz zwischen den beiden Denkstilen verändert sich indessen aus dem Zeitenabstand. Aristoteles hielt die Sklaverei für unabdingbar und glaubte, die Barbaren seien von Natur aus unmündig. Hier hat ihm sein Realismus einen Streich gespielt. Weberschiffchen und Plektron bewegen sich inzwischen von alleine. Platons damals „unrealistische" Vision von der sozialen Mobilität und von der Gleichberechtigung der Frau hingegen hat sich als realisierbar erwiesen. Was realistisch ist, ändert sich.

5e. Die unmittelbare Wirkungsgeschichte des Stagiriten wurde durch den Peripatos getragen. Neben Platons Akademie blieb er jedoch zweitrangig. Was ihm hätte Bedeutung verleihen können, die Naturwissenschaft, wurde an den hellenistischen Königshöfen, namentlich in Alexandria, mit mehr Geld und mehr Erfolg betrieben. In der Spätantike betrachtete man Aristoteles durchweg als Schüler Platons und harmonisierte die beiden Denksysteme. Seine wichtigste Nachwirkung erlebte Aristoteles seit dem 8. Jh. in der arabisch-islamischen Kultur, und seit dem 12. Jh. in der Scholastik. Thomas von Aquin sah in ihm den Philosophen schlechthin.

5f. Die Staatslehre des Aristoteles spielt innerhalb seiner eigenen Philosophie nur eine untergeordnete Rolle und blieb lange Zeit ohne nennenswerte Wirkung. Ein Grund dafür ist der, daß die Demokratie seit dem Hellenismus im politischen Denken zurücktrat. *Vanae voces populi non sunt audiendae*, heißt es in einem Gesetz des Kaisers Diocletian[193]. *Populus docendus, non sequendus est*, schrieb Papst Coelestin I um 430[194]. Martin Luther[195] meinte:

---

191 Kant I 230
192 Arist. EN. 1101 A
193 Cod. Just. IX 47, 12
194 Migne PL. 50, 437A
195 Luther WA. I 19, 623 ff.

„Man darf dem Pöbel nicht viel pfeifen, er tollet sonst gern ... Es ist ein verzweifelt, verflucht Ding um einen tollen Pöbel, welchen niemand so wohl regieren kann als die Tyrannen."

5g. Ein anderer Grund für die geringe Wirkung der aristotelischen >Politik< liegt darin, daß Aristoteles dem Polisrahmen verhaftet blieb. Aristoteles war der letzte Denker, dessen Staatsideal eine ideale Stadt war. Diese auf die Stadt bezogene Philosophie findet in Aristoteles ihren krönenden Abschluß. Alle späteren Staatstheorien greifen über den Stadtstaat heraus. Das gilt bereits für unser nächstes Thema, das hellenistische Herrscherideal.

Kapitel VI

DAS HELLENISTISCHE HERRSCHERIDEAL

a. Idealisierung der Polis 141
b. Aufstieg der Polis 141
c. Abstieg der Polis 142
d. Philipp II 142

1. FRÜHGRIECHISCHE KÖNIGE 142
   a. Älteste Staatsform: Mythos 142
   b. Kronos, Saturn 143
   c. Zeus, Olymp 143
   d. Minos, Agamemnon 143
   e. Primus inter pares 144
   f. Älteste Staatsform in der Theorie 144
   g. in der Geschichte 144
   h. Persien 145

2. SPÄTGRIECHISCHE FÜRSTENSPIEGEL 145
   a. *Xenophons* Kyropädie 145
   b. Krieger 146
   c. König 146
   d. Wirkung Xenophons 146
   e. *Platons* Politikos, lex animata 147
   f. Aristoteles 147
   g. *Isokrates*: Leben 147
   h. Demokratie und Dekadenz . 148
   i. Panhellenismus 148
   j. Fürstenspiegel für Nikokles 149
   k. Ratschläge 149
   l. Wohlstand 150
   m. Idealer Untertan 150

n. Wüstlinge 151
o. Tugendkataloge 151
p. Freiheit kein Thema 151

3. RATIONALE ELEMENTE 152
   a. Gott oder Sklave? 152
   b. Metaphern 153
   c. Alexander als Ideal 154
   d. Zeus: Menschheit 154
   e. Alexander-Rezeption 155
   f. *Aristeasbrief* 156
   g. Empfangsmahl 156
   h. Ehrentitel 157
   i. Thronfolge 157

4. CHARISMATISCHE ELEMENTE 157
   a. Erblichkeit 157
   b. Charisma 158
   c. Alexanderkult 158
   d. Heroenkult 159
   e. Demetrioskult 159
   f. Demokratiekult 160
   g. Kult als Machtsurrogat 161
   h. Kaiserkult 161
   i. Imperatoren 161

5. RÜCKBLICK 162
   a. Lebensalter 162
   b. Webers drei Typen 162
   c. Alexander 163
   d. Friedrich d. Gr. 163
   e. Utopie 164

> Das Königtum repräsentiert den Glauben an einen ganz
> Überlegenen, einen Führer, Retter, Halbgott.
>
> Nietzsche

VI. Das hellenistische Herrscherideal

a. „Die Eule der Minerva beginnt erst mit der einbrechenden Dämmerung ihren Flug", schrieb Hegel 1820[1]. Er meinte, zum Belehren, wie die Welt sein soll, komme die Philosophie immer zu spät. Ob dies für alle Philosophen gilt, bleibe dahingestellt; aber gewiß trifft es zu für die Überlegungen des späten Platon und des Aristoteles zur idealen Polisverfassung. Sie fallen in eine Zeit, in der die autonome Stadt durch die historische Entwicklung bereits überholt war. Es waren gleichsam Versuche, den Stadtstaat theoretisch zu retten, nachdem er praktisch nicht mehr zu halten war. Im 4. Jh. entpuppte sich die Monarchie als die überlegene Staatsform, wie zuvor im Orient nun auch im griechischen Raum und schließlich ebenso bei den Römern. Dies fand seinen Niederschlag in der Staatstheorie. Die Überlegungen galten hinfort nicht mehr dem idealen Staat, sondern dem idealen Herrscher; nicht mehr dem abstrakten Gesetz, sondern der konkreten Person; nicht mehr den Institutionen, sondern der Ethik.

b. Wie kam es nun, daß die Polis aus dem griechischen Staatsdenken verschwand? Dazu müssen wir einen Blick auf ihre Geschichte werfen. Der Aufstieg der Polis zur kulturell führenden Institution während der archaischen Zeit Griechenlands war durch zwei Umstände begünstigt worden. Der erste Umstand war der intensive Gedankenaustausch innerhalb der städtischen Lebensgemeinschaft, die einen optimalen Rahmen für synchrone und diachrone Lernprozesse lieferte. Der zweite Umstand war die Konkurrenz zwischen den einzelnen Städten, die dazu führte, daß um der Selbstbehauptung nach außen willen die sozialen und politischen Mißstände im Inneren gelindert oder behoben wurden und zahlreiche Verbesserungen auf den verschiedensten Lebensgebieten eintraten. Das agonale Prinzip des Wettbe-

---

[1] Hegel, ed. Glockner VII 36 f.

werbs, wie es der Sport im Gymnasium symbolisiert, zeigt sich auf allen Lebensgebieten der Griechen[2].

c. Bereits im 5. Jh. erwies sich der Rahmen der Polis für die weitere Entwicklung als zu eng. Im Peloponnesischen Bund unter der Führung Spartas und im Delisch-Attischen Seebund unter der Leitung Athens begegnen uns erste Versuche, polisübergreifende Raumordnungen zu schaffen. Beide sind gescheitert. Der Seebund zerbrach 405, die spartanische Vorherrschaft endete 371. Die anschließende Hegemonie der Thebaner dauerte nur neun Jahre, bis 362, der zweite attische Seebund bis 355. In Syrakus versuchten unterdes die Tyrannen Dionysios I und sein Sohn, ein sizilisch-italisches Reich aufzubauen. Dies mißlang ebenso wie ein ähnlicher Ansatz des thessalischen Tyrannen Iason von Pherai im Mutterland.

d. Der lachende Erbe all dieser Bemühungen war der Vater Alexanders, Philipp II von Makedonien[3]. Er modernisierte Verwaltung und Heer, erschloß die thrakischen Goldbergwerke, annektierte die griechischen Küstenstädte und stiftete als Hegemon des korinthischen Bundes die erste wirksame Landfriedensordnung in Hellas (*koiné eiréné*)[4]. Philipp verstand es, das technische und organisatorische Wissen der Poliskultur auf seinen Flächenstaat zu übertragen, der erheblich mehr Machtmittel in sich barg als jede Einzelstadt und alle halbherzigen Versuche, Städtebünde gegen Makedonien zu stiften. Die Reden des Demosthenes sind der Schwanengesang auf den Stadtstaat. – Die Machtverschiebung von der Polis zum Flächenstaat resultiert aus einem doppelten Entwicklungsprozeß. Der autonome Stadtstaat war an die Grenzen seiner politisch-militärischen Leistungsfähigkeit gelangt, der monarchische Flächenstaat hingegen hatte seine Rückständigkeit überwunden. So verstehen wir, daß die Staatstheorie sich nunmehr der Frage nach dem besten Herrscher zuwandte.

1. Frühgriechische Könige

1a. Das Königtum, das in der Zeit Philipps und Alexanders die beherrschende Staatsform in der griechischen Welt wurde, war keine Neuschöpfung und wurde auch nicht als solche betrachtet. Geistes- und

---

2 J. Burckhardt, Griechische Kulturgeschichte IV, 1902/57, 59 ff.
3 G. Cawkwell, Philip of Macedon, 1978
4 Diodor XVI 89; Justin IX 5

verfassungsgeschichtlich beruht es auf alten Voraussetzungen[5]. Sowohl die mythische Überlieferung der Urzeit als auch die rationalistische Rekonstruktion der Staatsentstehung setzte das Königtum an den Anfang der politischen Entwicklung überhaupt. Die Geschichtsforschung bestätigt das.

1b. In der griechischen Göttersage wird die Königsherrschaft des Kronos, lateinisch: Saturnus, mit dem urtümlichen goldenen Zeitalter in Verbindung gebracht. Kronos soll damals über Götter und Menschen geherrscht haben. Das war die glückliche Urzeit. Hesiod hat sie in seinem Epos >Werke und Tage< verherrlicht, Vergil übernahm das Motiv in seine vierte Ekloge, bis in die späte Kaiserzeit bediente sich die Propaganda der Vorstellung einer *aurea aetas* unter dem Götterkönig Saturn. Auf der Goldenen Pforte von Konstantinopel verkündete noch Theodosius II 425 die Wiederkehr der AUREA SAECLA[6].

1c. Erst als Zeus seinen Vater stürzte und als Prometheus sich gegen Zeus empörte, traten Götter- und Menschenwelt auseinander. Dennoch verblieben beide nach griechischer Vorstellung unter monarchischer Herrschaft. Der Olymp war ein Königtum, Zeus galt auch während der demokratischen Phase griechischer Geschichte immer und unbestritten als Vater der Götter und Menschen[7]. Eine Demokratisierung des Göttersystems ist niemals erfolgt. Gewiß war der Olymp ein Spiegelbild der frühgriechischen Staatsordnung, veränderte sich aber nicht mit dieser. Der Zusammenhang zwischen der politischen Ordnung und der Auffassung von den Göttern darf nicht zu eng gesehen werden. So haben etwa auch die Juden ihren Jahwe-Glauben vor der Errichtung ihres Königtums formuliert und über dessen Ende hinaus bewahrt.

1d. Wie der Götterhimmel der Griechen, so war auch die Heroenwelt monarchisch verfaßt. Ein berühmtes Beispiel liefert Minos, der sagenhafte König von Knossos in Kreta. Er soll für seine Gerechtigkeit als Richter in der Totenwelt eingesetzt worden sein. Noch bekannter ist Agamemnon, der Völkerhirte aus Mykene, der nach der homerischen Sage die Griechen in den Krieg gegen Troja geführt hat. Agamemnon ist bei Homer in ein seltsames Zwielicht gesetzt. Auf der einen Seite wird sein Königtum als ein Geschenk des Zeus betrachtet, verkörpert im Szepter und geregelt durch die Satzun-

---

5 P. Carlier, La royauté en Grèce avant Alexandre, 1984
6 CIL. III 735
7 Homer, Ilias I 544; Hesiod, Theog. 47

gen⁸. Zeus liebt ihn⁹. Agamemnon heißt „gottgeboren" (*diogenés*), „gottgenährt" (*diotrephés*), „gottähnlich" (*theoeikelos*). Die Herrschaft Agamemnons ist eine durch Tradition und Erbfolge bestimmte Monarchie von Gottes Gnaden.

1e. Auf der anderen Seite ist Agamemnon doch nur *primus inter pares*, ein an Rang höherer unter den Kleinkönigen der Mykenäer. Odysseus ist König von Ithaka, Achilles König von Thessalien, Nestor König von Pylos, Menelaos König von Sparta usw. Und diese Position Agamemnons gegenüber den rangtieferen Mitkönigen war nicht problemlos. Wir haben gesehen, wie sein Führungsanspruch von Thersites bestritten und durch Odysseus verteidigt wurde: „Vielherrschaft ist schlecht, einer soll herrschen, einer soll König sein"¹⁰.

1f. So wie der Mythos stellt auch die spätere historische Spekulation das Königtum an den Anfang der politischen Entwicklung. Ausgehend vom Leben in patriarchalisch gegliederten Horden, glaubte man, hätte sich daraus die Führungsposition des Kräftigeren und Klügeren entwickelt. Die Macht, die den übrigen Patriarchen dabei verloren ging, wurde aufgewogen durch die Macht, die durch den Zusammenschluß gewonnen wurde. Sie äußerte sich im Krieg mit anderen Horden. So wird die Entstehung des Königtums mit dem Kriegswesen in Verbindung gebracht und erhält damit zugleich einen negativen Zug. In der historischen Tradition wird der erste König vielfach mit Ninos, dem sagenhaften Gründer des assyrischen Reiches und Erbauer Ninivehs, gleichgesetzt¹¹.

1g. Nicht nur im Mythos und in der Spekulation, sondern auch in der Geschichte ist das Königtum die älteste griechische Staatsform. Über Athen herrschte das Königsgeschlecht der Theseiden, dann das der Kodriden (bis 682), über Korinth das der Bakchiaden (bis 657), über Argos das der Herakliden (bis 460) usw. Nach ihrer Ablösung durch die Beamten der Aristokratie, wie sie sich in den meisten griechischen Städten während der archaischen Zeit vollzogen hat, verschwindet die Monarchie nicht völlig aus der griechischen Welt. In Sparta blieben die Könige neben den gewählten Beamten bestehen. In Athen wurden die sakralen Funktionen des Basileus auf einen

---

8 Ilias II 206f.; IX 98 f.
9 Ilias II 197
10 Ilias II 203 f.
11 Justin I 1

Beamten, auf den Archon Basileus, übertragen. Monarchen finden wir in klassischer Zeit am Rande der griechischen Oikumene: in Kyrene, auf Cypern, auf der Krim und vor allem auf Sizilien. In Syrakus gelangten immer wieder Tyrannen an die Macht, und zwar stets dann, wenn der Krieg gegen Karthago einen Oberfeldherrn erforderte.

1h. Außerhalb der griechischen Sphäre war es namentlich Persien, dessen Monarchie den Griechen Eindruck gemacht hat. Kyros, der Begründer des persischen Reiches, und Dareios, dessen Erneuerer, hatten in der griechischen Öffentlichkeit einen guten Ruf. Beide Achaimeniden erscheinen als Musterkönige. Ein frühes Beispiel dafür ist das von Herodot[12] aufgezeichnete Verfassungsgespräch, in dem Dareios die Herrschaft des Besten als die beste Herrschaft hinstellt[13]. Um den Besten zu ermitteln, befragt man die Götter mit Hilfe eines Pferde-Orakels. Durch den Betrug eines schlauen Stallmeisters wird Dareios dann selbst Großkönig[14]. Diese aus dem Umkreis der Sophistik stammende Argumentation eröffnet die Rechtfertigung der Königsgewalt in der griechischen Staatstheorie. Sie hatte eine lange Nachgeschichte. Noch der Humanist Johannes Cuspinianus (†1529) rechtfertigte im Vorwort zu seinen >Caesares< die Habsburger Monarchie Karls V mit dem Hinweis auf die genannte Herodot-Stelle.

2. SPÄTGRIECHISCHE FÜRSTENSPIEGEL

2a. Wie sehr das Bild des Königtums in den Augen der Griechen durch die ersten Achaimeniden geprägt wurde, lehrt Xenophon. Er war Schüler des Sokrates, hatte die attische Demokratie in dem zerrütteten Zustand der Zeit um 400 erlebt und sich innerlich von ihr abgekehrt. Seine politischen Vorstellungen demonstrierte er negativ am tyrannischen Syrakus[15] und am frühen Persien, positiv am gleichzeitigen Sparta[16]. Xenophon, der mit dem Zuge der Zehntausend 401 selbst in Persien war, hat einen historisch-biographischen Roman über den älteren Kyros (559–529) verfaßt, die >Kyropädie<. Übersetzt heißt der Titel >Die Erziehung des Kyros<, doch ist von ihr nur im ersten Buch die Rede. Xenophon verbindet hier Staats- und Erziehungstheorie[17].

---

12 Herodot III 80 ff.
13 s. o. III 1a!
14 Herodot III 85
15 >Hieron<, gest. 467
16 >Agesilaos<, gest. 360
17 Knauth + Nadjmabadi 1975

2b. Der persische Staat wird im Roman Xenophons getragen von einer Kriegerklasse, die ökonomisch ausreichend zum Leben hat, aber selbst sich nicht mit dem Gelderwerb befassen darf. Wir kennen das von Platon und Aristoteles. Jeden Morgen versammeln sich die jungen Männer, nach vier Altersgruppen getrennt, auf dem „Platz der Freien", um sich in Waffenspiel, Sport und Jagd zu üben. Das einzige geistige Schulfach ist das Rechtswesen, die Lehrer sind ausgewählte Richter von mindestens 50 Jahren. Die Jugendlichen leisten zugleich Polizeidienst[18]. Untereinander besteht strenge Gleichheit. Offiziere und Mannschaften erhalten dasselbe Essen[19]. Alles ist staatlich geregelt.

2c. Aus dieser Schule geht der ideale König hervor. Kyros ist von edler Abstammung und übertrifft alle Perser an Mannestugend. Er ist beherrscht, gerecht und milde, gottesfürchtig und enthaltsam. Er verkehrt mit seinen Großen und dem Volk, verteilt Auszeichnungen und Geschenke. Er unterstützt die Armen im Lande, beschützt die Völker, sorgt für das Postwesen und stellt tüchtige, gut bezahlte Ärzte ein[20].

2d. Xenophon beschließt seinen Roman, indem er den heruntergekommenen Zustand Persiens zu seiner Zeit beschreibt. Während die Erziehung verluderte, seien die Könige zu Despoten geworden, am Hofe habe man nur noch gegessen und getrunken. Meineid und Bruderzwist, Gottlosigkeit und Ungerechtigkeit wie bei den Herrschern so beim Volk, alle kriegerischen Qualitäten dahin[21]. Xenophons Roman hat eine lange Nachgeschichte. In der römischen Literatur, bei Scipio und Cicero[22], Caesar[23] und Ausonius[24], gilt er als Musterbild für den praktischen Staatsmann, im Humanismus schätzten ihn Alfons von Neapel († 1458) und Karl der Kühne († 1477). Machiavelli erwähnt in seinem >Principe<[25] als einzigen älteren Fürstenspiegel Xenophons Kyropädie, in seinen >Discorsi<[26] Xenophons >Hieron<.

---

18 Xen. Kyr. I 2
19 Xen. Kyr. II 1
20 Xen. Kyr. VIII 1–6
21 Xen. Kyr. VIII 8
22 Cic. Att. I 1, 23
23 Suet. Caes. 87
24 Aus. XX 15
25 Machiavelli, Principe c. 14
26 Machiavelli, Disc. II 2

2. Spätgriechische Fürstenspiegel

2e. Den Sympathien Xenophons gegenüber der idealen Monarchie steht auch Platon nicht fern. Seine Lehre von den Philosophenkönigen und sein sizilisches Experiment haben das gezeigt. Platons wichtigster Beitrag zur Theorie des Königtums ist jedoch sein Dialog über den Staatsmann. Nicht zufällig hat der >Politikos< früh den Untertitel erhalten „Über das Königtum". Der ideale Staatsmann vereinigt die Qualitäten des besten Staates in seiner Person. Er besitzt die höchste Weisheit, die Erkenntnis des Guten. Aus diesem Grund steht er über den Gesetzen, er ist *legibus solutus*[27] und *lex animata*, griechisch *nomos empsychos*[28], lebendiges Gesetz. Damit ist der alte Gedanke umgekehrt, der im Gesetz den Herrn erblickte und eben darin die Gewähr der Freiheit fand[29]. Im optimalen Fall herrscht nicht das Gesetz über die Menschen, sondern ist das Gesetz mit dem Herrscher identisch. Gesetze, meint Platon[30], seien immer starr und schematisch. Das Leben aber sei bunt und dynamisch. Auch der weiseste Gesetzgeber könne nicht alle Fälle voraussehen; und was man nicht kennt, kann man nicht regeln. Platon zieht wieder die Heilkunst und die Seefahrt heran: auch der Arzt, auch der Steuermann könne nur im Normalfall nach Regeln handeln und benötige für den Ausnahmefall die Handlungsfreiheit[31]. Der vollendete Politiker verwirkliche die höchste Gerechtigkeit ohne Rücksicht auf die sowieso stets veralteten Bestimmungen. Nur in der völligen Freiheit der vollkommenen Einsicht wäre die Wahrung des Staates garantiert. Platon sagt nicht, daß der Idealpolitiker ein König sein müsse. Dennoch bereitet der bloße Gedanke, daß die Mehrzahl schlecht, wenige gut und nur einer der Beste sei, den Weg zur Legitimation des Königtums.

2f. Aristoteles[32] rechnete das Königtum zu den guten Staatsformen, ja er meinte, es wäre die beste aller Staatsformen gewesen, solange es noch wahrhaft königliche Menschen gab[33]. Das wäre vorbei, deshalb müsse man sich mit der demokratischen Staatsform behelfen.

2g. Die Äußerungen von Herodot und Xenophon, von Platon und Aristoteles über die Königsherrschaft haben in der Antike nicht erkennbar auf

---

27 Plat. polit. 294 A
28 Stobaios IV 7, 61
29 Herodot VII 104, 4
30 Plat. polit. 295
31 Plat. polit. 297
32 Arist. pol. 1284 B
33 Arist. pol. 1288 A

die politische Szene zurückgewirkt. Dies ist anders bei Isokrates (436 bis 338). Sein Vater war Flötenfabrikant, er finanzierte dem Sohn eine Ausbildung bei dem Sophisten Gorgias von Leontinoi[34]. Stärkeren Einfluß auf ihn hatte allerdings Sokrates, dessen ethischen Rigorismus er übernahm. Ein staatliches Amt hat Isokrates nie bekleidet, sein ganzer Ehrgeiz konzentrierte sich auf die politische Pädagogik. Nach dem Verlust des väterlichen Vermögens im Peloponnesischen Krieg lebte er von den Lehrgeldern seiner Schüler, die aus der ganzen griechischen Welt kamen.

2h. In seiner politischen Grundhaltung war Isokrates Demokrat. Die Verfassung Athens schien ihm, anders als Platon und Xenophon, grundsätzlich bejahenswert, allerdings nicht in der gegenwärtigen Form, sondern in derjenigen von Solon und Kleisthenes. Was Isokrates seiner Vaterstadt vorwarf, war weniger die Duldung der Anarchie im Inneren als die imperialistischen Experimente gegenüber anderen Griechenstaaten. Dem setzte Isokrates die Erfahrung entgegen, daß Demokratie im Frieden gedeihe, durch Kriege aber bedroht sei, gleichgültig, wie sie ausgehen. Im Falle der Niederlage rufe das Volk nach Rettern, die sich dann über die Verfassung hinwegsetzen; im Falle des Sieges erhebe sich der Feldherr zum Herrscher oder es drohe die Mechanik des Dekadenzmodells, weil Macht zu Reichtum, Reichtum zu Leichtsinn und Leichtsinn ins Verderben führe[35].

2i. Isokrates erhob die Forderung, daß alle Griechen sich gegenseitig brüderlich behandeln sollten, weil sie eines Stammes seien. Sein Leitgedanke war die schon bei Gorgias, Platon und Aristoteles angedeutete panhellenische Idee. Sie wurde beflügelt durch die bedrohlich anwachsende Macht Persiens. Durch raffinierte Diplomatie hatte Persien 404 die Niederlage Athens im Peloponnesischen Krieg herbeigeführt und anschließend den Niedergang Spartas begünstigt. 386 erließ der Großkönig ein Friedensdiktat, das die ionischen Griechenstädte zu einem Teil seines Reiches erklärte[36]. Diesen Königsfrieden konnte Isokrates und mit ihm ein Großteil der griechischen Öffentlichkeit nicht verwinden. Isokrates meinte zunächst, Athen könne einen panhellenischen Krieg anführen. Dieser in seinem ›Panegyrikos‹ von 380 vorgetragene Aufruf empfahl zugleich politische Freiheit und griechische Kultur für alle. Isokrates hielt – so wie Herodot[37] – die Frage der

---

34 Plut. mor. 836 ff.; Cicero, orator 176
35 A. Demandt, Geschichte als Argument, 1972, 18 ff.
36 Gorgias: Philostr. VSoph. 493; Xen. hell. V 1, 30 ff.
37 Herodot I 56 f.

2. Spätgriechische Fürstenspiegel

Abstammung für unerheblich gegenüber der Bildung, die seiner Ansicht nur hellenisch sein konnte. So wurde der Kampf für das Griechentum zugleich ein Kampf für die Bildung. Athen aber war zu einer solchen Aktion ebensowenig imstande wie irgendeine andere Stadt. Nur ein starker Mann konnte helfen. Isokrates zog alle größeren Monarchen in Betracht: Dionysios I von Syrakus, doch der war zu weit weg; Archidamos III von Sparta, doch der hatte Probleme mit Theben; Iason von Pherai, doch der wurde ermordet. Als einziger Retter blieb Philipp II von Makedonien übrig. Isokrates wandte sich mit drei Sendschreiben an ihn und ermutigte ihn, als Hegemon – nicht als König – an die Spitze aller Griechen zu treten.

2j. Zu den Griechenstädten, die sich dem persischen Herrschaftsanspruch widersetzten, gehörte (Neu-)Salamis auf Cypern[38]. Die Stadt wurde von Königen regiert, die sich von Teukros, dem homerischen Heros von der Insel Salamis im Saronischen Golf, herleiteten. Im Jahre 373 wurde Nikokles König des cyprischen Salamis[39], ihm sandte Isokrates ein Schreiben, das in die Gattung der Fürstenspiegel fällt. Es handelt sich dabei um Spiegel, die dem Fürsten sein eigenes Idealbild vor Augen führen sollen[40].

2k. Das beste Geschenk für einen Herrscher, so beginnt Isokrates, sei nicht Gold und Silber, sondern ein guter Rat zur richtigen Lebensführung. Denn für den Tyrannen genüge die Gewalt, aber das Königsamt fordere höchste Weisheit; und wer die liefere, der nütze sowohl den Herrschern als auch den Beherrschten. Der König müsse mehr für seine Seele als ein Athlet für seinen Körper tun, denn das ganze Leben eines Königs sei ein Wettkampf, einerseits wegen der Aufgaben, andererseits wegen der Zuschauer. Isokrates breitet nun eine ziemlich lückenlose Palette von Ratschlägen aus: Höre auf die Weisen von Nah und Fern, von heute und früher, damit du die Menschen überragst, wie an Ehre so an Tugend. Es wäre unerhört, wenn ein Schlechter über Gute regierte. Sei *philanthrópos* und *philopolis*, ein Freund der Menschen und der Städte! Deine Gesetze seien gerecht, deine Politik glaubwürdig und dein Leben friedlich. Bessere die Verhältnisse in deinem Staat, wähle dir gute Einrichtungen anderer Staaten zum Vorbild! Nimm dir die Vorfahren zum Beispiel und sei selber ein Muster! Denn wie die Könige, so sind die Untertanen. Studiere die Geschichte, damit du die Zukunft richtig einschätzest, und suche das Lob der Nachwelt! Lieber in Ehren sterben, als in Schande leben!

---

38 Hill 1940, 125 ff.
39 Diod. XV 47, 8
40 Isokr. or. II

In diesem Stile geht es lange weiter: Sei zum Kriege gerüstet, aber halte Frieden! Schone die schwächeren Nachbarn, so wie du selbst von den stärkeren geschont werden willst! Das Glück eines Staates hängt nicht von seiner Größe, sondern von der Gerechtigkeit ab. Schütze die Fremden, damit sie deinen Ruhm vermehren! Prüfe deine Freunde und Minister! Bedenke, daß dich die Verantwortung für ihre Taten trifft! Höre auf die Kritiker, meide die Schmeichler und strafe die Denunzianten wie die Übeltäter. Gestatte die freie Rede, zürne nicht und strafe milde! Die beste Leibwache ist die Liebe des Volkes, beherrsche deine Lüste und Launen! Ehre die Götter, das ihnen willkommenste Opfer ist eine reine Seele! Achte deine Würde, aber bleibe zugänglich und umgänglich!

2l. Isokrates läßt jede theologische Rechtfertigung der Monarchie aus dem Spiel und argumentiert nur aus der politischen Ethik. Er entschuldigt sich bei Nikokles dafür, daß diese Ratschläge dem König bekannt vorkommen könnten. Aber an diesen Dingen sei das Altbewährte besser als das Neuartige. Dennoch gibt es einen Punkt, der in der älteren Staatstheorie fehlt: die positive Einstellung zum Wohlstand. Während Heraklit und Solon, Platon und Aristoteles die Zunahme des Reichtums für bedenklich hielten, wird dies von Isokrates begrüßt. Nachdem schon Xenophon in seinem >Hieron< dem Monarchen die Förderung des Wohlstandes ans Herz gelegt hatte[41], sagt Isokrates zu Nikokles: Sei nicht habgierig, sondern fördere den Segen der Arbeit! Begünstige das materielle Wohlergehen der Deinen, denn ihr Reichtum ist dein Reichtum! In einer Demokratie führt Reichtum zum Mißbrauch, wenn er nicht durch Einsicht gezügelt wird. Dies zu tun, ist in einer Monarchie die Aufgabe des Herrschers. Seine Herrschaft steht sicher, wenn die Untertanen Erfolg in der Wirtschaft haben. Die Bereicherung der Untertanen war stets das beste Mittel, sie im Gehorsam zu halten. Als der Perserkönig Kyros die Lyder unterworfen hatte und überlegte, wie er seine Herrschaft sichern könnte, da riet ihm nach Herodot[42] der gefangene Lyderkönig Kroisos: Verbiete den Lydern die Waffen, laß sie feine Kleider und hohe Schuhe tragen, befiehl ihnen Musik zu machen und Handel zu treiben, dann werden sie gefügsam wie Weiber.

2m. Isokrates ist für seine Sendschreiben fürstlich belohnt worden. Vermutlich aber war es nicht die Mahnrede, die dem Tyrannen den Säckel öffnete. Dazu war wohl eher die Lobschrift auf dessen toten Vater Euagoras

---

41 Xenophon, Hieron 11, 13
42 Herodot I 155

2. Spätgriechische Fürstenspiegel   151

angetan, worin dieser als Musterkönig und Halbgott gefeiert wurde[43]. Noch wahrscheinlicher aber entlockte die dritte Rede den Lohn. Nachdem Nikokles Reden über den idealen Herrscher erhalten hatte, wollte er nun auch eine solche über den idealen Untertan. Isokrates schrieb sie und legte sie dem Auftraggeber sogar selbst in den Mund[44]. Der Tyrann empfahl darin seinen Cyprioten, fleißig ihre Steuern zu zahlen, tapfer ihre Stadt zu verteidigen und brav ihrem König zu gehorchen. „Denn", meinte er, „ich erfahre sowieso alles, was ihr treibt und denkt, und wenn ihr eine Revolution plant, dann muß ich leider zuschlagen. Darum verbergt mir nichts und zeigt die Störenfriede rechtzeitig an; Mitwisser werde ich ebenso gnadenlos bestrafen wie Mittäter. Bedenkt, daß die Monarchie die beste aller Staatsformen ist, wie Isokrates bewiesen hat, und ich der mildeste aller Monarchen bin. Keinem von euch habe ich die Frau oder Tochter oder den Sohn verführt".

2n. Ob letzteres stimmt, ist fraglich. Nach anderen Quellen war Nikokles der größte Wüstling und Lüstling seiner Zeit und starb einen bösen Tod[45]. Damit folgte er seinem Vater Euagoras. Dieser liebte eine Bürgerstochter, der auch sein eigener Sohn nachstellte. Die beiden königlichen Liebhaber, Vater und Sohn, wußten nichts voneinander, aber der Vater des Mädchens meinte, seine Tochter wäre überfordert. Er verschwor sich mit einem Palasteunuchen, und der brachte König und Kronprinz um[46]. So kam Nikokles, der zweite Sohn, 373 v. Chr. an die Macht[47].

2o. Wie die meisten antiken Fürstenspiegel, so beleuchten die des Isokrates zwar die politischen Ziele und die moralischen Erwartungen des Autors, besagen aber nichts über Aufbau und Einrichtungen, nichts über Wert und Unwert der Monarchie als solcher. Die Tugendkataloge werden lang und länger, ihr Gedankengut besteht nur noch aus Gemeinplätzen, so daß die bei späten byzantinischen Autoren erhaltenen älteren Fürstenspiegel nicht mehr zu datieren sind[48].

2p. Die meisten Texte über den Idealkönig schweigen über die grundsätzlichen Vor- und Nachteile der Monarchie. Die höhere Effizienz eines

---

43 Isokr. or. IX
44 Isokr. or. III
45 Athenaios 352 D; 531 A–D; Aelian VH. VII 2
46 Phot. 176
47 Arist. pol. 1311B; Diod. XV 47, 8
48 Stobaios IV 7; Merkelbach 1974

straff geführten Flächenstaates, die größere diplomatische Wendigkeit, die überlegene militärische Schlagkraft – all dies wird ebensowenig thematisiert wie die Gefahr des Machtmißbrauchs, der Günstlingswirtschaft und der Korruption. Freiheit ist kein Thema mehr, nur durch die Blume bleibt sie sichtbar. Demetrios von Phaleron empfahl König Ptolemaios, Bücher über das Herrscheramt zu lesen. Dort erführe er Dinge, die ihm niemand zu sagen wage[49]. Einer der Gründe dafür liegt in der veränderten Situation, in der die Autoren sich befinden. Sie treten nicht als Staatsgründer oder Gesetzgeber, sondern als Berater und Lobredner auf. Die Monarchie ist für sie eine Tatsache, an der nur noch kosmetische Korrekturen möglich sind. Obwohl die konstitutionelle Monarchie durchaus bekannt war – die Könige Spartas konnten abgesetzt und hingerichtet werden – stellte man die Allgewalt des Königs nicht mehr grundsätzlich zur Debatte. Mit dem Sieg Philipps und Alexanders 338 bei Chaironeia über Athen und seine Bündner[50] hatte die Stunde der freien Polis geschlagen.

3. RATIONALE ELEMENTE

3a. Mit Alexander lassen wir die Periode des Hellenismus beginnen, die Johann Gustav Droysen gekennzeichnet hat als die gegenseitige Durchdringung griechischer und orientalischer Kultur[51]. Eine derartige Verbindung zeigt sich auch in der Theorie des Königtums. Die Faktoren sind jedoch schwer zu sondern. Vielfach wird angenommen, daß die griechisch-okzidentalen Elemente in der agonal-rationalen Seite der Monarchie zu suchen seien, die den König als den Besten unter allen, als den fähigsten Feldherrn und treusorgenden Landesvater zeigt, während das asiatisch-orientale Moment in den religiös-charismatischen Zügen zu finden wäre, die den König als den gottgesandten Weltenheiland oder den grimmigen Despoten präsentieren. Eine derartige geographische Zuordnung der beiden Komponenten im Königtum erwächst aus der Gegenüberstellung griechischer Philosophie und orientalischer Religiosität und entspricht eher der altehrwürdigen Ost-West-Ideologie als der historischen Wirklichkeit. Wir haben bei Homer gesehen, daß der charismatische Zug auch griechische Wurzeln hat und werden finden, daß orientalische, jüdische Zeugnisse ebenso für die rationale Rechtfertigung

---

49 Plut. 189 D
50 Diodor XVI 86
51 R. Bichler, Hellenismus. Geschichte und Problematik eines Epochenbegriffs, 1983

3. Rationale Elemente

des Königtums vorliegen. Das antike Herrscherideal schillert immer zwischen dem Extrem eines absolutistischen Gottkönigtums und dem eines rigorosen Pflichtgedankens, der seine klassische Prägung gefunden hat in dem Wort des Makedonenkönigs Antigonos Gonatas († 239), das Königsamt sei eine *endoxos douleia*, eine ruhmvolle Sklaverei[52].

3b. Betrachten wir zunächst die rationalen Argumente zugunsten der Monarchie. Zu ihnen lassen sich die Bilder und Metaphern[53] rechnen, die zeigen sollen, daß alle Lebensbereiche in der Menschenwelt und der Natur monarchisch geordnet seien. Es gibt hier einen Kanon von Parallelen, der vom ältesten Orient bis in die Neuzeit immer wieder zur Rechtfertigung der Monarchie herangezogen worden ist. Aus der menschlichen Sphäre ist das zuerst die Stellung des Vaters in der Familie, der *pater familias*, aus dem der *pater patriae*, der Landesvater wird. Hinzu kommen der Vergleich des Herrschers mit einem Arzt, einem Steuermann oder einem Wagenlenker. In diesen Fällen ist klar, was geschieht, wenn die Leitung nicht in einer einzigen Hand liegt. Beliebt ist seit Homer[54] das Bild des Völkerhirten; in der orientalischen Tradition reicht es zurück bis zu Gudea von Lagasch um 2000 v. Chr.[55]. Kaiser Tiberius[56] soll gesagt haben: *boni pastoris esse tondere pecus, non deglubere*. Aus dem Tierreich zitiert man den Bienenstaat, dessen Königin ja lange männlich gedacht wurde[57]. Mittelhochdeutsch heißt sie der „Weisel". Auch andere in Herden und Rudeln lebende Tiere, wie die Wölfe, Rinder und Kraniche, lassen sich mit ihrem „Leithammel" als Beleg für die Naturgemäßheit der Monarchie anführen. Die Idee vom Löwen als König der Tiere oder vom Adler als König der Vögel entspringt dagegen nicht der Beobachtung, sondern einer Projektion. Dasselbe gilt, wenn der Staat mit einem Organismus verglichen und die Funktion des Herrschers dem Kopf, dem Herzen oder dem Magen zugewiesen wird. Uralt ist schließlich die Analogie zwischen König und der Sonne, die Licht und Leben spendet. Sie reicht zurück in sumerische Zeit[58], beherrscht die pharaonische Königsidee und zeigt sich noch bei Aurelian und Constantin. So erscheint das monarchische Prinzip als universal, mithin auch politisch relevant. Noch Lichtenberg[59]

---

52 Aelian VH. II 20
53 Demandt 1978
54 Ilias I 263
55 Dvornik 1966, 266 f.
56 Suet. Tib. 32
57 Plut. Lyk. 25
58 Dvornik 1966, 268; Dion Chrys. III 74 f.
59 G. Ch. Lichtenberg, Aphorismen und Sprüche, 1931, S. 166

und Schopenhauer[60] haben mit diesen Bildern den Vorzug der Monarchie gepriesen.

3c. Als Verkörperung des Idealherrschers tritt uns Alexander d. Gr. entgegen[61]. Bis in die neuere Forschung[62] wird er als der universale Friedensbringer gedeutet, jedenfalls im Anschluß an seine Rückkehr aus Asien 324. Als Indizien dafür erscheinen die Massenhochzeit von Susa, bei der Alexander selbst, 80 seiner Offiziere und 10.000 Soldaten asiatische Frauen heirateten[63]; das Verbanntendekret, mit dem er 324 bei den Olympischen Spielen 20.000 im Exil lebenden Griechen die Rückkehr verhieß[64]; und das Versöhnungsfest nach der Meuterei von Opis mit dem Gebet für den Frieden (*eiréné*), der Eintracht (*homonoia*) und Gemeinschaft (*koinónia*) zwischen Griechen und Asiaten. Alexander zeigt sich hier als der Weltenversöhner, als der Verkünder einer Brüderlichkeit aller Menschen, die alle Gottes Kinder seien. Das Symbol dieses Verbrüderungsfestes, an dem 9.000 Gäste teilgenommen haben sollen, ist ein großer Mischkrug, aus dem nicht nur getrunken und gespendet wurde, sondern der zugleich das neue, völkerübergreifende Staatswesen versinnbildlichte[65]. Nach Eratosthenes hat Alexander nicht mehr zwischen Griechen und Barbaren unterschieden[66], wie sein Lehrer Aristoteles es gerne gesehen hätte[67].

3d. Plutarch[68] berichtet, daß Alexander sich als gottgesandter Friedensrichter für die Menschheit berufen gefühlt und damit die stoische Idee vom Weltstaat vorweggenommen habe, der die Menschen vereinige und Frieden auf Erden gewähre. Hätte Gott den König nicht allzufrüh zurückgerufen, dann stünde die Menschheit heute unter einem einzigen Gesetz. Plutarch sah in Alexander jenes Ideal, das Zenon (335–263), der Begründer der Stoa, lehrte. Zenon erklärte den wahren Herrscher für einen Weisen, ähnlich wie Platon, meinte aber, im Gegensatz zu diesem, daß eigentlich die Welt als

---

60 Schopenhauer V 276
61 Zur Person: Arrian, Anabasis; Plutarch, Alexandros; J. G. Droysen, Alexander d. Gr., 1833; S. Lauffer, Alexander d. Gr., 1978
62 Tarn 1948
63 Arr. VII 4; Diod. XVII 107, 6; Plut. Al. 70, 2; Athen. 538 B ff.
64 Diod. XVIII 8, 4 f.
65 Arr. VII 8 ff.
66 Strabo I 4, 9
67 Plut. 329 BD
68 Plut. 329 A ff.

3. Rationale Elemente 155

ganze ein einziger Staat sei, in dem alle Menschen als Mitbürger leben. Die wahre Polis sei die Kosmopolis[69]. Als platonischer Philosophenkönig figuriert Alexander namentlich in seinen Gesprächen mit den indischen Gymnosophisten[70]. Apelles stellte Alexander dar, wie er vor seinem Siegeswagen den Kriegsgott Polemos gefesselt einhertreibt[71]. Die Herrschaft über einen Vielvölkerstaat konnte man nur als absolutistische Monarchie denken. Seleukos verordnete Gesetze, die nicht für einzelne Völker, sondern für alle gültig seien, erklärte sie als „immer gerecht" *(aei dikaion)* und wurde dafür vom Heer als der beste unter Alexanders Nachfolgern gepriesen[72].

3e. Alexander hat von der Nachwelt mehr Bewunderung erfahren als irgendein anderer antiker Herrscher. Gewiß gab es auch eine negative Tradition, die ihn als unersättlichen Eroberer und unbeherrschten Trunkenbold abtat. Lucan[73] nannte Alexander einen *felix praedo*, der versucht habe, die ganze Welt zu unterjochen und alle Völker zu versklaven. Im gleichen Sinne äußerte sich sein Oheim Seneca, der Alexander als grausames Raubtier kennzeichnete[74], das vom *furor alieni vastandi* gejagt worden sei[75]. Beide kritisierten damit indirekt Nero, und so blieb diese Auffassung von Alexander eine Mindermeinung. Viele hellenistische Könige, mehrere republikanische Heerführer Roms, zahlreiche Kaiser haben ihn zum Vorbild genommen. Eines der zahlreichen Zeugnisse dieser Idealisierung ist die zweite Königsrede Dions von Prusa aus trajanischer Zeit. Sie hat die Form eines Dialogs zwischen Philipp und Alexander über den idealen Herrscher. Alexander beweist darin, daß niemand den wahren Herrscher treffender gezeichnet habe als Homer, den der historische Alexander tatsächlich über alles schätzte. Die Rede endet mit einem Lob auf Aristoteles, dessen Unterricht solch gute Früchte gezeigt habe. In Dions vierter Königsrede ist es Diogenes, der Alexander über das wahre Herrschertum belehrt. Über den anonymen Alexander-Roman wurde er der christlichen, jüdischen und islamischen Welt als Musterbild vermittelt. Die schönste Bearbeitung ist das Alexanderbuch (Iskender-Nameh) des Persers Nizami (gest. 1209), der Alexander, den die 18. Sure des Koran in apokalyptischem Kontext nennt, als Idealkönig

---

69 Diog. Laert. VII 122
70 Strabon XV 1,64
71 Plin. NH. XXXV 93 f.
72 Appian Syr. 10, 61
73 Luc. Phars. X 20 ff.
74 Sen. clem. I 25
75 Sen. ep. 94, 62 f.

darstellt[76]. Alexander läutert sich vom Eroberer über den Entdecker und Philosophen zum Propheten, der die Kaaba besucht, das Böse und die Dämonen bekämpft und der Menschheit den Frieden bringt. Er erfindet den Spiegel, in dem sich die Geschichte und Alexander selbst als Vorbild all denen zeigt, die hineinschauen[77]. Wie im Morgenland, so galt auch im christlichen Okzident Alexander als Tugendheld, er wurde bis in die Barockzeit, ja bis zu Napoleon[78] durch die Fürsten Europas verherrlicht.

3f. Die Idee vom Idealherrscher blieb unter den Nachfolgern Alexanders in griechischen und orientalischen Schriften gleichermaßen verbreitet. Das zeigt der sog. Aristeas-Brief[79] Der griechische Text gibt sich als das Schreiben eines hohen Beamten des ägyptischen Königs Ptolemaios II (282–246) namens Aristeas an seinen Bruder, doch handelt es sich tatsächlich um die literarische Fälschung eines unbekannten alexandrinischen Juden aus der Zeit um 200 v. Chr. Der König erfährt, so lesen wir, daß ihm unter seinen 200.000 Büchern noch eines fehle: die Bibel. Da er aber Hebräisch nicht versteht, läßt er sich vom Hohen Priester in Jerusalem den Text und zugleich 72 weise Männer schicken, die das Alte Testament ins Griechische übersetzen sollen. Es handelt sich mithin um die Entstehungsgeschichte der >Septuaginta<. Aristeas berichtet von den umfassenden Gunstbeweisen des Königs gegenüber den Juden, vom Empfang der Übersetzer, ihrem Leben auf der Insel Pharos, dem Abschluß der Übersetzung und der Rückkehr der reich beschenkten Gelehrten nach Palästina.

3g. Der Hauptteil des Briefes gibt ein Gespräch wieder, das der König mit den jüdischen Weisen nach dem großen Empfangsmahl über das Herrscheramt geführt haben soll. Der König besaß bereits alle wesentlichen Qualitäten: Großmut und Freigiebigkeit, Bildungseifer und Toleranz, Demut und Gottesfurcht. Jeder der 72 Weisen gibt ihm noch weitere Ratschläge. Nichts Denkbares wird dabei vergessen, das Ganze ist ein perfekter Fürstenspiegel des aufgeklärten Absolutismus. Abgesehen vom Standardrepertoire wie Gerechtigkeit, Milde, Friedensliebe usw. wird dem König empfohlen, Gott, der ihm die Herrschaft gegeben habe, in Taten und Gedanken zu respektieren, auch Widersacher wohlwollend zu behandeln, allzeit an die

---

76 Nizami, Das Alexanderbuch, übertragen aus dem Persischen von J. Ch. Bürgel, 1991
77 l. c. 92 f. Ist dies der Ursprung von Alexanders Weltenspiegel im Buch Suleika?
78 B. Thorwaldsens Relief für den Quirinalspalast in Rom von 1812
79 deutsche Übersetzung und Einführung bei Kautzsch 1900/21, 1 ff.

Unglücklichen zu denken, die Königin zu ehren, Gelehrte und Fachleute anzuwerben und zum Wohle des Landes einzusetzen.

3h. Das Ideal des hellenistischen Königs spiegelt sich offiziell in den vielfältigen Ehrentiteln und Beinamen, die uns auf den Inschriften, Münzen und Papyri der Diadochen erhalten sind. Den Herrschern werden dort alle Tugenden bescheinigt: Einsicht, Tapferkeit, Großmut, Gerechtigkeit, Menschenliebe, Frömmigkeit, Achtung vor den Eltern und Angehörigen, Selbstbeherrschung, Nüchternheit, Unbestechlichkeit, Pflichtbewußtsein, Voraussicht und Fürsorge, Liebe zum Guten und Haß gegen das Schlechte. Das aristokratische Ideal der Kalokagathia (*mens sana in corpore sano*[80]) verwirklicht der König. Auch die Königin partizipiert an diesen Werten. Frömmigkeit, Elternliebe und Gattentreue werden ihr nachgerühmt. Die Beamtentugenden sind Gesetzestreue, Königsliebe und Diensteifer bis zur Schlaflosigkeit. Der ideale Beamte schläft noch schlummert nicht[81].

3i. Eine gewisse Brisanz liegt in der Behandlung der Thronfolge im Aristeas-Brief: König werden soll der Beste, auch wenn er nicht zur königlichen Familie gehört. Eine solche Forderung begegnet mehrfach, bis in die byzantinische Staatstheorie. Die im 10. Jh. in Konstantinopel verfaßte Enzyklopädie >Suda<[82] vertritt die Ansicht, weder die Natur noch die Gerechtigkeit begründeten die Königsherrschaft, sondern nur die Fähigkeit, einen Staat und ein Heer zu führen, wie Philipp und Alexander dies gekonnt hätten. Entscheidend sei nicht die Abstammung, sondern die individuelle Begabung. Aber wie diese vor der Erhebung festzustellen sei, erfahren wir nicht. Dazu benötigte Dareios einen gerissenen Pferdeknecht[83].

4. CHARISMATISCHE ELEMENTE

4a. Alle hellenistischen Monarchien entwickelten sich rasch zu dynastischen Erbkönigtümern, und dies geschah erstens aus rationalen Gründen, weil nur auf diese Weise ein Bürgerkrieg unter jenen Prätendenten zu vermeiden war, die sich selbst für die würdigsten Nachfolger hielten, bzw. von ihrem Gefolge dafür gehalten wurden, und zweitens gemäß irrationalen cha-

---

80 Juvenal X 356
81 Schubart 1927
82 Suidas, Beta 147
83 Herodot III 85 f.

rismatischen Vorstellungen von der Erblichkeit des Glücks in der Herrscherfamilie. Philostrat (V. Soph. 611 f.) nannte ererbte Tugenden rühmlicher als erworbene.

4b. Das griechische Wort *charis* kommt von *chairó*, „sich freuen" und bedeutet einerseits die Anmut, andererseits die Huld. Die Chariten, lateinisch Grazien, sind die Göttinnen der Anmut[84]. *Charisma* heißt „Gunsterweis" und wird in der Staatstheorie im Sinne von „Gunst der Götter", „Königsheil" verwendet. Der Gedanke, daß der König sich der besonderen Gnade der Götter erfreue und damit selbst in einer gottähnlichen Stellung stehe, ist homerisch und spielt im hellenistischen Staatsdenken eine große Rolle. Dion von Prusa[85] knüpfte das Zepter der Zeus an die Leistung des Herrschers, die in der Sorge für seine Untertanen liege. Ohne diese verliere er seine Legitimation. Ebenso moralisierte er die Gottessohnschaft als bildlichen Ausdruck für einwandfreie Lebensführung: wenn Alexander gut regiert, dann erweist er sich als Sohn des Zeus[86]. Philipp von Makedonien[87] sagte, ein König müsse immer bedenken, daß auch er ein Mensch sei, obwohl er eine gottgleiche Macht besitze. Er könne und solle göttlich gute Werke vollbringen, habe aber nur eine menschliche Stimme.

4c. Noch deutlicher wird dieses charismatische Bild bei Alexander. In Gordion durchschlug er den Knoten, was ihm die Herrschaft über die Welt verhieß[88]. Nach seinem Sieg bei Issos 333 hat sich Alexander als Nachfolger der persischen Großkönige betrachtet[89], die als die besonderen Schützlinge des Himmelsgottes galten. In Memphis ließ er sich zum Pharao krönen[90] und wurde so für die Ägypter zur Inkarnation des Sonnengottes. Auf seinem abenteuerlichen Zug zum Orakel in der Oase Siwa[91] wurde Alexander als Sohn des Zeus-Ammon begrüßt[92], und nach seiner Rückkehr aus Indien hat er von den Griechenstädten kultische Ehren als Gottkönig verlangt. Die Griechen haben sich nicht gesträubt. „Wenn er unbedingt ein Gott sein will",

---

84 Hesiod, Theogonie 64; 907 ff.
85 Dion von Prusa or. I 12
86 Dion von Prusa or. IV 21
87 Stob. IV 7, 21
88 Plut. Al. 18
89 Arr. II 14, 8
90 Ps. Kall. I 34
91 Arr. III 3 f.
92 Plut. Al. 27

4. Charismatische Elemente

meinten die Spartaner, „bitte sehr"[93]. Einen Alexanderkult gab es noch 700 Jahre nach seinem Tode in Spanien[94], in der Kyrenaika[95] und in Südrußland, d. h. in Ländern, die nie zu seinem Reich gehört haben[96].

4d. Die Willfährigkeit der Griechen ist nur zu begreifen, wenn wir die okzidental-hellenischen Wurzeln des Gottkönigtums berücksichtigen. Auch Philipp von Makedonien hielt sich für einen Nachkommen des Herakles und damit für einen Abkömmling des Zeus. In den Heroen besaßen die Griechen ein Mittelglied zwischen Menschen und Göttern; der Abstand zwischen ihnen war wesentlich kürzer, als wir uns das vorstellen, weil unser Gottesbegriff nicht aus dem antiken Polytheismus, sondern aus dem jüdisch-orientalischen Monotheismus stammt. Heroische, also halbgöttliche Ehren erhielt jeder Gründer einer griechischen Stadt, und sie sind in mehreren Fällen schon vor Alexander zu göttlichen Ehren gesteigert worden, so daß eine Tendenz zur Vergöttlichung des erfolgreichen Staatsmannes bereits vor ihm bestand. Wenn wir die Dokumente nach ihrer geographischen Herkunft befragen, so fällt auf, wie sie sich in der Ägäis und in Kleinasien verdichten, wo sich orientalische und griechische Kultur überschnitten. Göttliche Ehren erhielten Lysander in Samos[97] und Agesilaos in Thasos[98]. Der Platon-Schüler Klearchos, Tyrann in Herakleia, präsentierte sich als Sohn des Zeus, ließ sich einen goldenen Adler vorantragen, erschien im Purpurmantel und wurde allerdings von zwei anderen Platonjüngern umgebracht[99].

4e. Wie rasch die Vorstellung vom Gottkönigtum selbst im demokratischen Athen Fuß gefaßt hat, lehren die Vorgänge des Jahres 307. In den Kämpfen der Nachfolger Alexanders hatte Demetrios der Städtebezwinger die makedonische Besatzung aus Athen vertrieben und die Demokratie wiederhergestellt[100]. Daraufhin wurde er von der Volksversammlung mit Ehrungen überhäuft, die in der Geschichte des Altertums ohne Beispiel sind. Demetrios und sein Vater erhielten den Königstitel, den sie gar nicht beanspruchten und auch trotz Volksbeschluß nicht führten. Beide wurden zu Rettergottheiten (*theoi sótéres*), zu Heilanden, erhoben. Sie erhielten einen

---

93 Aelian VH. II 19
94 Cassius Dio XXXVII 52, 2
95 Proc. aed. VI 2, 15 f.
96 Amm. XXII 8, 40
97 Plutarch, Lysandros 18, nach Duris; Taeger 1957, 163
98 Plutarch 210 D
99 Iust. XVI 5
100 Plut. Dem. 8 ff.; Diod. XX 45 f.

Opferkult, einen Priester, ein Jahresfest mit Wettspielen und Prozession. Dieser Priester gab, anstelle des Archon Eponymos, dem Jahr den Namen. Die Bilder der neuen Gottkönige wurden mit denen der Götter in den Peplos der Athena eingewebt. An der Stelle, wo Demetrios aus dem Wagen gestiegen war, errichtete man einen Altar für den „zu den Menschen Herabgekommenen". Zwei neue Phylen wurden nach den beiden Männern benannt, ein Monat erhielt den Namen Demetrios, von Demetrios wurden Orakel eingeholt, wie wenn er die Pythia selber wäre. – Bei seinem zweiten Besuch empfing das Volk ihn mit Hymnen und Tänzen wie Demeter und Dionysos. Beim dritten Besuch wurde beschlossen, daß seine sämtlichen Befehle fromm in den Augen der Götter und gerecht in den Augen der Menschen seien, auch dann, wenn ihn, wie einst Zeus, nach einem bestimmten Knaben, einem bestimmten Mädchen gelüstete. Eine Hymne auf ihn enthielt die Verse: „Die anderen Götter sind weit weg, hören uns nicht oder existieren vielleicht gar nicht. Jedenfalls kümmern sie sich nicht um uns. Dich aber sehen wir! Bring uns Frieden!". Demetrios wohnte damals im Parthenon auf der Akropolis, bei Athena, „seiner älteren Schwester", wie er selbst sagte. Daß er dort oben die wüstesten Feste feierte, scheint die Athener nicht gestört zu haben[101].

4f. Die Geschichte des „Städtebelagerers" Demetrios macht klar, daß die Vergöttlichung des Monarchen keine typisch orientalische Angelegenheit ist, sondern auch griechische Wurzeln hat. Seit 331 haben die Athener sogar ihre eigene Demokratia vergöttlicht, ihr durch die höchsten Staatsbeamten Opfer gebracht[102]. In der Zwölfgötterhalle auf der Agora waren Theseus, die Göttin Demokratia und der personifizierte Demos gemalt[103]. In der Spätzeit gab es sowohl in Athen wie in Sparta Standbilder des Demos[104]. Um so begreiflicher, wenn die entpolitisierten, entmilitarisierten städtischen Massen einen wirklichen Machthaber als Gott und Herrn bezeichneten, als Abkömmling von Zeus oder Apollon, als Inkarnation des Dionysos. Sein Genius (*Daimón, Tyché*) stellt die Verbindung her zwischen menschlicher und göttlicher Sphäre. Nach ihrem Tode wurden die Angehörigen des Königshauses unter die Gestirne versetzt, die Strahlenkrone zierte das Bild des Königs und bezeichnete ihn als die Sonne auf Erden.

---

101 Plut. Demetr. 23 ff.; Diod. XX 46; Taeger 1957, 264 ff.
102 Sylloge II 1029
103 Paus. I 3, 3
104 Paus. I 2, 3; 3, 5; III 11,10

4. Charismatische Elemente

4g. Während die Könige von Pergamon und Makedonien weitgehend frei von charismatischen Zügen blieben, haben diese ihre volle Ausprägung in Ägypten und in Syrien gefunden. Der Königskult ist dort institutionell verankert worden. Alexander erhielt einen Kult in Alexandria, der dann auf die verstorbenen Ptolemäer und anschließend auf die lebenden ausgedehnt wurde. Auch die Königinnen erhielten kultische Ehren. Ihre Beinamen zeigen den Herrscher als *sótér* (Heiland), *epiphanés* (auf Erden erschienener Gott), *theos* (Gott), *megistos theos* (größter Gott), *neos Dionysos* (neuer Dionysos) usw[105]. In der Spätzeit, etwa auf dem Stein von Rosette, kommen Elemente des pharaonischen Herrscherkults zur Geltung, seine Bedeutung wuchs nach dem parkinsonschen Gesetz proportional zum Niedergang der tatsächlichen Macht. Gigantischen Ausdruck fand das hellenistische Gottkönigtum durch den Winkelkönig Antiochos I von Kommagene, zubenannt der Gerechte, auf Erden erschienene Gott, Freund der Griechen und Römer, der sich um 50 v. Chr. auf dem Nemrud-Dag in der Osttürkei ein Kultzentrum errichten ließ, wie es vorher und hinterher nichts gegeben hat[106].

4h. Ebenso wie die rationalen Komponenten der hellenistischen Monarchie sind auch deren charismatische Elemente folgewirksam geworden. Im Zuge der Hellenisierung Roms übernahmen bereits die großen Feldherren der späten Republik Beinamen und Heilzeichen nach östlicher Art. Seit dem älteren Scipio gibt es in den Provinzen Münzen mit dem Bildnis des Feldherren. Flamininus, der Sieger über Philipp V, wurde von den Griechen als *sótér* gefeiert[107]; der Vater der Gracchen[108], und Pompeius[109] haben Städte mit ihrem Namen benannt, Sulla bezeichnete sich als Schützling der Venus[110] usw.

4i. Mit Caesar beginnt die Vergottung der Imperatoren[111]. Trotz unterschiedlicher Einstellung der einzelnen Kaiser gewann der Herrscherkult an Bedeutung und entwickelte sich zu einem festen Bestandteil der monarchischen Repräsentation im römischen Reich. Die Christen haben zwar gegen das Gottkönigtum protestiert, aber an dessen Stelle nur ein Königtum von

---

105 Schubart 1927
106 Doerner 1987
107 Syll. 591
108 Liv. ep. 41
109 Str. XII 3, 40; XIV 3, 1
110 Plutarch, Sulla 34
111 Sueton, Divus Julius 88

Gottes Gnaden gesetzt, und dies hat sich gehalten. Noch im 19. Jh. standen das revolutionäre Prinzip der Volkssouveränität und das konservative Prinzip des Gottesgnadentums einander gegenüber. Ein letztes Überbleibsel findet sich im Titel der Königin Elisabeth II von England, *regina Dei gratia*.

5. RÜCKBLICK

5a. Seneca hat die römische Geschichte mit den Lebensaltern eines Menschen verglichen. In ihrer Kindheit benötigte Roma an ihren Königen eine monarchische Stütze. Erwachsen geworden, stand die Republik auf den eigenen Beinen. Im Greisenalter, einer zweiten Kindheit sozusagen, bedurfte Rom wieder der Kaiser als Krücke[112]. Demselben Dreier-Rhythmus entsprechend finden wir in der griechischen Geschichte am Anfang Könige und Tyrannen, in der Mitte demokratische Städte, und am Ende die hellenistischen Monarchien. Freie Verfassungen waren in der Geschichte eher die Ausnahme.

5b. Die unter orientalischem Einfluß ausgebildete griechische Form, wie sie uns im Hellenismus entgegentritt, ist bestimmend geworden. Zu ihrem Verständnis lassen sich die Kategorien verwenden, die Max Weber († 1920) in seinem postum 1922 publizierten Aufsatz ›Die drei reinen Typen der legitimen Herrschaft‹ verwendet hat. Weber unterscheidet darin eine traditionelle Herrschaft nach dem Vorbild der häuslichen Familie, eine legale Herrschaft nach dem Vorbild des wirtschaftlichen Betriebs und eine charismatische Herrschaft nach dem Vorbild der religiösen Gemeinde. Es handelt sich um drei Idealtypen, die sich – was Weber selbst nicht getan hat – verwenden lassen, um die Stufen der griechischen und Staatsentwicklung zu beschreiben: Die traditionelle Herrschaft steht am Anfang. Sie umfaßt den Staat Agamemnons und die archaische Gesellschaft. Sie ist in Stände gliedert, wird durch patriarchalische Autorität geführt und durch persönliche Treue zusammengehalten. In Rom ist das die Königszeit. Die legale Herrschaft steht in der Mitte, wir finden sie in der demokratischen Polis und im republikanischen Rom. Dieses System ist gekennzeichnet durch offene Diskussion, tendenziell rationale Regelung des Zusammenlebens und Abgrenzung klarer Zuständigkeiten im Bereich der politischen Rechte und Pflichten durch einen verantwortlichen Beamtenapparat. Die charismatische Herrschaft steht beidemale am Ende. Sie erwächst aus dem Zwist der Stadtstaaten untereinander

---

112 Lact. inst. VII 15

5. Rückblick

und aus dem Kampf gegen Persien, mithin aus einer innergriechischen und einer außergriechischen Krise, die durch Philipp und Alexander gelöst worden ist. In Rom war es der Konflikt der *gentes* bzw. zwischen Optimaten und Popularen, der zur Monarchie führte. Die äußere Voraussetzung des Herrscherkultes ist die Friedenssehnsucht.

5c. Insbesondere Alexander war das Musterbild eines charismatischen Herrschers. Seine für die Zeitgenossen wie für die Nachwelt unbegreiflichen Taten wurden mit dem Schimmer der göttlichen Fügung und einem üppigen Kranz von Legenden ins Mythische erhoben. Die Nachfolger, die Diadochen, zehrten von seinem Ruhm, kopierten seine Taten und kompensierten den Abstand zum unerreichten Vorbild durch Anleihen bei der traditionellen und bei der legalen Legitimation. Elemente der traditionellen Herrschaft liegen im Bemühen um Dynastiebildung. Nicht der einzelne, sondern die Familie wird als Träger des Charismas herausgestellt. Elemente der legalen Herrschaft zeigen sich in dem Versuch, eine Bürokratie aufzubauen, Wohlstand und Gerechtigkeit zu fördern und den Prinzipien eines idealen Herrschers zu genügen.

5d. Das griechische Herrscherideal, wie es im Hellenismus ausgereift vor uns steht, hatte eine lange Nachgeschichte. Zweitausend Jahre war die Monarchie die am weitesten verbreitete Staatsform in Europa: Vom ersten römischen bis zum letzten deutschen Kaiser bestimmte sie den Okzident. Im Orient war sie noch länger verbreitet. Nicht erst seit dem Humanismus werden die antiken Gemeinplätze wieder und wieder zitiert. Der Gedanke, daß der Herrscher das beseelte Gesetz darstelle, begegnet bei Theodosius und Justinian, bei Barbarossa und Friedrich II von Hohenstaufen, er wurde sogar auf den Papst übertragen[113]. Die Vorzüge der Monarchie waren nicht nur aus der Theorie, sondern auch aus der Praxis zu belegen; und nicht ohne Grund schrieb Frédéric le Grand[114]: *Depuis que le monde dure, les nations ont essayé de toutes les formes de gouvernement, les histoires en fourmillent; mais il n'en est aucun qui ne soit sujet à des inconvénients. La plupart des peuples ont cependant autorisé l'ordre de succession des familles régnantes, parce que, dans le choix qu'ils avaient à faire, c'était le parti le moins mauvais. Le mal qui résulte de cette institution consiste en ce qu'il est impossible que dans une famille les talents et le mérite soient transmis sans interruption, de pére en fils, pendant une longue suite d'années, et qu'il*

---

113 Steinwenter 1947
114 Friedrich d. Gr. Bd. IX 1848, 167

arrive que le tróne est quelquefois occupé par des princes indignes de le remplir. Dans ce cas méme reste la ressource d'habiles ministres.

5e. Insofern ist der Hellenismus der Erbe alles Älteren. Er verschmilzt rationale und emotionale Elemente, westliche und östliche Traditionen, demokratisch-stadtstaatliche und monarchisch-flächenstaatliche Elemente. Was jetzt noch kommen kann, muß die Grenzen des Staatsbegriffs übersteigen und führt uns ins Reich der Utopie. Das ist unser nächstes Thema.

Kapitel VII

KOSMOPOLIS UND UTOPIE

a. Theophrast 167
b. Entpolitisierung 167
c. Flucht in Kosmopolis und
   Utopie 167

1. KOSMOPOLIS 168
   a. Begriff 168
   b. *Diogenes* 168
   c. Diogenes und Alexander ... 169
   d. Provokation 169
   e. Gerechtigkeit? 170
   f. Weltordnung 170
   g. *Krates* 170
   h. Kyrenaiker 171
   i. *Zenon* 171
   j. Seelenpflege 172
   k. *Epikur* 172
   k. Politik nach Bedarf 172
   m. Nachtwächterstaat 173
   n. Pose 173

2. UTOPIEN IN DER WINDROSE 173
   a. Heile Welt 173
   b. Schäferdichtung 174
   c. Utopie 174
   d. *Süden*: Aethiopen 175
   e. *Norden*: Hyperboreer 175
   f. *Westen*: Phäaken 177
   g. Elysion 178
   h. Atlantis 178
   i. Ur-Athen 179
   j. Beschreibung 180
   k. *Osten*: Indien 180
   l. Euhemeros 181

m. Götterlehre 181
n. Reichtum 182
o. Drei Klassen 182
p. Vier Städte 182
q. *Jambulos* 183
r. Sündenbock 183
s. Insel 183
t. Insulaner: Körper 184
u. Familie 184
v. Speisen, Tod 185
w. Abreise nach Indien 185
x. Eden bei Junior 185
y. Euthanasie in Keos 186

3. UTOPIEN IN DER TIEFE UND
   IN DER HÖHE 186
   a. Olymp 186
   b. Aristophanes' Vögel 186
   c. Iris 187
   d. Pherekrates' Bergleute ... 187
   e. Antipoden 188
   f. Theopomp 188
   g. Anostos 189

4. UTOPIEN IN FERNEN ZEITEN 189
   a. Paradies 189
   b. Goldenes Zeitalter 190
   c. Krates, Ambrosius 190
   d. Messias 191

5. AUSBLICK 192
   a. Jasager – Neindenker 192
   b. Nachleben 192
   c. Schlaraffenland 192

d. Utopische Revolten 193
e. Edle Wilde 193
f. Neuzeitliche Utopien 194
g. Marxismus 194

> Dort, wo der Staat aufhört, da beginnt erst der Mensch.
> Nietzsche

VII. KOSMOPOLIS UND UTOPIE

a. Theophrast, der Schüler des Aristoteles, erklärte, es lohne sich nicht, Politik zu betreiben. Was man dem Volke Gutes tue, werde sofort wieder vergessen; was es aber an Schlechtem erlebe, bleibe in Erinnerung[1]. Aus diesem Satz spricht Resignation gegenüber dem Glauben, das politische Zusammenleben könne sinnvoll und wirksam geregelt werden. Einem solchen Lebensgefühl entspringen keine konstruktiven Staatstheorien mehr. Die letzten Ausläufer des griechischen Staatsdenkens sind Entwürfe, die alles hinter sich haben, alles hinter sich lassen. In der Praxis hatte man so ziemlich jede Staatsform durchprobiert: von der härtesten Tyrannis bis zur radikalen Demokratie, vom kleinen Stadtstaat bis zum Weltreich eines Alexander. In der Theorie war kaum ein Reformvorschlag unterblieben, der Idealstaat aber hatte sich nicht eingestellt.

b. Das Leben in den hellenistischen Staaten war durch Gegensätze gekennzeichnet[2]. In den Städten herrschte ein beachtlicher Wohlstand, doch brachen immer wieder soziale Spannungen auf. Die demokratische Selbstverwaltung blieb im allgemeinen bestehen, aber alle wichtigen Entscheidungen fielen an den Königshöfen. Der kleinere Teil der Griechen trat in den Dienst der neuen Herren, der größere zog sich ins Privatleben zurück. Eine allgemeine Entpolitisierung trat ein, die Interessen verschoben sich vom Gemeinwesen auf das Einzeldasein, von der Politik auf die Wirtschaft.

c. Diese metapolitischen, ja antipolitischen Tendenzen treten uns in zwei Erscheinungen entgegen. Zu einem handelt es sich um eine asketische Abwendung vom bürgerlichen Leben, verbunden mit dem Protest gegen Staat und Gesellschaft, in Varianten vorgetragen durch den Kyniker Diogenes, den Stoiker Zenon und den Gartenphilosophen Epikur. Man flieht aus der Politik in die Kosmopolis. – Zum anderen begegnen uns phantastische Konstruk-

---

1 Gnom. Vat. 324
2 M. Rostovtzeff, Die hellenistische Welt, 1941/55

tionen von Traumwelten und Glücksinseln, die in fernen Zeiten und fernen Ländern jene Wünsche wirklich machen, die hier und heute unerfüllbar scheinen. Beide Bewegungen sind sich einig in der Abkehr von der politischen, sozialen und kulturellen Umwelt, einig in der Hinwendung zu den Rändern der Ökumene, zum Ganzen des Kosmos. Die eine sucht nach alternativen Verhaltensregeln *in* dieser Welt, die andere entwirft alternative Mustergesellschaften *zu* dieser Welt. Die eine lehrt innerweltliche Askese praktischer Weltflucht, die andere entwirft außerweltliche Utopien. Mit ihnen wollen wir uns nun nacheinander befassen.

1. KOSMOPOLIS

1a. Der Dichter Meleager von Gadara (140–70) fragte in seinem Grabepigramm, ob er ein Syrer – nach seinem Geburtsort –, ein Phönizier – nach seiner Schule – oder ein Grieche – nach seiner Sprache – sei, und erklärte das für unerheblich. „Mein Vaterland ist der Kosmos, das Chaos hat alle Sterblichen geboren – was soll's?"[3]. Die Heimat ist die Welt, das meinte bereits Sokrates, als er erklärte, er sei weder Athener noch Grieche, sondern *kosmios,* Weltbürger[4]. Platon[5] bestimmte den Menschen als ein Gewächs, das seine Wurzeln nicht in der Erde, sondern im Himmel habe und darum beweglich sei. Das Ideal des Kosmopolitismus[6] *patria est ubicumque est bene* wird von allen drei großen hellenistischen Philosophenschulen hochgehalten, von den Kynikern, den Stoikern und den Epikureern. Der Begriff *kosmopolis* geht zurück auf Diogenes, den Begründer der Kynischen Philosophie[7].

1b. Diogenes[8] wurde um 400 in Sinope am Schwarzen Meer geboren. Sein Vater verwaltete dort die städtische Münze. Eines Tages machten die Münzarbeiter dem Diogenes den Vorschlag, die Münze zu „verändern", d. h. den Metallgehalt zu verringern und den Rest zu unterschlagen. Diogenes war unsicher. Er fragte beim Orakel in Delphi an, ob er die staatlichen Werte „ändern" dürfe. Apollon erlaubte es! Diogenes ging ans Werk, wurde erwischt und mußte fliehen. Er kam nach Athen, und nun erst ging ihm der Sinn

---

3 Anth. Gr. VII 417
4 Plutarch 600 F; Cic. Tusc. V 108; Arr. Epict. I 9,1
5 Plat. Tim. 90 AB
6 Cic. Tusc. V 108
7 Diog. Laert. VI 63
8 Ed. Schwartz, Charakterköpfe aus der antiken Literatur, II 1911 S. 1 ff.

des Orakels auf. Der Gott hatte etwas anderes gemeint. *Paracharattein to politikon nomisma* hieß nicht: Fälschung der Münzen, sondern: Umwertung der Werte. Nietzsche hat das dann aufgegriffen. Diogenes erwies sich abermals als gehorsam dem Gotte, predigte und praktizierte fortan die Abkehr von den bürgerlichen Werten[9]. Er verzichtete auf allen Besitz außer seinem Mantel und seinem Becher. Den Becher warf er weg, als er einen Knaben ohne Becher trinken sah.[10] Man gab ihm den Beinamen „der Hund" (*ho kyón*),[11] und danach heißen seine Anhänger „Kyniker", lateinisch „Zyniker".

1c. Diogenes der Hund wurde auf einer Seereise von Piraten gefaßt und als Sklave nach Korinth verkauft. Dort war er eine Weile Hauslehrer und lebte später in seiner Tonne. Während eines Markttages, als alle Leute geschäftig waren, ließ Diogenes seine Tonne die Hafenstraße herunterrollen; unten angekommen, wälzte er sie wieder hinauf in die Stadt. Dies wiederholte er solange, bis die Leute aufmerksam wurden und ihn fragten: „Du, Diogenes, warum machst du denn das?" Da sagte der: „Ach, wenn alle Leute fleißig sind, will auch ich nicht untätig sein." Bekannter ist die Geschichte vom Besuch Alexanders. Der König unterhielt sich mit dem Hundephilosophen und fragte, ob er einen Wunsch habe. Diogenes, der ärmste Mensch, sagte zu Alexander, dem reichsten Menschen: „Geh mir ein wenig aus der Sonne"[12].

1d. Diese Anekdoten[13] mögen erfunden sein, bezeichnen aber die Lehre. Sie bestand aus einer permanenten Provokation. Alle Sitten und Güter wurden von Diogenes als Fesseln der Freiheit betrachtet. Damit steht er in der Tradition der Sophisten. Gut sei allein, was natürlich sei; und alles, was natürlich sei, das sei auch gut: *naturalia non sunt turpia*. Da sich die Tiere in der Öffentlichkeit begatten, sei dies auch den Menschen nicht zu verbieten. Diogenes fraß einen rohen Kraken, um die Menschen von dem Vorurteil zu befreien, man müsse Gekochtes essen – so wie Pelopidas die Thebaner von den Spartanern befreite. Das Menschenleben müsse wieder vertiert werden[14]. Daß Ödipus sich die Augen ausstach, als er erkannte, seine Mutter geheiratet zu haben, war Unsinn. Er hätte vielmehr den Inzest durch Gesetz erlauben

---

9 Diog. Laert. VI 20 f.
10 Seneca ep. 90, 14
11 Anthol. Graeca VII 63 ff.
12 Cic. Tusc. V 92; Dion Chrys. IV
13 Gesammelt bei Paquet 1975
14 Plutarch 995 D

sollen, da er bei den Hühnern und Eseln ja ebenfalls vorkomme[15]. Selbst gegen die Menschenfresserei gebe es allenfalls kulinarische Einwände[16].

1e. Gerechtigkeit betrachtete Diogenes als Chimäre. Ein Richter und ein Dieb unterschieden sich wie der große und der kleine Verbrecher. Streben nach Wohlstand und Fortschritt aber sei eine Illusion. Zu Recht habe Zeus den Prometheus bestraft, der den Menschen das Feuer gebracht hat, ihn an den Kaukasus geschmiedet, wo ihm ein Adler die Leber wegfrißt, denn mit der Verwendung des Feuers habe das Unglück begonnen[17]. Der mächtigste Mensch, der König von Persien, sei zugleich der abhängigste und unglücklichste. Er könne keinen Frieden halten, weil sonst die Untertanen reich und aufsässig würden. Er könne aber auch keinen Krieg führen, weil dabei die Untertanen arm würden und ebenfalls aufbegehrten. Von Höflingen und Gegnern umlauert, sei er der unfreieste Mensch, wogegen er, Diogenes, der freieste sei.

1f. Diogenes hat eine verlorene Schrift über den Staat (Politeia) verfaßt, in der er als einzig richtige Verfassung die Weltordnung bezeichnete und das Leben nach der Natur zum allgemeinen Gesetz erhob[18]. Alles ist dort erlaubt. Es gibt kein Gesetz, keine Ehe, keinen Besitz. Münzgeld ist unerwünscht, denn die Mutter allen Übels heißt Habgier[19]. Da man aber eines Tauschmittels bedarf, gestattet Diogenes Spielknochen (Astragale) als Geldersatz. Mit dem Geld ist die bürgerliche Ordnung verschwunden: es gibt weder Ämter noch Ehren, weder Musik noch Geometrie, keine Familie, keine Soldaten, keine Sklaven, keine sozial relevanten Geschlechtsunterschiede[20] – nur mehr oder weniger nackte Menschen, die Wurzeln fressen und in der Sonne dösen. Wie der kynische Kosmopolitismus den Staat negiert, so negiert das Naturprinzip die Menschengesetze. Das Glück liegt in der Anarchie. Die Frage nach dem besten Staat wird sinnlos, überhaupt kein Staat ist der „beste", denn das Beste ist: „überhaupt kein Staat".

1g. Diogenes hatte einen Schüler, Krates aus Theben. Als Alexander ihm zuliebe die zerstörte Stadt wieder aufbauen wollte, sagte Krates: „Laß das.

---

15 Dion Chrys. X 29 f.
16 Diog. Laert. VII 121
17 Dion Chrys. VI 25; 29; 31
18 Diog. Laert. VI 72
19 Diog. Laert VI 50
20 Diog. Laert. I 12

1. Kosmopolis

Ein zweiter Alexander wird sie ein zweites Mal zerstören"[21]. Krates empfahl gleichwohl, Staatsphilosophie zu studieren, und zwar so lange, bis man erkannt habe, daß sämtliche Staats- und Heerführer nichts anderes sind als Eseltreiber[22].

1h. In gewisser Weise wurden die Kyniker an Radikalität noch übertroffen von den Kyrenaikern. Der Schulgründer Aristipp, ein Schüler des Sokrates, predigte die Fleischeslust (*hédoné*) und nährte sich bei Dionys dem Tyrannen als dessen philosophischer Pudel[23]. Hegesias Peisithanatos hingegen lehrte die Wertlosigkeit des Daseins mit solchem Erfolg, daß seine Studenten sich reihenweise das Leben nahmen und König Ptolemaios II ihm die *venia legendi* entzog[24]. Theodoros, der berühmteste Atheist der Antike, erkannte die Freiheit der Weisen darin, daß er bisweilen stiehlt, Ehebruch treibt und Tempelraub begeht. Der Tod fürs Vaterland sei für einen Kosmopoliten unsinnig[25].

1i. Weniger radikal war der Begründer des Stoizismus. Zenon[26] wurde um 333 in Kition auf Cypern geboren, kam 312 nach Athen und starb dort 262 durch Freitod, wie die meisten seiner Nachfolger. Der entscheidende Vorteil des Menschen gegenüber den Göttern sei der, sterben zu dürfen, und davon mache den besten Gebrauch, wer selbst sein Ende bestimme[27]. In der Regel geschah dies durch Hunger oder Luftanhalten[28]. Zenon schrieb im Anschluß an Diogenes eine ebenfalls verlorene Schrift über den Staat (Politeia), die sich mit Platon auseinandersetzte. Plutarch[29] nannte die Schrift „gleichsam einen Traum (*onar*) oder eine Vision (*eidólon*)". Die Gerechtigkeit leitete Zenon – wie später Schopenhauer – aus dem naturgegebenen Mitleid mit uneresgleichen ab, denn auch in der Tierwelt sorgten die Artgenossen für einander. Eine Brücke fehlt allerdings: die Rechtsgemeinschaft der Menschheit wird nicht auf die Tierwelt ausgedehnt. Wie der Mensch um seinesgleichen willen geschaffen sei, so das Tier um des Menschen willen[30]. Standes-

---

21 Diog. Laert. VI 93
22 Diog. Laert. VI 92
23 Diog. Laert. II 65 ff.
24 Cic. Tusc. I 83; Val. Max. VIII 9 ext. 3
25 Diog. Laert. II 97 ff.
26 Diog. Laert. VII 1–160
27 Diog. Laert. VII 130
28 Diog. Laert. VII 28
29 Plutarch 329 B
30 Chrysipp bei Cic. fin. III 67

und Rassenschranken seien zu beseitigen, von Natur gehörten alle Menschen zueinander. Städte und Völker dürften die Menschheit nicht trennen, sie alle sollten im ganzen Kosmos nach demselben Recht leben, wie eine einzige Herde auf einer großen Weide[31]. Um dies zu begreifen, müsse die Natur als höchste Lehrmeisterin anerkannt werden, und ihr zu folgen ist das Ziel des Weisen. Er lebe *kata physin*.

1j. Daraus folgt eine revolutionäre Umgestaltung des Gemeinwesens[32]. Der Weise verehrt die Gottheit in seinem Herzen, er braucht weder Tempel noch Götterbilder. Der Weise streitet sich nicht um äußere Güter, er braucht keine Polizei, keine Gerichte. Der Weise strebt nicht nach Reichtum und Gewinn, er braucht kein Geld. Er kämpft nicht um Besitz und Macht und braucht keine Waffen. Gymnasien sind nutzlos, der Körperkult lenkt ab von der Seelenpflege. Auch die Ehe ist unnütz[33]. Homosexualität und Inzest sind natürlich. Männer und Frauen sollen dieselbe Kleidung tragen und nicht ihre Scham verhüllen, das ist unnatürlich. Alle sollen Eros ehren und in Liebe leben. Das Bekenntnis zum Weltbürgertum blieb in der Stoa lebendig über Chrysipp, der sich *kosmogenés* nannte[34], ja bis zu Marc Aurel[35].

1k. Als Gegner der Kyniker und der Stoiker gilt Epikur, obschon auch er das Glück des einzelnen als Ziel des Philosophierens ansah. Epikur stammte aus Samos und gründete 306 in Athen seinen philosophischen Garten (*képos*). In der Naturwissenschaft vertrat Epikur die materialistische Atomtheorie, in der Theologie einen konzilianten Skeptizismus, in der Ethik den gepflegten Individualismus. Mit Hilfe der Einsicht (*phronésis*) sollte der Einzelne sein Leben so gestalten, daß es möglichst schmerz- und konfliktfrei bleibe, man soll sich durch nichts erschüttern lassen und sich nicht in Abenteuer stürzen. *Lathe biósas*, lebe im Verborgenen! Im Kreise der Freunde bei Speis und Trank zu philosophieren – dies ist das Ideal, nicht kulturfeindlich, aber unpolitisch.

1l. Seneca[36] hat den Unterschied zwischen Stoa und Epikureismus im Verhältnis zur Politik einmal so formuliert: der Stoiker betätigt sich in der Politik, sofern es keinen zwingenden Grund gibt, es zu lassen; der Epikureer

---

31 Plutarch 329 AB
32 Diog. Laert. VII 32 f.
33 Diog. Laert. VII 33; 131
34 Gnom. Vat. 559 mit Wachsmuth
35 s. u. XI
36 Seneca de otio 3, 2; Diog. Laert. VII 121

hingegen betätigt sich in der Politik, wenn es einen zwingenden Grund gibt, es zu tun. Beim Lehrer des Diogenes, bei Antisthenes heißt es, man solle sich zur Politik verhalten wie zum Feuer: nicht zu nahe, daß man nicht anbrennt; nicht zu ferne, damit man nicht friert[37].

1m. Es entspricht der politischen Indifferenz Epikurs, daß er keine besondere Vorliebe für eine bestimmte Staatsform zeigt. Er kritisiert die negativen Seiten der Tyrannis wie der Demokratie. Der Staat hat bloß Nachtwächterfunktionen. Er ist nicht, wie bei Platon und Aristoteles, die Form, in der allein der Mensch zum Menschen wird, aber auch nicht, wie bei Diogenes, ein Element der naturwidrigen Zivilisation, die den Menschen notwendig entmenscht. Anders als Diogenes und Zenon ersetzt Epikur den Staat nicht durch den abstrakten Kosmopolitismus, sondern durch den grenzenlosen Freundeskreis. Der kosmopolitische Zug lag in den guten Beziehungen zu den epikureischen Gemeinden in anderen Städten. Epikurs philosophischer Garten wird geradezu als ein Idealstaat im kleinen vorgestellt[38].

1n. Die politischen Vorstellungen eines Diogenes, eines Zenon, eines Epikur enthielten keinerlei realisierbare Reformvorschläge für den Staat, so wie sie von Solon und Platon, von Aristoteles und Isokrates ausgegangen sind. Diogenes brauchte, was er bekämpfte. Er lebte körperlich vom Betteln und seelisch vom Provozieren. Zu beidem benötigte er die Großstadt. Seine Radikalität war eine parasitäre Pose, wie denn derartige Aussteiger gewöhnlich nur mit einem Bein aussteigen und letzlich doch auf dem Trittbrett mitfahren. Zenon und Epikur lehrten nicht, wie man Staat und Gesellschaft am besten einzurichten hätte, sondern wie sich der Einzelne im bestehenden Staat, in der Gesellschaft selbst am besten einrichten könne. Sie wollten nicht das Ganze, nicht die Zustände, sondern das Individuum, die Einstellung ändern; nicht reformieren, sondern trösten.

2. Utopien in der Windrose

2a. Das Leben unter dem Protektorat der hellenistischen Schutzmächte entband die Schützlinge von der politischen Verantwortung. Befreit von Staatspflichten, durfte man seinen Wunschträumen nachhängen, und das haben die späten Griechen ausgiebig getan. Ihre Visionen einer heilen Welt

---

37 Stob. IV 4, 28
38 Eus. praep. ev. 728

besetzen die schwer zugänglichen Rückzugsgebiete. Dies hat sich in zwei literarischen Gattungen niedergeschlagen, zeigt sich in der Verklärung des Landlebens im gebirgigen Landesinneren durch die Bukolik und in der Idealisierung der Randvölker durch die Utopie.

2b. Die bukolische Schäferdichtung war im Hellenismus beliebt. Gewiß sind das keine Gedichte von wirklichen Hirten, sondern solche von Großstadt-Intellektuellen, die so tun, als wären sie Schäfer. Entlegene Landschaften werden zum romantischen Idyll des einfachen Lebens stilisiert, vor allem Arkadien[39], aber auch Böotien, Euböa oder Sizilien, wo die Hirten Daphnis und Menalkas im Schatten des Ölbaums zum Zirpen der Zikaden ihre Flöte blasen, ihre Ziegen melken; wo die Liebesgeschichte von Acis und Galathea spielt[40]. Der berühmteste Dichter der ländlichen Idylle ist Theokrit aus Syrakus. Er lebte im frühen 3. Jh. in Kos und Alexandria. In einer verwandten Situation ist in der römischen Kaiserzeit und im französischen Rokoko diese Schäferpoesie wieder aufgelebt.

2c. Staatstheoretisch ergiebiger ist die Idealisierung der Randvölker in den spätgriechischen Utopien. Der Begriff wurde 1516 durch Thomas Morus, den Kanzler Heinrichs VIII von England, geprägt. Morus nannte die Insel, auf der

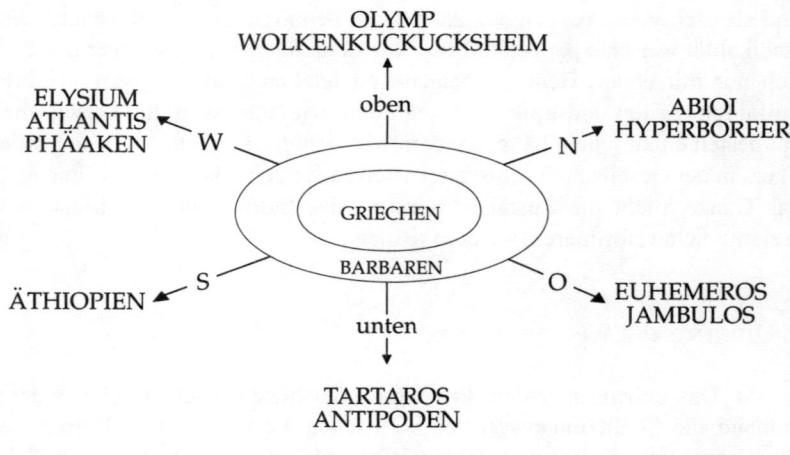

ANTIKE UTOPIEN

---

39 Panofsky 1936
40 Theokr. I 69; Ov. met. XIII 780 ff.

2. Utopien in der Windrose   175

sein Idealstaat läge, U-Topie, „Nirgendheim" oder „Nichtort". Seitdem bezeichnen wir märchenhafte Wunschbilder eines besseren Lebens in fernen Zeiten und fernen Ländern als „Utopien". Der Begriff, so heißt es manchmal, sei falsch gebildet, richtig müßte er „Atopie" heißen. Er orientiert sich aber an Upoliteia bei Platon[41]. Er ist irreführend, denn diese Traumstaaten werden gewöhnlich durchaus lokalisiert. Gemeinsam ist diesen besseren „Eutopien", daß sie „nicht hier" liegen. Wenn wir uns von hier wegdenken, stehen uns acht Richtungen offen. In jeder von ihnen stoßen wir auf eine antike Utopie.

Zunächst wollen wir in die sechs Himmelsrichtungen wandern; nach Süden zu den Aithiopen, nach Norden zu den Hyperboreern, nach Westen auf die Insel Atlantis, nach Osten auf die Sonneninsel im Indischen Ozean, anschließend nach oben in den Himmel, nach Wolkenkuckucksheim und nach unten in den Tartaros und zu den Antipoden auf der Rückseite der Erde. Zuletzt geht es dann in die fernste Vergangenheit und die fernste Zukunft.

2d. Betrachten wir von den Wundervölkern in den vier Richtungen der Windrose zunächst den Süden, wo die Aethiopen wohnen! Bei Homer[42] leben sie zwar im äußersten Westen und im äußersten Osten am Okeanos, doch Herodot und die Späteren, namentlich Strabon[43], verlegen sie ans Südmeer, wo sie dann mit den heute so genannten Aethiopen verschmelzen. Homer nennt sie die „Unsträflichen" und läßt die Götter mit ihnen tafeln[44]. Nach Herodot[45] werden die „langlebigen Aithiopen" 120 und mehr Jahre alt. Sie sind die größten und schönsten aller Menschen, der allergrößte und allerschönste unter ihnen wird jeweils zum König gewählt. Ihre Sitten sind ganz anders als die der übrigen Menschen. Gold haben sie im Überfluß[46], es gilt bei ihnen so viel wie andererorts das Eisen. Der „goldene Tisch" ist der Name einer Wiese, die vor den Toren der Aithiopen-Stadt liegt, dort wächst das gebratene Fleisch aller Tiersorten aus dem Boden.

2e. Die Nordvölker auf der Gegenseite erklärte Strabon[47] als überhaupt sittenrein. Sie lebten in einem platonischen Kommunismus, würden aber

---

41 Plat. 832 B
42 Hom. Od. I 22 ff.
43 Strabon II 5,33
44 Hom. Od. I 22; V 282;Il. I 423 f. ; XXIII 206
45 Herodot III 17–23
46 Dio Chrys. LXXIX 3
47 Strabon VII 3, 7 ff.

durch südliche Einflüsse langsam verdorben. Im höchsten Norden hausen gemäß Homer die Abioi. Sie wohnen in einem Schlaraffenlande und sind die „gerechtesten der Menschen"[48]. Nach Strabon[49] sind die Abioi fromm, bedürfnislos und gerecht. Sie essen kein Fleisch und leben ohne Frauen, gewissermaßen als männliche Amazonen. Das Glück der benachbarten Thraker dagegen bestehe darin, daß jeder von ihnen zehn und mehr Frauen habe[50]. Beidemale hat man Probleme mit der Einehe. Die Skythen werden bei Justin[51] idealisiert.

Bekannter sind die Hyperboreer. Der Name bedeutet Leute „jenseits des Nordwindes", genauer: „jenseits des Punktes, von dem der Boreas, der Nordwind, nach Süden bläst." Nach Hekataios von Abdera aus dem späten 4. Jh.[52] wohnen die Hyperboreer auf einer großen Insel gegenüber dem Keltenlande, also in Britannien. Dort gibt es ein Apollonheiligtum, der Gott lebt mit den Insulanern im Winter und musiziert mit ihnen. Alle spielen Kithara. Der Bernstein, den man dort finde, sei aus den Tränen Apolls um Phaëton entstanden[53]. Das Land hat ein mildes Klima, ist sehr fruchtbar und bringt jährlich zwei Ernten, anders als das wirkliche Britannien. Schon Pindar[54] berichtet von den Festen dieses unzugänglichen Volkes, das weder Krankheit noch Alter, weder Mühsal noch Krieg kenne. Plinius[55] nennt die Hyperboreer eine *gens felix, fabulosis celebrata miraculis*. Es gibt Überfluß in allem und keinerlei Übel, keine Krankheit, keinen Streit. Die Leute leben in Wäldern und Hainen, so milde ist das Klima. Wenn sie alt geworden sind, nehmen sie noch ein festliches Mahl zu sich und stürzen sich dann von einem Fels ins Meer. Zum schönen Leben gehört ein schöner Tod. Solin[56] berichtet von der bei Britannien gelegenen Insel Silura, daß dort die Menschen kein Geld benötigten, wie in alten Zeiten, die Götter verehrten und sich auf das Weissagen verstünden – Männer wie Frauen.

---

48 Hom. Il. XIII 6
49 Strabon VII 3, 3
50 Strabon VII 3, 4
51 Justin II 2
52 Diod. II 47
53 Apoll. Rhod. Argon. IV 612 ff.
54 Pindar Pyth. 10
55 Plin. NH. IV 26
56 Solin 22, 7

2. Utopien in der Windrose

2f. Auf dem Weg in den Westen kam der Grieche nach Korkyra (Korfu), das die Einwohner mit Scheria, der Phäaken-Insel[57] identifizierten[58]. Homer verleiht dieser „im äußersten Meer" lokalisierten[59] letzten Station auf den Irrfahrten des Odysseus utopische Züge[60]. Odysseus bewundert die Häfen und Schiffe, die Märkte und Mauern der Stadt[61], der Palast des Alkinoos glänzt wie Sonne und Mond; die Türen sind golden, die Pfosten silbern, die Wände ehern. Ihn bewachen von Hephaistos geschmiedete Hunde aus Gold und Silber, die nicht altern und nicht sterben, goldene Knaben auf Sockeln erleuchten ihn mit Fackeln[62]. Die Frauen, unter denen die Königin Arete eine hohe Stellung besitzt, schlichtet sie doch selbst Streit unter Männern[63], zeichnen sich aus durch edle Gesinnung und geschickte Textilarbeit. Die Männer lieben den Frieden[64] und fürchten dennoch keinen Feind[65]. Ihre Schiffe sinken nicht, sie fahren schneller als die Gedanken und erraten die Richtung von selbst, so daß kein Steuerruder erforderlich ist[66]; Handel und Geschäft aber scheint ihnen schändlich[67]. Die Phäaken sind Kinder Poseidons, zeichnen sich aus durch Frömmigkeit und werden von den Göttern besucht, die mit ihnen speisen[68]. Der Zephyr bläst das ganze Jahr über, sommers wie winters reifen die unverderblichen Früchte an den beiden Quellbächen, die das Stadtgebiet durchfließen[69]. So verbringen die Phäaken ihr Leben mit Gelagen und Festen, Saitenspiel und Reigentänzen, mit Ballwerfen, Wettkämpfen und Bädern, sie lieben ihre schönen Kleider und ihre weichen Betten[70]. Doch droht ihnen der Neid der Götter[71]. Das Schlaraffenleben der Phäaken wurde sprichwörtlich[72].

---

57 Hom. Od. VII 79
58 Thuk. III 70,4; ebenso Thuk. selbst: I 24,4
59 Hom. Od. VI 204 f.
60 J. Burckhardt, Kulturgeschichtliche Vorträge 1930, 92 ff. (von 1876)
61 Hom. Od. VII 43 ff.
62 Hom. Od. VII 84 ff.
63 Hom. Od. VII 74
64 Hom. Od. VI 270
65 Hom. Od. VI 201 ff.
66 Hom. Od. VII 36; VIII 557 ff.
67 Hom. Od. VIII 159 ff.
68 Hom. Od. VII 201 ff.
69 Hom. Od. VII 112 ff.
70 Hom. Od. VIII 247 ff.
71 Hom. Od. XIII 152
72 Athen. 531 AB; Aelian VH. VII 2; Horaz ep. I 2, 28 ff.

2g. Im fernsten Westen finden wir da „wo die Sonne sich wendet", die Insel Syrie, reich an Vieh, an Wein und an Weizen. Dort gibt es weder Hunger noch Krankheit; wenn die Menschen lange genug gelebt haben, sterben sie am Gnadenpfeil von Apoll und Artemis[73]. Fern im westlichen Okeanos liegen weiterhin Elysion und die Inseln der Seligen. Dahin wurden nach Homer[74], der sein Wissen von den Phöniziern hatte[75], die Totenrichter Minos und Rhadamanthys und andere Lieblinge des Zeus versetzt. Dort gibt es keinen Regen, keinen Sturm, keinen Schnee, immer weht ein kühler Zephyr und beschert den Bewohnern ein glückliches Leben. Nach Hesiod[76] läßt die Erde dreimal jährlich Frucht sprießen, und auch Pindar[77] schreibt von dem Glück derer, die dort unter der Herrschaft des Kronos (Saturn) leben. Sie genießen die kühlenden Winde, bekränzen sich mit goldenen Blüten und leben zwischen Bäumen und Wassern. Einmal ist dieser Traum historisch relevant geworden. Als Sertorius sich in Spanien nicht mehr gegen Pompeius halten konnte, plante er, auf die Inseln der Seligen auszuweichen[78], man hielt sie für real. Noch Pomponius Mela[79], ein Geograph des 3. Jhs. n. Ch. (?) berichtet, auf den *fortunatae insulae* wachse alles von selbst, die Menschen lebten glücklicher als in den zivilisierten Städten. Auch gebe es zwei Quellen dort, die eine bewirke eine Lachkrankheit, die andere heile sie. Plinius maior[80] bezeugt die Gleichsetzung mit den Kanarischen Inseln, deren Namen er von den dortigen Hunden (*canis*) ableitete.

2h. Die Vorstellung vom Totenland im Westen stammt aus Ägypten, und daher kommt nach Platon auch der Mythos von Atlantis. Der Name ist allerdings nicht ägyptisch, sondern griechisch, abgeleitet von dem Personennamen „Atlas", der „Träger" (von *tlénai*) bedeutet. Bei Homer[81] hält Atlas Himmel und Erde auseinander, bei Hesiod[82] ist er ein nach dem Gigantenkampf verurteilter Titan, ein Bruder des Prometheus, der den Himmel tragen muß. Perseus hat ihn mit dem Medusenhaupt in Stein verwandelt, bei Stra-

---

73 Hom. Od. XV 403 ff.
74 Hom. Od. IV 561 ff.
75 Strabon III 2, 13
76 Hesiod op. 167 ff.
77 Pindar Ol. II 71 ff.
78 Plutarch Sert. 8 f.
79 Mela III 102
80 Plin. NH. VI. 37/202 ff.
81 Hom. Od. I 52
82 Hesiod Theog. 507 ff.

2. Utopien in der Windrose

bon[83] heißt das noch heute Atlas genannte Gebirge nach ihm, bei Platon[84] der Atlantische Ozean.

Den Atlantis-Mythos hat Platon in seine Spätdialoge >Timaios<[85] und >Kritias<[86] verarbeitet. Solon, der athenische Gesetzgeber, heißt es, sei auf seinen Reisen auch nach Ägypten gekommen, in die Stadt Sais, die Residenz der Pharaonen Psammetich und Necho im Delta[87]. Als Solon den Priestern der Neith, d. h. der Athena[88], keine alte griechische Überlieferung erzählen konnte, erklärten ihm die Ägypter, dies hänge mit den periodischen Flutkatastrophen zusammen, die große Teile der Erde heimsuchten und dabei die Menschen und die Traditionen weitgehend abschnitten. Ägypten, das seine alljährlichen Nilüberschwemmungen hat, werde davon jedoch verschont. Die in frühen Zeiten dorthin gelangten Berichte seien an den Tempelwänden aufgezeichnet worden, so auch die ältesten Taten der Athener, die bei diesen selbst wegen der Flut in Vergessenheit geraten seien. Athen sei tausend Jahre älter als Sais[89].

2i. Dieses vorsintflutliche Ur-Athen sei der kriegstüchtigste und politisch am besten verwaltete aller bekannten Staaten gewesen. Das läge 9000 Jahre zurück. Die größte Tat der Ur-Athener sei ihr Sieg über Atlantis gewesen. Die Qualität einer Verfassung zeigt sich im Kriege. Atlantis ist bei Platon eine Insel außerhalb der Säulen des Herakles im westlichen Okeanos, größer als Afrika und Asien zusammen. Es scheint, als ob Platon, so wie die Erzähler über die Antipoden (s. u.), schon etwas von Amerika geahnt hätte. Atlantis wird beschrieben als ein mächtiges Königreich, das sogar Europa bis Etrurien und Afrika bis zur Grenze Ägyptens beherrscht habe. Als es auch Hellas unterjochen wollte, habe Athen den Griechen in einem heroischen Abwehrkampf die Freiheit bewahrt. Hier werden die Perserkriege mythisch nach Westen gespiegelt. Dann aber kam die große Flut und vernichtete Atlantis. So im >Timaios<.

---

83 Strabon XVII 3, 2
84 Plat. Tim. 24 E
85 Plat. Tim. 20 D–26E
86 Plat. Kritias 108 D–121C
87 Diod. I 69, 98
88 Herodot II 28
89 Plat. Tim. 23 E

VII. Kosmopolis und Utopie

Im ›Kritias‹ wiederholt Platon die Erzählung und ergänzt sie. Gegen Atlantis seien Männer und Frauen gemeinsam in den Krieg gezogen. Neben den Kriegern beiderlei Geschlechts, die keinen Privatbesitz kannten, gab es in Ur-Athen Handwerker und Bauern als eigene Stände. Wieder ein Dreiständemodell, wie es auch die Ägypter gehabt haben sollen[90]. Die Fruchtbarkeit des Landes sei unerschöpflich gewesen, überall habe der Humus den inzwischen kahlen Felsen bedeckt, während jetzt nur noch das Knochengerüst des Landes übrig sei. Gold und Silber hatte man nicht, die Einwohnerzahl – stets ein Sorgenkind der Staatsdenker – hielt man zunächst konstant, das Land gedieh im Glanze der Gerechtigkeit.

2j. Es folgt eine geographische Beschreibung der Insel Atlantis. Poseidon habe sie besiedelt, organisiert und dem König namens Atlas unterstellt. Alle Schätze der Erde versammelten sich dort, ein beispielloser Reichtum herrschte, die Einwohner schmückten ihre Stadt mit immer schöneren Bauten, Brükken, Häfen usw. Die Menschen mehrten sich, ausgezeichnete Gesetze regelten das Zuammenleben. Das lange Leben im Reichtum aber machte sie übermütig. Da sie sich nicht besserten, beschloß Zeus, sie zu bestrafen. Sie begannen den Krieg gegen Hellas und verloren ihn. Platon hält den Athenern Atlantis als Paràdigma der Entartung vor Augen, wie es ähnlich in der Vorgeschichte zur biblischen Sintflutsage aufgestellt ist. Daß der Mensch im Reichtum entarte,[91] war eine im Altertum verbreitete Überzeugung (s. u. VIII *2l*). 1627 erschien die ›Nova Atlantis‹ von Francis Bacon († 1626), der Platons Utopie erneut bearbeitete. Seither sind angeblich 20.000 Artikel über Atlantis erschienen[92]. Strabon[93] billigt der Mythe einen historischen Kern zu.

2k. Der Osten, in den wir uns nunmehr begeben, war im Hellenismus das eigentliche Wunderland des utopischen Reiseromans. Dies ist ein Ergebnis des Alexanderzuges, der ja nicht nur die Weltkenntnis, sondern auch die Phantasie erweitert hat. Erlebtes und Erfundenes gehen nahtlos ineinander über. Onesikritos, der Steuermann Alexanders, berichtet von den Indern des Musikanos, sie würden 130 Jahre alt, lebten trotz üppiger Umwelt einfach und verzichteten auf Gold und Silber, das gleichwohl bei ihnen gefunden würde. Bei ihnen gebe es keine Sklaven, kein Militär, kein Gerichtswesen[94].

---

90 Isokr. XI 15
91 Nach Stobaios (flor. 43, 80) schon bei Pythagoras; Solon fr. 5; 9
92 Cameron 1983, 81
93 Strabon II 3, 6
94 Diod. II 39, 5; Strabon XV 1, 34

2. Utopien in der Windrose

So meinte Strabon[95] selbst, daß die Inder das glücklichste aller Völker wären; im Orient lebe man überhaupt länger[96].

2l. Eine geographische Utopie aus dem Osten ist der Bericht des Euhemeros. Nach Diodor[97] war Euhemeros von Messene ein Freund des Makedonenkönigs Kassander (316–297) und hat für ihn Staatsaufträge und Auslandsreisen übernommen. Er hinterließ ein Buch mit dem Titel ›hiera anaphé‹, heilige Urkunde, heilige Inschrift. Darin berichtet er über Inseln im Indischen Ozean, die er vom „glücklichen Arabien" aus besucht habe. Nach mehrtägiger Reise sei er auf der Insel Panchaia gelandet. Es gibt moderne Vermutungen, daß damit Sokotra gemeint sei. Panchaia habe einen Durchmesser von 200 Stadien (40 km). Es sei eine heilige Insel, und ihre Bewohner überträfen alle anderen Menschen an Frömmigkeit. Der höchste Gott sei der „Zeus der drei Stämme" (Triphylios), weil die Bewohner, abgesehen von den Fremden, aus drei Stämmen zusammengesetzt seien. Die Dreizahl spielt in den Staatstheorien immer wieder eine Rolle.

2m Der Tempel des Zeus wird in seiner unnachahmlichen Pracht geschildert. Darin befinde sich eine goldene Stele, auf der in der Hieroglyphen-Schrift der Panchaier die Taten der Götter aufgezeichnet seien. Tempelinschriften sind uns bei Platons Atlantis-Bericht begegnet, auch im Apollontempel der Hyperboreer kommen sie vor[98]. Euhemeros benutzt sie, um die Entstehung der anthropomorphen Gottesvorstellungen zu erklären. Uranos, Kronos, Zeus und die anderen menschengestaltigen Götter stammten aus Kreta. Sie seien ursprünglich Könige gewesen, für ihre Leistungen aber dann vergöttlicht worden. Hier fassen wir jene Auffassung von Gottmenschentum, die dem hellenistischen Königskult zugrundeliegt. So wie Alexander als König zum Gott erhoben wurde, so ist dies nach Euhemeros in der grauen Vorzeit auch Zeus und den übrigen Göttern widerfahren. Diese Erklärung für die Entstehung der Götter ist nicht als Religionskritik gemeint, denn Euhemeros nimmt über den anthropomorphen Göttern noch höhere göttliche Naturmächte an. Auch Polybios[99] betrachtete die Götter als zu solchen erhobene Erfinder. Erst in der christlichen Polemik gegen den heidnischen Polytheis-

---

95 Strabon II 5, 32
96 Strabon XV 1, 34; 37
97 Diod. V 41–46; VI 1
98 Diod. II 47
99 Strabon I 2, 15

mus ist Euhemeros als Zeuge dafür zitiert worden, daß Zeus und Hera gar keine richtigen Götter seien[100].

2n. Die Inselgruppe um Panchaia ist nach Euhemeros mit allen Glücksgütern gesegnet. Wunderbare Bäume und Wälder gibt es dort, Gärten und Wiesen, Früchte und Blumen. Der Gesang der Vögel wird beschrieben, die vielfältige Tierwelt bestaunt; Gold, Silber und andere Metalle, Weihrauch, Myrrhe und Gewürze finden sich im Überfluß und werden bis nach Ägypten und Phönizien exportiert. Besonders liebevoll ist eine Quelle und ein Fluß, das „Sonnenwasser" beschrieben. Die Sonnensymbolik ist in unseren Texten ebenso beliebt wie die Dreizahl.

2o. Die Panchaier unterstehen einem König, der den Zehnten erhält, im übrigen aber die Macht mit den Priestern teilt. Die Bevölkerung zerfällt – wie zu erwarten – in drei Klassen. Deren oberste besteht aus den Priestern, Künstlern und Handwerkern. Die Priester dürfen das heilige Land nicht verlassen. Sie wohnen um den Zeustempel und zeichnen sich durch höheren Lebensstandard aus. Die Bauern bilden die mittlere Klasse. Privateigentum gibt es nur an Haus und Garten, alles andere ist Gemeineigentum. Alle landwirtschaftlichen Produkte werden abgeliefert und von den Priestern verteilt. Sie selbst erhalten die doppelte Portion und vergeben Belohnungen für die zehn erfolgreichsten Produzenten. Die dritte Klasse umfaßt die Krieger und die Hirten, die offenbar bewaffnet gedacht sind. Die Krieger erhalten Sold und schützen das Land gegen Räuber, die in einem unzugänglichen Teil der Insel hausen. Das erscheint weniger ideal, könnte aber mit der Dreiständeordnung und den darin vorgesehenen Kriegern zusammenhängen, die wir aus den Idealstaaten von Hippodamos und Platon kennen.

2p. Euhemeros erwähnt vier Städte auf der Insel, deren größte, Panara, nicht dem König unterstehe, sondern nach eigenen Gesetzen lebe. Jährlich würden drei Archonten gewählt, die mit den Priestern zusammen die höchste Autorität ausübten. Es ist möglich, daß hier das Verhältnis der griechischen Städte innerhalb der hellenistischen Königreiche Pate gestanden hat. Daß der Bericht des Euhemeros eine reine Erfindung ist, wie Strabon[101] zu meinen scheint, läßt sich schwerlich vertreten, aber Dichtung und Wahrheit zu unterscheiden, ist heute nicht mehr möglich.

---

100 Lact. inst. I 18; Aug. CD. VI 7
101 Strabon II 3, 5

2. Utopien in der Windrose

2q. Dasselbe gilt für die zweite, ebenfalls bei Diodor[102] überlieferte Reise-Utopie, für die Erzählung des Jambulos von der „Sonneninsel". Jambulos soll Grieche gewesen sein, obwohl die an Jamblichos erinnernde Namensform eher syrisch oder arabisch klingt. Wahrscheinlich lebte er im 3. Jh. v. Chr. Jambulos, so hören wir, sei der Sohn eines Kaufmanns gewesen. Von Kind auf hätte er sich um Bücher und Bildung bemüht. Nach dem Tode seines Vaters habe er sich seinerseits auf Reisen begeben, in eine gewürzreiche Gegend Arabiens. Jambulos muß somit durch das Rote Meer gefahren sein. Hier fiel er in die Hand von Seeräubern. Zunächst mußte er ihnen als Hirte dienen, später kam er frei und wurde ein zweites Mal gefangen, und zwar von Äthiopen, die ihn in ihre Heimat verschleppten. Die Äthiopen hätten die Sitte gehabt, alle 600 Jahre das Land rituell zu entsühnen. Zu diesem Zweck pflegte man zwei Landfremde aufs hohe Meer zu schicken. Dazu wurde Jambulos ausersehen.

2r. Die religionsgeschichtliche Deutung dieses Rituals liefert die biblisch bezeugte Sitte des Sündenbocks. Im 3. Buch Mose[103] wird erzählt, wie Aron, um das Volk Israel von seinen Sünden zu befreien, einem Bock die Verfehlungen des Volkes aufs Haupt lud und ihn dann in die Wüste jagte, damit er die Schuld hinwegtrage und die Strafe Gottes abwende. Eine ähnliche Sitte ist für Athen überliefert, wo dem Poseidon jährlich ein Verbrecher im Meere geopfert wurde, um das Unheil von der Stadt abzuwenden[104]. Ein solches „Fegopfer"[105] wurde auch hier vorgenommen. Jambulos und sein Gefährte wurden nach einem großen Fest der Äthiopen an der Küste als Opfer bekränzt, mit Proviant versehen und auf ein Schiff gesetzt. Vier Monate von Stürmen nach Süden getrieben, strandeten sie an einer Insel.

2s. Die Insel des Jambulos ist ein tropisches Wunderland. Das Klima sei ausgeglichen, denn die Insel liege unter dem Äquator, wo es weder Hitze noch Kälte gebe. Tag und Nacht hätten dieselbe Länge, mittags werfe die Sonne keinen Schatten. Nicht alle Sterne könne man sehen, so nicht den großen Bären. Hier fassen wir wieder Erfahrung. Das Meer um die Inseln habe starke Strömungen, kenne Ebbe und Flut und schmecke süß. Auch wundersame Tiere werden beschrieben, die vier Augen, vier Mäuler und viele Beine hätten und deren Blut einen Heilsaft liefere. Die großen Schlan-

---

102 Diod. II 55 ff.
103 3. Mose 16, 21 ff.
104 Suidas Pi 1355
105 1. Kor. 4,13

gen auf der Insel seien harmlos und besäßen ein wohlschmeckendes Fleisch. Die Früchte reiften das ganze Jahr über, wie Homer[106] das von den Phäaken berichtet. Es wüchsen Weintrauben, Oliven, und von allem gebe es mehr, als man verzehren könne. Jambulos beschreibt sodann eine genießbare Rohrfrucht, die dem Reis ähnlich sei. Der Kuchen daraus sei süß und lecker. Kalte und warme Quellen erlauben Bäder und fördern die Gesundheit.

2t. Die Insulaner nahmen die beiden Fremden freundlich auf. Ihr Wesen, so schreibt Jambulos, sei fremdartig. Ihr Körperbau sei stark und schön, sie würden vier Ellen (1,80 m) hoch. Sie hätten keine Haare, außer auf dem Kopf, ihre Knochen seien biegsam. Ihre Ohren seien größer als unsere und ließen sich zuklappen. Ihre Zunge sei vorne gaspalten, deswegen könnten sie zwitschern wie Vögel. Ja, sie könnten jeden Laut nachahmen und sich mit zwei Leuten zugleich unterhalten. Die Kleidung bestehe aus einer Art Baumwolle, die mit Muschelfarben purpurn gefärbt werde. Jede Art von Wissenschaft werde betrieben, insbesondere die Sternkunde. Die Leute verehrten den Äther, die Himmelwesen und die Sonne. Ihnen würden Feste gefeiert, Lieder gesungen und Lobreden gehalten, vor allem der Sonne, nach der sich die Leute selbst und ihre Insel nennen. Das Alphabet habe 28 Zeichen und werde von oben nach unten geschrieben.

2u. Die Menschen auf der Sonneninsel lebten in Familienverbänden von nicht mehr als 400 Mitgliedern. Jede Sippe unterstehe einem Ältesten, der eine Art Königtum besitze. Nachfolger werde der nächstälteste Mann. Feste Berufe gebe es nicht. Sie sorgten abwechselnd und gemeinsam für die Bedürfnisse: einige fingen Fische, einige arbeiteten als Handwerker, andere leisteten Gemeinschaftsdienste, immer in einem bestimmten Wechsel. Alte Leute jedoch seien freigestellt. Die Ehe sei unbekannt. Wie bei anderen Naturvölkern, etwa den Troglodyten am Roten Meer[107], herrscht Promiskuität. Kinder würden gemeinsam großgezogen, vorausgesetzt, daß sie eine Eignungsprüfung bestehen. Jede Gruppe besäße dafür einen großen Vogel. Auf ihn werde das neugeborene Kind zu einem Probeflug gesetzt. Bestehe es ihn, so werde es am Leben gelassen; werde ihm übel oder schreie es, so gelte es als lebensuntüchtig. Hier werden eugenische Regelungen wiedergegeben, wie sie ähnlich für Sparta überliefert sind und in vielen Idealstaatsentwürfen vorkommen.

---

106 Hom. Od. VII 120 f.
107 Strabon XV I 4,17

2v. An Sparta erinnern ebenfalls die Speisen. Obwohl die Insulaner im Überfluß lebten, genössen sie ihn doch höchst maßvoll und vernünftig. Sie fingen und äßen Fische und Vögel, raffinierte Soßen und Zutaten kennten sie nicht. Die Mahlzeiten wären durch feste Sitten genau geregelt und nicht dem Gusto des Einzelnen überlassen. Die Insulaner würden uralt, bis zu 150 Jahren. Wer – was selten sei – an einer unheilbaren Krankheit leide, werde durch ein unerbittliches Gesetz gezwungen, sich das Leben zu nehmen. Dasselbe gelte für jeden, der 150 Jahre alt geworden sei. Es gebe eine Pflanze dort, wenn ein Mensch auf ihr einschlafe, wache er nicht mehr auf. Damit töteten sie sich. Die Euthanasie, der „schöne Tod", gehört stets zum utopischen Wunschprogramm. Alles in allem wird das Leben als irdisches Paradies geschildert, ohne Streit und Krieg, denn oberster Wert sei die Eintracht.

2w. Sieben Jahre, so schreibt Diodor, sei Jambulos auf der Sonneninsel geblieben. Dann hätten die Einwohner ihn und seinen Gesellen als Übeltäter und Einbläser schlechter Gewohnheiten des Landes verwiesen. Sie mußten wieder ein Boot besteigen, bekamen Nahrung mit und lebten abermals vier Monate auf hoher See. Dann wurden sie als Schiffbrüchige in Indien an Land geworfen. Der Geselle kam in der Brandung ums Leben, Jambulos aber schlug sich durch. Er gelangte in ein Dorf, dessen Bewohner ihn nach Palibothra (Pataliputra), d. h. Patna am Ganges, brachten. Der König war ein gebildeter Mann und ein Freund der Griechen. Diese Nachricht liefert den Anhalt für die Datierung des Jambulos ins 3. Jh. Denn damals gab es Beziehungen zwischen den hellenistischen Königen und den Herrschern von Pataliputra. Der ungenannte König nahm Jambulos gut auf und schickte ihn nach einiger Zeit mit sicherem Geleit über Persien nach Griechenland. Jambulos verfaßte über seine Reise einen Bericht, der uns als eine Mischung aus Sindbad und Gulliver erscheint.

2x. Die Vorstellung, daß im fernen Osten paradiesische Zustände herrschen, findet sich noch in der Weltbeschreibung des Philosophen Junior aus dem 4. Jh. n. Chr. Seine >Expositio totius mundi< verarbeitet jüdische und hellenistische Quellen. Jenseits von Persien, so lesen wir[108], leben die Brahmanen nach den Gesetzen der Natur, ohne Staat, ohne Arbeit – wie die Götter. Noch weiter im Osten liegt das Land Eden. Die Menschen dort sind so fromm und gut, daß sie keine Obrigkeit benötigen. Sie sind auch so gesund, daß sie keine Ärzte brauchen. Bei ihnen gibt es keine Krankheiten und kein Ungeziefer, weder Wanzen noch Nissen, noch Läuse, noch Flöhe.

---

108 Junior exp. S. 350 ed. Rougé

Ihre Kleidung ist immer reinlich. Sie säen nicht und ernten nicht, sondern trinken mit Pfeffer gewürzten wilden Honig und essen Brot, das vom Himmel regnet. Die Erde liefert alles im Überfluß, zum Beispiel kostbare Steine wie Smaragde, Perlen, Hyazinthe, Karfunkelsteine und Saphire. Wenn ein Mensch 120 Jahre alt geworden ist, zimmert er sich einen Sarg aus aromatischen Hölzern, nimmt Abschied von seinen Lieben und verscheidet. Jeder kennt die Stunde seines Todes und erträgt ihn gelassen.

2y. Das immer wieder aufleuchtende Motiv des schönen Sterbens hat in einem realen antiken Staat Eingang in die Gesetzgebung erlebt. Auf der Insel Keos war es üblich, daß die Menschen Krankheit und Alter nicht abwarteten. Wenn sie sechzig Jahre alt waren, konnten sie sich von ihrer Regierung Mohn oder Schierling geben lassen, feierten ein Abschiedsfest und wurden dann auch nicht betrauert[109]. Wir haben darüber datierte Berichte von Augenzeugen. Diese Sitte ist dann ebenfalls in Massilia eingeführt worden[110].

3. Utopien in der Tiefe und in der Höhe

3a. Für die utopische Phantasie ist die Erde zu klein; sie wandert nicht nur horizontal in die vier Himmelsrichtungen, sondern auch vertikal nach oben und unten. Unsere Vorstellung vom Himmel als dem Orte des schönsten Lebens ist nicht erst christlichen Ursprungs. Bereits die Griechen siedelten die selig lebenden Götter in der Höhe an. Sie nannten den Ort bald Olymp, bald Uranos, ohne daß immer klar wäre, ob damit der Himmel oder der Gipfel des Berges Olympos gemeint sei. Jedenfalls sind dort oben die Unsterblichen wohnhaft gedacht, sie essen Ambrosia und trinken Nektar (das erspart ihnen die Verdauung), sie spielen und feiern, schmieden Ränke und suchen Liebesabenteuer – ganz so wie sich die Griechen das ideale Leben dachten.

3b. Die halbe Höhe hinauf führt uns Aristophanes mit seiner Komödie ›Die Vögel‹. Im Jahre 414 beschließen zwei Athener, Ratefreund und Hoffegut, ihre Vaterstadt zu verlassen. Ihre Landsleute sind derart ins Prozessieren vernarrt, daß man es daheim nicht mehr aushält. Aber wohin? Die Lage ist überall mies. Da begegnet ihnen der Wiedehopf, der nach einer alten Sage mit den Athenern verwandt ist. Zu dritt planen sie, einen Vogelstaat im Zwischen-Himmel zu gründen, genannt Nephelokokkygia, Wolken-

---

109 Strabon X 5, 6; Ael. VH. III 37; Dilts 1971, 24
110 Val. Max. II 6, 7 f.

kuckucksheim[111]. Die Vögel werden zur Versammlung gerufen, ihnen wird klar gemacht, daß sie einmal die Welt beherrscht hätten, wie der Hahn, die Eule, der Adler und anderer Vögel als alte Wappentiere und Herrschaftssymbole bewiesen. Die beiden Athener werden in Vögel verwandelt, der neue Wolkenstaat entsteht.

3c. Um seine Anerkennung zu erzwingen, werden Zollschranken errichtet. Man sperrt den Opferdampf der Menschen zu den Göttern nach oben und die Durchfahrt für die Götter nach unten, wenn sie zu ihren Liebschaften auf die Erde eilen. Jetzt wird die Musterstadt gebaut. Allerhand Besucher erscheinen, immer neue Einwanderer von der Erde wollen Vögel werden. Denn im Vogelreich herrscht natürliche Ungezwungenheit, alle Menschensatzung ist aufgehoben, man lebt beflügelt und tut, was man will. Die Menschen senden dem Ratefreund den Kranz der Weisheit nach oben, aber die Götter hungern, weil kein Opferdampf mehr durchkommt. Zeus schickt die Götterbotin Iris hinab, sie aber wird auf dem Weg zu den Menschen gefaßt und halb entjungfert zurückgeschickt. Die Götter machen nun Friedensangebote, Ratefreund fordert von Zeus dessen Gefährtin Basileia (die Königsherrschaft) zur Frau und erhält sie. Den Abschluß bildet eine orientalische Epiphanie des neuen Vogelkönigs auf den Wolken des Himmels, er wird mit Seligpreisungen empfangen. Nun beginnt das Zeitalter des Vogelstaates, das Zeitalter der Liebe und des Segens. Das ganze wirkt wie eine Parodie auf die jüdische Messiaserwartung.

3d. Nach dem Weg in die Höhe wandern wir nun in die Gegenrichtung, in die Unterwelt. Wir können dabei im literarischen Genos der Komödie bleiben. Der Zeitgenosse des Aristophanes Pherekrates ließ in seinem verlorenen Stück ›Die Bergleute‹ (Metalleis) eine Frau auftreten, die aus dem Tartaros wieder heraufgestiegen war und von dem dortigen Reichtum schwärmte. Den Bericht über die lukullischen Genüsse hat Athenaios[112] in seine Enzyklopädie der Tafelkultur aufgenommen. „Da unten fließt ein Fluß aus weißer und schwarzer Grütze, er führt attischen Käsekuchen und spartanischen Blutpudding mit sich, an den Ufern liegen Wurstscheiben wie Kieselsteine; Röstbraten mit guten Soßen, Räucheraal in Roter Bete, Schinken und Kalbshaxen, frisch gekocht und herrlich duftend, Rinderhals und Schweinerippchen, zart auf Toast. Als wir auf der Wiese zwischen Myrten und Anemonen lagen, flogen uns gebratene Drosseln in den Mund, die Äpfel wuchsen in der Luft.

---

111 Presber 1859
112 Athen. VI 268 f.

Roten Wein reichten uns soeben erblühte Mädchen, in seidene Tücher gehüllt, Mädchen ohne Körperhaare...". Auch bei den Jambulos-Menschen fehlen diese.

3e. Die im folgenden behandelten Texte gehören wieder der Reiseliteratur an, die grundsätzlich den Anspruch erhebt, Wirkliches zu beschreiben. Aus diesem Grunde sind die wunschhaften Züge untermischt mit realistischen Elementen. Die Griechen dachten sich die Erde gewöhnlich als eine runde Scheibe, die vom Okeanos umflossen sei. Diese Vorstellung wird nach dem bedeutendsten Geographen des 2. Jhs. n.Chr. das „ptolemäische Weltbild" genannt. Schon Parmenides[113], Anaximandros[114] und die Pythagoreer lehrten indes die Kugelgestalt der Erde[115]. Im 3. Jh. v. Chr. wurde sie wissenschaftlich bewiesen. Damit ergab sich die Möglichkeit, daß auch jenseits des Okeanos Land läge, und dieses dachte man sich bewohnt von den Antipoden, den Gegenfüßlern.

3f. Zu ihnen führt uns ein Schüler des Isokrates, Theopompos von Chios[116]. Europa, Asien und Afrika seien Inseln im Weltmeer, jenseits dessen erst liege das eigentliche Festland – sozusagen Amerika –, unermeßlich weit, mit gewaltigen Tieren und Menschen, die doppelt so groß seien wie wir und doppelt so alt würden. Große und wohnliche Städte gebe es dort, die Gesetze aber bestimmten von allem das Gegenteil dessen, was hier gilt. Die beiden großen Städte heißen Machimon (Kriegsstadt) und Eusebé (Friedensstadt). Die Bewohner der Friedensstadt leben in Ruhe und Reichtum, der Boden trägt Früchte ohne jede Arbeit. Die Leute sterben ohne Krankheit, sie lachen und freuen sich. Sie sind gerecht, streiten nicht, so daß Götter sie oft ihres Besuches würdigen. Die Einwohner der Kriegsstadt sind die kämpferischsten Menschen, sie werden schon mit den Waffen geboren und sind immer im Streit mit ihren Nachbarn. Viele Völker haben sie unterworfen, ihre Stadt hat nicht weniger als zwei Millionen Menschen. Sie sterben im Kampf an Verletzungen durch Steine oder Holzkeulen, denn durch Eisen sind sie nicht verwundbar. Sie besitzen so viel Gold und Silber, daß dies bei ihnen billiger ist als das Eisen bei uns. Zuweilen überqueren sie den Okeanos und erscheinen zu Hunderttausenden bei den Hyperboreern in Britannien. Wenn sie, so Theopomp, erfahren, daß diese die glücklichsten Bewohner unserer Welt

---

113 VS. 28 A 1
114 VS. 12 A 1
115 VS. 44 B 12; 58 A 1; Aristot. de caelo 290 A; 297 B; Ovid metam. I 34 f.
116 Ael. VH. III 18

sind, verachten sie uns, weil wir keine großen Taten verrichten und dringen nicht weiter in unsere Welt vor.

3g. Es gibt nach Theopomp bei den Antipoden noch andere wunderbare Dinge. Die meropischen Menschen (*merops* – sprachkundig) besitzen viele große Städte. Am äußersten Ende ihres Landes liegt der Ort Anostos, der Ort ohne Heimkehr. Er gleicht einer Schlucht, in die weder Licht noch Schatten herabdringt, denn es liegt eine Luftbank darüber, vermischt mit Glut und Schlamm. Zwei Flüsse rauschen hindurch, der Fluß der Freude und der Fluß der Trauer. Bei jedem der beiden steht ein Baum von der Größe einer Platane. Jeder Baum trägt Früchte. Wer vom Baume der Trauer ißt, beginnt zu weinen, er verfällt in unheilbaren Kummer bis an sein Ende. Wer aber vom Baume der Freude ißt, erlebt das Gegenteil. Er vergißt alle früheren Bedürfnisse, er wird nicht mehr älter, sondern immer jünger, und schließlich endet er im ungeborenen Zustand. Das Motiv vom Jungbrunnen und vom „Wasser des Lebens" gehört zum festen Bestandteil der antiken Utopie, er findet sich im Alexander-Roman[117] und reicht zurück bis ins Gilgamesch-Epos. Theopomp schreibt, die Erzählung von den Antipoden sei dem Phrygerkönig Midas durch den Halbgott Silen berichtet worden. Damit ist eine Zone des Mythischen bezeichnet, die sonst gewöhnlich vermieden ist.

4. Utopien in fernen Zeiten

4a. Um die Denkbarkeit utopischer Gesellschaften zu erleichtern, werden sie nicht nur in die sechs Himmelsrichtungen verschoben, sondern begegnen ebenso an den beiden Enden der Zeitachse, in grauer Vorzeit und ferner Zukunft. In der fernsten Vergangenheit liegen die beiden einflußreichsten Entwürfe von Idealgesellschaften, das Paradies der Bibel und das Goldene Zeitalter Hesiods. Beide Texte sind ungefähr gleichzeitig, um 700 v. Chr., niedergeschrieben worden, doch liegen ihnen gewiß Jahrhunderte mündlicher Überlieferungen voraus. Das Paradies der Bibel ist ein Garten. Das Wort *paradeisos* stammt aus dem Persischen und bezeichnet das königliche Wildgehege, den Jagdpark[118]. Die Stelle des Großkönigs als Herr des Gartens ist auf Gott übertragen. Die Menschen leben wie die Tiere im Naturzustand der Unschuld und des Glücks, sie müssen nicht arbeiten und kennen den Tod nicht.

---

117 Ps. Kallisthenes II 39, 13
118 Xen. Hell. IV 1, 15

4b. Ähnlich schildert Hesiod[119] das „goldene Geschlecht der redenden Menschen", das zu Anbeginn unter der Herrschaft des Götterkönigs Kronos, lateinisch Saturn, ein gottgleiches Leben führte. Es gab weder Kummer noch Arbeit, weder Alter noch Mühe. Die Menschen freuten sich an Gelagen und starben wunschlos im Schlafe. Beide Idealzustände, das Paradies und das Goldene Zeitalter, werden gemäß göttlichem Spruch beendet. Die Vorstellung der glücklicheren Vergangenheit ist uns im Atlantismythos Platons begegnet, sie liegt ebenfalls der immer wieder idealisierten Vorzeit zugrunde, die im Altertum häufig einer verderbten Gegenwart vor Augen geführt wird. Der Peripatetiker Dikaiarch[120] verherrlichte das Leben der „ältesten Griechen" im Goldenen Zeitalter, als Muße, Sorglosigkeit, Freundschaft und Frieden herrschten. Die Menschen waren gesund, denn sie lebten vegetarisch, zumeist von Eicheln. – Als Ursprung der Idee der Goldenen Zeit galt Indien[121].

4c. Populär wurden solche Vorstellungen, wenn sie auf die Bühne kamen. In den ersten Jahren des Peloponnesischen Krieges führte Krates seine Komödie >Die Tiere< auf. Er stellt eine ideale Zeit dar, als die Tiere noch nicht den Menschen dienen mußten, keine Arbeit, keine Sklaverei existierte, denn alle Geräte gehorchten auf Befehl[122]. Telekleides beschrieb in einer gleichzeitigen Komödie das lukullische Paradies der Urzeit, als Frieden und Überfluß herrschten, der Wein in Strömen floß und die Fische freiwillig in die Pfanne sprangen[123].

Diese Ideen blieben lebendig. Plutarch erzählt in seinem >Gryllos<[124], wie Odysseus sich zum Abschied von Kirke ausbat, wenigstens die ehemaligen Griechen unter den in Tiere verwandelten Gestrandeten zu rehumanisieren. Kirke stimmte zu, falls die Betroffenen einverstanden seien. In dem folgenden Disput unterlag der Listenreiche. Das Leben als Löwe, Wolf oder Schwein erwies sich als angenehmer als das eines Polis-Bürgers. Selbst bei den Kirchenvätern begegnen solche Vorstellungen. Ambrosius[125] beschreibt

---

119 Hesiod op. 109 ff.; B. Gatz, Weltalter, goldene Zeit und sinnverwandte Vorstellungen, 1967; K. Kunisch, Aurea Saecula. Mythos und Geschichte, 1986
120 Porphyrios de abstinentia IV 2
121 Strabon XV 1, 64; Al Biruni, In den Gärten der Wissenschaft, 1991 S. 174 ff.
122 Krates fr. 14 f., deutsch in: Aristophanes, sämtliche Komödien, übertragen von L. Seeger u. O. Weinreich, 1953 II S. 394 f; Flashar 1974, 8
123 Telekleides deutsch bei Aristophanes a. O. 396
124 Plutarch 985 D ff.
125 Ambros. exam. V 15, 51 ff.

in seinem Kommentar zur Schöpfungsgeschichte den Vogelstaat der Kraniche als Bild des freien Gemeinwesens der Urzeit (*antiqua res publica*). Damals hätten die Menschen nach dem Vorbild der Vögel ihre *politia* so eingerichtet, daß die Arbeit und die Ehre allen gemeinsam waren, daß die Pflichten und Rechte, daß Befehlen und Gehorchen im Wechsel erfolgen. *Hic erat pulcherrimus rerum status*, ein idealer Zustand, in dem alle freiwillig handelten und niemand Furcht hatte. Es gab keine dauernde Sklaverei, keine permanente Herrschaft, sondern ein Leben in Gleichheit und Freiheit. Einmal begegnet die Vorstellung, daß die glückliche Urzeit durch technische Erfindungen zu erneuern sei. Wir besitzen ein griechisches Epigramm aus der ›Anthologia Graeca‹[126], in dem die Einführung der Wassermühle gefeiert wird. Sie befreie die Mühlmädchen von der Arbeit, die nun von den Nymphen, den Wasserfeen, geleistet werde. „Wir leben wieder wie in der (schlaraffischen) Urzeit." Die Vergangenheit und Zukunft berühren sich.

4d. Die Utopie in der Zukunft, so liest man bisweilen, sei erst eine Erfindung der Neuzeit. Das ist nicht ganz richtig, denn sowohl die religiöse Prophetie der Juden als auch die politische Propaganda der Römer hat die Wiederkehr des Paradieses in der nahen Zukunft verkündet. Die Juden verbanden die Hoffnung auf eine Rückkehr ins Paradies mit der Messiaserwartung, mit dem Anbruch des neuen Aion. Jesaia prophezeite den kommenden Messias, der Gerechtigkeit und Wohlstand bringe. Der Streit unter den Menschen werde enden: „Sie werden ihre Schwerter zu Pflugscharen und ihre Spieße zu Sicheln machen, denn es wird kein Volk wider das andere ein Schwert aufheben"[127]. Ja sogar der Streit unter den Tieren höre auf: „Die Wölfe werden bei den Lämmern wohnen und die Pardel bei den Böcken liegen ... Kühe und Bären werden gemeinsam auf die Weide gehen, und die Löwen werden Stroh fressen"[128]. Der Psalmist besingt die Stadt Gottes, die fein lustig ist mit ihren Brünnlein und zu der die fremden Völker einst wallfahren werden[129]. Das Motiv des endzeitlichen Friedens erscheint wieder in der 4. Ekloge Vergils. Vergil hoffte auf einen politischen Retter, als der dann Augustus betrachtet wurde (s. u. XI). Hier gewann ein utopisches Motiv politische Brisanz. – Ähnliche Vorstellungen begegnen in der persischen Religion. Nach dem endgültigen Sieg des Lichtes über die Finsternis, das Guten über das Böse beginnt für die Menschen eine ewige Verklärung. Sie haben alle dieselbe Lebensform, dieselbe Verfassung (*politeia*), dieselbe

---

126 Anth. Graec. IX 418
127 Jes. 2,4
128 Jes. 11
129 Psalm 46 und 68

Sprache und sind glücklich (*makarioi*). Sie brauchen wie die Engel keine Nahrung und werfen keinen Schatten[130].

5. Ausblick

5a. Die hellenistischen Staatsdenker zerfallen in Jasager und Neindenker. Die Jasager verteidigten die Monarchie oder fanden sich wenigstens mit ihr ab. Sie suchten die Herrscher wie die Beherrschten zu besseren Menschen zu machen. Die Neindenker protestierten nicht gegen die politische Wirklichkeit – deswegen sind es keine Neinsager – sondern phantasierten sich aus ihr heraus. Sie teilen sich in die drei kosmopolitischen Philosophen des Hellenismus – Kyniker, Stoiker und Epikureer – auf der einen Seite und in die utopischen Literaten der Schäferdichtung, Reiseberichte und Lustspiele auf der anderen. Sie haben in Rom weitergewirkt.

5b. Der Stoizismus wurde in veränderter Form zur Staatsphilosophie eines Seneca, eines Marc Aurel. Der Epikureismus diente in Rom als Privatphilosophie des gehobenen Bürgertums, so bei Lucrez, Horaz und Maecenas. Stoische und epikureische Philosophie fanden wieder Anhänger seit dem Humanismus, wobei die Unterschiede der beiden Schulen in den Hintergrund traten zugunsten der Gemeinsamkeiten. Friedrich d. Gr. etwa schätzte beide gleichermaßen. Der Kynismus gehörte als Protestbewegung wandernder Bettelphilosophen bis in die Spätantike zum Bild römischer und griechischer Großstädte. Er lebte in der Nachantike nicht wieder auf, die späteren kulturfeindlichen Bewegungen hielten sich im Rahmen des asketischen Christentums. Der bukolische Traum vom glücklichen Arkadien erfuhr im 18. Jh. vor allem in Frankreich eine Nachblüte.

5c. Das Menschenbild der antiken Utopie zeigt stets verwandte Züge. Alle diese Sonnenkinder leben mehr oder weniger für sich, ungestört und abgeschlossen. Sie genießen äußeren und inneren Frieden, kennen keine Krankheiten, sterben einen schönen Tod und brauchen weder Entwicklung noch Fortschritt. Sie haben Gold im Überfluß oder benötigen keines. Soziale Spannungen werden durch perfekte Gleichheit oder starres Kastenwesen abgefangen. Der Kommunismus erstreckt sich über die Güter auf die Frauen bzw. die Männer. Die Ehe – nur bei den Phäaken verherrlicht[130a] – ist in keiner Idealgesellschaft vorgesehen. Die Arbeit ist leicht oder gar über-

---

130 Plutarch 370
130a Homer, Od. VI 182 ff

flüssig. Immer wieder klingt das Motiv des Schlaraffenlandes an, das drei Meilen hinter Weihnachten liegt, und wo einem die gebratenen Tauben in den Mund fliegen. Indem die Musterstaaten in ferne Wunschträume oder Wunschzeiten verschoben werden, kann sich die Phantasie, von keiner Erfahrung gegängelt, entfalten und offenbart uns die geheime Sehnsüchte der Autoren. *We are such stuff, as dreams are made on*, wie Prospero bemerkt. Darin liegt der Quellenwert dieser Texte.

5d. Trotz des weltfremden Charakters der griechischen Utopien scheint es Versuche gegeben zu haben, durch sie inspirierte Idealstaaten zu gründen. Antipater[131] oder Alexarchos, ein Bruder des Makedonienkönigs Kassander[132], hat auf der Athos-Halbinsel eine „Himmelstadt" (Uranopolis) gegründet, die er anscheinend selbst als Inkarnation der Sonne regiert hat. Heliopolis (Sonnenstadt) ist dann der Name jenes Sklaven-Staates, den Aristonikos von Pergamon ausrief[133]. 133 v. Chr. war der letzte König gestorben und hatte sein Reich testamentarisch den Römern vermacht[134]. Dagegen erhob sich ein unehelicher Sohn des Königs[135], zu dem Blossius, ein philosophischer Berater des Tiberius Gracchus, geflohen war[136]. Möglicherweise waren hier sozialrevolutionäre Ziele im Spiel. Die Römer haben diese Revolte 130 v. Chr. niedergeworfen[137].

5e. Im Kontrast zu dem überlieferten negativen Barbarenbild von Platon und Aristoteles zeigt sich eine Umwertung der fernen Völker. Die zivilisatorische Selbstkritik verkehrt das Wertgefälle zwischen Zentrum und Peripherie. Am Rande der Kulturzone, jenseits der angrenzenden Untermenschen, hausen vorbildliche Übermenschen. Eine ähnliche Verschiebung hat sich in der europäischen Neuzeit wiederholt. Im 18. Jh. kam der edle Wilde in Mode. Man schwärmte für die alten Germanen, für die Irokesen und die Leute von den Fidschi-Inseln. Noch die gegenwärtigen Sympathien für die dritte Welt, zumal bei der grünen Jugend, sind weniger durch ethnographische Kenntnisse als durch zivilisatorische Selbstkritik entfacht. So erweist sich die Ethnologie als ewige Spielwiese utopischer Wünsche. Rousseaus „Zurück zur

---

131 Strabon VII fr. 35
132 Athenaios 98E
133 Strabon XIV 1, 38
134 Liv. per. 58 ff.
135 Iustin XXXVI 4, 6
136 Plutarch, Gracchen 20
137 Florus I 35/II 20

Natur" wird von Homöopathen und Reformhausbewegten wiederholt; was noch fehlt ist die Wiederentdeckung des Mediziners Peter Moscati, mit dem sich Immanuel Kant 1771 auseinandergesetzt hat. Moscati hatte erklärt, die Wurzel aller Übel im Menschenleben sei der unnatürliche aufrechte Gang. Er verursache Herzklopfen, Engbrüstigkeit, Brustwassersucht, Kopfschmerzen und eine „Iliade von anderen Übeln".

5f. Die hellenistischen Utopien erlebten eine Renaissance, als die geistlichen und weltlichen Mächte des Mittelalters zerbrachen. Die ›Utopia‹ des Thomas Morus (1516), die ›Nova Atlantis‹ von Francis Bacon (1615?) und die ›Civitas Solis‹ von Tommaso Campanella (1602) tragen programmatischen Charakter. Die außerweltliche Erfüllung ist dann in einen innerweltlichen Fortschritt umgedacht worden. Hegel schrieb am 30. August 1807 an Knebel: „Ich habe mich durch Erfahrung von der Wahrheit des Spruches in der Bibel[138] überzeugt und ihn zu meinem Leitstern gemacht: Trachtet am ersten nach Nahrung und Kleidung, so wird euch das Reich Gottes von selbst zufallen."

5g. Zum einstweilen letzten Male wurde eine ideale Endzeit vom historischen Materialismus versprochen. Die Vision von der klassenlosen Gesellschaft ohne Eigentum, ohne Ehe, ohne Arbeitsteilung ist bei Marx und Engels durch christliche und antike Anregungen geprägt. Der Marxismus verstand sich als die Erfüllung eines uralten Menschheitswunsches. So wie die sozialistischen Träume den Sowjetstaat zur Folge hatten, so haben Weltflucht und Utopie der späten Griechen die Tore den Römern geöffnet. Rom ist unser nächstes Thema.

---

138 Ev. Matth. 6, 33

Kapitel VIII

DIE RÖMISCHE MISCHVERFASSUNG

a. Philosophiefeindlichkeit 197
b. Primat der Praxis 197
c. Hellenisierung Roms 197
d. Cato und Polybios 198

1. CATO CENSORIUS 198
   a. Bedeutung 198
   b. Leben, ceterum censeo 198
   c. Homo novus 199
   d. Asylum Romuli 199
   e. *Landwirtschaft* 200
   f. Bauerntum 200
   g. Cincinnatus 200
   h. Sklaven 201
   i. *Geschichtswerk* 201
   j. Republikanische Tendenz .. 202
   k. Mischverfassung 202
   l. Namenlosigkeit 203
   m. Ruhm 203
   n. *Censur*: Lex Claudia 204
   o. Lex Oppia 204
   p. Catos Protest 204
   q. Sieg der Frauen 205
   r. Cato Censor 205
   s. Sparsamkeit 205
   t. Lectio Senatus 206
   u. Griechenhaß 207
   v. Karneades für und 207
   w. gegen die Gerechtigkeit 207
   x. Familiensinn 208

2. POLYBIOS 208
   a. Leben 208
   b. Methode 209
   c. 6. Buch 209
   d. *Staatsentstehung* 209
   e. Königtum – Tyrannis 210
   f. Aristokratie – Plutokratie ... 210
   g. Demokratie – Anarchie 210
   h. Verfassungs-Kreislauf 211
   i. Mischverfassung 211
   j. Drei Elemente in Rom 211
   k. Zusammenwirken 212
   l. Dekadenzmodell 212
   m. Erziehung 213
   n. Totenfeier: Masken 213
   o. Totenrede 214
   p. *Anekdoten* 214
   q. Horatier und Curatier 214
   r. Regulus 215
   s. Torquatus 215
   t. Scaevola, Cocles 215
   u. Exempla bei Scipio 216
   v. Virtus bei Lucilius 216
   w. Unbestechlichkeit 217
   x. Religion 217
   y. Cannae 218

3. RÜCKBLICK 218
   a. Zwei Historiker 218
   b. Gründe für Roms Größe 218
   c. Praxis 218

> Es gibt gute Beispiele einer Gesundheit, die ganz
> ohne Philosophie bestehen kann; so lebten die Römer
> in ihrer besten Zeit ohne Philosophie.
>
> Nietzsche

VIII. DIE RÖMISCHE MISCHVERFASSUNG

a. Julius Agricola, der Eroberer Britanniens, erzählte einst seinem Schwiegersohn, dem Geschichtsschreiber Tacitus[1], wie er sich in seinen jungen Jahren allzutief ins Studium der Philosophie gestürzt hätte, tiefer als es einem Römer und künftigen Senator anstehe. Nur der handfeste Hausfrauenverstand seiner Mutter hätte ihn abgehalten, sich ganz an die Bücherweisheit zu verlieren. Davor hatte zweihundert Jahre früher schon der Dichter Ennius die römische Jugend gewarnt, *qui degustandum ex philosophia censet,* „der meint, man dürfe aus dem Borne der Weisheit nur nippen, dürfe sich von ihr nicht verschlingen lassen", *non in eam ingurgitandum*[2]. Unter den Ruhmestaten auf dem Grabstein des Trimalchio lesen wir dementsprechend: *nec umquam philosophum audivit*[3].

b. Die Römer erachteten die Verbindung von Geist und Macht nicht als wünschenswert, so wie Platon das getan hatte. Das schien ihnen schädlich, und zwar nicht im Sinne Kants für den Geist, sondern für die Macht. Sie fürchteten die lähmende Wirkung des Denkens, das die Menschen an die Bücher bindet, auf die Stühle fesselt. „Alles was viel bedacht wird, wird bedenklich", heißt es bei Nietzsche[4]. Dagegen setzten sie den Primat der Praxis. Der *bios praktikos* stand ihnen über dem *bios theoretikos*. Und wo sie später dennoch theoretisierten, kam es ihnen nicht auf intellektuelle Brillanz, nicht auf begriffliche Schärfe, nicht auf literarische Kunst an. Ihnen ging es um Lebensklugheit, um Verhaltensregeln, um Rechtsnormen. Und hier, im Rechtswesen haben sie Leistungen vollbracht, die der griechischen Staatsphilosophie ebenbürtig sind. Das aber fällt schon in die Kaiserzeit.

c. Die Römer haben ihr Reich errichtet ohne Literatur, ohne Philosophie. Ihre ersten Aufzeichnungen über Grundfragen des Staatslebens stammen aus

---

1 Tac. Agr.4
2 Gell. V 16
3 Petron. 71
4 Nietzsche II 317

jener Zeit, in der sie bereits die stärkste Macht im Mittelmeer-Raum darstellten. Im 3. Jh. v. Chr. hatten sie dessen westliche, den Karthagern gehorchende Hälfte unterworfen. Im 2. Jh. überwanden sie auch die östliche, von den Griechen beherrschte Hälfte. Damit aber gerieten sie selbst unter den überlegenen Einfluß der griechischen Kultur. Horaz[5] hat das in die Verse gebracht: *Graecia capta ferum victorem cepit et artes intulit agresti Latio* – „Das gefangene Griechenland nahm den rauhen Sieger gefangen und brachte die Künste ins bäurische Latium".

d. Auch die ersten Äußerungen zur Staatstheorie sind das Ergebnis einer Berührung zwischen römischer Macht und griechischem Geist. Auf sehr unterschiedliche Weise hat sich diese Begegnung vollzogen in den beiden für das frühe Staatsdenken Roms wichtigsten Autoren, in dem römischen Politiker Cato und in dem griechischen Historiker Polybios.

1. CATO

1a. Marcus Porcius Cato (234–149) wird als Cato maior bezeichnet, als der ältere Cato, im Unterschied zu seinem Urenkel[6] Cato Uticensis, dem Caesargegner. Auch die Bezeichnung Cato Censorius ist üblich, im Hinblick auf seine berühmte Censur 184 v. Chr. In Cato verkörpert sich das alte Römertum, der *vir vere Romanus*, wie in keinem anderen. Noch in der Spätantike ist von *Catones* die Rede, wenn die Römer alten Schlages gemeint sind. Noch damals soll bei Staatsbegräbnissen die Maske Catos mitgeführt worden sein[7].

1b. Cato stammt aus so kleinen Verhältnissen, daß man im Altertum nicht einmal den Namen seines Vaters kannte[8]. Jedenfalls kam Cato aus einer plebejischen Bauernfamilie in Tusculum auf den Albanerbergen. Bis zu seinem 17. Lebensjahr lebte er auf dem väterlichen Gut[9]. Danach begann er seine militärische, rhetorische und politische Laufbahn, die ihn durch den gesamten *cursus honorum* führte. Cato wurde zum Quästor, Ädil, Prätor, Consul (195) und schließlich zum Censor gewählt (184). Catos erste Tätig-

---

5 Hor. ep. II 1, 156 f.
6 Cicero, Pro Murena 59
7 Aurel. Vict. vir. ill. 47
8 Ael. VH. 12, 6
9 Nepos, Cato 1, 2

keit fällt in den Zweiten Punischen Krieg, insgesamt 26 Jahre seines Lebens hat er in militärischen Funktionen zugebracht und sogar einen Triumph errungen[10]. Die kriegerischen und diplomatischen Aufträge haben ihn weit herumgeführt, nach Sardinien, Spanien, Sizilien und Africa, nach Thrakien und Griechenland, auch nach Athen. Außenpolitisch vertrat Cato eine behutsame Expansion, am bekanntesten ist sein *ceterum censeo*, mit dem er die Zerstörung Karthagos durchgesetzt hat[11]. Er glaubte, Rom sei schon so verderbt, daß es der Konkurrenz Karthagos nicht mehr gewachsen wäre.

1c. Cato war der erste Angehörige seiner Familie, dem der Eintritt in die Nobilität gelang, er wird darum, wie später Marius und Cicero[12], als *homo novus* bezeichnet[13]. Durch die gesamte römische Geschichte läßt sich verfolgen, wie immer neue Gruppen in die Führungsschicht vorstießen. Die Römer selbst haben dies mit einer, freilich sagenhaften Geschichte gerechtfertigt. Romulus, der Gründer Roms, soll, um seine Stadt zu bevölkern, diese als Asyl, als Zufluchtsstätte allen Ankömmlingen geöffnet haben. Hirten, Räuber, Verbannte – wer kam, durfte bleiben, vorausgesetzt, er fügte sich in das entstehende Staatswesen ein[14]. Nur Frauen waren auf diese Weise nicht zu bekommen. Es folgte der Raub der Sabinerinnen[15], die dann gar nicht so ungern geblieben sind.

1d. Die Sage vom *asylum Romuli* ist bezeichnend für die Selbstauffassung der Römer. Sie begriffen sich nicht primär als Abstammungsgemeinschaft, so wie die Athener und Spartaner das taten, sondern eher als politische Gemeinschaft. Livius[16] definierte das einmal so: *dum nullum fastiditur genus, in quo eniteret virtus, crevit imperium Romanum* – „indem man niemandem die Aufnahme verweigerte, sofern er nur *virtus* besaß, ist das römische Reich gewachsen." *Moribus antiquis res stat Romana virisque* – „auf seinen alten Sitten und seinen Männern steht die Sache Roms" schrieb der Dichter Ennius[17], den Cato aus Sardinien mit nach Rom gebracht hatte, und das war gewiß auch Catos eigene Meinung.

---

10 Nepos, Cato 2, 1
11 Plutarch, Cato maior 27; Cic. Cato 18
12 Cic. comm. pet. 1, 4
13 Plut. Cato maior 1
14 Liv. I 8, 57
15 Liv. I 9, 10 ff.
16 Liv. IV 3, 13
17 Cic. rep. V 1

VIII. Die römische Mischverfassung

1e. Den Schlüssel zum Verständnis Catos liefert uns sein Verhältnis zur Landwirtschaft. Cato hat eine Schrift >De agri cultura< hinterlassen, das früheste Werk in lateinischer Prosa. Dieses Lehrbuch enthält die Erfahrungen Catos über Ackerbau und Viehzucht, über Hauswirtschaft und Arbeitskräfte, Geräte und Maschinen – bis hin zu medizinischen Ratschlägen und magischen Segensformeln: *huat haut haut istasis tarsis ardannabou dannaustra*[18]. Man stelle sich das Gelächter eines aufgeklärten Griechen vor, wenn er sowas las.

1f. Cato begründet die Zuwendung zur Landwirtschaft nicht mit dem Gewinnn, solcher sei aus Handel und Geldgeschäften leichter zu erzielen. „Unsere Vorfahren", so schreibt er, „hielten das für unehrenhaft. Sie bestraften einen Dieb mit dem doppelten Schadensersatz, einen Wucherer aber mit dem vierfachen". Cato hat den Wucher als Mord ohne Waffen gebrandmarkt[19] und ist während seiner Prätur auf Sardinien sowohl gegen die üppige Verwaltung als auch gegen Spekulanten und Wucherer vorgegangen. Die Vorfahren, heißt es im Eingang zu >De agri cultura<, wenn sie einen tüchtigen Mann lobten, nannten sie ihn einen guten Bauern, und das war ihr höchstes Lob. Der Handel sei eine riskante und anrüchige Sache – immer mit Betrug verbunden – aber aus dem Bauernstande kämen die tapfersten Krieger. Die gesündeste Gesinnung finde sich bei den Leuten vom Lande[20]. In diesem Punkte stimmt Cato mit Platon und Aristoteles überein. Cato vertritt hier zugleich eine alte römische Tradition, die über ihn hinaus bis in die Kaiserzeit reicht. Das Lob des Landlebens ist oft besungen worden, so durch Vergil: *fortunatus et ille, deos qui novit agrestes*[21].

1g. Das berühmteste Beispiel für die Verknüpfung von Staatsdienst und Landwirtschaft ist Cincinnatus. Er soll seinen ausschweifenden Sohn des Hauses verwiesen haben, woraufhin der zu den Feinden, den Sabinern, überging. Diese griffen 458 v. Chr. die Römer an und schlossen das Heer ein. Der Senat wandte sich in höchster Not an Cincinnatus. Die Gesandtschaft, die ihm die Ernennung zum Dictator überbrachte, traf ihn, wie er jenseits des Tiberflusses mit nacktem Oberkörper hinter dem Pflug herging. Cincinnatus übernahm den Auftrag, rettete das Heer und den Staat und kehrte nach 16

---

18 Cato agr. 160
19 Cic. off. II 89
20 Cato agr. praef.
21 Verg. Georg. II 493

Tagen wieder auf seinen Acker zurück[22]. Diese Anekdote hat ihre bedeutendste Nachwirkung in den Vereinigten Staaten erlebt, wo 1783 George Washington mit einer Reihe von Gesinnungsgenossen den Orden der Cincinnati gründete. Nach ihm heißt die gleichnamige Stadt, die „Königin des Westens". Die Devise des Ordens lautet: *omnia relinquit servare rem publicam* und drückt die Verbindung von Landwirtschaft und Staatsdienst aus, wie sie gerade George Washington zu verwirklichen gesucht hat.

1h. Washington ist gewiß nicht selbst hinter dem Pflug hergegangen, sondern hat das seine Sklaven besorgen lassen, und eben dies tat auch Cato. Sein Umgang mit den Sklaven ist sozialgeschichtlich bedeutsam. Das erinnert in der Praxis an Aristoteles. Obwohl Cato mit den väterlichen Sklaven Seite an Seite auf dem Felde gearbeitet hatte[23], obschon er noch als Consul denselben Wein, dasselbe Brot wie sie genoß, obgleich er seiner Frau Sklavenkinder zum Säugen gab, unterwarf er die Unfreien doch einer eisernen Strenge. Für Übeltäter stellte er aus den eigenen Sklaven ein Hausgericht zusammen, Auspeitschungen nahm er selber vor[24]. Kranke Sklaven wurden auf halbe Ration gesetzt, alte Sklaven rechtzeitig verkauft[25]; junge Sklaven ließ er ausbilden und teuer weiterverkaufen. Fluchtverdächtige Sklaven arbeiteten mit Fußfesseln. Um Widerstandsaktionen vorzubeugen, empfahl Cato, Sklaven verschiedener Sprachen zusammen arbeiten zu lassen. Wie bei den Griechen so waren auch bei den Römern die Sklaven Landfremde, überwiegend Kriegsgefangene. Was ein Sklave an Essen, Trinken, Kleidung und Schuhwerk erhalten sollte, wurde im Lehrbuch genau vermerkt. Offenbar bekamen die Sklaven auch etwas Taschengeld, denn gegen eine Gebühr erlaubte Cato ihnen den Umgang mit den Mägden. Als Witwer hat er auch selbst sich heimlich eine Sklavin ins Bett genommen[26]. Nach römischem Recht war den Sklaven die *potestas negandi* versagt[27].

1i. Außer über Landbau hat Cato über Geschichte geschrieben. Catos Geschichtswerk ist verloren, doch wird einiges über es und aus ihm tradiert. Der Titel >Origines< verweist auf die eingearbeiteten Exkurse über die „Ur-

---

22 Aur. Vict. vir. ill. 17; Liv. III 26 f.
23 Plutarch, Cato 3
24 Plutarch, Cato 21
25 Plutarch, Cato 4
26 Plutarch, Cato 24
27 Seneca benef. III 19, 1

sprünge" Roms und der italischen Städte[28]. Vermutlich reichte das Werk von der Gründung Roms bis auf seine Zeit[29]. Cato setzte sich sowohl gegen die ältere römische Historiographie ab, die sich der griechischen Sprache bedient hatte[30], um den römischen Standpunkt nach außen zu vertreten, als auch gegen die römischen Priesterannalen, in denen nur Teuerungen und Finsternisse verzeichnet waren[31]. Er selbst wollte die inneren Zustände bessern. Ihm diente die Geschichte nicht als Propaganda-Instrument, sondern als politisch-pädagogisches Lehrbuch für seinen Sohn[32] und die lesende Jugend Roms.

1j. Seiner innenpolitischen Haltung nach war Cato strenger Republikaner. Die Könige, so erklärte er, gehörten sämtlich zum Geschlecht der Raubtiere. Mit diesem Satz eröffnete Thomas Hobbes sein Werk >De cive< (1642). Hobbes widersprach Cato nur insofern, als er meinte, *alle* Menschen seien Raubtiere. Cato würde vielleicht zugestimmt und nur unterschiedlich lange Krallen angenommen haben. Gewiß dachte er an die hellenistischen Könige seiner Zeit, für die Eroberungskriege tatsächlich eine Art von Jagdvergnügen waren.

1k. Was Cato über die *res publica Romana* sagt, zeigt den Einfluß griechischer Staatstheorie. Karthago habe eine aus Volk, Adel und Königsgewalt zusammengesetzte Verfassung (*politia*), und diesem aristotelischen Mischtypus[33], der hier zum ersten Mal in der römischen Literatur erscheint, muß Cato auch den römischen Staat zugerechnet haben. Ihn erklärte er zum besten aller bekannten Staaten. War für die Griechen der beste Staat immer ein Traumbild, so ist er für Römer eine Realität, ihre eigene. Die griechischen Staaten, meint Cato, seien jeweils von einzelnen Gesetzgebern eingerichtet worden: Kreta von Minos, Sparta von Lykurg, Athen von Solon und Kleisthenes. Anders Rom. Rom sei im Laufe von Generationen und Jahrhunderten durch politische Erfahrung gewachsen: *nostra autem res publica non unius esset ingenio, sed multorum, nec una hominis vita, sed aliquot constituta saeculis et aetatibus*[34]. Die *origines* Roms sind vielfältig.

---

28 Nep. Cato 3
29 Kierdorf 1980
30 Plutarch, Cato 12
31 Gell. II 28, 6
32 Plutarch, Cato 20
33 Arist. pol. 1297 A, vgl. o. V 3 h
34 Cic. rep. II 2

1l. Der kollektivistische Ansatz, daß nicht einige wenige, sondern viele Männer zur Größe Roms beigetragen hätten, spiegelt sich in der Marotte Catos, daß er die Namen der römischen Heerführer verschwieg[35]. Die Taten werden anonym und kollektiv dem römischen Volk zugerechnet. Namentlich ausgezeichnet wurde nur einer, ein gewisser Surus. Das war der tapferste unter den karthagischen Kriegselefanten[36]. Der Stolz auf die hohe Durchschnittsleistung der Römer war verbreitet. Er kommt auch in dem Gedankenspiel zum Ausdruck, das Livius[37] an den Fall knüpft, daß Alexander Rom angegriffen hätte. Selbst wenn man dem genialen Makedonen keinen einzelnen gleichwertigen Feldherrn hätte entgegenstellen können, so wäre doch jeder Römer ersetzbar gewesen, anders als Alexander. Rom sei eben als Staat durch die Geschichte bewährt und daher weder auf außerordentliche Glücksfälle angewiesen, noch durch außerordentliche Unglücksfälle zu erschüttern.

1m. Catos Verzicht auf Namensnennungen ist aus der Opposition des *homo novus* gegenüber der Ruhmredigkeit der alten Nobilität zu verstehen, sie resultiert nicht aus einer Ablehnung des Ruhmesgedankens, wie das bei Epikureern oder Stoikern zu erwarten wäre. *Gloria* ist einer der altrömischen Grundwerte. Cato berichtet, daß die Vorfahren bei ihren Gelagen Sänger auftreten ließen, die ihre Heldentaten priesen, so wie wir das aus Homer kennen[38]. Einmal hat sich Cato sogar ausdrücklich zum Ruhmesstreben bekannt. *Iure, lege, libertate res publica communiter uti oportet; gloria atque honore quomodo sibi quisque struxit*[39]. Das Recht, das Gesetz, die Freiheit und der Staat ist die gemeinsame Angelegenheit aller; Ruhm und Ehre ist die Sache jedes einzelnen. Natürlich war Cato selbst auch darauf versessen. Als man ihn fragte, warum ausgerechnet ihm noch keine Statue errichtet worden sei, antwortete er, es sei ihm lieber, danach gefragt zu werden, als danach, für welche Dienste ihm eigentlich ein Denkmal gesetzt worden wäre. Nach seiner Censur errichtete das Volk ihm gleichwohl ein Standbild im Tempel der Salus mit der Aufschrift: „Weil er als Censor den wankenden und verdorbenen Staat der Römer durch kluge Führung und weise Gewöhnung wieder aufgerichtet hat"[40].

---

35 Nep. Cato 3
36 Plin. NH. VIII 5/11
37 Liv. IX 17 f.
38 Cic. Tusc. I 3
39 Cato fr. 249
40 Plutarch, Cato 19

1n. Catos Censur fällt ins Jahr 184. Damals genoß er bereits den Ruf als Sittenwächter Roms. Im Jahre 218 hatte das römische Volk eine Lex Claudia beschlossen, die den Senatoren und Senatorensöhnen den Besitz von Seeschiffen verbot, die mehr als 300 Amphoren fassen. Für landwirtschaftliche Zwecke seien größere Schiffe unnütz. Zweck des Gesetzes war, den Senatoren den Fernhandel und Geldgeschäfte zu untersagen. Die besseren Senatoren verzichteten darauf auch freiwillig. *Quaestus omnis Patribus indecorus visus*, jede Profitsucht erschien den Senatoren würdelos, heißt es bei Livius[41]. Cato hat diese Position nur theoretisch vertreten. Praktisch hat er seine Geldgeschäfte über Mittelsmänner abgewickelt. Gegen Ende seines Lebens war Cato ein begüterter Mann, ohne deswegen seine spartanische Lebensweise aufzugeben. Er praktizierte, mit Max Weber zu reden, „innerweltliche Askese" lange vor dem Calvinismus.

1o. Gegen den vordringenden Luxus haben die Römer vor und nach Cato eine größere Anzahl von Aufwandsgesetzen erlassen[42]. Das umstrittenste dieser Gesetze war die im Jahre 215 beschlossene *Lex Oppia ad coercendum luxuriam muliebrem*. Sie begrenzte den zugelassenen Goldschmuck der Frauen auf eine halbe Unze, verbot mehrfarbige Kleider und das Fahren auf zweispännigen Kutschen in Rom. Unter Catos Consulat 195 wurde die Abschaffung dieses Gesetzes beantragt. Die Frauen aus Rom und Umgebung erschienen in Massen auf dem Forum und sprachen die Bürger, ja sogar die Magistrate an.

1p. Cato hielt eine flammende Rede gegen die Weiber. Die Aufhebung des Luxusverbotes käme einzig den Frauen der Reichen zugute, die minderbemittelten Männer seien bald vollends ruiniert, wenn sie ihren Frauen teuere Sachen kaufen müßten. Kein Gesetz schmecke allen, man könne nur nach dem Interesse der Mehrheit fragen und nach dem Gemeinwohl insgesamt. Wo kommen wir hin, wenn jedes Grüppchen die Gesetze abschafft, die ihm unangenehm sind? Mit wachsender Macht müssen wir fürchten, daß nicht wir die Reichtümer, sondern die Reichtümer uns beherrschen. Ich habe immer behauptet, daß unser Staat an zwei entgegengesetzten Übeln laboriert: am Geiz und am Luxus; *diversis duobus vitiis, avaritia et luxuria civitatem laborare: quae pestes omnia magna imperia everterunt*. Alle großen Reiche seien daran zugrunde gegangen. Cato fürchtete, wenn die Frauen sich jetzt durchsetzten, dann zettelten sie bald eine Verschwörung an, übernähmen die

---

41 Liv. XXI 63, 4
42 E. Baltrusch, Regimen Morum, 1988

1. Cato

Macht im Staate, transportierten die Männer auf eine einsame Insel und brächten sie alle um.

1q. Der Volkstribun, der für die Frauen und den Luxus, für die Aufhebung der Lex Oppia plädierte, zitierte nun Fälle, wo das Eingreifen der Frauen in die Politik dem Staat genützt hatte. Der Behauptung Catos, daß hier etwas Neues, Unerhörtes unternommen werde, setzt er die Behauptung entgegen, daß die Geschichte Roms durchaus Präzedenzfälle kenne: Nach dem Raub der Sabinerinnen haben diese selbst den Frieden gestiftet; als Coriolan gegen seine Vaterstadt Rom zog, haben Mutter und Gattin ihn zur Umkehr bewogen[43]; als der Staat gegen Hannibal Geld brauchte, haben die Frauen es gestiftet, nach der Devise „Gold gab ich für Eisen". Und diese Exempla entnahm der Tribun pikanterweise dem Geschichtswerk Catos selbst. Wenn die Frauen schon im Staate nichts zu sagen hätten, so sollten sie sich wenigstens schön machen dürfen. Die Frauen besetzten die Haustüren der interzedierenden Tribunen, die es mit Cato hielten. Cato unterlag, und die Lex Oppia wurde aufgehoben. So berichtet Livius[44].

1r. Trotz seiner damaligen Niederlage wurde Cato 184 Censor. In diesem Zusammenhang berichtet Plutarch[45], die Censoren der alten Römer hätten streng auf die Sitten geachtet. Die Aufsicht habe sich auf alles erstreckt: Kleidung und Fahrzeuge, Frauenschmuck und Tafelsilber, Eheführung und Kinderzeugung. Was Platon in seinem Staat der >Nomoi< forderte, ist also in Rom weitgehend verwirklicht gewesen. Der Verstoß gegen die Vätersitte war namentlich in den Kreisen der reichen und Vornehmen zu befürchten; und es ist verständlich, wenn Cato als Mann aus dem Volk mit großem Beifall der Öffentlichkeit den Stahlbesen geschwungen hat. „Das Menschenleben ist wie das Eisen. Wird es gebraucht, nutzt es sich ab. Wird es nicht gebraucht, so rostet es. Trägheit und Schlaffheit verderben im Leben mehr als Zucht und Übung", so Cato im >Carmen de moribus<[46].

1s. Cato protestierte dagegen, daß man für einen schönen Knaben mehr zahlte als für ein Landgut, für eine Dose Kaviar mehr als für ein Gespann Ochsen[47], er selbst unterwarf sich rigoroser Sparsamkeit. Er machte seine

---

43 Liv. II 34 ff.
44 Liv. XXXIV 1–8
45 Plutarch, Cato 16
46 Gell. XI 2, 6
47 Liv. XXXI 24

Dienstreisen schon als Prätor zu Fuß[48], wohnte in einem unverputzten Hause, trug billige Kleider und verzichtete auf preziöse Sklaven[49]. Das war nicht mehr der Stil der Nobilität. Mit Schneiden und Brennen, so meinte Cato, müsse man gegen den Luxus und das Laster vorgehen[50]. Er führte eine Luxussteuer ein, die kostbaren Besitz, darunter auch teure junge Sklaven und Sklavinnen, mit dem zehnfachen Wert veranschlagte[51]. Unbefugte Nutzung öffentlicher Wasserleitung wurde unterbunden; Gebäude, die auf Straßen hinausgebaut waren, wurden abgerissen; die Löhne bei Staatsaufträgen setzte Cato herab; die Einnahmen aus Versteigerungen von Zoll und Pracht herauf[52].

1t. Zahlreichen Rittern nahm er das Pferd. Sieben Senatoren wurden von ihm wegen unwürdigem Lebenswandel aus dem Senat verstoßen, ein angehender Consul deswegen, weil er vor den Augen seiner Tochter seine Frau geküßt hatte[53]. Über die Entstehung des Kusses hatte Cato eine originelle Auffassung. Er meinte, die Ehemänner hätten den Kuß erfunden, um festzustellen, ob ihre Frauen unerlaubterweise Wein getrunken hätten[54]. Trotz erheblichen Widerstandes gelang es Cato, den ehemaligen Consul Lucius Quinctius Flamininus aus dem Senat zu entfernen. Dieser hatte seinen karthagischen Buhlknaben zu einer Zeit nach Gallien geladen, als in Rom gerade Gladiatorenkämpfe stattfanden. Um den Knaben für das verpaßte Vergnügen zu entschädigen, habe Lucius einen vornehmen gallischen Überläufer, der mit seinen Kindern im Speisezelt die Gnade des Consuls erflehte, nach Anweisung seines Lustknabens eigenhändig umgebracht[55]. Livius[56] notiert dies als Verstoß gegen die *fides populi Romani*, die der Überläufer angerufen hatte[57]. Cato hat sich mit solchen Prozessen natürlich viele Feindschaften zugezogen, doch hat ihn das nicht geschreckt. Noch mit 90 Jahren ist er als Ankläger aufgetreten[58]. Vierundvierzigmal ist er selbst angeklagt und jedesmal freigesprochen worden[59].

---

48 Plutarch, Cato 6
49 Gell. XIII 23
50 Plutarch, Cato 16
51 Plutarch, Cato 18
52 Plutarch, Cato 19
53 Plutarch, Cato 17
54 Athen. 440 F
55 Plutarch, Cato 17; Cicero, Cato 42
56 Liv. XXXIX 42
57 Liv. XXXIX 40; Heinze 1960, 25 ff.
58 Liv. XXXIX 40
59 Aurel. Vict. vir. ill. 47, 7

1u. Wiewohl Catos Haltung den Forderungen griechischer Staatsdenker, zumal Platons, durchaus entspricht, war sein Verhältnis zu den Griechen, den *Graeculi*, ausgesprochen kühl. Er studierte sie, aber warnte vor ihnen[60]. Obschon er griechisch konnte, bediente er sich in Athen eines Dolmetschers[61]. Catos größte Gegner in Rom, die Scipionen[62], waren für ihre philhellenische Haltung bekannt, sie sammelten griechische Intellektuelle, wie Polybios, um sich und hatten die Bibliothek des letzten Makedonenkönigs nach Rom geschafft[63]. Dagegen meinte Cato, wenn sich die griechische Wissenschaft erst einmal in Rom durchgesetzt habe, sei es mit der Weltherrschaft vorbei[64]. Insbesondere warnte er vor den griechischen Ärzten, die sich verschworen hätten, alle Barbaren physisch umzubringen, nachdem sie diese zuvor finanziell ruiniert hätten. Cato hielt es für eine Niedertracht, wenn Quacksalber mit den Leiden ihrer Mitmenschen Geschäfte machten[65], ihnen sozusagen ihr eigenes Leben verkauften. Dann lieber die Zaubersprüche (s. o.).

1v. Wie vor der griechischen Medizin, so warnte Cato auch vor der griechischen Philosophie. Sokrates sei ein Schwätzer und Aufrührer gewesen, der die alten Sitten unterwühlt habe und zu Recht hingerichtet worden wäre. Plutarch[66] überliefert dies im Zusammenhang mit der Philosophengesandtschaft des Jahres 155. Die Athener hatten einen Grenzstreit verloren und waren zur Zahlung von 500 Talenten verurteilt worden. Um davon befreit zu werden, schickten sie eine Gesandtschaft nach Rom, deren bedeutendster Kopf der Akademiker Karneades war. Da die Verhandlungen sich hinzogen, hielten die Philosophen öffentliche Vorträge – zweifellos griechisch – und hatten dabei großen Zulauf, zumal von der Jugend. Karneades hielt eine Rede für die Gerechtigkeit, er bewies in Anlehnung an Platon und Aristoteles, daß die Gerechtigkeit die höchste Tugend sei, daß kein Staat ohne sie bestehen könne.

1w. Am nächsten Tage hielt er eine Rede gegen die Gerechtigkeit. Was die Leute *iustitia* nennen, sei bloß eine Vereinbarung zum gegenseitigen Nutzen auf Kosten anderer. Ein *ius naturale* gebe es nicht, naturgemäß sei nur das

---

60 Plutarch, Cato 2
61 Plutarch, Cato 12
62 Plutarch, Cato 3; Liv. XXXVIII 54, 1
63 Plutarch, Aem. 28
64 Plutarch, Cato 23
65 Plin. NH. XXIX 8
66 Plutarch, Cato 22 f.

Streben nach dem eigenen Vorteil. Wenn zwei Schiffbrüchige um eine Planke kämpften, dann zeige sich der Naturzustand; Gerechtigkeit sei hier einfach Dummheit. Nach dem Prinzip *suum cuique* müßten die Römer den unterworfenen Völkern, einschließlich der Griechen, ihre Unabhängigkeit wiedergeben. Auf Gerechtigkeit könnten sie nur Anspruch erheben, wenn sie auf ihre Macht verzichteten und zu ihren Strohhütten zurückkehrten[67]. Diese Argumentation kennen wir von den Sophisten. Cato, der bei Ennius Griechisch gelernt hatte[68], hörte dies und beantragte beim Senat, die Gesandtschaft umgehend abzufertigen und heimzuschicken. Er fürchtete, daß die Jugend verdorben würde und den Gehorsam verweigerte[69].

1x. Catos Sorge um die Erziehung der Jugend spiegelt sich vornehmlich im Verhältnis zu seinem älteren Sohn[70]. Plutarch[71] berichtet, daß Cato ein vorbildlicher Familienvater gewesen sei. Er habe gesagt, es sei rühmlicher, ein guter Ehemann als ein großer Senator zu sein. Wer Frau und Kinder schlage, vergreife sich an den höchsten Heiligtümern. Cato lehnte eine Ausbildung durch griechische Sklaven ab und unterwies den Sohn selbst. Die Abneigung Catos gegen das Griechische mag auch der Grund dafür gewesen sein, daß er 150 v. Chr. der Rückkehr der achäischen Geiseln aus Rom nach Hellas zustimmte. Einer von diesen, Polybios, blieb freiwillig in Rom. Er hat sich als erster theoretisch mit der römischen Republik befaßt und sie mit griechischen Augen betrachtet und beschrieben.

2. POLYBIOS

2a. Polybios (200–120 v. Chr.) war der Sohn eines Staatsmannes des achäischen Bundes aus Megalopolis[72] und bekleidete dort auch selbst ein hohes Staatsamt, er war Hipparch[73]. 168 unterlag Makedonien, das mit den Achäern verbündet war, bei Pydna den Römern; und zu den tausend Geiseln, die nach Italien mitgenommen wurden, gehörte auch Polybios. Die Freund-

---

67 Cic. rep. III 9 ff.
68 Aur. Vict. vir. ill. 47, 9
69 Plin. NH. VII 31
70 Um den jüngeren konnte er sich kaum noch kümmern, da er ihn mit 80 Jahren gezeugt hat; Aur. Vict. vir. ill. 47, 9
71 Plutarch, Cato 20
72 Polyb. XXVIII 3, 8; Dittenberger, Sylloge 686
73 Polyb. XXIX 23, 5

2. Polybios

schaft des Siegers von Pydna, Aemilius Paulus, öffnete Polybios den Zugang zu den Scipionen, die große Verehrer der griechischen Kultur waren[74], und dies verwandelte Polybios in einen Anhänger Roms. Es gibt Gründe für die Annahme, daß Polybios mit Cato Bekanntschaft geschlossen hat[75].

2b. Polybios schrieb ein Geschichtswerk über die Zeit von 220 bis 144 v. Chr., worin er den Aufstieg Roms zur Weltmacht zu erklären versuchte. Von den 40 Büchern sind fünf ganz und einige Auszüge erhalten. Ausführlicher als irgend ein anderer antiker Historiker hat sich Polybios zu Methodenfragen geäußert. Seine Ansicht ließe sich, in Abwandlung des platonischen Vorschlags, so formulieren, daß alle Staatsmänner Geschichtsforscher und alle Geschichtsforscher Staatsmänner sein sollten. Erst dann gewänne der Historiker ein Verständnis für die Politik, erst dann erhielte die Politik eine Grundlage in der Geschichte.

2c. Der staatstheoretisch wichtigste Teil des polybianischen Werkes ist dessen sechstes Buch[76]. Es gilt dem Nachweis, daß Roms Macht eine Folge seiner vorzüglichen Verfassung (*politeia*) sei. Polybios setzt sich damit einerseits gegen die gemeingriechische Ansicht ab, daß alles politische Geschehen letztlich Schicksal, *Tyche, Fortuna* wäre; andererseits widerspricht er der römischen Selbstauffassung, die bei allem Stolz auf die Republik den entscheidenden Faktor des Aufstiegs niemals im institutionellen Bereich suchte, sondern immer im moralischen. Hier hätte Cato Begriffe wie *virtus* oder *mos maiorum* genannt. Daß Polybios solchen Wert auf die Staatsform legt, hängt mit der Art seines Intellektualismus zusammen: staatliche Verfahrensregeln lassen sich leichter fassen als moralisch verpflichtende Traditionen.

2d. Die Grundlage für die Heraushebung der römischen Verfassung findet Polybios in einer modellhaften Rekonstruktion der Verfassungsgeschichte, die sich eng an Platon und Aristoteles anschließt. Am Anfang, so meint er, als die Menschheit noch in Familien und kleinen Gruppen lebte, hatte der jeweils Stärkste zu bestimmen. Bald aber hätten die Menschen eingesehen, daß körperliche Kraft nicht die beste Voraussetzung zum Regieren ist, und hätten diese Funktion dem jeweils Klügsten und Besten ihrer Gruppe übertragen. In dieser Entwicklung liegt ein wichtiger Sprung: indem die Macht nicht mehr

---

74 Dio XVII 57, 62
75 Plutarch, Cato 9; Kienast 1954, 114 f.
76 F. W. Walbank, Polybios über die römische Verfassung. In: Stiewe 1982, 79 ff.

durch erzwungenen, sondern durch freiwilligen Gehorsam zustande kommt. Im Hintergrund steht die sophistische Lehre vom Staatsvertrag.

2e. Nach dem Tode des Klügsten und Besten hätten die Menschen dann dessen Sohn zum Nachfolger bestellt, in der Annahme, daß so wie Gesichtszüge sich auch Geistesgaben vererbten. So sei das Königtum entstanden. Daß diese wie jede andere Staatsform vergänglich ist, erklärt Polybios aus der Neuerungslust der Menschen, die ein hinreichender Grund für jeden Umschwung sei[77]. Dazu kommen jeweils auslösende Faktoren. Im Genuß der Macht verkomme die Monarchie. Die Nachfolger des Königs degenerierten moralisch, und es folgt die Willkürherrschaft, die Tyrannis.

2f. Ihr widersetzten sich die Besten, die *aristoi*. Sie stürzten die übermütig gewordenenen Nachkommen der Könige und errichteten eine Aristokratie, eine Herrschaft der Besten. Aber auch ihnen ging es nicht besser als den Königen. Auch sie vergaßen, was ihnen ihre Vorrangstellung einmal eingetragen hatte, und der Staat entartete zur Oligarchie bzw. Plutokratie. Das Volk erhob sich gegen sie und richtete eine Demokratie ein.

2g. Die Erfahrungen mit der antiken Demokratie belehrten Polybios, daß auch sie keine dauerhafte Staatsform abgebe. Was die Demokratie langsam aber sicher schwäche, das sei das Aufkommen von Gruppeninteressen. Es beginne eine Phase von Parteikämpfen, die schließlich gewaltsame Formen annähmen und die Demokratie in die Cheirokratie oder Ochlokratie hinabzögen, in die Faustherrschaft oder Massenherrschaft.

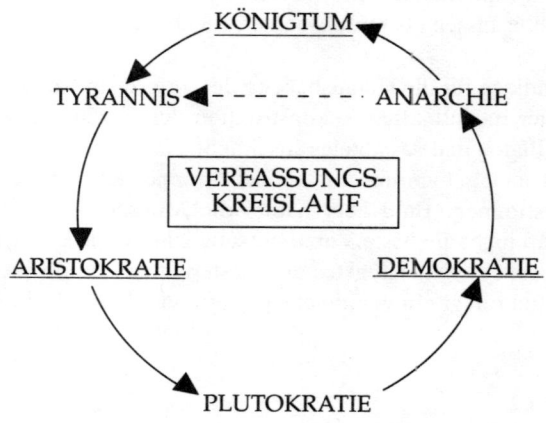

---

[77] Polyb. XXXVI 13, 3

2. Polybios

2h. Dieser anarchische Zustand dauert, nach Polybios, gleichfalls nicht, da sich der geschickteste Bandenführer eines Tages durchsetzen wird und wie der eine Alleinherrschaft aufbaut. Ob König oder Tyrann – das hängt an der Person. Damit ist der Anfangszustand wieder hergestellt, der Verfassungskreislauf schließt sich.

2i. Um diese zyklische Unruhe zu überwinden, sei es erforderlich, eine aus allen drei Elementen zusammengesetzte Mischverfassung zu schaffen, bei der die inneren Kräfte im Gleichgewicht stehen; nicht nacheinander, sondern nebeneinander zur Geltung kommen. Die Idee einer Mischverfassung ist uns in den ›Nomoi‹[78] und im ›Menexenos‹[79] Platons begegnet. Aristoteles hat sie aufgegriffen: er meinte, die Spartaner, die Kreter und die Karthager besäßen eine solche. Der Aristoteles-Schüler Dikaiarch von Messene wiederholte in seinem gegen Platon gerichteten ›Tripolitikos‹ die Idee, daß der ideale Staat aus monarchischen, aristokratischen und demokratischen Elementen zusammengesetzt sei[80]. Polybios hielt die bloße Mischung der Elemente für unzureichend, vielmehr müßten sie auch in einem ausgewogenen Verhältnis zueinander stehen. Dies fand er musterhaft im republikanischen Rom verwirklicht. Auch Lykurg habe eine Mischverfassung in Sparta eingerichtet, aber diese habe den Nachteil, von einem einzigen Gesetzgeber zu stammen. Die römische Verfassung hingegen sei durch lange Jahrhunderte gewachsen. Hier wiederholt Polybios den schon von Cato geäußerten Gedanken vom allmählichen Entstehen des republikanischen Systems.

2j. Polybios weist nun die Elemente der drei reinen Verfassungen in den Institutionen des römischen Staates nach. Die monarchische Gewalt sieht er in der Macht der Consuln begründet. Zweifellos überstieg das *imperium*, die Blutgewalt römischer Staatslenker, alles, was aus griechischen Demokratien und Aristokratien bekannt war. Das aristokratische Element findet Polybios im Senat, jener Einrichtung, die geringe institutionelle Kompetenzen, aber hohes Ansehen besaß, und deren Autorität entscheidenden Einfluß auf das Staatsleben nahm. In der heutigen Forschung gilt der Senat als der wichtigste der drei Faktoren. Diese unsere Ansicht würde Polybios indessen kaum als Einwand gegen seine Mischtheorie empfunden haben, denn gut aristotelisch muß die mittlere Kraft stets die stärkste sein, um die Extreme auszubalancie-

---
78 Plat. leg. 712
79 Plat. Menex. 238 CD
80 Photios 37

ren. Die demokratische Komponente findet Polybios dann in der Volksversammlung. Sie wählt die Beamten, die später in den Senat eintreten, sie entscheidet über Krieg und Frieden, über die Gesetze und Staatsorgane.

2k. Polybios zeigt dann, wie die drei Gewalten zusammenarbeiten, so daß keine ohne die andere bestehen kann. Darin erkennt er die Sicherung vor jenem Verfassungskreislauf, der bei den reinen Typen unausweichlich scheint. Er vergleicht die römische Verfassung mit den von Aristoteles gelobten Ordnungen in Sparta, Kreta, Karthago, aber auch mit Athen, und erklärt mit Cato die römische Republik für die beste aller realisierten und konstruierten Staatsformen.

2l. Dennoch hält Polybios auch sie nicht für ewig. Wenngleich er politische Wandlungen ausschließt, befürchtet er eine moralische Dekadenz. Nachdem die Römer im Hannibalkriege ihre höchste Bewährungsprobe bestanden hätten, habe ihre nachfolgende Ausbreitung über die Welt verderbliche Einflüsse von Geld und Macht aufgenommen, denen kein Volk auf Dauer widerstehen könne. Dagegen gibt es seiner Meinung keine institutionelle Sicherung, hier hilft nur moralische Disziplin. Polybios ist, wie Cato vor ihm und Sallust[81] nach ihm, vom Verhängnis des Dekadenzmodells

DAS KLASSISCHE DEKADENZMODELL

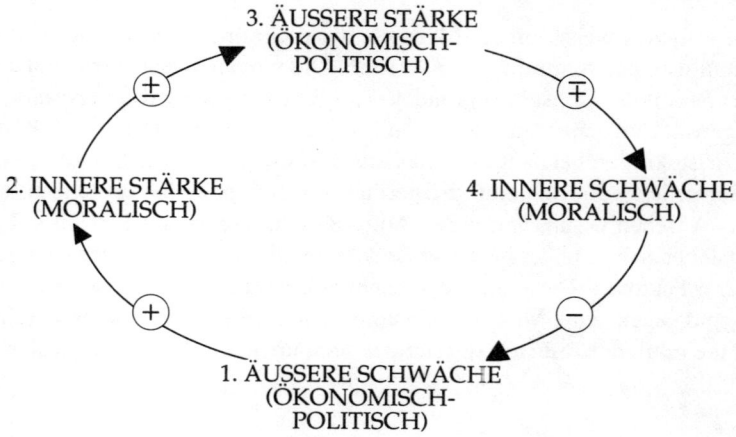

---

81 Sall. ep. I 7;II 7; Val. Max. IV 3, 6

überzeugt. Seine Wirkungsweise ist wie für das Geschichtsdenken so für die Staatstheorie bedeutsam. Ein Leben in einfachen Verhältnissen spornt an zur Entfaltung der sittlichen Kräfte, äußere Schwäche führt zu innerer Stärke. Innere Stärke hat äußere Stärke zur Folge; wer sich anstrengt, kommt zu Einfluß und Reichtum. Das Leben in Wohlstand und Luxus jedoch führt zur Erschlaffung. Äußere Stärke bringt innere Schwäche. Eine Zeitlang läßt sich die errungene Position halten, dann geht sie verloren. Innere Schwäche führt schließlich auch zu äußerer Schwäche.

2m. Die Mechanik dieses Kreislaufes ließe sich nur dadurch aufhalten, daß der Verführung entgegengearbeitet wird, die Macht und Wohlstand ausüben. Polybios glaubt, nur Moral und Religion seien imstande, dem Übel zu wehren. Eine besondere Bedeutung komme in Rom daher der Erziehung zu, für sie seien die römischen Totenfeiern wichtig. Polybios[82] vergleicht die Römer mit den übrigen Völkern. „Schon in ihrer Erziehung und bestimmten Einrichtungen liegt ein mächtiger Ansporn zum Einsatz in der Politik. Es wird genügen, ein einziges Beispiel für die Bemühung des Staates anzuführen, Männer heranzubilden, die bereit sind, alles zu ertragen, um in ihrer Vaterstadt den Ruhm der Tapferkeit zu erlangen.

2n. „Wenn in Rom ein angesehener Mann stirbt, wird er im Leichenzug mit seinem ganzen Schmuck nach dem Markt zu den sogenannten *rostra*, der Rednertribüne, geführt. Während das Volk ringsherum steht, betritt sein erwachsener Sohn oder ein anderer aus dem Geschlecht die Rednertribüne und hält eine Rede über die Tugenden und Taten des Toten. Diese Rede weckt in der Menge ein solches Mitgefühl, daß der Todesfall nicht als persönlicher Verlust für die Leidtragenden, sondern als Verlust für das Volk im ganzen erscheint. Wenn sie ihn dann beigesetzt und ihm die letzten Ehren erwiesen haben, stellen sie das Bild des Verstorbenen an derjenigen Stelle des Hauses auf, wo es am besten zu sehen ist. Das Bild ist eine Maske, die mit erstaunlicher Treue das Gesicht wiedergibt. Die Masken führen sie im Trauerzug mit und setzen sie Personen auf, die an Größe und Gestalt den Verstorbenen ähnlich sind. Diese tragen dann, wenn der Verstorbene Consul oder Prätor war, eine Toga mit Pupursaum, war er Censor, ist sie ganz aus Purpur, wenn er aber einen Triumph gefeiert hat, goldgestickt. Die Darsteller der Toten fahren auf Wagen, denen die Rutenbündel und Beile und die anderen Insignien des Amtes, das ein jeder bekleidet hat, vorangetragen

---

82 Polyb. VI 52 ff.

werden, und wenn sie zu den *rostra* gekommen sind, nehmen alle in einer Reihe auf elfenbeinernen Stühlen Platz. Man kann sich nicht leicht ein großartigeres Schauspiel denken für einen Jüngling, der nach Ruhm verlangt und für alles Große begeistert ist. Denn die Bilder der wegen ihrer Taten hochgepriesenen Männer dort alle versammelt zu sehen, als wären sie noch am Leben, wem sollte das nicht einen tiefen Eindruck machen? Was könnte es für einen schöneren Anblick geben?"

2o. „Wenn nun der Redner über den, den sie zu Grabe tragen, gesprochen hat, geht er zu den anderen über, die da auf den *rostra* versammelt sind, und berichtet, mit dem Ältesten beginnend, von den Erfolgen und Taten eines jeden. Da auf diese Weise die Erinnerung an die Verdienste der hervorragenden Männer immer wieder erneuert wird, ist der Ruhm derer, die etwas Großes vollbracht haben, unsterblich; das ehrende Gedächtnis der Wohltäter des Vaterlandes bleibt im Volke wach und wird weitergegeben an Kinder und Kindeskinder."

2p. Es folgen einige politische Anekdoten, die als Bestätigung dienen: „Viele Römer haben sich freiwillig zum Zweikampf gemeldet, um damit den römischen Sieg zu entscheiden, nicht wenige haben den sicheren Tod gewählt, teils im Krieg, um die anderen zu retten, teils im Frieden, um den Staat zu erhalten. Einige haben sogar als Träger eines Amtes ihre eigenen Söhne hinrichten lassen, da sie die Wohlfahrt des Landes höher achteten als die Liebe zu denen, die ihnen am teuersten waren".

2q. Die drei hier von Polybios angesprochenen Exempla-Kategorien lassen sich im einzelnen belegen. Die berühmteste Geschichte eines Zweikampfes ist die der Horatier und Curiatier[83]. Um den Krieg gegen Alba abzukürzen, sollten aus beiden Heeren je drei Brüder gegeneinander antreten. Auf römischer Seite meldeten sich die drei Horatier, zwei fielen, aber der dritte besiegte die drei Curiatier. Einer von ihnen war mit einer Schwester der Horatier verlobt, und als sie um den Bräutigam trauerte, stieß der siegreiche Bruder sie nieder. Er wurde angeklagt, aber nach Berufung aufs Volk (*provocatio*) freigesprochen. Der Braut wurde der Wunsch unterstellt, dem Landesfeind den Sieg gewünscht zu haben. Diese Anekdote ist oft behandelt worden. Das Gemälde von Jacques Louis David ›Der Schwur der Horatier‹ gehört in die Vorgeschichte der Französischen Revolution; die letzte dramatische Bearbeitung des Themas stammt von Brecht.

---

83 Liv. I 24 ff.

2r. Die sichere Wahl des eigenen Todes wird von Regulus überliefert. Er war im ersten punischen Krieg 255 in Africa gelandet und dort mit 2000 Mann in Gefangenschaft geraten. Die Karthager schickten ihn mit dem Auftrag nach Rom, einen Frieden zu vermitteln. Regulus überbrachte das Angebot, riet aber ab, es anzunehmen. Karthago könne den Krieg nicht gewinnen, Rom verscherze durch einen Frieden den Sieg. Als Regulus seinem Ehrenwort gemäß in die Gefangenschaft zurückkehrte, wurde er von den Karthagern zu Tode gefoltert[84].

2s. Mit der Hinrichtung der eigenen Söhne spielt Polybios auf den älteren Brutus an, dessen Söhne im Jahre 509 mit den vertriebenen Königen konspiriert hatten und dafür von ihrem Vater zum Tode verurteilt wurden[85]. Ein anderes Beispiel ist Titus Manlius Torquatus, der 340 seinen Sohn hinrichten ließ, weil er sich ohne Befehl in einen Zweikampf mit einem Gegner hatte verwickeln lassen. Daß er diesen gewonnen hatte, schien weniger wichtig als der Verstoß gegen die *disciplina militaris, qua stetit ad hanc diem Romana res*[86]. Aus der Zeit des Polybios selbst wird der Fall überliefert, daß ein gleichnamiger Nachkomme dieses Manlius seinen von den Provinzialen Makedoniens angeklagten Sohn verstoßen habe, worauf sich dieser erhängte[87].

2t. Die von Polybios angesprochene Reihe jener Männer, die sich für den Staat geopfert haben, ist lang. Gaius Mucius Scaevola, der sich ins Lager des Porsenna schlich[88]; Publius Decius Mus, der sich 340 v. Chr. in der Schlacht gegen die Latiner geopfert hat; sein Sohn, der das 295 im Kampf gegen die Kelten wiederholte[89]. Diese Fälle erwähnt Polybios nicht, wohl aber erzählt er die Sage von Horatius Cocles: „Ein Mann namens Horatius Cocles, der eine Menge Feinde zur Tiberbrücke heranstürmen sah, fürchtete, sie würden in die Stadt eindringen, wandte sich zu den hinter ihm Stehenden und forderte, die Brücke abzubrechen. Sie gehorchten, und solange sie mit ihrer Arbeit beschäftigt waren, hielt er stand, von Wunden bedeckt, und wehrte den Ansturm der Feinde ab, denen sein unerschütterlicher Mut Schrecken einflößte. Als die Brücke abgebrochen und es damit gelungen war, den

---

84 Hor. c. 3, 5; Zon. VIII 15. Die Römer nahmen entsprechende Rache an den vornehmsten punischen Gefangenen.
85 Liv. II 3 ff.
86 Liv. VIII 7, 15
87 Liv. per. 54; Val. Max. V 8, 3
88 Liv. II 12
89 Liv. VIII 9; X 28

216   VIII. Die römische Mischverfassung

Einbruch der Feinde zu verhindern, warf sich Cocles mit seinen Waffen in den Fluß und ertrank. Die Sicherheit der Vaterstadt und der Nachruhm galten ihm mehr als das Leben"[90]. Bei Livius[91] vermag der Held sich zu retten.

2u. Polybios folgert: „Ein solcher Wetteifer, große Taten zu vollbringen, wird, wie man sieht, in der Jugend durch die in Rom herrschende Sitte und Erziehung geweckt". Er selbst erzählt von einer Unterredung mit dem jungen Scipio Aemilianus, der sich persönlich eher zum griechischen Bildungswesen hingezogen fühlte, dann aber doch dem *exemplum maiorum* folgte und sich dem Staatsdienst widmete[92]. Über die Wirkung dieser Traditionspflege berichtet Sallust[93] ähnliches. Die großen Römer, unter ihnen Scipio, pflegten zu sagen, bei der Betrachtung ihrer Ahnenbilder seien sie aufs heftigste vom Wunsch nach Auszeichnung entflammt worden: *vehementissume sibi animum ad virtutem accendi*.

2v. Was unter *virtus* zu verstehen sei, wird durch Definition und durch Beispiele erläutert. Unter den Definitionen ist die des Dichters Lucilius (180–102 v. Chr.) bemerkenswert: *Virtus* ist die Kunst, den wahren Wert der Dinge, die uns umgeben, einzuschätzen; die Kunst, zu erkennen, worauf es ankommt. *Virtus* ist das Wissen, was recht, nützlich und ehrenhaft ist, was gut und schlecht, nutzlos, häßlich und ehrlos ist. *Virtus* ist das Wissen um Zweck und Maß, die Kunst, dem Reichtum seinen Wert und Unwert zu bemessen. *Virtus* bedeutet, schuldige Ehre zu erweisen, Feind sein bösen Menschen und schlechten Sitten, aber Freund sein guten Menschen und guten Sitten, sie hochschätzen, ihnen wohlwollen, freundlich mit ihnen leben, den Vorteil des Vaterlandes über alles stellen, sodann den der Eltern, an dritter und letzter Stelle den eigenen[94]. Die Erläuterung des *virtus*-Begriffs durch Anekdoten steht unter historischem Vorbehalt. Was an ihnen geschichtlich, was legendär ist, läßt sich nur mühsam ermitteln, ist für die Wirkung indes unerheblich. Die pädagogische Bedeutung hat Seneca[95] richtig gesehen, wenn er schrieb: *longum iter est per praecepta, breve et efficax per exempla*: lang ist der Weg der Erziehung über abstrakte Lehren, kurz und erfolgreich der über praktische Beispiele.

---

90 Polyb. VI 55
91 Liv. II 10
92 Polyb. XXXI 23 f.
93 Sall. Jug. 4
94 Lact. inst. VI 5, 2
95 Seneca, ep. I 6, 5

2w. Besondere Hochachtung zeigt Polybios vor der Unbestechlichkeit der Römer, sowohl im Vergleich zu den Karthagern, als auch im Vergleich zu den Griechen. Er schreibt[96]: „Auch die Gesetze und Anschauungen über den Gelderwerb sind in Rom besser als in Karthago. Dort gilt nichts, was Gewinn bringt, für schimpflich, hier nichts für schimpflicher, als sich bestechen zu lassen und sich mit unlauteren Mitteln zu bereichern. So hoch sie den Erwerb auf rechtlichem Wege schätzen, so sehr liegt umgekehrt ein Makel auf Bereicherung in verbotener Weise. In Karthago gibt man ganz offen Geschenke, um zu einem Amt zu kommen, in Rom steht Todesstrafe darauf.

2x. Der größte Vorzug des römischen Gemeinwesens aber scheint mir in ihrer Ansicht von den Göttern zu liegen; und was bei anderen Völkern ein Vorwurf ist, eben dies bildet die Grundlage des römischen Staates: eine beinahe abergläubische Götterfurcht. Die Religion spielt im privaten wie im öffentlichen Leben eine solche Rolle und es wird so viel Wesens darum gemacht, wie man es sich kaum vorstellen kann. Vielen wird das seltsam erscheinen, ich glaube indessen, daß es um der Masse willen geschieht. Denn wenn man ein Staatswesen bilden könnte, das nur aus Weisen besteht, würden solche Methoden wohl nicht nötig sein. Da jedoch die Masse immer leichtfertig und voller gesetzwidriger Begierden ist, bleibt nichts übrig, als sie durch Angst und eine gut erfundene Mythologie im Zaum zu halten. Die Alten scheinen mir daher die Vorstellungen von den Göttern und den Glauben an die Unterwelt nicht unbedacht, sondern mit kluger Überlegung der Menge eingeflößt zu haben. Es scheint mir höchst unverständig, wenn man ihr jetzt diesen Glauben austreibt." Polybios schließt sich der Religionstheorie des Sophisten Kritias (s. o. III 2g) an, ohne jedoch diese Aufklärung unbedingt zu begrüßen. „Denn wahrhaftig", fährt er fort, „wenn man den Beamten einer griechischen Stadt auch nur ein Talent anvertraut und zehn Leute die Quittung gegenzeichnen läßt, ebenso viele Siegel angebracht werden und doppelt so viele Zeugen den Akt bestätigen, so kann man sich doch nicht auf sie verlassen. In Rom dagegen bleiben Beamte, durch deren Hände große Summen gehen, ihren Pflichten treu, einfach weil sie durch einen Eid gebunden sind. Überall sonst kann man nur selten einen Mann finden, an dessen Fingern von den Staatsgeldern nicht etwas kleben bliebe; bei den Römern dagegen kommt es kaum vor, daß jemand der Unterschlagung überführt wird."[97]

---

96 Polyb. VI 56
97 a. O. Zum Nutzen der Religion auch Plut. mor. 822 B

2y. Als den Höhepunkt der Geschichte Roms betrachtete Polybios die Haltung des Senats nach der Niederlage bei Cannae 216 v. Chr. Hannibal hatte die 8000 überlebenden Römer gefangen genommen und bot dem Senat die Auslösung an. Der aber weigerte sich, weil anderenfalls künftige Soldaten, statt zu kämpfen, sich ergäben, in der Hoffnung, freigekauft zu werden. Der Senat verfügte, ein Römer habe zu siegen oder zu sterben. Er schickte die neun Gesandten, die selbst zu den Gefangenen gehörten, zurück, den zehnten in Ketten, weil er sich zu drücken versucht hatte[98].

3. RÜCKBLICK

3a. Cato und Polybios sind für das frühe römische Staatsdenken bedeutsam, obschon Cato kein Denker und Polybios kein Römer war. Beide aber standen im politischen Geschehen ihrer Zeit, der eine handelnd, der andere leidend. Beide waren Historiker, was keiner der bisher behandelten griechischen Staatsdenker gewesen war. Gegenüber dem römischen Staatswesen zeigen beide eine grundsätzlich positive Einstellung, sie bewunderten Roms Aufstieg und befürchteten seinen Niedergang.

3b. Hinsichtlich der Gründe für den Abstieg waren sie im wesentlichen einig: die Versuchungen der Macht schienen ihnen unwiderstehlich. Hinsichtlich der Gründe für Roms Größe jedoch unterscheiden sich die beiden Autoren. Cato macht in erster Linie die sittliche Haltung, die *mores maiorum*, dafür verantwortlich. Polybios gab der Form der Verfassung, der *res publica*, den größeren Anteil. Wer recht hatte, ist schwer zu sagen. Der innere, moralische Aspekt und der äußere, organisatorische Aspekt sind zwei Seiten derselben Sache.

3c. Anders als Platon und Aristoteles haben sich Cato und Polybios nicht um das Wesen des Staates, nicht um die Idee der Gerechtigkeit bemüht. Nicht das Abstrakte, sondern das Konkrete interessierte sie, nicht Philosophie, sondern Politik. Beide schrieben Geschichte in pragmatischer Absicht, um mit Hilfe der Vergangenheit die Gegenwart zu begreifen, die Zukunft zu gestalten. Immanuel Kant bemerkte 1785: „Pragmatisch ist eine Geschichte abgefaßt, wenn sie klug macht, das ist: die Welt belehrt, wie sie ihren Vorteil besser oder wenigstens ebensogut als die Vorwelt besorgen könne". Dies trifft auf Cato und Polybios zu. Sie wollten nicht, um Jacob Burckhardt

---

98 Polyb. VI 58

umzukehren, „weise für immer", sondern „klug für ein andermal" werden. Weisheit ist eine Tugend für den, der alles hinter sich hat. Dafür war es in der römischen Geschichte und in der Geschichte des römischen Staatsdenkens noch zu früh. Der Höhepunkt ihrer politischen Theorie stand den Römern noch bevor, und der heißt Cicero, unser nächstes Thema.

Kapitel IX

CICERO UND DIE RES PUBLICA

    a. John Adams 223
    b. Ciceros Herkunft 223
    c. Aufstieg 223
    d. Catilina 223
    e. Opportunismus 224
    f. Stil 224
    g. Staatsschriften 225
    h. De re publica 225
    i. Scipio am Latinerfest 129 225

1. STAAT ÜBERHAUPT 226
    a. Priorität der Praxis 226
    b. Gracchenrevolte 226
    c. Rom bester Staat 226
    d. Staatsdefinition 227
    e. Volk 227
    f. Consensus iuris 227
    g. Communio utilitatis 228
    h. Sklaven 228
    i. Boni – mali 228
    j. Staatsgewalt 229
    k. Maß: Gesetz 229
    l. Freiheit 230
    m. Maiestas populi Romani 230
    n. Drei Verfassungen 230
    o. Mischverfassung 231
    p. Demokratie? 231

2. ENTWICKLUNG
    DER REPUBLIK 232
    a. Fortschritt 232
    b. Romulus, Auspizien 232
    c. Numa, Religion 232
    d. Pythagoras 233
    e. Griechischer Einfluß 233
    f. Kriegswesen 234
    g. Königszeit 234
    h. Brutus 235
    i. Notstandsrecht 235
    j. Rechtsfrage 235
    k. Auctoritas 236
    l. Sezession 236
    m. Zwölftafelgesetz 236

3. DAS NATURRECHT 237
    a. Karneades 237
    b. Alexander und Seeräuber 237
    c. Naturrecht? 237
    d. De legibus II 238
    e. Vernunft 239
    f. Urteilsvermögen 239
    g. Lob des Naturrechts 240

4. DIE SITTE 240
    a. Frauen 240
    b. Theater 240

5. DER STAATSMANN 241
    a. Auctoritas 241
    b. Cicero? Pompeius?
       Augustus? 241

6. Scipios Traum 242
   a. Scipio vor Karthago 242
   b. Gott 242
   c. Göttlicher Staatsmann 242
   d. Sphärenharmonie 242
   e. Lactanz 243

7. Ausblick 243
   a. Ciceros Ende 243
   b. Concordia? 244
   c. Außenpolitik 244

> Ohne die römische Weltmonarchie hätte
> es keine Kontinuität der Bildung gegeben.
> Burckhardt

IX. CICERO UND DIE RES PUBLICA

a. In seiner Verteidigungsschrift für die amerikanischen Verfassungen schrieb John Adams 1787: *all the ages of the world have not produced a greater statesman and philosopher united than Cicero*[1]. Tatsächlich verbanden sich in ihm das politische Verantwortungsbewußtsein eines Cato und das theoretische Interesse eines Polybios, römische Jurisprudenz und griechische Philosophie, das Bekenntnis zur republikanischen Staatsidee und die Einsicht in die Schwäche des von Bürgerkriegen zerrissenen Gemeinwesens.

b. Marcus Tullius Cicero ist im Jahre 106 v. Chr. in Arpinum im Sabinerland geboren, sein Vater gehörte zur Municipalaristokratie des Ortes. Wie Cato Maior war Cicero ein *homo novus*[2] aus dem plebejischen Ritterstande[3]. Schon in jungen Jahren trat er der Gedankenwelt des Scipionenkreises nahe, er war mehrfach in Griechenland und erschloß später die griechische Philosophie dem lateinischen Publikum.

c. Cicero durchlief den üblichen *cursus honorum* der senatorischen Laufbahn. 75 v. Chr. diente er als Quästor auf Sizilien; die Folge war sein Prozeß gegen Verres, der sich auf Kosten der Einheimischen schamlos bereichert hatte. Mit der finanziellen Unterstützung der dankbaren Sizilianer gelangte Cicero in die höheren Ämter: 69 wurde er Ädil, 66 Prätor und 63 Consul. Politisch lehnte er sich an Pompeius an, dessen Bewerbung um das Kommando gegen Mithridates VI von Pontos er in einer großen Staatsrede unterstützte *(De lege Manilia).*

d. Ciceros größte Tat war, in seinen eigenen Augen, die Aufdeckung der Verschwörung Catilinas. Dieser hatte versucht, gestützt auf unzufriedene

---

1 J. Adams, Works IV 295
2 Vell. II 128
3 Cic. comm. pet. 1, 4

Stadtrömer, sullanische Veteranen und befreundete Gallier, in Rom zur Macht zu kommen und Besitz neu zu verteilen. Cicero entdeckte den Putschversuch und ließ vier prominente Anhänger Catilinas rechtswidrig hinrichten. Catilina selbst fiel 62 v. Chr. im Kampf gegen ein römisches Heer[4]. Die Überlieferung ist für Catilina ungünstig, Sallust in seiner ›Coniuratio Catilinae‹ und Cicero selbst in seinen catilinarischen Reden stempeln ihn als einen heruntergekommenen Adligen, der vor keiner Greueltat zurückschreckte. Trotzdem haben seine Sympathisanten Cicero durch ein Gerichtsverfahren 58 v. Chr. gezwungen, vorübergehend in die Verbannung zu gehen[5].

e. Seit dem 60 geschlossenen Triumvirat von Caesar, Pompeius und Crassus[6] ward Ciceros Handlungsspielraum eng. Für eine eigene Politik fehlte ihm die Basis, die Caesar im Heer, Pompeius im Senat und Crassus in seinem Gelde besaß. Cicero lavierte, und darum nannte Mommsen ihn eine „politische Wetterfahne", ein „Mundstück des Servilismus", „geschmeidig wie ein Ohrläppchen"[7]. Mommsen ist ein wenig unbescheiden, wenn er von einem großen Intellekt auch noch einen starken Charakter fordert. Man kann es Cicero nicht verübeln, daß er sowohl gegenüber Caesar als auch gegenüber Pompeius Bedenken gezeigt hat. Pompeius hatte die besseren Argumente, aber Caesar hatte die besseren Legionen. Eine altrömische Partei nach Ciceros Herzen gab es nicht mehr; und sein Traum war, sie mit Hilfe seiner politischen Schriften zu schaffen. Immer wieder appellierte er an die *concordia ordinum*, an die Eintracht unter den Standespersonen, und an den *consensus omnium bonorum*, an das Einvernehmen aller Wohlgesinnten.

f. Cicero hat eine große Anzahl von Schriften hinterlassen, darunter 931 Privatbriefe. Sie zeigen uns den Autor ungeschminkt und ungeschützt, und das hat sein Charakterbild verdunkelt. Auf unsere Wertschätzung Ciceros als Staatsdenker und Sprachmeister sollte das jedoch nicht abfärben, tatsächlich hat in der lateinischen Kunstprosa kein Autor Cicero übertroffen. Quintilian[8] meinte, man könne seinen literarischen Geschmack daran prüfen, welchen Gefallen man an Cicero finde.

---

4 Dio XXXVII 39 f.
5 Dio XXXVIII 12 ff.
6 Dio XXXVII 54 FF
7 Mommsen RG. III 219; 326 f.; ausgewogener Heinze 1960, 160 ff.
8 Quint. inst. X 1

g. Unter staatstheoretischem Aspekt sind die Schriften >De re publica< und >De legibus< von besonderem Interesse. Sie stammen aus den unfreiwilligen politischen Mußejahren 54 bis 51. Cicero quälte sich, wie seine Briefe zeigen, mit Sorgen um den Staat. „Wer in diesen Zeiten noch lachen kann, ist kein Bürger", schrieb er einem Freunde, „ganz gleich, ob du verzweifelst oder hoffst, denke nach darüber, wie unsere abgewirtschaftete *res publica* zu ihrer alten Würde, ihrer alten Freiheit zurückfinde[9]." Mit dem Freistaat ist es aus, *amissa res publica*[10]. Seine eigene Lage verglich er mit derjenigen Platons[11], den er den „Gott unter den Philosophen" nannte[12]. Die auch brieflich bezeugte Anlehnung an Platon[13] zeigte sich nicht nur in der Dialogform, sondern ebenso in der Titelwahl. >De re publica< entspricht der >Politeia<, >De legibus< den >Nomoi<. Eine inhaltliche Übereinstimmung liegt darin, daß auch Cicero den Staatsgedanken unter das Prinzip der Gerechtigkeit, der *iustitia* stellt. Daneben sind freilich auch aristotelische und stoische Gedanken übernommen. Cicero folgt griechischen Vorbildern ähnlich wie Plautus dem Menander, Vergil dem Homer.

h. Ciceros wichtigste Staatsschrift ist >De re publica<. Im Altertum wurde sie viel gelesen. Noch die Kirchenväter Lactanz und Augustin haben sich mit ihr auseinandergesetzt und zahlreiche Zitate aus ihr aufbewahrt. Die Schrift ist im Mittelalter verloren gegangen. Im Jahre 1820 jedoch entdeckte der Präfekt der vatikanischen Bibliothek, Angelus Mai, das letzte, fragmentarische Exemplar. Es handelt sich um eine Pergamenthandschrift des 4. Jhs. n. Chr. aus dem Kloster Bobbio. Um das Jahr 700 hatte man an Cicero kein Interesse mehr. Die Tinte wurde mit einem Schwamm abgewaschen, auf die so gewonnene Schreibfläche schrieb man einen Psalmenkommentar des heiligen Augustinus. Dieser Palimpsest kam dann im Jahre 1718 in päpstlichen Besitz. Die abgewaschenen Buchstaben des Cicerotextes traten allmählich wieder zum Vorschein und wurden vom Kardinal Mai erkannt. Auf diese Weise konnte ein gutes Drittel der Schrift zurückgewonnen werden.

i. Cicero verlegt den Dialog auf das dreitägige Latinerfest des Jahres 129 v. Chr. Die Gespräche werden auf sechs Bücher verteilt, so daß jedem von ihnen ein Vor- bzw. ein Nachmittag entspricht. Hauptredner ist der jüngere

---

9 Cic. fam. II 4 f.
10 Cic. Att. I 18, 6
11 Cic. fam. I 9; leg. I 15
12 Cic. rep. IV 5; Att. IV 17, 3
13 Cic. Att. IV 17

Scipio Africanus, der dann im selben Jahr 129 auf eine unerklärte Weise umgekommen ist. Scipio spielt mithin die Rolle, die Sokrates bei Platon einnimmt. Der nahe Tod verleiht den Worten noch mehr Gewicht, als sein Ruhm als Staatsmann und Feldherr ihnen ohnedies zumißt.

1. Staat überhaupt

1a. Das erste Buch gilt der Staatskunst und dem Staatswesen allgemein. Es beginnt mit einem Lob auf den praktischen Staatsmann und seine *virtus: virtus in usu sui tota posita est; usus autem eius est maximus civitatis gubernatio*[14]. „Der Sinn der Tugend liegt in ihrem Gebrauch, der wichtigste Gebrauch ist die Regierung des Staates." Damit setzt sich Cicero vom Ideal eines zurückgezogenen Lebens, einer *vita contemplativa*, ab, wie sie Epikur verfocht, und bekennt sich zur *vita activa*, die ihm selbst gerade versagt war. Die Priorität der Praxis vor der Theorie vertritt er auch sonst: die Zwölf-Tafel-Gesetze seien wertvoller und nützlicher als alle philosophischen Bibliotheken der Welt[15].

1b. Als Anlaß für das Gespräch wählt Cicero die 133 ausgebrochenen Unruhen des Tiberius Gracchus, die zeigten, daß der in zwei Lager zerfallene Staat wiederhergestellt werden müsse[16]. Cicero übernimmt von Cato die These, daß die römische Republik der beste aller Staaten sei. Scipio soll dies gegenüber dem Stoiker Panaitios und dem Historiker Polybios vertreten haben[17].

1c. Zum Beweis wird die *res publica Romana* einerseits mit den griechischen Stadtstaaten, andererseits mit dem Idealstaat Platons verglichen. Die ersteren hätten sich in der Praxis nicht behauptet, letzterer sei nie in Praxis umgesetzt worden[18]. Livius[19] geht noch darüber hinaus, indem er bestreitet, daß irgendein erdachter Staat eine solch besonnene Führung, ein solch vernünftiges Volk besessen habe, wie das frühe Rom in Wirklichkeit. Cicero muß nur einen einzigen Einwand fürchten, nämlich den, daß auch die römi-

---

14 Cic. rep. I 2
15 Cic. de or. I 195
16 Cic. rep. I 31
17 Cic. rep. O 34; 70
18 Cic. rep. II 52
19 Liv. XXVI 22, 14

sche Republik ihrem Ende zugeht[20]. Ihm weicht er damit aus, daß er das Gespräch in die Vergangenheit legt. Cicero hat die Krise der Republik gesehen. „Die Republik ist Leuten in die Hände gefallen, die sie zu ihrem privaten Vorteil zerstören wollen, ja zerstört haben, so daß nur noch die Mauern stehen, aus denen der Geist entwichen ist[21]." Um hier Hilfe zu schaffen, erneuert Cicero das Ideal der alten Republik. Den Nachweis, daß sie der beste aller Staaten sei, führt Cicero in zwei Strängen, einem kurzen systematischen und einem langen historischen.

1d. Ciceros Staatsdefinition lautet: *res publica (est) res populi, populus autem non omnis hominum coetus, quoquo modo congregatus, sed coetus multitudinis, iuris consensu et utilitatis communione sociatus*[22]. „Die Republik ist die Sache des Volkes. Volk ist aber nicht jede beliebige Gruppierung von Menschen, sondern die Gruppierung einer größeren Anzahl, durch Einvernehmen über das Recht und gemeinsamen Nutzen vergesellschaftet." Das gemahnt an die pseudo-platonische Staatsdefinition, die *politeia* als unabhängige gesetzliche Gemeinschaft zum Zwecke des allgemeinen Glücks bestimmte[23].

1e. Cicero leitet *publicus* von *populus* ab. Sprachgeschichtlich kommt *populus* wie auch *plebs* aus einer indogermanischen Wurzel *ple-*, auf die auch unser Wort „Volk" zurückgeht. Sowohl „Volk" wie *populus* haben aber ursprünglich eine andere Bedeutung besessen als später: sie bezeichneten das Fußvolk, das Heer. Im Altrömischen ist der *dictator* als *magister populi*, der Anführer des Fußheeres[24], *populari* heißt „verwüsten, zur Beute des Heeres machen." *Populus* unterscheidet sich von *gens* bzw. *(g)natio*, d. h. von der Sprach- und Abstammungsgemeinschaft durch seinen politisch-militärischen Zusammenhalt. Im Gegensatz zu *gens* bedeutet *populus* keine natürliche, sondern eine geschaffene Gemeinschaft. Dies hat zur Folge, daß nicht Verwandtschaftsgefühle, sondern Verhaltensregeln respektiert werden müssen, damit die Gruppe Festigkeit erhält. Cicero betont, nicht jeder beliebig zusammengescharte Haufen von Leuten sei schon ein „Volk".

1f. Von einem Volk spricht er nur da, wo eine rechtliche Übereinkunft, ein *consensus iuris,* vorliegt, und wo der gemeinsame Nutzen für alle das Binde-

---

20 Kulica 1969
21 Cic. off. II 3; 29
22 Cic. rep. I 39
23 Platon horoi 413 E
24 Cic. leg. III 9

glied abgibt: die *communio utilitatis*. Der Begriff *populus*, den wir hier am besten mit „Staatsvolk" übersetzen, wird somit unausgesprochen aus der Vorstellung eines Staatsvertrages abgeleitet. Der Idee nach liegt ein solcher Pakt dem *asylum Romuli* zugrunde (s. o. VIII 1d).

1g. Die Ableitung aus der *communio utilitatis* erinnert an das *koinon sympheron* des Aristoteles. Es bedeutet, daß der Zusammenschluß für alle nützlich sein muß. Dies ist nicht der Fall, wo beispielshalber Minderheiten unterdrückt oder ausgenutzt werden. Cicero legt hier die Grundlage für das, was wir als „verallgemeinerungsfähige Interessen" bezeichnen. Jede Regelung, die nicht irgendwie allen zugutekommt, ist mit der *communio utilitatis* unvereinbar.

1h. Natürlich weiß Cicero, daß der Staat nicht allen gleicherweise nützt. Die Sklaven bleiben ausgespart, sie gehören nicht zum *populus*. Gleichwohl fordert Cicero[25], daß der Freie auch dem Sklaven Gerechtigkeit gewähren müsse. Man solle ihn behandeln wie einen *mercennarius*, einen Lohnarbeiter, und ihm zukommen lassen, was ihm für seine Leistung zusteht. Cicero selbst ist mit seinen Sklaven menschlich verfahren, die Briefe an seinen Freigelassenen Tiro sind geradezu rührend[26]. Der Umgang mit Sklaven war für Cicero eine Sache der humanitären Praxis, nicht der politischen Theorie. Der Nutzen des Staates kommt auch nicht allen Bürgern gleichermaßen zugute. Er muß das vielleicht auch nicht. Denn zum einen kann man das Recht, an den Vorteilen der Gemeinschaft teilzuhaben, durch Verbrechen verscherzen. Das meinte Cicero, als er die Catilinarier verurteilte. Zum anderen kann man aber auch selbst auf diese Vorzüge verzichten und behaupten: mir nützt es mehr, wenn der Staat zerschlagen wird. Das meinte Catilina, als er seinen Staatsstreich plante.

1i. Daher macht Cicero an anderer Stelle[27] die Einschränkung: *omnibus bonis expedit, salvam esse rem publicam*. „Allen Guten nützt es, wenn der Staat gesund ist." Als *homines mali* werden Verbrecher und Umstürzler hier ausgeklammert. Ein wirkliches Problem liegt aber in der Fortsetzung: *sed in eis, qui fortunati sunt, magis id adparet*. Die Glücklichen und Begüterten sehen den Nutzen des Staates eher ein; kein Zweifel, denn er hat ihnen ja die Möglichkeit gegeben, in den Wohlstand zu gelangen. Die *infortunati* werden

---

25 Cic. off. I 41
26 Cic. fam. XVI
27 Cic. Phil. XIII 16

1. Staat überhaupt

nicht geradezu ausgeschlossen. Sie profitieren auch vom Heil des Staates, bloß merken sie das nicht so deutlich wie die Begüterten.

1j. Damit seine Staatsdefinition keine bloße akademische Angelegenheit bleibe, fordert Cicero für die Ausübung der Staatsgewalt: „Die erste Überlegung muß stets der Ursache gelten, die das Staatswesen geschaffen hat", *id autem consilium primum semper ad eam causam referendum est, quae causa genuit civitatem*[28]. Hier werden mithin jene Motive, die für die Gründung eines Staates historisch ausschlaggebend waren, zur Verpflichtung für die spätere Regierung dieses Staates erhoben. Die Staatsmacht an sich wird von Cicero ausdrücklich bejaht. Ohne *imperium*, ohne rechtmäßige Gewalt über Leben und Tod, sei keine Ordnung denkbar. Ordnung ist Unterordnung. Wie Gott über die Welt, der Vater über die Familie, der Verstand über die Leidenschaften herrschen soll, so bedarf es einer Herrschaft im Staate[29].

1k. Es muß jedoch ein Maß geben für das Befehlen wie für das Gehorchen. Wer mit Maßen befiehlt, der ist auch bereit, sich selbst unterzuordnen; und wer sich unterzuordnen versteht, ist auch fähig, mit Maßen zu befehlen.[30] Das Maß aber sind Recht, Gesetz und Freiheit, die zu allen Zeiten als Inbegriff der römischen *res publica* gegolten haben. So heißt es bei Cicero: „In einem Staat, der durch Gesetze zusammengehalten wird, gibt es nichts Unwürdigeres, als diese Gesetze zu mißachten. Die Gesetze sind die Gewähr für das persönliche Ansehen, das jeder Bürger im Staat genießt, die Gesetze bilden die Grundlage für die Freiheit und die Quelle für die Gerechtigkeit. Der Geist, die Seele, der ganze Verstand des Staates liegt in den Gesetzen. Wie unser Körper ohne den Geist seine Sehnen, sein Blut und seine Glieder nicht nutzen kann, so kann der Staat ohne Gesetze seine Aufgaben nicht erfüllen. Diener der Gesetze sind die Magistrate, Ausleger der Gesetze sind die Richter, Herr der Gesetze ist das Volk, das den Weisungen der Beamten untersteht." So finden wir eine zirkuläre Abhängigkeitsstruktur: Das Volk beschließt die Gesetze, die Gesetze regeln das Handeln der Magistrate und die Magistrate regieren das Volk.

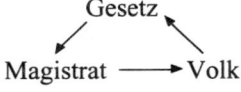

---

28 Cic. rep. I 41
29 Cic. leg. III 3
30 Cic. leg. III 5

1l. Ciceros Begründung für die Autorität der Gesetze lautet: Wir alle müssen dem Gesetz gehorchen *(servi sumus)*, damit wir frei sein können[31]. Die Freiheit, die Cicero hier verteidigt, ist etwas anderes als was die Griechen unter Freiheit verstanden. Aristoteles[32] nannte es ein Zeichen der Freiheit, wenn jeder leben könne, wie er wolle. Für die Römer war das nicht *libertas*, sondern *licentia*. Sie stellten den Respekt vor dem Gemeinwesen und vor den Gesetzen über das Entfaltungsbedürfnis des Einzelnen. Die Ehre des Bürgers, des Beamten, des Staates wurde peinlich beachtet, und zu den Aufgaben der Volkstribunen und Volksädilen gehörte es, bereits bloße Beleidigungen zu ahnden. Cicero koppelte den Friedensgedanken an den Freiheitsbegriff. *Pax est tranquilla libertas, servitus postremum malorum omnium, non modo bello, sed morte etiam repellendum*[33]. Diese Definition machte solchen Eindruck, daß selbst Isidor von Sevilla[34] sie übernahm. Cicero stellte hier eine klare Priorität her, und zwar ordnete er die Freiheit über den Frieden und sah nicht nur den Krieg, sondern sogar den Tod als das kleinere Übel an, verglichen mit der politischen Unfreiheit. Die friesische Formulierung Liliencrons lautet: *lewwer duad üs slaav* (1903).

1m. Im Ersten Punischen Kriege (249 v. Chr.) hatte ein römischer Feldherr die Auspizien mißachtet und in der anschließenden Seeschlacht durch die Karthager viele Leute verloren. Als seine Schwester später einmal in ein Gedränge geriet, wünschte sie laut, ihr Bruder möge nochmals eine Schlacht verlieren, damit es etwas mehr Platz im Zirkus gäbe. Daraufhin wurde sie wegen Beleidigung der *maiestas populi Romani* zu einer hohen Geldstrafe verurteilt[35], und davon wurde durch einen Vorfahren der Gracchen der Freiheitsgöttin auf dem Aventin ein Tempel errichtet[36]. Die Freiheit beruht für den Römer auf der Würde das Volkes und auf den Gesetzen der Republik, die ihrerseits aus der Befreiung von der Tarquinierherrschaft erwachsen ist.

1n. Zum Beweis der Vorzüglichkeit der römischen Republik greift Cicero auf das Schema der drei reinen Verfassungen zurück. In engster Anlehnung an Platon zeigt er die Entartungen. Jede reine Staatsform strebt ihr wesenseigenes Extrem an: das Königtum schlägt um in die Herrschaft der Gewalt,

---

31 Cic. Cluent. 146
32 Arist. pol. 1317 B
33 Cic. Phil. II 113
34 Isidor von Sevilla, et. II 29, 13
35 Suet. Tib. 3
36 Liv. XXIV 16, 9

die Aristokratie in die Allmacht des Geldes und die Demokratie in die Diktatur des Proletariats[37]. Diese Entwicklungen widersprechen dem Wesen des idealen Staates, der so konstruiert sien müsse, daß er ewig bestehe, *debet enim constituta sic esse civitas, ut aeterna sit*[38]. Der Staat muß beständig sein. So wie Platon sieht Cicero in der Stabilität das Erfolgskriterium einer Verfassung, und sie sei nur dann haltbar, wenn die sozialen Kräfte und die politischen Funktionen in einem ausgewogenen Regelsystem geordnet seien. Andernfalls entstehe der bekannte Verfassungskreislauf. Er sei nur durch die Mischung der drei Elemente aufzuhalten[39].

1o. Cicero übernimmt von Polybios die Ansicht, daß die römische Republik dem Typus der Mischverfassung zugehöre. Diese Idee war verbreitet, unter Augustus legte Dionysios von Halikarnassos[40] sie einem Redner des 5. Jhs. in den Mund. Stets betonte man die Vorzüge der *mikté politeia*. Sie besitze die positiven und entbehre der negativen Elemente der drei reinen Typen. Vom Königtum entlehne sie die starke Exekutive, vermeide aber den Machtmißbrauch durch die tribunizische Gegengewalt[41]. Von der Aristokratie habe sie die *gradus dignitatis*, die Abstufung der Ränge, auf die Cicero großen Wert legt, denn er vertritt eine politische Leistungsidee, die Ansehen und Einfluß nach der *virtus* differenziert. Eine Herrschaft des Geldes sei die übelste aller Staatsformen[42]. Dennoch gehöre es zu den Aufgaben des Staates, das Eigentum zu schützen[43]. Die *aequatio bonorum* ist ihm ein Greuel.

1p. Die demokratischen Elemente in der römischen Republik sind für Cicero eigentlich Zugeständnisse an den Machtwillen des Volkes. Gegenüber der Demokratie zeigt Cicero ähnlich wie sein Vorbild Platon beträchtliche Reserven. Die Athener sind sein Schreckbild, sie saßen im Theater und politisierten sich ins Verderben[44]. In Krisenlagen müsse man die Stimmen wägen, nicht zählen, weil es mehr auf die Guten als auf die Vielen, d. h. die geometrische Gleichheit, nicht die arithmetische, ankomme[45].

---

37 Cic. rep. I 43 f.
38 Cic. rep. III 34
39 Cic. rep. I 45; 69
40 Dion. Hal. VII 55 f.
41 Cic. fin. III 16 f.
42 Cic. rep. I 51
43 Cic. off. II 73
44 Cic. Flac. 16; Mühlhaus 1964
45 Cic. rep. VI 1

2. Die Entwicklung der Republik

2a. Das zweite Buch von >De re publica< beschreibt die Entstehung des römischen Staates. Zu Beginn begründet Cicero den Vorzug der römischen Verfassung mit dem Wort Catos, daß sie nicht auf einmal gestiftet, sondern langsam gewachsen sei[46]. Neben die systematische tritt die historische Argumentation. Auch sie erinnert uns an Platon. Aber während dieser eine bloß konstruierte Entwicklung des Staates bis hin zum Idealstaat skizzierte, beschreibt Cicero die wirkliche oder für wirklich erachtete Geschichte des römischen Staates. Er sieht sie als einen Fortschrittsprozeß[47], als einen Lernvorgang, in dem sich organische und pädagogische Elemente verknüpfen. Die *res publica* gleiche einem Knaben, der unter Romulus geboren wurde und unter der Erziehung der Könige zum Manne heranwuchs[48].

2b. Romulus, der Stadtgründer, habe einen guten Ort gewählt, nicht zu nahe am Meer, nicht zu fern von ihm. Cicero teilt Platons Abneigung gegen Seestädte: *est autem maritimis urbibus etiam quaedam corruptela ac mutatio morum*[49]. Hier sammelt sich das Gesocks. Korinth und Karthago sind für Cicero Muster der Sittenlosigkeit. An ihr seien sie auch zugrundegegangen. Romulus habe die beiden *firmamenta*, die doppelte Grundlage des Staates gelegt: die Auspizien und den Senat[50]. Die Auspizien bedeuten das Recht und die Pflicht zur Vogelschau, zur Erkundung des Götterwillens, der zur Legitimation der Politik erforderlich schien. Die Römer haben damit ihre Politik in einen kosmischen Zusammenhang zu stellen versucht, wie es uns in der Idee des Naturrechts wieder begegnen wird.

2c. Die religiösen Rituale soll dann Numa, der zweite König, eingerichtet haben, um die rauhen Sitten zu mildern. Ähnlich wie bei den Sophisten und bei Polybios fungiert die Religion hier als Erziehungs- und Disziplinierungsinstrument[51]. Gegenüber den Göttern als solchen zeigt Cicero eine aufgeklärte Haltung, ihm kam es weniger auf den Glauben als auf den Kult an. Feste mit ihren Opfern, Gesängen und Umzügen gewöhnten das Volk an gemeinsames Handeln; die Anerkennung höherer Mächte begrenzte den

---

46 Cic. rep. II 2
47 *progressio admirabilis*, Cic. Tusc. IV 1
48 Cic. rep. II 3; 21
49 Cic. rep. II 7
50 Cic. rep. II 17
51 Cic. rep. II 26

2. Die Entwicklung der Republik

Spielraum des Erlaubten. Der Begriff *religio* hat im Lateinischen einen weiteren Sinn als das Wort Religion im Deutschen. *Religio* kommt nicht von *religare* – binden, sondern von *religere* – respektieren, das Wort *religio* bedeutet soviel wie Achtung, Rücksicht, Sorgfalt überhaupt und bezeichnet damit einen Respekt vor Grundsätzen, wie sie auch ein Gottloser anerkennen kann. Machiavelli[52] meinte, daß Numa durch die Regelung der Religion mehr für den römischen Staat geleistet habe als Romulus durch die Stiftung des Senats.

2d. Cicero bekämpft sodann die verbreitete Auffassung, Numa habe seine Reform als Schüler des Pythagoras durchgeführt[53]. Pythagoras war um 530 v. Chr.[54] vor dem Tyrannen Polykrates aus Samos nach Unteritalien geflohen und hatte in Kroton, später in Metapont einen philosophischen Orden gegründet. Seine Jünger verehrten ihn als halbgöttliches Wesen, sie glaubten an die Seelenwanderung, nahmen einen ethischen und kosmischen Dualismus an, der in eine allgemeine Beziehungslehre ähnlich der davon abhängigen Astrologie der Araber ausgeweitet wurde. Höchstes Lebensziel war die *sophia*; wer sie suche, sei ein *philosophos*. Das Wort stammt aus der Pythagoras-Schule[55]. In den pseudo-platonischen Definitionen lesen wir: „Philosophie ist das Verlangen nach Erkenntnis der ewigen Dinge, ein Leben für die Suche nach Wahrheit um ihrer selbst willen, eine Pflege der Seele nach den Geboten der Vernunft"[56]. Die Pythagoreer trieben Mathematik, um die Welten- und Sphärenharmonie zu verstehen und so Gott zu erkennen[57], ihr Wahlspruch lautete: *hepou theói*, folge Gott. Die Lebensführung unterstand den Geboten der Reinheit, *katharsis*, vor allem in Speisegesetzen und der Übung, *askésis*, namentlich im Schweigen. Die Übereinstimmung mit der römischen Verfassung lag weniger im Inhalt religiöser Ansichten, als in der Verbindung von Religion und Politik überhaupt.

2e. Wenn Cicero bestritt, daß Numa ein Schüler des Pythagoras war, so gab er gleichwohl den griechischen Einfluß auf Rom zu. *Influxit enim non tenuis quidam e Graecia rivulus in hanc urbem*[58], der „Einfluß" aus Grie-

---

52 Machiavelli disc. I 11
53 Cic. rep. II 28
54 Hieron. chron. z. J.
55 Diog. Laert. VIII 8
56 Platon, horoi 414 B
57 Diog. Laert. VIII 11 f.
58 Cic. rep. II 34

chenland sei nicht gering zu veranschlagen. Überhaupt haben die Römer sich stets dazu bekannt, von anderen Völkern gelernt zu haben[59]. So übernahmen sie von den Etruskern ihre Staatssymbole und die Kunst der Zukunftsdeutung, von den Galliern Gerätschaften und Kleidungsstücke, von den Spaniern Waffen und von den Karthagern die Technik der Plantagenwirtschaft.[60]. Alle diese Dinge aber hätten die Römer verbessert, so daß sie ihre Lehrmeister überflügeln konnten[61].

2f. Der dritte König, Tullus Hostilius, gilt als der Stifter des Kriegswesens. Er soll auch die Sitte der Kriegserklärung und damit das für die römische Außenpolitik grundlegende Prinzip des *bellum iustum* (s. u. X) eingeführt haben. Ancus Marcius, der vierte König, nahm nach Cicero[62] die Latiner in den Bürgerverband auf, gemäß dem Prinzip des Romulus, das Staatsvolk um tüchtige Neulinge zu erweitern. Tarquinius Priscus ordnete die Reiterei, d. h. den *ordo equester* in der noch gültigen Weise[63]; Servius Tullius, der König wurde, obwohl er der Sohn einer Sklavin war[64], richtete die Centurien nach dem timokratischen Prinzip ein, *ne plurimum valeant plurimi*. Die meisten sollen nicht das meiste zu sagen haben. Die von Cicero so genannten *proletarii*, die dem Staat nur wegen ihrer Kinder *(proles)* nützten, faßte der König in einer einzigen Centurie zusammen, so daß ihr Einfluß gering blieb.[65] Das findet Ciceros Zustimmung.

2g. Damit wäre nun die römische Mischverfassung nach karthagischem und spartanischem Vorgang bereits unter dem letzten guten König vollendet, schon damals war das *regnum* zur *res publica* geworden. Es kennzeichnet den konstruktiven Sinn Ciceros, wenn er die Königszeit nicht als Gegenbild, sondern als Vorstufe zur Republik interpretiert[66]. Auch Livius[67] hat das so gesehen. Nur in der harten Schule der Monarchen lernte das Volk jene Diszipin, die es reif zur Freiheit machte.

---

59 Athen. 273 F; Diod. XXIII 2, 1; Plut. Rom. 21; VI 23 f.
60 Mago: Plin. NH. XVIII 5
61 Cic. Tusc. I 1 f.
62 Cic. rep. II 33
63 Cic. rep. II 36
64 Cic. rep. II 37
65 Cic. rep. II 46
66 Klein 1962
67 Liv. II 1, 3–6

2. Die Entwicklung der Republik

2h. Erst der siebente und letzte König, Tarquinius Superbus, entartete zum Tyrannen. Sein Sohn vergewaltigte die tugendsame Lucretia, sie brachte sich vor den Augen ihres Vaters um. Brutus rief das Volk zur Freiheit auf und vertrieb die Königsfamilie[68]. Brutus habe gelehrt, wenn es um die Freiheit gehe, gebe es keine Privatinteressen[69]. Das entspricht dem Gesetz Solons, wer im Bürgerkrieg neutral bleibe, solle der Acht verfallen (s. o. II 1). Die Exekutive wurde hinfort von Consuln ausgeübt, sie ersetzten die Könige. Cicero benutzt die Gelegenheit, den Ruhm von Brutus als Staatsretter zu preisen, wie er als *tutor et procurator rei publicae* in Notzeiten erforderlich sei. Das ist nicht nur ein Hinweis auf Ciceros eigene Tat, die Rettung Roms vor Catilina, sondern erinnert auch unfreiwillig an Caesar und Augustus, die nichts anderes wollten, als den Staat retten. Der Retter war in Ciceros Zeit eine populäre Figur auf der politischen Bühne. Man bedachte nicht die Fabel des Stesichoros[70].

2i. Die nächste Station der römischen Verfassungsgeschichte bei Cicero ist die Einrichtung der *provocatio*, angeblich 509 v. Chr. Es ist das Recht jedes Bürgers, an die Volksversammlung zu appellieren, wenn ihn ein Magistrat mit dem Tode oder mit Züchtigungen bedrohte[71]. Gegen dieses Recht hatte Cicero selbst verstoßen, als er im Jahre 63 die Catilinarier hinrichten ließ. Cicero hatte Rückendeckung gesucht im *senatus consultum ultimum de re publica defendenda*, im letzten und höchsten Senatsbeschluß zur Verteidigung des Staates. Dieses Notstandsrecht nahm der Senat für sich in Anspruch. Mit der Formel *videant consules, ne quid res publica detrimenti capiat*[72] wurden die Consuln beauftragt, Staatsfeinde ohne Gerichtsverfahren zu beseitigen. Die *provocatio* trat außer Kraft.

2j. Die Rechtsfrage war umstritten. Der jüngere Cato erklärte, um den Staat zu erhalten, müßten eben auch Grundrechte vorübergehend aufgehoben werden. Caesar dagegen meinte, wenn man damit erst einmal anfange, gebe es bald kein Halten mehr. Ironischerweise vertraten beide nach Sallust[73] im Jahr 63 genau die gegenteilige Position, die sie dann im Jahre 49 eingenommen haben, als Caesar über den Rubikon ging und Cato sich an den Buchsta-

---

68 Liv. I 57 f.
69 Cic. rep. II 46
70 Artist. Rhet. II 20; s. u. XIII 2d
71 Cic. rep. II 53 f.
72 Sall. Cat. 29
73 Sall. Cat. 51 f.

ben des Gesetzes klammerte. Rein juristisch läßt sich das Problem nicht lösen, die Frage nach den Grenzen des Rechts ist selbst keine rechtliche Frage. Cicero hätte Zustimmung verdient, wenn es über jeden Zweifel erhaben wäre, daß Catilina damals den Staat zerstören wollte. Vermutlich aber sah dieser die Sache ganz anders. Wahrscheinlich wollte er bloß den seiner Meinung nach bereits von der senatorischen Clique untergrabenen Staat wiederherstellen, so wie Caesar und Augustus das später auch erklärt haben.

2k. Es handelt sich mithin um einen Interpretationskonflikt, bei dem die streitenden Parteien die Hoffnung auf eine Einigung aufgegeben haben und die Meinungsverschiedenheit mit der Waffe ausfechten. Von einem Recht zum Bürgerkrieg kann man eigentlich nicht sprechen; ein Recht, das Recht außer Kraft zu setzen, ist ein Widerspruch in sich, der friedlich nur gelöst werden kann, sofern wir über dem Recht des Staates noch ein Recht der Natur oder der Geschichte annehmen. Dieses freilich muß man nicht aus der Zukunft, vom Erfolg ableiten, sondern kann es auch aus der Vergangenheit, aus dem Alter der Institutionen deduzieren, etwa aus der *auctoritas* des Senats. Das wäre römisch gedacht.

2l. Die respektabelste Form, einen politischen Grundsatzstreit zu lösen, der mit Worten nicht zu beheben scheint, ist die Sezession, der Auszug der Unzufriedenen. Nach römischer Tradition erfolgte ein solcher im Jahre 494, vor der Schaffung des Volkstribunats. Es liege, meinte Cicero, in der politischen Entwicklung zuweilen eine Kraft, die sich gegen die bessere Vernunft durchsetze: so das unvernünftige Freiheitsverlangen der Plebs, die im Trotz gegen die *patres* auf den Heiligen Berg abzog, bis ihre Forderungen bewilligt wurden. Cicero sah darin die Erneuerung des erforderlichen Gleichgewichts zwischen der *potestas* der Magistrate, der *auctoritas* der Senatoren der *libertas* des Volkes[74]. Der später in der amerikanischen Verfassungstheorie so wichtige Hinweis auf *checks and balances* spielt bei Polybios und Cicero eine wichtige Rolle.

2m. Ciceros Darlegung der Zwölftafelgesetzes von 450 ist weitgehend verloren; erkennbar ist, daß er die nachträglich doch erlaubte Ehe zwischen Patriziern und Plebeiern guthieß. Auch das Anschließende ist bruchstückhaft, es enthält einen Vergleich der Gerechtigkeit mit der Harmonie in der Musik, die aus den verschiedensten Tönen eine schönes Ganzes mache.[75] Das ken-

---

74 Cic. rep. II 57
75 Cic. rep. II 69

3. Das Naturrecht

nen wir von Platon und Aristoteles, auch bei Pythagoras ist es anzunehmen. Es kommt nicht auf die Uniformität, sondern auf das Zusammenpassen der unterschiedlichen Teile an. Ciceros Ausführungen über die spätere Geschichte der Republik fehlen.

3. DAS NATURRECHT

3a. Als Platoniker glaubt Cicero an die unverfügbare Idee der Gerechtigkeit. In der Sokrates-Nachfolge finden wir den Gedanken eines ungeschriebenen göttlichen Gesetzes bei Xenophon[76], Aristoteles[77] und Isokrates[78]. Dieser Übernorm widmet Cicero das dritte Buch seiner Staatsschrift. An zwei Episoden wird das Problem erläutert. Die eine ist der Auftritt des Karneades in Rom im Jahre 155 mit seinen beiden Reden für und gegen die Gerechtigkeit. Das hat großen Eindruck gemacht, noch die Kirchenväter haben sich damit befaßt. Lactanz[79] meinte, die zweite Rede sei die überzeugendere, auch Cicero hätte die These nicht entkräften können, daß Rom, wie alle irdischen Staaten, auf Macht und nicht auf Recht gebaut sei (s. o. VIII 1 v).

3b. Die zweite Episode ist das Gespräch zwischen Alexander und dem gefangenen Seeräuber. Alexander fragt: „Mit welchem Recht machst du die Meere unsicher?" Der Pirat antwortet: „Mit demselben, mit dem du die Länder unsicher machst." Diese Geschichte überliefert Augustin[80]; er gibt dem Seeräuber-Recht, Großstaaten wie das Alexanderreich und das Imperium Romanum seien Werke der Gewalt und nicht der Gerechtigkeit.

3c. In beiden Fällen geht es um die Frage, ob das Recht, ohne das kein Staat bestehen kann, diesen Staat auch selbst theoretisch legitimiert; ob es neben dem Recht, das der Staat schafft, noch ein Recht gebe, auf dem der Staat beruht; ob es über dem vom Menschen gesetzten (verfügbaren) Recht auch ein höheres (unverfügbares) Recht gebe. Die Kirchenväter haben dies bejaht. Sie unterschieden eine scheinbare menschliche und eine wahre göttliche Gerechtigkeit. Da aber Cicero trotz seiner *anima naturaliter christia-*

---

76 Xen. mem. IV 4, 21 f.
77 Artist. rhet. I 13, 2
78 Isokr. XII 169
79 Lac. epit. 55
80 Aug. CD. IV 4

na[81] ein Heide war, blieb ihm, so meinten sie, die Einsicht in die göttliche Gerechtigkeit verschlossen. Wer diese indes beiseitestellt, wird sich Ciceros Argumentation nicht ganz verschließen können. Die Karneades-Episode und die Alexander-Anekdote vertreten die sophistische Theorie des Thrasymachos, daß die sogenannte Gerechtigkeit bloß der Deckmantel des kollektiven Egoismus von Staaten sei (s. o. III 3). Danach besteht zwischen einer Räuberbande und einem Staat bloß ein quantitativer Unterschied. Daß die Räuber dies auch selbst so sahen, dürfen wir dem Eselsroman des Apuleius[82] entnehmen, wo die Räuber als eifrige Verehrer des Kriegsgottes Mars beschrieben werden. Cicero aber konstatiert mit Platon hier eine Wesensdifferenz. Dem rechtlosen Naturzustand stellt er das Prinzip des natürlichen Rechts entgegen. Nehmen wir das erste Buch von ›De legibus‹ zur Hilfe, wo dasselbe Thema nochmals behandelt ist, so ergibt sich folgendes Bild.

3d. Cicero unterscheidet zwei Ebenen von Normen. Auf der unteren steht das *ius civile*, das positive Recht, wie es sich nach Völkern und Zeiten jeweils andersartig darstellt. Auf der höheren Ebene steht das *ius naturale*, das Naturrecht, das ewig und unveränderlich dauert. Die Sätze des Naturrechts sind so wie die Regeln der Geometrie nicht aus der Erfahrung abgeleitet, sondern erschließen sich nur der sorgfältigsten Selbstprüfung der Vernunft. Das *ius naturale* besteht als Idealmaß, so meint Cicero, selbst dann, wenn es niemals aufgezeichnet, niemals verwirklicht, wenn es dauernd mit Füßen getreten wird. Als der Sohn des Tarquinius Superbus die Lucretia vergewaltigte, war dies ein Verstoß gegen das Naturrecht, ganz gleichgültig, ob es damals ein Gesetz gegen Notzucht gab oder nicht[83]. Als Caesar auf dem Höhepunkt seiner Macht stand, beantragte ein Schmeichler, daß jede Frau ihm zur Verfügung stehen solle[84]. Dies wäre nach Cicero ein Gesetz gegen das Naturrecht gewesen.

Das Naturrecht entspringt dem Urteilsvermögen der reinen Vernunft, die zwar auf die Realität anwendbar ist, nicht aber aus ihr hergeleitet werden kann. Cicero glaubt, daß jedes Vernunftwesen ein angeborenes Gefühl für Recht und Billigkeit besitze. Weil es praktisch unmöglich ist, dieses naturbedingte Gerechtigkeitsempfinden bei allen Menschen im einzelnen nachzuweisen, ist die Annahme eines solchen *ius naturale* eine Hypothese, ein

---

81 Tertul. apol. 17, 6
82 Apuleius met. III 22; VII 5
83 Cic. leg. II 10
84 Dio XLIV 7, 3

Postulat. Cicero hält den Glauben an die Vernunft für einen vernünftigen Glauben und erweist sich damit als Rationalist, wie Platon vor ihm, wie Kant nach ihm.

3e. Indem das Naturrecht seitens der Positivisten und Skeptiker dem Einwand ausgeliefert ist „so etwas gibt es nicht", appelliert Cicero an die Evidenz der Rationalität. Wahre Gerechtigkeit denkt nicht an den eigenen Vorteil, sondern ans Wohl aller Menschen, gibt jedem das Seine *(suum cuique)* und verschont, was den Göttern, was der Allgemeinheit, was anderen Leuten gehört[85]. Das wahre Gesetz ist die unverborgene, naturgemäße Vernunft, an der alle Menschen teilhaben. Cicero begründet das Naturrecht anthropologisch. Der Mensch sei jenes Tier, das von Gott geschaffen sei mit dem Vermögen zur Erinnerung und zur Voraussicht, vielseitig, scharfsinnig, *plenum rationis et consilii*, und diese Vernunft sei das Beste am Menschen. Sie müsse und könne entwickelt werden, denn die Lernfähigkeit sei allen Menschen gegeben[86]. Die Menschheit, die sich als Einheit begreift und die Vernunft verwirklicht, verbessert ihre Lebensumstände, befördert die Humanität.

3f. Cicero stellt den Begriff des Naturrechts in einen engen Zusammenhang mit den Begriffen *ratio* und *virtus*, zwei weiteren allgemeinmenschlichen Fähigkeiten. Gäbe es das im Naturrecht verankerte Urteilsvermögen nicht, dann könnten wir, so meint Cicero, positive Rechte nicht kritisieren, nicht verbessern. Cicero verteidigt ein von allen empirischen Normen losgelöstes, gleichsam apriorisches Wertungsprinzip, das sogar der römischen Tradition übergeordnet wird. *Ex patriis ritibus optima colunto*[87], auch von den überlieferten Regeln sollen nur die besten beachtet werden, nicht alle, die alt und sonst nichts sind. Die Fähigkeit zur Kritik und zur Wertung positiver Rechtsnormen wird als Beweis für das *ius naturale* angesehen. Die wahre Gerechtigkeit ist mithin ein Naturprinzip, nach dem das Weltall als die *civitas communis deorum atque hominum* regiert werde[88]. Die Welt als Staat kennen wir von Heraklit (s. o. II 2). Cicero zeigt mehrfach Ansätze zum Kosmopolitismus, der freilich übergeht in die Idee einer Weltherrschaft Roms[89] und nichts zu tun hat mit dem anarchischen Kosmopolitismus der Kyniker.

---

85 Cic. rep. III 24
86 Cic. III 30
87 Cic. leg. II 22; 40
88 Cic. fin. I 22 f.
89 *patrocinium orbis* Cic. off. II 27

3g. Zum Lobe des Naturrechts findet Cicero großartige Formulierungen. Das vernunftgeleitete, naturgemäße Rechtsempfinden ist unveränderlich und unvergänglich, es ruft zur Erfüllung der Pflicht, warnt vor Verbrechen, auch wenn es Übeltäter gibt, die seine Stimme in den Wind schlagen. Dem Naturrecht kann man nichts hinzufügen, nichts abzwacken, auch es nicht einfach abschaffen durch Senats- oder Volksbeschluß. Es bedarf keiner spitzfindigen Interpretation, ist nicht anders in Rom als in Athen, sondern ist gleich in allen Zeiten und bei allen Völkern. Es ist einzigartig und allumfassend wie Gott, der es geschaffen hat. Wer ihm den Gehorsam verweigert, widersetzt sich seinem besseren Selbst, seiner wahren Natur und ist damit schon hinreichend bestraft, wenn er gleich von allen Strafen verschont bleibt[90].

4. DIE SITTE

4a. Das vierte Buch von Ciceros >De re publica< ist bis auf wenige Fragmente verloren. Erkennbar sind noch die in ihm behandelten Themen: die Erziehung der Jugend, die Stellung der Frau, die Grenzen des Luxus. Weniges läßt sich aus >De legibus< II ergänzen, wo die altrömischen, angeblich von Solon übernommenen, Aufwandgesetze besprochen sind. Cicero begrüßt sie und erachtet es als Fortschritt, daß die Frauen bei Begräbnissen kein Klagegeheul mehr anstimmen und sich nicht mehr zum Zeichen der Trauer die Wangen blutig kratzen dürfen[91].

4b. >De re publica< IV behandelt weiterhin das Theaterwesen und die Musik im römischen Staate. Sie hat hier weniger Aufmerksamkeit gefunden als bei den Griechen. Zweifellos hat Cicero die Kontrolle bejaht, die hier in der römischen Republik ausgeübt wurde. Anders als in Athen gab es in Rom einen strikten Ehrenschutz gegen Komödie und Satire. Der Vers des Naevius[92]: *Fato Metelli Romae fiunt consules* hat den Dichter in Gefahr gebracht, weil er behauptete, das *fatum*, und nicht die *virtus* mache die Meteller zu Consuln. *Fatum* war ein Euphemismus für „gute Beziehungen".

---

90 Cic. rep. III 33
91 Cic. leg. II 64
92 Naev. 47/63

5. DER STAATSMANN

5a. Im ebenfalls verlorenen fünften Buch sprach Cicero über den idealen Staatsmann. In Anlehnung an Platons ›Politikos‹ wird hier durch Scipio der *rector patriae*, der *princeps civitatis* beschrieben. Dessen Bild hat für die Beurteilung der reinen Staatsformen zur Folge, daß das wahre Königtum über Aristokratie und Demokratie gestellt wurde, wie schon Platon und Aristoteles das getan hatten. Dennoch kann man kaum sagen, daß es auch der Mischverfassung übergeordnet würde. Der ideale Staatsmann Ciceros fügt sich in die römische Republik ein und kann dies, weil der Begriff der *auctoritas* seine institutionell nicht verankerte Vorrangstellung ermöglicht. *Auctoritas* ist das gesetzlich nicht geregelte, aber moralisch geforderte Ansehen der Alten, der Erfahrenen, der Weisen. Der Respekt vor der Autorität jener Männer, die ihr Leben im Staatsdienst verbracht haben, aber keine Ämter mehr bekleiden, gehört zu den Grundwerten des römischen Staatsdenkens[93]. So gab es im Senat jeweils einen an Rang allen Anderen vorangehenden *Princeps Senatus*, der nur durch Ruhm und Ehre ausgezeichnet war, und dessen Rat man so leicht nicht übergehen konnte.

5b. Es ist in der Forschung umstritten, ob Cicero sich selbst in eine solche Position hineingewünscht hat, ob sein Ruf nach dem Retter auf eine heimliche Umwandlung der Republik in eine Wahlmonarchie hinzielte. Bisweilen hat er Pompeius als den starken Mann, als den *princeps* betrachtet, zu dem er, Cicero, selbst sich vielleicht eine Stellung dachte wie Platon sie gegenüber Dionysios von Syrakus anstrebte. So wäre beidemale die Macht mit dem Geist verbunden worden[94]. Ciceros ›De re publica‹ ist dennoch keine kryptomonarchische Tendenzschrift, auch wenn Augustus den Gedanken eines *moderator rei publicae* ins Instrumentarium seines Principates aufgenommen hat[95]. Nachdem Cicero als Sieger über die Catilinarier als erster[96], Caesar dann als zweiter[97] den Titel *pater patriae* erhalten hatte, übernahm auch Augustus ihn[98]; er behauptete, als Retter des Staates habe er nicht mehr *potestas* besessen als übrigen Magistrate, und nur die höchste *dignitas* hätte ihn vor allen anderen ausgezeichnet[99].

---

93 Heinze 1960, 43 ff.
94 Ed. Meyer 1922, 177 ff.
95 Heinze 1960, 141 ff.
96 Cic. Sest. 121
97 Suet. Caes. 76
98 Mon. Anc. 35
99 Mon. Anc. 34

6. Scipios Traum

6a. Platon hat ins letzte Buch seiner ›Politeia‹ einen Ausblick ins Jenseits aufgenommen, den Mythos des Pamphyliers Er, der aus der Totenwelt zurückgekehrt sei. Cicero stellte analog dazu ans Ende seiner Schrift ›De re publica‹ das Somnium Scipionis, den Traum Scipios. Im sechsten Buch läßt Cicero Scipio Aemilianus berichten, wie er im Dritten Punischen Kriege 149 v. Chr. nach Africa kam und den befreundeten Numiderkönig Masinissa besuchte. Der habe ihm so viel von seinem (Adoptiv-)Großvater Scipio Africanus, dem älteren Scipio, erzählt, daß der Besieger Hannibals ihm im Traum erschienen sei. Nach seiner Maske habe er ihn wiedererkannt. Der ältere Scipio offenbart dem jüngeren nun seine Zukunft, seine Taten bis zum Tode und sein Leben nach dem Tode.

6b. Der höchste Gott, der die Welt regiert, liebe nichts so sehr wie das Abbild der Welt im kleinen: den Staat, *concilia coetusque hominum iure sociati,* und das Abbild Gottes im kleinen: den edlen Staatsmann (*rector et conservator*). Die *virtus* erhebt sich niemals so hoch in die göttliche Sphäre wie dann, wenn sie einen Staat begründet oder bewahrt[100]. Wer als Princeps unter den Menschen den Staat so lenkt wie der Princeps unter den Göttern die Welt, ist selbst beinahe ein Gott.

6c. Cicero baut in seine Theorie der Republik die Lehre vom gottähnlichen Staatsmann ein, die nach der politischen Logik doch die charismatische Monarchie begründet und die Republik untergraben hat. Stirbt ein solcher göttlicher Staatsmann, so wird nach Cicero seine Seele aus dem Karzer des Körpers – ein pythagoreischer Gedanke – befreit und unter die Sterne versetzt. Dieser hellenistischer Glaube lieferte später die Grundlage für die Vergöttlichung Caesars[101]. Cicero meint – beinahe christlich –, wer stirbt, geht nicht aus dem Leben in den Tod, sondern aus dem Tod ins Leben. Der Weg führt dorthin über *iustitia* und *pietas*, über Gerechtigkeit und Respekt vor den Eltern und vor dem Staat.

6d. Scipio Aemilianus träumt nun, wie er hinauf zur Milchstraße geführt wird, wie er die Erde als winzige Kugel erblickt, auf der das Imperium Romanum bloß als Punkt zu sehen ist. Er hört die Sphärenharmonie, die von den Schalen der kreisenden Planeten erzeugt wird. Nach diesem Vorbild

---

100 Cic. rep. I 12
101 Suet. Caes. 88

hätten die Menschen die Instrumental- und Chormusik geschaffen, um sich ebenfalls einen Zugang zur Sternensphäre zu eröffnen, die außer den Staatsmännern nur noch den Musikern und den Gottesgelehrten offenstehe. Das ist ebenfalls pythagoreisch. Vor den kosmischen Dimensionen verblaßt aller menschlicher Ruhm, in den periodischen Flut- und Feuerkatastrophen gehen die Werke der Menschen zugrunde. Ewig ist nur Gott, der alles bewegt, der niemals ruht und selbst keinen Anfang, kein Ende besitzt.

6e. Der Traum Scipios, das vielleicht schönste Stück lateinischer Prosa, ist der einzige Teil von >De re publica<, der ganz überliefert ist. Ein spätantiker Autor, Macrobius, hat ihn abgeschrieben, als gegen das vordringende Christentum die letzten Heiden ihr Kulturgut zu retten suchten. Denn für einen Christen wie Lactanz[102] war der Traum Scipios natürlich eine Blasphemie. „Cicero, wie warst du vernebelt, wenn du glaubtest, mit Mord und Blut in den Himmel zu kommen!" Gegen die Einbeziehung der Religion in die Politik, gegen die Überhöhung der Politik durch die Religion, wie Cicero das hier versucht, setzt der Christ die Abgrenzung der Religion von der Politik und schließlich die Einbeziehung der Politik in die Religion. Platon und Cicero konstruierten Staat und Welt von unten, von der Vernunft her. Lactanz und Augustin betrachteten sie von oben her, aus der Sicht der biblischen Offenbarung.

7. Ausblick

7a. Ciceros Versuch, die bedrohte Republik zu retten, ist politisch und theoretisch mißlungen. Nach dem Abschluß seiner beiden Staatsschriften 51 v. Chr. ging er als Statthalter nach Kilikien. Als er im Jahre 49 zurückkam, stand Caesar am Rubico. Cicero hat sich mit dem neuen Machthaber abgefunden[103]. Erst nach dessen Ermordung, nach den Iden des März 44, trat Cicero nochmals politisch in Erscheinung mit seinen 14 philippischen Reden gegen Marc Anton. Ihn beschimpfte er als neuen Spartacus, als zweiten Catilina. Ihm dürfe sich Rom nicht unterwerfen, da die Götter doch Rom die Herrschaft über die Welt verheißen und verliehen hätten: *Populum Romanum servire fas non est, quem di immortales omnibus gentibus imperare voluer-*

---
102 Lac. inst. I 18, 11 ff.
103 Ciceros Reden an Caesar: Pro Marcello, pro Ligario, pro rege Deiotaro verbinden Schmeichelei und Ironie.

unt[104]. Als Octavian sich mit Antonius einigen wollte, forderte dieser Ciceros Kopf. So endete Cicero als Märtyrer der *res publica libera* am 7. Dezember 43 v. Chr. [105] Dies ist der politische Mißerfolg.

7b. Der theoretische Mißerfolg Ciceros liegt darin, daß es ihm nicht gelungen ist, ein Modell des römischen Staates zu entwerfen, in dem alle zu seiner Zeit lebendigen Kräfte ihren Platz fanden. Die sozialen Spannungen zwischen Senat und Volk, zwischen Optimaten und Popularen hat Cicero wohl gesehen. Aber er irrte, wenn er meinte, mit Appellen an die *concordia ordinum,* an den *consensus omnium bonorum* ließe sich die aufgeweichte Front der Besitzenden wieder herstellen. Als er die Dauerhaftigkeit der Mischverfassung theoretisch bewies, war sie praktisch bereits erledigt. Richtiger schrieb Tacitus[106]: die Mischverfassung ist leichter zu loben als zu finden, und wo sie einmal auftaucht, geht sie bald wieder unter.

7c. Ciceros Staatsmodell war noch immer auf den Stadtstaat ausgerichtet. So erklärt es sich, wenn er in seinen Theorieschriften die beiden wichtigsten politischen Faktoren seiner Zeit schlicht übersehen hat: die Provinzen und die Armee. Sie wurden, ja waren schon die wesentlichen Stützen der zur Monarchie drängenden Prokonsuln. Seit Montesquieus ›*Considérations sur les causes de la grandeur des Romains et de leur décadence*‹ (1734) ist klar, daß die römische Republik durch die äußeren Erfolge den inneren Halt verloren hat. Die Unruhen der Gracchen resultierten aus den Kriegen in Spanien, Marius gewann seine Macht im Kampf gegen die Germanen, Sulla und Pompeius stiegen auf im Kampf gegen Mithridates, Caesar und Marc Anton im Kampf gegen die Gallier. Das Schicksal der römischen Republik ist ohne ihre Außenpolitik, ohne jenes Wechselspiel von Bund und Vertrag, von Krieg und Frieden nicht zu verstehen. Auch dafür hat Cicero Prinzipien formuliert. Die Lehre vom *bellum iustum*, vom gerechten Kriege, ist darum unser nächstes Thema.

---

104 Cic. Phil. VI 19
105 Tac. dial. 17, 2
106 Tac. ann. IV 33

Kapitel X

DIE LEHRE VOM GERECHTEN KRIEG

   a. Griechen 247
   b. Römer: Janus 247
   c. Rechtsidee 247
   d. hostis, pax 248
   e. Zeus Xenios 248
   f. Drei Kriegs-Typen 248

1. DER HEILIGE KRIEG 249
   a. Alter Orient 249
   b. Griechenland 249

2. DER AGONALE KRIEG 250
   a. Duell: Homer 250
   b. David und Goliath 251
   c. Fairness: Hellenismus, Germanen 251
   d. Gottesgericht 252
   e. Agonales in Rom 252
   f. Ablehnung in Rom 253

3. DER GERECHTE KRIEG 253
   a. Rom ohne Helden 253
   b. Griechen 254
   c. Augustus 254
   d. Fetialen 255
   e. Verteidigungsfälle 256
   f. Pro fide 256
   g. Makkabäus 257
   h. Disziplin 258
   i. Opferbereitschaft: Feldherr ausgeliefert 258
   j. Pflicht gegen Feinde 258
   k. Sieger wird Patron 259
   l. Feind-Typen: Bürger 260
   m. Kulturfeinde und Barbaren .. 260
   n. Räuber und Sklaven 260
   o. Bewaffneter Friede 261

4. DER GERECHTE FRIEDE 261
   a. Recht vor Macht 261
   b. Gerechter Friede 262
   c. Vertragssystem 262
   d. Friedensgarantie 263
   e. Kant 263
   f. Recht statt Volk 263
   g. Nutzen der Unterworfenen? 264
   h. Rom als Erzieher 264
   i. Dialektik der Romanisierung 265

5. RÖMISCHER IMPERIALISMUS 266
   a. Selbstrechtfertigung? 266
   b. Romfeindliche Stimmen 266
   c. Rom in Deutschland 267
   d. Romfreundliche Stimmen 267
   e. Argumente für beides 268
   f. Deutung der Niederlagen 268

    g. Rache der Götter: Allia 269
    h. Caudium, Adrianopel 269
    i. Aberglaube 270
    j. Religio neglecta 270
    k. Fides Publica 271

6. WIRKUNGSGESCHICHTE 271
    a. Mittelalter 271
    b. Neuzeit 272
    c. Schmitt 272
    d. Hitler 273

7. DIE SINNFRAGE 273
    a. Polizeiaktion? 273
    b. Schiedsgerichte 273
    c. Nachwelt 274
    d. Kompromiß zwischen heiligem und agonalem Krieg 274
    e. zwischen Egoismus und Altruismus 275
    f. Unrecht verhindern 275

> Der gerechte Krieg ist das schauerlichste, was
> menschliche Rechthaberei erfunden hat.
>
> Carl Schmitt 1949

X. Die Lehre vom gerechten Krieg

a. Der bevorzugte Gegenstand der antiken Staatstheorie waren die innere Ordnung der Staaten, die Formen und Regeln des Zusammenlebens. Über das Verhalten zu anderen Staaten, über Krieg und Frieden und Völkerrecht verlautet wenig. In der politischen Philosophie der Griechen appellierte man bloß an ein panhellenisches Gewissen, forderte eine humane Kriegsführung im Kampf gegen Mitgriechen und betrachtete die Barbaren als Erbfeinde.

b. In Rom war das anders. Die Römer waren ursprünglich selbst Barbaren und standen kulturell hinter den Etruskern und Griechen zurück. Politisch freilich waren sie ihnen früh gewachsen, und eben dies, an Macht niemandem unterlegen zu sein, war das ganze Bestreben Roms. Im Unterschied zu den Griechen lag der Stolz der Römer nicht in Olympiasiegen, nicht in glänzenden Festen, nicht im Besitz berühmter Kunstwerke, sondern in der außenpolitischen Stellung. Hatten Platon, Aristoteles und Isokrates davor gewarnt, das Stadtgebiet uferlos auszudehnen und hegemoniale Bündnisse zu gründen, so ersehnten die Römer nichts mehr als dies. Durch Verträge, Kolonien und Kriege haben sie dies Ziel verfolgt. Kaiser Augustus soll zum dritten Male innerhalb der römischen Geschichte den Janus-Tempel geschlossen haben, der in Kriegszeiten offen zu stehen pflegte. Überliefert ist die Schließung nach dem Ersten Punischen Krieg, die unter Numa ist sagenhaft[1]. Das heißt, die Römer befanden sich in einem permanenten Kriegszustand. Die politische Ämterlaufbahn der Senatoren begann mit einem mehrjährigen Militärdienst.

c. Diese äußere Lage macht begreiflich, daß die Römer den Krieg auch theoretisch zu bewältigen suchten. Sie bedachten nicht nur, wie man die Krieger erzieht, wie man sie rüstet, wie man sie führt, sondern reflektierten ebenso darüber, für welche Ziele, nach welchem Recht man in den Kampf ziehen sollte. Wie ihr ganzes Leben, so haben die Römer auch ihre Außenpolitik rechtlichen Regeln und religiösen Prinzipien unterworfen.

---

1 Vell. II 38, 3; Mon. Anc. II 13

d. Das Ausgangsproblem war hier, daß die Außenpolitik ursprünglich ein rechtsfreier Raum ist. *In bello omnia licere, quae necessaria sunt ad finem belli,* heißt es bei Hugo Grotius. Diese noch von Schopenhauer[2] und Sigmund Freud[3] als unabänderlich erachtete Tatsache ist jedenfalls in der Frühzeit allgemein verbreitet gewesen. Für die Römer läßt sich das begriffsgeschichtlich an den Worten *hostis* und *pax* aufzeigen. *Hostis* heißt ursprünglich einfach „der Fremde", dieses Wort ist mit dem deutschen „Gast" verwandt. Der Fremde ist rechtlos, wie der Feind, der *perduellis*, und so konnte das Wort *hostis* früh den Sinn von *perduellis*, von „Feind" annehmen[4]. In dieselbe Richtung weist die Wortgeschichte von *pax*. Es kommt von *paciscor, pactus sum* „festsetzen" und bedeutet ursprünglich den festgesetzten Vertrag. Der Friede ist nichts Naturgegebenes. Er muß bewußt geschlossen sein, sonst herrscht der rechtlose Naturzustand. Selbst unser deutsches Wort „Friede" belegt diese Anschauung. Es bezeichnet das Gewaltverbot innerhalb des „umfriedeten" Heiligtums, wo der Gott herrscht, innerhalb des „umfriedeten" Gehöftes, wo der Hausvater regiert.

e. Das rechtliche Niemandsland in außerstaatlichen Bereichen hat früh dazu geführt, hier ersatzweise die Götter als ordnende und richtende Gewalten anzunehmen. Zeus Xenios ist der Schutzherr des Gastrechtes[5], Zeus ist aber auch der Lenker der Schlachten. Die Annahme eines göttlichen Regiments im zwischenstaatlichen Verhältnis hatte nicht die Folge, daß hier Kriege für widergöttlich und unrechtmäßig angesehen wurden, sondern bewirkte, daß man das Kriegsglück den Göttern zurechnete. Der Glaube an die höhere Vergeltung auf Erden ermöglichte die Rede von *iura belli et pacis*[6]. Die Gottesfurcht ist wohl der Grund, daß man die Gier nach Beute als Kriegsgrund ungern zugab.

f. Als Formen der Vermittlung zwischen göttlichem und menschlichen Handeln begegnen uns drei Auffassungen vom Kriege. Es ist zum ersten der heilige Krieg gegen den irrgläubigen, ungläubigen Erbfeind. Er gehört in die Religion, Gott befiehlt oder rechtfertigt den Angriff. Es ist zum zweiten der agonale Krieg gegen den Konkurrenten. Er gehört in den Sport, Gott erwählt den Sieger. Es ist zum dritten der gerechte Krieg. Er gehört ins Rechtswesen, Gott schützt den Geschädigten und gestattet ihm die Vergeltung.

---

2 Schopenhauer V 262
3 Freud 1986, 33 ff. (von 1915)
4 Cic. off. I 37
5 Hom. Od. VI 207 f.; VII 180 f.; IX 271
6 Cic. Balb. 15; Liv. V 27, 6

1. Der heilige Krieg

1a. Die Idee des heiligen Krieges stammt aus dem Alten Orient. Sie besagt, daß ein Fürst oder ein Volk im Auftrage seines Gottes kämpfe und mit dem Krieg ein gottgefälliges Werk verrichte. Daß die Götter und die Heroen als Schlachtenhelfer eingreifen, das glaubten auch Griechen und Römer. Aber sie wurden von ihren Göttern nicht zum Kampf aufgefordert, wie es im Alten Orient üblich war. Dort erschien der Gegner zugleich als Feind Gottes, darum war die Kriegsführung besonders grausam. Die bekanntesten Beispiele liefern die Assyrer und die Israeliten. Nach den Worten der Bibel hat Gott den Israeliten das gelobte Land Kanaan verheißen und ihnen befohlen, die Bewohner zu versklaven[7] oder auszurotten. Wie das Buch Josua lehrt, haben die Juden das auch weitgehend getan. Anschließend fielen sie über die Nachbarn her. Samuel gebot Saul im Namen Jahwes: „Vernichte die Amalekiter! Vernichte sie mit allem was sie haben, schone sie nicht, töte Männer und Frauen, töte Kinder und Säuglinge, töte die Ochsen, Schafe, Esel und Kamele"[8]. Saul aber war ungehorsam, er ließ den gefangenen Fürsten leben und verteilte die Tiere an die Israeliten. Da überkam den Hohen Priester der heilige Zorn, persönlich hieb er den Amalekiter-König in Stücke. Gott aber sandte Saul zur Strafe für seinen Ungehorsam einen bösen Geist und erhob David zu seinem Nachfolger. Das fünfte Gebot „Du sollst nicht töten"[9] bedeutet ursprünglich „Du sollst keinen Israeliten töten". Kriegsgreuel kennen wir natürlich auch von Griechen, Römern und Germanen; aber als Gott wohlgefällig betrachtet sie nur das Alte Testament. Der theokratische Kriegstyp ist bei Griechen und Römern unüblich. Er setzt gewöhnlich einen Monotheismus mit Absolutheitsanspruch voraus, begegnet in den Kreuzzügen und ist im muslimischen Nahen Osten bis heute im Schwang.

1b. Der Begriff des Heiligen Krieges (*hieros polemos*) begegnet ebenfalls in der griechischen Geschichte. Er steht zwischen dem verletzten und erneuerten Gottesfrieden, den die großen Heiligtümer genossen. Polybios schreibt über das Leben im Umkreis von Olympia: Der Friede ist eine Gabe, um die wir die Götter anflehen, für die wir jede Mühe auf uns nehmen, über deren Wert sich alle Menschen einig sind[10]. Aber er war gefährdet. Das unbefestigte Apollon-Heiligtum von Delphi erregte wegen seines Reichtums an

---

7 1. Mose 9, 21 ff.
8 1. Sam. 15, 3
9 2. Mos. 20, 13
10 Polyb. IV 74

Weihegaben dreimal die Begehrlichkeit seiner Nachbarn: 586, 448 und 356 v. Chr. Darauf wurden die Übeltäter von den übrigen Griechen durch Rachefeldzüge bestraft, die als heilig galten[11], weil sie dem Schutz des Apollon dienten[12]. Im letzten Falle nutzte dies Philipp II von Makedonien, um in Griechenland Fuß zu fassen, doch tat er dies nicht im orientalischen Sinne auf Geheiß „seines" Gottes.

2. Der agonale Krieg

2a. Im Unterschied zum heiligen Krieg der altorientalischen Tradition trägt das Kriegswesen der Griechen und später auch der Germanen agonale Züge. Das Erziehungsideal ist *aien aristeuein*, immer der beste zu sein und ausgezeichnet vor andern[13]. Der Krieg hat hier etwas von einem sportlichen Wettkampf, um den Besseren zu ermitteln, er gleicht einem Duell (*monomachia*), um die gekränkte Ehre wiederherzustellen. Der trojanische Krieg wird als Ehrensache, als Wiedergutmachung für den Raub der schönen Helena dargestellt. Herodot[14] hielt das für dumm, aber Giraudoux wandte ein, darüber könne niemand urteilen, der Helena nicht gesehen hätte. Der Turniercharakter des trojanischen Krieges kommt in den zahlreichen Zweikämpfen zum Ausdruck, die Homer beschreibt – nicht nur bei dem zwischen Menelaos und Paris[15]. Sie beginnen mit einer Herausforderung, es folgen Wechselreden, in denen sich die Helden selber rühmen und den Gegner verspotten, dann folgt der Kampf Mann gegen Mann mit Speer und Schwert. Zum Schluß raubt der Sieger dem Besiegten die Rüstung, so wie der Jäger dem erlegten Wild die Trophäe. Als Diomedes und Glaukos sich im Kampf begegnen, stellen sie fest, daß ihre Väter befreundet waren, und beschließen, einander zu meiden. Als Zeichen der Freundschaft tauschen sie die Waffen[16]. Die homerischen Helden kämpfen nicht mit Pfeil und Bogen, obwohl sie das kennen. Diomedes schmäht den Weiberheld Paris, der ihn aus dem Hinterhalt mit dem Pfeil verletzt hat, weil er ihm nicht entgegenzutreten wagte[17]. Anders Odysseus, er fordert von Ilos vergiftete Pfeile, doch der lehnt das ab, weil er den Zorn der Götter fürchtet[18]. Der listenreiche Odysseus (*poly-*

---

11 Diod. XVI 14, 3
12 Strabon IX 3
13 Hom. Ilias VI 208
14 Herodot I 3 f.
15 Hom. Ilias III 15 ff.
16 Hom. Ilias VI 230
17 Hom. Ilias XI 369 ff.
18 Hom. Od. I 259 ff.

2. Der agonale Krieg

méchanos) mißachtet die Regeln des Wettkampfs, wenn er Troja schließlich mit Hilfe des hölzernen Pferdes, aus Ahornbalken gezimmert[19], erobert. Wiewohl Homer in der Ilias überwiegend Kämpfe darstellt, ist er sich des Unglücks doch bewußt, das daraus entspringt und beklagt es[20].

2b. Zweikämpfe begegnen uns ebenso im Alten Testament, namentlich zwischen den Israeliten und den Philistern[21]. Mitunter kämpfen auch mehrere Paare, etwa zwölf gegen zwölf[22]. Die Philister haben es möglicherweise als unfair empfunden, daß David ihren Goliath mit der Schleuder erlegt hat[23]; als David später selbst im Zweikampf gegen den Philister Jesbi Hilfe von Abisai erhielt, der Jesbi tötete, murrten Davids Leute, weil Abisai den Ruhm des Königs verdunkelt habe[24].

2c. Der agonale Kampf verlangt Fairness. Die Spartaner pflegten ihre fliehenden Feinde nicht zu verfolgen[25]. Im Tempel der Artemis Amarynthia auf Euboia hing ein Beschluß, der Fernwaffen ächtete[26]. Man empfand sie als unritterlich. Herodot[27] berichtet von der altgriechischen Sitte, Kriege zu erklären und Schlachtfelder zu vereinbaren, und Polybios[28] bestätigt dies. Früher habe man die Entscheidung in offenem Kampf gesucht, sei man nur auf ehrlich errungene Siege stolz gewesen. Man sei übereingekommen, auf Kriegslist und Fernwaffen zu verzichten, habe den Krieg erklärt, Ort und Zeit der Schlacht vereinbart. Strabo[29] erwähnt einen altgriechischen Brauch, Schlachten durch einen Zweikampf zu eröffnen. Alexander d. Gr. lehnte den Rat, die Perser nachts zu überfallen, ab mit dem Wort, er wolle den Sieg nicht stehlen[30]. In den Diadochenkriegen kam es vor, daß der Sieger dem geflohenen König dessen erbeutete Privatsachen mit freundlichen Grüßen nachsandte. Man kämpfe ja nicht um Sein oder Nichtsein, sondern um Herrschaft

---

19 Vergil Aeneis II 112
20 Hom. Ilias XVIII 107
21 1. Chron. 20
22 2. Sam. 2, 15 ff.
23 1. Sam. 17
24 2. Sam. 21, 15 ff.
25 Plut. Lyk. 22
26 Strabon X 1, 12
27 Herodot VII 9
28 Polyb. XIII 3
29 Strabon VIII 3, 33
30 Plut. Alex. 31, 7

und Ehre[31]. Auch bei den Germanen finden sich Belege für das agonale Kriegsprinzip. Die Kimbern im Jahre 101, vor der Schlacht bei Vercellae, baten Marius, Ort und Zeit der Schlacht zu bestimmen. Marius dankte, die Römer brauchten keinen Rat von ihren Feinden[32]. Daß Schlachtfeld und Schlachtzeit vereinbart wurden, hören wir auch später mehrfach[33]. Arminius und Marbod kämpften *aemulatione gloriae*[34]. Das agonale Denken kennt keinen Feind, sondern nur einen Gegner, und so trägt der Hunnenkönig Etzel im Nibelungenlied alle Züge eines germanischen Helden. Für das agonale Denken dient die Kriegsübung der Ertüchtigung, die Kriegsführung der Bewährung, das Kriegerideal als soziales Leitbild.

2d. Der Gedanke des Krieges als ritterlicher Zweikampf hat nicht nur bei David und Goliath den Charakter eines Gottesgerichtes[35]. Man geht davon aus, daß vor der Entscheidung der Waffen nicht klar ist, wer im Recht ist. Darum gebührt dem Feinde Respekt, die Gegner erachten einander als gleichrangig. Die Ethik hinter dieser Kriegstheorie zeigt sich darin, daß man nicht jeden Vorteil nutzt, um dem anderen zu schaden. Das würde das Gottesurteil verfälschen. Der Zweikampf als Mittel der Rechtsfindung war in der Antike zwischen Privatpersonen nicht üblich, wohl aber zwischen Völkern.

2e. Die römische Geschichte kennt nur wenige Beispiele für den agonalen Krieg. In die mythische Königszeit gehört der Zweikampf der Horatier und der Curatier. Um das Blutvergießen mit dem *nomen Albanum* zu mindern, sei man übereingekommen, anstelle des ganzen Heeres drei Brüder von jeder Seite gegeneinander kämpfen zu lassen[36]. Wer gewonnen habe, das wußte Livius nicht mehr genau. Er meint aber, es müßten wohl die Römer gewesen sein. Auch später gewann jeweils die „richtige" Seite, so wenn Cato 195 v. Chr. in Spanien gemäß Verabredung kämpfte[37] oder wenn Augustus 36 v. Chr. mit Cn. Pompeius vereinbarte, mit jeweils 300 Schiffen bei Naulochos den Kampf auszufechten[38]. Zum Jahre 172 v. Chr. berichtet

---

31 Plut. Dem. 5 f.
32 Plut. Mar. 25
33 Greg. Tur. HF. II 2; Nithart II 10
34 Tac. ann. II 44
35 vgl. Liv. IV 19, 3; Nithart II 10
36 Liv. I 24 ff.
37 Zon. IX 17
38 App. civ.V 118; ein älterer Fall: Pausanias X 16,7

Livius[39] die Auffassung konservativer Senatoren, daß die Vätersitte verlange, Kriege durch Tapferkeit zu entscheiden, nicht durch Schläue, den Kampf anzusagen und abzusprechen und auf unfaire Vorteile zu verzichten. All das schien vorbei. Auch Polybios[40] erörtert den Verlust agonaler Prinzipien im römischen Kriegswesen. Zweikämpfe um die *spolia opima* sind aus den Kriegen gegen die Etrusker und Kelten überliefert[41].

2f. Im allgemeinen haben die Römer das agonale Kämpfen abgelehnt. Im Jahre 324 v. Chr. hatte die Expansion der römischen Macht ein für die Sabiner bedrohliches Maß erreicht. Sie rüsteten. Auf den Einspruch des Senates hin forderten sie die Römer zur Entscheidung der Waffen auf den *campus Campanus*, dort solle der Kriegsgott Mars das Urteil fällen, ob Italien den Römern oder den Sabinern gehören solle[42]. Das haben die Römer abgelehnt. Sie ließen sich das Schlachtfeld nicht vorschreiben. Auch der griechische König Pyrrhos schlug den Römern vor, dem Schicksal anheimzustellen, wem die Herrschaft zukomme, es begünstige den Tüchtigeren[43]. Der Senat widersprach. Die Antwort, die der Kimbernkönig Boiorix von Marius erhielt, haben wir eben gehört [44].

3. Der gerechte Krieg

3a. Die agonale Kriegsauffassung haben sich die Römer nie zu eigen gemacht. Sie erblickten darin eine Leichtfertigkeit im Umgang mit der Gewalt, die dem Ernst des Krieges nicht angemessen sei. *Romanus homo, tamenetsi res bene gesta est, corde suo trepidat,* heißt es bei Ennius[45]. „Der Römer zittert im Herzen, auch wenn er Erfolg hat". Die Vorstellung vom „frischen fröhlichen Krieg" (Heinrich Leo) ist in Rom nicht zuhause, das Ideal des heroischen Einzelkämpfers blieb den Römern fremd. Es ist eine negative Tatsache von Rang, daß sich das griechische Wort *hèros*, das dem deutschen Wort „Held" entspricht, nicht ins Lateinische übersetzen läßt. Dementsprechend kennt die römische Geschichte wohl den Typus des

---

39 Liv. XLII 47
40 Polyb. XXXVI 9
41 Liv. I 10, 6; IV 20, 5; Plut. Marcellus 7; CIL. I S. 283; Prop. IV 10
42 Liv. VIII 23
43 Cic. off. I 38 nach Ennius
44 Plut. Marius 25
45 Cic. de or. II 168

pflichtbewußten Offiziers, nicht aber den Typus des Helden wie Achilles oder Siegfried, wie Leonidas oder Arminius.

3b. An die Stelle der Anschauung vom heiligen Krieg oder vom agonalen Krieg trat bei den Römern die Theorie vom gerechten Krieg. Ganz neu war sie freilich nicht. Aischylos[46] beschrieb den Krieg gegen die Perser als Kampf um die Freiheit; Perikles begründete den Ausbruch des Peloponnesischen Krieges, Alkibiades die Sizilische Expedition mit einer Präventivmaßnahme[47]. Bei Thukydides[48] ruft ebenso der Spartanerkönig Archidamos die Götter zu Zeugen an, daß er gegen die Plataier als Eidbrüchige einen gerechten Krieg eröffne, nachdem diese alle Verhandlungsangebote abgelehnt hätten. 391 definierte der attische Redner Andokides[49] den gerechten Krieg als Wiedergutmachung von erlittenem Unrecht, den gerechten Frieden als Beilegung eines Zwistes zwischen Gleichrangigen im Unterschied zu den Waffenstillstandsbedingungen, die der Sieger dem Besiegten aufzwingt. Xenophon[50] unterstellt auch Kyros, dem Perserkönig, das Bewußtsein, Verteidigung und Hilfe seien gerechte Gründe der Kriegsführung, und ebenso äußerte sich Aristoteles[51]: Krieg sei um des Friedens willen zu führen, für den eigenen Schutz, nicht für die Herrschaft über andere. Ausnahme ist der Krieg gegen Völker, die sich selbst nicht beherrschen können, gegen sie ist der Krieg ebenso gerecht wie die Jagd[52]. Demetrios von Phaleron (um 300) schrieb: ein Sieg ist glänzender und eine Niederlage erträglicher, wenn es für die Eröffnung der Feindseligkeiten einen Rechtsgrund gab.

3c. Polybios[53], der dieses Wort des Demetrios überliefert, betonte, die Römer achteten immer darauf, einen Kriegsgrund zu haben[54]. Dieses Bedürfnis empfand er als Besonderheit, und die Überlieferung bestätigt es. *Nulli genti bello per iniuriam inlato* sagt Augustus in seinem Tatenbericht, er habe gegen kein Volk zu Unrecht Krieg geführt[55], sondern durch seine Siege

---

46 Aischylos, Pers. 402 ff.
47 Thuk. I 140 ff.; VI 16 ff.
48 Thuk. II 74
49 Andoc. De pace 11; 13
50 Xenophon, Cyr. I 5, 13 f.
51 Arist. pol. 1333/4
52 Arist. Pol. 1256 B
53 Polyb. XXXVI 2, 3 f.
54 Polyb. fr. 99
55 Mon. Anc. 26

3. Der gerechte Krieg 255

Frieden geschaffen: *parta victoriis pax*[56], und dies kennzeichnet das römische Empfinden für Kriegsschuldfragen. Krieg schien nur gerechtfertigt, sofern der Gegner ein Gebot des Naturrechtes verletzt hatte und eine ordnungsgemäße Kriegserklärung ergangen war. Gerecht ist ein Krieg, der angesagt ist und geführt wird, um Verlorenes wiederzubekommen oder um Feinde abzuwehren. *Iustum bellum est, quod ex praedicto geritur de rebus repetitis aut propulsandorum hostium causa*[57]. Wie für die Eröffnung, so gab es auch für die Führung des Krieges Rechtsnormen. Jeder Krieg, heißt es bei Diodor[58], setzt die Regeln des Friedens außer Kraft, unterliegt aber seinen eigenen Gesetzen: Waffenstillstand muß gehalten, Gesandte müssen geschont werden; bittet der Verlierer um Schutz und Frieden, so muß der Sieger auf Rache verzichten.

3d. Der Beschluß zum Kriege wird von dem als Heeresversammlung zusammentretenden Volk, von den *comitia centuriata*, gefaßt und dem Gegner von Priestern, den Fetialen, an ein Ultimatum gebunden, übermittelt. Priester galten als unverletzlich und waren vom Wehrdienst freigestellt. Die Fetialen hatten den völkerrechtlichen Verkehr unter sich[59]. Das Collegium bestand aus 20 lebenslang amtierenden Mitgliedern, die sich durch Kooptierung ergänzten. Im Fall eines Kriegsbeschlusses beauftragte der geschäftsführende Consul zwei Fetialen, das Ultimatum zu überbringen. Diese machen sich auf, und sobald ihnen der erste Mann im fremden Lande begegnet, sagen sie: „Höre Juppiter, höre Land, höre du, göttliches Recht! Ich bin ein Gesandter des römischen Volkes und verdiene Glauben." Es folgt die Beschwerde und die Wiedergutmachungsforderung. Abschließend die konditionale Selbstverfluchung[60]: „Wenn ich die Wiedergutmachung zu Unrecht fordere, dann möge mich Juppiter niemals in die Heimat zurückkehren lassen." Dieselbe Formel spricht der Fetiale am fremden Stadttor zum zweiten und auf dem fremden Marktplatz zum dritten Male. Verstreicht dann eine Frist von 33 Tagen, ohne daß der Feind die Forderung erfüllt, so werden die Götter zu Zeugen angerufen dafür, daß das fremde Volk den Römern ihr Recht verweigere und der „saubere, fromme Krieg" (*purum pium duellum*) wird beschlossen. Die Fetialen eröffnen die Feindseligkeiten mit einem rituellen Speerwurf auf das feindliche Land. Diese Sitte, die Livius zu 200[61] und

---

56 Mon. Anc. 13
57 Cic. rep. III 35
58 Diod. XXX 18
59 Liv. IX 5, 1; XXXVIII 42, 7
60 Liv. I 24, 7 f.; Polyb. III 25, 6 ff.
61 Liv. XXXI 8

191 v. Chr.[62] bestätigt und die noch Marc Aurel im Jahre 166 beim Ausbruch des Krieges gegen die Marcomannen beachtet hat[63], wird auf die römischen Könige zurückgeführt: von Cicero[64] auf Tullus Hostilius, von Livius[65] auf Ancus Marcius.

3e. Die Verteidigungsfälle wurden von Cicero[66], ähnlich wie von Andokides, in zwei Typen unterteilt: *pro salute* kämpften die Römer, wenn sie selbst angegriffen wurden; *pro fide*, wenn sie einem bedrohten Bundesgenossen zu Hilfe kamen. In beiden Fällen kann die Reaktion Roms auch als Präventivkrieg oder als Rachekrieg erfolgen, ist aber stets eine Reaktion, keine Aktion. Ein weiterer Kriegsgrund des *bellum iustum* ist die Mißhandlung von Gesandten, für die völkerrechtlich freies Geleit beansprucht wurde. Nach römischer Ansicht liegt in jedem der genannten Fälle eine Verletzung des Naturrechts durch den Gegner vor. Die psychologische Bedeutung des gerechten Grundes für den Kämpfer unterstreicht Properz[67] *frangit et attollit vires in milite causa, quae nisi iusta subest excutit arma pudor.* „Es bricht oder hebt die Kraft im Soldaten der Kriegsgrund, ist er nicht gerecht, schlägt ihm die Scham die Waffe aus der Hand." Noch 378 in der Schlacht bei Adrianopel gegen die Goten vertrauten die Römer auf ihre gerechte Sache[68]. Es hat ihnen allerdings nicht genützt.

3f. Die meisten Kriege haben die Römer *pro fide* geführt. *Fides* ist ein Schlüsselbegriff der römischen Gesellschafts- und Staatsordnung[69]. *Fundamentum est iustitiae fides, id est dictorum conventorumque constantia et veritas*: Grundlage der Gerechtigkeit ist die *fides*, das heißt die Zuverlässigkeit und Ehrlichkeit der Aussagen und Vereinbarungen[70]. *Fides* bedeutet so viel wie „Treue, Vertrauen, Verläßlichkeit" und regelt das Verhalten zwischen Abhängigen: zwischen Patron und Klient, zwischen Rom und den Bundesgenossen, zwischen Sieger und Verlierer. Der Stärkere ist dem Schwächeren Schutz und Hilfe schuldig. Die *Fides Populi Romani* oder

---

62 Liv. XXXVI 3
63 Dio LXXII 33, 3
64 Cic. rep. II 31
65 Liv. I 32 ff.
66 Cic. rep. III 34
67 Prop. IV 6, 51 f
68 Amm. XXXI 7, 9
69 Heinze 1960, 25 f; Becker 1969
70 Cic. off. I 23

3. Der gerechte Krieg 257

Fides Publica wurde früh personifiziert. Man stellte sie dar mit ausgestreckter Rechten, *certissimum salutis humanae pignus*. Alle Völker wissen, schreibt Valerius Maximus[71], daß diese Göttin in Rom stets viel gegolten hat. Sie hatte einen Tempel auf dem Capitol, der angeblich von Numa errichtet worden ist[72], sein Stiftungsfest war der 1. Oktober. Hier waren die Verträge und Bürgerrechtsurkunden ausgehängt. Bisweilen wurden die Römer auch von ihren Feinden an die *Fides* (griechisch *pistis*) erinnert[73].

Seit dem 4. Jh. v. Chr. waren die Römer mit einem Kranz von Bundesgenossen umgeben, so daß zumeist diese die Angegriffenen waren. Oft haben sie sich auch mit kleineren Staaten verbündet, die von einer der hellenistischen Großmächte bedroht waren. So konnte Rom als Befreier auftreten. Nach dem Sieg über Philipp V von Makedonien 196 verkündete Titus Quinctius Flamininus bei den Isthmischen Spielen die Freiheit der Griechenstädte. Polybios[74] und Livius[75] überliefern den Freudentaumel der Griechen. Man konnte es nicht glauben, daß es auf der Welt ein Volk gibt, das für *ius*, *fas* und *lex* eintrete, das auf eigene Kosten und Gefahr Kriege für die Freiheit anderer Völker führe, damit nirgendwo ein *iniustum imperium* herrsche.

3g. Da Livius Römer und Polybios Römerfreund war, könnte man deren Zeugnisse anfechten. Sie werden indessen von unverdächtiger Seite bestätigt. 166 hatten sich die Juden unter Judas Makkabäus gegen Antiochos IV Epiphanes erhoben. Auf der Umschau nach Bundesgenossen gegen die Seleukiden blickten die Juden nach Rom. Wir lesen im ersten Buch der Makkabäer[76]: „Es hörte aber Judas von den Römern, daß sie sehr mächtig wären und fremde Völker gern in Schutz nähmen, die Hilfe bei ihnen suchten, und daß sie Treu und Glauben hielten". Sie zwängen die feindlichen Völker, den Frieden zu wahren, und lebten mit den befreundeten Völkern in Eintracht. Offenkundig genoß Rom damals den Ruf einer internationalen Ordnungsmacht. Auch der Sizilianer Diodor[77] meinte, Rom habe nur gerechte Kriege geführt und eben deswegen habe Gott (*daimonion*) den Römern Erfolg beschert.

---

71 Val. Max. VI 6 pr.
72 Plut. Numa 16
73 Diod. XXIII 1
74 Polyb. XVIII 46
75 Liv. XXXIII 32 f.
76 1. Makk. 8, 1 ff.
77 Diod. XXVIII 3

3h. Zu den Regelungen des Krieges gehörten strenge Disziplingesetze. Der Imperator besaß die kapitale Gerichtsbarkeit auch gegenüber römischen Bürgern, ohne daß diesen ein Appellationsrecht (*provocatio*) zustand. Jeder Wildwuchs individueller Interessen wurde bei den Legionären ausgeschaltet. Das zeigt sich in der Unterscheidung zwischen Kombattanten und Nichtkombattanten. Cato Censorius schrieb an seinen Sohn, der im Kriege gegen Perseus in Makedonien stand, er habe vernommen, die Legion, in der sein Sohn diente, sei aufgelöst worden. Damit sei er aus dem Kriegsdienst entlassen; und auch wenn er noch so gerne weiter mitkämpfen wolle, dürfe er sich doch auf keinen Fall weiter beteiligen. Cato erklärte, es sei nicht rechtens, wenn jemand mit dem Feinde kämpfe, der nicht als ordentlicher Soldat unter Eid und Befehl stehe, *negat enim ius esse, qui miles non sit, cum hoste pugnare*[78]. Plutarch[79] knüpft daran die Unterscheidung zwischen einem Krieger und einem Mörder, der ohne Gesetz und Befehl handelt. Partisanen sind im römischen Kriegsrecht nicht vorgesehen. Sie wurden als Räuber betrachtet und behandelt.

3i. In der Opferbereitschaft für die eigenen Kriegsziele haben die Römer alle antiken Völker, einschließlich der Spartaner, übertroffen. Sie haben niemals einen Frieden zu ihren Ungunsten geschlossen. Wenn ein Feldherr in auswegloser Lage einmal auf freien Abzug eigenmächtig kapitulierte, hat der Senat, um sich aus der Verpflichtung zum Frieden zu lösen, den eigenen Imperator den Feinden gebunden ausgeliefert. Wir kennen mehrere Beispiele dafür[80]. Die Durchführung oblag den Fetialen[81]. Noch der jüngere Cato hat im Senat den Antrag gestellt, Caesar wegen Verletzung des Gesandtenrechts den Germanen auszuliefern[82].

3j. Die Römer kannten aber nicht nur Pflichten gegen den eigenen Staat, sondern auch Pflichten gegen den Menschen überhaupt. Selbst wenn man für eine gerechte Sache kämpfe, sagt Cicero[83], gebe es Pflichten gegenüber dem Feinde. Der Senat habe einen Überläufer, der Pyrrhos zu vergiften versprach, dem König ausgeliefert. Auch dem Feinde gegenüber müsse man Wort halten, wie Regulus dies getan hatte[84] und wie es der Senat mit Hannibal

---

78 Cic. off. I 37
79 Plut. 273 EF
80 Cic. off. III 109; Zon. VIII 18; Val. Max. VI 6, 3
81 Liv. IX 8 ff.; Cicero pro Caecina 98; de oratore I 181; II 137; Velleius II 1, 5
82 Plut. Cato minor 51
83 Cic. off. I 33 ff.; Gell. III 8
84 Liv. per. 18

3. Der gerechte Krieg

tat[85]. Der mit unlauteren Mitteln von Perseus 171 v. Chr. erwirkte Waffenstillstand wird von Livius[86] getadelt. Die früheren Römer hätten ehrlich gekämpft. Auch gegenüber dem besiegten Feinde, meint Cicero, bedürften Rache und Strafe des Maßes. Der Besiegte müsse geschont werden, sofern er nicht unerhörte Grausamkeiten begangen habe. Wer die Waffen strecke und sich der *fides* des Feldherrn unterwerfe, der müsse aufgenommen werden, selbst wenn der Mauerbrecher die Bresche bereits geschlagen habe. Cicero[87] und Valerius Maximus[88] belegen an Beispielen, wie die Römer die *honestas* über die *utilitas* stellten, Gesandte der Feinde geachtet und ihnen sogar eigene Beamte ausgeliefert hätten, die sich Übergriffe hatten zuschulden kommen lassen. *Nihil utile, quod idem non honestum*[89]. In diesem Sinne schonte Scipio seine Gefangenen[90], behauptete Augustus[91] von sich: Fremde Völker, denen man vertrauensvoll verzeihen konnte, habe ich lieber bewahrt als vernichtet: *externas gentes, quibus tuto ignosci potuit, conservare quam excidere malui*. Augustus folgt hier dem Prinzip, das Cicero[92] formuliert: *punire sontes, multitudinem servare*. Jeder Krieg solle so geführt werden, daß er allein dem Frieden diene. Gegen Mißhandlung von Gefangenen sind die Magistrate eingeschritten[93].

3k. Diesen Brauch, meint Cicero, hätten die Vorfahren pünktlich beachtet. Der Feldherr, der eine Stadt besiegt habe, sei anschließend ihr Patron geworden. Die besiegte Stadt trat in die Klientel des Siegers. Den italischen Gegnern hätten die Römer sogar das Bürgerrecht verliehen. Karthago und Numantia hätten sie allerdings zerstört, weil von dort eine ständige Bedrohung ausgegangen sei. Das Ende Korinths, das nur mit einer Gesandtenbeleidigung zu rechtfertigen war, empfindet Cicero[94] als Schmach, hier habe ein präventives Denken mitgesprochen. Die Schonung des Besiegten, heißt es in einer Rede Catos[95], verpflichtet diesen zum Dank gegenüber dem Sieger und verdient das Lob des Unbeteiligten. Milde liegt somit im Interesse aller.

---

85 Liv. XXII 61, 4
86 Liv. XLII 47, 4 f.
87 Cic. off. I II 107 ff.
88 Val. Max. VI 6
89 Cic. off. III 110
90 Diod. XXVII 6, 2
91 Mon. Anc. 3
92 Cic. off. I 80 ff.
93 Diod. XXIV 12, 3
94 Cic. off. III 46
95 Diod. XXXI 3, 4

3l. Die rechtliche Differenzierung der Kriegsgründe ist verbunden mit einer moralischen Differenzierung der Gegner. Was jemand tut, hängt ab davon, wer jemand ist; und wenn man weiß, mit wem man es zu tun hat, dann weiß man auch, was man von ihm zu erwarten hat. Die Differenzierung im Feindbild hat Folgen für die Kriegsführung. So wie die Römer sich selbst in Rangstufen eingeordnet haben, so haben sie das ebenfalls mit ihren Feinden getan. Am peinlichsten empfand man den Gegner im *bellum civile*. Der Bürgerkrieg wurde allgemein als Schande betrachtet. Das zeigt sich darin, daß der Sieger im Bürgerkrieg keinen Triumph erhielt. Namen, Bilder und Maßnahmen des Gegners verfielen der *damnatio memoriae*, man wollte sich dessen – anders als der äußeren Siege – nicht erinnern. Augustus hat seinen Sieg über Marc Anton umfrisiert in einen Sieg über Kleopatra[96], ähnlich wie das Caesar[97] zuvor mit dem Krieg gegen Scipio in Africa, Vespasian hernach mit dem gegen Civilis getan hat[98].

3m. Unter den äußeren, d. h. den normalen, Feinden begegnen zwei Klassen. Cicero[99] unterscheidet zwischen Kriegen gegen Barbaren wie Germanen und Kelten, die um Sein oder Nichtsein gingen, und Kriegen gegen andere Kulturvölker wie Italiker, Punier und Griechen, wobei nur die Hegemonie auf dem Spiele stehe. Erstere müßten notwendig hart, letztere hingegen sollten gemäßigt geführt werden. Cicero beschreibt hier zugleich ein Stück Praxis. Tatsächlich haben die Römer die Kriege gegen Barbaren – etwa die Illyrier[100] oder Germanen[101] – zumeist erheblich härter geführt als gegen Kulturvölker. Zumal gegen die spanischen Insurgenten hat Rom mit der Politik der abgehackten Hände operiert[102].

3n. Eine dritte Klasse von Gegnern sind sodann Räuber, Piraten und aufständische Sklaven. Sie gelten nicht als Feinde Roms, d. h. *hostes legitimi*, sondern als Feinde der Menschheit insgesamt, als Verbrecher[103]. *Hostes hi sunt, qui nobis aut quibus nos publice bellum decrevimus. Ceteri latrones aut praedones sunt.* „Feinde sind jene", heißt es im Corpus Juris[104], „die mit uns

---

96 Horaz carm. I 37, Dio LI 21, 7 f.
97 Plutarch, Caes. 55
98 Jal 1963
99 Cic. off. I 38
100 App. X 11
101 Dio LVII 6, 1
102 Dio XXII 75; XXIII 79
103 Cic. off. III 107
104 Dig. L 16, 118

oder mit denen wir einen öffentlich erklärten Krieg führen. Alle anderen sind Räuber." Gellius[105] unterscheidet zwischen *hostes iusti* und *hostes iniusti*. Ihnen gegenüber gelten die Gebote der Fairness nicht[106]. Zugleich aber bringt ein Sieg über sie auch keinen sonderlichen Ruhm. Der über Räuberbanden siegreiche Feldherr erhält keinen ordentlichen Triumph, sondern nur eine *ovatio*, bei der er zu Fuß, nicht auf dem Wagen einzieht, einen Kranz aus Myrtenlaub, nicht aus Lorbeer trägt. Die Myrte war der Venus heilig, der Lorbeer dem Mars. Daß Räuber sich selbst freilich als Kombattanten ansahen, ergibt sich aus dem Eselsroman des Apuleius[107], wo die Räuber eifrige Verehrer des Kriegsgottes Mars–Ares sind und einander als *commilitones* anreden.

3o. Die Römer haben die Waffen im Interesse des Friedens geführt. Die Devise des Kriegsschriftstellers Vegetius[108]: *qui desiderat pacem praeparet bellum* ist in der Form *si vis pacem, para bellum* zum geflügelten Wort geworden. Die Theorie der Abschreckung findet sich bei Thukydides[109], bei Platon[110], bei Livius[111] und in der ersten Königsrede des Dion von Prusa[112]. Sie bleibt bis in die Spätantike lebendig[113].

4. Der gerechte Friede

4a. *Quis ignorat utilius ac melius esse frui pace quam bello vexari?* „Wer wüßte nicht, daß es besser und schöner ist, Frieden zu genießen als Krieg zu erleiden?"[114]. Der Zweck jedes gerechten Krieges ist auch nach Cicero[115] die Sicherung eines friedlichen Lebens. Der ohne Hinterlist gehaltene Friede sei stets als höchstes Ziel zu bedenken, wenn Kriege eröffnet, geführt oder geschlossen würden. Recht gehe vor Macht. *Cedant arma togae*[116], die Toga

---

105 Gellius V 6, 21
106 Cic. off. III 107
107 Apuleius met. IV 11; 22; VII 10 f.
108 Vegetius III pr.
109 Thuk. IV 62
110 Plat. Gesetze 803 D; 814 D; 829 AB
111 Liv. VI 18, 7
112 Dion Chrysostomos or. I 27
113 Synesios, de regno 22
114 Tac. dial. 37
115 Cic. off. I 35; 80
116 Cic. off. I 77

des Bürgers rangiere über der Waffe des Kriegers. Grundsätzlich sei ein Streit zwischen Menschen mit Rechtsgründen zu entscheiden. Mit Zähnen und Klauen kämpften nur Tiere, daher sei Krieg nur da gerechtfertigt, wo ein Angreifer wie eine Bestie über einen friedlichen Nachbarn herfiele.

4b. Cicero glaubte, das römische Reich habe sich dadurch beinahe über die ganze Welt erweitert, daß die Römer ihren Bundesgenossen jeweils zu Hilfe gekommen seien: *noster autem populus sociis defendendis terrarum iam omnium potitus est* [117]. Ein Weltreich aus der Defensive. Wie war das möglich? Wie die Eröffnung und die Durchführung des Krieges, so war auch dessen Abschluß Gegenstand theoretischer Erwägung. Zur Theorie des gerechten Krieges gehört die des gerechten Friedens. Streng genommen hätte der Krieg mit der Wiedergutmachung des vom Gegner verschuldeten Schadens abgeschlossen, der Vorkriegszustand wiederhergestellt werden müssen. Das war jedenfalls die Ansicht des Andokides.

4c. Dennoch waren die Römer gewöhnlich mit einem solchen Resultat nicht zufrieden. Gewöhnlich kämpften sie, bis der Gegner sich auf Treu und Glauben ergab. Für die *deditio* gab es ein Formular[118]. Nahm Rom die Kapitulation an, so konnte der Feind mit Schonung rechnen. Bisweilen wurde sie aber abgelehnt, wenn man meinte, dabei käme der Feind zu gut weg[119]. Als Schlußformel eines Vertrages gab es die Bestimmung: „Entstehen abermals Streitigkeiten, so sollen sie nach Recht und Billigkeit entschieden werden, oder wenn es beiden Mächten gut scheint, durch Krieg"[120]. Der Krieg erscheint hier als Rechtsverfahren. Es kam vor, daß derselbe Gegner Rom mehrfach angriff, so daß die Römer ihre Kriegsziele steigerten. Häufig wurde der überwundene Feind in das römische Vertragssystem aufgenommen. Dabei behielt er seine Selbstverwaltung, doch verlor er die außenpolitische Souveränität und mußte Rom Truppen stellen[121]. Dafür übernahm Rom den Schutz des neuen Bundesgenossen. Das so geschaffene Klientelverhältnis rechtfertigte die römischen Annexionen. Sie seien deswegen gerecht, weil damit den Annektierten die Möglichkeit genommen werde, erneut Unrecht zu tun. Die Sklaverei (im weiteren Sinne verstanden) nützt dem Sklaven, dem Abhängigen: *talibus hominibus sit utilis servitus et pro utilitate eorum fieri,*

---

[117] Cic. rep. III 35
[118] Liv. I 38, 1 f.
[119] Polyb. XV 4, 2
[120] Liv. XXXVIII 38, 17
[121] *foedus iniquum*, Liv. XXXVIII 11

cum recte fit, id est cum improbis aufertur iniuriarum licentia et domiti melius se habebunt[122]. Den Unterworfenen geht es besser unter der römischen Herrschaft.

4d. Das Ziel eines Krieges ist es, nicht bloß den alten, ungesicherten Frieden wiederherzustellen, sondern ihn zu garantieren. Dazu muß man ihn „erlassen", dem Gegner *leges pacis imponere*. Der römische Feldherr sieht seine Aufgabe darin, den Feind zu besiegen (*debellare*), ihn zu befrieden (*pacare*) und ihm das römische Recht aufzuerlegen, einschließlich der römischen Steuern. Ziel der *pax* ist die *securitas*, die Sorglosigkeit vor brachialer Gewalt. Daraus erklärt sich die Verbindung von Pax mit Attributen: *pax Romana, pax Augusta*. Hier wird die Garantiemacht genannt, die für den Römer mit dem Friedenszustand verbunden ist. Es gibt nicht den Frieden als solchen, sondern nur einen bestimmten Frieden.

4e. Immanuel Kant entwarf 1795 in seiner Schrift zum ewigen Frieden den Vertrag für ein föderatives System aller Staaten, die gleichberechtigt neben- und miteinander einen friedlichen Völkerbund bilden sollten. Eine solche Struktur schien den Römern unpraktikabel. Sie glaubten an die Notwendigkeit einer Hegemonialmacht, die den Frieden sichert und Schutz gewährt, und dafür Gehorsam fordern darf. Die vorausgegangenen Versuche der Griechen, unter einer Mehrzahl von gleichberechtigten und selbständigen Staaten einen dauerhaften Frieden zu schaffen, waren fehlgeschlagen, so der panhellenische Kongreß des Perikles[123]. Der erste allgemeine Landfriede, der von 386, stand unter dem Protektorat des Königs von Persien[124], der zweite, der von 338, unter dem des Königs von Makedonien[125].

4f. Die Beseitigung der nationalen Selbständigkeit hat den Römern deswegen kaum Kopfzerbrechen gemacht, weil der Nationalismus und seine Devise: „jedem Volk sein Staat" in der Antike unbekannt war und darüber hinaus die ethnischen und religiösen Sitten der Unterworfenen in der Regel nicht angetastet wurden. Die Unterwerfung ist im römischen Sinne aus dem Gedanken gerechtfertigt worden, die Völker aus dem Naturzustand eines Kampfes aller gegen alle in ein friedliches und gesetzmäßiges Verhältnis zueinander zu bringen. Das Recht der Unterwerfung liegt in der Unterwer-

---

122 Cic. rep. III 36
123 Plutarch, Perikles 17
124 Diod. XIV 110, 3
125 Diod. XVI 89; Iustin IX 5

fung unter das Recht. Die fremden Völker werden nicht dem römischen Volk, sondern dem römischen Recht unterworfen. Nicht die Römer herrschen über Nichtrömer, sondern das römische Recht herrscht über die Römer und Nichtrömer. Der Unterschied liegt bloß darin, daß die Teilhabe an der politischen Macht auf Reichsebene das römische Bürgerrecht voraussetzt.

4g. Die Einsicht in den Nutzen der römischen Herrschaft wurde den Unterworfenen nicht ganz leicht gemacht[126]. Erst in der Kaiserzeit romanisierten sich die Provinzen. In der Auseinandersetzung mit der revolutionären Politik der Gracchen, die den Wünschen der stadtrömischen Plebs durch eine verschärfte Ausbeutung der Provinzen entgegenkommen wollten, meint Cicero, daß deren Praktiken, zur Regel erhoben, die römische Herrschaft vom Recht zur Gewalt gebracht und den freiwilligen Gehorsam der Provinzen durch den Schrecken ersetzt hätten[127]. Die Freiwilligkeit, mit der die Völker den Römern gehorcht haben, war zur Zeit Ciceros mit empfindlichen Ausnahmen belastet. Noch unter Augustus gab es zahlreiche lokale Erhebungen, und es hat eine Weile gedauert, bis Exekution, Deportation und Massenversklavung jenen Lernprozeß herbeiführte, der den Unterworfenen die Vorzüge des römischen Systems schmackhaft machte[128].

4h. Die Theorie des gerechten Krieges zeigt die Römer in der selbstgewählten Rolle eines Erziehers der Völker. Vergil[129] hat dies als den Weltberuf Roms hingestellt: die Übermütigen niederzwingen, den Unterworfenen aufhelfen und einen gesitteten Frieden zu sichern: *tu regere imperio populos Romane memento! hae tibi erunt artes pacique imponere morem, parcere subjectis et debellare superbos.* Daß bei einer solchen Politik auch das Interesse der Römer nicht zu kurz kam, versteht sich und ist zuweilen selbstkritisch ausgesprochen worden. Plutarch[130] knüpft an die Schlacht bei Pharsalos 48 v. Chr. die Überlegung, wohin Habsucht und Ehrgeiz die Römer schließlich gebracht hätten. Statt sich gegenseitig zu bekämpfen, hätten Caesar und Pompeius die Parther und Inder, die Skythen und Germanen niederwerfen sollen, denn die Zivilisierung der Barbaren sei doch wenigstens ein vorzeigbares Motiv zur Beschönigung der eigenen Habsucht.

---

126 Cicero in Verrem passim; s. u. XII 1b!
127 Cic. rep. III 41
128 Dio LIII 29, 2
129 Vergil Aen. VI 847 ff.
130 Plutarch, Pomp. 70

4. Der gerechte Friede

4i. Trotz dieser Kritik war Plutarch kein Gegner des römischen Systems; und trotz des augenfälligen Eigennutzes der Römer wird die Berechtigung eines expansiven Kulturimperialismus nicht bestritten. Hätte er schon über die Hegelsche Methode verfügt, so hätte er gesagt: Das moralische Recht findet seinen Weg in einem dialektischen Fortschrittsprozeß. Wenn ein Staat Rom angreift, tut er Unrecht. Dieses Unrecht wird behoben, indem Rom zurückschlägt und Wiedergutmachung erzwingt. Indem die Römer ihren Gegnern die Selbständigkeit nehmen, gehen sie aber über das Maß der berechtigten Forderung hinaus und tun ihrerseits Unrecht. Dieses Unrecht nun wird dann ausgeglichen, wenn die Unterworfenen selbst zu Römern werden und Anteil an der Herrschaft gewinnen.

Tatsächlich sind die Römer mit der Verleihung des Bürgerrechts großzügiger verfahren als alle anderen antiken Völker. Sie haben ihre freigelassenen Sklaven, überwiegend Kriegsgefangene, zu Mitbürgern erhoben und immer wieder Fremde gleichberechtigt in den Bürgerverband aufgenommen. Das empfand selbst ein Gegner Roms wie Philipp V von Makedonien als vorbildlich. Er schrieb 214 an die Bürger von Larisa in Thessalien, wenn sie aus ihrem Elend herauskommen wollten, dann mögen sie das Bürgerrecht großzügiger handhaben, so wie die Römer, die sogar Sklaven zu Bürgern machten, ihnen Ämter verliehen und so in kurzer Zeit 70 Tochterstädte gegründet hätten[131]. Später vergaben die Römer das Bürgerrecht vor allem als Gegenleistung für Dienst in den Hilfstruppen[132]. Ein berühmtes Zeugnis für diese bis in die Spätantike bezeugte Gesinnung ist die Rede des Kaisers Claudius vom Jahre 48 für das *ius honorum* der Gallier[133]. Tacitus[134] hält das in der Cerialis-Rede den Galliern entgegen: „Leute von euch kommandieren Legionen, Leute von euch regieren Provinzen, *nihil separatum clausumve*, nichts ist euch verschlossen, nichts uns vorbehalten." Die letzten Rechtsunterschiede innerhalb des Reiches beseitigte Caracalla 212 durch die ›Constitutio Antoniniana‹[135]. Das lobte selbst ein Rom gegenüber so kritischer Geist wie Augustinus[136] als eine im höchsten Grade menschenwürdige Tat.

---

131 Sylloge 573 IV
132 Dessau 1986 ff.
133 Dessau 212; Tac. ann. XI 23 ff.
134 Tac. hist. IV 74
135 Dio LXXVII 9, 5
136 Augustin CD. V 17

5. Römischer Imperialismus

5a. Die Lehre vom gerechten Krieg tritt uns als die Theorie der siegreichen Macht entgegen. Mögen die Römer geglaubt haben, sie verdankten ihre Siege der gerechten Sache, für die sie eintraten, so müssen sich uns doch Zweifel aufdrängen, ob das nicht nur eine Beschönigung der nackten Gewalt war, ob die „gerechten" Kriege nicht nur „selbstgerechte" waren. Die Selbstrechtfertigung des Stärkeren hat immer etwas Zynisches in sich, erscheint leicht als schadenfroher Selbstgenuß der eigenen Überlegenheit.

Die Mehrung des Reiches galt allzeit als ruhmvoll; darum wurde auch ein Triumph nicht für die Wiedergewinnung verlorenen Landes, sondern nur *pro aucto imperio* gewährt[137]. Die Römer haben schon im Philinos-Vertrag mit Karthago 306 v. Chr. Italien als ihre Interessensphäre erklärt[138] und diese nach und nach ausgeweitet. Cicero selbst, der Theoretiker des *bellum iustum*, hat die Maßnahmen des Pompeius im Osten[139], seine eigenen Minikriege in Kilikien[140] und die Siege Caesars als Leistungen für die Sicherheit Roms hingestellt[141] und mit Bedauern bemerkt, daß Caesar aus Britannien keine Beute mitbringe, sondern bloß Sklaven, die sich kaum durch literarische oder musikalische Bildung auszeichnen dürften[142].

Damit kommen wir von der Darstellung zur Kritik der Theorie vom gerechten Kriege. Diese Kritik muß auf zwei Ebenen geführt werden, auf der historisch-politischen Ebene und auf der juristisch-philosophischen Ebene. Im ersten Falle ist zu prüfen, ob die Römer die Lehre vom *bellum iustum* nur propagiert, oder ob sie diese auch respektiert hätten. Im zweiten Falle geht es um die weiterreichende Frage, ob und wie ein gerechter Krieg an sich möglich sei. Zunächst zur historisch-politischen Frage. Hier handelt es sich um den sogenannten Imperialismus Roms.

5b. Die erste Kritik am Anspruch Roms, gerechte Kriege zu führen, war von dem Griechen Karneades gekommen (s. o. VIII 1v). Später hören wir Romkritik auch aus römischem Munde. Tiberius Gracchus sagt bei Appi-

---

[137] Val. Max. VIII 4
[138] Polyb. III 26
[139] Cicero, Cat. IV. 21; Pis. 29
[140] Cicero, Att.V 20; fam. XV 4
[141] Cic. prov. cons. 30 ff.
[142] Cic. Att. IV 17, 7; 20, 5; fam. VII 7; Strabon IV 5, 3

an[143]: „Die Römer haben ihr Gebiet zumeist durch Krieg und Gewalt gewonnen, nun hoffen sie noch auf den Rest der Welt." Sallust[144] legte dem König von Pontos Mithradates, Tacitus[145] dem Britannenkönig Calgacus scharfe Worte gegen Roms Kriegspolitik in den Mund. In gleichem Sinne äußerten sich frühchristliche Apologeten. Bei Lactanz[146] heißt es: „Wie wenig eine gerechte Politik mit einer nützlichen zu tun hat, lehren die Römer, die ihre Kriege durch Fetialen ansagten und rechtmäßig Unrecht begingen. Indem sie fremde Gebiete gewaltsam in Besitz nahmen, gewannen sie zuletzt die ganze Welt." Lactanz[147] gibt Karneades recht. Romfeindliche Passagen hat auch Augustin[148].

5c. Die antirömische Haltung ist in der Neuzeit vor allem in Deutschland vertreten worden, etwa von Humanisten wie Erasmus und Pufendorf. In der deutschen Aufklärung war sie Gemeingut, insbesondere Herder[149] hat sie verfochten. Noch der bürgerliche Klassizismus des 19. Jhs. war so sehr durch sie geprägt, daß in Preußen Mommsens >Römische Geschichte< nicht zur Anschaffung in Schulbüchereien freigegeben war: Mommsen war zu romfreundlich. Der Grund für diese Haltung liegt im traditionellen Philhellenismus der Deutschen. Winckelmann, Goethe und Wilhelm von Humboldt sind seine größten Repräsentanten. Der antirömische Affekt wurde durch eine antikatholische Note verstärkt. Während sich die romanischen Völker, die „Welschen", mit den Römern identifizierten, berief man sich diesseits der Alpen und des Rheins auf die Griechen. Sie waren das wahre, originale Kulturvolk, dagegen schienen die Römer bloße Militaristen, bestenfalls Organisatoren. Fichtes Lehre von den Urvölkern sanktionierte das.

5d. Auf der Gegenseite steht die Meinung, daß die Römer das Prinzip des gerechten Krieges zumindest grundsätzlich geachtet hätten. Abgesehen von wenigen Verstößen, hätten sie den Verteidigungsfall abgewartet und dann zu Recht dem Gegner die Möglichkeit genommen, erneut loszuschlagen. Diese romfreundliche Haltung wurzelt im italienischen Humanismus eines Petrarca oder Machiavelli, wurde fortgeführt in der französischen Aufklärung, etwa

---

143 App. civ. I 11
144 Sall. hist. IV fr. 69
145 Tac. Agr. 30
146 Lact. inst. VI 9, 4
147 Lact. inst. V 14, 3 ff.
148 Fuchs 1938, 22 f.
149 Herder, Ideen XIV 3

bei Montesquieu, aber auch bei Gibbon. Während der englische Imperialismus sich früh auf Rom berief, gewann Deutschland ein sympathischeres Bild von Rom im Zuge der nationalen Einigungsbewegung. Als man im späteren 19. Jh. selber politisch zu denken begann, respektierte man auch Roms Ausgreifen.

5e. Eine klare Entscheidung zwischen den pro- und antirömischen Stimmen ist schwer. Dies beruht darauf, daß es für beide Seiten Beispiele und Gründe, Zeugen und Gegenzeugen gibt. Eine ideologische Fiktion ist es, wenn Vergil[150] die Eroberung Griechenlands als Rache für die Zerstörung Trojas darstellt, aus dem sich die Römer über Aeneas hergeleitet haben. Ebenso poetisch bleibt es, wenn er den Konflikt zwischen Rom und Karthago aus dem Fluch der Dido über den abreisenden Aeneas herleitet[151]. Andererseits haben die Römer gegenüber Karthago 264 und 218 sehr formell gehandelt und sind 196 und 187 sogar aus Griechenland wieder abgezogen. Insofern läßt sich keine der beiden kontroversen Ansichten verallgemeinern, die Wahrheit liegt irgendwo zwischen den Extremen einer konsequent gerechten und einer rücksichtslos ungerechten Kriegsführung.

5f. Für den Versuch der Römer, ihre Kriege auf Rechtsgründe zu stützen, spricht ein meist übersehenes Argument. Die Römer haben diese Theorie nicht nur aus der Pose des Siegers, sondern auch aus der des Verlierers vertreten. Nicht alle Kriege haben sie ja gewonnen. Und diejenigen, die sie verloren haben, wurden von ihnen selbstkritisch als Folgen eigener Verstöße gegen das Völkerrecht aufgefaßt, sozusagen als Folge ihrer Selbstverfluchung. Dazu ein Beispiel: Nach der annalistischen Tradition sind die Römer 387 von den Kelten an der Allia geschlagen worden. Livius[152] berichtet, daß in den vorausgegangenen Verhandlungen die römischen Gesandten zu den Waffen gegriffen und die Anführer der Kelten heimtückisch getötet hätten. *Urgentibus Romanam urbem fatis legati contra ius gentium arma capiunt.* Die Gallier hätten daraufhin von den Römern Wiedergutmachung verlangt, ganz im Sinne des *ius gentium*, der Senat habe ihre Gesandten ans Volk verwiesen, und dies hätte eine Sühne abgelehnt. Als die Gallier erfuhren, daß die römischen Rechtsbrecher weiterhin in allen Ehren standen, ihre eigenen

---

150 Vergil Aen. VI 836 ff.
151 Vergil Aen. IV 625
152 Liv. V 36

5. Römischer Imperialismus

Boten aber abgewiesen worden seien, marschierten sie auf Rom, vernichteten das römische Heer und eroberten die Stadt[153].

5g. Kein moderner Historiker hält diese Vorgänge für geschichtlich. Aber gerade ihre Erfindung ist von Interesse. Denn sie bezeugt den Glauben daran, daß die Götter denjenigen bestrafen, der gegen das ungeschriebene, bei allen Völkern anerkannte *ius naturale* verstößt[154]. Dem läßt sich auch nicht entgegenhalten, daß die Historiographie ein zu schmales Publikum erreicht habe, um eine Wirkung zu entfalten. Denn der 18. Juli, der Jahrestag des Unglücks, war ein *dies religiosus*, ein *dies ater*, einer jener 36 Tage des römischen Kalenders, an denen nur das Nötigste verrichtet werden durfte, keine religiösen und staatlichen Amtshandlungen, ja nicht einmal private Festlichkeiten statthaft waren. Auf diese Weise prägte sich jene selbstverschuldete Katastrophe ein, mit ihr zugleich natürlich deren Ursache, der Verstoß der Römer gegen das *ius naturale*.

5h. Die selbstkritische Deutung der Niederlage an der Allia ist kein Einzelfall. Eine leicht variierte Parallele bietet die Vorgeschichte zur Schlacht in den Caudinischen Pässen gegen die Samniten 321 v. Chr. Die Römer hatten in einem gerechten Krieg gegen dieses Bergvolk einen Sieg erfochten. Daraufhin beschlossen die Samniten, den römischen Wiedergutmachungsforderungen nachzukommen und außer den Gefangenen und der römischen Beute den Anstifter des Krieges und dessen Vermögen auszuliefern. Dieses Sühneangebot haben die Römer jedoch abgelehnt. Sie versprachen sich von einem weiteren Feldzug mehr und wollten dafür ihren gerechten Grund behalten. Damit aber verstießen sie nun ihrerseits gegen das *ius naturale*. Livius[155] legt dem Samnitenführer eine Rede in den Mund, mit der er die Gerechtigkeit seiner Sache klarstellt. Die Götter werden zu Zeugen angerufen, daß die Römer den Frieden verweigerten und die Samniten zur Gewalt zwängen; gottgefällig seien die Waffen dann, wenn man keine andere Rettung erhoffen könne. Es kam zur Einschließung der Römer, zur Kapitulation des Heeres und der symbolischen Erniedrigungszeremonie des *sub iugum mittere*. Die Beispiele für solche Selbstbezichtigungen nach Niederlagen ließen sich vermehren[156]. Noch die letzte, den Untergang Roms einleitende Katastrophe

---

153 Diod. XIV 113, 6; Ps. Aurel. Vict. De viris ill. 23
154 Gaius, Inst. I 1
155 Liv. IX 1
156 Diod. XXIII 12; 15, 2; Dio XXVII 91, 4; Florus I 46, 6

von 378 n. Chr. bei Adrianopel wird vom zeitgenössischen Historiker Ammian[157] als Folge römischer Schuld gesehen.

5i. Die Rückführung eigener Niederlagen auf schuldhafte Verstöße gegen das Völkerrecht bezeugt einen Glauben an die Vergeltung der göttlichen Gerechtigkeit, der es verbot, die römischen Interessen ohne Rücksicht auf die Rechte anderer zu verfolgen. Wäre die Idee des *bellum iustum* bloß eine normative Fiktion in propagandistischer Absicht, dann hätte man die römischen Niederlagen lediglich auf militärische Fehler, auf taktisches oder strategisches Versagen zurückgeführt, das ja immer wirklich schuld war. Im Falle der Schlacht bei Cannae 216, der größten militärischen Katastrophe der römischen Geschichte, hat man das auch getan. Wenn man sonst die eigene Schuld in den Vordergrund stellte, so bezeugt das noch nicht die Tatsache, daß sie vorlag, wohl aber die Absicht, daß man sie tunlich vermeiden sollte. Der Kriegsschriftsteller Onasandros[158] aus dem 1. Jh. n. Chr. betonte in diesem Sinne, daß die Götter nur gerechte Kriege unterstützen und die Krieger nur im Verteidigungsfalle mit gutem Gewissen kämpfen. Treffend bemerkt Sigmund Freud[159], daß sich hinter einem derartigen Aberglauben „ein Stück ethischer Feinfühligkeit" verberge, „welches uns Kulturmenschen verlorengegangen ist."

5j. Zu den Indizien für die politische Relevanz des Aberglaubens zählen jene Niederlagen, die auf *religio neglecta* zurückgeführt wurden[160]. Die Römer befragten bei allen Staatshandlungen die Götter, sei es durch Beobachtung des Vogelfluges (*auspicia*), sei es durch Eingeweideschau (*haruspicina*), sei es durch Öffnung der sibyllinischen Bücher. Häufig wurde ihnen bei dieser Gelegenheit von ohnedies bedenklichen Unternehmen abgeraten, d. h. in der Deutung der Zeichen äußert sich Skepsis in der Sachfrage. Wenn sich ein Feldherr darüber hinwegsetzte und verlor, so warf man ihm Religionsfrevel vor. Das bekannteste Beispiel ereignete sich im Ersten Punischen Kriege, als die heiligen Hühner nicht saufen wollten und vom Imperator ins Meer geworfen wurden, um saufen zu lernen. Prompt ging die Seeschlacht verloren[161]. Auch vor der Schlacht bei Cannae zeigten die heiligen Hühner

---

157 Amm. XXXI 4, 9 ff.
158 Onasandros strat. 4
159 Freud 1986, 55 (von 1915)
160 Cic. nat. deor. II 8
161 Liv. per. 19; Suet. Tib. 2

wenig Appetit[162]. An die Religiosität der Vorfahren erinnerte Sallust[163] in zeitkritischer Absicht: *nostri maiores, religiosissumi mortales... neque victis quicquam praeter iniuriae licentiam eripiebant* – „Unsere Vorfahren, die frömmsten unter den Sterblichen, entrissen den Besiegten nichts als die Möglichkeit, leichtfertig Unrecht zu tun."

5k. Die religiöse Verankerung der politischen Ethik spiegelt sich im Kult für die personifizierte *Fides Publica*, die angeblich seit Numa, tatsächlich seit etwa 250 v. Chr. auf dem Capitol ein Heiligtum besaß. Ihr Standbild zeigte eine ausgestreckte rechte Hand[164]. An den Wänden waren die völkerrechtlichen Verträge und die Urkunden über Bürgerrechtsverleihung ausgehängt. Auch fanden hier Senatssitzungen statt. Eine Silbermünze des 3. Jhs. aus der griechischen Stadt Lokroi in Bruttium zeigt die *Pistis* (d. h. *Fides*) vor der Dea Roma. Offenbar hatte die Stadt Grund zur Dankbarkeit. Der wohlbezeugte Aberglaube der Römer bietet mithin die Gewähr, daß die Lehre vom *bellum iustum* mehr war als ein Vorwand. Sie hat regulativ gewirkt, und nur der Grad der Wirkung kann strittig sein. Hinter dem Ideal einer *iustitia naturalis* bleibt die römische Politik gewiß weit zurück. Verglichen aber mit der Realität eines *bellum omnium contra omnes*, mit den endlosen Grenz- und Hegemonialkriegen der Griechen und den ewigen Stammesfehden der Kelten und Germanen läßt sich die römische Kriegstheorie doch als Fortschritt werten.

6. WIRKUNGSGESCHICHTE

6a. Die Lehre vom gerechten Kriege ist vom christlichen Mittelalter übernommen worden. Wir finden sie seit Ambrosius[165] und Isidor von Sevilla[166] bei vielen Autoren. Das Christentum, keineswegs unbedingt pazifistisch, deutete den Krieg auch als Strafe Gottes oder als Lehrstück vom Unwert alles Irdischen[167], doch ist der Bellizismus, d. h. die Lehre vom erzieherischen Sinn des Krieges, nicht unser Thema.

---

162 Liv. XXII 42, 8
163 Sall. Cat. 12
164 Val. Max. VI 6 pr.
165 Ambr. de off. 27–36
166 Isid. etym. XVIII 1, 2 f.
167 Theodoret Hist. Eccl. V 41

6b. Die Neuzeit hat an der Theorie vom *bellum iustum* weitergearbeitet, so der Humanist Hugo Grotius († 1645) in seinen drei Büchern ›De iure belli ac pacis‹. Am Grundsätzlichen wurde seitdem nicht gerüttelt, wenngleich das agonale Motiv im Interesse der Staatsraison immer wieder durchschlug, so in dem Streben nach *gloire* bei Ludwig XIV und Friedrich dem Großen. Die französischen Revolutionskriege, die den Fortschritt auf der Spitze der Bajonette verbreiten wollten, bezeugen ein missionarisches Bewußtsein, das über das Vertrauen der Römer auf die *iusta causa* hinausgeht und als säkularisierte Variante des heiligen Krieges erscheint. Der Erste Weltkrieg wurde begonnen mit dem guten Gewissen des agonalen Prinzips und beendet mit der Wiederentdeckung der Kriegsschuld, wie sie nur im Konzept des *bellum iustum* denkbar ist. Indem der Paragraph 231 des Versailler Vertrags Deutschland die Alleinschuld zuschob, wurde der Erste Weltkrieg aus der Sicht der Entente zum gerechten Krieg erklärt. Der Kellogg-Pakt von 1928 beschränkte zulässige Kriege, ganz im römischen Sinne, auf die Verteidigung, und Artikel 2 Absatz 4 der Charta der Vereinten Nationen hat das übernommen.

6c. In Deutschland dagegen wurde die Theorie vom gerechten Krieg im Gefolge der Romantik als Augenwischerei abgetan. Adam Müller pries 1808 den Krieg als die Bewährung und verhöhnte die Illusion vom ewigen Frieden. „Wir dürfen getrost alles Naturrecht außer oder über oder vor dem positiven Rechte leugnen"[168]. Die härteste Kritik stammt von Carl Schmitt[169]: „Wenn ein Staat im Namen der Menschheit seinen politischen Feind bekämpft, so ist das kein Krieg der Menschheit, sondern ein Krieg, für den ein bestimmter Staat gegenüber seinem Kriegsgegner einen universalen Begriff zu okkupieren sucht, um sich (auf Kosten des Gegners) damit zu identifizieren, ähnlich wie man Frieden, Gerechtigkeit, Fortschritt, Zivilisation mißbrauchen kann, um sie für sich zu vindizieren und den Feinden abzusprechen. ‚Menschheit' ist ein besonders brauchbares ideologisches Instrument imperialistischer Expansion und in ihrer ethisch humanitären Form ein spezifisches Vehikel des ökonomischen Imperialismus... Wer Menschheit sagt, will betrügen." Schmitt hat hier wohl die Parolen des amerikanischen Präsidenten Wilson aus dem Ersten Weltkrieg im Sinne. Daß dessen Prinzipien zum ökonomischen Imperialismus führen, hat Schmitt gewiß richtig gesehen, wenn wir die spätere Ausweitung der amerikanischen Hegemonie bedenken. Ob dagegen

---

168 Adam Müller, Die Elemente der Staatskunst I, 1808/1922, 53
169 C. Schmitt, Der Begriff des Politischen, 1927/32, S. 42

Schmitts Konzept des Nationalismus und des agonalen Krieges besser ist, steht dahin.

6d. Hitler hat die Römer gelobt, weil sie jeden Krieg angeblich so abgeschlossen hätten, daß in ihm bereits der Keim zum nächsten gelegen habe. Er betrachtete den Kampf ums Dasein als den wissenschaftlich erwiesenen Naturzustand unter den Völkern und verstand damit eine zoologische, allenfalls steinzeitliche Verhaltensform als letzten Erkenntnisfortschritt. Die unbedingte Bejahung des Krieges erübrigt seine Rechtfertigung ebenso wie seine unbedingte Verneinung. In der Ablehnung einer Legitimation von Kriegen befindet sich Hitler im Einklang mit dem konsequenten Pazifismus. Für beide ist die Theorie vom *bellum iustum* nur eine „humanitäre Phrase".

7. DIE SINNFRAGE

7a. Das Prinzip des *bellum iustum* hatte eine geschichtliche Bedeutung als Parole und als Motiv. Ist es aber auch sachlich gerechtfertigt? Es wird ja nicht nur von Nationalsozialisten und Zeugen Jehovas abgelehnt. Das Grundproblem liegt scheinbar im Selbstwiderspruch des Begriffs. Man könnte argumentieren: das Recht sei ein Mittel, Streitigkeiten friedlich beizulegen, mithin die Alternative zum Krieg, so daß schon der Begriff vom gerechten Krieg Unfug wäre. Das ist er nicht. Denn das Recht funktioniert nur auf dem zivilen Sektor gewaltfrei, nicht auf dem kriminellen. Wer einen rechtmäßigen Kampf zu führen beansprucht, behauptet, eine Polizeiaktion durchzuführen, und eine solche ist mit dem Gedanken des Rechts durchaus vereinbar. Politische Dimensionen hatte das in der Reichsexekution des Heiligen Römischen Reiches Deutscher Nation angenommen, etwa beim Kampf gegen Franz von Sickingen 1523, als sogar Sympathisanten Luthers dem Kaiser folgten.

7b. Das Grundproblem im *bellum iustum* besteht vielmehr darin, daß derjenige, der ihn führt, Ankläger, Richter, Büttel und Henker in einer Person ist. Das ist im gewöhnlichen Strafrecht anders. Hier besteht außerdem ein Basiskonsens zwischen den Parteien über die Rechtmäßigkeit der Gesetze und der Richter. Zwischenstaatliche Schiedsgerichte, die eigenmächtige Polizeiaktionen ersetzen, begegnen uns bei den Griechen[170]. Die Römer haben Schiedsgericht geübt[171], sich ihm aber nicht unterworfen. Das schien ihnen

---

170 M. N. Tod, International Arbitration amongst the Greeks, 1913
171 Plutarch, Cato Maior 22 f.

mit der *maiestas populi Romani* nicht vereinbar. Sie träumten von der *gloria Romanorum*, der *aeternitas imperii*, das heißt: sie verließen sich auf das Urteil der Nachwelt.

7c. Das Urteil der Nachwelt aber ist gespalten. In der Regel beruht es darauf, wie man die eigene politische Lage zu derjenigen Roms in Beziehung setzt. Carl Schmitt argumentierte aus der Position der Griechen gegen Rom. Das war die Perspektive des deutschen Klassizismus. Schmitt sah, daß die *Pax Romana* an die Unterwerfung gebunden war, und dies kam für ihn in der Situation nach dem Ersten Weltkrieg nicht in Frage. Nach dem Zweiten Weltkrieg sah die Lage anders aus. Wir finden uns mit der Hegemonie der Amerikaner ab, weil wir mit unserem eigenen Nationalismus schlechte Erfahrungen gemacht haben. Indem wir den Krieg gegen Hitler als gerechten Krieg anerkennen, rehabilitieren wir dieses Prinzip und gewinnen wir Verständnis für die Haltung der Römer gegenüber Hannibal, gegenüber Perseus, gegenüber Antiochos III und allen sonstigen Alexander-Imitatoren. Und da es nach 1945 üblich geworden ist, daß Kriege nicht mehr erklärt, sondern einfach eröffnet werden, daß Friede nicht mehr geschlossen und noch viel weniger gehalten wird, nötigt uns der urtümliche römische Formalismus einigen Respekt ab.

7d. Die Lehre vom gerechten Krieg ist ein Kompromiß, und zwar in zweifacher Hinsicht. Zum ersten bietet er eine Zwischenlösung zwischen dem heiligen Krieg orientalischen Typs, den die Kinder des Lichts im Auftrage Gottes gegen die Söhne der Finsternis führen, und dem agonalen Krieg okzidentalen Typs, der als Wettbewerb zwischen grundsätzlich Gleichrangigen um den Kranz des Sieges gedacht ist. Der heilige Krieg hat das Furchtbare, daß er den Gegner verteufelt und seine Vernichtung gestattet. Er ist besonders grausam. Der agonale Krieg dagegen begnügt sich mit der Feststellung des Tüchtigeren und dem Gewinn des Siegespreises, wozu wohl Gold und Silber und die Frauen gehören. Er wird zwischen moralisch Gleichwertigen geführt, unterliegt einem Ehrenkodex und ist humaner als der heilige Krieg. Sein Wesen erlaubt es jedoch, ohne jeden Anlaß, bloß aufgrund einer Herausforderung, eröffnet zu werden. Das Prinzip des *bellum iustum* der Römer vermittelt. Die Gegner sind moralisch nicht gleichwertig, doch ist der Unterschied zwischen Recht und Unrecht geringer als der zwischen Gut und Böse, so daß der Sinn des Sieges nicht die Ausmerzung, sondern bloß die Belehrung des Gegners ist. Sobald er Buße tut und Besserung schwört, muß man ihm verzeihen. Die Römer haben dementsprechend auch nie die Vorstellung vom Erbfeind entwickelt. In der Kaiserzeit besaßen sie überhaupt kein

7. Die Sinnfrage

Feindbild mehr. Die Barbaren wurden notfalls gezüchtigt, um sie zu zivilisieren.

7e. Zum zweiten stellt der gerechte Kieg einen Kompromiß dar zwischen dem realen Egoismus und dem idealen Altruismus, zwischen einem Expansionismus, der sich alles aneignen möchte, und einem Pazifismus, der alles zu opfern bereit ist. Die Idee vom *bellum iustum* geht aus von der Annahme, daß sich die „berechtigten Eigeninteressen" jedes Gemeinwesens bestimmen lassen, daß feststellbar ist, was man dem Nachbarn zumuten kann. Diese Annahme läßt sich nicht beweisen, darum ist die reinere Ethik die eines Sokrates, die eines Jesus, die lieber Unrecht litten als Unrecht zu tun. Die Voraussetzung dafür ist freilich, daß man mit Luther sagt „Nehmen sie den Leib, Gut, Ehr, Kind und Weib, laß fahren dahin, sie haben's kein Gewinn. Das Reich muß uns doch bleiben."

7f. Die Römer vertrauten nicht auf das Reich Gottes, sondern auf ihr eigenes. Sie fragten nicht, ob es besser sei, Unrecht zu tun oder Unrecht zu leiden, sondern suchten – wenigstens programmatisch – zu verhindern, daß Unrecht geschieht, und eben dies wäre ihr Weltberuf. Ohne Waffen sei dies nicht möglich. Die Theorie des *bellum iustum* ist eine Zwischenlösung, faul wie jeder Kompromiß, aber eben deswegen erfolgversprechend. Zu legitimieren ist er nur durch einen Fortschrittsgedanken. Huizinga[172] deutet ihn an, wenn er den agonalen und den sakralen Krieg als „archaisch" bezeichnet. Dahinter steht die Hoffnung, daß der römische Weg irgendwann einmal zum Weltfrieden führte. Wie er aussehen könnte, darüber hat man sich im römischen Reich sehr genaue Vorstellungen gemacht. Sie sind unser nächstes Thema.

---

[172] Huizinga 1938, 162

Kapitel XI

KAISERTUM UND ROMIDEE

a. Gibbon 279
b. Entstehung des Reiches 279
c. Dios Demokratie-Kritik 280
d. Krisenangst 280
e. Romideologie 280

1. VIER TITEL 281
   a. Staatsrecht 281
   b. Volkssouveränität und Gottes-Gnadentum 281
   c. republikanisch 282
   d. hellenistisch 282
   e. *vier Kaisertitel* 282
   f. 1. *princeps* – republikanisch 282
   g. Mommsen 283
   h. Absolutismus 283
   i. 2. *imperator* – militärisch . 284
   j. 3. *Caesar* – dynastisch 284
   k. Rache 285
   l. Mars-Ultor-Tempel 285
   m. Legionen caesartreu 285
   n. Familienpolitik 286
   o. Nachfolge 286
   p. princeps iuventutis 287
   q. Adoption 287
   r. Ahnenschwindel 288
   s. 4. *Augustus* – religiös ... 289
   t. Charisma 289
   u. Volk: Gottes Stimme 290
   v. Vorzeichen 290
   w. Dio an Septimius 290
   x. Stobaios 291
   y. Vierfache Legitimation 292

2. VIER DICHTER 292
   a. 1. Vergil 292
   b. Aeneis 292
   c. 2. Horaz 293
   d. 3. Properz 294
   e. 4. Ovid 295

3. VIER REDNER 296
   a. Vier Autoren 296
   b. 1. *Seneca* 296
   c. Clementia 296
   d. Hausvater 297
   e. Dienst am Volk 297
   f. 2. *Plinius* 298
   g. Recht 298
   h. Wohlstand 299
   i. Sicherheit 299
   j. Glück 300
   k. 3. *Aelius Aristides* 300
   l. 4. *Dio* 301
   m. Maecenasrede 301
   n. Ratschläge 302
   o. Rücktrittsrede 302

4. AUSBLICK 303
   a. Spätantike 303
   b. Claudian 303
   c. Christentum: Archipoeta ... 304

> Das große Ja zu allen Dingen als Imperium Romanum sichtbar, für alle Sinne sichtbar, der große Stil nicht mehr bloß Kunst, sondern Realität, Wahrheit, Leben geworden ...
>
> Nietzsche

XI. Kaisertum und Romidee

a. Zu den Gedankenspielen, wie sie die Aufklärung schätzte, gehört die Frage, in welcher Zeit ihrer Geschichte die Menschheit am glücklichsten gewesen sei. Gewiß ist eine begründete Antwort schwierig, denn Zeugnisse für das Durchschnittsglück besitzen wir nicht, und die Äußerungen über das Glücksgefühl einzelner sind erstens selten, zweitens wenig aussagekräftig für die Allgemeinheit und drittens selbst für den Betroffenen quellenkritisch anfechtbar. Dennoch kann man die Frage stellen, in welcher Periode die Menschen am wenigsten Grund zur Klage hatten, wann die besten Rahmenbedingungen für ein glückliches Leben vorlagen. Dafür könnte die römische Kaiserzeit den Preis verdienen. Edward Gibbon hat 1776 in seiner ›History of the Decline and Fall of the Roman Empire‹[1] jedenfalls erklärt, die glücklichste Zeit der Menschheit sei die zwischen der Thronbesteigung Nervas und dem Tod Marc Aurel gewesen, also die Jahre zwischen 96 und 180 n. Chr. Für diese Ansicht gibt es eine Reihe von Argumenten, von denen uns die staatstheoretischen beschäftigen sollen.

b. Seit dem 4. Jh. v. Chr. beherrschte Rom Italien. Im 3. Jh. unterwarf es Karthago und gewann das westliche Mittelmeer, im 2. Jh. bezwang es die hellenistischen Mächte und kontrollierte das östliche Mittelmeer. Es wurde zum *mare nostrum*. Im 1. Jh. zeigten sich jedoch Rückwirkungen der Weltmacht auf die Verfassung. Die positive äußere Lage hatte negative Folgen für die innere Stabilität, denn mit den Organen eines Stadtstaates konnte man das Weltreich nicht regieren. Die ungeheuren Machtmittel des Imperiums waren nicht kollegial zu verwalten. Die Solidarität unter den Senatoren wurde durch rivalisierende Feldherren zerbrochen. Seit Marius streiten die „starken Männer" um die Macht, das läßt die Herausbildung einer monarchischen Gewalt erkennen. Marius und Cinna, Sulla und Catilina, Pompeius und Caesar haben durch jeweils andersgeartete Ausnahmegewalten das republikanische Gleichgewicht zerstört und damit die *corruptissima res publica*[2] allmählich

---

1 Gibbon 1776, I 136, ch. III
2 Tac. ann. III 27, 3

in eine Monarchie verwandelt. Caesar[3] erklärte den Senatoren, er werde allein regieren, wenn sie zur „Mitarbeit" nicht bereit wären.

c. Die Ermordung Caesars wurde, bei allem Respekt namentlich vor Brutus, dem *honourable man*, als politische Torheit verurteilt. Cassius Dio, dessen Sympathien eher Pompeius als Caesar galten, nutzte das Attentat zu einem Exkurs über die Nachteile der „Demokratie" – so übersetzte er *res publica libera* – gegenüber der „Monarchie". Die Demokratie hat zwar einen schöner klingenden Namen als die Monarchie, doch lebe es sich unter ihr nicht so angenehm. Ein Monarch könne durchaus unfähig sein, aber richte damit meist weniger Schaden an als eine unfähige Masse in der Demokratie. Dio kannte nur eine einzige Demokratie, die von Athen, und sie hatte ihren Bürgern nur kurze Zeit Glück beschert. Eine republikanische Verfassung schien ihm für das große Imperium ungeeignet, weil das „Volk", d. h. die wahlberechtigten Stadtrömer, ihr Augenmaß verloren hatten[4].

d. Die Umwandlung des republikanischen Stadtstaates Rom in den monarchischen Flächenstaat des Imperiums ist der blutigste Verfassungswandel, den das Altertum erlebt hat. Cicero und seine Zeitgenossen haben es nicht begreifen können, wie die Römer in dem Augenblick, da sie keinen ernsthaften Feind mehr hatten, die Waffen gegen sich selber, gegen die „Eingeweide ihres eigenen Staates" kehrten[5]. Der Höhepunkt an äußerer Macht war zugleich ein Tiefpunkt an innerem Zusammenhalt. Die damit verbundene Krisenangst mündete in eine Erlösungssehnsucht, die aus westlich-rationalen und östlich-religiösen Elementen jene politische Heilslehre schuf, die wir Rom-Ideologie nennen. Sie ist in der Antike nie zu einem System zusammengefügt worden, ihre Kerngedanken jedoch begegnen bei vielen Autoren vom 1. Jh. vor bis zum 5. Jh. n. Chr.

e. Die Rom-Ideologie besagt, daß der *populus Romanus* aufgrund seiner überragenden *virtus*, insbesondere seiner *fides* und seiner *pietas,* von den Göttern und dem Schicksal begünstigt[6], die Herrschaft verdient und erworben hätte. Das Imperium Romanum umfasse den *orbis terrarum*, den Erdkreis[7]. Sinnfällig machten dies drei Triumphe des Pompeius 61 v. Chr. über

---

3 Caes. BC. I 32, 7; III 57, 4 (quies, pax, salus)
4 Dio XLIV 2
5 Vergil, Aeneis VI 834
6 Liv. I 55; X 36, 12
7 Lucrez III 836 f.; Velleius I 2, 3,; II 124, 1; 126, 3; Vogt 1960, 149 ff.

Africa, Europa und Asien[8]. Das Imperium, glaubte man, reiche so weit und dauere so lang wie die Welt. Rom, die *Urbs aeterna*, sei das *caput mundi*[9], ein Auszug und Abriß der ganzen Welt: *epitomé tés oikoumenés*, eine Himmelsstadt, *uranopolis*[10]. Zweck der römischen Herrschaft sei die Verbreitung der Zivilisation, die Wahrung der Gerechtigkeit und die Sicherung des Friedens[11]. Der so verstandene Glaube an Rom trägt die Züge einer politischen Religion.

1. VIER TITEL

1a. Staatsrechtlich ist der Principat des Augustus problematisch. Das beruht auf seiner Geschichte, genauer: auf seiner Geschichtslosigkeit. Die Monarchie besaß in Rom keine tragfähige Tradition. Caesar hatte zunächst als Consul und Proconsul regiert, hatte dann die republikanische *dictatura* zu einem Daueramt umgewandelt und versucht, die altrömische Königswürde zu erneuern[12], doch gab es dagegen Widerstände im Volk. Octavian spielte eine Zeitlang mit dem Gedanken, sich „Romulus" zu nennen, hat das aber ebenfalls wieder aufgegeben[13]. Der Grund liegt vermutlich darin, daß die Erinnerung an die Könige zu stark vom letzten, von Tarquinius Superbus, und der Freiheitstat des älteren Brutus überschattet war[14]. Durch einen Rückgriff auf die Könige konnte sich die neue Monarchie nicht legitimieren.

1b. Was Augustus dann geschaffen hat, war ein Kompromiß. Sein Principat verknüpft die verschiedenen Traditionen so geschickt, daß die Gelehrten bis heute streiten, ob er eigentlich auf der römisch-republikanischen Volkssouveränität beruht oder aber aus dem orientalisch-hellenistischen Gottesgnadentum zu verstehen sei. Klar ist, daß beide Elemente vorhanden sind. Sie bleiben für das Kaisertum bestimmend, wobei bald das eine, bald das andere in den Vordergrund tritt. Kaiser wie Augustus selbst, dann Tiberius, Claudius, Vespasian und die Adoptivkaiser verkörpern eher den römischen Strang, während Nero, Domitian, Commodus, Caracalla und die spätrömischen Kaiser stärker hellenistisch-orientalische Traditionen aufnehmen.

---

8 Velleius II 127
9 Cic. Sest. 67; 129; Balb. 16; Plutarch, Pomp. 45
10 Liv. I 16, 6 f.; V 54, 7
11 Athen. 20 B
12 Dio XLIII 43, 2
13 Suet. Aug. 7, 2
14 Cic. rep. II 52; Dio LIII 16, 7

1c. Das Nebeneinander dieser beiden Strömungen ist schon unter Augustus zu beobachten. Im ersten Satz seines Tatenberichts heißt es, er hätte die republikanische Freiheit, die von einer tyrannischen Clique unterdrückt gewesen sei, wiederhergestellt. Jedes Amt, das nicht der römischen Tradition entsprach, hätte er abgelehnt[15]. Was Augustus verschweigt, ist die verfassungswidrige Bündelung und Streckung von Befugnissen, die ihn eben doch zum mächtigsten Mann erhoben haben. Immerhin hat die republikanische Selbstdarstellung des Augustus Eindruck gemacht, noch unter Tiberius feiert Velleius Paterculus[16] Augustus als denjenigen, der die *prisca illa et antiqua rei publicae forma* erneuert habe.

1d. Die hellenistische Komponente fassen wir vornehmlich im Osten. Kleinasiatische Städte baten darum, für Augustus einen Kult einrichten zu dürfen[17], die Nachricht von seiner Herrschaft wird als frohe Botschaft, als „Evangelium" verbreitet[18]. Die griechische Dichterin Balbilla[19] verlieh Hadrian den Titel *pambasileus*, Weltenherrscher, den sonst Juppiter trug[20]. Auch die römischen Dichter vertreten die hellenistische, nicht die republikanische Tendenz.

1e. Betrachten wir die doppelte Legitimation des römischen Kaisertums genauer, so lassen sich die beiden genannten Stränge abermals aufspalten und die so entstehenden vier Komplexe je einem der vier Begriffe zuordnen, mit denen wir das deutsche Wort „Kaiser" ins Lateinische übersetzen. Die Begriffe *princeps* und *imperator* bezeichnen zwei republikanische Würden, wobei *princeps* an den Senat, *imperator* ans Heer anschließt. Der Name *Caesar* verkörpert die dynastische Legitimation, während der charismatische Thronname *Augustus* in hellenistischer Manier auf die Gnade der Götter hinweist.

1f. Zunächst zum Titel princeps. Cicero hatte in seiner Schrift >De re publica< bereits die Bedeutung des rettenden Staatsmannes hervorgehoben. In republikanischer Sprache ist dies der *princeps civitatis*, der „erste Mann im Staate". Der Senat besaß jeweils einen an Autorität hervorragenden *princeps*

---

15 Mon. Anc. 6
16 Vell. II 89
17 Dio LI 20, 7
18 OGIS. 458, 41
19 Balbilla: G. Kaibel, Epigrammata Graeca, 1878, 990
20 Alkaios I 2 (5)

senatus. An diese Tradition schloß sich Augustus, wenn er sich *princeps* nannte[21]. Seit 28 v. Chr. war er auch *princeps senatus*[22].

1g. Als Mommsen 1877[23] die Monarchie des Augustus als „Principat" bezeichnete, unterstrich er die republikanische Basis dieser Verfassung. Streng genommen ist der Begriff „Principat" nicht die Bezeichnung eines Phänomens, sondern die Interpretation eines solchen, und bis in die jüngste Zeit sind Versuche unternommen worden, den Principat als eine Wandelform der Republik zu deuten. Mommsen glaubte, das Prinzip der Volkssouveränität habe weitergegolten, der *princeps* sei nur ein *magistratus* gewesen. Für diese Auffassung spricht die Tatsache, daß die formale Übertragung oder wenigstens Bestätigung der Befugnisse des neuen Kaisers bis zu Diocletian beim Senat lag. Der Senat handelte im Namen des Volkes, von dem die absolute Machtfülle des Kaisers theoretisch hergeleitet wurde. Bei Ulpianus († 223) heißt es: „Was der Princeps beschließt, hat Gesetzeskraft, da ja mit der *lex regia*, die seine Herrschaft festlegt, das Volk ihm das gesamte *imperium* (Blutgewalt), die gesamte *potestas* (Amtsbefugnis) abtritt und überträgt." *Quod principi placuit, legis habet vigorem: utpote cum lege regia, quae de imperio eius lata est, populus ei et in eum omne suum imperium et potestatem conferat*[24]. Auch die offizielle Selbstbezeichnung des römischen Staates ist immer *Senatus Populusque Romanus* (SPQR) geblieben.

1h. Indem der Kaiser den Volkswillen vollstreckte und selbst das Gesetz verkörperte, stand er über den Gesetzen. Der dafür übliche Begriff „Absolutismus" beruht auf dem Satz: *princeps legibus solutus*. Er geht zurück auf die römischen Juristen der Zeit um 200 n. Chr. Ulpian meinte, daß die Aufgaben und die Würde des Kaisers mit der Bindung an die geltenden Gesetze nicht vereinbar seien. Zwei Anwendungsfälle sind überliefert. Der erste, dem Kaiser günstige, Satz besagt, daß die von Augustus erlassenen Ehegesetze, die kinderlose Senatoren benachteiligten, gegenüber kinderlosen Kaisern ungültig sein sollen[25]. Der zweite, dem Kaiser ungünstige, Satz bestimmt, daß formal anfechtbare Testamente auch dann ungültig sein sollten, wenn sie den Kaiser zum Erben einsetzten, obschon dieser doch von der Beachtung rechtlicher Formalitäten entbunden sei. Die Antwort der Kaiser auf Anfragen

---

21 Mon. Anc. 30; 32
22 Mon. Anc. 7; Dio LIII 1, 3
23 Mommsen, Staatsrecht II 763
24 Ulp. Dig. I 4, 1
25 Ulp. Dig. I 3, 31

dieser Art lautete: *licet legibus soluti sumus, attamen legibus vivimus*[26]. Die Kaiser standen über den Gesetzen, aber nicht über dem Recht. Einem irdischen Richter indessen waren sie nicht verantwortlich.

1i. Der Princeps besaß Befugnisse verschiedener Beamter, war weder der Annuität noch der Kollegialität unterworfen und daher im strengen Sinne kein Magistrat, und dasselbe gilt für den Imperator. Dieser Titel fixiert die Beziehung des Kaisers zum Heer. Der siegreiche Feldherr konnte schon in der Republik auf dem Schlachtfeld zum Imperator ausgerufen werden[27]. Das war eine Ehre ohne weitergehende Rechte, ähnlich wie der Triumph. Der Senat verlieh Caesar den Titel „Imperator" als erblichen Beinamen[28], und durch ihn hat Octavian den Anspruch, nicht „ein", sondern „der" römische Feldherr zu sein, zum Ausdruck gebracht. Jedenfalls war klar, daß die eigentliche Machtgrundlage des Kaisers schon bei Caesar[29] die Verfügung über die Legionen war. *Exercitus meus*, sagt Augustus in seinem Tatenbericht[30], *exercitus facit imperatorem* heißt es noch bei Hieronymus[31], den Kaiser macht das Heer. Das Heer handelt stellvertretend für das Gesamtvolk. Darüber hinausgehend hat sich Augustus vor der Schlacht bei Actium von Italien und den Westprovinzen nach militärischer Manier einen Gefolgschaftseid (*sacramentum*) leisten lassen[32], der später zum jährlich wiederholten Huldigungszeremoniell der Kaiser gehörte[33]. Dieser Eid bildet ein plebiszitäres Element, wie es seitdem zur Rechtfertigung von Diktatoren beliebt geblieben ist.

1j. Die dynastische Legitimation des Augustus liegt in der Anknüpfung an Caesar, seinen Großonkel und Adoptivvater. Gaius Octavius Caepias[34] hat sich nach Bekanntwerden der Adoption den Namen Caesars zugelegt[35] und seine Politik ganz in die Nachfolge Caesars gestellt. In gewisser Weise war die Vererbung der politischen Macht mit der Staatsordnung der Republik vereinbar, denn die Klientel des Vaters ging gewöhnlich auf den Sohn über und erleichterte ihm die Wahl zu den Ämtern. Die dynastische Legitimation

---

26 Corpus Iuris Civilis, Inst. II 17, 8; Cod. Iust. VI 23, 3
27 Dio LI 52, 1
28 Dio XLIII 44, 2
29 Dio XLIII 45, 2
30 Mon. Anc. 30
31 Hier. ep. 146
32 Mon. Anc. 25; Suet. Aug. 17, 2
33 Tac. hist. I 55
34 Dio XLV 1, 1
35 Dio XLV 3, 2

1. Vier Titel

des Augustus unterschied sich von der älteren Praxis nur dadurch, daß er die Heeresklientel monopolisiert hat.

1k. Seine erste Aufgabe war die Rache für Caesar. „Die Mörder meines Vaters", so sagt er am Anfang seines Tatenberichts, „habe ich in die Verbannung getrieben und so gemäß gesetzlichem Urteil (*iudiciis legitimis*) ihre Schandtat gerächt. Als sie später Krieg gegen den Staat anfingen, habe ich sie in zwei Feldschlachten besiegt." Cassius Dio[36] läßt Maecenas zu ihm sagen: „Daß du zur Herrschaft gelangt bist, ist das Werk der Mörder deines Vaters. Du hast dich gegen sie verteidigt, und das findet jeder richtig und gerecht." Daß ein Kontinuitätsbruch durch Rache überbrückt wird, wiederholt sich bei Vespasian, der gegen Vitellius als Rächer Galbas auftrat[37], und bei Septimius Severus, der an Didius Julianus Rache für Pertinax vollzog[38].

1l. Nach vollendeter Rache hat Augustus gemäß einem zuvor geleisteten Gelübde sein Augustus-Forum gebaut, in dessen Mitte der Tempel für Mars Ultor, den rächenden Kriegsgott, stand. Und um den Senatoren ihre restlichen Sympathien für Brutus und Cassius auszutreiben, ordnete Augustus an, daß der Senat jedesmal, wenn über Kriege oder Triumphe entschieden werden sollte, sich in diesem Mars-Tempel zu versammeln habe[39]. Ebenso hätten die Statthalter hier ihr Amt anzutreten und alle Sieger ihre Triumphal-Insignien hier abzuliefern. Daß das Augustus-Forum ein Monument der dynastischen Selbstrechtfertigung war, bestätigen die Statuenprogramme der beiden Exhedren. Auf der rechten standen die Helden der Republik, auf der linken die Vorfahren des Augustus oder die, die er als solche ausgab[40]. Durch eine etymologische Spielerei wurde das Geschlecht der Julii zurückgeführt auf Julus oder Ilus, den aus Ilion (Troja) stammenden Sohn von Priamos, dem Trojanerkönig, und Venus, der Tochter Juppiters[41]. So endete der Stammbaum des Augustus beim „Vater der Götter und Menschen".

1m. Die Publizität derartiger dynastischer Legitimationen ist schwer zu überschätzen. Es war in erster Linie das Ansehen, das Octavian, der spätere Augustus, als Adoptivsohn Caesars in den Augen der Soldaten genoß, das

---

36 Dio LII 18, 2 f
37 Tac. Hist. III 7
38 Dio LXXV 4
39 Suet. Aug. 29, 1 f.
40 Suet. Aug. 31, 5
41 Dio XLI 34, 2

ihm den Weg in die Politik geöffnet und ihm die ersten verfassungswidrigen Vollmachten verschafft hat. In einer kritischen Phase der Auseinandersetzung mit dem Triumvirn Lepidus, der im Jahre 36 v. Chr. über 22 Legionen verfügte, begab sich Octavian allein ins Lager des Gegners. Er wich den auf ihn geschleuderten Speeren aus, suchte bei einem Legionsadler Asyl und brachte dann durch den bloßen Appell an den großen Namen Caesars die Legionen auf seine Seite[42]. Die Loyalität der Truppen gegenüber der Familie des Kaisers ist eine durchgehende Erscheinung der gesamten Kaiserzeit. Solange noch irgendein Angehöriger der herrschenden Familie lebte, hatten andere Prätendenten wenig Aussicht auf Anerkennung[43].

1n. In diesem Zusammenhng ist die Familienpolitik des Augustus zu sehen. Er band die wichtigsten Männer im Staate durch Verschwägerung an sein Haus und vergab die einflußreicheren Stellungen und Aufträge an Angehörige seiner Familie. Er selbst war viermal verheiratet, seine Schwester Octavia vermählte er um des Friedens willen mit Marcus Antonius, seine Tochter Julia verband er dreimal hintereinander mit dem ihm jeweils wichtigsten Mann im Reich: 25 v. Chr. mit Marcellus, 21 mit Agrippa und 12 oder 11 mit Tiberius. Augustus regelte alle Ehen in seiner großen Familie selbst, mit dem Ergebnis, daß er schließlich mit den mächtigsten Geschlechtern der republikanischen Zeit versippt war: den Claudii, Cornelii, Scipiones, Aemilii Lepidi, Valerii und Fabii[44].

1o. Durch öffentliche Gunstbeweise und Adoptionen von ferneren Familienangehörigen sorgte Augustus für die Nachfolge. Damit sicherte er nicht nur das System, sondern auch die Dynastie, ja die eigene Person. Jeder Attentäter überlegt einmal länger, wenn er die Rache des Erben fürchten muß[45]. Um eine Vakanz nach Menschenermessen auszuschließen, plante Augustus auch jeweils für den Nachfolger noch einen Nachfolger ein (das sog. Vieraugensystem). Durch Todesfälle und Krankheit sind ihm während seiner langen Regierungszeit dennoch fünf vorgesehene Nachfolger ausgefallen, Tiberius war der sechste Kandidat. Um den Thronerben populär zu machen, haben Augustus und spätere Kaiser Spiele, Speisungen und Spenden im Namen des Nachfolgers gegeben, zu dessen Geburtstag oder Mündigkeit Volksbelustigungen arrangiert. Ganz deutlich wurde die Werbung, wenn

---

42 Vell. II 80
43 Suet. Claud. 10; Jos. Ant. XIX 2 f.
44 Syme 1939, 379
45 Dio LIV 18, 1

beispielshalber Augustus im eigenen Namen die Erwachsenen bedachte, im Namen des Nachfolgers Marcellus aber die Kinder. Damit appellierte er an die Dankbarkeit der Römer; und so wie die Erwachsenen sich ihm verpflichtet fühlen sollten, so sollten deren Kinder es gegenüber Marcellus tun, damit sie, einst erwachsen, Marcellus dieselbe Treue bewahrten wie die Erwachsenen jetzt dem Augustus. Sobald der Thronfolger größer war, ließ man ihn den festlichen Vorsitz im Zirkus übernehmen, er durfte die Totenrede auf gestorbene Familienmitglieder halten und in sicheren Fällen auch vor Gericht auftreten. So zeichnet sich Tiberius aus als Verteidiger von Klientelfürsten und als Ankläger von Verschwörern gegen Augustus. In Notfällen organisierte er die Hilfsmaßnahmen, den Wiederaufbau erdbebengeschädigter Städte oder die Kornversorgung Roms[46]. Die „Liebe des Volkes" wurde öffentlich zum Ausdruck gebracht, indem der Nachfolger lange vor dem erforderlichen Lebensalter die republikanischen Magistraturen bekleiden durfte und so bereits als Knabe senatorische Würden erhielt.

1p. Auf den Nachfolger zugeschnitten wurde der Titel des *princeps iuventutis*[47]. Die darin gemeinte „Jugend" umschloß den Nachwuchs im Senatoren- und Ritterstand vom 14. Lebensjahr an. Wie zahlreiche Staaten bis in unsere Gegenwart hinein, so hat auch der Principat seine Hand nach der Jugend ausgestreckt in der doppelten Absicht einer sportlich-militärischen Ertüchtigung und einer Loyalität gegenüber dem System. Die organisierte Staatsjugend führte bei besonderen Anlässen Paraden und ähnliche Fertigkeiten vor, und dabei präsidierte der *princeps iuventutis* als „Reichsjugendführer", mit silbernen Waffen, die der *ordo equester* ihm feierlich überreicht hatte. Seit den Flaviern trug der designierte Nachfolger den Namen *Caesar* als Titel, so wie Augustus ihn als Nachfolger Caesars geführt hat.

1q. Das dynastische Prinzip blieb das wichtigste Legitimationskriterium. Jeder Kaiser, der einen Sohn hatte, hat diesem das Reich hinterlassen; und jede Nachfolgeregelung, die nicht auf Abstammung beruhte, bediente sich der Adoption, der künstlichen Verwandtschaft, und zwar mit Vorzug aus dem Kreise der Enkel, Neffen und Schwiegersöhne. Gegen diesen Grundsatz ist nur einmal Einspruch erhoben worden, im Panegyricus des jüngeren Plinius auf Trajan. Plinius[48] fordert: *imperaturus omnibus eligi debet ex omnibus*, der jeweilige Kaiser sollte sich unter allen Männern im Reiche nach dem

---

46 Dio LIV 1, 4; Mon. Anc. 5
47 Tac. ann. I 3; Dio LV 9, 5 ff.
48 Plin. pan. 7

Besten umschauen und den dann durch Adoption designieren. Dieses vernünftige Postulat verwandelte sich in eine bloße Rationalisierung des Faktischen. Nerva hatte keine männlichen Verwandten und mußte sich unter dem Druck des Militärs bereitfinden, Trajan, den Kommandeur der Rheinarmee, zu adoptieren[49]. Auch Trajan hatte keinen Sohn; daher fordert ihn Plinius auf, sich ebenfalls bald nach dem Besten zur Adoption umzusehen. Wieviel schöner und besser aber wäre es, schließt Plinius, wenn du selbst noch einen Sohn zeugen könntest! Der wäre gewiß der allerbeste Thronkandidat.

1r. Der Wert einer respektablen Herkunft erklärt die Verbreitung des Ahnenschwindels unter den römischen Politikern. Insbesondere Prätendenten zweifelhafter Legitimation haben sich als Nachkommen großer Vorfahren ausgegeben. Im Osten, wo die hellenistischen Erinnerungen noch lebten, berief man sich gern auf Alexander d. Gr., so Pescennius Niger[50], Severus Alexander[51] und Jotapian[52]. Daß derartige Stammbäume bedenkenlos fabriziert wurden, kritisierte schon Dion Chrysostomos[53]. Vespasian[54] hat sich über einen Dichter lustig gemacht, der ihn von einem Gefährten des Herakles abstammen lassen wollte. Am dreistesten ist hier vielleicht Septimius Severus vorgegangen[55]. Seine Frau Julia Domna, eine Syrerin, leitete sich von der Gens Julia und letztlich von Venus her; er selber, der aus Africa stammte, bezeichnete sich seit 197 plötzlich als Sohn Marc Aurels, als *divi Marci filius*[56]. Jeder Zeitgenosse wußte, daß der wirkliche Vater des Septimius sich schlecht zum Vorzeigen eignete, deswegen gratulierte ihm ein Senator dazu, endlich einen Vater gefunden zu haben. Dies kostete ihn das Leben[57]. Septimius hat dann den Namen seiner Söhne mit Rücksicht auf den neuen Großvater geändert. Auch Spätere benutzten dieses Propaganda-Instrument, so etwa Constantin, der sich seit 310 als Nachkomme von Claudius Gothicus ausgab[58]. Der psychologische Grund für das Ansehen des dynastischen Erbgangs bei den Soldaten liegt vermutlich in einer archetypischen Vorstellung, daß Charakter und Glück sich vererben. Der praktische Grund resultiert aus

---

49 Dio LXVIII 2, 3 f.
50 Dio LXXIV 6, 2 a
51 Sev. Al. SHA. 5
52 Aur. Vict. 29, 2
53 Dion Chrys. or. XV 12
54 Suet. Vesp. 12
55 A. Birley, Septimius Severus, 1971, 184 f.
56 Dessau 420
57 Dio LXXVI 9, 4
58 Paneg. Lat. VI 2, 2

1. Vier Titel

den Kommunikationsproblemen des Weltreichs. Sie waren so groß, daß eine Einigung über den „besten" Kandidaten friedlich kaum möglich war. So bedeutete Dynastiewechsel während der Principatszeit regelmäßig Bürgerkrieg.

1s. Der Gedanke von der Erblichkeit des Glücks hat auch eine religiöse Seite. Es ist der Glaube an die Nähe des Herrscherhauses zu den höheren Mächten. Damit kommen wir zum vierten Legitimitätskriterium des römischen Kaisertums, das wir im Augustus-Namen symbolisiert finden. Als Octavian im Jahre 27 v. Chr. sich den Thronnamen „Augustus" zulegte[59], wählte er ihn aus der sakralen Sphäre. In beiden Stücken folgte er hellenistisch-orientalischem Vorbild, da sich ein Ptolemaios *Sotér* (Heiland, Retter), ein Seleukos *Epiphanés* (der auf Erden Erschienene) benannte. Das Wort *augustus* bedeutet „heilig, ehrwürdig, erhaben"; es kommt von *augeo* – „vergrößern, verherrlichen" und erhebt seinen Träger über den Rang der Mitmenschen hinaus. Die nächstliegende Assoziation war vermutlich das *augurium augustum*, die heilige Vogelschau, die Romulus bei der Gründung Roms angestellt haben soll[60]. Augustus betont in seinem neuen Namen die sakrale Kontinuität der Auspizien und damit der Staatsmacht zurück bis zum Stadtgründer. Caesars Vergottung durch den Senat[61] ist von Augustus indes nur sehr behutsam fortgeführt worden, doch hat der Senat den toten Caesar unter die Götter aufgenommen[62], was zuvor nur Romulus widerfahren sein soll[63]. Die guten Kaiser sind seitdem nach ihrem Tode zu Göttern erklärt worden, während die kultische Verehrung zu Lebzeiten offiziell nur dem Genius des Kaisers galt.

1t. Die charismatische Komponente im Kaisertum begegnet uns in einer Reihe von Episoden. Im Jahre 22 v. Chr. hatte Augustus das Dauerconsulat aufgegeben. Da traten, wie Cassius Dio[64] schreibt, Naturkatastrophen ein, die das Volk von Rom auf den Zorn der Götter darüber zurückführte. Die Massen umstellten die Curie und drohten Feuer zu legen, falls Augustus nicht weiter Consul bleibe und damit den Segen des Himmels verbürge. Er mußte nicht Pontifex Maximus sein, um diese Mittlerfunktion zu erfüllen. Tacitus[65] über-

---

59 Suet. Aug. 7, 2; Dio LIII 16, 6
60 Liv. I 7
61 Dio XLIII 14, 6; 21, 2; 45, 3
62 Suet. Caes. 88
63 Cic. Cat. III 2; Liv. I 16
64 Dio LIV 1, 2
65 Tac. hist. IV 81

liefert: als Vespasian in Alexandria war, seien viele Wunder geschehen, die dem neuerhobenen Kaiser die Gunst der Götter verkündeten. Blinde und Lahme hätten ihn um Heilung angefleht. Vespasian hätte darüber den Kopf geschüttelt und die Ärzte befragt. Sie meinten: Probiers's! Da hätte er den Kranken den Willen getan, sie berührt, und sie seien augenblicklich genesen[66]. Hier fließen hellenistische und orientalische Ideen ins römische Staatsdenken ein.

1u. Die theologische Legitimation des römischen Kaisers steht mit der republikanisch-plebiszitären Rechtfertigung in einem gewissen Gegensatz. Beides ist so vermittelt worden, daß die Stimme des Volkes als Stimme Gottes interpretiert wurde. Das Volk oder das Heer verkündet nicht seinen eigenen, sondern Gottes Willen. Nach dem Tode Neros hat sich Galba mit dem *consensus deorum hominumque* zu rechtfertigen gesucht[67]. Aus diesem Grunde war es kein Widerspruch, wenn Trajan sich auf dem Triumphbogen von Benevent darstellen ließ, wie ihm Juppiter das Blitzbündel als Zeichen der Herrschaft überreicht. Die religiöse Legitimation des Kaisers wird argumentativ in beiden Richtungen verwendet. Einerseits wird den Soldaten gesagt, nicht sie, sondern die Götter hätten dem Kaiser seinen Purpur verliehen[68]. Andererseits muß der Kaiser hören, er werde nur dann von den Göttern geliebt, wenn er selbst von den Menschen geachtet werde[69]. Die Berufung auf den Willen der höheren Mächte dient zur Rechtfertigung und zur Kontrolle, zum Schutze und zum Sturze des Herrschers.

1v. Im Zusammenhang mit der göttlichen Berufung des Kaisers steht der Glaube an Vorzeichen und Orakel. Er hat bei ehrgeizigen, zum Thron strebenden Offizieren sicherlich stimulierend gewirkt. Wichtiger war die Wirkung derartiger Omina auf die Öffentlichkeit, wenn sie nach erfolgter Thronbesteigung publiziert wurden. Der Kandidat wurde damit aus dem Schicksalsgang heraus gerechtfertigt. Eine Befragung von Orakeln über die Zukunft des Kaisertums durch Private war ein Majestätsverbrechen[70].

1w. Welchen Wert kluge Politiker auf dieses Propaganda-Instrument gelegt haben, lehrt Cassius Dio: „Nach dem Tode des Commodus", so schreibt

---

66 Suet. Vesp. 7
67 Tac. hist. I 15; vgl. 30
68 Marc Aurel: Dio LXXII 3, 3; Aurelian: FHG. IV 197
69 Plin. pan. 72
70 Mommsen, Strafrecht 639 ff.

er, „habe ich eine kleine Schrift über die Träume und Vorzeichen veröffentlicht, die Septimius zu Hoffnungen auf den Thron berechtigten. Ich habe ihm ein Exemplar geschickt, er las es und schrieb mir daraufhin einen langen wohlwollenden Brief. Ich erhielt den Brief am Abend, und in der folgenden Nacht erschien mir das Daimonion im Traum und befahl mir, Geschichte zu schreiben. So wurde ich Historiker"[71]. Für uns sind diese Zeichen eine Fundgrube politischer Symbolik. Septimius habe bei seiner Aufnahme in den Senat geträumt, er sei von einer Wölfin gesäugt worden. Der Kaiser erscheint in der Rolle des Romulus. Als er Julia Domna heiratete, bereitete ihm die Kaiserin Faustina die Hochzeitskammer im Venus-Tempel. Das deutete auf die Mutter des Aeneas. Während des Schlafes sei ihm einmal Wasser aus der Hand gelaufen, wie aus einer Quelle. Der künftige Kaiser erscheint als Lebensspender. Auf dem Forum sei, so träumte Septimius, der Kaiser Pertinax vom Pferd gestürzt, aber er habe sich darauf halten können. Reiten symbolisiert Herrschen. Einmal wurde Septimius auf einen hohen Aussichtspunkt geführt, er legte die Hand auf Land und Wasser wie auf das Manual einer Orgel, und sie begann zu klingen[72].

Ix. Die theologische Rechtfertigung der römischen Weltmonarchie tritt uns zuerst in der spätrömischen Staatstheorie entgegen. Der Kompilator Stobaios[73] zitiert die Schriften dreier sonst kaum faßbarer Anhänger des Pythagoras über das Königtum. Nach älteren Vorschlägen, sie ins 3. Jh. v. Chr. zu setzen, werden sie nun ins 1. oder 2. Jh. n. Chr. datiert. Das zeigt schon, wie die monarchische Theologie bereits in Alexander vollendet ist und mit der Weltmonarchie verbunden bleibt. Wir lesen: der König sei der Gerechteste und der Gesetzestreueste. Ohne Gerechtigkeit ist niemand wirklich König, sondern Tyrann, ohne Gesetze herrscht nicht Gerechtigkeit, sondern Willkür. Der König ist das beseelte Gesetz (*nomos empsychos, lex animata*). Der weise König verkörpert das Staatsgesetz wie Gott das Naturgesetz. So wird Gott auf Erden durch den König vertreten. Der König soll Gott, die Untertanen sollen den König nachahmen, dann stimmt die Weltordnung. Welt und Erde erscheinen hierarchisch geordnet, die menschliche Ordnung ist ein Abbild der natürlichen Ordnung. Alles wird durch eine kosmische Harmonie zusammengefügt; sie auf Erden zu wahren, ist die

---

71 Dio LXXII 23
72 Dio LXXV 3
73 Stob. IV 7, 61 ff.

höchste Aufgabe des Königs. Verletzt er sie, so verfällt er seinerseits der göttlichen Strafe[74].

1y. Das römische Kaisertum erscheint somit in einer vierfachen Legitimation: durch die republikanische Tradition (aus ihr stammt der Begriff *princeps*), durch den Willen des Heeres (daran erinnert der Titel *imperator*), durch den Ruhm der Vorgänger und Vorfahren (ihn verkörpert der Name *Caesar*) und durch die göttliche Weltordnung (an sie gemahnt der Beiname *Augustus*). So universal wie das Reich ist die Theorie, die es trägt.

2. VIER DICHTER

2a. Vergil (70–19 v. Chr.), der römische Dichterfürst, stammt aus Mantua in der Gallia Cisalpina, sein Vater war Töpfer[75]. Bei der Veteranen-Ansiedlung des Jahres 42 verlor Vergil sein Land, doch gewann er durch seine Gedichte die Freundschaft des Maecenas[76] und die Gunst des Augustus[77]. Im Jahre 40 verfaßte Vergil sein 4. Hirtengedicht, dessen mittelalterliche Überschrift lautet: *Saeculi novi interpretatio,* Deutung des neuen Weltalters. Hier verkündet Vergil die Geburt eines glückbringenden Knaben göttlicher Herkunft, unter dessen friedvoller Herrschaft der Boden seine Früchte ohne Arbeit liefert, das Rind nicht länger den Löwen fürchtet und das goldene Zeitalter Saturns wiederkehrt. Bis heute ist unklar, an wen Vergil hier gedacht hat. Für uns ist nur als Stimmungsbild erkennbar, daß auch der Westen auf den Retter wartete. Vergil hat dann in Octavian den Erlöser gefeiert und ihn einen „Gott" genannt, dem er blutige Opfer zu bringen bereit sei[78].

2b. Vergils Hauptwerk ist die zu Ehren des Augustus abgefaßte ‚Aeneis'[79]. In diesem an Homer angelehnten Heldengedicht wird die Herkunft der Römer aus Troja besungen. Durch drei prophetische Ausblicke verherrlicht Vergil seine Zeit und das Haus des Augustus. Beim Bittbesuch der Mutter des Aeneas, der Venus, bei Juppiter im I. Buch[80], verkündet der Göttervater

---

74 Delatte 1942
75 Donat-Sueton 1
76 Donat-Sueton 20
77 Donat-Sueton 27 ff.
78 Verg. ecl. I
79 Donat-Sueton 21
80 Verg. Aen. I 254 ff.

2. Vier Dichter

den Nachkommen des Aeneas die ewige Weltherrschaft, ein *imperium sine fine,* und die Friedenszeit unter Caesar Augustus. Im VI. Buch[81] steigt Aeneas in die Unterwelt und erfährt dort von seinem Vater Anchises den schicksalhaften Aufstieg Roms zur Schutzmacht des Völkerfriedens und die Begründung eines neuen goldenen Zeitalters unter der Dynastie von Caesar und Augustus. Die Schildbeschreibung im VIII. Buch[82] enthält dann eine Heldenschau und eine Prophezeiung des Sieges bei Actium über Kleopatra. Die Legitimierung der Gegenwart durch die Fiktion, sie erfülle vergangene Prophezeihungen, war im Altertum beliebt, denken wir nur an die Prophetenzitate bei den Evangelisten.

2c. Ähnlich wie Vergil hat auch Horaz die Herrschaft des Augustus mit einer mythischen Gloriole umkränzt. Horaz war der Sohn eines freigelassenen Fischhändlers[83], studierte in Athen und kämpfte 42 v. Chr. bei Philippi auf der Seite des Brutus gegen Augustus. In seiner 16. Epode beklagt er den Bürgerkrieg, empfiehlt seinen Mitbürgern, Rom zu verlassen und auf die Inseln der Seligen auszuwandern, die als Paradies geschildert werden. So kehre man ins Goldene Zeitalter zurück. Die Bezüge zur Vierten Ekloge Vergils sind eng. Vergil führte Horaz in den Maecenaskreis ein, Augustus wollte ihn zu seinem Privatsekretär machen. Obschon Horaz am liebsten Frauen, Freundschaft und Wein besang, ließ er sich doch auch zu politischen Gedichten bewegen. In seinen sechs Römeroden[84] entfaltet er als „Prophet der Monarchie"[85] das Programm der Erneuerung. Die erste Ode wendet sich an die Jugend und lobt das Idyll des beschaulich-bescheidenen Lebens, das keinen Ehrgeiz kennt und dem Kaiser das Regiment überläßt. Ode zwei preist die beiden Säulen des Staates, das Militär und die Administration. *Dulce et decorum est pro patria mori* sagt er den Soldaten, und verschwiegene Redlichkeit empfiehlt er den Beamten. Mit dem dritten Festgedicht wird die Hauptstadt Rom gegen die Pläne von Antonius und Kleopatra verteidigt, nach Troja zurückzukehren. Aus derselben Zeit stammt die Camillus-Rede bei Livius[86], wo der Auswanderung nach Veji mit religiösen Gründen widersprochen wird. Camillus wird als zweiter Romulus bezeichnet[87], seine Ret-

---

81 Verg.Aen.VI 756 ff.
82 Verg. Aen. VIII 625 ff.
83 *Salsamentarius*: Sueton gramm. ed. Roth 1924, 295
84 Horaz carm. III 1–6
85 Mommsen RA. 170
86 Liv. V 51 ff.
87 Liv. V 49, 7; VII 1, 10

tung der Stadt feiert eine Inschrift des Augustus-Forums[88]. Die vierte Römerode weist den Musen ihren Ort im Friedensreich des Kaisers, der mit Juppiter im Gigantenkampf verglichen wird. Er verbindet Macht mit Weisheit, die anders nicht besteht. In der fünften Ode wird die Eroberung von Britannien und Persien angekündigt – danach wird Augutus als *praesens divus*, als irdischer Juppiter herrschen. Das letzte Gedicht beklagt den Sittenverfall und fordert die moralischen und religiösen Reformen, die Augustus im Sinne hatte.

Horaz hatte zuvor den Sieg bei Actium gefeiert[89], er besang hernach den Alpenfeldzug der Prinzen[90] und komponierte das ›*Carmen Saeculare*‹ zur Säkularfeier 17 v. Chr., in dem Augustus sein Erneuerungswerk im öffentlichen Bewußtsein verankerte[91]. Es ist ein Gebetshymnus, der dem Staate Schutz und Gedeihen erfleht, die Gunst der Götter für Augustus beschwört und eine von Jahr zu Jahr schönere Zukunft herbeiwünscht.

2d. Wie Vergil hatte der aus Assisi stammende Properz[92] bei der Veteranen-Ansiedlung sein Land verloren[93]. In der Verzweiflung über die Lage während der Bürgerkriege schuf er in Liebeselegien an Cynthia ein Paradies der inneren Emigration, das er mit militärisch-politischem Vokabular beschrieb: die Liebe erscheint als *militia*, die Gedichte sind *arma* und *castra*[94], das Verhältnis zur Geliebten kennzeichnet *fides*, der Einklang mit ihr *pax: Pacis Amor deus est, pacem veneramur amantes*[95]. Properz wurde ebenfalls von Maecenas in dessen Kreis auf dem Esquilin aufgenommen[96]; er und Augustus haben ihm patriotische Themen ans Herz gelegt, doch hat sich der Dichter dieser Aufgabe nun ungern unterzogen[97]. Trotzdem besingt auch er die Siege und Triumphe des „Gottes" Augustus[98] und rühmt dessen Abstammung von Venus und Aeneas[99]. Properz beschwört, wie der von ihm verehrte

---

88 Dessau 52
89 Horaz carm. I 37; epod. 9
90 Horaz carm. IV 4; 14
91 Dessau 5050, 149; Mon. Anc. 22
92 Prop. IV 1, 125
93 Prop. IV 1, 130
94 Prop. I 6; IV 1
95 Prop. III 5, 1
96 Prop. III 9
97 Prop. II 1; 10; III 3
98 Prop. III 4; 11; IV 6
99 Prop. III 4

2. Vier Dichter

Verfasser der Aeneis, die trojanische Herkunft der Römer und ihre schicksalhafte Weltherrschaft[100]. Insbesondere preist er die Bauwerke des Kaisers in Rom[101]. Im Gegensatz zu den unkrautbedeckten Hängen der Frühzeit erstehen nun die „goldenen Tempel"[102]. Die bukolische Szenerie von Hercules und Euander ist hier nicht die heile Welt, in die sich der Dichter zurückträumt, sondern eine Lebensform urtümlicher Primitivität, die man lange hinter sich hat, während umgekehrt über die einstmals prächtigen Städte der Feinde nun das Gras wächst[103]. Augustus selbst hat seinen Bauten politische Programmatik verliehen. Während die perikleische Akropolis den Mythos und die Religion, ja die Kunst an sich verherrlicht, spiegelt das augusteische Rom die Rechts- und Friedensordnung, so die Ara Pacis[104], das Augustusforum[105] und das Mausoleum des Augustus mit dem davor aufgestellten Tatenbericht[106].

2e. Wieder andere Nuancen der augusteischen Ideologie bringt Ovid. Auch seine Welt ist nicht die Politik, nicht das Forum, nicht das Militär. Ovid begann mit Liebesgedichten, gewann seinen Ruhm dann aber durch die ›Metamorphosen‹. Sie beginnen mit der Entstehung der Welt und dem Goldenen Zeitalter, behandeln dann in quasihistorischer Reihung mythologische Verwandlungssagen und enden mit der Verstirnung (*katasterismos*) Caesars. *Caesar in urbe sua deus est*[107]. Nicht nur Anfang und Ende, sondern auch die Schilderung vom Ende Trojas und vom Ursprung Roms haben politischen Charakter. Als größte Tat des vergöttlichten Caesar erscheint die Adoption des Augustus, der dem *genus humanum* in Land und Meer den Frieden, das Recht und die Gesittung gebracht hat, so wie es in den Schicksalstafeln der Welt seit Anbeginn aufgezeichnet gewesen ist: Juppiter beherrscht den Himmel, Augustus die Erde, *terra sub Augusto est*[108]. Alle Völker haben ihre Grenzen, für Rom allein sind Stadt und Welt dasselbe: *gentibus est aliis tellus in limite certo / Romanae spatium est urbis et orbis idem*[109] In seinen ›Fasten‹ beschrieb Ovid die Geschichte der römischen Staatsfeiern und Ge-

---

100 Prop. IV 1; 4; 9
101 Prop. II 31; IV 6
102 Prop. II 31
103 Prop. IV 10
104 Mon. Anc. 12
105 Suet. 29,1
106 Suet. 101, 4
107 Ov. met. XV 746
108 Ov. met. XV 759; 830 ff.; 860
109 Ov. fasti II 683 f.

denktage. 8. n. Chr. wurde er von Augustus wegen eines Sittenskandals nach Tomi ans Schwarze Meer verbannt, in seinen >Tristia< wiederholt er das Bekenntnis: „Augustus ist der Staat", *res est publica Caesar*[110]. Inwieweit die kaiserfreundliche Stimmung spontan gewachsen, inwieweit sie künstlich gemacht ist, läßt sich schwer auseinanderhalten. Ohne Frage ist der Principat in erster Linie durch Leistung legitimiert: durch Frieden, Wohlstand und Ordnung im Innern, durch Erfolge nach außen. Diese Leistungen aber mußten inszeniert werden, und darin war Augustus Meister.

3. VIER REDNER

3a. Wenden wir uns nun den Zeugnissen zu, in denen sich der Glaube an die Reichsidee besonders klar abzeichnet: Senecas Fürstenspiegel ‚De Clementia', im Jahre 55 für den jungen Nero verfaßt, dann dem schon mehrfach zitierten Panegyricus des jüngeren Plinius vom Jahre 100 auf den Kaiser Trajan, beides lateinisch, und anschließend zwei griechischen Texten, der Lobrede des Rhetors Aelius Aristides vom Jahre 143 auf die Stadt Rom und schließlich der um 200 durch Cassius Dio verfaßten Rede, die Maecenas auf Augustus gehalten haben soll. All diese Texte verarbeiten Gedanken, die schon das hellenistische Herrscherideal geprägt haben. Dasselbe gilt für die vier im Blick auf Trajan gehaltenen Königsreden des Dion Chrysostomos[111], der in der Idealmonarchie ein Abbild des Kosmos erblickte.

3b. Seneca geht aus von der Notwendigkeit einer monarchischen Verfassung des Reiches: Betrachte nur diese ungeheure Menschenmenge im Reich: uneins, aufsässig, unbeherrscht wie sie ist, stürzt sie sich und andere ins Unglück, sobald sie das Joch des Kaisers zerbricht. Der Kaiser ist erwählt, um als Stellvertreter der Gottheit auf Erden zu regieren. Er besitzt die Macht über Leben und Tod, Glück und Verderben. Tausende von Schwertern werden auf seinen Befehl aus der Scheide gezückt, Völker ausgerottet, umgesiedelt, befreit oder versklavt, Könige zu Sklaven, Sklaven zu Königen, Städte zerstört oder gegründet – ganz wie er will.

3c. Diese Allmacht muß der Kaiser vor der Nachwelt und vor den Göttern verantworten. Er ist Rechenschaft schuldig für das Schicksal jedes einzelnen. Wie er wünscht, daß die Götter ihn behandeln, so soll er die Untertanen

---

110 Ov. trist. IV 4, 15
111 Dion Chrys. or. I–IV

behandeln. Seneca beschreibt die Pflichten des Monarchen, indem er den Begriff der *virtus* umspielt. Angesichts der Machtfülle ist die wichtigste Tugend der Verzicht auf ihren Mißbrauch, die Güte (*clementia*), die deswegen im Titel der Schrift erscheint. Der Kaiser soll mit Liebe, nicht mit Strenge walten. Er soll mit Maßen strafen und immer bedenken, daß auch er selbst auf die Nachsicht der Götter angewiesen ist. Alle Menschen sind Sünder. Sein Vorbild sei der Bienenstaat, wo der Weisel selbst angeblich keinen Stachel besitzt[112].

3d. Der gute Herrscher sucht die Liebe seines Volkes, er kümmert sich um alle Teile des Staates wie um sein eigenes Hauswesen. Er ist ein Vater des Vaterlandes, ein *pater patriae*; er behandelt die Untertanen wie seine Kinder, wie Glieder seines eigenen Körpers, die niemand abschneidet, solange er nicht alles zu ihrer Heilung versucht hat. Unter einem guten Herrscher blühen Wohlstand, Sicherheit, Friede und Recht; er schützt die Gesetze und ermöglicht damit echte Freiheit, die nichts mit Eigensinn und Willkür zu tun hat und vor ihrem eigenen Mißbrauch bewahrt wird. Während der *tyrannus* nur sich selbst auslebt, sorgt der *rex* für die *utilitas publica,* für die *salus communis.* Seneca bezeichnet Nero ganz unbekümmert nach griechischem Vorbild als *rex*, als König. Der beste Zustand eines Gemeinwesens sei der unter einem gerechten König[113].

3e. Als oberste Maxime bestimmt Seneca, daß der Staat nicht dem Kaiser gehöre, sondern der Kaiser dem Staat. Ein guter Herrscher ist der *dominus* seiner Leidenschaft und der *servus* seines Volkes. *Bonus princeps sibi dominatur, populo servit*[114]. Der Ausspruch Friedrichs d. Gr., er sei der erste Diener seines Staates, geht unmittelbar auf Seneca zurück. Das stoische Herrscherideal der *endoxos douleia*[115] greift indessen über die Grenzen des Nationalstaates hinaus. Es wird vom *amor generis humani* getragen. Jeder Mensch hat Recht auf unsere Hilfe. Verbrecher müsse man wie Kranke behandeln, Sklaven[116] gegenüber soll man Milde zeigen, Feinden Schonung und Verzeihung gewähren. „Wir Stoiker betrachten den Menschen als ein *animal sociale*, das geboren ist, um das gemeinsame Beste zu fördern. Das Naturrecht legt uns nicht nur Pflichten gegen unseresgleichen, sondern auch

---

112 *peccavimus omnes*, Sen. clem. I 6; Apostolios, cent. VI 70
113 Seneca benef. II 20, 2
114 Bei Hildebertus Cenomanensis: PL. 171, 145, im Anhang zu De clementia.
115 Antigonos Gonatas bei Aelian VH.II 20, s. o. VI 3 a!
116 „unbefristete Lohnarbeiter" nach Chrysipp, Sen. ben. III 22, 1; ep. 47

gegenüber Tieren auf"[117]. Das *commune ius animantium* gilt für alle Lebewesen. Diese Auffassung ist ins >*Corpus Iuris*< eingegangen. Die >Digesten<[118] überliefern die Konzeption Ulpians, daß alle Lebewesen Rechte, nämlich Lebensrechte, besitzen, die auf der Erde, die im Wasser, die in der Luft. Bis zu seinem letzten Atemzug ist der Stoiker ein tätiger Mensch, noch mit der Hand des Greises hilft er seinem Feinde aus der Not[119]. Wir begreifen, daß man im Mittelalter glauben konnte, Seneca habe seine Ethik vom Apostel Paulus[120].

3f. Während Seneca in seiner Schrift an Nero ein Muster aufstellt, dem der Kaiser sich anpassen soll, entwirft Plinius ein Idealbild, wie es der Kaiser Trajan tatsächlich verkörpere. Wiederum wird herausgestellt, daß der Kaiser seine Macht nicht mißbrauche. Als echten Bürgerkaiser zeichnen ihn Bescheidenheit und Umgänglichkeit aus. Nur die Inschriften, Gemälde und Statuen präsentieren ihn in seiner Würde, er selbst beträgt sich wie einer von uns, *unus ex nobis*, seine Ideale sind *civilitas* und *humanitas*. Er geht zu Fuß durch die Stadt, er spricht und speist mit den Bürgern, er ist Freund und Vater für alle, kein *dominus*, kein *tyrannus*, sondern ein *parens generis humani*. Er will nur der beste Mann im Staat sein, sein Leben dient allen als Vorbild und hebt den sittlichen Standard.

3g. Trajan habe geschworen, nur insoweit die Gunst der Götter zu erstreben, als er selbst seine Gunst den Untertanen zuwende[121]. Er respektiert sozusagen die fünfte Bitte des Vaterunsers „Und vergib uns unsere Schuld, wie auch wir vergeben unseren Schuldigern"[122]. Trajan, heißt es, regiere nicht eigenmächtig, sondern im Einvernehmen mit dem Senat und den republikanischen Magistraten. „Wir sind deine Untertanen, zugleich aber auch Untertanen der Gesetze. Ungerechte Beamte, zumal Steuerbeamte, sind gerichtlich zu belangen, *saepius vincitur fiscus*[123]. Der Kaiser steht nicht über den Gesetzen, sondern die Gesetze stehen über dem Kaiser: *non est princeps super leges, sed leges super principem*"[124]. Der Gedanke des Rechtsstaates

---

117 Seneca, clem. I 16, 4–17, 1
118 Corpus Iuris Civilis, Dig. I 1
119 Seneca, De otio 1, 4
120 E. Hennecke + W. Schneemelcher, Neutestamentliche Apokryphen II 1971, 84 ff.
121 Plin. pan. 68
122 Ev. Matth. 6, 12
123 Plin. pan. 36
124 Plin. pan. 65

wird hier für den Principat in Anspruch genommen. So kann Plinius die konstitutionelle Herrschaft des Kaisers als Garantie für die Freiheit ansprechen. Er, Plinius, dürfe als Redner uneingeschränkt die Wahrheit sagen: *nihil velandum est*[125], denn es herrscht Redefreiheit; *nihil cogere*, kein Zwang lastet auf den Bürgern. Die *libertas discors* der ursprünglich selbständigen, nun im Reich vereinten Völker sei freilich aufgehoben, aber nur so ließe sich der Krieg aller gegen alle bändigen. Wenn der Kaiser als Sachwalter des Staates regiere, seien *principatus* und *libertas* vereinbar, das meinte selbst Tacitus[126], der unter Trajan schrieb. Trajan hat Münzen mit dem älteren Brutus prägen lassen[127], und Marc Aurel[128] bekannte sich zu Brutus und allen Freiheitshelden. Der Herrscher habe für Freiheit, Gleichheit und Brüderlichkeit zu sorgen.

3h. Als Folge dieser Politik rühmt Plinius den florierenden Zustand des Reiches. Durch Spenden und Steuernachlässe wird den Armen geholfen. Mittellose Eltern erhalten Kindergeld, die berühmten Alimentarstiftungen[129], denn wenn die Unterschicht vernachlässigt werde, breche der Staat zusammen[130]. Handel und Wirtschaft müssen blühen. Was an einem einzigen Orte produziert wird, das ist allenthalben zu kaufen. Orient und Okzident tauschen ihre Waren aus, unter der Herrschaft Roms vermischen sich die Völker[131], wenn eines Not leidet, kommen die anderen zu Hilfe[132]. Wie die Wirtschaft, so gedeiht auch die Wissenschaft; die *studia humanitatis* gewinnen an Geist und Blut und Leben, die *doctores sapientiae* stehen in hohen Ehren[133]. Die *salus publica* ist das oberste Prinzip.

3i. Außenpolitisch wünscht Plinius einen bewaffneten Frieden. Er sagt zu Trajan: Du fürchtest den Krieg nicht, du provozierst ihn aber auch nicht. Deine Selbstbeherrschung bewirkt, daß du nicht kämpfen willst, deine Tapferkeit bewirkt, daß die Feinde nicht kämpfen wollen. Das Ausland ist ruhig und ehrerbietig, so daß niemand mehr besiegt werden muß. Dies ist schöner

---

125 Plin. pan. 56
126 Tac. Agr. 3, 1
127 RIC. II S. 308 Nr. 797
128 Marc Aurel, comm. I 14
129 Dio LXVIII 5
130 Plin. pan. 26
131 Plin. pan. 29
132 Plin. pan. 32
133 Plin. pan. 47

als sämtliche Triumphe, *pulchrius hoc omnibus triumphis*[134]. Wenn die Würde des Reiches, die *dignitas imperii*, zu kämpfen verlangt, dann gibt es Kriege, Siege, Triumphe. Sie sind aber kein Selbstzweck. Neben der Beschwichtigung der regionalen Rivalitäten und Spannungen innerhalb des Reiches, meint Plinius, sei es die Aufgabe Roms, die überschäumenden Völker jenseits der Grenzen weniger durch Gewalt als durch Vernunft zu besänftigen: *tumentes populos non imperio magis quam ratione compescere*[135]. Dieses Programm entwickelte Plinius vor einem Kaiser, der sich bald – freilich aus der Abwehr – als einer der größten Eroberer der römischen Geschichte erwies. Unter Trajan gewann das Reich seine größte Ausdehnung.

3j. Plinius sieht in seiner Gegenwart so wie später Gibbon eine glückliche Zeit für die Menschheit. Die ruhmreichen Tugenden der Republik lebten wieder auf, und der Zukunft werde ein Beispiel gesetzt, an dem sie sich orientieren könne, das sie schwerlich wieder erreichen werde. Wie Seneca stellt es Plinius jedem Bürger zur Aufgabe, über seine Lebenszeit hinaus der *res publica* nützlich zu sein. Daß diese Idealbilder der Wirklichkeit nur sehr teilweise entsprachen, daß ein gehöriges Quantum von schönfärbender Rhetorik abzuziehen ist, ergibt sich aus den sozialkritischen Quellen, etwa den Satiren Juvenals, in denen er Luxus und Dekadenz der Römer anprangert und aus dem Frieden herleitet: *nunc patimur longae pacis mala*[136]. Der Panegyricus auf Trajan hat gleichwohl für das Selbstverständnis des Principats eine ähnliche Bedeutung wie die Gefallenen-Rede des Perikles für die Selbstdarstellung der attischen Demokratie oder die Lykurg-Vita Plutarchs für das klassische Sparta.

3k. Das Lob des römischen Kaisertums ertönt nicht nur aus römisch-lateinischem Munde. Von Aelius Aristides und Cassius Dio besitzen wir sinngleiche Texte, die von griechischen Autoren stammen und nicht amtlich-römischen Ursprungs sind. Das Kaisertum ist für Aelius Aristides in seiner berühmten Romrede[137] von 143 n. Chr. der monarchische Teil der römischen Mischverfassung, deren demokratisches Element im Wohlergehen des Volkes, dessen aristokratische Komponente im Ansehen des Senates bestehe. Rom verwalte die Welt wie eine einzige Polis von Bürgern. Sowohl die

---

134 Plin. pan. 16
135 Plin. pan. 80
136 Iuv. VI 292
137 Aristeid. or. 26; kurz, aber ähnlich: Plut. mor. 824 C

3. Vier Redner 301

griechischen Stadtstaaten mit ihren dauernden Kriegen als auch die orientalischen Flächenstaaten mit ihrem drückenden Despotismus hätten vor der Aufgabe versagt, die Roms Kosmopolitismus nun gelöst habe. Arme und Reiche, Griechen und Barbaren, Einheimische und Fremde – vor dem Staat seien alle gleich. In den Spitzenstellungen säßen Männer jeder Herkunft, denn bei der Verleihung des Bürgerrechts zählten allein Haltung und Leistung des Betroffenen, jeder könne es sich verdienen. Fremde fänden Aufnahme, Barbaren würden erzogen. Jeder dürfe reisen, wohin er wolle, weder Staatsmacht noch Räuber hinderten ihn. Straßen und Brücken und Seefahrt verbänden die Menschheit. Es gebe keine Heiratsverbote, alles würde eine einzige Familie, die einzelnen Städte regierten sich in freier Selbstbestimmung. Das römische Reich sei der erste Staat, dessen Angehörige Freie seien. Wenn in seiner Stadt Unrecht geschehe, könne sich jeder Untertan vertrauensvoll nach Rom wenden. Das gebe es in keiner Demokratie, wo alle Urteile letztinstanzlich sind. Wehrdienst und Handel verbänden die Länder, die Verwaltung funktioniere, der Friede sei gesichert, der Wohlstand wachse. Die Städte benötigten keine Mauern, denn die Grenzen seien sicher, Rom habe die kranke Welt geheilt. Aelius Aristides betet zu den Göttern, daß dieses Reich ewig bestehen möge.

3l. Unser viertes Dokument für das Staatsideal des Principats ist das Rededuell zwischen Agrippa und Maecenas im Geschichtswerk des Cassius Dio[138], abgefaßt um 200. Nach seinem Sieg bei Actium habe Octavian mit seinen Freunden beratschlagt, welche Form der römische Staat künftig haben solle. Abermals wird, wie im Persischen Verfassungsgespräch Herodots[139], die Stunde Null literarisch genutzt, um die Möglichkeiten der Verfassungsgebung zu erörtern. Agrippa spricht bei Dio für die Wiederherstellung der Republik. Octavian habe seine Gegner als Feinde der Republik bekämpft, und wenn er nun selbst deren Grundordnung umforme, werde er unglaubwürdig[140].

3m. Maecenas dagegen empfiehlt die Einrichtung einer Monarchie unter weitgehender Schonung der republikanischen Traditionen. Die Republik selbst zu erneuern schien ihm absurd, denn dann dauerte es nicht lange, bis auch die Bürgerkriege wieder ausbrächen. „Laß dem Senat seine Rechte! Entferne die Unwürdigen aus seinen Reihen und fülle sie auf mit den Edel-

---

138 Dio LII
139 Herodot III 80 ff.
140 Dio LII 2, 5

sten und Tüchtigsten aus allen Teilen des Reiches. Alle Bürger sollten teilhaben an der Herrschaft, sofern sie reputierlich sind und nicht gerade aus den niedrigsten Schichten stammen, denn das würde den Senat entwerten[141]." Die Magistrate laß nach alter Sitte gewählt werden, sei großmütig in der Verteilung von Ehren, aber behalte die Macht selbst in der Hand!"[142]. Mommsen nannte die Rede „Phantasie eines hochgestellten Griechen vom besten Staat".

3n. Maecenas *alias* Dio spart nicht mit Ratschlägen an den Kaiser: Werde nicht überheblich, sei nicht unersättlich, meide den unnützen Aufwand und verkehre mit den Menschen auf gleichem Fuß![143]. Benimm dich selbst so, wie du dir den idealen Untertan vorstellst! Dann erziehst du ihn durch dein Vorbild[144]. Der griechische Gedanke, daß die Menschen im guten Staat zu besseren Menschen werden, wird auch in der Kaiserzeit noch vertreten[145]. Dio warnt vor der Selbstvergottung: der Kaiser soll sich keine Tempel bauen lassen. Wenn jemand gottgleich werden könne, dann durch seine Leistung[146]. Unter den Städten und Völkern des Reiches soll er die Zwiste zähmen, gegenüber den auswärtigen Mächten soll er Frieden wahren, aber wohl gerüstet sein[147]. Das meinte auch Plinius zu Trajan.

3o. Cassius Dio variierte diese Gedanken dann in der Rücktrittsrede, die er Augustus zum Jahre 27 v. Chr. in den Mund legt. Augustus warnt dort vor unbedachten Reformen, vor Ausbeutung der Provinzen, vor Übergriffen seitens der Armee [148]. Er verzichtete, wie man weiß, auf den Rücktritt, und dies erschien Dio, der 250 Jahre Principat überblickte, ein verfassungsgeschichtlicher Fortschritt. Der Übergang von der „Demokratie" (so Dio) zur Monarchie habe den Staat vor dem Untergang bewahrt[149]. Selbst die vernünftigeren unter den Senatoren hätten eingesehen, daß eine Rückkehr zur „Demokratie" nur neues Blutvergießen brächte[150]. Dies glaubte auch Dio selbst, obschon sich zu seiner Zeit der Gedanke durchgesetzt hatte, daß der Kaiser nicht

---

141 Dio LII 19, 6; 25, 7
142 Dio LII 20, 2 f.
143 Dio LII 39, 3 f.
144 Dio LII 34, 1
145 Tac. ann. III 55, 4
146 Dio LII 35, 3 ff.
147 Dio LII 37, 1; 39, 3
148 Dio LIII 10
149 Dio LIII 19, 1
150 Dio LIII 11, 2

mehr, wie Trajan, den Gesetzen unterworfen, sondern *legibus solutus* sei[151] und es beim Wechsel der Dynastie wieder zu erheblichen Blutverlusten gekommen war.

4. AUSBLICK

4a. „Mit dem Tode Marc Aurels geht die Geschichte aus einer Goldenen Zeit in eine von Eisen und Rost über" – ein Wort, dessen Erfüllung Cassius Dio[152] nur zum Teil erlebte. Dio schrieb unter Severus Alexander, dem letzten Severerkaiser. Nach dessen Sturz 235 beginnt die Reichskrise unter den Soldatenkaisern, eine Zeit äußerer und innerer Wirren. Sie haben jedoch den Glauben an Kaisertum und Reichsidee nicht erschüttert. Im Gegenteil: es scheint, als ob die politische Misere die Überzeugung von der *Roma Aeterna* eher vertieft hätte, ähnlich wie die Krise während der späten Republik ideologisch durch den Glauben an Roms politische Mission aufgefangen wurde. Der Gedanke, daß Rom den Auftrag habe, der Welt die Zivilisation, die Ordnung, das Recht zu bringen, findet weiterhin sprachgewaltige Vertreter, und zwar aus allen Schichten, ob wir uns die Verlautbarungen der Kaiser (etwa die *Praefatio* zum Preisedikt Diocletians oder die Schriften von Julian Apostata, die Münzlegenden und Inschriften), die offiziellen und inoffiziellen Reden (das Corpus der Panegyrici Latini, Symmachus, Themistios, Libanios), oder die Dichter (Ausonius, Rutilius, Sidonius), und Geschichtsschreiber (insbesondere Ammianus Marcellinus) anschauen. Es gibt keinen Unterschied zwischen dem lateinischen Westen und dem griechischen Osten, zwischen römischen und germanischen Stimmen. Die momentanen Schwächezeichen werden gewöhnlich als vorübergehende Krisen gedeutet, wie Rom sie oft hat überstehen müssen. Sie ändern nichts an der gottgewollten Ewigkeit des Imperium Romanum.

4b. Noch ganz im traditionell-heidnischen Geiste pries der alexandrinische Grieche Claudianus[153] in seinem Lobgedicht auf Stilichos Consulat 400 n. Chr. die Segnungen Roms. Alle Länder habe sie besiegt, Roma die Mutter der Waffen und Gesetze (*armorum legumque parens*), selbst Thule jenseits des Ozeans. Keine Niederlage konnte sie brechen (*numquam succubuit damnis*). Sie vereint als Mutter, nicht als Herrin die Menschheit unter gemeinsamem Namen, alle Völker sind eins geworden (*cuncti gens una*

---

151 Dio LIII 18, 1
152 Dio LXXI 36, 4
153 Claudian XXIV 130–173

sumus). Rom sichert den Frieden und erlaubt uns Freizügigkeit, wir trinken aus allen Flüssen. Fielen andere Reiche dem Luxus und dem Laster zum Opfer, so hat das Schicksal doch Rom kein Ende gesetzt: *nec terminus umquam Romanae dicionis erit.* Der letzte antike Fürstenspiegel stammt von Justinians Diakon Agapetos, er mischt traditionelle und christliche Tugenden ähnlich wie Augustin[154].

4c. Eine zusätzliche Stütze besaß die Romideologie, seit sie mit Constantin christliches Gepräge gewann. Es kam zu einer Symbiose zwischen *Romanitas* und *Christianitas,* die bestimmend wurde für das politische Denken der Nachantike. Die Ablösung Roms als Residenz seit Diocletian und die Stürme der Völkerwanderung konnten der Idee nichts anhaben. Nachdem Alarich 410 Rom erobert, geplündert und angezündet hatte, ernannte er einen Schattenkasier, der prachtvolle Silbermünzen mit der Inschrift prägte: INVICTA ROMA AETERNA[155]. Auch die Plünderung der Ewigen Stadt durch Geiserich 455 und die Aufhebung des Kaisertums im Westen durch Odovacar 476 haben die Romideologie nicht beeinträchtigt, sie wurde im Osten durch das neue Rom am Bosporus, im alten Rom durch die Päpste umgewandelt, fortgeführt und schließlich von den Franken übernommen. Durch die Kaiserkrönung Karls d. Gr. zu Weihnachten 800 blieb das Reich die höchste Ordnungsidee der europäischen Völker. Das Imperium Romanum als Muster eines weltweiten Friedens- und Wohlfahrtsstaates fand Ausdruck im Kaiserhymnus des Archipoeta[156] auf Friedrich Barbarossa:

Salve mundi domine, Caesar noster ave!
Cuius bonis omnibus iugum est suave,
quisquis contra calcitrat, putans illud grave,
obstinati cordis est et cervicis prave.

Princeps terre principum, Caesar Friderice,
cuius tuba titubant arces inimice,
tibi colla subdimus, tygres et formice
et cum cedris Libani vepres et mirice ...

---

154 R. Frohne, Agapetus Diaconus, 1985
155 Cohen, H., Description historique des Monnaies ... VIII 1892, S. 205
156 Archipoeta IX

4. Ausblick

Das römische Kaisertum bildet den Abschluß der antiken Verfassungsgeschichte. Was uns noch zu betrachten bleibt, sind Facetten. Es sind der sogenannte geistige Widerstand gegen die Romidee, dann die politische Philosophie des kleinen Mannes, die sich in den äsopischen Fabeln spiegelt, wenn man so will: eine Form des geistigen Widerstands gegen jede Politiktheorie, und zuletzt deren problematisches Verhältnis zum Christentum. Dies sind unsere abschließenden Themen.

Kapitel XII

DER GEISTIGE WIDERSTAND GEGEN ROM

a. Schopenhauer 309
b. Griechen und Römer 309
c. Fuchs 309
d. Quellen 310
e. Sklaven und Räuber 310
f. Bürgerkriege 311
g. Senatorische Opposition 311

1. SELBSTKRITIK UND FREMDKRITIK 311
   a. Cato: Rhodos 311
   b. Cicero: Verres 312
   c. Cicero: Pompeius 312
   d. von Römern überliefert 312
   e. geographische Gliederung . 313
   f. Argumente ähnlich 313

2. ITALIKER, AFRIKANER, GALLIER .. 313
   a. Livius, Velleius 313
   b. Sallust: Jugurtha 314
   c. Caesar: Critognatus 314
   d. Dio: Boudicca 314
   e. Tacitus: Calgacus 314
   f. Übertreibungen? 315

3. GERMANEN 315
   a. Arminius 315
   b. Segestes 316
   c. Flavus 316
   d. Bataver 317
   e. Cerealis 317
   f. vitia erunt 318
   g. Athavulf 319

4. GRIECHEN 319
   a. Orient 319
   b. Fortuna oder Virtus? 319
   c. Ätoler 320
   d. Mithradates, Timagenes 320
   e. Philosophen-Vertreibungen 321
   f. Peregrinus Proteus 321
   g. Julian 322
   h. Heidnische Märtyrerakten .. 322
   i. Judenfeindschaft 323
   j. laesa maiestas 323
   k. griechische Kultur in Rom . 323

5. JUDEN 324
   a. Judas Makkabaeus 324
   b. Philo, Josephus 324
   c. Theokratie 325
   d. Essener 326
   e. Sibyllinen 326
   f. echte und falsche 327
   g. Untergang Roms 327
   h. König von Osten 328
   i. apokryphe Apokalypsen 328
   j. Viertes Buch Esra 328
   k. Weltherrschaft Israels 329

6. RÜCKBLICK 329
   a. Kritik bloß pragmatisch 329
   b. Überlieferung römisch 330
   c. Freiheit 330
   d. Herrschaft 331
   e. Nationalismus 331
   f. Ausblick 331

> Die römische Geschichte ist für uns eigentlich nicht mehr an der Zeit. Wir sind zu human geworden, als daß uns die Triumphe des Cäsar nicht widerstehen sollten.
>
> Goethe 24.XI.1824

XII. Der geistige Widerstand gegen Rom

a. „Überall und zu allen Zeiten", schreibt Schopenhauer[1], „hat es viel Unzufriedenheit mit den Regierungen, Gesetzen und öffentlichen Einrichtungen gegeben; großenteils aber nur, weil man stets bereit ist, diesen das Elend zur Last zu legen, welches dem menschlichen Dasein selbst unzertrennlich anhängt." Großenteils, doch nicht ausschließlich. Den Himmel auf Erden kann gewiß keine Obrigkeit schaffen, aber ihre Schuldigkeit muß sie tun. Da es nun die Aufgabe der Staatsleitung ist, dem Elend abzuhelfen, wird man fragen dürfen, wie weit sie dem in den Augen ihrer Bürger (und sodann in den unseren) gerecht geworden sind.

b. Vergleichen wir das Urteil der griechischen mit dem der römischen Staatsdenker, so zeigt sich, daß bei den Griechen der kritische, negative Zug stärker hervortritt, während bei den Römern der affirmative, positive Ansatz deutlicher wird. Platons Staatstheorie entwickelte sich aus seinem Nein zur attischen Demokratie, Ciceros Staatstheorie hingegen entsprang seinem Ja zur römischen *res publica*.

c. Die Neigung zur Selbstbestätigung in der römischen Staatsliteratur weckt Verdacht. Einem Kritiker wie Platon nehmen wir seine subjektive Ehrlichkeit ab, aber den Lobsprüchen eines Polybios, eines Cicero, eines Plinius gegenüber der römischen Verfassung ist nicht in gleicher Weise zu trauen. Es ist nicht ausgeschlossen, daß diese Autoren als Nutznießer des Systems reden und damit ein einseitiges Bild erzeugen. Darum empfiehlt es sich, die Gegenrechnung aufzumachen und die Stimmen zu sammeln, die sich abfällig über Rom geäußert haben. Seit dem berühmten Vortrag von Harald Fuchs von 1933 über dieses Thema steht es unter der Formel des „geistigen Widerstandes" gegen Rom.

---

1 Schopenhauer V, 280

d. Wer nach dem Widerstand gegen Rom fragt, wird zunächst seine Erwartungen formulieren. Können wir überhaupt damit rechnen, gehaltvolle Äußerungen zu einem Gegenbild zu bekommen? Selbst wenn es romkritische Zeugnisse in Karthago, in Athen, in Pergamon oder Alexandria vor dem Einmarsch der Legionen gegeben hat, sind sie dann nicht während der römischen Herrschaft beseitigt worden? Obschon wir sohin nur mit bescheidenen Erwartungen auf die Suche nach Gegenstimmen gehen dürfen, lassen sich solche doch aufspüren. Die großmaschige Organisation des Reiches und die weitherzige Haltung in geistigen Dingen haben soviel Spielraum geboten, daß wir zumindest die wichtigsten Zentren und Argumente der Kritik an Rom fassen können. Ich beginne mit der politischen Selbstkritik der Römer und schließe daran die Äußerungen aus den Reihen der Unterworfenen.

e. Ausgespart bleiben die Zeugnisse für den sozialen und politischen Widerstand[2], die nur Taten, keine Gedanken überliefern, also nichts zur politischen Theorie beitragen. Soziale Proteste fassen wir in den spätrepublikanischen Sklavenkriegen, namentlich im Spartacus-Aufstand[3] 73 bis 71 v. Chr. Im Zusammenhang hiermit steht das Räuberwesen[4], dessen moralische Wertung zu allen Zeiten schillert. Das Imperium hatte immer unter Räuberbanden zu leiden. Sie rekrutierten sich aus drei Quellen: aus entlassenen oder desertierten Soldaten, aus Angehörigen der Unterschicht, darunter flüchtigen Sklaven, und aus wenig zivilisierten Bergbewohnern. Die Isaurier im gebirgigen Anatolien galten geradezu als Räuberstamm[5]. Diese Banden umfaßten zuweilen mehrere hundert Köpfe und betrachteten sich selber als kriegführende Macht, als Partisanen des Mars[6]. Vom juristischen Standpunkt aus handelt es sich um Verbrecher, doch bezeugen die Geschichts- und Romanschreiber des Altertums bisweilen eine romantische Sympathie für diese Räuber. Friedrich Schiller hat Vorläufer im Altertum und Nachfolger in der Historie, die das antike Räuberwesen unter die Devise *in tyrannos* stellen, und die Banditen wohlwollend als Entrechtete und Beleidigte behandeln. Zu ihrer Rechtfertigung behaupten sie – so im Dialog zwischen Alexander und dem Seeräuber[7] –, daß sie dasselbe täten wie die Staatsorgane, nämlich ausbeuten, und eben deswegen, weil sie mißhandelt würden, andere miß-

---

2 Deininger 1971
3 App. civ. I 116 f.; Plut. Crass. 87; ders., Pomp. 21
4 Mac Mullen 1966, 192 ff.
5 Ammianus Marcellinus XIV 2; XIX 13; Zosimos I 69, 1
6 s. o. X 3 n!
7 Augustin CD. IV 4

handeln dürften. Die bedeutendste Erscheinung im römischen Räuberwesen sind die spätantiken Bagauden in Gallien und in Spanien. Da sie aber selbst mindestens einen ihrer Hauptleute zum Gegenkaiser erhoben haben[8], richtet sich ihr Widerstand offenbar nicht gegen das System, sondern nur gegen dessen momentanen Träger.

f. So wie das Bandenwesen, können wir auch die Bürgerkriege nicht in den geistigen Widerstand gegen Rom einordnen. Obwohl die Auseinandersetzungen zwischen Marius und Sulla, Pompeius und Caesar, Marc Anton und Octavian in der Republik und die zwischen Imperatoren und Usurpatoren in der Kaiserzeit sehr viel blutiger waren als alle Widerstandsaktionen gegen das System, lassen sie sich deswegen nicht dazu rechnen, weil es in diesen Bürgerkriegen immer nur darum ging, welche Gruppen, welcher Mann über Rom herrschen sollte. Der Konflikt blieb systemimmanent.

g. Aus demselben Grunde ist schließlich die senatorisch-republikanische Opposition gegen das Kaisertum für uns unerheblich[9]. Ressentiments, Verschwörungen und Attentate aus diesen Kreisen gibt es bis ins 2. Jh. n. Chr. Trotzdem handelt es sich dabei ebenfalls nur um organisatorische Fragen der römischen Herrschaft. Versuche, das Senatsregiment in seiner alten, kaiserlosen Form wiederherzustellen, hat es überhaupt niemals gegeben. Es ging lediglich um die Eindämmung orientalisch-hellenistischer Tendenzen im Kaisertum, um die Sicherung eines zivilen Toga-Kaisertums, wie es die besseren Imperatoren bis zu Septimius Severus in Rom zur Schau getragen haben.

1. SELBSTKRITIK UND FREMDKRITIK

1a. Die Selbstkritik der römischen Herrschaft begegnet in der Regel bei innenpolitischen Auseinandersetzungen um die Ziele und Mittel der Außenpolitik. Ein frühes Beispiel ist die Rede, die der ältere Cato 167 v. Chr. zugunsten der Rhodier gehalten hat, als deren Gesandte sich vor dem Senat dafür entschuldigten, im Krieg Roms gegen den Makedonenkönig Perseus laviert zu haben[10]. Cato bringt Verständnis auf für die Rhodier, die Rom im Osten nicht allzu mächtig sehen wollten, um nicht in deren politische Sklave-

---

8 Amandus 296 n. Chr.; RIC. V 595
9 MacMullen 1966, 1 ff.; Brunt 1975; Malitz 1985
10 Gellius VII 3

rei zu verfallen: *libertatis suae causa in ea sententia fuisse arbitror.* Cato warnt die Senatoren, im Glück des Sieges den Sinn für das Maß zu vergessen und kleinlich Rache für angebliche Treulosigkeit zu üben.

1b. Eine Fundgrube der römischen Selbstkritik sind die Reden Ciceros. In seiner zweiten Rede gegen Verres, den erpresserischen Statthalter von Sizilien, aus dem Jahre 70 v. Chr. führt Cicero aus: „Alle Provinzen trauern, alle freien Völker klagen, alle Königreiche beschweren sich über unsere Habgier und unsere Rechtsverletzungen. Es gibt diesseits des atlantischen Weltmeeres keinen Ort mehr, sei er noch so entfernt, noch so verborgen, der vor der Habsucht und der Ungerechtigkeit unserer Leute sicher wäre. Rom braucht von anderen Völkern zwar Gewalt, Waffen und Krieg nicht mehr zu fürchten, wohl aber Trauer, Tränen und Klagen"[11].

1c. Sinngleich heißt es in Ciceros Rede von 66 v. Chr. über den Oberbefehl des Pompeius: „Es ist kaum zu sagen, Bürger, in welchem Haß wir bei den fremden Völkern stehen wegen der rücksichtslosen Unersättlichkeit der Befehlshaber, die wir in den letzten Jahren dorthin geschickt haben. Welches Heiligtum, welche Stadt, welches noch so gesicherte Haus haben unsere Beamten denn verschont? Inzwischen müssen die wohlhabenden Städte schon gesucht werden, damit man gegen sie einen einträglichen Krieg anfangen kann ... Ihr schickt Heere gegen Feinde zum Schutz der Bündner, die diesen mehr schaden als den Feinden. Welche Stadt in Asien kann denn noch einen Feldherrn, einen Legaten oder auch nur einen Militärtribunen in seinem Hochmut ertragen? Selbst wenn ihr einen tüchtigen General hättet, der die Könige besiegte, was nützte das, wenn er das Geld der Bundesgenossen, ihre Frauen und Kinder, den Schmuck der Tempel und Städte, das Geld und die Schätze der Könige nicht vor unseren gierigen Händen verschonte?"[12]

1d. Vielfach werden derartige Klagen auch den Geschädigten selbst in den Mund gelegt, insbesondere in den Geschichtswerken von Sallust, Caesar und Tacitus. Die Vorwürfe, die Rom dabei zu hören bekommt, lassen an Schärfe nichts zu wünschen übrig. Die Autoren, die über die römische Expansion berichten, haben nie einen Hehl daraus gemacht, daß die unterworfenen Völker dabei ihre Freiheit verloren. Von Caesar bis Cassius Dio wird das stets unumwunden eingeräumt. Was die römischen Autoren die Gegner

---

11 Cic. 2. Verr. 207
12 Cic. imp. Cn. Pomp. 65

Roms sagen lassen, dürfen wir wohl als Ansicht dieser Opponenten gelten lassen, wenigstens grundsätzlich.

1e. Das gesamte Feld der Opposition läßt sich in vier Kategorien einteilen. Am wichtigsten sind die Stimmen der unterworfenen Völker. Sie werden teilweise im Zuge der Eingliederung, teilweise bei Aufständen angeführt, so wie sie vielfach in der zweiten Generation nach der Provinzialisierung, vor der endgültigen Romanisierung zu vernehmen sind. Neben vereinzelten Äußerungen der Italiker, Karthager und Nordafrikaner kommen die gallischen und britannischen Kelten zu Wort, sodann die Rheingermanen, ferner die Griechen vom Pontos bis zum Nil und schließlich die Juden. Diese geographische Einteilung werde ich meiner Darstellung zugrundelegen.

1f. Wenden wir uns nun den einzelnen Bevölkerungsgruppen zu, von denen der nationale Widerstand ausging. Die Argumente sind immer ähnlich: Den Römern wird der gerechte Kriegsgrund bestritten. Was sie selbst dafür ausgäben, sei allenfalls der Anlaß. Das wahre Motiv sei Herrsch- und Habsucht, um derentwillen sie jeden noch so fadenscheinigen Vorwand nutzten, um über ihre Nachbarn herzufallen und sie zu unterjochen. Interessanter als der Inhalt dieser Vorwürfe sind die Gelegenheiten, zu denen sie erhoben wurden, die Personen, die sie erhoben haben, und die jeweilige rhetorische Einkleidung, in der sie uns entgegentreten.

2. Italiker, Afrikaner, Gallier

2a. In seinem ersten Buch läßt Livius[13] den Führer der latinischen Albaner zum römischen König Tullus Hostilius sagen: „Die Forderungen, die wir euch nicht erfüllen, sind doch nicht der wahre Kriegsgrund! Wenn wir sagen, was wahr ist, und nicht, was schön klingt, dann ist es die *cupido imperii*, die uns zum Kampf bringt. Wer Recht hat, ist ganz unwichtig". Im Bundesgenossenkrieg (91–89 v. Chr.) soll nach Velleius Paterculus[14] der Anführer der vereinigten Italiker erklärt haben: „Die Wölfe, die Italien die Freiheit rauben, leben so lange, bis wir den Wald, in dem sie hausen, gerodet haben". Der Wald ist die Stadt Rom, die Bezeichnung „Wölfe" spielt auf die *lupa Capitolina* an, die Romulus und Remus gesäugt haben soll[15].

---

13 Liv. I 23, 7 f.
14 Vell. Pat. II 27, 2
15 Liv. I 4, 6; Ovid fast. III 53

2b. Sallust[16] legt eine derartige Anklage dem Numidier Jugurtha in den Mund: Die Römer seien ungerecht, geizig und der gemeinsame Feind aller Menschen. Ihr Kriegsgrund sei derselbe gegen alle Völker, ihre *lubido imperitandi*. Ihretwegen hätten sie die Karthager und Makedonen niedergeworfen, und wo etwas zu holen sei, wären die Römer rasch zur Stelle.

2c. Ähnliche Äußerungen überliefern Caesar, Tacitus und Dio von den Fürsten der gegen Rom kämpfenden Gallier. Caesar[17] läßt den Arverner Critognatus in dem belagerten Alesia 53 v. Chr. gegen eine Kapitulation sinngemäß folgendermaßen argumentieren: „Die Kimbern haben unser Land plündernd durchzogen, uns aber wenigstens unsere Satzungen und Bräuche, unsere Äcker und unsere Freiheit gelassen. Die Römer aber können ruhmreiche und kriegstüchtige Nachbarn nicht ertragen. Sie sind neidisch auf uns, greifen uns an, setzen sich bei uns fest und legen uns das Joch ewiger Knechtschaft auf. Das haben sie mit allen Gegnern getan." Critognatus ruft zum Freiheitskampf auf. Um den Widerstand in der Festung zu verlängern, fordert er, Frauen, Kinder und andere wehrlose Esser umzubringen und dann zu siegen oder zu sterben. Caesar berichtet dies ohne Sorge, daß den Römern daraus ein Vorwurf erwachsen werde. Es ist ein für uns schwer begreiflicher Tatbestand, daß die Römer diese Motive ohne erkennbare Einbuße an Selbstachtung überliefern.

2d. Die Rede der britannischen Königin Boudicca aus dem Jahre 61 n. Chr. gegen Rom formulierte Cassius Dio[18]. Sie forderte ihre Landsleute zum gemeinsamen Kampf gegen die Römer auf, denen sie vor allem die den Britanniern auferlegte Kopfsteuer vorwarf. Damit beklagte sie eher die Entehrung als die Ausbeutung, denn daß die Herrschaft Roms Wohlstand verhieß, gab sie zu, doch erklärte sie, Freiheit in Armut sei besser als Knechtschaft im Reichtum. Dessen verweichlichende Wirkung wird den Römern entgegengehalten, darauf gründete die Königin ihre – freilich vergebliche – Hoffnung auf Sieg.

2e. Die schärfste Anklage gegen Rom erhob jedoch Tacitus. In der Schrift auf seinen hochgeschätzten Schwiegervater Agricola[19], der an der Unterwerfung Britanniens wesentlichen Anteil hatte, läßt er 83 n. Chr. vor der Schlacht

---

16 Sall. Iug. 81, 1
17 Caes. BG. VII 77
18 Dio LXII 2 ff.; Tac. Agr. 16
19 Tac. Agr. 30, 5 f.

3. Germanen

am Mons Graupius den Inselkelten Calgacus sagen: Die Römer sind nichts anderes als Räuber, ihre Beute nicht weniger als die Welt, *raptores orbis*. Nachdem sie alle Länder verwüstet haben, kommen sie nun übers Meer. Wenn der Feind reich ist, treibt sie die Habgier. Ist er arm, jagt sie der Ehrgeiz. Nicht der Orient, nicht der Okzident kann sie sättigen. Als einzige von allen Menschen überziehen sie wohlhabende wie arme Länder. Wegschleppen, abschlachten, ausplündern – das läuft bei ihnen unter dem scheinheiligen Begriff *imperium*. Und wo sie eine Wüste hinterlassen, da erklären sie, Frieden geschaffen zu haben. *Ubi solitudinem faciunt, pacem appellant.*

2f. Die politische Selbstkritik, die in der Darstellung des Widerstandes gegen Rom liegt, war für die Römer desto leichter zu tragen, je stärker sie übertrieb. Daß den unterworfenen Völkern die nationale Selbständigkeit genommen wurde, ist klar. Aber schon mit der Freiheit steht es etwas anders, insofern den Unterworfenen nach einer äußerlichen Romanisierung die politische Laufbahn in der Reichsverwaltung offenstand. Ihre Kultur konnten die Völker bewahren und ihr Wohlstand wuchs beträchtlich. So erklärt es sich, daß gerade die Kelten in wenigen Generationen zu Römern wurden. Noch in der Spätantike war selbst die gallische Führungsschicht zweisprachig und fühlte sich den eindringenden Germanen gegenüber als Verteidiger der Sache Roms[20].

3. Germanen

3a. Die politischen Vorstellungen, welche die Germanen den Römern entgegensetzten, kennen wir nicht. Sie selbst haben keine Äußerungen hinterlassen. Immerhin besitzen wir die Zeugnisse des Tacitus, die uns eine Ahnung dessen vermitteln, was auf germanischer Seite über Rom gedacht worden ist. Als Leitmotiv durchzieht diese Stimmen der Gegensatz zwischen romfreundlichen und romfeindlichen Stellungnahmen. Das beginnt mit Arminius. Er stammte aus dem Königsgeschlecht der Cherusker, in dem Sympathien für die römische Sache herrschten. Wie sein Schwiegervater Segestes und sein Bruder Flavus hat Arminius zunächst in römischen Diensten gestanden, einen Offiziersrang bekleidet und nicht nur das römische Bürgerrecht, sondern sogar den Ritterrang erhalten. Selbstverständlich sprach er lateinisch und war so auf dem Wege der Romanisierung schon weit fortgeschritten, als er zu seinem Stamm zurückkehrte und eine progermanische, antirömische

---
20 Sulpicius Severus dial. I 27; Sidonius ep. III 3, 2

Politik begann, deren frühen Höhepunkt die Varus-Schlacht im Teutoburger Wald 9 n. Chr. darstellt[21].

3b. Tacitus beschreibt die moralische Position des Arminius aus römischer Perspektive: *insignis perfidia in nos ... turbator Germaniae,* „bemerkenswert durch Treulosigkeit gegen uns und Unruhestifter in Germanien."[22] In einer Gegenüberstellung zu seinem romfreundlichen Schwiegervater Segestes läßt Tacitus diesen sagen: „Mich bewegt nicht der Haß auf mein germanisches Vaterland, sondern ich meine, daß Römer und Germanen auf lange Sicht dieselben Interessen verfolgen und daß dazu Friede zwischen ihnen nützlicher ist als Krieg." Dagegen pocht Arminius auf Vaterland, Ahnen und Tradition, auf Ruhm und Freiheit, während Segestes fremden Herren diene und sein Volk in eine schändliche Knechtschaft führen wolle[23].

3c. Noch prägnanter ist jene Szene während des Germanicus-Feldzuges des Jahres 16 n. Chr.[24]. Die Römer waren bis an die Weser gekommen, auf deren Gegenseite die Cherusker standen. Arminius bat um eine Unterredung mit seinem Bruder über den Fluß hinweg. Flavus, der in römischen Diensten ein Auge eingebüßt hatte, erschien auf dem linken Ufer und Arminius fragte ihn, wie dies gekommen sei. Flavus erzählte die Umstände und zeigte die Auszeichnungen vor, die ihm die Römer verliehen hatten. Arminius hatte dafür nur Spott übrig: *vilia servitutis pretia.* Trostpreise für die Knechtschaft. – Daraufhin lobte Flavus die *magnitudo Romana,* die Macht des Kaisers und seine Güte. Arminius hingegen vertrat das heilige Recht des Vaterlandes *(fas patriae),* die altüberkommene Freiheit, die germanischen Götter und verwies darauf, daß ihre Mutter auf seiner Seite stünde. Er wolle kein Verräter an seinen Verwandten und Nachbarn werden, ein Deserteur seines Volkes, sondern dessen Führer bleiben. Nur mit Mühe konnten die Umstehenden verhindern, daß die beiden aufeinander losstürzten. In der Ansprache an die Cherusker wiederholte Arminius seine Vorwürfe gegen die Römer. Ihre Motive: *avaritia, crudelitas, superbia.* Arminius forderte den Kampf für die Freiheit und eher den Tod als die Sklaverei. Tacitus versucht, Arminius gerecht zu werden, und sein letztes Wort über ihn lautet: *liberator haud dubie Germaniae* – zweifelsohne ist er der Befreier Germaniens von der römischen

---

21 Dio LVI 18 ff.; Velleius II 117 f.; Florus IV 12
22 Tac. ann. I 55
23 Tac. ann. I 58 f
24 Tac. ann. II 9–15

Herrschaft gewesen[25]. Trotzdem war Tacitus kein Gegner des römischen Imperialismus. Er bringt nur als guter Historiker Verständnis auf für alle Positionen, auch für die des Feindes.

3d. Umgekehrt sieht er auch die Schattenseiten bei den römischen Gegnern. Als im Jahre 79 die Bataver sich erhoben und ein germanisch-gallisches Reich, losgelöst von Rom, anstrebten, führt Tacitus unverblümt die Vorwürfe der Germanen gegen die harte römische Herrschaft an[26], berichtet aber ebenso die Gegengründe Roms: er verweist auf den Übermut der Empörer durch die vorangegangenen Privilegierungen[27] und glaubt, daß die Freiheitsparole nur gelte, solange noch Römer zu beseitigen seien. Nach dem Erfolg aber sei dieselbe *cupido imperitandi*, dieselbe Herrschsucht bei den Aufständischen zu erwarten, wie sie den Römern vorgeworfen werde[28]. Tacitus beschreibt, wie die Empörer einen ihrer Anführer zu den Remern um Reims sandten, um sie für die Revolte zu gewinnen. Dieser Mann tritt vor der Versammlung auf, und man erwartet nun, daß Tacitus ihm eine flammende Ansprache gegen den römischen Imperialismus in den Mund legt. Stattdessen heißt es lakonisch, der Gesandte habe in wohlgesetzter Rede all jenes vorgebracht, was man großen Reichsbildungen seit eh und je vorgeworfen habe, bloß etwas garniert mit Schmähungen gegen das römische Volk, die aus dem Neidgefühl stammten[29]. Die Topik der antiimperialistischen Argumentation ist für Tacitus inzwischen so ausgedroschen, daß er sie gar nicht mehr wiederholt.

3e. Bemerkenswert hingegen ist jene Rede, die er den römischen Feldherrn Petilius Cerialis halten läßt, und die man als Abrechnung des Tacitus[30] mit der gesamten Widerstandsproblematik ansehen kann. Cerialis hatte von Vespasian den Auftrag erhalten, den Bataveraufstand niederzuwerfen, dem sich eine Reihe westgallischer Stämme angeschlossen hatte. Vor sie tritt Cerialis und sagt: „Ihr glaubt doch nicht, daß es den Germanen im Ernst um Eure Befreiung geht. Die wollen doch nur die Herrschaft über Euch und Euren Besitz. Noch niemals hat jemand, der andere unterjochen wollte, was anderes vorgeschoben als den Kampf für deren Freiheit. Freiheit ist eine Phrase. Frieden dagegen ist eine Realität, und ihn haben erst die Römer den

---

25 Tac. ann. II 88
26 Tac. hist. IV 14
27 Tac. hist. IV 57, 2
28 Tac. hist. IV 25, 3
29 Tac. hist. IV 68, 5
30 Tac. hist. IV 73 f.

Galliern gebracht. Leider aber kann der Friede zwischen den Völkern nicht ohne Militär aufrechterhalten werden. Für den Frieden braucht man Soldaten, für die Soldaten braucht man Löhnung und für die Löhnung braucht man Steuergelder. Innerhalb des Imperiums genießt ihr alle Rechte und Vorteile: nichts ist euch grundsätzlich vorenthalten, das gibt es jetzt und gibt es immer. Der Wert eines politischen Systems kann danach nicht beurteilt werden. Und aufs Ganze gesehen, ist der römische Imperialismus immer noch besser als der gallische Partikularismus." Tacitus läßt den Cerialis dann die römische Geschichte beschwören: Und wenn eines Tages die Römer geschlagen würden – was die Götter verhindern mögen! – was wäre dann anders zu erwarten als der Kampf aller gegen alle? 800 Jahre militärischer Diszplin böten die beste Gewähr dagegen. Und sollte Rom fallen, dann fiele der Angreifer mit. Cerialis verweist die Gallier auf ihre besondere Gefährdung durch ihren Reichtum, der doch vor allem andern ein Anreiz für die ewig angriffslustigen Germanen sei.

3f. Die Argumentation des Tacitus ist aufgebaut auf einer Anthropologie, die allen Staatstheorien bis heute zugrunde liegt, daß der Mensch böse sei: *vitia erunt donec homines.* Der Staat ist ein Mittel, womit der Mensch sich vor seinesgleichen schützt. Daraus folgt, daß alle Vorwürfe gegen das Imperium, die auf unmoralisches Verhalten der Herrschenden abzielen, schwach sind, denn schlechte Menschen gibt es überall, auch unter den Beherrschten. Ein großes Staatswesen wie Rom hat nach Tacitus den Vorzug, daß die kleinen Ehrgeizigen nicht so leicht imstande sind, Kriege anzuzetteln. Das einzige Argument, was bleibt, ist, daß es sich doch um eine Fremdherrschaft handelte. Dem stellt Tacitus die Behauptung entgegen: *nihil separatum clausumve,* der Aufstieg zur Macht steht grundsätzlich allen offen. Die Verwaltung der Provinzen und die Führung im Heer seien schon großenteils in den Händen von Leuten, die nicht aus Rom stammten. – Germanen erhielten vielfach das römische Bürgerrecht, so die Gesandten der Friesen, die unter Nero nach Rom kamen, um sich über die Statthalter zu beschweren. Um den Barbaren zu imponieren, pflegte man ihnen die Sehenswürdigkeiten der Stadt vorzuführen. Als sie ins Theater kamen, dessen erste Ränge den Senatoren vorbehalten waren, ließen sie sich ungebeten in den Ehrensesseln nieder, indem sie erklärten, kein Volk übertreffe sie an Tapferkeit und Treue. Das römische Volk schwankte, ob es Pfui oder Bravo rufen sollte, aber die Bravo-Rufer setzten sich durch. Nero war beeindruckt vom Selbstbewußtsein der Friesen und verlieh ihnen die *civitas Romana*[31].

---

31 Tac. ann. XIII 54

3g. Wenn es auch bisweilen zwischen romfeindlichen und romfreundlichen Stimmen unter den Germanen zu Streit und Totschlag kam, selbst an der Tafel des Kaisers Theodosius[32], so können wir doch von keinem Germanenstamm sagen, daß er ausgesprochen antirömisch dachte. Alarich, der 410 Rom eroberte, hatte immer wieder versucht, als Heermeister in den Dienst des Kaisers zu treten. Sein Schwager und Nachfolger Athavulf erklärte, ursprünglich habe er aus der *Romania* eine *Gothia* machen und für seine Goten dasselbe werden wollen, was Caesar Augustus für die Römer war. Dann habe er eingesehen, daß man mit seinen zügellosen Goten, die keine Gesetze achteten, keinen Staat machen könne, darum habe er sich bemüht, statt des Vernichters der Erneuerer des Imperium Romanum zu werden[33]. Athavulf heiratete Galla Placidia, nannte seinen Sohn „Theodosius" und dokumentierte damit, daß er dasselbe anstrebe wie später der Ostgotenkönig Theoderich d. Gr., eine Wiederherstellung des römischen Reiches auf germanischer Grundlage. Dieser Gedanke ist schließlich von Karl d. Gr. aufgegriffen worden. Dies zeigt, wie der Widerstand von Arminius und Civilis gegen das Imperium Romanum im Laufe der Zeit umgekrempelt wurde, so daß die Idee des Reiches den germanischen Nationalstolz jahrhundertelang hat überragen können.

4. GRIECHEN

4a. Die Völker des Westens, einschließlich der Kelten und Germanen, waren den Römern intellektuell unterlegen. Aus diesem Grunde ist ein fundierter geistiger Widerstand gegen ihre Herrschaft nicht zu erwarten. Anders sieht es aus bei den Völkern im Osten, bei den Griechen und Juden. Als sie mit Rom in Berührung kamen, blickten sie bereits auf eine stolze Vergangenheit zurück, verfügten sie über einen Schatz an Geschichtskenntnissen und Staatstheorie, der sie befähigte, dem römischen System kritisch gegenüberzutreten.

4b. Das erste, zugleich schwächste der von den Griechen gegen Rom vorgebrachten Argumente lautete, daß die Römer nicht durch eigene Leistung, sondern nur durch blinden Zufall zu ihrer Herrschaft gelangt seien. Dieser Angriffspunkt wurde in der römischen Literatur wieder und wieder traktiert. Polybios hat sich mit ihm auseinandergesetzt, Plutarch widmete ihm

---

[32] Zos. IV 56
[33] Oros. VII 43, 5 f.

eine eigene Schrift[34], und noch Ammianus Marcellinus[35] kommt auf ihn zu sprechen. In der Regel wird das Verhältnis zwischen Virtus und Fortuna nicht als ein Entweder-Oder begriffen, sondern als ein Zusammenspiel im Sinne Moltkes (1871): „Glück hat auf Dauer nur der Tüchtige". Der römische Glaube, daß die höheren Mächte nur demjenigen Erfolg verleihen, der ihn verdient, hat in der Tat mehr für sich als die Lehre vom blinden Zufall.

4c. Gravierender ist der Vorwurf der imperialistischen Aggression. Er wurde bereits während der ersten beiden Punischen Kriege von solchen Griechen gegen Rom geschleudert, die zu Karthago hielten. Die Kriegsschuldfrage ist in der griechischen Welt ausgiebig erörtert worden; sowohl die Römer selbst als auch die Karthager haben ihren Standpunkt in griechisch geschriebenen Geschichtswerken niedergelegt. Mit dem Ausgreifen Roms nach Osten erhoben ebenso die Griechen in Hellas derartige Anschuldigungen. Schon im Jahre 239 v. Chr. sollen die Ätoler den Gesandten des Senats mit der Behauptung gegenübergetreten sein: die Römer seien, wie die Geschichte von Romulus lehre, räuberische Hirten, die ihr Land dessen rechtmäßigen Besitzern weggenommen hätten, die ihrer minderwertigen Herkunft halber keine Frauen finden konnten und den Sabinern ihre Töchter rauben mußten. Die Römer hätten bereits bei der Gründung ihrer Stadt Bruderblut verspritzt, wie der Mord des Romulus an Remus zeige[36]. Diese Angriffe sind von den Ätolern später wiederholt worden[37].

4d. Der Mythos vom Asyl des Romulus war stets ein dankbarer Topos in der Opposition gegen Rom[38]. Sallust[39] legt dem König Mithradates VI von Pontos die Worte in den Mund: „Die Römer besaßen von Anfang an nur Geraubtes: Haus, Weib, Land und Reich, ein zusammengelaufenes Gesindel, zum Unheil der Welt geschaffen, nicht durch menschliches, nicht durch göttliches Recht zu hindern, nah und fern Wohnende, Schwache und Starke auszuplündern und zu vernichten". Einzelne Griechen haben diese Ansicht auch unter römischer Herrschaft vertreten. Seneca[40] nennt den aus Alexandria stammenden Historiker Timagenes einen „Widersacher des römischen

---

34 Plutarch mor. 316 B ff.
35 Amm. XIV 6, 3
36 Justin XXVIII 2, 8 ff.
37 Polyb. V 104, 10
38 H. Strasburger, Studien zur Alten Geschichte II 1982, 1017 ff.
39 Sall. hist. IV fr. 69
40 Seneca ep. 91, 13

Glücks", *felicitati urbis inimicus*, und zitiert den Ausspruch von ihm: *Romae sibi incendia ob hoc unum dolori esse, quod sciret meliora surrectura quam arsissent.* Wenn Rom niederbrenne, dann würde er es bloß deswegen bedauern, weil es nachher schöner wieder aufgebaut würde. Timagenes war ein Günstling des Augustus, dessen Sympathien er sich jedoch später verscherzt hat.

4e. Von den Griechen ging der philosophische Widerstand gegen Rom aus. Den bekanntesten Fall, die Rede des Karneades von 155 über die Gerechtigkeit, haben wir schon behandelt[41]. Wir haben gesehen, wie der ältere Cato darauf gedrängt hat, die athenische Philosophengesandtschaft zu entlassen. Sein Mißmut über die politische Diskussion blieb nicht vereinzelt. Es gibt eine Reihe von Philosophenvertreibungen. Bereits aus dem Jahre 161 v. Chr. ist ein Senatsbeschluß überliefert, es liege im Interesse des Staates, daß in Rom keine Philosophen und Rhetoren aufträten. Im Jahre 92 v. Chr. folgte das Verbot der lateinischen Rhetoren, von denen der Senat befürchtete, sie verdürben die Jugend[42]. In der Kaiserzeit haben dann vor allem die kynischen Bettelphilosophen gegen Rom gepredigt[43]. Sie vertraten die Lehre des Diogenes vom Glück der Bedürfnislosen und zogen durch unflätige Beschimpfung aller Reichen und Mächtigen die Aufmerksamkeit auf sich. Sie sind von Vespasian und Domitian abermals aus der Hauptstadt verbannt worden[44], ja sie mußten sogar Italien verlassen.

4f. Die bekannteste Figur unter diesen Philosophen ist Peregrinus Proteus aus der Zeit des Antoninus Pius und Marc Aurels. Schon der Name ist programmatisch. Er bezeichnet den „Fremden, der sich in jede Gestalt verwandeln könne". Lukian von Samosata berichtet in seiner Schrift über das Ende des Peregrinus, dieser habe seinen Vater umgebracht, habe darauf seine Heimatstadt Parion verlassen müssen und sei auf Reisen gegangen. In Palästina hätte er sich den sogenannten Christen angeschlossen, die einen bekannten Wundertäter verehrten. Dieser Sophist habe neue Mysterien eingeführt und sei später gekreuzigt worden. Die Christen hätten es sich in den Kopf gesetzt, mit Leib und Seele unsterblich zu sein. Im übrigen wären sie in allen Dingen, die ihre Gemeinschaft betreffen, unglaublich rührig; und als Proteus eines Tages ins Gefängnis gesetzt wurde, hätten sie ihn dort bestens

---

41 s. o. VIII 1 v, w! IX 3 a!
42 Gell. XV 11
43 MacMullen 1966, 46 ff.
44 Gell. XV 11; Dio LXVI 13

versorgt. Proteus kehrte dann nach Parion zurück und verschenkte den Rest seines Vermögens an die Armen. Nachdem er aber wegen Übertretung eines Speiseverbots aus der christlichen Gemeinde ausgeschlossen worden sei, hätte er sein Vermögen von den Pariern zurückverlangt. Die aber appellierten an den Kaiser und erhielten recht. Proteus ging nach Ägypten, um eine neue Tugend zu lernen. Er ließ sich den Kopf zur Hälfte rasieren, beschmierte sein Gesicht mit Lehm und predigte die Nichtigkeit aller bürgerlichen Werte. Darauf begab er sich nach Rom, lästerte über alle Welt und beschimpfte den Kaiser, der selbst ein Philosoph war und sich das gefallen ließ. Der Stadtpräfekt duldete das aber nicht und wies Proteus aus. Er fuhr nach Griechenland und rief dort gegen die Römer zu den Waffen. Insbesondere wetterte er gegen Herodes Atticus, der eine Wasserleitung nach Olympia gebaut hatte und damit angeblich die Verweichlichung der Griechen begünstigte. Die römischen Behörden schritten nicht ein, man nahm Proteus nicht ernst. Da es ihm nicht mehr gelingen wollte, mit seinen Tiraden gegen Rom Aufsehen zu erregen, kündete er seine Selbstverbrennung an. Während der Olympiade des Jahres 165 n. Chr. ließ er sich einen großen Scheiterhaufen bauen und stürzte sich nach dem Vorbild des Herakles in die Flammen.

4g. Die von kynischer Seite noch im 4. Jh. verkündete, von Kaiser Julian[45] literarisch bekämpfte Welt- und Staatsverachtung ist als Symptom einer Kulturfeindlichkeit bemerkenswert, war aber keine politisch relevante Widerstandsbewegung. Grundsätzlich waren die Römer ja alles andere als Gegner der griechischen Philosophie. Der philosophische Seelsorger war eine permanente Figur am Kaiserhof; und Antoninus Pius hat das Gesetz bekräftigt, daß die von den Städten angestellten Philosophen, Lehrer und Ärzte von allen Steuern, Staatsleistungen und vom Wehrdienst befreit seien[46].

4h. Eine eigene Gruppe von Zeugnissen griechischen Widerstandes gegen Rom sind die sog. „heidnischen Märtyrerakten"[47]. Es handelt sich um eine Reihe fragmentarischer Papyri aus Ägypten, verfaßt von unbekannten Griechen aus Alexandria in der Zeit zwischen Tiberius und Septimius Severus. Als Ursprung werden die sich um das Gymnasium von Alexandria gruppierenden Clubs vermutet, ihrem Charakter nach sind die Schriften romfeindliche Untergrundliteratur.

---

45 Jul. or. VI = 180 D ff.
46 Dig. XXVII 1, 5 ff.
47 H. Musurillo, The Acts of the Pagan Martyrs. Acta Alexandrinorum, 1954

4i. Diese Papyri präsentieren sich, ähnlich wie die späteren christlichen Märtyrerakten, als Verhandlungsprotokolle vom Kaiserhof, wo griechische Gesandte über die Juden in Alexandria Beschwerden führten. Den Juden werden Übergriffe gegen die Griechen vorgeworfen, die Kaiser erscheinen als griechenfeindliche Protektoren der Juden. Die Griechen führen eine sehr freimütige Sprache. Der alten Kulturmetropole Alexandria steht das emporgekommene Rom gegenüber, die Kaiser erscheinen als blutrünstige Tyrannen. Die Verherrlichung des freien Mannes gegenüber dem Gewaltherrscher und das Lob des politischen Martyriums hat in der griechischen Literatur eine lange Tradition. Den Kaisern wird vorgehalten, daß sie einseitig ihre jüdischen Freunde begünstigten. Selbst ein Mann wie Trajan wird als Marionette jüdischer Drahtzieher hingestellt.

4j. Die agressive Sprache der Griechen artet zuweilen in Beleidigung aus, die Gesandten wurden dann – so die Texte – wegen *laesa maiestas* abgeführt oder gar hingerichtet und damit in den Augen der Verfasser zu Blutzeugen griechischen „Bürgerstolzes vor dem Cäsarenthron". Die Tendenz der Dokumente zeigt keine grundsätzliche Alternative zum Imperium. Was die Alexandriner wollten, ist „bloß" eine philhellenische, antisemitische Politik der Kaiser. Die Alexandriner waren darüber verärgert, daß Augustus der jüdischen Gemeinde in Alexandria eine Bulé gestattet hatte, die den Griechen vorenthalten blieb. Dies war eine Folge dessen, daß bei der Einnahme Alexandrias 30 v. Chr. die Griechen auf der Seite von Kleopatra und Marc Anton gestanden hatten, während die Juden rechtzeitig umgeschwenkt waren. Die Spannung zwischen Juden und Griechen im Osten hat im Hellenismus mehrfach zu Bürgerkriegen geführt mit Zehntausenden von Opfern auf beiden Seiten[48]. Daß die Juden als die Schwächeren sich an Rom anlehnten, ist begreiflich.

4k. Die Zeugnisse griechischen Widerstandes gegen Rom sind spärlich[49]. Romfeindliche Äußerungen aus griechischem Munde blieben Ausnahmen. Die Regel wird durch Männer wie Polybios repräsentiert, die als Feinde Roms anfingen und als Freunde Roms endeten. Diodor, Plutarch, Cassius Dio und die übrigen griechischen Autoren der Kaiserzeit waren romfreundlich. Das ist kein Wunder. Die Römer haben der griechischen Kultur Hochachtung gezollt, haben sich stets als Schüler der Griechen empfunden. Die Gebildeten in Rom sprachen und schrieben griechisch, schmückten ihre

---

48 Dio LXVIII 32
49 Palm 1959

Gärten mit griechischen Kunstwerken und ließen sich in griechische Mysterien einweihen[50]. Im Osten des Imperiums war die römische Verwaltungssprache griechisch. Nach Justinian wurde in Byzanz auch offiziell griechisch gesprochen, obwohl der Staat sich weiterhin als Imperium Romanum betrachtete. Noch in den Freiheitskriegen des frühen 19. Jhs. gegen die Türken nannten sich die Neugriechen selbst „Rhomaioi". So bezeugen Griechen wie Gallier und Germanen die Assimilationskraft des römischen Staatsgedankens.

5. JUDEN

5a. Das einzige Beispiel für eine umgekehrte Entwicklung liefern die Juden. Bei ihnen steht am Anfang ihrer Beziehung zu Rom ein Gefühl der Verehrung, das im Laufe der Zeit abgekühlt ist. Die Beschreibung der römischen Außenpolitik im Ersten Makkabäerbuch[51] ist freilich nicht nur ein Zeugnis für die *Fides Populi Romani*[52], sondern muß ebenso aus der Notwendigkeit der Juden verstanden werden, gegen die Seleukiden Bundesgenossen zu finden. Auch später haben sie sich in ihrer Auseinandersetzung mit den Griechen oft auf die Römer gestützt. 63 v. Chr. hat Pompeius den Zwist unter den Söhnen des Hasmonäers Alexander Jannaeus entschieden und damit Palästina zum römischen Klientelfürstentum gemacht[53], das schrittweise unter den ersten Kaisern in den Provinzialstatus überführt wurde.

5b. Die Juden in Palästina und in der Diaspora waren tributpflichtig[54], besaßen keine eigene Blutgerichtsbarkeit[55] und keine Militärhoheit[56]. Sie genossen jedoch religiöse Freiheit und Schutz gegenüber judenfeindlichen Strömungen[57], denn sie stießen innerhalb der Reichsbevölkerung vielfach auf Ablehnung und Unverständnis. Ihre Reinheitsgebote, die Beschneidung und die Sabbatruhe, der bildlose Kult und der Glaube, Gottes auserwähltes Volk

---

50 Augustus: Suet. 93; Hadrian: Dio LXIX 11; Marc Aurel: Dio LXXI 31, 3; Gallienus: SHA. 11, 3
51 1. Makk. 8, 1–16
52 s. o. X 3 f.!
53 Jos. ant. XIV 3
54 Ev. Luc. 2, 1
55 Ev. Joh. 18, 31
56 Apostelgesch. 10, 1
57 Cic. pro Flacco 66 ff.

zu sein, wurden als anstößig empfunden. Auf der anderen Seite gab es auch Sympathien von Römern und Griechen gegenüber der „philosophischen" Religion der Juden. So schildert Strabon[58] Moses als Muster eines Theosophen und Staatsmannes, dessen weise Gesetze erst später durch alberne Tabus und bigotte Bräuche verdorben worden seien. Dementsprechend akzeptierten gebildete Juden wie Philon von Alexandria und Flavius Josephus das Imperium. Josephus hat sich, ähnlich wie vor ihm Polybios, vom militärischen Gegner zum politischen Verehrer Roms bekehrt.

5c. Josephus[59] unterscheidet drei Richtungen im Judentum, die jeweils eine andere Haltung zu Rom einnahmen. Die Sadduzäer rekrutierten sich überwiegend aus dem Priesteradel und scheinen am weitesten hellenisiert gewesen zu sein. Hebräisch war ohnedies nur im Kult üblich, das Landvolk in Palästina sprach aramäisch, das gebildete Bürgertum griechisch. Die Pharisäer stützten sich stärker auf die Unterschichten und galten als strenggläubig. Josephus, der sich selbst den Pharisäern zurechnete – ihre Lehre ähnelte derjenigen der Stoa[60] –, bezeichnete die jüdische Verfassung weder als Monarchie noch als Aristokratie noch als Demokratie sondern als *theokratia*[61]. Moses habe sie, lange vor Lykurg und Solon, von Gott erhalten und selbst als ein gottgesandter Führer geherrscht. Dann habe Moses eine Gottesvorstellung entwickelt, wie sie später auch Pythagoras, Platon und die Stoiker konzipierten. Alle Tugenden habe er aus der Frömmigkeit abgeleitet, die durch Lehre und Beispiel eingeübt werde. Unkenntnis der Gesetze komme bei Juden nicht vor, da sie am Sabbat gelehrt werden – daher die vorbildliche Eintracht unter den Juden. Selbst Frauen und Sklaven verstünden sich auf das Gesetz. Während andere Völker ihre Sitten dauernd zu verbessern suchten, waren die jüdischen seit Anbeginn vollkommen. Die Priester überwachen die Laien, der Hohepriester überwacht den Klerus. Mittelpunkt des Kultes ist der Tempel in Jerusalem. Josephus referiert die wichtigsten Bestimmungen über Opfer und Essen, über Ehe und Familie, Geschäft und Besitz, über Arbeit, Krieg und Strafrecht. Für ihn ist dies die ideale Gemeinschaftsform, die er Platons Staatsentwurf überordnet – der ohnedies allgemein verspottet werde. Als Zeichen für die wachsende Anerkennung des mosaischen Gesetzes führt Josephus an, daß inzwischen allenthalben üblich geworden sei, am siebenten Tage die Arbeit ruhen zu lassen. Das theokratische Ideal bei Josephus setzte

---

58 Strabon XVI 2, 35 ff.
59 Jos. ant. XIII 5, 9
60 Jos. Vita 2
61 Jos. c. Ap. II 15 ff.

freilich eine *Pax Romana* voraus, so wie die Vision Hesekiels[62] vom Tempelstaat Jerusalem die *Pax Persica*.

5d. Das Gemeinschaftsideal des Josephus hätte funktioniert, wenn die römische Verwaltung einfühlsamer gewesen wäre und die Juden nicht immer wieder in messianischen Taumel verfallen wären. Nicht nur das Bildertabu schuf Probleme, sondern auch der Versuch des Pontius Pilatus, vom heiligen Gelde eine Wasserleitung für Jerusalem zu bauen[63]. „Was die Juden am stärksten zum Kriege reizte, war ein dubioses Orakel aus den heiligen Büchern, aus ihrem Lande werde der Herr der Welt hervorgehen"[64]. Die Spannungen entluden sich im Ersten Jüdischen Krieg, der zur Zerstörung Jerusalems durch Titus 70 n. Chr. führte. Im Bar-Kochba-Aufstand unter Hadrian wiederholte sich das ein letztes Mal[65].

5e. Der Messianismus wurde besonders von der dritten Richtung innerhalb des Judentums gepflegt, von den Essenern. Ihre Denk- und Lebensweise ist uns von Philon[66], Plinius Maior[67] und Josephus[68] überliefert. Im allgemeinen rechnet man auch die Gemeinde von Qumran dazu[69], und zumindest verwandt sind die Bewegungen von Johannes dem Täufer und Jesus. Die Essener – ihre Zahl wird auf 4000 geschätzt – beachteten verschärfte Religionsgebote, verzichteten auf Privateigentum, Erwerb und Haltung von Sklaven, beschränkten sich auf Landarbeit und Handwerk, äßen einfach und gemeinsam, vermieden Stadtleben, Lärm und Lustbarkeiten, übten Gottes- und Nächstenliebe, namentlich gegen Alte und Kranke. Neulinge müßten eine Probezeit durchstehen, ehe sie das Gelübde ablegen, das weiße Gewand erhalten und sich danach gewählten priesterlichen Aufsehern unterordnen. Die Frömmsten verzichteten auf Heirat. Geschlechtsverkehr sei nur zur Kinderzeugung statthaft. Die Essener lehnten den Kriegsdienst ab, gingen nicht vor die staatlichen Gerichte, aber beteten für die Obrigkeit. Im Tituskrieg freilich griffen sie doch zu den Waffen[70].

---

62 Ezechiel 40 ff.
63 Jos. ant. XVIII 3, 2
64 Jos. BJ. VI 312; Tac. hist. V 13; Sueton, Vesp. 4, 5
65 Dio LIX 12; SHA. Hadr. 14, 2
66 Philo, Quod omnis probus liber sit 75–91
67 Plin. NH. V 17/73
68 Jos. ant. XVIII 11–25; BJ. II 117–161 = VIII 1.13
69 Lohse 1964; Molin 1955; J. Hempel, RE. XXVII 1963, 1334 ff.
70 Jos. BJ. II 20, 4; III 2, 1 ff.

5. Juden

5f. In Palästina genügten geringfügige Anlässe, um blutige Erhebungen auszulösen. Für die unter der Bevölkerung herrschende Stimmung sind einige apokalyptische Texte von Bedeutung, die eine kosmologische Endzeiterwartung mit der Hoffnung auf Befreiung von Rom verbanden. Dazu gehören die sogenannten Sibyllinischen Orakel, in denen sich griechische, jüdische und christliche Elemente mischten. Schon bei Heraklit[71] ist von einer gottbegeisterten Prophetin namens Sibylla die Rede, später werden deren mehrere genannt und mit einzelnen Orten verbunden. Nach Rom soll zuerst die Sibylle von Cumae gekommen sein, und zwar zur Zeit des Königs Tarquinius Priscus. Sie erschien vor dem Herrscher und bot ihm neun prophetische Bücher zum Preise von 300 Goldstücken an. Der König lehnte das Anerbieten ab, die Frau schien ihm von Sinnen, und zwar erst recht, als sie drei der neun Rollen in ein Kohlebecken warf, verbrennen ließ und für die restlichen sechs Rollen ebenfalls 300 Goldstücke verlangte. Erst als sie noch drei weitere Rollen verbrannte und für die letzten drei abermals denselben Preis forderte, wurde Tarquinius neugierig. Jetzt zahlte er den geforderten Preis[72]. Er las die Rollen und fand die Zukunft der Welt entschlüsselt. Die Bücher wurden in einen Schrein geschlossen, ein Tempel wurde für sie erbaut und eine Priesterschaft zu ihrer Überwachung eingesetzt. In Notfällen ließ der Senat später die Sibyllinen über *fata et remedia* befragen. Sie wurden zu den Unterpfändern der ewigen Herrschaft Roms gerechnet.

5g. Das Ansehen dieser Texte führte dazu, daß unter dem Namen der Sibyllen weitere Gedichte gemacht wurden und in Umlauf kamen. Augustus soll diese als staatsgefährdend erachteten Schriften gesammelt und verbrannt haben, und zwar über 2000[73]. Die echten sind angeblich im Jahre 408 durch Stilicho vernichtet worden[74]. Daraus ergibt sich, daß die uns erhaltenen Sibyllinen[75] zu den falschen gehören. Sie sind in griechischen Hexametern abgefaßt und ohne Autorennamen und ohne Zeitangabe überliefert. Die Datierung ergibt sich gewöhnlich aus dem Zeitpunkt, wo die geweissagte Geschichte aus der Realität in die Phantasie umspringt. Wenn z. B. die Sibylle des 3. Buches sich selbst als die Schwiegertochter Noahs ausgibt, dann die Geschichte im Futurum beschreibt bis zum Triumvirat von Octavian, Antonius und Lepidus und anschließend die Weltherrschaft Kleopatras

---

71 Herakl. VS. 22 B 92
72 Gell. I 19; Lact. inst. I 6
73 Suet. Aug. 31, 1
74 Rutil. 2, 51
75 Friedlieb 1852; Parke 1988

prophezeit, dann muß der Text zwischen 42 und 31 v. Chr. redigiert sein, wahrscheinlich in Alexandria, wo man den Römern den Untergang wünschte.

5h. Obschon die Sibyllinen ursprünglich heidnisch sind, wurden sie von Juden, später auch von Christen überarbeitet und umgestaltet. Der Grund lag darin, daß man den Heiden weismachen wollte, ihre eigenen Autoritäten hätten den wahren Gott schon verkündet. Neben der religiösen Propaganda finden sich Prophezeiungen über den Untergang Roms: „Wieviel Rom von dem tributbringenden Asien empfangen hat, dreimal so viel Gold wird wiederum Asien von Rom erhalten und wird an ihm den verderblichen Übermut rächen. Wieviele aber aus Asien als Sklaven im Hause der Italiker waren, zwanzigmal so viele werden aus Italien in Asien dienen in Armut, zehntausendfach werden sie büßen. Roma, du üppige, goldreiche Dame, von deinen vielen Buhlen betrunken gemacht, als Sklavin wirst du zum Bräutigam kommen, schmucklos, und deine Haare wird die Herrin dir abschneiden, Rache übend wird sie dich vom Himmel zur Erde herabstürzen"[76].

5i. Die Zerstörung des Imperium Romanum soll dann das Werk eines von Sonnenaufgang heranziehenden Königs sein. Er wird in einem letzten Weltkrieg allem Zank ein Ende machen, so wie Gott es ihm eingibt. Er soll den Jerusalemer Tempel herstellen und allen Völkern den Frieden bringen. Auch das nachrömische Reich wird aber schließlich in einer kosmischen Katastrophe untergehen[77]. Dieses Motiv erinnert an die christliche Lehre vom Antichrist, vom tausendjährigen Reich und vom Weltuntergang. Es wurde von den Kirchenvätern, namentlich von Lactanz, als Bestätigung dafür herangezogen.

5j. Neben den jüdischen Sibyllinen sind die apokryphen Apokalypsen als Zeugnisse des geistigen Widerstandes gegen Rom ergiebig. Auch hier handelt es sich um anonym überlieferte Prophezeiungen des Weltendes, ähnlich der Johannes-Apokalypse in der Bibel. Sie sind allerdings in den Kanon nicht aufgenommen, d. h. apokryph. Luther nannte diese Schriften „Bücher, so der heiligen Schrift nicht gleich gehalten und doch gut und nützlich zu lesen sind." Eines dieser Werke fand indessen keine Gnade vor dem Reformator, Luther wollte seinen Verfasser am liebsten in die Elbe werfen. Diese Schrift,

---

76 Or. Sib. III 350 ff.
77 Or. Sib. III 652

6. Rückblick

das sogenannte vierte Buch Esra[78], ist abgefaßt worden knapp 30 Jahre nach der Zerstörung Jerusalems, kurz vor dem Tode Domitians im Jahre 96. Der Autor ist über die trostlose Lage seines Volkes verzweifelt. Das Schicksal der Juden, meint er, war nicht unverdient, seit Adams Fall sündigten sie, aber sind die Heiden etwa besser? Um sich über ihren Triumph zu trösten, weissagt unser unbekannter Prophet Rom einen schrecklichen Untergang.

5k. Ähnlich wie im Buch Daniel wird das vierte Weltreich als das gegenwärtige mit einem Tier symbolisiert, Rom erscheint als Adler, dessen zwölf Flügel auf die Kaiser seit Caesar deuten. Sein Ende ist nahe. Nach all seinen Untaten erscheint ein Löwe, um ihm den Sturz anzukündigen. Dieser Löwe ist der „Christus", d. h. der jüdische Messias. Er spricht zu Rom: „Du hast die Welt mit großem Schrecken, du hast die ganze Erde mit schwerer Drangsal beherrscht. Du hast den Erdkreis so lange Zeit mit Trug bewohnt und die Erde nicht mit Wahrheit gerichtet; denn du hast die Sanftmütigen bedrückt und die Friedfertigen vergewaltigt; du hast die Wahrhaftigen gehaßt und die Lügner geliebt; du hast den Fruchtbringenden ihre Städte zerstört, und denen, die dir nichts Böses getan, die Mauern eingerissen. Aber dein Frevel ist vor den Höchsten, dein Übermut vor den Allmächtigen gekommen. Da sah der Höchste seine Zeiten an, siehe, sie waren zu Ende... darum wirst du Adler verschwinden samt deinen schrecklichen Flügeln... deinen ruchlosen Häuptern, deinen grausamen Klauen und deinem ganzen verbrecherischen Körper. So wird die ganze Welt, von deiner Gewalt befreit, erleichtert aufatmen, um dann des Gerichtes und der Gnade ihres Schöpfers zu harren"[79]. Der Verfasser glaubt, die Weltherrschaft Roms werde durch die Weltherrschaft des Volkes Israel abgelöst. Die Gottlosen finden ein Ende mit Schrecken, und das Volk Jahwes herrscht über die Erde. Diese eschatologische Vision haben zur selben Zeit auch die Christen geteilt, mit dem einzigen Unterschied, daß nicht die Juden, sondern sie selbst die Nutznießer dieser Weltenwende sein würden.

6. RÜCKBLICK

6a. Die politischen Ideen der Widersacher Roms sind denen der Römer selbst nicht gleichwertig. Gewicht und Gehalt der oppositionellen Theorien

---

78 Kautzsch II 1900, 331 ff.
79 Kautzsch II 1900, 392

bleiben unter dem Niveau der staatstragenden Prinzipien Roms. Eine gedankliche Alternative zum Reich als Ordnungsgefüge tritt nirgendwo in Erscheinung. Soweit die Kritik nicht messianischem Eskapismus verfällt, sondern fundiert ist, argumentiert sie pragmatisch, nicht prinzipiell. Sie behauptet, daß die römische Verwaltung hinter ihrem eigenen Anspruch zurückbleibe. Nicht die Theorie, sondern deren Umsetzung in Praxis war angreifbar. Die römische Staatstheorie hat allerdings gezeigt, nach welchen Grundsätzen ein Gemeinwesen aufgebaut sein sollte, auch wenn dies nicht völlig zu realisieren war. In ihrer politischen Selbstkritik waren die Römer sich dessen bewußt, daß die Theorie kein Realbild, sondern ein Idealbild der Praxis war.

6b. Der geistige Widerstand gegen Rom ist – von den anti- und projüdischen Stimmen abgesehen – im wesentlichen als Selbstkritik überliefert. Es sind die römischen Autoren ihrerseits, die den Gegnern des Imperiums die Gelegenheit bieten, auch die schärfsten Anklagen gegen den Imperialismus zu erheben: Sallust und Cicero, Livius und Tacitus legen den Feinden Reden gegen Rom in den Mund, wie diese selbst sie besser gar nicht hätten halten können. Sogar der Imperator Caesar schildert seine Gegner so, daß wir ihnen Sympathie entgegenbringen. Mag dies mit der rhetorischen Tradition der Kontroverse zusammenhängen, so bleibt doch offen, wie so etwas mit dem Selbstwertgefühl der Autoren vereinbar war: bedeutete das keine Einbuße an politischer Selbstachtung? Doch empfinden wir dies vielleicht nur darum als erklärungsbedürftig, weil wir nicht nachfühlen können, was es hieß, ein Römer zu sein. Wie die Griechen zuvor haben die Römer ihre Feinde nicht herabgesetzt und dadurch bewiesen, daß sie jenen, denen sie politisch überlegen waren, moralisch nicht unterlegen waren. Selbstanklage ruft nach dem Verteidiger; ihn hat Rom verdient – und in der Regel auch gefunden.

6c. Dennoch ist die von den Römern selbst formulierte Imperialismusrüge gegen sie verwendet worden. Die neuzeitliche Kritik an der Politik Roms steht so wie die antike unter dem Zeichen der Freiheit. Vor allem in der deutschen Aufklärung, insbesondere von Herder, ist Rom als Würgewölfin der Völker denunziert worden. Als Wesensmerkmal bestimmte Herder die von Rom ausgeübte politische und soziale Despotie: „Der ganze Gang dieser Gesetzgebung, der sich nur zur Verfassung Roms schickte, hat er nicht nach tausend Unterdrückungen den Charakter aller überwundenen Nationen so verlöscht, so verderbet, daß statt des eigentümlichen Gepräges derselben zuletzt allenthalben nur der Römische Adler erscheint, der nach ausgehack-

6. Rückblick

ten Augen und verzehrten Eingeweiden traurige Leichname von Provinzen mit schwachen Flügeln deckte?"[80].

6d. Die neuzeitliche Kritik an der Herrschaft der römischen Kaiser war zugleich eine Kritik am Absolutismus der europäischen Fürsten. Sowohl die antiken als auch die modernen Herrscher von Gottes Gnaden glaubten sich in ihrer obrigkeitlichen Machtvollkommenheit allein ihrem eigenen Gewissen verantwortlich. Sofern die Kritik hier mehr als bloß moralisch, als bloß pragmatisch sein wollte, mußte sie gegen den Absolutismus den Gedanken einer konstitutionellen Kontrolle ausspielen. Dies aber führt zu einem parlamentarischen, letzten Endes zu einem demokratischen System, das erst mit der amerikanischen Unabhängigkeitserklärung 1776 in Erscheinung getreten ist. Erst damals wurde gegen den Gedanken des Gottesgnadentums in politisch wirksamer Weise das Prinzip der Volkssouveränität gestellt.

6e. Das Hauptmotiv der neuzeitlichen Kritik am römischen Imperium stammt indessen aus dem Arsenal des romantischen Nationalismus. So bei Herder. Die europäischen Nationen haben ihr politisches Selbstbewußtsein entwickelt in der Opposition gegen das Reich und den Reichsgedanken. Der Nationalgedanke im antiken Widerstand gegen Rom blieb wirkungslos. Die Selbständigkeit der Völker, so glaubte man nicht ohne Grund, führt zum Krieg unter den Völkern. Ihn beendet zu haben, ihn durch ein offenes System der Friedensordnung ersetzt zu haben, war jedenfalls in der Staatstheorie die höchste römische Idee. Und wenn ein Gedanke der römischen Staatstheorie unseren Beifall verdient, dann ist es der Gedanke der *Pax Romana*.

6f. Der geistige Widerstand gegen Rom vermag die Überzeugungskraft des römischen Staatsideals kaum zu mindern. Es war auf der Höhe seiner Zeit. Das läßt sich bestätigen an den beiden Themen, die uns zu behandeln übrig sind: an der Fabeldichtung und an der christlichen Literatur. Der soziale Protest, der aus den Fabeln spricht, richtet sich weniger gegen die römische Staatsordnung als gegen Staatlichkeit überhaupt. Und die religiöse Alternative, die vom Christentum angeboten wird, verkündet eine Transzendierung nicht nur des römischen Imperiums, sondern zugleich jeder irdischen Wertordnung.

---

80 Herder, Ideen zur Philosophie der Geschichte der Menschheit, 1791/1828, II 213

Kapitel XIII

POLITIK IN FABELN

- a. Darwin 335
- b. Tiergötter 335
- c. Totem 335
- d. Heraldik 336
- e. Seelenwanderung 336
- f. Fabelwesen 336
- g. Märchen 336
- h. Definition 337
- i. Tiefere Wahrheit 337
- j. Ursprung 337
- k. Aesop 338
- l. Delphi 338
- m. Skarabäus 339
- n. Phaedrus 339
- o. Seian 339
- p. Mittelalter 340
- q. Politik 340

1. AUSSENPOLITIK 341
   - a. Melierdialog 341
   - b. Gerechter Krieg 341
   - c. Luther 341
   - d. Der lachende Dritte 342
   - e. Teile und herrsche 342
   - f. Verräter 342
   - g. Trugfriede 343
   - h. Abrüstung 343
   - i. Gebietsabtretung 344
   - j. Bündnis 344
   - k. Dekadenz 345
   - l. Schaukelpolitik 345
   - m. Anpassung 345
   - n. Kyros: Fischer 346

2. INNENPOLITIK 346
   - a. Klassenkampf 346
   - b. Macht vor Recht 346
   - c. Ungleichheit 347
   - d. Stesichoros 347
   - e. Maßvoll herrschen! 347
   - f. Dankbarkeit von unten 348
   - g. Rache von unten 348
   - h. Geduldig dienen! 349
   - i. *Monarchie?*
     Jotham 349
   - j. Peisistratos 350
   - k. Steuern 350
   - l. Königsnähe 351
   - m. Schmeichelei 351
   - n. Treue einseitig 351
   - o. *Aristokratie?* 352
   - p. Militär 352
   - q. Bürgerkrieg 353
   - r. *Demokratie?* 353
   - s. Revolution 353
   - t. Anpassen! 353
   - u. *Ständestaat!*
     Menenius Agrippa 354
   - v. Paulus 354
   - w. Schlangenschwanz, Kamel 355

3. GESELLSCHAFT 355
   - a. Ungleichheit 355
   - b. Gegensätze 355
   - c. Bleib was du bist! 356
   - d. Rollen 356
   - e. Neid 356

f.	Bescheidenheit!	357	
g.	Nicht beschweren!	358	
h.	Verkehrte Welt	358	

4. EPIMYTHION 358
   a. Goethes Reineke 358
   b. Widersprüche 359
   c. Außenpolitik 359
   d. Innenpolitik 359
   e. Gesellschaft 360
   f. Naturbild 360
   g. Sympathien 361
   h. Amoralität 361

> Er will durchaus das wichtigste Tier auf Erden sein,
> der Staat; und man glaubt's ihm auch.
>
> Nietzsche

XIII. POLITIK IN FABELN

a. Als Charles Darwin 1871 die Abstammung des Menschen von den Affen verkündete, löste er in der gebildeten Welt einen Schock aus. Dieser Schock hielt lange vor. Bis 1968 durfte Darwins Deszendenzlehre in den amerikanischen Bundesstaaten Arkansas, Mississippi und Tennessee nicht gelehrt werden. Der Grund liegt in dem jüdisch-christlichen Glauben, daß der Mensch im Gegensatz zu den Tieren eine Seele habe, nach dem Tode auferstehe und dann ins Paradies oder in die Hölle komme. *Deus ex omnibus animalibus solum hominem facere coelestem statuit* [1]. Für die Tiere ist kein Ort im Jenseits vorgesehen. Der Mensch dagegen ist als Ebenbild Gottes zur Herrschaft über die Erde berufen. Auch die griechisch-römische Antike meinte, die Tiere seien für den Menschen geschaffen[2], und das haben die Tiere zu spüren bekommen.

b. Darwin hätte in einer nichtchristlichen Leserschaft weniger Befremden ausgelöst. In vielen vor- und außerchristlichen Religionen ist die Verwandtschaft zwischen Tier und Mensch vorwissenschaftliches Glaubensgut. Es gibt eine frühe Stufe der Religionsgeschichte, auf der die Götter Tiergestalt besitzen. Der bekannteste Fall ist das pharaonische Ägypten. Der Gott Horus wurde als Falke, Thot als Ibis, Hathor als Kuh dargestellt. Bei den Griechen haben die Götter immerhin noch Lieblingstiere. Das Attribut der Athena war die Eule, die Aphrodite hatte den Delphin, Zeus den Adler.

c. Die Tiergestalt der Stammes- und Familiengottheit ist ein Kennzeichen des Totemismus. Diese aus der nordamerikanischen Indianerreligion bekannte Sitte gibt es auch in Europa. Stämme, die wie die Picener als „Spechtleute" oder wie die Cherusker als „Hirschleute" bezeichnet werden, lassen das erkennen. Die capitolinische Wölfin dürfte ein solches Totem-Tier gewesen sein. Die Wölfin nährte Romulus und Remus und erwies damit ihre Funktion als Mutter der Römer. Das Tier als Ahne eines Stammes kennen wir von den

---

1 Lact. op. Dei 8
2 Plin. NH. VII 1

336   XIII. Politik in Fabeln

Merowingern, deren legendärer, wohl volksetymologisch entstandener Urahn ein dem Minotaurus ähnliches Meerwesen war[3].

d. Das Gefühl der Verwandtschaft mit einem Tier kommt zum Ausdruck in der Heraldik. Wappentiere haben magische Funktion, sie verleihen ihrem Träger Kraft. Seit der frühen Griechen- und Persergeschichte kennen wir Zeugnisse für einen solchen Symbolwert der starken, gefährlichen Tiere. Löwe und Adler galten seit frühesten Zeiten als Könige ihrer Artgenossen, denn sie waren Artgenossen der Könige.

e. Aus dem vedischen Indien ist die Lehre von der Seelenwanderung (*metempsychósis*[4]) in den Mittelmeerraum vorgedrungen[5]. Sie hatte dort prominente Anhänger, namentlich unter den Orphikern und den Pythagoreern[6]. Der Dichter Ennius glaubte, die Seele Homers sei über die Zwischenstufe eines Pfaus auf ihn übergegangen[7].

f. In der griechischen Welt findet die Verbindung zwischen Tier und Mensch Ausdruck in den zusammengesetzten Fabelwesen. Bei den Ägyptern und Orientalen sind es Menschen mit Tierköpfen, bei den Griechen umgekehrt Tiere mit Menschenkopf: Der Kentaur ist hinten ein Pferd, die Sirene und die Harpyie hinten ein Vogel, die Sphinx hinten ein Löwe usw. Noch Augustinus[8] erörterte die Frage, ob diese Wesen erlösungsfähig seien. Trotz ihres Namens spielen Fabeltiere in der Fabel keine Rolle, hier treten nur „echte" Tiere auf. Die Nähe zwischen Mensch und Tier im Volksglauben bezeugen dann Werwolfsgeschichten und ähnliche Märchenmotive, in denen Menschen in Tiere und Tiere in Menschen verwandelt werden[9]. Tiere tragen Menschennamen und können sprechen[10], Menschen erhalten Tiernamen, rein (Drakon, Ursus, Leo, Wolf) oder in Zusammensetzungen (Philipp, Bernhard).

g. Zuweilen wird die Trennung zwischen Tier- und Menschenwelt ganz im Sinne Darwins als eine junge, nachträgliche Sache hingestellt. Im Grimm-

---
3 Fredegar III 9; MGH. SS. rer. Mer. II p. 95
4 Der Begriff geht auf Pherekydes zurück: VS. 7 A 2
5 Herodot II 123 leitet sie irrig aus Ägypten her. H. v. Glasenapp, Die Philosophie der Inder, 1948/74, 38 ff.
6 VS. 14, 8; 73 B 6 f.
7 Persius 6,10
8 Aug. CD. XVI 8
9 Petron 62; Augustin CD. XVIII 17
10 Pferde in der Ilias XIX 408 ff.; Hund in der Odyssee XVII 292

schen Märchen vom Zaunkönig[11] heißt es, in den alten Zeiten hätten auch die Vögel eine Sprache gehabt, die jedermann verstand. Dieses Motiv finden wir beim römischen Fabeldichter Babrios[12], der schreibt, im Goldenen Zeitalter hätten alle Lebewesen sprechen und einander verstehen können. Allbekannt ist die biblische Sage vom Paradiese; das erste Menschenpaar lebt mit den Tieren, und die Schlange redet mit Eva. Aus diesen Zeugnissen spricht das archaische Gefühl der Verwandtschaft zwischen Mensch und Tier. Darin liegt eine wesentliche Voraussetzung für die Fabeldichtung.

h. Was ist das, eine Fabel? Das Wort *fabula* kommt von *fari* – sprechen, und bezeichnet, ähnlich wie griechisch *mythos* und *ainos*, ursprünglich jede erzählte Geschichte. Seit Phaedrus heißt *fabula* dann auch „Fabel". Der Grammatiker Theon von Alexandria (um 100 n. Chr.) bezeichnet sie in seinen Progymnasmata[13] als „erlogene Geschichte, die bildlich eine Wahrheit darstellt". Macrobius[14] rühmte an den Fabeln Aesops die *elegantia fictionis*, die Weisheit in der Unwahrheit, *nec omnibus fabulis philosophia repugnat nec omnibus acquiescit*. Isidor von Sevilla[15] sah den Zweck der Fabel in einem Bild aus dem Menschenleben: *imago quaedam vitae hominum*. Zum Wesen der Fabel gehört, daß sie im wörtlichen Sinne unwahr ist, jedoch eine Lehre enthält.

i. Die Unterscheidung zwischen der literarischen Schale und dem philosophischen Kern hat im Altertum nie Anstoß erregt. Schon im Umgang mit dem Mythos wurde beides auseinandergehalten. So wie die platonischen Dialoge keine wirklichen Dialoge, die Reiseberichte des Jambulos keine wirklichen Reiseberichte, der Traum Scipios kein wirklicher Traum war, sondern nur die Einkleidung einer Aussage bildete, so hat man auch hinter der Tierfabel mühelos den Gehalt gesucht und gesehen.

j. Über den Ursprung der Fabel belehrt uns Babrios, der um 100 n. Chr. für den Sohn eines Kleinkönigs von Kommagene Fabeln in griechische Verse gebracht hat. Er erklärt, die Gattung stamme aus Mesopotamien und reiche zurück bis in die Zeit der Könige Ninos und Belos. Diese Nachricht hat eine archäologische Bestätigung gefunden. Eine Leier aus Ur aus der Zeit um

---

11 Brüder Grimm, Kinder- und Hausmärchen 171
12 Babr. I pr.
13 Theon, prog. 3
14 Macr. somn. I 2,6 u.9
15 Isid.etym. I 40,1

2700 v. Chr. zeigt szenische Darstellungen, in denen Tiere als Menschen verkleidet auftreten. Die ältesten sumerischen Fabeltexte stammen aus dem 2. Jahrtausend v. Chr.

k. Altorientalische Stoffe leben bei Babrios fort. Die meisten seiner Fabeln werden indessen Aesop zugeschrieben. Ihm habe Hermes diese Kunst verliehen, der sie selbst von den Horen erlernt habe[16]. Platon überliefert im Phaidon[17], Sokrates habe im Gefängnis aesopische Fabeln in Verse gesetzt. Die erste bekannte Sammlung aesopischer Fabeln veranstaltete der athenische Staatsmann Demetrios von Phaleron in der Alexanderzeit[18]. Wer war nun dieser Aesop? Die Lebensnachrichten über ihn sind im 1. Jh. n. Chr. in einen populären Roman verarbeitet worden[19]. Danach war Aesop ein buckliger Phryger, der als Sklave nach Samos verkauft und dort freigelassen wurde. Mit dem gut verbürgten Sklavenstande des Autors hängt der Kreis seiner Hörer und Leser zusammen. Wie der Witz und die Sentenz, wie das Volkslied und die Anekdote gehört die Fabel zu den „kleinen Formen" der Literatur (Jolles). Quintilian[20] bemerkte, daß die Fabel vor allem die Bauern und die Ungebildeten zu überzeugen vermöge. Insofern haben wir hier Unterschichtenliteratur vor uns. Engste Berührungen zeigt sie zu den Sprichwörtern, etwa bei Publilius Syrus. Typisch für diese Gattung ist die Namenlosigkeit der Schriften. So gewiß Aesop eine historische Person ist, so gewiß ist ihm die Mehrzahl seiner Fabeln nachträglich angedichtet worden. Aesop als Autor ist wohl nur eine schöne Kunstfigur.

l. Die Einzelheiten seines Lebens sind selbst fabelhaft. Aesop soll nach seiner Freilassung mit Solon bei dem reichen Kroisos in Sardes zusammengetroffen und von diesem nach Delphi gesandt worden sein, um dem Gott und den Delphiern Geschenke zu überbringen. Aesop übergab Apollon das seine, die Delphier aber befand er als unwürdig und sandte die ihnen bestimmten Goldbecher an Kroisos zurück. Das ärgerte die Delphier, sie verfolgten Aesop wegen Unterschlagung. Aesop suchte Asyl bei Apollon, aber das respektierten die Delphier nicht.

---

16 Philostr. VAp. V 15
17 Plat. Phaid. 60/61
18 Diog. Laert. V 81
19 Perry 1952; N. Holzberg (Hg.), Der Äsop-Roman, 1992
20 Quint. inst. V 11,18

m. Daraufhin erzählte Aesop den Delphiern die Fabel vom Mistkäfer[21]. Eines Tages sei der Hase vor dem Adler zu einem Mistkäfer geflohen und hätte ihn um Asyl gebeten. Der Mistkäfer war ein heiliger Käfer, ein Skarabäus, offenbar stammt die Fabel aus Ägypten. Jedenfalls achtete der Adler das Asyl des heiligen Käfers nicht, sondern fraß den Hasen auf. Damit hatte er aber den Käfer unterschätzt. Der kroch auf den Baum, wo die Adlerin brütete, und zerbrach ihr die Eier. Das tat er wieder und wieder, bis der Adler sich bei Zeus, seinem Schutzgott, beklagte. Der erlaubte der Adlerin, die Eier in seinen Schoß zu legen. Das hat aber den Käfer nicht entmutigt. Er flog hinauf zum Olymp, warf dem Zeus eine Mistkugel in den Schoß. Der wollte sie herausschütteln, und dabei purzelten zugleich die Eier heraus und zerbrachen. Der aitiologische Schluß lautet, seitdem habe der Adler nur in der Jahreszeit gebrütet, in der es keine Käfer gibt. Die moralische Lehre heißt: wenn ein Großer einen Kleinen mißachtet, schneidet er sich ins eigene Fleisch. Die Delphier waren von dieser Geschichte aber nicht beeindruckt, sie stießen Aesop vom Felsen. Aber er wurde von Apollon gerächt, er sandte drei Generationen lang Mißernten[22]. Aesop ist als Gegentypus zu den Sieben Weisen konzipiert, gegenüber deren hoher Philosophie vertritt er den Mutterwitz des breiten Volkes.

n. Die Fabelkollektion des Demetrios von Phaleron ist verloren. Die älteste erhaltene Sammlung stammt von Phaedrus. Er war ebenfalls Sklave, geboren in Thrakien, und wurde von Kaiser Augustus freigelassen. Unter Tiberius hatte er wegen seiner lateinisch abgefaßten Fabeln Verfolgungen auszustehen. Hier wird erkennbar, wie Fabeln als Literatur des politischen und sozialen Widerstandes Bedeutung finden konnten. Und darin erblickte Phaedrus geradezu das Wesen der Fabel. Ihren Ursprung beschreibt Phaedrus[23] folgendermaßen: unter dem Druck der Strafe war es den Sklaven unmöglich, frei heraus ihre Meinung zu sagen. Daher haben sie, was sie sagen wollten, in das Gewand der Fabel gekleidet und damit den offenen Anstoß vermieden[24]. Öffentlich zu murren sei dem Plebejer verboten[25].

o. Unter Tiberius wurde Phaedrus von dessen berüchtigtem Prätorianerpräfekten Seianus verfolgt, der sich anscheinend durch die Fabel vom Adler

---

21 Halm 1852,7
22 Plutarch 557A; Dilts 1971, 30
23 Phaedr. III pr.
24 Phaedr. III pr. 33ff
25 Phaedr. III epil. 34

und der Krähe betroffen fühlte. Ein Adler hatte eine Schildkröte gefangen, konnte sie wegen ihres Panzers jedoch nicht fressen. Da riet ihm die Krähe[26], die Schildkröte auf einen Felsen fallen zu lassen. Er tat es, und beide fraßen gemeinsam das arme Tier auf. Phaedrus kommentiert: Wenn zur staatlichen Gewalt der böse Ratgeber tritt, *consiliator maleficus*, dann ist der Kleine auch nicht durch Naturgaben geschützt[27]. Es liegt nahe, daß Seian sich hier als die Krähe neben Tiberius als dem Adler unvorteilhaft konterfeit fühlte.

p. Weitere Bearbeitungen aesopischer Stoffe stammen von dem bereits genannten Babrios und von Avianus, der um 400 n. Chr. einige Stücke aus Babrios ins Lateinische übersetzt hat. Noch im 6. Jh. schrieb der Frankenkönig Theudebald lateinische Fabeln in iambischen Trimetern und machte, als man ihm Güter entwendet hatte, von ihnen Gebrauch, wie Gregor von Tours[28] berichtet: Eine Schlange fand eine Flasche Wein. Sie kroch hinein und trank ihn aus. Jetzt war sie dick und konnte nicht mehr zurück. Da erwischte sie der Herr und sagte: gib erst wieder her was dir nicht gehört, dann kannst du davongehen." Es gibt dann eine reiche mittelalterliche und orientalische Fabelpoesie, die jedoch meist nicht so scharfzüngig und geistreich wie Aesop ist. Humanismus und Aufklärung haben nochmals Fabeln bearbeitet oder ersonnen, so Lafontaine in Frankreich, Lessing und Herder in Deutschland, Krylow († 1844) in Rußland. Im 19. Jahrhundert wird die Fabel um eine sentimentale Variante bereichert, bei Hey († 1854) und Speckter ist sie entschärft und verkitscht.

q. In unserem heutigen Bildungswesen erscheinen Fabeln, wenn überhaupt, dann in den Lesebüchern der Unterstufe. Aus dem, was wir über Aesop, Phaedrus und Babrios wissen, ergibt sich, daß im Altertum Fabeln sich an Erwachsene richteten und zu beträchtlichen Teilen politische Aussagen machten, so daß man mit ihnen argumentieren konnte. Bezeugt ist es von Sulla[29]. Fabeln sind von Staatsmännern und für Staatsmänner verfaßt und gesammelt worden. Noch Martin Luther unterstrich den politischen Lehrgehalt. Als er 1530 auf der Coburg aesopische Fabeln bearbeitete, meinte er, man könne mit ihnen „nicht allein die Kinder, sondern auch die Fürsten und Herren... betrügen zur Wahrheit." Ich werde im folgenden außenpolitisch, innenpolitisch und sozialpolitisch motivierte Fabeln unterscheiden.

---

26 Sie schreien gerade über dem Konstanzer Mainauwald, 7.II.74
27 Phaedr. II 6
28 Greg. Tur. HF. IV 9
29 App. civ. I 101

1. AUSSENPOLITK

1a. Die auf die Außenpolitik abzielenden Fabeln behandeln Krieg, Frieden und Bündnis. Unter den Völkern herrscht für Aesop grundsätzlich der Naturzustand des Krieges aller gegen alle. Schon Polybios[30] meinte, zwischen den Staaten gelte dasselbe Gesetz wie zwischen den Fischen: die großen fressen die kleinen. Das war die sophistische Machtlehre, wie sie die Athener im Melierdialog des Thukydides[31] vertreten hatten. Die einzelnen Staaten sind eben teils stark, teils schwach, doch kann eine kluge Politik Schwäche ausgleichen, eine dumme Politik Stärke verscherzen.

1b. Gegen die brutale Macht nützen dem Schwachen auch keine Rechtsgründe. Die Theorie vom *bellum iustum* wird verhöhnt in der Fabel vom Wolf und vom Lamm. Beide kamen zum Fluß, um zu saufen. Als der Wolf das Schaf erblickte, bekam er zu seinem Durst auch noch Hunger. Aber er brauchte einen Vorwand, das Lamm zu fressen. Er warf ihm vor, sein Wasser zu verdrecken. Das Lamm antwortete, der Bach flösse doch vom Wolf her zu ihm. Dieses Vorwurfs beraubt, beschuldigte der Wolf das Lamm, es habe ihn vor sechs Monaten beleidigt. Das Lamm konterte, damals sei es noch gar nicht auf der Welt gewesen. Darauf suchte der Wolf den Grund in der Geschichte, und die bietet Grund für alles. Der Wolf erklärte, der Vater des Lamms hätte ihn früher einmal beschimpft und fraß es auf[32].

1c. Diese Fabel hat unter anderen Luther bearbeitet. Seine Lehre lautet: „Der Welt Lauf ist: Wer fromm sein will, der muß leiden... denn Gewalt geht vor Recht." Im politischen Kontext besagt die Fabel, daß die Kriegsgründe Scheingründe seien. Das Schaf hätte nicht mit dem Wolf rechten sollen, sondern fliehen. Es hätte nicht darauf hören sollen, was der Wolf sagt, sondern bedenken, wer da spricht. Infolge seiner Naivität wird es nicht nur gefressen, sondern wird außerdem ins Unrecht gesetzt, insofern geht es unter Menschen nicht genauso zu wie unter den Tieren, sondern ärger. Die Tiere fressen sich gegenseitig, die Menschen belügen sich obendrein. *Malefacere qui vult numquam non causa invenit*, sagte Publilius Syrus[33]. Das gilt bis heute. In der Weihnachtsausgabe der „Frankfurter Zeitung" von 1941 schrieb

---

30 Polyb. XV 20, 3
31 Thuk. V 105
32 Babr. 89; Phaedr. I 1
33 Publ. Syr. M 28

Dolf Sternberger über diese Fabel, mit dem Wolf meinte er Hitler. Die Situation des Phaedrus wiederholte sich.

1d. Wo die beiden kriegführenden Parteien gleich stark sind, werden sie bisweilen vom lachenden Dritten überlistet. Löwe und Eber kämpften um eine Wasserstelle, bis sie bemerkten, daß über ihnen ein Aasgeier schwebte und auf das Opfer wartete[34]. So haben sich die Griechen untereinander gegen Persien geeinigt. In diesem Fall war der Dritte, der Perser, der Dumme. Als aber Löwe und Bär um ein Hirschkalb stritten, da wurde es ihnen von einem schlauen Fuchs entführt[35]. So haben die Römer die hellenistischen Könige gegenseitig sich schwächen lassen, um dann selbst die Beute einzuheimsen.

1e. Die Erfolge der römischen Außenpolitik gehen vielfach auf die, wenn auch nicht ausgesprochene, so doch angewandte Maxime *divide et impera* zurück[36]. Im Kampf gegen die Italiker, die Griechen, die Gallier und Germanen haben sie stets die Front ihrer Gegner aufzuweichen und sich dort Bundesgenossen zu sichern verstanden. Gegen diese Taktik wenden sich die Fabeln mit der Lehre „Einigkeit macht stark". Die Hunde hatten Krieg mit den Wölfen, richteten aber nichts aus, weil diese einig waren, die Hunde aber in kretische, molossische, akarnanische, dolopische, cyprische und thrakische geschieden waren[37]. Hier möchte man die Furcht der Griechen vor den römischen Wölfen durchhören. Publilius Syrus[38] formuliert die Einsicht so: *Auxilia humilia firma consensus facit.*

1f. Dieselbe Lehre sprechen zwei andere Fabeln aus: Der Löwe, der die drei Stiere nicht gemeinsam, aber einzeln überwindet[39]; das Stockbündel, das nicht insgesamt, aber zerlegt, zerbrochen werden kann[40]. Dies erklärt die Niederlage der uneinigen Gegner Roms. Überall fanden die Römer Verräter. Als sich die Eichen bei Zeus über die Holzfäller beschwerten, antwortete ihnen der Gott, sie lieferten doch selbst den Holzfällern die Axtstiele[41]. So verwendeten die Römer Griechen gegen Griechen, Germanen gegen Germanen.

---

34 Halm 1852, 253
35 Halm 1852, 247 f.
36 Vogt 1960, 199 ff.
37 Babr. 85
38 Publ. Syr. A 4
39 Babr. 44
40 Babr. 47
41 Babr. 142

1g. In der Natur herrscht Kampf, darum eignen sich Tierfabeln zur Entlarvung trügerischer Friedensangebote. Als Philipp II von Makedonien 338 von den Athenern die Auslieferung der ihm feindlichen Redner verlangte, erzählte Demosthenes, der dazugehörte, die folgende Fabel: Die Wölfe forderten die Hirten auf, ihnen die Hunde auszuliefern, denn nur ihrethalben bestünde Krieg zwischen ihnen. Das taten die Hirten, und die Wölfe fraßen die Schafe[42]. Auch Publilius Syrus[43] warnt: *Prospicere in pace oportet quod bellum iuvet.*

1h. In der Abrüstungsfrage ist Aesop skeptisch. Er warnt vor naiver Selbstentwaffnung: Ein Löwe liebte ein Mädchen und hielt um ihre Hand an. Der Vater stimmte zu, gab jedoch zu bedenken, seine Tochter fürchte die Krallen und Zähne ihres Bräutigams. Daraufhin ließ sich der Löwe die Zähne ziehen und die Krallen schneiden. Als er wiederkam, um sich die Braut zu holen, wurde er von der Familie totgeschlagen „wie ein wehrloses Schwein"[44]. Klüger als Aesops Löwe war dann der Igel Wilhelm Buschs:

>Ganz unverhofft, an einem Hügel
>Sind sich begegnet Fuchs und Igel.
>„Halt", rief der Fuchs, „du Bösewicht.
>Kennst du des Königs Ordre nicht?
>Ist nicht der Friede längst verkündigt,
>Und weißt du nicht, daß jeder sündigt,
>Der immer noch gerüstet geht?
>Im Namen seiner Majestät,
>Geh her und übergib dein Fell!"
>Der Igel sprach: „Nur nicht so schnell.
>Lass dir erst deine Zähne brechen,
>Dann wollen wir uns weiter sprechen."
>Und allsogleich macht er sich rund,
>Schließt seinen dichten Stachelbund
>Und trotzt getrost der ganzen Welt
>Bewaffnet, doch als Friedensheld.

---

42 Isid. etym. I 7; Babr. 93
43 Publ. Syr. P 16
44 Babr. 98

Man soll für Notfälle gerüstet sein. Dasselbe meint die Fabel vom Rebhuhn und den Schildkröten in >1001 Nacht<[45]. Ein Rebhuhn befreundete sich mit den Schildkröten, die auf einer Insel lebten. Den Schildkröten mißfiel es jedoch, daß der Vogel zuweilen wegflog. So baten sie ihn, sich doch die Federn auszurupfen, um der Versuchung des Wegfliegens zu widerstehen. Das dumme Rebhuhn tat es. Eines Tages erschien ein Wiesel auf der Insel. Die Schildkröten zogen sich in ihren Panzer zurück, aber das Rebhuhn wurde gefressen. Es konnte nicht mehr entfliegen.

1i. Der Vogel soll seine Flügel, das Raubtier soll seine Klauen gebrauchsfähig erhalten, irgendwann hat es sie nötig. Man soll auch keine Gebiete aufgeben, denn Undank ist der Welt Lohn. Eine trächtige Hündin bat einen fremden Hund, er möge ihr seine Hütte gönnen, bis sie geworfen hätte. Das tat der Hund. Als die Welpen groß waren, wollte der Hund seine Hütte zurückhaben, da sagte die Hündin: „Wenn du magst, kannst du ja versuchen, uns herauszubeißen"[46]. Diese Geschichte erinnert an jene Zeit, als die Römer landsuchende Germanen aufnahmen und sie hiernach nicht mehr loswurden. Eine solche humanitäre Einfalt brandmarkt endlich die nachaesopische Fabel vom jungen Kuckuck. „Mutter", riefen die jungen Rotkehlchen und sperrten hungrig die gelben Schnäbel auf, „warum fütterst du unser dickes blaues Brüderchen immer am besten?" „Still, ihr Kinder", antwortete die Mutter, „das tue ich nur euretwegen. Seht ihr nicht, wie groß und stark es ist? Wenn es nicht genug zu fressen kriegt, wirft es euch am Ende zum Nest hinaus!"[47].

1j. Neben Krieg und Frieden thematisiert Aesop das Bündnis. Ungleiche Bundesgenossen haben ungleiche Aussichten, das zeigt die Fabel vom Löwenanteil. Esel und Löwe gingen auf Jagd und machten reiche Beute. Daraufhin teilte sie der Löwe in drei Portionen und beanspruchte den ersten als König der Tiere, den zweiten als Teilnehmer an der Jagd und den dritten, weil er der Stärkere war[48]. Der römische Rechtsgelehrte Ulpianus nannte in den Digesten des *>Corpus Iuris Civilis<* eine solche Gesellschaft *societas leonina* und erklärte sie für rechtswidrig[49]. Wie unklug die Verbindung eines Schwachen mit einem Starken ist, lehrt Avian[50] mit seiner Fabel von den

---

45 1001 Nacht, deutsch von Enno Littmann, Insel, VI 113 ff.
46 Phaedr. I 19
47 Neue Deutsche Hefte 29, 1982, 468 f.
48 Babr. 67; Phaedr. I 5
49 Dig. XVII 2, 29
50 Avian, fab. 11

beiden Töpfen. Ein Bronzekessel schwamm neben einem Tonkrug im Fluß. Da sprach er: „Laß uns zusammenhalten, daß wir uns gegenseitig vor dem Untergehen schützen!". „Besten Dank", meinte der Krug, „sollten wir zusammenstoßen, dann bin ich es, der zerbricht".

1k. Nachdem die Römer ihre Herrschaft über die Völker errichtet hatten, haben sie diesen den Verlust der Freiheit durch Wohlstand und Frieden ersetzen wollen. Über den Wert dieses Ersatzes handelt die Halsband-Fabel. Ein wohlgenährter Hund traf nachts im Walde einen halbverhungerten Wolf. Dieser fragte den Hund, woher er so gut im Futter stehe. Der antwortete: „Wenn du das ebenfalls haben willst, komm mit und leiste meinem Herrn Wächterdienste". Der Wolf ging mit. Unterwegs erkannte er die Spuren des Hundehalsbandes und fragte nach deren Ursache. Der Hund mußte gestehen, tagsüber an der Kette zu liegen. Für diesen Preis dankte der Wolf und trabte zurück in seinen Wald[51].

1l. Die schlechteste Bündnispolitik ist die des Hin- und Herschaukelns. Im Krieg zwischen den Vierfüßlern und den Vögeln erklärte die Fledermaus zunächst, sie sei ein Vogel. Als diese zu unterliegen drohten, erklärte sie, eigentlich sei sie ein Vierfüßler und ging zu den Tieren über. Als die endlich doch die Schlacht verloren, hatte die Fledermaus es mit beiden verdorben und konnte hinfort nur noch nachts jagen[52]. Wer hier antike Beispiele sucht, wird sie in der Schaukelpolitik Armeniens zwischen Römern und Persern oder in der Ätoliens zwischen Römern und Makedonen finden.

1m. Sofern die Machtverhältnisse eindeutig sind, empfiehlt Aesop den Kleinen, ihr Mäntelchen nach dem Wind zu hängen. Als die Fledermaus von einem Wiesel gepackt wurde, das erklärte, es sei der Feind aller Vögel, beteuerte sie, sie sei eine Art Maus. Als sie dann von einem anderen Wiesel gefaßt wurde, das sich als den Feind aller Mäuse vorstellte, schwor sie, sie sei ein Vogel. So rettete sie ihr Leben. Man soll nicht immer auf dasselbe schwören, meint Aesop, sondern sich den Umständen anpassen – dann kommt man durch[53]. Als die erste Mistel wuchs, sah die Schwalbe voraus, daß die Menschen daraus Vogelleim machen würden. Um ihren Nachstellungen zu entgehen, riet sie den Mitvögeln, sich freiwillig unter den Schutz der Menschen zu begeben. Die lachten sie aus und wurden gefangen, während

---

51 Phaedr. III 7
52 Romulus 54
53 Halm 1852, 307

die Schwalbe ein lustiges Leben unter den Dächern der Bauern führte[54]. Bei Publilius Syrus[55] heißt dies: *Honeste servit, qui succumbit tempori.*

1n. Eine Fabel im Kontext zum Bündnis zwischen Ungleichen liefert Herodot. Als der Perserkönig Kyros das Lyderreich des Kroisos angriff, ersuchte er die griechischen Küstenstädte Kleinasiens um Beistand. Diese aber hielten sich neutral. Nachdem Kyros 547 den Kroisos dann geschlagen hatte, schickten die Griechen Gesandte und erboten sich jetzt, den Persern unter denselben Bedingungen zu gehorchen wie den Lydern. Da erzählte Kyros den Griechen folgende Fabel: „Ein Flötenspieler sah die Fische im Wasser und fing an zu blasen, denn er meinte, sie würden zu ihm an Land kommen. Als er sich in dieser Hoffnung getäuscht sah, nahm er ein Netz, fing die Fische und zog sie heraus. Wie sie nun zappeln sah, sagte er: laßt nur jetzt das Tanzen! Vorher, als ich die Flöte blies, da wolltet ihr nicht"[56]. Die Geschichte könnte historisch sein, denn in assyrischen Quellen wird die Unterwerfung fremder (See-)Völker mit dem Fischefangen verglichen[57].

2. INNENPOLITIK

2a. Die innenpolitisch ausgerichteten Fabeln rechnen ab mit der „gerechten" Herrschaft. Entgegen allen Parolen von Klassenharmonie und Sozialpartnerschaft wird das innergesellschaftliche Verhältnis aus der Zweiteilung in Herrschende und Beherrschte, in Ausbeuter und Ausgebeutete begriffen. Das Prinzip vom Fressen und Gefressenwerden, das zwischen den Staaten gilt, bestimmt auch das Leben innerhalb des Staates.

2b. Dies beklagt bereits die älteste in der europäischen Literatur überhaupt erhaltene Fabel, die von Habicht und Nachtigall bei Hesiod[58]. Der Dichter beschwert sich über die Ungerechtigkeit der gabenfressenden Richter und erzählt diesen: „So zur klagenden Nachtigall sprach der Habicht, als er sie fest in den Krallen dahintrug: Törin, was schreist du, ein Stärkerer hält dich gefangen. Fressen werde ich dich, oder laß dich entwischen, ganz wie es mir paßt, dein Singen berührt mich nicht". Hesiod legt dem Habicht die Lehre in

---

54 Halm 1852, 417
55 Halm 1852, 17
56 Herodot I 141
57 Hirsch 1986
58 Hesiod, op. 202 ff.

den Mund: „Sinnlos, wer sich vermißt, mit stärkerem Feinde zu kämpfen."
Diese Fabel stellt die Richter als Raubvögel, den Dichter als Nachtigall dar, und eigentlich erzählt Hesiod sich diese Fabel selbst.

2c. Gerechtigkeit ist ebenso illusionär wie Gleichheit. Anacharsis verglich die Gesetze mit Spinnweben: die Fliege wird gefangen, die Wespe zerreißt sie[59]. Die Konferenz der Hasen beschloß, gleiches Recht für alle einzuführen, und übermittelte dies den Löwen (Antisthenes). Deren Antwort fiel nicht zur Zufriedenheit der Hasen aus[60]. Allerseits verfolgt, beschlossen die Hasen, sich gemeinsam zu ersäufen. In breiter Front rannten sie zum Teich. Da erschraken die Frösche am Ufer und stürzten sich ins Wasser. Die Hasen hielten inne, denn sie hatten Wesen gefunden, die selbst vor ihnen noch Angst hatten[61]. Offenbar braucht man zum eigenen Wohlbefinden jemanden, auf den man herabsehen kann.

2d. Das Verhältnis zwischen Herrschenden und Beherrschten wird oft mit dem zwischen Raubtier und Beutetier oder dem zwischen Mensch und Haustier verglichen. In Himera auf Sizilien wollte um 570 v. Chr. ein Teil der Bürger den Tyrannen Phalaris von Akragas zum Stadtherrn erheben, um einen Führer gegen die Feinde zu gewinnen. Da trat der Dichter Stesichoros auf und erzählte ihnen die folgende Fabel[62]: „Ein Wildpferd pflegte auf einer Weide zu grasen. Da erschien ein Hirsch und machte ihm die Wiese streitig. Das Pferd wandte sich daraufhin an den Menschen um Beistand. Der legte ihm Zügel an, schwang sich in den Sattel und dachte nicht mehr daran, den Hirschen zu jagen. Das Pferd mußte fortan dem Menschen dienen. So geht es auch euch", sagte Stesichoros, „wenn ihr den Tyrannen in den Sattel hebt, dann werdet ihr ihn nicht mehr los". Aristoteles[63] schreibt, dies hätte die Himeraner bewogen, den Plan fallenzulassen.

2e. Aesop glaubt, daß Herrschaft unaufhebbar ist, er rät aber den Mächtigen, ihre Gewalt mit Maßen zu brauchen, und den Schwachen, Geduld zu üben und keine Hoffnungen auf Revolution zu setzen. An die Adresse der Oberen richtet sich die Fabel von dem Mann mit der Henne, die ihm goldene Eier legte. Aus Habsucht schlachtete er sie, weil er meinte, sie sei inwendig

---

59 Plutarch, Sol. 5
60 Arist. pol. 1284 a 15
61 Babr. 25
62 Halm 1852, 175
63 Arist. rhet. 1393 b 10

ganz aus Gold. Sie war es nicht[64]. Man soll vom Steuerzahler nicht zu viel verlangen, sonst schadet sich der Fiskus selbst. Dasselbe besagt das zur Fabel[65] ausgeweitete Wort, daß man seine Schafe zwar scheren, aber nicht schinden soll, denn wenn man ihnen die Haut abgezogen hat, geben sie keine Wolle mehr. Sueton[66] überliefert diesen Ausspruch von Tiberius, und dies verbürgt seinen politischen Sinn. Tiberius hat auch sonst Tiervergleiche benutzt. Als er zögerte, die Nachfolge des Augustus anzutreten und seine Freunde ihn drängten, sagte er, *lupum se auribus tenere*, er halte den Wolf bei den Ohren; die Freunde ahnten nicht, welch eine Bestie der Staat sei, *quanta belua esset imperium*[67]. Der Staat verschlingt nicht nur die Untertanen, sondern auch die Herrscher, wenn sie nicht aufpassen. Thomas Hobbes hat dann 1651 den Staat als Leviathan dargestellt; er meinte, der Mensch verhalte sich zum Menschen nicht wie ein Mensch, sondern wie ein Wolf: *homo homini lupus*.

2f. An die Milde der Mächtigen appelliert weiterhin die Geschichte vom Löwen, der eine Maus gefangen hatte. Sie bat um ihr Leben. Der Appell an die *clementia principis* war nicht vergebens, der Löwe ließ sie großmütig laufen. Wenig später wurde er selbst von den Jägern in Schlingen gefangen. Die Maus besann sich und knabberte die Fesseln durch[68]. Hier wird das gemeinsame Interesse hervorgekehrt, allerdings mehr einem politischen Wunsch als einer biologischen Beobachtung gemäß.

2g. Dieselbe Lehre nahm in der oben erzählten Skarabäus-Fabel die Form einer Drohung an. Dazu Variationen: Eine Maus biß einen Stier, der sie in ihr Loch nicht verfolgen konnte. Sie piepste heraus, daß eben manchmal die Kleinen doch stärker seien als die Großen. Dies ist offenbar wieder eine Selbsttröstung des Dichters in der Rolle der Maus[69]. Eine ähnliche Warnung an die Mächtigen enthält die Fabel von der Rache des Fuchses am Adler, der ihm die jungen Füchse geraubt hatte. Der Fuchs holte von einem Götteraltar Feuer und setzte den Baum in Brand, auf dem der Adler horstete. Die Moral der Geschichte heißt: Schlauheit ermöglicht die Rache des kleinen Mannes[70]. Diese Fabel ist abermals unrealistisch.

---

64 Babr. 123
65 Babr. 51
66 Suet. Tib. 32, 2
67 Suet. Tib. 24 f.
68 Babr. 107
69 Babr. 112
70 Phaedr. I 28

2h. So wie die Oberen die Ausbeutung nicht übertreiben sollen, wird den Unteren empfohlen, sich abzufinden. Die Samier wollten einen Demagogen, der sich bereichert hatte, zum Tode verurteilen. Aesop riet ab. Ein Fuchs, erzählte er, war in die Klemme geraten. Das nutzten die Zecken, um ihm das Blut abzuzapfen. Ein freundlicher Igel wollte ihm das Ungeziefer ablesen, aber der Fuchs wehrte ab. „Laß die, denn sie sind voll und saugen noch wenig Blut. Nimmst du sie weg, kommen neue, ausgehungerte und nehmen mir mein restliches Blut ab"[71]. Die soziale Blutsaugerei läßt sich eben nicht grundsätzlich beheben. Eine Mahnung zur Geduld an die Untertanen bietet die Geschichte der Rinder, die beschlossen hatten, die Metzger zu töten[72]. Während sie die Hörner schliffen, warnte sie ein alter Stier: „Statt der Metzger schlachten uns dann andere, die es nicht gelernt haben, und das ist übler, denn geschlachtet werden wir auf jeden Fall." Die resignierende Gleichsetzung des Untertanen mit dem Hausvieh begegnet auch sonst. Drei Priester der Kybele besaßen einen Esel, mit dem sie bettelnd durchs Land zogen. Als er vor Mühen und Prügeln verendet war, zogen sie ihm die Haut ab und machten ein Trommelfell daraus. Der Esel, der gehofft hatte, wenigstens durch den Tod erlöst zu werden, bezog seine Schläge weiterhin. Wer zum Unglück geboren ist, meint Phaedrus[73], den trifft es auch nach dem Tode.

2i. Angesichts des Pessimismus des Fabeldichters ist eine besondere Sympathie für eine bestimmte Herrschaftsform nicht zu erwarten. Er zeigt ihnen allen ihre Schwächen. Am häufigsten wird die Monarchie aufs Korn genommen. Dies beginnt mit der Fabel Jothams im Alten Testament. Als die Israeliten ins Gelobte Land eingewandert waren und gegen die Philister kämpften, die unter Königen standen, erhoben sich unter den Juden Stimmen, die gleichfalls nach einem König riefen[74]. Nach dem Tode des kriegerischen Richters Gideon wählten die Männer von Sichem dessen Sohn Abimelech zum König. Jotham, der jüngste Sohn Gideons, war damit nicht einverstanden, und nachdem die ersten Greueltaten seines königlichen Bruders bekannt geworden waren, „ging er hin und trat auf die Höhe des Berges Garizim und hob auf seine Stimme, rief und sprach zu ihnen: Höret mich, ihr Männer zu Sichem, daß auch Gott euch höre! Die Bäume gingen hin, daß sie einen König über sich salbten, und sprachen zum Ölbaum: Sei du unser König!

---

71 Halm 1852, 36
72 Babr. 21
73 Phaedr. IV 1
74 Richter 9,7–15

Aber der Ölbaum antwortete ihnen: Soll ich meine Fettigkeit lassen, die beide, Götter und Menschen, an mir preisen, und hingehen, daß ich schwebe über den Bäumen? Da sprachen die Bäume zum Feigenbaum: Komm du und sei unser König! Aber der Feigenbaum sprach zu ihnen: Soll ich meine Süßigkeit und meine gute Frucht lassen und hingehen, daß ich über den Bäumen schwebe? Da sprachen die Bäume zum Weinstock: Komm du und sei unser König! Aber der Weinstock sprach zu ihnen: Soll ich meinen Most lassen, der Götter und Menschen fröhlich macht, und hingehen, daß ich über den Bäumen schwebe? Da sprachen alle Bäume zum Dornbusch: Komm du und sei unser König! Und der Dornbusch sprach zu den Bäumen: Ist's wahr, daß ihr mich zum König salbt über euch, so kommt und vertraut euch unter meinen Schatten; wo nicht, so gehe Feuer aus dem Dornbusch und verzehre die Zedern Libanons." Die Fabel erklärt den Leuten die Folgen einer unbesonnenen Königswahl. Der Dornbusch ist im Alten Testament eine „böse" Pflanze[75].

2j. Die Fabel Jothams lehrt, daß die besseren Wesen es ablehnen, Herrschaft zu übernehmen. Das formuliert Publilius Syrus[76] so: *Populi est mancipium, quisquis patriae est utilis*. Wer dem Vaterland nutzt, ist der Sklave des Volkes. Ebenso töricht ist der Wunsch der Menge nach einem Herrscher. Als die Athener über die Tyrannis des Peisistratos stöhnten, erzählte ihnen Aesop die folgende Fabel[77]. Die Frösche baten Juppiter um einen König, der ihnen Zucht und Ordnung beibringen sollte. Darauf warf der Gott einen Holzklotz in den Tümpel, daß es klatschte. Voller Schrecken verkrochen sich die Frösche. Mit der Zeit aber merkten sie, daß es bloß ein toter Holzklotz sei, setzten sich frech darauf und waren übermütig wie zuvor. Daraufhin sandten sie eine zweite Gesandtschaft an Juppiter mit der Bitte um einen König. Jetzt schickte ihnen der Gott eine Ringelnatter, die fraß einen Frosch nach dem anderen. In ihrer Angst wandten sich die Frösche ein drittes Mal an den Himmelsherrscher, aber der antwortete: ihr wart mit dem guten Herrscher nicht zufrieden, jetzt ertragt den schlechten.

2k. Der Grundgedanke der Königsideologie ist, daß der Herrscher nur den Nutzen der Allgemeinheit im Auge hat. Der Fabelkönig dagegen praktiziert den fiskalischen Egoismus. Ähnlich wie die Ringelnatter gegenüber den Fröschen übt der Habicht sein Königtum über die Tauben aus. Um sich die

---

75 2. Könige 14, 9
76 Publ. Syr. 22
77 Phaedr. I 2

Jagd zu erleichtern, versprach der Habicht den Tauben Frieden unter der Voraussetzung, daß sie ihn zum König wählten. Dies geschah und fortan lebte er statt von der Beute- von der Steuertaube[78]. In den meisten einschlägigen Fabeln ist der Löwe der König. Er ist der stärkste und frißt, wen er will. Eines Tages beschloß er, fortan gerecht zu regieren. Er fragte die Tiere, ob er aus dem Munde röche. Wer es bejahte, wurde ebenso gefressen wie wer es verneinte. Der schlaue Affe meinte, dem Verderben entgehen zu können, und sagte, der Rachen des Löwen dufte wie der Zimt von den Götteraltären. Weil der Leu den Affen nicht überführen konnte, stellte er sich krank. Kein Mittel, das die Ärzte verschrieben, half, bis der Löwe seine Lust auf Affenfleisch bekundete[79].

2l. Die Nähe des Herrschers ist gefährlich, Aesop rät zur Distanz. Als der Löwe alt und krank geworden war, zog er sich in seine Höhle zurück und fraß die Tiere, die ihn besuchten. Der Fuchs weigerte sich hineinzugehen, weil er keine herausführenden Spuren sah, *vestigia terrent*[80]. Apollonios von Tyana, der den Tyrannen Domitian besuchte, tadelte den Fuchs. Er hätte hineingehen und zeigen sollen, wie man sich nicht fangen läßt[81]. Rudolf I von Habsburg lehnte den Zug zum Papst nach Rom mit dem Hinweis auf die bedenklichen Spuren seiner Vorgänger ab.

2m. Daß man gegenüber den Mächtigen allenfalls mit Schmeichelei und Unaufrichtigkeit überleben kann, besagt die Fabel von den beiden Männern im Affenland. Vor den Herrscher gebracht und gefragt, wen er sähe, antwortete der eine: „Du bist der Kaiser, und dies ist dein Hofstaat." Er log und wurde beschenkt. Der andere aber antwortete: „Du bist ein Affe, und alle diese hier sind ebenfalls Affen." Er sagte die Wahrheit und wurde zerrissen[82].

2n. Die oft zweifelhafte Legalität des römischen Kaisers wurde durch Treueverpflichtungen zu ersetzen versucht. Mit ihr ließ sich gegen Usurpatoren argumentieren, aber es scheint Untertanen gegeben zu haben, denen es gleichgültig war, wem sie dienten. Als ein Hirte von Feinden überrascht wurde, wollte er seinen Esel überreden, mit ihm zu fliehen, wie üblich: er oben und der Esel unten. Dafür versprach er, dem Esel auch niemals zwei

---

78 Phaedr. I 31
79 Phaedr. IV 14
80 Hor.ep. I 1, 74; Halm 1852, 246
81 Philostr. Vita Ap. VII 30
82 Phaedr. IV 13

Packsättel aufladen zu wollen. Da dies technisch unmöglich ist, bedankte sich der Esel für das Angebot und antwortete: wenn ich sowieso einen Sattel tragen muß, dann ist es mir egal, ob er von dir oder von den Feinden kommt. Phaedrus[83] kommentiert: die Herren wechseln, die Herrschaft bleibt. Lessing[84] nannte dies „eine von den schönsten Fabeln des Phaedrus".

2o. So wie die Monarchie wird auch die Aristokratie ihres schönen Scheines entkleidet. Die Adligen kommen nicht besser weg als der König. Sie sind Blutsauger und Drohnen. Zwischen Drohnen und Bienen entbrannte einmal ein Streit, wem der Honig gehöre. Die Wespe, als Richter angerufen, entschied sich für die Bienen, weil diese den Honig herstellten. Ich hätte diese Fabel nicht erzählt, schließt Phaedrus[85], wenn die Drohnen nicht daraufhin die Zuständigkeit des Gerichtes bestritten hätten. Ob mit den Drohnen die Staatsbeamten oder die Grundherren gemeint sind, mag keine echte Alternative sein, Phaedrus ist gegen beide. Das Problem der Drohnen zeigt, daß die berühmte Bienenfabel von Mandeville (1714) doch nicht glatt aufgeht. Daß dann das Ganze am besten gedeihe, wenn jeder seinen privaten Interessen folgt, stimmt nur, wenn man die Drohnen ausklammert.

2p. Wer heute zu den Drohnen das Militär rechnet, der befindet sich indessen nicht im Einklang mit dem Fabeldichter. Ein Schaf beschwerte sich beim Hirten: „Du nimmst uns die Wolle, unsere Milch, unser Fleisch. Unsere Jungen vermehren die Herde, und wir ernähren uns von dem, was die Erde bietet. Wieso fütterst du den Hund so gut, der doch nichts von alledem leistet?" Der Hund antwortete darauf, wie einst Demosthenes, ohne ihn hätte sie alle längst der Wolf geholt[86]. Der Hund, und mit ihm Aesop, meint hier anscheinend, es sei für das Lamm unangenehmer, vom Wolf gefressen als vom Hirten geschlachtet zu werden. Die Hirtengleichnisse tun so, wie wenn die Schafhaltung den Schafen zuliebe erfolgte, die darum dem Hirten und den Hunden Dank schuldeten. Diesen Irrtum teilt Aesop mit Platon, mit Homer und der Bibel[87]. Das Gesetz vom Fressen und Gefressenwerden gilt wie in der Natur auch in der Kultur, nur frißt der Mensch mit Messer und Gabel.

---

83 Phaedr. I 15
84 Lessing 1801, 120
85 Phaedr. III 13
86 Babr. 128
87 Demandt 1978, 31 f.; anders Thrasymachos s. o. III 3 i

2. Innenpolitik

2q. Ein realistisches Bild von Adel und Militär entwirft die Klage der Frösche beim Anblick der kämpfenden Stiere. „Gleich wer gewinnt", so klagen die Frösche, „wir werden dabei totgetrampelt"[88]. Der Kampf der Mächtigen wird auf dem Rücken der Kleinen ausgetragen. Hier ist an die römischen Bürgerkriege zu denken.

2r. Nach diesen Stellungnahmen gegen die Monarchie und gegen die Aristokratie könnte man Aesop für einen überzeugten Demokraten und Vorkämpfer der Unterschichten halten. Die Aesop-Rezeption der marxistischen Literaturtheorie hat ihn in ihren eigenen Stammbaum eingeordnet. Gleichwohl ist Aesop nicht unbedingt ein Freund der Volksherrschaft. Eine deutliche Abneigung verspürt er gegen alle Volksführer und Volksverführer. In der Fabel vom Fuchs und den Zecken kennzeichnet er die Demagogen als Parasiten; gemeinschädlichen Egoismus bescheinigt er ihnen in der Fabel vom Fischer. Ein Fischer hängt ein Netz durch den Fluß und wühlt den Schlamm auf, um die Fische ins Netz zu treiben. Daraufhin beschweren sich die Anwohner, weil er ihnen das Trinkwasser verunreinigte. Er entschuldigt sich mit der Not, er könne sonst nicht überleben. Daß dies für Aesop kein Grund ist, lehrt sein Epimythion: Wie der Fischer machen es die Demagogen, sie fischen im Trüben und denken nur an sich[89]. Aesop ist offenbar gegen die eigensüchtige Umweltverschmutzung.

2s. Sympathien des Fabeldichters für die Demokratie lassen sich aus der Tatsache ablesen, daß er gegen diese Staatsform nicht als solche fabuliert. Sie bietet ihm wenig Anstöße. Sobald aber von Revolution die Rede ist, tritt er sofort wieder warnend auf den Plan. Eine Reihe von Fabeln zeigt eine ausgesprochen antirevolutionäre Tendenz, und zwar nicht nur, weil das Revoltieren keinen Erfolg verspricht, sondern auch, weil nach einem Erfolg keine Besserung zu erwarten wäre.

2t. Die Mäuse empörten sich gegen die Wiesel. Es kam zur Schlacht, die Mäuse wurden geschlagen und flohen. Sie verkrochen sich in die Löcher, aber ihre Anführer wurden gefangen und gefressen, denn ihre große Kopfzier hinderte sie daran, rechtzeitig wegzuschlüpfen. Phaedrus[90] meint, die Kleinheit schütze die Kleinen, sofern sie sich nicht größer machen, als ihnen zusteht. Diese Geschichte sei in vielen Tavernen an die Wände gemalt,

---

88 Phaedr. I 30
89 Halm 1852, 25
90 Phaedr. IV 6

offenbar, weil der Wein leichtsinnig und aufmüpfig macht. Die Schwachen sind gut beraten, wenn sie sich anpassen. Die mächtige Eiche stürzt im Wind, aber das elastische Schilfrohr übersteht den Sturm[91]. Die stolze Fichte wird umgehackt, aber der Dornbusch bleibt stehen, an dem hat niemand Interesse[92]. Wer sich beschwert, muß Zynismus ertragen. Eine Krähe läßt sich von einem wehrlosen Schaf spazierentragen. Das Schaf beschwert sich. „Wäre ich ein Hund, so bekämst du zur Strafe meine Zähne zu spüren." „Aber du bist eben ein Schaf!", erwiderte die Krähe. „Schwache verachte ich, Starken weiche ich aus, und damit werde ich tausend Jahre alt".

2u. Suchen wir nach Zeugnissen zugunsten eines bestimmten Staatstyps, so wäre dies wohl der organische Ständestaat. Das lehrt die Fabel des Menenius Agrippa. Nach Livius[93] zog die römische Plebs im Jahre 494 v. Chr. aus der Stadt auf den heiligen Berg, um von den Patriziern politische Rechte zu ertrotzen. Darauf habe der Senat Menenius Agrippa zu den Plebejern geschickt, und er habe ihnen erzählt: Einstmals hätten sich die Gliedmaßen darüber empört, daß der Magen inmitten des Leibes von der Arbeit der Glieder lebe und sich von ihnen bedienen lasse. Sie hätten sich darum geschworen, ihm nichts mehr zuzuführen: Die Hände arbeiteten nicht mehr, der Mund aß nicht mehr, die Zähne kauten nicht mehr. Daraufhin seien die Glieder selbst schwächer und schwächer geworden, bis sie gemerkt hätten, daß der Magen keineswegs untätig sei, sondern die Nahrung an die Glieder verteile, so daß der ganze Körper leben könne. Mit dieser Fabel hätte Menenius die Plebs zum Einlenken bewogen, und die Patres hätten ihr das Volkstribunat zugestanden.

2v. Der Organismus als Allegorie der Gemeinschaft war zu allen Zeiten beliebt. Im gleichen Sinne verglich auch der Apostel Paulus die Kirche mit einem Körper, dem jedes Glied auf seine Weise diene. Der Fuß bleibe Fuß, das Ohr bleibe Ohr, das Auge bleibe Auge[94]! Im Mittelalter begegnet das Bild bei Smaragdus und im ›*Policraticus*‹ des Johannes von Salisbury[95]. In unserem Jahrhundert hat der Faschismus sein Staatsideal gern in organische Metaphern gekleidet und fand gegen linke Revolutionäre Argumente bei Aesop.

---

91 Babr. 36
92 Babr. 64
93 Liv. II 32
94 1. Kor. 12, 12 ff.
95 Kloft 1985

2w. Was dann passiert, wenn sich die zum Dienen und Folgen bestimmten Glieder zum Herrschen und Führen drängen, beschreibt Aesop in der Fabel vom Schlangenschwanz. Sie ist antidemokratisch. Eines Tages meinte der Schwanz der Schlange, er sei nun lange genug hinter dem Kopf hergekrochen, jetzt solle die Sache einmal umgekehrt sein, er wolle führen. Der Kopf fragte, wie denn der Schwanz ohne Augen, ohne Nase und Verstand den Weg finden könne? Als neutralen Richter wählte man den Leib. Aber der hatte auch keinen Verstand und schlug sich aufseiten des Schwanzes; die Fairneß gebiete, daß der Schwanz auch einmal führen dürfe. Es kam, wie nicht anders zu erwarten, die Schlange fiel in ein Loch, und nur der Kopf vermochte sie zu retten[96]. Dasselbe etwas drastischer: jene Zote vom Kamel, das in den Fluß geschissen hat. Als der Kot an ihm vorbeigeschwommen war, meinte es: „Jetzt gehts schief, denn was hinten sein sollte, ist nach vorne geraten". Babrios gibt die Moral, und der englische Herausgeber Perry überschreibt die Fabel: Der Aufstand des Proletariats[97].

3. Gesellschaft

3a. Dieselbe desillusionierende Absicht, die Aesop gegenüber der Außen- und Innenpolitik verfolgt, kennzeichnet auch seine Sozialphilosophie. Das Bild der menschlichen Gesellschaft wird bunt, indem die Vielfalt der Tier- und Pflanzenarten der Menschheit zum Spiegel dient.

3b. Die Gesellschaft ist für Aesop durch Gegensätze bestimmt. So wie in der Natur alle gegen alle kämpfen, so läßt sich auch unter den Menschen der natürliche Antagonismus weder durch Gerechtigkeit noch durch Nächstenliebe überwinden. Der Bauer, der die halberfrorene Schlange unter seinem Mantel erwärmt hat, wird von dieser gebissen. Er beschwert sich zu Unrecht, er hätte wissen müssen, daß eine Schlange falsch ist [98]. Der Wolf zieht dem Esel einen Dorn aus dem Huf und empfängt dafür zum Dank einen Tritt. „Ich Dummkopf", klagt er sich an, „zum Schlächter geboren, spiele ich den Arzt"[99]. Trau, schau wem! Bei Publilius Syrus[100] lesen wir: *Cum vitia prosunt, peccat qui recte facit.* Die Tugenden wechseln mit den Zeiten.

---

96 Babr. 134
97 Babr. 40
98 Phaedr. IV 20
99 Babr. 122
100 Publ. Syr. C 14

3c. Ungewöhnlich zahlreich sind die Fabeln, die lehren: Schuster bleib bei deinem Leisten! Der Rabe beneidete den Schwan um sein weißes Gefieder. Er wähnte, das käme vom Wasser, begab sich hinein und ertrank[101]. – Der Esel beneidete den Löwen. Er kopierte dessen Imponiergehabe, indem er sich ein Löwenfell umlegte, wurde entlarvt und verprügelt[102]. – Ein anderer Esel beneidete den Pinscher um das Zuckerbrot. Er gab seinem Herren Küßchen und bekam Schläge[103]. – Der Frosch beneidete den Ochsen um seine Größe, blies sich auf und platzte[104]. – Die Dohle wollte gern ein Adler sein und stürzte sich auf ein Schaf, um es in ihren Krallen davonzutragen. Dabei verhedderte sie sich in dessen Wolle und wurde vom Hirten gefangen. Er brachte sie seinen Kindern mit nach Hause. Die fragten, was denn das für ein Vogel sei. Der Hirte antwortete: „Meiner Meinung nach eine Dohle, aber sie selbst glaubt, sie sei ein Adler"[105].

3d. Aesop zeichnet eine Gesellschaft, in der die Rollen ebenso festgeschrieben sind wie in der Natur. Gelingt einmal ein Maskenwechsel, so tritt doch bei erstbester Gelegenheit das alte Wesen wieder hervor. *Naturam expelles furca, tamen usque recurret*, heißt es bei Horaz[106]. Im Altertum hielt man neben den Hauskatzen auch Hauswiesel, um die Mäuse zu vertilgen. Ein solches Wieselweibchen verliebte sich in einen jungen Mann. Auf seine Gebete hin verwandelte Aphrodite das Tier in ein schönes Mädchen, und der Mann beschloß, es zu heiraten. Als sie während des Hochzeitmahles zu Tische lagen, lief plötzlich eine Maus vorbei. Die Braut sprang auf, um sie zu fangen[107]. Dieselbe Lehre formuliert Freidank in den ›Carmina Burana‹[108]: „Ging ein Hund/ tags tausend Stund/ zur Kirchen, ist er doch ein Hund."

3e. Aesop meint, daß es unmöglich sei, die angeborene Rolle zu wechseln. Dahinter stehe bloß Neid. *Aliena nobis, nostra plus aliis placent*, heißt es bei Publilius Syrus[109]. Aesop glaubt zudem, daß der Neid gewöhnlich auf einer

---

101 Halm 1852, 206
102 Babr. 139
103 Babr. 129
104 Phaedr. I 24
105 Halm 1852, 8
106 Hor. ep. I 10, 24
107 Babr. 32
108 Carmina Burana, Nachträge 17. In der zweisprachigen Ausgaben von C. Fischer + H. Kuhn 1974, S. 808
109 Publ. Syr. A 28

falschen Vorstellung beruhe. Der Esel beneidete das Schwein, weil es versorgt wurde, ohne zu arbeiten. Sobald er aber bemerkte, daß man das Schwein fütterte, um es zu schlachten, war er mit seinem Los zufrieden[110]. Die Landmaus beneidete die Stadtmaus um die fetten Brocken, die sie von den Menschen erhaschte. Als sie erlebte, wie gefährlich das war, meinte sie: Stadtluft? Nein danke![111]. Diese Fabel hat Horaz[112] auf sich selbst angewendet. – Bei näherem Hinschauen erweisen sich die angepriesenen Güter der anderen als gar nicht erstrebenswert. Das kommt zum Ausdruck in dem Spott des Kranichs gegenüber dem Pfau, der prachtvoll aussieht, aber nicht fliegen kann[113], und in der Antwort Juppiters gegenüber dem Ziegenbock, der sich darüber beschwert, daß auch sein Weibchen einen Bart habe. Die wahre Männlichkeit, meint Juppiter, liege doch nicht im Barte[114]!

3f. Die Fabel empfiehlt den Menschen, sich in dieser Welt, so schlecht sie ist, einzurichten. Was wir brauchen, ist Augenmaß und Lebensklugheit. *Virum bonum natura, non ordo facit*, meinte Publilius Syrus[115]. Der Hund, der mit einem Knochen im Maul ins Wasser blickt und nach dem Spiegelbild des Knochen schnappt, verliert was er hat, aber gewinnt nicht, was er will[116]. Luther sagt dazu: Wer zu viel haben möchte, der behält zuletzt nichts. Der Rabe, der mit einem Stück Käse im Schnabel auf dem Baume sitzt, wird vom Fuchs gebeten, seinen lieblichen Gesang hören zu lassen. Er öffnet den Schnabel, und der Käse fällt dem Fuchs herunter[117]. Luther folgert: Hüte dich vor Schmeichlern! Der Frosch, der die Maus über den Teich zu bringen verspricht und sie dann tückisch ertränken will, wird mit ihr zusammen vom Habicht gefressen[118]. Luther warnt: Siehe dich vor, mit wem du handelst, die Welt ist falsch... doch schlägt die Untreue ihren eigenen Herrn. Hier schwingt ein wenig Gottvertrauen mit, denn das strafende Schicksal ist ja nicht unbedingt eine Erfahrungsregel.

---

110 Perry 1965, S. 541
111 Babr. 108
112 Hor. serm. II 6, 80 ff.
113 Babr. 65
114 Phaedr. IV 17
115 Publ. Syr. V 14
116 Babr. 79
117 Phaedr. I 13
118 Halm 1852, 298

3g. Wer mit seiner Rolle nicht zufrieden ist, muß erfahren, daß er sie nicht ändern kann; daß sie, wenn er sie ändert, noch schlechter wird, und daß sie, wenn sie unabänderlich und wirklich schlecht ist, nicht unverdient ist. Die Hunde litten unter den Menschen und schickten eine Abordnung zu Juppiter, der ihnen aus ihrer miserablen Stellung heraushelfen sollte. Vor lauter Angst schissen die Gesandten die ganze Götterhalle voll und wurden mit Schande herausgeprügelt. Daraufhin schickten die Hunde eine zweite Delegation los, der sie vorsichtshalber Duftkräuter in die Kehrseite steckten. Aber auch ihnen ging es nicht besser, sie verunreinigten den Palast ebenso. Juppiter verurteilte die Hunde zu ewiger Knechtschaft. Die Teilnehmer der zweiten Gesandtschaft trauten sich nicht zurück und verliefen sich, und deswegen beschnuppern sich die Hunde noch heute, um endlich ihre Gesandten zu finden und zu erfahren, was der Götterkönig denn geantwortet habe[119]. Hier wird eine Ursprungslegende mit sozialer Spitze versehen: gemein bleibt gemein. Wer will, kann darin eine Apologie der Sklaverei sehen. Publilius Syrus[120] schreibt dazu: *Qui invitus servit, fit miser, servit tamen.*

3h. Der Fabeldichter malt die Welt wie sie ist; zuweilen aber zeigt er sie, wie sie sein sollte. Einmal herrschte ein Löwe, nicht wie ein blutrünstiges Raubtier, sondern wie ein gerechter Mensch. Die Tiere versammelten sich zum Gericht, und den Wolf konnte das Lamm verklagen, den Leoparden die Ziege, den Tiger der Hirsch. Da sprach der Hase: diesen Tag habe ich immer herbeigesehnt. Der Hase, das ist die Figur des Dichters Babrios[121], der sich zur Partei der Wehrlosen rechnet. Um die menschliche Gesellschaft in Ordnung zu bringen, müßte man die Natur auf den Kopf stellen, ähnlich wie das Jesaja[122] in seiner Paradieses-Vision und Vergil in der 4. Ekloge getan haben. Das Ideal wäre die verkehrte Welt.

4. Epimythion

4a. Im Februar 1793 befand sich Goethe auf der Campagne in Frankreich: „Die Welt erschien mir blutiger und blutdürstiger als jemals..." Goethe erklärte die „ganze Welt für nichtswürdig" und hielt ihr in seinem Tierepos >Reineke Fuchs< den Sittenspiegel vor, in dem „das Menschengeschlecht

---

119 Phaedr. IV 19
120 Publ. Syr. Q 64
121 Babr. 102
122 Jes. 11, 6 f.

sich in seiner ungeheuchelten Tierheit ganz natürlich vorträgt"[123]. Einen solchen Sittenspiegel bietet uns bereits das Corpus Aesops.

4b. Der Ursprung der Fabel im Erzählgut des Volkes bringt es mit sich, daß die Aussagen zu Staat und Gesellschaft nicht in ein strenges System zu fügen sind. Sie bilden keine geschlossene Theorie, bezeichnen aber eine bestimmte Mentalität. Die Lehren widersprechen einander bisweilen. So hinsichtlich der Schwäche der Schwachen, hinsichtlich des Lohnes der Dankbarkeit oder hinsichtlich der Opportunität des Opportunismus. Dennoch sind gemeinsame Linien erkennbar. Die Sicht von unten gibt ein immer ähnliches Bild. Aesop lehrt Mißtrauen. Er hat Enttäuschungen erlebt und warnt vor solchen. Alle Fehler, alle Schwächen des Staatslebens werden karikiert, die Fassaden der Ideale und Illusionen werden herabgerissen. Übrig bleibt ein abgestufter Eigennutz, durch Natur und Erfahrung gerechtfertigt. Die Quintessenz ist eine Situationsethik in heiterer Resignation. Die Verhältnisse sind zum Weinen, und dennoch sollen wir über sie lachen.

4c. Grundsätzlich wird der Naturzustand als der Kampf aller gegen alle aufgezeigt. In der Außenpolitik ist es am leichtesten. Der Krieg dient dem Stärkeren, der Frieden dem Herrschenden. Bündnisse zwischen Gleichstarken sind bloß Waffenstillstände, Bündnisse zwischen Ungleichen sind Satellitenverhältnisse, *societates leoninae*. All dies ist realistisch. 1928 schrieb Carl Schmitt[124], die Fabel kennzeichne die Wirklichkeit im Völkerrecht besser als alle Jurisprudenz.

4d. In der Innenpolitik betont Aesop die Gegensätze. Gerechtigkeit sei eine Farce, Gleichheit eine Fiktion. Starke und Schwache werde es immer geben. Aesop empfiehlt gleichwohl den Starken Milde, den Schwachen Geduld. Gib dich zufrieden und sei stille! – eine christliche Lebenslehre *avant la lettre*, bloß ohne Hoffnung auf ein Jenseits. Eine bestimmte Staatsform wird nicht begünstigt. Jede hegt ihre systemeigenen Illusionen, Aesop ist nicht eindeutig, nicht einseitig. Seine Fabel ist antimonarchisch, insofern sie die Fürsorge der Könige bestreitet; sie ist antiaristokratisch, insofern sie die Adligen als Blutsauger angreift; sie ist antidemokratisch, insoweit sie dem Glauben an die Gleichheit widerspricht. Aber auch Revolutionäre werden gewarnt: entweder scheitert ihr oder ihr verschlimmert die Lage. Die schönen

---

123 Goethe, Ausgabe letzter Hand 30, 271 f.
124 C. Schmitt, Positionen und Begriffe, 1940, 108

Versprechungen der Staatsmänner oben sind Larifari, ebenso wie die süßen Träume der Staatsbürger unten.

4e. Das Bild der menschlichen Gesellschaft ist gleichfalls durch Kontraste geprägt. Die verschiedenen Eigenschaften, die im selben Charakter beisammenwohnen, die zahlreichen Charaktere, die in derselben Sozietät nebeneinanderleben, werden durch die Unterschiede der biologischen Arten abgebildet. Das macht die Eigentümlichkeiten deutlich, aber starr. Wir glauben wohl, daß ein Mensch sich wandeln, ein Bösewicht sich bessern kann. Aber Aesop widerspricht. Er steht auf dem Boden einer populär-naiven Typenlehre. Die Rollen lassen sich nicht austauschen: den Wunsch dazu diktiert der Neid, und der ist unbegründet und ahnungslos. Man soll sich arrangieren mit dem, was man ist, mit dem was man hat. Wie die Fabel vom Fuchs und den Trauben lehrt[125], kann man sich auch selbst überlisten, günstigen Falles sogar, ohne sich zu betrügen. Das lehrt die Fortsetzung:

> Die Traube sprach: „Wer möchte mich?"
> Sie sah in stummer Trauer,
> wie sich der Fuchs von dannen schlich,
> und wurde wirklich sauer.

4f. Das Instrumentarium Aesops ist im wesentlichen die Fauna. Seine Natur ist aber nicht die Natur der Biologen. Aesop holt seine Verhaltenslehren nicht aus der Natur heraus, sondern spiegelt die Verhaltensweisen des Menschen in die Natur hinein. Die naturalistische Deutung der Politik verbindet sich mit der anthropomorphen Deutung der Natur dergestalt, daß auf Aesops Weltenbühne die Tiere die Kostüme, die Menschen das Libretto liefern. Einerseits erhält das Tier Vernunft und Sprache wie ein Mensch, andererseits bewahrt es doch seine eigene Art: der Fuchs und der Affe sind schlau, der Löwe und der Adler sind stark, der Hase und die Maus sind ängstlich usw. Zuweilen wird den Tieren freilich auch ein falscher Charakter angedichtet, der Schlange Tücke, dem Wolf Grausamkeit, dem Esel Dummheit. Noch Alfred Brehm[126] und Arthur Schopenhauer[127] haben die Tiere moralisiert. In jedem Falle geht die Tierdichtung davon aus, daß im Reich der Tiere dieselben Gesetze gelten wie im Reich des Menschen, daß eines das Spiegelbild des anderen sei.

---

125 Babr. 19; Phaedr. IV 3
126 Brehms Tierleben, 1900, II 378 über den Charakter des Maulwurfs
127 A. Schopenhauer, Neue Paralipomena § 217

4. Epimythion

4g. Das Menschenideal Aesops zeigt sich in seiner Einschätzung der Tiere. Die starken Tiere wie Löwe und Adler erscheinen ebenso ambivalent wie die schwachen, wie Maus und Hase. Die idealen Tiere des Neuen Testaments, die Taube und das Schaf, genießen in der Fabel wenig Sympathie, obschon sie auch hier den Charakter der Unschuld zeigen. Diese Unschuld ist das Produkt der Schwäche. Aesopisch – und darum für den Gottesdienst ungeeignet – ist das Wort Jesu: seid klug wie die Schlangen und ohne Falsch wie die Tauben[128]. Eindeutig positiv erscheint der Fuchs, der listenreiche Reineke.

4h. Die Spannung zwischen hohem Intellekt und niedriger Moral erschüttert den Fabeldichter nicht. Nicht das gute und edle, nicht das selbstlose Handeln, sondern Bauernschläue wird prämiert. Das Epimythion, die Moral von der Geschichte, ist häufig amoralisch, ja geradezu zynisch. Die Fabel hat keinen Sinn für Tragik, weil sie Glaube, Liebe und Hoffnung bestreitet. Sie interpretiert den guten Willen aus der Politik heraus, sofern er denn darin wäre. Amoralität ist ein Zug der Fabel, den sie mit der Natur gemein hat. Daran läßt sich, so meint sie, nichts ändern, selbst in bester Absicht nicht, sonst wiederholt sich die Geschichte vom vegetarischen Hecht Christian Morgensterns:

> Ein Hecht, vom heiligen Anton
> bekehrt, beschloß, samt Frau und Sohn,
> am vegetarischen Gedanken
> moralisch sich emporzuranken.
>
> Er aß seit jenem nur noch dies:
> Seegras, Seerose und Seegrieß.
> Doch Grieß, Gras, Rose floß, o Graus,
> entsetzlich wieder hinten aus.
>
> Der ganze Teich ward angesteckt.
> Fünfhundert Fische sind verreckt.
> Doch Sankt Anton, gerufen eilig,
> sprach nichts als: Heilig, heilig, heilig!

---

128 Ev. Mt. 10, 16

Kapitel XIV

CHRISTENTUM UND STAAT

    a. Goethe 365
    b. Drei Phasen 365

1. JESUS UND DIE POLITIK 366
    a. Christos-Messias 366
    b. Königszeit 366
    c. Exil 366
    d. Messias-Anwärter 367
    e. Jesuszeit 367
    f. Jesus als Messias 368
    g. Zeremoniell 368
    h. Jesu Selbstauffassung 369
    i. Zinsgroschen 369

2. PAULUS UND DIE POLITIK 370
    a. Obrigkeit 370
    b. Zwei Herren 370
    c. Petrusbrief: Sklaven 370
    d. Askese 371
    e. Korinth 371
    f. Urgemeinde 372
    g. Bischof 372
    h. Gnosis 372
    i. Karpokratianer 373

3. ROM UND DIE CHRISTEN 373
    a. Christenverfolgung 373
    b. Juden im Reich 373
    c. Kriminelle Verfolgung
       (Nero) 374
    d. Plinius 375
    e. Politische Verfolgung
       (Decius) 375

    f. Religiöse Verfolgung
       (Diocletian) 375
    g. Toleranzedikt (Galerius) ... 375

4. CONSTANTINISCHE WENDE 376
    a. Pons Mulvius 376
    b. Mailand 313 376
    c. Motive Constantins 376
    d. Romfeindliche Tradition 377
    e. Romtheologie 378
    f. Melito 378
    g. Origenes 378
    h. Einheit 379
    i. Wehrdienst verpönt 379
    j. Wehrdienst erlaubt 379
    k. Schlachtenhelfer 380
    l. Euseb 380
    m. Caesaropapismus 381
    n. Theodosius 381
    o. Ambrosius 381
    p. Heidenverfolgung 382

5. AUGUSTINS CIVITAS TERRENA 382
    a. Leben 382
    b. Mani 382
    c. Taufe 387 383
    d. Civitas Dei 383
    e. Römische Republik 384
    f. Römische Werte 384
    g. Kleine Staaten besser? 385
    h. virtus? 385
    i. gloria? 386
    j. Martyrium 386

- k. Irdischer Friede 387
- l. Sklaverei 387
- m. Idealkaiser 388
- n. Brief an Marcellinus 388
- o. Feindesliebe 389
- p. An Bonifatius 389
- q. Mittelalter: Papst 390
- r. Kaiser 391

6. RÜCKBLICK 391
   - a. Luther 391
   - b. Moralisierung 391
   - c. Romtheologie 392
   - d. Gottes Weltmonarchie 392

> Das ursprüngliche Christentum ist
> Abolition des Staates.
>
> Nietzsche

XIV. CHRISTENTUM UND STAAT

a. „Die christliche Religion", schreibt Goethe[1], „ist eine intentionierte politische Revolution, die verfehlt, nachher moralisch geworden ist." Tatsächlich läßt sich das Christentum ohne seinen ursprünglich politischen Gehalt nicht begreifen. Die politischen Hoffnungen seiner Anhänger auf das erneuerte Reich Israel[2] erklären den großen Zulauf Jesu, die politischen Befürchtungen seiner Gegner haben ihn ans Kreuz gebracht. Erst sein Tod beendete den Irrtum und schuf der Einsicht Raum, daß er kein Revolutionär war. Die junge Gemeinde begriff die frohe Botschaft nicht mehr politisch-äußerlich, sondern moralisch-innerlich. Sie wartete betend und wachend auf die Wiederkehr des Herrn.

b. Ob das ein zweiter Irrtum war, hängt ab von den Vorstellungen, die man damit verbindet, und von der Geduld, die man dafür aufbringt. Jedenfalls mußten sich die Christen wegen der Verzögerung der Parusie, d. h. der Wiederkehr Jesu, mittelfristig auf Erden einrichten. Als dann seit Constantin auch die Kaiser Christen wurden, folgte der verinnerlichenden Moralisierung wiederum eine veräußerlichende Politisierung. Während Asketen und Häretiker im Abseits blieben, trat die orthodoxe (d. h. rechtgläubige) katholische (d. h. allgemeine) Kirche als irdische Ordnungsmacht in und neben den Staat, ohne daß die Zuständigkeit gegen ihn abgegrenzt, das Rangverhältnis zu ihm geklärt worden wäre. Dieser dreiphasige Prozeß von der Politiknähe Jesu zur Politikferne der Urgemeinde im Principat zur abermaligen Politiknähe des Christentums im Dominat ist nun in fünf Schritten zu verfolgen. Ich behandle zum ersten Jesus und die Politik, dann Paulus und die Politik, drittens die Haltung Roms zu den Christen, viertens die constantinische Wende und abschließend Augustin.

---

1 Goethe, Maximen und Reflexionen Nr. 819
2 Apostelgeschichte 1, 6

1. Jesus und die Politik

1a. Das Christentum trägt seinen ursprünglich politischen Charakter bereits im Namen: *Christos*, der Beiname Jesu, kommt von dem griechischen Wort *chrió* und bedeutet „der Gesalbte". Es ist die Übersetzung des hebräischen Wortes „Messias". „Jesus Christus" heißt mithin „Jesus der Gesalbte, der Messias". Die Salbung war die sakrale Einsetzung des Königs[3]; ein Ritual, das im Alten Orient und bei den frühen Israeliten soviel bedeutete wie die Krönung im Mittelalter.

1b. Nach der Glanzzeit des altisraelischen Königtums unter Saul, David und Salomon um 1000 v. Chr. war das Reich geteilt worden in das Nordreich Israel mit der Hauptstadt Samaria und das Südreich Juda mit der Hauptstadt Jerusalem[4]. Hier regierten die Nachkommen Davids weiter. Beide Reiche gerieten in wachsende innere und äußere Schwierigkeiten. In dieser Zeit traten die Propheten auf, die das Volk und seine Führer anklagten: Israel sei vom Wege des rechten Glaubens abgewichen und werde dafür von Gott gezüchtigt. Das Strafgericht erschien: 721 v. Chr. nahmen die Assyrer Samaria ein[5], 582 eroberten die Babylonier unter Nebukadnezar Jerusalem[6]. Beide Male wurden große Teile des Volkes nach Mesopotamien verschleppt. „An den Wassern zu Babel saßen wir und weinten, wenn wir an Zion gedachten. Unsere Harfen hängten wir in die Weiden, die daselbst sind..."[7].

1c. In dieser Zeit bildete sich die Hoffnung, daß ein Sproß aus Davids Stamm kommen werde, die Feinde Israels in den Staub zu treten und die alte Königsherrlichkeit zu erneuern[8]. Die Vorstellungen von diesem Retter schillern, er erscheint als Menschensohn, als Gottesknecht, als Messias. Die babylonische Gefangenschaft[9] verstärkte die Hoffnung auf den Erlöser und mischte in dessen Bild Züge der orientalisch-persischen Heilandgestalt, wie sie von Zarathustra gelehrt wurde. Die ursprünglich nationale Retterfigur nahm im Exil den Charakter eines universalen Weltenheilands an; die mit

---

3 1. Sam. 10, 1; 2. Sam. 2, 4; 5, 3
4 1. Kg. 12; 2. Chron. 10
5 2. Kg. 17
6 2. Chron. 36; 2. Kg. 25
7 Psalm 137
8 Psalm 2
9 2. Kg. 25; 2. Chron. 36

ihm verbundene Erwartung einer neuen Zeit, eines neuen Aion, gewann kosmische Dimensionen[10].

1d. Es folgt eine Reihe von Messiaserklärungen, die nach demselben Schema ablaufen. Ausgangslage ist jeweils eine Krisensituation. Es erscheint ein großer Mann, der die Hoffnungen auf sich zieht und von einzelnen Juden als der verheißene Messias begrüßt wird. Nach den Anfangserfolgen bleibt aber der Anbruch der Neuen Zeit aus. Das Volk wendet sich von dem falschen Messias ab und wartet auf den richtigen. Die Reihe der historisch bekannten Männer, die für den Messias gehalten worden sind, beginnt mit dem Perserkönig Kyros im 6. Jh. v. Chr. Ihn begrüßte (Deutero-)Jesaia[11] als den Gesalbten des Herrn. Der Grund dafür war, daß Kyros den Juden die Rückkehr aus Babylonien nach Palästina gestattet hatte[12]. Die nächste Messiaserwartung verbindet sich mit dem Aufstand des Judas Makkabäus (167 v. Chr.) gegen die Herrschaft der Seleukiden. In dem damals abgefaßten Buch Daniel[13] wird die Ankunft des Erlösers auf den Wolken des Himmels in naher Zukunft verheißen.

1e. Zur Zeit Jesu war die Hoffnung auf den Retter im gesamten Mittelmeerbereich verbreitet. In Rom ist sie uns in der vierten Ekloge Vergils begegnet[14]. Die Erwartungen verdichteten sich unter den Juden. Wir finden sie bei den Leuten von Qumran, bei Johannes dem Täufer[15] und seinen Jüngern, sowie bei den Zeloten in Palästina. Messiasähnliche Führergestalten zeigt uns das Neue Testament in Theudas[16], in Judas von Gamala[17], in Bar Abbas[18] und in dem „Ägypter" der Apostelgeschichte[19]. Flavius Josephus[20] hat im Jahre 69 den Kaiser Vespasian als Messias begrüßt. Der Anführer des Aufstandes gegen Hadrian, Bar Kochba, trägt den Messias-Anspruch im Namen. Er bedeutet „Sohn des Sterns". Auch später sind noch Messias-

---

10 Ed. Meyer, Ursprung und Anfänge des Christentums, II 1925, 17 ff.
11 Jes. 45, 1
12 Esra 1 f.
13 Dan. 7, 13 vgl. Offb. 1, 7
14 s. o. IX 2 a!
15 Mt. 3
16 Apostelgeschichte 5, 34 ff.
17 Apostelgeschichte 5, 37
18 Luk. 23, 18 f.
19 Apostelgeschichte 21, 38; Jos. BJ. II 13, 5; Jos. ant. XX 8, 6
20 Jos. BJ. VI 312

Anwärter aufgetreten, der letzte bekanntere war jener Jakob Frank, der seinen Hofstaat 1788 in Offenbach am Main errichtete.

1f. Jesus wird in den Evangelien mit allen Kennzeichen des von den Propheten verkündeten Messias ausgestattet. Dazu gehören die Herkunft aus Davids Stamm, die Geburt in Bethlehem[21], der Davidsstadt[22], das Sternprodigium und die Anbetung durch die Magier, die den „neugeborenen König der Juden" suchen[23]. Die Gottessohnschaft war bereits ein Kennzeichen von Davids Königtum: „Ich will sein Vater sein, er soll mein Sohn sein", spricht Gott im 2.Buch Samuel[24]. Göttersöhne waren angeblich auch mehrere hellenistische Könige, so Alexander[25], Ptolemaios und Seleukos. Scipio[26] und Augustus[27] wurden als Söhne Apollons ausgegeben, ebenso schon Platon[28]. Götter mit sterblicher Mutter, wie Jesus als Sohn Marias, waren Apollon, Herakles und Dionysos. Hellenistisch ist auch die Vorstellung, daß der König ein auf Erden erschienener Gott sei, wie das der Beiname *epiphanés* bezeugt; der hellenistische Königstitel *sotér*, lateinisch *salvator*, ist zum deutschen „Heiland" geworden. Jüdische und hellenistische Vorstellungen mischen sich hier.

1g. Der Einzug Jesu in Jerusalem[29] ist nach dem Muster eines *adventus Caesaris* gestaltet. „Hosiannah" ist der Jubelruf zur Begrüßung des Königs, seine Anrede lautet *kyrie*, der Einritt auf dem Esel[30] entspricht dem Königszeremoniell[31], das Ausbreiten der Tücher und Palmen vor ihm desgleichen[32]. Jesus verkündete die nahende Königsherrschaft Gottes, und Pilatus hat Jesus das Bekenntnis entlockt, er selbst sei König der Juden[33]. Das war in römischen Augen Hochverrat, darum stand über seinem Kreuz: „Jesus von Naza-

---

21 Luk. 2
22 1. Sam. 16, 18
23 Mt. 2, 2
24 2. Sam. 7, 14
25 Plutarch, Alex. 27
26 Liv. XXVI 19, 7
27 Suet. Aug. 94, 4
28 Diog. Laert. III 2
29 Mt. 21
30 Mt. 21, 1 ff.
31 Sach. 9, 9
32 2. Kg. 9, 13
33 Mt. 27, 11; Joh. 18, 37

reth, der Juden König", in hebräischer, griechischer und lateinischer Sprache"[34]. Purpurmantel und Dornenkrone verspotteten den Scheinkönig.

1h. Daß Jesus sich selbst für den Messias gehalten hat, wird zuweilen bestritten. Da wir seine Worte nur aus zweiter oder dritter Hand kennen, ist die Frage nicht zu entscheiden. Es wäre indessen arg, wenn so wie Kyros auch Jesus wider Wissen und Willen zum Christus erhoben worden wäre, wenn er bloß das Objekt einer Projektion gewesen sein sollte. Seine Behutsamkeit, sich als der Gesalbte zu offenbaren[35], läßt sich vielleicht aus eigener Unsicherheit erklären. Jesus hat sich anscheinend auch nicht getraut, Gott um zwölf Legionen Engel zu bitten, um sich aus den Händen der Häscher zu befreien[36]. Wenn wir es für wahrscheinlich halten dürfen, daß Jesus selbst an seine Sendung als Messias geglaubt hat, so müssen wir doch sein Wort ernst nehmen: „Mein Reich ist nicht von dieser Welt"[37]. Als der Teufel Jesus auf einen hohen Berg führte, ihm alle Reiche der Welt anbot, für den Fall, daß er ihn anbete, sprach Jesus: „Hebe dich hinweg, Satan!"[38]. Jesus verkörpert nicht das politische Bild des Messias, sondern die damit verschwimmende Vorstellung vom stellvertretend leidenden Gottesknecht aus Deuterojesaja[39]. Diese Nuance ist nicht allenthalben verstanden worden, das zeigen die Zeloten unter seinen Jüngern[40], zu denen wohl auch Judas gehörte[41], das lehrt das Entsetzen unter den Jüngern nach der Gefangennahme[42].

1i. Nun erinnerte man sich daran, daß Jesus niemals gegen die Römer, gegen den Kaiser gepredigt hatte. Die Pharisäer hatten seine Loyalität auf die Probe stellen wollen, als sie ihn fragten: Meister, ist es recht, den Römern Steuern zu zahlen? Jesus antwortete: Gebt dem Kaiser, was des Kaisers ist, und Gott, was Gottes ist[43]. Im Verhör nennt Jesus den Pilatus „von oben" eingesetzt[44], und dies gestattet die Vermutung, daß auch der Kaiser in seinen Augen „von oben" eingesetzt worden ist.

---

34 Ev. Joh. 19, 19 f.; J. Blinzler, Der Prozeß Jesu, 1960
35 Luk. 20, 8
36 Mt. 26, 53
37 Ev. Joh. 18, 36
38 Mt. 4, 10
39 Jes. 42; 49 ff.
40 Luk. 6, 15
41 Cullmann 1961, 10
42 Mt. 26, 56
43 Mt. 22, 15 ff.
44 Ev. Joh. 19, 11

2. Paulus und die Politik

2a. Der Organisator der frühen Kirche war der hellenisierte Jude Paulus. Er hatte mit dem politischen Erbe in der Messiasidee zu kämpfen. Den Eiferern sagt Paulus im Römerbrief[45]: „Jedermann sei Untertan der Obrigkeit (*exusia*), die Gewalt über ihn hat. Denn es ist keine Obrigkeit ohne von Gott; wo aber Obrigkeit ist, die ist von Gott verordnet. Wer sich nun der Obrigkeit widersetzt, der widerstrebt Gottes Ordnung; die aber widerstreben, werden über sich ein Urteil empfangen. Denn die Gewaltigen sind nicht von denen zu fürchten, die Gutes tun, sondern von denen, die Böses tun... Die Obrigkeit trägt das Schwert nicht umsonst, sie ist Gottes Dienerin, eine Rächerin zur Strafe über den, der Böses tut. Darum ist's not, untertan zu sein, nicht allein um der Strafe willen, sondern auch um des Gewissens willen. Darum sollt ihr Steuern zahlen." Der Christ solle für die Könige und die Hochstehenden beten[46] und ihnen gehorchen[47], damit er ein „geruhig stilles Leben führen möge in aller Gottseligkeit und Ehrbarkeit".

2b. Paulus befiehlt den Christen Gehorsam gegenüber den Organen eines Staates, an dessen Spitze damals Nero stand. Seitdem ist der Gehorsam immer eine Christentugend geblieben. Ebenso wie die Demut dient er der Überwindung des alten Adam, der an den Gütern dieser Welt, am Mammon hängt[48]. Niemand kann zween Herren dienen, Gott und dem Mammon[49]. Offenbar hielten Jesus und Paulus es für möglich, Gott und dem Kaiser zugleich zu dienen; man unterstellte, daß der Kaiser nichts verlangte, was Gott vorbehalten blieb. Anderenfalls hatte man sein Kreuz auf sich zu nehmen. Zu diesem Problem äußert sich der erste Petrusbrief[50]: „Enthaltet euch von fleischlichen Lüsten... Seid untertan aller menschlicher Ordnung um des Herrn willen, dem Könige, als dem Obersten, oder den Hauptleuten, als die von ihm gesandt sind, zur Rache über die Übeltäter... fürchtet Gott, ehret den König".

2c. Der Verfasser des Petrusbriefes – wahrscheinlich war es nicht der Fischer vom See Genezareth selbst – fordert zugleich Gehorsam der Sklaven

---

45 Röm. 13, 1 ff.
46 1. Tim. 2, 1 f.
47 Titus 3, 1
48 Sirach 31, 8
49 Ev. Mt. 6, 24
50 1. Petr. 2, 11 ff.

gegen ihre Herren: „Ihr Knechte, seid untertan mit aller Furcht den Herren, nicht allein den gütigen und gelinden, sondern auch den launischen und eigenwilligen. Denn es ist Gnade, so jemand um des Gewissens willen zu Gott das Übel erträgt und leidet das Unrecht... wenn ihr um Wohltat willen leidet und duldet, das ist Gnade bei Gott. Denn dazu seid ihr berufen; sintemal auch Christus gelitten hat für uns und uns ein Vorbild gelassen, daß ihr sollt nachfolgen seinen Fußstapfen"[51]. Der Sklavenstand ist mit dem Christenglauben vereinbar, da ja alle Christen Gottes Diener seien. Aber als Brüder in Christo sollten auch die Herren ihre Sklaven lieben.

2d. Der strenge Glaube zielt auf die konsequente Abtötung des Fleisches angesichts des nahe bevorstehenden Endes aller Dinge. Die Askese ist der Abschied vom alten, die Vorbereitung auf den neuen Aion, zu dem Jesus den Weg gewiesen hat. Angesichts der nahen himmlischen Herrlichkeit verlieren alle Güter dieser Welt ihren Wert, und der gläubige Christ erwartet die Wiederkehr Christi mit Beten und Wachen[52]. Unter dieser Voraussetzung ist das Verhältnis zum Staat eine loyale Indifferenz. Das Imperium erscheint als ein gottgewolltes Interim.

2e. Als Paulus hörte, daß Mitglieder der Christengemeinde in Korinth ihre Besitzstreitigkeiten vor den staatlichen Gerichten austrügen, war er empört. Denn erstens sei es überhaupt eines Christen unwürdig, wegen eines zeitlichen Gutes zu zanken. Jesus hat gesagt: „Wehret dem Übel nicht"[53]. Und zweitens seien derartige Zwiste, wenn sie schon aufträten, innerhalb der Gemeinde zu schlichten. „Wisset ihr nicht, daß wir über die Engel richten werden? Wie viel mehr über die zeitlichen Güter!"[54]. Paulus predigt gegen Habgier und Unzucht bei den Christen; wer das Evangelium ernst nähme, der verzichte auf Ehe, auf Besitz und alle Freuden dieser Welt[55]. Dieses irdische Leben sei ein Transitorium, das wahre Vaterland (*politeuma*) des Christen liege im Himmel[56]. Paulus verkündet das kommende Gottesreich, doch ruhe es im Ratschluß Gottes, wann es erscheine. Darum sei es voreilig, jetzt schon mit der Arbeit aufzuhören und von den Vorräten zu leben. „Wer nicht arbeitet, der soll auch nicht essen"[57]. Dieser Satz ist auf dem Umweg über die

---

51 1. Petr. 2, 18 ff.
52 Ev. Mt. 26, 41
53 Ev. Mt. 5, 39
54 1. Kor. 6, 3
55 1. Kor. 7, 29 ff.; 2. Petr. 1, 4
56 Philipper 3, 20
57 2. Thess. 3, 10

Sowjetrussische Verfassung als „sozialistisches Prinzip" in den Artikel 9 der Verfassung der Volksrepublik China eingegangen.

2f. Das Bild der Urgemeinde zeigt uns einen Staat im Staate. In den Städten des Reiches, zunächst im Osten, später auch im Westen, entstanden Gemeinden. Sie waren ursprünglich stärker jüdisch, dann griechisch und zuletzt auch lateinisch geprägt. Auf dem Lande, unter den Bauern gab es so wenig Christen, daß die Bezeichnung *pagani* – „Landleute" bald die Bedeutung von „Heiden" annahm. Die Christen gehörten überwiegend den mittleren und unteren Gesellschaftsschichten der Städte an. Sie aßen das Liebesmahl gemeinsam und sorgten in vorbildlicher Weise für ihre Kranken und Armen. Das Gemeineigentum, der urchristliche Kommunismus, ist nur aus der Anekdote von Ananias und Saphira in der Apostelgeschichte[58] bekannt.

2g. Die einzelnen christlichen Stadtgemeinden besaßen ihre eigene, schon recht differenzierte Organisation, an deren Spitze jeweils ein Bischof als „Aufseher" (*episkopos*) stand. Die Gemeinden hielten Verbindung untereinander, kapselten sich aber gegen die heidnische Umgebung ab. Feste und Belustigungen, kommunale und staatliche Angelegenheiten betrachteten sie nicht als ihre Sache, die alte Welt war ihnen *massa damnata*. Immerhin bot das Imperium den Christen einen schützenden Rahmen, innerhalb dessen sie leben und missionieren konnten. Dafür zahlten sie Steuern, auch beteten sie für Kaiser und Reich[59].

2h. Das Christentum verkörpert einen Religions- und Gemeindetypus, wie er im Westen schon bei den Pythagoreern auftaucht, aber erst seit dem Hellenismus geläufig ist. Zahlreiche östliche Religionen, wie Isis, Mithras, Attis und natürlich die Juden in der „*Diaspora*" bildeten ähnlich „verstreute" Gemeinden halbstaatlichen Charakters. Jüdische und christliche Elemente begegnen in den gnostischen Gemeinden. Als Gnostiker[60] werden die Anhänger von solchen „Erkenntnis"-Lehren bezeichnet, die zumeist auf jüdisch-christlicher Grundlage griechische Philosophie und orientalische Mysterien zu verbinden suchten. Moses und Jesus werden hier gewöhnlich als gleichrangig mit Zarathustra und Platon betrachtet.

---

58 Apostelgeschichte 5, 1–11
59 Tert. ap. 30, 1
60 Leisegang 1924/55

2i. Unter dem Aspekt der Staatstheorie verdienen die sogenannten Karpokratianer Interesse. Zu Beginn des 2. Jhs. trat in Alexandria ein gewisser Epiphanes, Sohn des Karpokrates, auf. Der schon mit 17 Jahren verstorbene Epiphanes hinterließ ein Buch über die Gerechtigkeit, das uns in Auszügen bei Clemens von Alexandria und Irenaeus von Lyon[61] erhalten ist[62]. Epiphanes vertrat in diesem Werk einen kosmisch begründeten Kommunismus. Alle Wesen seien Gottes Geschöpfe und Gleiche vor Seiner Gerechtigkeit. Die naturgemäße Gemeinsamkeit werde aber durch die menschlichen Gesetze zerschnitten. Epiphanes zitiert den Römerbrief des Paulus[63]: „Erst durch das Gesetz erkannte ich die Sünde", und fordert die Aufhebung aller gesetzlichen Beschränkungen zugunsten von Gemeinbesitz und Weibergemeinschaft. Die Monogamie war auch in vielen christlichen Gemeinden aufgegeben worden[64]. Wie die staatlichen, so seien auch die moralischen Gesetze unsinnig, Gut und Böse seien menschliche Erfindungen. Die Anhänger dieser anarchischen Sekte sollen als Erkennungszeichen ein Brandmal auf der inneren Seite des rechten Ohrläppchens getragen haben. – Kommunistische Tendenzen sind in den Soziallehren der späteren Antike verbreitet gewesen. Abgesehen von den platonischen und kynischen Varianten finden wir sie im Christentum, in der Gnosis und in Persien bei Mazdak[65]. Es handelt sich dabei stets um oppositionelle Sekten.

3. ROM UND DIE CHRISTEN

3a. Der latente Konflikt mit der Staatsordnung ist immer dann ausgebrochen, wenn jene Bewegungen soziale Bedeutung gewannen. Bei den Christenverfolgungen handelt es sich zunächst um zeitlich und räumlich begrenzte Maßnahmen. Grundsätzlich herrschte im Römischen Reich Religionsfreiheit. Hunderte von Kulten lebten friedlich nebeneinander und wurden vom Staat geduldet, solange sie nicht öffentlich Anstoß erregten.

3b. Der antike Polytheismus nahm an, daß alle Religionen „wahr" seien, daß eigene wie fremde, bekannte wie unbekannte Götter höhere Gewalten darstellen. Soweit gleiche Zuständigkeit oder ähnliche Attribute vorlagen,

---

61 Iren. haer .I 25
62 Leisegang 1924/55, 257 ff.
63 Röm. 7, 7
64 Offb. 2, 6 u. 14 f.
65 Nizamulmulk, deutsch von K. E. Schabinger, 1960, 289

glaubte man sogar, daß dieselbe Gottheit unter verschiedenen Namen verehrt würde, weswegen man diese dann übersetzen könne[66]. Die Germanen, schreibt Tacitus[67], verehrten zwei Götter, die *interpretatione Romana* Castor und Pollux hießen. Neue Götter erhielten Kulte: so die der unterworfenen Völker. Diese von Augustin [68] bezeugte Sitte ist vielfach nachgewiesen. Dem Gott der Juden, schreibt der Kirchenvater, sei die Anerkennung jedoch verweigert worden, weil auch Jahwe keine anderen Götter neben sich dulde. Trotzdem haben die Kaiser umgekehrt das Judentum toleriert, ihnen den Sabbat gestattet und auch von den jüdischen Soldaten nicht die Teilnahme am Kaiserkult verlangt.

3c. Die Grenzen der Toleranz wurden gesetzt durch die öffentliche Ordnung. Die Exzesse in den Bacchanalien der Dionysosgemeinde[69] wurden 186 v. Chr. in der Stadt Rom untersagt, 58 v. Chr. die Isis-Feiern[70], bei denen es zu Ausschreitungen kam[71]. Die Kinderopfer für den karthagischen Gott Moloch[72] und die Menschenopfer der keltischen Druidenreligion mußten im ganzen Reich unterbleiben[73]. In diesem Sinne liegt den Christenverfolgungen ursprünglich der Verdacht krimineller Delikte zugrunde. Jesus wurde als Usurpator gekreuzigt. Nero verfolgte die Christen wegen angeblicher Brandstiftung[74]. Die Christen vollzogen ihre Riten im Geheimen[75]. Das weckte Argwohn. Das christliche Liebesgebot und die Anrede „Bruder" und „Schwester" in der Gemeinde konnten als Indiz für Inzest ausgelegt werden, das Abendmahl ließ von seinen Einsetzungsworten her „Dies ist mein Leib... dies ist mein Blut"[76] einen sakralen Kannibalismus befürchten. Bischof Epiphanios von Salamis auf Cypern berichtet um 350 von den Barbelo-Gnostikern derartige Scheußlichkeiten, und diese Leute betrachteten sich selbst als Christen[77]. Wenn Christen solche Vorwürfe erhoben, rechtfertigten sie jene, die ihnen selbst gemacht wurden.

---

66 Herodot II 28; Plato, Tim. 21 E
67 Tac. Germ. 43
68 Migne, PL. 34, 1050 ff.
69 Liv. XXXIX 8 ff.
70 Tertull. apol. 6
71 Jos. ant. XVIII 65 ff.; Tac. ann. II 85
72 Tertull. ap. 9, 2; Porphyr. De abst. II 5, 6
73 Suet. Claud. 25, 5
74 Tac. ann. XV 38 ff.
75 Plin. ep. X 96, 7
76 Ev. Mt. 26, 26 ff.
77 Leisegang 1924/55, 186 ff.

3d. Aus dem Briefwechsel zwischen Plinius[78] und Trajan ersehen wir, daß der christlichen Gemeinde ein sittenwidriger Lebenswandel nachgesagt wurde. Der Staat hat die Christen weder von sich aus verfolgt, noch hat er anonyme Anzeigen angenommen. Nur da, wo Christen vorgeführt wurden und an ihrem Bekenntnis festhielten, wurden sie hingerichtet. Die Christen waren in der Bevölkerung verhaßt, und dadurch wurde dem Staat eine Entscheidung aufgenötigt.

3e. Erst unter Decius und Valerian, seit 250, als die Kaiser in der Not des Reiches die Aufforderung ergehen ließen, für den Staat zu beten und den Kaiserbildern das Loyalitätsopfer zu bringen, wurden die Christen von Staats wegen aufgesucht[79]. In der allgemeinen Reichskrise glaubte der Staat, auf keinen Untertanen verzichten zu können. Eine Sekte, die dem Kaiser die Ehre verweigerte, die Staatsdienst und Wehrpflicht ablehnte, schien nicht mehr tragbar. Die Christen wurden nun nicht mehr aus kriminellen, sondern aus politischen Gründen verfolgt.

3f. Die Verfolgung wurde ein letztes Mal aufgenommen unter Diocletian und Galerius in den Jahren 303 bis 311[80]. In dieser dritten Phase dominierten nicht mehr kriminalistische oder politische Motive, sondern religiöse. Die Kaiser betrachteten sich als Vermittler zwischen Göttern und Menschen und ließen es nicht zu, daß die alten, bewährten Kulte zugunsten neumodischer Religionen außer Kraft gesetzt würden. Das entziehe dem Reich den Segen des Himmels[81]. Entsprechend waren nicht nur die Christen, sondern ebenfalls die Manichäer verboten[82].

3g. Den Abschluß der großen Verfolgung bildet das Toleranzedikt des Galerius vom Jahre 311[83]. Indem Galerius das Christenverbot aufhebt, erklärt er, weshalb es erlassen wurde. Er sagt, das Christentum sei eine Neuerung, wodurch die Römer von den alten Sitten abgezogen würden. Galerius räumt ein, daß er durch Zwang die Christen zum alten Glauben nicht habe zurückführen können und bloß erreicht habe, daß weder die alten Götter noch der Christengott verehrt würden. Dieser religionslose Zustand schien ihm das

---

78 Plin. ep. X 96
79 Eus. HE. VI 41, 10 f.
80 Lact. MP. 12 ff. zur Geschichte: Demandt 1989
81 Lact. MP. 34
82 FIRA. II S. 580 f.; s. u. XIV 5 b
83 Lact. MP. 34; Eus. HE. VIII 17

Schlimmste. Den Christen wird ihr Kult wieder gestattet, sie sollten aber für das Wohl von Kaiser und Reich beten. Christus wird gleichsam in den Olymp aufgenommen.

4. DIE CONSTANTINISCHE WENDE

4a. Die Wende im Verhältnis zwischen dem Staat und dem Christentum bildet Constantins Sieg über Maxentius 312 in der Schlacht an der Milvischen Brücke. Wie sein Vater war Constantin zunächst Anhänger des Sonnengottes, der ihm einmal in einer Vision erschien[84]. Wann und wo Constantin zuerst mit dem Christentum in Berührung gekommen ist, wissen wir nicht. Vermutlich aber lebte schon in Gallien der Bischof Hosius von Cordoba am Hofe Constantins. Während des Marsches auf Rom im Jahre 312, als Constantin gegen Maxentius zog, soll er ein Bekehrungserlebnis gehabt haben. Ihm sei das Christogramm am Himmel erschienen mit der Beischrift: „In diesem Zeichen wirst du siegen". Constantin ließ das Christogramm auf die Schilde seiner – durchweg heidnischen – Krieger pinseln und errang den Sieg[85]. Seitdem sympathisierte Constantin mit dem Christentum.

4b. 313 bestätigte er, gemeinsam mit Licinius, in Mailand die von Galerius verfügte Toleranz[86], und sie verwandelte sich rasch in eine Bevorzugung des neuen Glaubens. Constantin schenkte der Kirche Gelder und Grundstücke, er baute Kirchen, nahm – wenn auch behutsam – christliche Symbole auf seine Münzen, erließ Gesetze gegen heidnische Bräuche, enteignete Tempelgüter und begann, einzelne Heiligtümer zu zerstören[87].

4c. Die Frage, ob Constantin, wie Jacob Burckhardt[88] meinte, als „Egoist im Purpurgewande" aus kalter Berechnung Christ geworden sei, oder ob er, wie Joseph Vogt[89] glaubt, ein echtes religiöses Anliegen hatte, ist wohl eine falsche Alternative. Beides könnte zutreffen. Jedenfalls hat Constantin 325 das erste ökumenische Konzil nach Nicaea einberufen, um die durch Spaltung bedrohte Einheit der Kirche wiederherzustellen. Er hat selbst theologi-

---

84 Pan. Lat. VI 21, 4
85 Lact. MP. 44; Eus. VC. I 28
86 Lact. MP. 48
87 Eus. VC. III 54 ff.; IV 39
88 Burckhardt 1853/80, 383
89 Vogt 1949, 244 ff.

4. Constantinische Wende

sche Reden gehalten, die uns zeigen, wie er die christliche und die römische Tradition zu verknüpfen suchte. Vergil, so meinte er, habe in wunderbarer Weise mit der 4. Ekloge die Geburt des Erlösers vorausgesagt, während umgekehrt die Propheten des Alten Testaments das Imperium Romanum prophezeit hätten[90].

4d. Das staatstheoretische Problem liegt darin, wie ein Kaiser Christ werden konnte – das hielt noch Tertullian[91] für unmöglich –, die theologische Frage lautet, warum das Christentum aus seiner Distanz zum Imperium herausgetreten ist und ihm eine Staatsideologie geliefert hat. Seit der Reformation ist die Verbindung von Kirche und Staat immer wieder als verderblich für beide Teile verurteilt worden. Um dies zu verstehen, müssen wir nochmals zu den Evangelien zurückkehren. Sie enthalten romfeindliche und romfreundliche Passagen. Die Formel von der loyalen Indifferenz bezeichnet nur den atmosphärischen Mittelwert in der Stimmung gegenüber dem Staat, nicht die Extreme, die nun zu betrachten sind. Auf der negativen, romfeindlichen Seite stehen die von der Johannes-Apokalypse ausgehenden Kirchenväter, die das Imperium als widergöttliche Macht, ja als Werk des Antichristen, als das Tier aus dem Abgrund ansahen. Der Fürst dieser Welt, wie saur er sich stellt, ist der Teufel[92]. Man identifizierte Rom – wie das Jesus schon selbst getan hatte[93] – mit dem letzten der bei Daniel prophezeiten Weltreiche, das demnächst durch den Messias zerschmettert werde. In diesem Sinne haben sich Irenaeus und Hippolytos geäußert, die Pax Romana erschien als satanische Nachäffung der Pax Christiana. Die christlichen Sibyllinen[94] predigten dem Reich den verdienten Untergang, weil es gesetzlos und habgierig seine Untertanen drangsaliere. In den Mauern der ewigen Stadt würden Wölfe und Füchse hausen, nachdem das Feuer der göttlichen Rache Roms Herrlichkeit vernichtet hat[95]. *Nec ulla magis res aliena quam publica*, schrieb Tertullian[96]: nichts geht uns so wenig an wie das, was alle angeht, wie der Staat. Lieber das Martyrium als ein Staatsamt[97]!

---

90 Eus. VC. V 20
91 Tert. ap. 21, 24
92 Ev. Joh. 16, 11
93 Ev. Mt. 21, 44
94 Or. Sib. VIII 37 ff.
95 Fuchs 1938, 74 ff.
96 Tert. apol. 38, 3
97 Tert. cor. 11, 7

4e. Die positiven, romfreundlichen Stimmen knüpfen an die Tendenzen bei Johannes und Lukas. Im Johannes-Evangelium wird die Schuld am Tode Jesu von den Römern auf die Juden abgewälzt. Lukas bringt die Geburt Jesu mit dem angeblichen Reichszensus unter Augustus zusammen. Gerade diese Gleichzeitigkeit ist früh als providentiell empfunden worden. Die von Erik Peterson (1951) so genannte Augustus-Theologie betont die Tatsache, daß Gott den Menschen in Augustus den irdischen und in Jesus den himmlischen Friedensbringer zugleich geschickt habe. Beides wird in einem wechselseitigen Bedingungsverhältnis gesehen. Die Kirche verdankt dem Reich den Frieden, in dem sie leben und missionieren kann. Das Reich aber gedeiht durch die Fürbitte der Christen bei Gott.

4f. Die früheste Formulierung dieser Interessengemeinschaft stammt von Melito von Sardeis aus der Zeit Marc Aurels[98]. Es handelt sich um ein ideologisches Friedensangebot in apologetischer Absicht seitens der Kirche. An der Gleichsetzung zwischen dem Imperium Romanum und dem letzten Weltreich Daniels änderte sich nichts, aber sie ließ sich ja positiv auch so verstehen, daß es nach Rom keine andere Staatsordnung auf Erden mehr geben werde, bis der Antichrist erscheint. Kirchenväter wie Tertullian[99], die ihn fürchteten, beteten darum für den Fortbestand des Reiches.

4g. Ausformuliert wurde die Romtheologie durch Origenes, den alexandrinischen Kirchenlehrer der Zeit um 250. Origenes lehnte, wie zu erwarten, jeden aktiven Dienst eines Christen im heidnisch-römischen Staat ab. Der Christ schulde dem Kaiser, der sein Amt von Gott habe[100], nur Steuern und Gebete[101]. Dies war auch die Meinung des Justinus[102]. Aber der Staat solle im eigenen Interesse die Christen schonen. Origenes setzte sich mit der christenfeindlichen Schrift des Kelsos ›Wahres Wort‹ auseinander und entwickelte dort den Gedanken, daß dem monokratischen Imperium eine monotheistische Religion angemessener sei als die bestehende Vielzahl von unverbundenen Kulten. Kelsos hielt das Nebeneinander und Gegeneinander der Völker für unüberwindbar, weswegen ohne Militär nicht auszukommen sei. Origenes[103] aber glaubte an die Bekehrung aller Menschen zum Glauben und zum Frieden.

---

98 Eus. HE. IV 33
99 Tert. apol. 32, 1; resurr. 24, 18; Scap. 2, 6
100 Orig. Cels. VII 68
101 Orig. Cels. VIII 73
102 Just. Mart. apol. I 17
103 Orig. Cels. VIII 72

4. Constantinische Wende

4h. Diesen Wunsch nach Einheit dürfen wir auch bei Constantin voraussetzen. Immer wieder unterstrich er das monotheistische Prinzip, immer bemühte er sich erneut um die Einheit des Glaubens. Die im 3. Jh. leidvoll erfahrene Zersplitterung des Reiches hatte schon Aurelian durch die staatliche Begünstigung des Sonnenkultes zu überwinden versucht. Diocletian hoffte auf eine Erneuerung der altrömischen Religion des Juppiter Optimus Maximus, und beides war gescheitert. So probierte Constantin es mit dem Christentum.

4i. Ein überraschend geringes Problem bot der Wehrdienst. Tertullian[104] und Origenes[105] hatten den Dienst mit der Waffe für unchristlich erklärt, auch als Angegriffener dürfe sich der Christ nicht verteidigen[106]; bei Cyprianus[107] heißt es ironisch: Totschlag im Interesse eines Einzelnen ist ein Verbrechen, Totschlag im Interesse aller ist eine Tugend: *homicidium, cum admittunt singuli, crimen est; virtus vocatur, cum publice geritur.* Dies wiederholte Lactanz[108]. Die patriotischen Taten gehen auf Kosten der Nachbarn[109]. Unrecht dürfe man weder tun noch vergelten[110], jeder Kriegsdienst ist Unrecht, ebenso jedes Todesurteil[111]. Als höchste Tugend preist der Kirchenvater die Geduld[112]. Auch nach Constantin gab es diese Auffassung noch. Martin von Tours legte nach seiner Bekehrung die Waffen ab und sagte: *Christi ego miles sum, pugnare mihi non licet*[113].

4j. Diese pazifistische Haltung hat es unter den Christen immer gegeben, war aber nie die herrschende Ansicht. Jesus hat den Hauptmann von Kapernaum nicht zur Kriegsdienstverweigerung aufgefordert[114], ja er hat vor seiner Gefangennahme die Jünger weggeschickt, sich Schwerter zu kaufen[115]. „Ich bin nicht gekommen, Frieden zu senden, sondern das Schwert", sagt Jesus bei

---

104 Tert. idol. 19, 2 f.
105 Orig. Cels. V 33
106 Orig. Cels. II 30
107 Cypr. Don. I 7
108 Lact. inst. I 18, 8
109 Lact. inst. VI 6, 23
110 Lact. inst. VI 18, 12
111 Lact. inst. VI 20, 16 f.
112 Lact. inst. VI 18, 16
113 Sulp. Sev. VM. 4, 3
114 Ev. Mt. 8, 5 ff.
115 Ev. Luk. 22, 36

Matthäus[116], und Paulus[117] schreibt, die Obrigkeit trage das Schwert im Auftrage Gottes. So wird es begreiflich, daß es schon lange vor Constantin Christen im Heer gegeben hat[118]. Nicht das Töten schien unchristlich, sondern der mit dem Heeresdienst verbundene Kaiserkult: das Gelöbnis, die Anrufung des kaiserlichen Genius, das Weihrauchopfer vor den Kaiserbildern. Die bezeugten Fälle demonstrativer Waffenniederlegung sind vermutlich aus rituellen, nicht aus pazifistischen Motiven zu verstehen[119].

4k. So wird es leichter begreiflich, wenn Constantin Christus zum Schlachtenhelfer erkor, wie dies zuvor Juppiter oder Jahwe auch waren. Die gallische Synode von Arles beschloß 314, daß wer einem christlichen Kaiser den Kriegsdienst verweigerte, exkommuniziert werde. Constantin führte ein Heeresgebet ein, christliche Schildzeichen und eine christliche Standarte, das Labarum. Später gehört das Gebetszelt zur Kriegsausrüstung des Kaisers[120].

4l. Das Sprachrohr der politischen Theologie Constantins war sein späterer Biograph, der Bischof Eusebios von Caesarea. Euseb war beeinflußt von Origenes und dessen Romtheologie. Das wichtigste Zeugnis für die constantinische Reichstheologie ist Eusebs Tricennalienrede, gehalten zum 30jährigen Regierungsjubiläum Constantins im Jahre 335 in Konstantinopel[121]. Diese Rede besitzt für die ideologische Selbstdarstellung des Dominats dieselbe Bedeutung wie der Panegyricus des Plinius für die Selbstlegitimation des Principats. Eusebius feiert Constantin, den gottgeliebten Kaiser, als den neuen Moses, der das Gottesvolk aus der Knechtschaft befreit habe. Als Sachwalter und Vertreter Gottes auf Erden regiere der Kaiser über die Menschheit, in ihm vollende sich die irdische Geschichte. Ein Gott, ein Reich, ein Kaiser! Das Geschichtsbild der Romtheologie ist die Lehre von den vier Weltreichen[122]. Ihr letztes ist das Imperium Romanum. Es wird dauern, bis der Antichrist erscheint. Diese Auffassung ist im Mittelalter herrschend geblieben und hat die Übertragung der Reichsgewalt, die *translatio imperii* auf Karl d. Gr. und seine Nachfolger theologisch vorbereitet.

---

116 Ev. Mt. 10, 34
117 Röm. 13, 4
118 Eus. HE. V 7; Tert. apol.V, 6
119 Texte bei E. Pucciarelli, I cristiani e il servizio militare, 1987
120 Eus. VC. I 31; II 8; IV 9; 19; 21; 56
121 Drake 1976
122 Dan. 2

4. Constantinische Wende

4m. Mit Constantin beginnt, was man den byzantinischen Caesaropapismus nennt, d. h. jenes System, in dem der Kaiser das Haupt auch der Kirche ist und die Verantwortung auch für das Seelenheil seiner Untertanen trägt. Der Bischof von Rom, der spätere Papst, spielt zunächst noch keine überragende Rolle. Eine solche gewann er erst, als es keinen Kaiser im Westen mehr gab. Constantin beanspruchte selbst die Position eines geistlichen Oberhauptes. Er nannte sich Bischof für die außerhalb der Kirche Stehenden (*episkopos tón ektos*), für Euseb war er gemeinsamer Bischof (*koinos episkopos*), d. h. Bischof der Bischöfe[123]. Als solcher berief er das Reichskonzil nach Nicaea, präsidierte ihm und diktierte die Glaubensformel *homoousios* (wesensgleich) für das Verhältnis zwischen Gottvater und Christus. Constantin finanzierte das Konzil und verlieh seinen Beschlüssen Gesetzeskraft. Den Bischöfen überwies er staatliche Gelder, übertrug ihnen Richterfunktionen und Hoheitsrechte wie die Sklavenfreilassung[124]. Seit Constantin gibt es den monumentalen Kirchenbau, zunächst auf Staatskosten. Zugleich entwickelte sich in der Provinzialstruktur des Reiches eine übergreifende Organisation der Kirche, gefördert vom Kaiser, der mehrfach den Einsatz des Militärs im Interesse der Kirche befahl. Insgesamt zeigt sich im Verhältnis zwischen Staat und Kirche nach Constantin eine zunehmende wechselseitige Durchdringung. Der Staat wurde immer kirchlicher, die Kirche immer staatlicher.

4n. Unter dem Sohn und Nachfolger Constantins, unter Constantius II, verstärkten sich die caesaropapistischen Züge. Unter Julian und Valentinian traten sie zurück, kehrten aber unter Theodosius wieder. Am 27. II. 380 befahl der Kaiser durch Gesetz allen Untertanen, den katholischen Glauben von Nicaea anzunehmen und drohte den Widerstrebenden himmlische und irdische Strafen an[125]. Derartige Erlasse wiederholten sich in der Folgezeit. Auch das 2. ökumenische Konzil von Konstantinopel 381 galt der Sicherung der Glaubenseinheit, für die zunehmend staatliche Gewalt eingesetzt wurde. Die Kirchenväter nahmen den weltlichen Arm in Anspruch zur Ausrottung des Heidentums und zur Bekämpfung der Ketzerei. Der Dienst am Hof, in der Verwaltung, selbst im Heer wurde nach Möglichkeit auf Katholiken beschränkt, unter Justinian sogar die Staatsbürgerschaft.

4o. Theodosius verkörpert den Höhepunkt der gegenseitigen Durchdringung von Staat und Kirche im Westen. Zugleich aber beginnt unter ihm der

---

123 Eus. HE. I 44; IV 27
124 Cod. Theod. IV 7, 1
125 Cod. Theod. XVI 1, 2

für das Mittelalter kennzeichnende Dualismus der beiden Mächte. Auf kirchlicher Seite war es der Bischof Ambrosius von Mailand, der zum ersten Male dem Kaiser erfolgreich Widerstand entgegensetzte. 386 verhinderte er durch einen Aufruhr die Abtretung einer Kirche an arianische Soldaten, 388 setzte er eine Amnestie durch für Ausschreitungen von Katholiken gegen Juden, 390 zwang er Theodosius zu einer öffentlichen Kirchenbuße für das überzogene Strafgericht in Thessalonike. Der Kaiser, so lehrte Ambrosius, stehe nicht über, sondern in der Kirche und habe in allen Glaubensfragen die kirchliche Autorität zu respektieren.

4p. Indem Glaube nicht von Moral und Moral nicht von Politik zu trennen ist, bedeutete dies theoretisch die grundsätzliche Überordnung der Kirche über den Staat. Im Sinne der Kirche wurde die Ausrottung der Überreste aus dem Heidentum, die Bekämpfung der Ketzerei und die Schikane gegen die Juden teils geduldet, teils gefördert, die Maßstäbe des alten römischen Rechtes einer Gleichheit vor dem Gesetz galten hinfort nur noch innerhalb der katholischen Untertanenschaft.

5. Augustins Civitas Terrena

5a. Den Abschluß des antiken und den Gipfel des christlichen Staatsdenkens bildet Augustinus. Geboren am 13. XI. 354 zu Thagaste in Nordafrika[126], hat er zunächst eine rhetorische Ausbildung in Karthago erhalten[127]. Hier geriet er unter den Einfluß platonischen Gedankengutes, insbesondere aus dem Werk Ciceros[128]. In Rom wurde das Haupt des Heidentums, der Senator und Stadtpräfekt Symmachus, auf ihn aufmerksam und förderte ihn[129]. Augustin schloß sich zunächst den Manichäern an[130], neun Jahre zählte er sich zu ihnen[131].

5b. Mani war ein persischer Religionsstifter, der von 216 bis 277 n. Chr. lebte[132]. Er lehrte zwei ewige, gegensätzliche Prinzipien (*coaeterna princi-*

---

126 Aug. conf. II
127 Aug. beat. vit. I 1, 6
128 Aug. conf. III 7; VIII 17
129 Aug. conf. V 23
130 Aug. conf. V 18 ff.
131 Aug. conf. V 10
132 A. Böhlig, Die Gnosis III, Der Manichäismus, 1980; Al Biruni, 1991 S. 139 ff.

pia), eines guter und eines böser Natur. Das Alte Testament sei vom bösen, das Neue Testament vom guten Gott erfüllt. Jesu Erdenleben sei eine bloße *simulatio*, habe nicht wirklich stattgefunden. Mani forderte strenge Reinheitsrituale und verwarf Privateigentum und Ehe. Da dies nicht allgemein durchzusetzen ist, unterschied Mani zwischen „auserwählten" (*electi*) Männern und Frauen, die asketisch lebten, und „Hörern", die davon befreit waren[133]. Mani nannte Buddha, Zoroaster und Jesus seine Brüder und Vorläufer als Gesandte des Lichtes[134]. Am Ende der Zeiten erfolge die Reinigung im Weltenbrand. Seiner grundsätzlich staatsfeindlichen Haltung wegen war der Manichäismus bereits von Diocletian verboten worden[135] und wurde später von der Kirche, auch von Augustinus, bekämpft. Er schrieb 13 Schriften dagegen. Trotz ihrer Verbreitung von Spanien bis China ist die Lehre Manis im Zuge einer tausendjährigen Verfolgung ausgerottet worden.

5c. Auf Empfehlung des Symmachus kam Augustin, der sich inzwischen der Skepsis der Akademiker zugewandt hatte[136], als Rhetor in die Residenzstadt Mailand[137]. Dort wurde er von den Predigten des Ambrosius ergriffen[138]. Nachdem Gott ihn von unerträglichen Zahnschmerzen geheilt hatte[139], ließ sich Augustin Ostern 387 taufen[140]. Er wurde Presbyter und Bischof zu Hippo Regius in Africa und starb während der Belagerung der Stadt durch die Vandalen am 28. VIII. 430[141].

5d. Augustin schrieb sein Hauptwerk >*De civitate Dei*< als Antwort an die Heiden auf den Vorwurf, das Christentum sei schuld am Niedergang des Imperiums[142], dessen Fanal die Einnahme der Stadt Rom unter Alarich 410 war. Augustin behandelt mithin die Problematik von Religion, Geschichte und Staat aus einer christlichen Perspektive. Trotz des naheliegenden Vergleichs mit Platons >*Politeia*< und Ciceros >*De re publica*< geht es nicht um den besten Staat, sondern um die wahre Religion. Augustin stellt die *civitas*

---

133 Possid. 16, 1; Aug. conf. V 18
134 Cedrenus I 455 f.
135 FIRA. II S. 580 f.
136 Aug. conf. V 19; 25
137 Aug. conf. V 23
138 Aug. conf. VI 3
139 Aug. conf. IX 12
140 Aug. conf. IX 14
141 Chron. Min. I 473
142 Aug. retr. III 69; CD. IV 2

Dei oder auch *civitas caelestis* der *civitas diaboli* oder *civitas terrena* gegenüber. Dieser manichäisch anmutende Gegensatz lehrt, daß *civitas* mit „Staat" schief übersetzt ist. *Civitas* bedeutet vielmehr die Bürgerschaft, die Gemeinde, die Gesamtheit der Zugehörigen Gottes und des Teufels, die sich seit Kain und Abel feindlich gegenüberstehen. Dem biblischen Brudermord entspricht der römische des Stadtgründers Romulus an Remus. In gewisser Weise verkörpert die Kirche die *civitas Dei*, das Imperium die *civitas terrena*, Rom ist das zweite Babylon[143] nicht im Sinne einer exakten Identität, wohl aber im Sinne einer symbolischen Parallelität. Augustins Bestreben geht dahin, die Christen als Bürger zweier Welten zu erweisen, deren irdische Heimat ein bloßes Durchgangslager sei, ein bloßer Ort der Prüfung und Bewährung, deren Ursprung und Ziel hingegen in der ewigen Seligkeit, in der himmlischen Heimat liege. Wenn Augustin „wir" sagt, meint er nicht die Römer, sondern die Christen.

5e. Die römische Staatsidee, wie sie Cicero für die Republik, Plinius für den Principat und Eusebios für den Dominat formulierten, stand unter den heidnischen wie christlichen Zeitgenossen Augustins noch in hohem Ansehen. Darum setzte sich Augustin mit ihr auseinander. Er bezweifelte nicht, daß die Römer, zumal in der republikanischen Heldenzeit, ihre privaten Wünsche und individuellen Interessen dem Dienst am Gemeinwesen geopfert hätten. Immer wieder schlägt der Respekt des Kirchenvaters vor den Heroen der Republik durch, insbesondere vor Regulus[144].

5f. Mit Sallust gelangt Augustin zu dem ersten Resultat, daß die Römer aus eigener Kraft die Tyrannei ihrer Könige abgeschüttelt und die Freiheit errungen hätten, daß sie durch Einsatz für die Bundesgenossen und Kampf für das Vaterland ihr Reich erweitert, ihr Ansehen erhöht hätten: der Wunsch nach Lob und Ruhm habe erstaunliche Erfolge gezeigt, löblich und ruhmreich nach menschlichem Ermessen[145]. Augustin kommt Cicero und Sallust noch einen zweiten Schritt entgegen. Er akzeptiert, wenigstens grundsätzlich, daß die Ausbreitung der römischen Macht auf dem Wege des *bellum iustum* erfolgt sei. Gott schenkte nach den orientalischen Weltreichen den Römern ihr Imperium, um die barbarische Zügellosigkeit der Völker zu zähmen[146].

---

143 Aug. CD. XVIII 2; 22
144 Aug. CD. I 15; 24
145 Aug. CD. V 12
146 Aug. CD V 13

Solange und soweit der *populus Romanus* einträchtig lebte, verdiente er den Namen eines Volkes, verdiente die *res publica* den Namen eines Staates[147].

5g. Trotzdem stellt Augustin die römische Werteskala als Ganze in Frage. Wenn Cicero[148] die *res publica* auf Gerechtigkeit und Gemeinnutz gegründet habe, erweise er, daß es niemals eine *res publica Romana* gegeben habe. Denn wo statt Gottes die finsteren Geister verehrt würden, herrsche ebensowenig *iustitia* wie da, wo der Sklave seinem wahren Herrn, der ihn teuer gekauft habe (sc. mit dem Blut seines Eingeborenen Sohnes) untreu werde und einem fremden diene. Und von *utilitas* sei noch weniger zu sprechen, da die Diener der Dämonen ausgerottet würden[149]. Die Geschichte beweist dem Kirchenvater, daß die irdischen Tugenden überhaupt an- und hinfällig sind. Alle bisherigen Staaten endeten in Laster und Zwietracht, weil ihnen die christliche Gottesliebe gefehlt habe[150]. Das führte zum Auf und Ab der Herrschaft. Eigentlich müsse man eher die Kosten des Imperiums bedauern als seinen Gewinn begrüßen. Es sei doch traurig, daß die Habgier und Gewalttätigkeit der Menschen ein solches Machtgebilde wie das römische nötig mache. Wieviel schöner wäre es, wenn die Menschen in vielen kleinen Staaten wie in den Häusern einer Stadt als gute Nachbarn nebeneinander wohnten, als daß die schlechten die guten belästigen, die deshalb sich wehren und die schlechten unter ihre Herrschaft bringen müssen[151]. Es ist durchaus nicht so, daß Augustin die Auflösung des Imperiums gefordert hätte; es betrübt ihn, daß ein friedliches Nebeneinander nicht funktioniert – nicht einmal im Inneren. Obschon genügend äußere Feinde da sind, gegen die immer zu kämpfen sein wird, erwachsen auch innerhalb des Imperiums allzeit neue Bürgerkriege und Klassenkämpfe[152]. Das Reich ist ein Produkt der menschlichen Schwäche, der Erbsünde und darum kein Grund zum Stolz – eine traurige Notwendigkeit.

5h. Die Eigenschaften, die sich in der Politik geltend machen, sind für Augustin grundsätzlich Laster, wenn auch bisweilen glänzende[153]. Die *virtu*-

---

147 Aug. CD. XIX 24
148 Cic. rep. II 42 f.
149 2. Mose 22, 20
150 Aug. CD. XIX 24 f.
151 Aug. CD. IV 15
152 Aug. CD, XIX 7
153 Das häufig zitierte Wort „Die Tugenden der Heiden sind glänzende Laster" findet sich bei Augustinus nicht wörtlich.

tes der Römer bewirken nicht, daß sie bessere, sondern nur, daß sie weniger schlechte Menschen sind. Die Staatswerte sind für den Christen ausschließlich irdische Tugenden, Klugheitsregeln, die nur innerhalb der *civitas terrena* gelten. Sie haben ihren Lohn dahin[154]. Das heißt: ihr Lohn besteht im politischen Erfolg[155]. Die römischen Tugenden können nicht wie die christlichen Tugenden eine himmlische Belohnung erwarten, allenfalls irdischen Ruhm.

5i. Augustin demonstriert das an dem von Polybios, Sallust und anderen bezeugten höchsten Ziel römischen Strebens, dem Ringen um Ruhm, um *gloria*. Augustin definiert *gloria* im antiken Sinne als Anerkennung bei gutwilligen Menschen: *gloria est... iudicium hominum bene de hominibus opinantium*[156]. Dieses Motiv wird einer doppelten Kritik unterzogen, einer stoischen und einer christlichen. Die stoische Kritik besagt, daß man das Urteil der Nachwelt, soweit sie urteilsfähig ist, nicht vorwegnehmen könne, soweit sie nicht urteilsfähig ist, aber nicht berücksichtigen brauche. Darum sei es vernünftiger, allein der Stimme des Gewissens zu folgen[157]. Augustin konnte sich hier durchaus im Einklang mit Paulus fühlen, der im Galaterbrief[158] schrieb: „Ein jeglicher prüfe sein eigen Werk, und alsdann wird er sich selber Ruhm haben und nicht an einem andern." Schon Cicero[159] hat im >Somnium Scipionis< die Nichtigkeit irdischen Ruhmes herausgestellt, aber daraus keinesfalls die Folgerung gezogen, der Dienst am Staat sei wertlos. Im Gegenteil. Der wahre Staatsmann setzt sein Leben für das Gemeinwesen ein, obwohl die Ehre ungewiß, obschon der Ruhm begrenzt bleibt. Er handelt so, daß er Ehre und Ruhm verdient, selbst wenn sie ihm vorenthalten werden, wie dem älteren Cato das Standbild[160].

5j. Um auch diese stoische Idee zu widerlegen, zieht Augustin die christliche Kritik am Ruhmesgedanken heran. Echte *virtus* erwächst allein aus der Gottesliebe, nie aus der *cupido gloriae*[161]. Das ist biblisch. „Wie könnt ihr glauben", heißt es im Johannes-Evangelium[162], „da ihr Ruhm und Ehre bei

---

154 Ev. Mt. 6, 2; 5; 16
155 Aug. CD. V 15
156 Aug. CD. V 12
157 Marc Aurel, comm. IV 19; VI 16; IX 30
158 Galat. 6, 4
159 Cic. rep. VI
160 s. o. VIII 1 m
161 Aug. CD. V. 19 f.; XX 25 f.
162 Ev. Joh. 5, 44

Menschen sucht, nicht aber bei Gott?" Oder Paulus an die Korinther[163]: „Denn unser Ruhm ist dieser: das Zeugnis unseres Gewissens, daß wir in Einfalt und göttlicher Lauterkeit, nicht in fleischlicher Weisheit, sondern in der Gnade Gottes auf der Welt gewandelt haben." Der Christ verläßt sich nur auf Gott. Seine Haltung zu den irdischen Mächten beschränkt sich auf die Bereitschaft zum Martyrium. Es gibt Stellen in der ›Civitas Dei‹, wo Augustin die letzten Konsequenzen des ersten Petrusbriefes anerkennt: Die Jünger Christi sind geheißen, den schlechtesten Kaiser, ja wenn nötig, den lasterhaftesten Staat zu ertragen, um sich durch dieses Dulden den ruhmvollsten Platz im allerheiligsten und allerehrwürdigsten Senat der Engel, im Himmelsstaat, wo Gottes Wille Gesetz ist, zu erwerben[164]. Auch Nero regierte mit Gottes Willen[165]. *Per me reges regnant et tyranni per me tenent terram*, redet Gott in den Sprüchen Salomonis[166].

5k. Die Christen sind Bürger zweier Staaten. Im Geiste gehören sie zur *civitas Dei,* zur gottgeweihten Gemeinschaft, bestehend aus Menschen aller Völker und Staaten, aller Sprachen und Sitten[167]. Im Fleische haben sie Teil an der *civitas terrena,* geprägt durch das *peccatum originale,* den Sündenfall. Er macht den irdischen Staat notwendig[168]. Aufgabe des Staates ist die Sicherung des irdischen Friedens, und Friede bedeutet die „Eintracht unter Bürgern, geordnet und gesichert durch Befehl und Gehorsam" (*pax civitatis ordinata imperandi atque oboediendi concordia civium*). Eine solche Ordnung ist erforderlich wegen der natürlichen Ungleichheit der Menschen[169]. Die *pax domestica,* den Frieden im Hause, gewährleistet die Herrschaft des Mannes über die Frau, der Eltern über die Kinder, der Freien über die Sklaven. Hier hören wir Aristoteles. Die jeweils Herrschenden dienen gleichfalls, im schlechten Falle ihren Trieben, im guten Falle ihrem Pflichtbewußtsein[170].

5l. Die Sklaverei erklärt und rechtfertigt Augustin aus dem Alten Testament mit der Sünde Hams[171], aus dem Neuen Testament mit dem Nutzen der

---

163 2. Kor. 1, 12
164 Aug. CD. II 19
165 Aug. CD. V 19
166 Spr. Sal. 8, 15 f.
167 Aug. CD. XIX 17
168 Migne, PL. 34, 398
169 Aug. CD. XIX 13
170 Aug. CD. XIX 14
171 1. Mose 9, 25

Demut[172], aus dem Kriegsrecht mit der Begnadigng des Feindes – *servus* sei der „geschonte" Unterlegene, *servatus* –, denn Gott ist es, der dem Sieger die Bestrafung des Bösen aufträgt. Die Versuchung für einen Freien, Sklave seiner Lüste zu werden, ist für die Seele schädlicher, als die Notwendigkeit des Unfreien, Sklave seines Herrn zu sein[173]. Die Vorstellung von geborenen Sklavenseelen, wie sie Aristoteles[174] hegte und Thomas von Aquin übernahm: *quidam sunt naturaliter servi ut philosophus probat... servitutes pertinent ad ius gentium*[175], lehnt Augustin ab: *nullus natura servus est*. Wer gegen den Hausfrieden verstößt, wird nach den herrschenden Gesetzen gezüchtigt, damit er durch sein Leiden klüger werde und selber andere belehre, und entsprechendes gelte für den Frieden im Staate. Da der Christ auch Mensch ist, muß er die menschlichen Ordnungen bewahren, soweit sie ihn nicht Gott entfremden, denn der Gottesdienst ist auf irdischen Frieden angewiesen[176].

5m. Augustin übt am römischen Staat keine politische Kritik, sondern bloß moralische. Das verbindet ihn mit der Haltung eines Marc Aurel. Augustins christlicher Idealkaiser unterscheidet sich vom stoischen nicht in der Politik, sondern nur im Motiv. Dem christlichen Herrscher geht es um sein Seelenheil. Nicht bei der Nachwelt, sondern vor Gott soll er bestehen können[177]. Der einzige inhaltliche Unterschied zur vorconstantinischen Zeit liegt darin, daß der Kaiser sich der Kirche annehmen soll, ihre Gebote achten, ihren Finanzen aufhelfen. Soweit dies der Armen- und Krankenpflege dient, mithin humanitär begründet ist, ließe es sich auch aus der Philanthropie des antiken Herrscherideals ableiten, wie es der Neuplatoniker Themistios dem *christianissimus imperator* Theodosius vor Augen geführt hat. Das Christentum ist staatstheoretisch ein bloßes Bewußtseinsphänomen.

5n. Endgültig klar wird dies aus dem Briefwechsel Augustins. Im Jahre 412 erreichte ihn die Bitte des Offiziers Marcellinus, ihm geistlichen Beistand gegen die Behauptungen des heidnischen Kameraden Volusianus zu erteilen. Volusianus erkläre, nach dem Prinzip „rechte Backe – linke Backe" könne man keinen Staat erhalten, das Christentum habe dem Reich mehr

---

172 Ev. Joh. 8, 34; 2. Petr. 2, 19
173 Aug. CD. XIX 15
174 Arist. pol. 1252 B
175 Thom. Aquin. Summa Theol. II 2, 57, 3, 2, ed. R. Busa 1980 S. 599
176 Aug. CD. XIX 17
177 Aug. CD. V 24

5. Augustins Civitas Terrena

geschadet als genutzt. Augustin[178] antwortet: auf der Grundlage der christlichen Liebe, die auf die göttliche Gerechtigkeit vertraue, lasse sich ein wesentlich besseres Gemeinwesen errichten als auf der Basis der römischen Gerechtigkeit, die ihre Strafen selbst vollstrecke. Das christliche Liebesgebot bedeute ja nicht, daß die Strafe für die Übeltäter aufgehoben wird, sondern überlasse dies vielmehr dem Jüngsten Gericht. Augustin hält sich durchaus im Rahmen des Römerbriefes[179]: „Rächet euch selber nicht, meine Liebsten, sondern gebet Raum dem Zorn Gottes, denn es stehet geschrieben: Die Rache ist mein, ich will vergelten, spricht der Herr. So nun deinen Feind hungert, so speise ihn; dürstet ihn, so tränke ihn. Wenn du das tust, so wirst du feurige Kohlen auf sein Haupt sammeln." Paulus spielt auf eine Foltermethode an; die Feindesliebe erhöht die Schuld und damit die Strafe, die den Feind in der Hölle erwartet. Die Bösewichte in der Hölle schmoren zu sehen, gehört zu den Wonnen der Seligen[180].

5o. Dennoch kann Marcellinus darauf nicht warten, wenn die Barbaren aus der Wüste anrücken. Darf er schießen? Augustinus sagt: Ja. Das Gebot der Feindesliebe beziehe sich mehr auf die innere Einstellung als auf das äußere Verhalten. In seinen Gedanken müsse der christliche Soldat stets Geduld und Wohlwollen üben, in seinen Taten hingegen habe er auf den Erfolg zu achten. Man solle Böses nicht mit Bösem vergelten, aber leider müsse man zum Wohle der Betroffenen oft genug Gewalt anwenden, leider müsse man mehr ihren Nutzen als ihre Wünsche bedenken und zuweilen ihren Willen leider brechen. Also kämpfe man stets in erzieherischer Absicht, wie der Vater die Kinder, der Herr den Sklaven züchtigen soll. Der Christ führt Krieg, um dem Feinde die Möglichkeit zum Unrecht zu nehmen. *Nam cui licentia iniquitatis eripitur, utiliter vincitur*[181]. Der Sieg nütze dem Besiegten.

5p. Augustins Brief an Marcellinus ist kein Einzelfall. Im Brief 189 an den *comes Africae* Bonifatius vertritt er dieselbe Lehre mit anderen Worten. Augustin zitiert aus dem Alten wie dem Neuen Testament Beispiele, in denen Feldherrn Gnade vor Gott gefunden haben, von David bis zum Centurio von Kapernaum[182]. Der Priester kämpft für den Soldaten mit den Gebeten gegen

---

178 Aug. ep. 138
179 Röm. 12, 19 f.
180 Tert. spect. 30
181 Aug. ep. 138, 14
182 Ev. Mt. 8, 5 ff.

die bösen Geister, der Soldat kämpft mit den Waffen für den Priester gegen die bösen Barbaren. Jeder muß an seinem, ihm von Gott zugewiesenen Platz das Rechte tun, und Bonifatius verstoße gegen die *fides*, wenn er die Barbaren straflos plündern lasse[183]. Wenn die Feinde angreifen, ist ihre Abwehr kein Verstoß gegen die Liebe, sondern ein Gebot der Notwendigkeit. Es sei ein gutes Werk, den Feind wie einen Rebellen niederzuwerfen und zum Frieden zu zwingen. Sobald er unschädlich gemacht sei, müsse man Milde walten lassen. Augustin vertritt die Theorie des gerechten Krieges, gerade so wie Cicero. Ein Unterschied liegt allenfalls darin, daß Augustin Gewalt auch gegen Schismatiker fordert[184]. So zeigt Augustin, wie aus dem Gebot der Liebe die Scheiterhaufen der Inquisition herzuleiten sind. Er steht mit einem Bein im Mittelalter.

5q. Im Mittelalter standen sich dann zwei Auffassungen über das Verhältnis zwischen Staat und Kirche gegenüber. Die Päpste und die Guelfen lehrten die Überordnung der geistlichen Gewalt über die weltliche auch in weltlichen Angelegenheiten. Die Kaiser und die Ghibellinen hingegen leiteten die weltliche Herrschaft unmittelbar von Gott ab und verwehrten dem Papst den Primat in der Politik. Die päpstliche Suprematie wurde 494 von Gelasius begründet[185], sie führte zu der um 760 gefälschten ›Constantinischen Schenkung‹, dem *Constitutum Constantini*[186], und zur Lehre von den zwei Schwertern bei Petrus Damiani[187]. Papst Gregor VII erklärte 1076 König Heinrich IV für abgesetzt und beanspruchte dafür die höchste Gerichtsbarkeit auf Erden[188], die er aus der Binde- und Lösegewalt des Petrus ableitete[189]. Je höher sich die weltlichen Herren erhöben, desto tiefer müßten sie in der Hölle schmoren. Gregor erinnert daran, daß Constantin in Nicaea den Bischöfen den Vorrang gelassen habe, daß Ambrosius Kaiser Theodosius exkommuniziert, Papst Zacharias die Merowingerkönige abgesetzt und die Karolinger bestätigt habe. Innocenz III verglich das Verhältnis zwischen Kaiser und Papst dem zwischen Mond und Sonne[190], und nach dem Sachsenspiegel hat der Kaiser dem Papst, wenn er auf weißem Pferde reitet, die Steigbügel zu

---

183 vgl. Aug. ep. 220, 7
184 Aug. ep. 173, 10; 185, 24
185 Gelasius, ep. 12; Mirbt 1901, 135
186 Mirbt 1901, 86
187 Mirbt 1901, 182
188 Mirbt 1901, 183; 198
189 Mirbt 1901, 16, 18 f.
190 Mirbt 1901, 217

halten[191]. Der letzte Papst, der – wenn auch erfolglos – die Suprematie der geistlichen Gewalt forderte, war Bonifaz VIII 1302 in seiner Bulle >Unam Sanctam< [192].

5r. Die ghibellinische Auffassung, daß die geistliche Gewalt auf geistliche Angelegenheiten zu beschränken sei, leitet sich von der spätantiken Kaiseridee her, die in Byzanz zum Caesaropapismus geführt hat. Dort war der Kaiser auch Richter über den Patriarchen. Unter den Vertretern dieser Ansicht im Mittelalter ragt Dante hervor, dessen Schrift >De Monarchia< die Eigenständigkeit der kaiserlichen gegenüber der päpstlichen Hoheit verfocht.

6. RÜCKBLICK

6a. 1523 schrieb Luther in seinem Traktat >Von weltlicher Obrigkeit<: „Wenn du sähest, daß es am Henker, Büttel, Richter, Herrn oder Fürsten mangelte und du dich geeignet dazu fändest, solltest du dich dazu erbieten und dich darum bewerben, auf daß ja die notwendige Gewalt nicht verachtet und matt würde oder unterginge. Denn die Welt kann und mag ihrer nicht entraten... Darum sollst du das Schwert oder die Gewalt wie den ehelichen Stand oder Ackerwerk oder sonst ein Handwerk schätzen, die auch Gott eingesetzt hat". Ganz im Sinne Augustins wird hier der Christ als Erdenbürger gewertet. Er ist nicht nur für die Ewigkeit, für die Gemeinschaft mit Gott, sondern auch für die Zeitlichkeit, die Gemeinschaft mit seinesgleichen geschaffen.

6b. Das Verhältnis zwischen diesen beiden Aspekten schillert. Wir haben gesehen, wie der jüdische Messiasgedanke ursprünglich national-politische Züge trägt, durch das Babylonische Exil ins kosmisch-religiöse erweitert wird und in Jesus beide Aspekte zeigt. Sein Tod am Kreuz beendete die von seinen Anhängern wie von seinen Gegnern in ihn gesetzten politischen Erwartungen, es folgt eine Phase der Verinnerlichung, der „Moralisierung" wie Goethe sagte. Die Naherwartung des Weltendes erübrigte zunächst jede christliche Stellungnahme zum Staat. Diese wurde erst erforderlich, als weder die Hoffnung der Christen auf den Anbruch des Gottesreiches erfüllt wurde noch der Versuch der Römer, das Christentum zu beseitigen, Erfolg hatte. Die Christenverfolgungen, die unter Nero und Trajan kriminalistisch,

---

191 Mirbt 1901, 231
192 Mirbt 1901, 244

unter Decius und Valerian politisch und unter Diocletian und Galerius religiös motiviert waren, scheiterten an der Bereitschaft zum Martyrium.

6c. Die Constantinische Wende war dadurch vorbereitet worden, daß die romfeindlichen Stimmen in der frühchristlichen Literatur nach und nach verstummten. Die Christen fanden sich mit der Sklaverei ebenso ab wie mit dem Wehrdienst. Es entstand eine Romtheologie, die Christentum und Imperium als providentielle Einheit verstand. Das war die Lehre des Eusebios von Caesarea. Im Zerfall des Reiches während der Völkerwanderung hat Augustin dann die Verbindung zwischen Staat und Kirche wieder gelockert, damit das Christentum nicht in den Strudel des Untergangs hineingerissen würde. Augustins Staatskonzept war aber grundsätzlich das römische, überwölbt vom Gebäude des christlichen Glaubens. Die herrschende Lehre blieb, daß Rom als viertes und letztes der bei Daniel vorausgesagten Weltreiche bestehen würde bis zum Jüngsten Gericht. In diesem Punkte waren der byzantinische Basileus, der römische Papst und der deutsche Kaiser einig, wie strittig ihr Anspruch auf das imperiale Erbe im übrigen sein mochte.

6d. Die Idee der Weltmonarchie, die aus dem Alten Orient stammt, über Alexander zu den Griechen und über Caesar zu den Römern gelangte, war früh in den Himmel gespiegelt worden. Gott regierte die Welt mit seinen Erzengeln und seinen himmlischen Heerscharen wie ein orientalischer Despot, dessen Anhänger die höchste Seligkeit, dessen Gegner die härtesten Qualen erwarten. Dieses aus dem säkularen Staatsleben stammende Bild hat die christliche Vorstellung vom Reich Gottes geprägt. Als Constantin Christ wurde und Eusebios die origenistische Symmetrie der irdischen und der kosmischen Monarchie verkündete, da erhielt der Staat wieder eine theologische Legitimation. Der von den Vorsokratikern eingeleitete, von Platon, Aristoteles und Cicero fortgeführte Rationalisierungsprozeß vom Mythos zum Logos des Staates wurde im Christentum rückgängig gemacht. Immer wieder betonten die Kirchenväter, daß die menschliche Vernunft gegenüber der Weisheit der biblischen Offenbarung wertlos wäre. Erst mit der Renaissance setzt wieder eine neue Phase der Aufklärung ein. Die herrschenden christlichen Traditionen wurden mit Hilfe der heidnisch antiken Autoren gebrochen und resäkularisiert. Aus beiden Wurzeln erwuchs die neuzeitliche Staatstheorie. Dies ist unser nächstes und letztes Thema.

Kapitel XV

WIRKUNGEN

a. Ernst Jünger 395
b. Leitgedanken der Kritik 395
c. Form der Kritik 395
d. Ziel der Kritik: Herrschaft .. 395
e. Staatlichkeit 396
f. Praxisverlust:
   bei den Griechen 396
g. bei den Römern 396
h. Wirkungen 397
i. Kontinuität im Überbau 397
j. im Unterbau 397
k. Renaissancen 398

1. SACRUM IMPERIUM 398
   a. Papsttum 398
   b. Kaisertum: Karl d. Gr. 398
   c. Translatio Imperii 399
   d. Staufer 399
   e. Dante 399
   f. seine Romtheologie 400
   g. Römisches Recht 400

2. NATIONALISMUS UND
   ABSOLUTISMUS 401
   a. Geburtshilfe 401
   b. Nationalismus 401
   c. Widerstandskämpfer 402
   d. Absolutismus 402
   e. Souveränität 403
   f. Renaissance 403
   g. Bodin 403
   h. Hobbes 404
   i. Tyrannei? 404
   j. Staatsvertrag 405

k. Friedrich d. Gr. 405
l. Schopenhauer 406

3. DEMOKRATISCH-POPULISTISCHE
   BEWEGUNGEN 407
   a. Rienzo 407
   b. Zwei Demokratismen 407
   c. Müntzer 408
   d. Morus 408
   e. Companella 408
   f. Rousseau 409
   g. Napoleon 409
   h. Marx 410
   i. Engels 410
   j. Mussolini 411
   k. Nationalsozialismus 411
   l. Klassizismus 412
   m. Hitler 412

4. LIBERAL-DEMOKRATISCHE
   STRÖMUNGEN 413
   a. Gemäßigte Strömung 413
   b. *Frankreich*: Calvin 413
   c. Hotman 413
   d. Montesquieu 414
   e. Gewaltenteilung 414
   f. *England:* Harrington,
      Locke 415
   g. Imperialismus 415
   h. Pax Britannica 416
   i. Churchill 416
   j. Gladstone 416
   k. *Amerika* 417
   l. John Adams 417

m. Cicero: Republik 418
n. Germanen 418
o. Senat 418
p. *Deutschland* 419
q. Pufendorf 419
r. Schiller 420
s. Ausgleich 420

5. SCHLUSS 421
   a. Schule Europas 421
   b. Begriffsgeschichte 421
   c. Zukunft? 421

> Je weniger der Mensch vom Staat erfährt und weiß,
> die Form sei, wie sie will, desto freier ist er.
>
> Hölderlin 1801

XV. Wirkungen

a. „Worüber auch gedacht wird, man muß bei den Griechen anfangen. Die Polis in ihrer Vielfalt: ein System von Retorten, in denen jedes Experiment bereits gewagt wurde". Ernst Jünger[1] hat recht, denn die Griechen haben ihre politischen Experimente auch kommentiert und damit die Diskussion über den besten Staat eröffnet, die noch immer nicht abgeschlossen ist.

b. Die Überlegungen darüber, was ein gutes Staatswesen ausmacht, nach welchen Regeln das Zusammenleben innerhalb eines Staates und das Verhältnis unter den Staaten gestaltet werden sollten, beginnen mit Homer und durchziehen die gesamte antike Literatur. Die Leitgedanken sind stets ähnlich: es geht um Gerechtigkeit und Wohlfahrt, um Frieden und Freiheit. Alle Autoren sind sich einig, daß der höchste politische Wert im *koinon sympheron*, im *bonum commune*, im Gemeinwohl liege. Wie dieses Glück des Ganzen aber zu bestimmen sei, darüber war man uneins. Denn faßbar ist immer nur das Glück Einzelner. Das Glück des Einen aber beruht nicht zuletzt auf dem Unglück des Anderen, deshalb brauchen wir Maßstäbe für das Zumutbare und Verfahren, es zu bestimmen. Darum geht es in der Staatskritik.

c. Die Form der Kritik ist in der archaischen und klassischen Zeit der Griechen philosophisch, man argumentiert mit Wertbegriffen wie Nomos, Dike und Ethos. Im Hellenismus wird die Kritik literarisch, man beschreibt phantastische Gegenwelten am Rande der Oikumene und auf den Inseln des Okeanos. Unter den Römern wird die Kritik staatsrechtlich, man deduziert aus Normen der *aequitas*, der *iustitia*, der *humanitas*. Die Spätantike kritisiert Staat und Gesellschaft mit theologischen Konzeptionen und verlagert den Ort der wahren Gerechtigkeit in das Jenseits.

d. Das Ziel der Kritik betrifft zumeist die Form der Herrschaft. Manche Autoren forderten die Monarchie mit der Herrschaft des Besten, so Homer und Plinius minor, andere empfahlen wie Heraklit und Platon eine Aristokra-

---

1 Jünger, Eumeswil, 1977, 348

tie, weil sie die Leistungen der Einzelnen würdige und dem Ganzen Stabilität verspreche, wieder andere bevorzugten mit Solon und Aristoteles die Demokratie um der Gleichheit willen.

e. Das erwünschte Quantum an Staatlichkeit schwankt zwischen dem totalitären Erziehungs- und Überwachungsstaat Platons und dem anarchischen System der Kyniker, wobei die Politie des Aristoteles die goldene Mitte hält. Die Vorstellungen von der Größe des idealen Staates reichen von der Kleinstadt mit seiner Marktplatzdemokratie bei Aristoteles bis zum kosmopolitischen Weltstaat bei den Stoikern und den Fürsprechern des Imperium Romanum. Die jeweiligen politischen Lehren sind gedacht mal für die Bürgerschaft, so bei den Sieben Weisen, mal für den Herrscher, so bei Isokrates, mal für die Untertanen, wenn wir an Aesop denken.

f. In ihrem Bezug zur Praxis durchläuft die Geschichte der antiken Staatstheorie einen zweimaligen Entfremdungsprozeß. Die frühgriechischen Sieben Weisen waren Gesetzgeber und Staatslenker, ihr Verhältnis zur praktischen Politik war denkbar eng. Platons Versuch, seine Theorie zu verwirklichen, ist in Syrakus gescheitert, und so beginnt mit ihm die „akademische" Phase der Staatsphilosophie. Aristoteles verkündete den Vorrang der Theorie vor der Praxis. Später begegnen Stoiker als Berater bei Staatsmännern: Persaios bei Antigonos Gonatas[2] und Sphairos bei Ptolemaios II[3], doch hatten sie eher pädagogische, literarische oder seelsorgerische Aufgaben als politischen Einfluß.

Die spätgriechischen Staatsdenker zerfallen in die königstreuen Ja-Sager und die apolitischen Nein-Denker, die auf jeden Versuch einer Umgestaltung der Gesellschaft verzichteten und sich aus der politischen Sphäre zurückzogen in den philosphischen Garten, in die kynische Tonne oder auf die Sonneninseln im fernen Ostmeer. Daß die Praxisferne der Philosophie als Vorwurf empfunden wurde, zeigt der Versuch von Aelian, ihn zu entkräften. Aelian[4] sammelte die Belege für Dienste von Denkern am Staate und verfuhr dabei großzügig.

g. Die römische Entwicklung wiederholt diesen Vorgang. Cato gehörte zu den führenden Staatsmännern seiner Zeit, der achäische Politiker Polybios

---

2 Diog. Lært. VII 36
3 Athen. 354 E
4 Aelian VH. III 17

XV. Wirkungen

war mit den Scipionen, der damals einflußreichsten Familie, wenigstens befreundet. Ciceros ganzer Ehrgeiz galt der Politik, doch ist er in der Praxis gescheitert. Seine *res publica* gehörte der Vergangenheit an. Die kaiserzeitliche Staatsliteratur zerfällt dann abermals in Bejaher und Verneiner, d. h. in römische Panegyristen, die das Imperium für den besten aller möglichen Staaten hielten, und christliche Apokalyptiker, die Rom als Hure Babylon, die Welt als Jammertal abtaten. Der Praxisverlust tritt zum zweitenmal ein.

h. Die langfristige Wirkung war mit der Literarisierung jedoch nicht abgeschnitten. Denn was die Antike aus dem zerbrochenen, zerstörten Imperium Romanum an Literatur und an Institutionen hinterlassen hat, ist bestimmend geworden für die weitere europäische Entwicklung. Die Antike war die Schule Europas. Alle Staatsformen, alle Staatslehren des Mittelalters und der Neuzeit wurzeln in antiken Traditionen. Dabei lassen sich Theorie und Praxis allerdings nicht sauber trennen. Die Wirkung von Aristoteles und die der Demokratie fließen zusammen, ebenso die von Cicero und der Republik, die von Plinius und dem Principat.

i. Zwei Weisen des Wirkens lassen sich unterscheiden. Die erste ist die kontinuierliche Weitergabe von Generation zu Generation. Die Kontinuität im ideologischen Überbau betrifft einerseits die christliche Dogmatik und andererseits den römischen Reichsgedanken. Vergessen wir nicht, daß die uns heute vertraute Vorstellung vom Ende des Imperiums im 5. Jh. dem Mittelalter fremd war. Es herrschte vielmehr die aus den Prophezeiungen des Buches Daniel abgeleitete Ansicht, man lebe noch im selben Zeitalter wie die Imperatoren, im vierten Weltreich, in der letzten Phase der Weltgeschichte. Sie glaubte man mit der Geburt Jesu oder mit der Errichtung des römischen Reiches eröffnet. Das Periodenschema der christlichen Heilsgeschichte behauptete die Fortexistenz des letzten, des römischen Weltreiches bis zum Jüngsten Gericht.

j. Daneben steht die Kontinuität im zivilisatorischen Unterbau, der aus dem Altertum fortwirkt: das freilich zunächst verkümmerte Städtewesen, die nie erloschene Schriftlichkeit, das Latein als Kirchen- und Bildungssprache, weiterhin eine elementare Geldwirtschaft, die wichtigsten technischen Errungenschaften sowie eine wenigstens rudimentäre Beamtenschaft unter den Königen und Bischöfen. In diesen Punkten ist die kulturelle Überlieferung nie abgerissen.

k. Die andere Form der Wirkungsgeschichte ist der bewußte Rückgriff auf vergangenes und vergessenes Kulturgut, das Anknüpfen an abgerissene Stränge. Die europäische Geschichte weist eine periodische Folge derartiger Wiederbelebungen, derartiger Renaissancen auf. Solche gibt es bereits innerhalb der Antike, denken wir an die Erneuerungen alter Kulte, kanonischer Rechtsregeln, klassischer Kunstformen unter Augustus, unter Constantin, unter Justinian. Renaissance, Humanismus und Klassizismus sind nicht jeweils einmalige Erscheinungen, sondern wiederholen sich in unterschiedlicher Ausrichtung und Stärke seit der Karolingerzeit bis in unser Jahrhundert[5]. Und diese diskontinuierlichen Rückwendungen sind für die Wirkungsgeschichte des Altertums beinahe noch wichtiger als die kontinuierliche Weiterführung und Weiterentwicklung antiker Errungenschaften. Die Antike ist eine Schule, in welche die Absolventen immer wieder zurückgekehrt sind, in der sie nie ausgelernt haben.

1. Sacrum Imperium

1a. Im politischen Leben des Mittelalters wirkt die Antike vornehmlich weiter durch die Kirche, durch das westliche und östliche Kaisertum und durch das römische Recht. Die Päpste, noch im 4. Jh. bloß Bischöfe von Rom, sind durch die Abwanderung des Kaisertums und dessen Ende im Westen in die Nachfolge der weltlichen Herrschaft hineingewachsen. Seit dem 5. Jh. haben sie zunehmend Elemente des römischen Kaisertums aufgegriffen: die Verwaltung der Kirchenprovinzen in Anlehnung an die Reichsprovinzen, das Kanzleiwesen, die höchste Gerichtsbarkeit, eine große Anzahl von zeremoniellen Elementen und schließlich die Zweischwerterlehre, die den Papst neben den Kaiser erhob. Kurz nach 750 wurde in der Curie die sogenannte Constantinische Schenkung gefälscht. Es handelt sich um einen angeblichen Brief von Constantin, in dem dieser den Bischöfen von Rom bis ans Ende der Welt nicht nur den Kirchenstaat, das *Patrimonium Petri*, sondern die Herrschaft über den Westen übertragen haben soll, während die Kaiser sich respektvoll nach Konstantinopel zurückzogen.

1b. Die Päpste erwiesen sich indessen als zu schwach für die Nachfolge Constantins. Sie wurden von den Langobarden bedrängt. So kam es zur Übernahme des Kaisertitels durch Karl d. Gr. im Jahre 800. Auch dieser Akt war nicht so unvorbereitet, wie es uns scheint. Denn wie die Päpste, so hatten

---

5 Treadgold 1984

auch die germanischen Könige, namentlich die Franken, in vielfältiger Weise ans römische Kaisertum angeknüpft, hatten sich titulare und zeremonielle Elemente ausgeborgt, Rechts- und Verwaltungsregeln übernommen, die im ehemals römischen Teil ihres Reiches fortgalten.

1c. Die Idee der *Translatio Imperii* verknüpfte die spätantike mit der frühmittelalterlichen Kaisertradition. Die Geschichtsschreiber haben die Imperatoren durchnumeriert: Otto von Freising bezifferte Heinrich V (1106–1125) als den 92. Herrscher, von Augustus an gerechnet[6]. Dieses Kontinuitätsbewußtsein bezeugt unter anderen der Kaiserhymnus des Archipoeta auf Friedrich Barbarossa († 1190). Barbarossa wird als der von Gott eingesetzte Imperator gefeiert, dem Jesus den Zinsgroschen zu entrichten befohlen habe. Friedrich werde das Römische Reich im alten Glanze erneuern, wiederholen, was Karl der Große und Augustus vor ihm getan hatten.

1d. Die Staufer betrachteten sich als römische Kaiser von Gottes Gnaden, so wie die byzantinischen Kaiser neben, nicht unter der geistlichen Gewalt stehend. Barbarossas Sohn Heinrich VI hat eine Mittelmeerpolitik in imperialem Stil betrieben, und dessen Sohn Friedrich II, *Fridericus dei gratia Romanorum imperator et semper Augustus,* ließ seine Gesetze durch die Bologneser Juristen in Justinians ›Corpus Iuris Civilis‹ aufnehmen[7]. Friedrich II schlug Münzen nach römischem Vorbild, ließ sich Triumphbögen errichten, wurde in hellenistischer Manier als *lex animata* gefeiert und stellte sich damit in die Nachfolge des göttlichen Staatsmannes, wie Platon ihn im ›Politikos‹ geschildert hatte[8]. Friedrich leitete die Monarchie nicht nur aus der Tradition her, sondern begründete sie zugleich rational aus der „Notwendigkeit der Dinge" selbst, so in den Konstitutionen von Melfi 1231.

1e. Während des späteren Mittelalters ist die römische Kaiserwürde zunehmend in Frage gestellt, zugleich aber auch entschieden verteidigt worden. Im Rückgriff auf Aristoteles betonte Marsilius von Padua († 1343) in seinem ›Defensor Pacis‹ die Eigenständigkeit des Staates gegenüber der Kirche und die Verantwortlichkeit des Kaisers unmittelbar vor Gott. Im selben Sinne äußerte sich Dante. Zum Romzug Heinrichs VII, zwischen 1310 und 1315, verfaßte er seine Schrift ›De Monarchia‹. Darin suchte Dante zu beweisen, daß die Universalmonarchie die beste aller möglichen Staatsformen sei.

---

6 Otto von Freising, Chron. VII 11
7 Corpus Iuris Civilis, ed. Krüger + Mommsen II 512 f.
8 Steinwenter 1947

Dante argumentierte aus der Vernunft, indem er den Frieden als höchstes der irdischen Güter pries und ihn durch einen Weltenkaiser am sichersten gewährleistet glaubte. Dante argumentierte theologisch, indem die politische Einheit des Menschengeschlechtes die Forderung der Gottebenbildlichkeit am besten erfüllte, denn auch Gott ist „einig". Dante argumentierte nicht zuletzt aus Aristoteles, der die Einheit als kosmologisches Prinzip vertrat, obwohl er kein Monarchist war.

1f. Für Dante mußte das Universalreich ein römisches sein, denn Christus wurde geboren, als Augustus den Erdkreis regierte. Der Dichter übernahm die frühchristliche Romtheologie und stützte sich auf die Bibel, auf Vergil und auf die Geschichte, die Gottes Willen vollstreckte. *Romanus populus ad imperandum ordinatus fuit a natura*[9]. Gott ist der Lenker der Schlachten, darum ist die im Kriege gewonnene Herrschaft rechtmäßig. Schließlich bewies Dante, daß das weltliche Königtum von Gott unmittelbar abhänge und nicht der Aufsicht des Papstes unterstehe. Die Constantinische Schenkung wird mit juristischen und theologischen Gründen angefochten, der Kaiser habe damit seinen göttlichen Auftrag verletzt. Das durch Dante aus der christlichen Antike legitimierte römische Kaisertum deutscher Nation verlor indessen bei Machiavelli und anderen Humanisten an Überzeugungskraft. Eine Nachblüte erlebte die Romideologie in Rußland, als im 16. Jh. die Idee von Moskau als dem Dritten Rom aufkam[10].

1g. Neben dem Papsttum und dem Reichsgedanken verbindet das römische Recht Antike und Mittelalter[11]. Im Rechtswesen gibt es eine kontinuierliche Tradition, insofern die Germanen bereits im 5. Jh. begonnen haben, die in ihren Staaten geltenden Gesetze nach römischem Vorbild zu kodifizieren. Dabei ist nicht nur der Gedanke der Kodifizierung selbst römisch, sondern auch die Sprache und anfangs sogar der Inhalt der Gesetze. Das Recht der West- und Ostgoten ist durchweg römisch. Erst die späteren Stammesrechte fixieren germanische Rechtsnormen, in denen sich weströmisches Vulgarrecht und germanische Tradition vermischen. Während das frühmittelalterliche Rechtswesen auf einen niedrigen Stand absank und sich regional auseinanderentwickelte, wurde um 1100 in Bologna die letzte Abschrift der Digesten entdeckt. Irnerius, Accursius und andere glossierten seit dem frühen 13. Jh. das ›Corpus Iuris Civilis‹ Justinians und verschafften ihm Eingang in

---

9 Dante, De mon. II 7
10 W. Lettenbauer, Moskau das Dritte Rom, 1961
11 Th. Mayer-Maly in: Schuller 1985, 183 ff.

die Rechtspraxis. Von hier nahm die Rezeption des römischen Rechts ihren Ausgang, sie schuf die „Grundlage einer gemeineuropäischen Rechtskultur"[12]. Im 15. Jh. fand das römische Recht Eingang in Deutschland, obwohl das Sacrum Imperium schon zerbröckelte. Die Reichskammergerichtsordnung von 1495 verordnete das *ius commune* aus dem ›Corpus Iuris‹. Bis zur Einführung des Bürgerlichen Gesetzbuches im Jahre 1900 waren spätrömische Kaisergesetze in weiten Teilen Deutschlands geltendes Recht. Die Wirkung dauert bis in die Gegenwart. Die pragmatische, weder regionalen noch religiösen Vorurteilen verhaftete Billigkeit des römischen Rechtsdenkens ist beispielhaft geblieben.

2. Nationalismus und Absolutismus

2a. Als sich die Neuzeit aus der Tradition des Mittelalters löste, hat ihr die Antike Geburtshilfe geleistet. Kolumbus bediente sich der Einsicht des Eratosthenes, daß die Erde eine Kugel sei. Kopernikus bewies die These des Aristarch, daß die Sonne im Mittelpunkt des Planetensystems stehe. Luther entnahm Eusebius, daß die vorconstantinische Urkirche frei von jenen Mißbräuchen war, die es nun hinwegzureformieren gelte. Renaissance, Humanismus und Reformation eröffnen ein neues Zeitalter durch die Entdeckung eines alten. Dieselbe Figur des Voranschreitens durch Rückwendung begegnet uns im Staatsleben der Neuzeit.

2b. Die beiden wesentlichen Neuerungen sind der Nationalismus und der Absolutismus. Der neuzeitliche Nationalismus wendet sich gegen die mittelalterlichen Universalmächte mit dem Papst als oberstem geistlichen, dem Kaiser als oberstem weltlichen Herrn. Insofern beide in römischer Tradition standen, sollte man meinen, daß der Nationalismus aus der Antike nicht herzuleiten sei. Das aber trügt. Zwei Argumentationsfiguren spielen hier eine Rolle. Es ist zum ersten die Beschlagnahme antiken Ruhmes für die eigenen Vorfahren. Der Stolz auf die eigene Nation wird dadurch erhöht, daß sie von antiken Autoren bewundert wurde, daß sie von antiken Völkern abstamme oder zu antiken Taten Erhebliches beigesteuert habe. Das geschah bereits im Mittelalter. Die Franken wurden als Nachkommen der Trojaner und so als Stammverwandte der Römer ausgegeben. Die Sachsen leiteten sich von den Makedonen her und machte sich so zu Genossen Alexanders des Großen. Die Briten führten sich auf Brutus zurück und glaubten, Constantin stamme aus

---

12 Kunkel 1972, 164

Britannien. Selbst die Russen leiteten sich von den Römern her, von einem angeblichen Bruder des Kaisers Augustus. Auf diese Weise wurde die Antike dem Nationalismus nutzbar gemacht.

2c. Die zweite Form der nationalen Selbstaufwertung liegt in der Anknüpfung an die Widerstandskämpfer gegen das Imperium Romanum. In dem um 1080 verfaßten Anno-Lied streitet Julius Caesar *wider diutsche lant* und bezwingt die vier deutschen Hauptstämme der Schwaben, Bayern, Sachsen und Franken nach heldenhaftem Kampf. Alle vier Stämme werden von antiken Vorfahren hergeleitet[13]. Sofern die Römer selbst ihre Hochachtung, zumindest ihren Respekt vor den Germanen immer wieder zum Ausdruck gebracht haben, konnte man den antiken Autoren nationale Argumente abgewinnen. Ein italienischer Humanist, Aeneas Silvius Piccolomini, hat als erster den Deutschen das Bild, das Tacitus von ihnen entworfen hat, entgegengehalten, um sie zum Kampf gegen die Türken, gegen die gemeinsamen Feinde der Christenheit, anzuspornen. Die deutschen Humanisten haben dies aufgegriffen und daraus einen Vorrang vor den Italienern abgeleitet. Konrad Celtes, Jacob Wimpheling und Ulrich von Hutten bekannten sich zu den Germanen als den stolzen Überwindern einer dekadenten Zivilisation. Hutten bewies, daß Arminius ein größerer Feldherr war als Caesar, Hannibal und Alexander[14]. Luther verwendete für den Ländernamen „Germania" bisweilen die Phantasieform „Hermannia"[15]. Wie Arminius wurden dann auch andere Gegner Roms zu denkmalwürdigen Heroen des Nationalismus: Vercingetorix in Frankreich (Alesia und die Arc de Triomphe, Paris), Decebalus in Rumänien (vor dem Athenæum in Bukarest 1886 und in Deva), Boudicca in England (London), Julius Civilis in Holland (Amsterdam, heute Stockholm, Rembrandt), Masinissa in Algerien, Ambiorix in Belgien (Tongern), Viriathus in Portugal (Viseu), Jugurtha in Tunesien (Tunis), die Zeloten und Bar Kochba in Israel (Masada). Das Imperium Romanum dient als Gegenbild des Nationalgedankens.

2d. Während der neuzeitliche Nationalismus somit aus dem Widerspruch gegen den römischen Imperialismus erwachsen ist, hat der Absolutismus auf das Vorbild des imperialen Rom direkt zurückgegriffen. Er eröffnet eine neue Phase der Antikenrezeption. Denn so gewiß das mittelalterlich-deutsche Kaisertum der Idee nach römischen Ursprungs ist, so gewiß läßt es sich nicht

---
13 E. Nellmann (ed.), Das Annolied, 1986, 25 ff.
14 O. Clemen (ed.), Hutten der Deutsche, 1938, 23 ff.
15 Luther, Weimarer Ausgabe I 50, S. 147

als absolutistisch bezeichnen. Drei Gründe sprechen dagegen. Zum einen konnte der Papst als das Haupt der Kirche einen sündigen Kaiser aus der Gemeinschaft der Gläubigen ausschließen und damit dessen Untertanen von der Treuepflicht entbinden. Zum anderen standen die Fürsten zum König in einem Gefolgschaftsverhältnis, das nach germanischem Recht auch dem Gefolgsherren gewisse Bindungen auferlegte. Der König war nur *primus inter pares* der Fürsten. Zum dritten finden wir in Deutschland einen erblichen Schwertadel, der, anders als der zivile senatorische Amtsadel, auch ohne den Kaiser zu regieren vermochte. Die christliche und die germanische Komponente im mittelalterlichen Kaisertum verbieten, es absolutistisch zu nennen.

2e. Im neuzeitlichen Absolutismus emanzipierte sich die Staatsgewalt aus den mittelalterlichen Bindungen. Die feudale Privilegienpyramide wurde durch einen gleichgeschalteten Staatsbürgerverband ersetzt. Personale Gefolgschaft verwandelte sich in eine institutionelle Untertänigkeit. Die Rechte der Ständevertretung wurden durch die Idee einer uneingeschränkten Souveränität der Krone ausgeschaltet. Die Monarchen hielten an ihrem traditionellen Gottesgnadentum zwar fest, aber die rationale Begründung ihrer Macht lieferte die Staatsraison. Die barocken Künstler feierten jeden Landesfürsten als einen zweiten Alexander oder einen neuen Augustus. Sogar die – niemals förmlich abgeschaffte – Sklaverei wurde wieder eingeführt; in den Diskussionen über den Negerhandel der Engländer und Spanier liefern das Alte Testament und Aristoteles die entscheidende Legitimation.

2f. Der Ursprung des europäischen Absolutismus liegt nicht zufällig dort, wo die Renaissance ihren Ausgang genommen hat und wo auch der Begriff *status – stato* – Staat entstanden ist: bei den oberitalienischen Stadtherren, die seit dem 13. Jh. begannen, vom Reich unabhängige Tyrannenherrschaften aufzubauen. Als Vorbild dienten ihnen die römischen *principes*, die nun in Kleinformat, aber mit allem imperialen Pomp kopiert wurden. Das Musterbuch ihrer Politik ist seit dem 16. Jh. der ›Principe‹ Machiavellis, der aus zeitgenössischen Erfahrungen und römischer Geschichtslektüre gespeist ist. Machiavelli war persönlich kein Verfechter des sophistischen Faustrechts, nicht einmal ein Anhänger des Absolutismus.

2g. Gegen Ende des 16. Jh. fand der Absolutismus in dem französischen Staatsrechtler Johannes Bodinus seinen ersten bedeutenden Theoretiker[16].

---

16 Quaritsch 1986

Bodin hat die gesamte ihm erreichbare Staatsliteratur des Altertums durchgearbeitet und aus ihr den modernen Begriff der Souveränität entwickelt. Die Verfügung über die höchste Macht ist seitdem ein zentrales Kriterium für Staatlichkeit. Bei Bodin steht der Souveränitätsbegriff in einem ideologischen Zweifrontenkrieg. Zum einem wendet er sich polemisch nach außen, gegen den Vorrang des römischen Kaisers deutscher Nation. Entsprechend lehnt Bodin auch die Vier-Reiche-Lehre ab zugunsten der These, das Imperium Romanum habe sich in die bestehenden Nationalstaaten aufgelöst. Bodin kehrte zum griechischen Konzept einer Mehrzahl von Staaten zurück. – Zum anderen polemisierte Bodin nach innen, gegen die auf Mitsprache pochenden republikanischen Kräfte. Bodin suchte aus der Geschichte, speziell aus dem Altertum zu beweisen, daß die beste aller Staatsformen das erbliche Königtum sei. Dies sei die von Gott und der Natur eingerichtete Ordnung[17]. Zugleich betonte er, daß die höchste Macht nicht geteilt werden dürfe, daß sie von menschlichen Kontrollen frei bleiben müsse, um handeln zu können.

2h. Die Theoretiker des Absolutismus haben durchaus rational argumentiert. In England gehört der für die moderne Naturwissenschaft bahnbrechende Denker Francis Bacon zu den Vertretern der königlichen Vorrechte. Der wichtigste absolutistische Staatsdenker in England war Thomas Hobbes († 1679). Er ging aus von Thukydides und dessen pessimistischem Menschenbild. Seine Übersetzung des Thukydides sollte die demokratische Anwandlungen seiner englischen Mitbürger dämpfen. Als Hauptmotive des politischen Handelns bestimmte Hobbes in seinem Werk >De Cive< 1642 die Unersättlichkeit der Starken und die Furcht der Schwachen. Der daraus resultierende Kampf aller gegen alle kennzeichne den Naturzustand, der nur durch die Schaffung eines gemeinsamen Oberhauptes zu überwinden sei.

2i. Der Souverän könne, meint Hobbes, eine demokratische Versammlung, eine aristokratische Körperschaft oder ein Monarch sein, doch sei die unbeschränkte Monarchie die beste aller Staatsformen. Die Unterscheidung zwischen Königtum und Tyrannei erklärte Hobbes für eine antike Spitzfindigkeit, denn die Unterscheidung zwischen Gut und Böse stehe dem Bürger nicht zu, das sei Sache des Souverän. Jede Form von Widerstand sei Rebellion, sie führe den Naturzustand wieder herbei, Freiheit sei die Parole der Anarchisten. Hobbes bekämpfte auch den Gedanken einer Teilbarkeit oder einer Kontrolle der Staatsgewalt. Diese Lehre von der Allmacht des

---

17 J. Bodin, Methodus ad facilem historiarum cognitionem, 1566/1967, 301

2. Nationalismus und Absolutismus

Staates gründete Hobbes, wie er selbst sagt, auf die Vernunft und auf die Bibel.

2j. Die antiken Autoren hat Hobbes überwiegend als inkonsequent verworfen, doch übernahm er die Formel Ulpians vom *princeps legibus solutus*, die bei Ulpian aus dem Staatsvertrag hergeleitet ist[18]. Für Ulpian vertritt der Kaiser die *maiestas populi Romani*. Hobbes erneuert somit die sophistische Lehre vom Staatsvertrag, wie wir sie von Protagoras her kennen. Protagoras hätte indessen niemals daran gedacht, die Allgewalt eines Monarchen daraus abzuleiten, das war ein echtes Stück „Sophistik" durch Hobbes. Wie dehnbar die antiken Staatsideen waren, zeigt sich nicht zuletzt darin, daß König Karl I 1642 die Rechte der Krone gegenüber dem Parlament mit der Mischverfassung begründete.

2k. Derselbe wurzelgleiche Widerspruch zeigt sich auf dem Kontinent. Die beiden bedeutendsten Vertreter des Absolutismus, Ludwig XIV in Frankreich und Friedrich der Große in Preußen, knüpfen an Traditionen des römischen Kaisertums an. Während bei Ludwig XIV die autokratische Selbstdarstellung eines Domitian auflebt, verkörpert Friedrich das Herrschertum eines Marc Aurel. Friedrich hat sich mit seinem aufgeklärten Absolutismus an den römischen Stoikern orientiert. Seine Überzeugung, der erste Diener seines Staates zu sein, in dem zwar nichts durch das Volk, aber alles für das Volk geschieht, enthält denselben Widerspruch, den Friedrichs Sympathie für die republikanisch denkenden Römer zeigt, für Cicero und Tacitus, ja für Cato und Brutus, für Paetus Thrasea und Helvidius Priscus, die stoischen Gegner der Kaiser. Friedrich verglich Deutschland gegenüber Frankreich mit Griechenland gegenüber Makedonien, er rühmte die geistige und politische Freiheit der Griechen und Römer[19], und erhob in seinem >Antimachiavelli<[20] die englische Verfassung zum Muster, wo das Parlament zwischen Volk und König als Schiedsrichter steht. Die gelungene Verbindung zwischen absolutistischer Form und republikanischem Inhalt seiner Regierung ist Friedrich von den englischen und französischen Aufklärern, ja selbst von einem der amerikanischen Verfassungsväter bescheinigt worden. John Adams meinte 1787, Friedrich hätte die Parlamentsmehrheit auf seiner Seite gehabt, hätte es in Preußen so etwas gegeben[21].

---

18 Dig. I 3, 31; 4, 1
19 Boeckh 1846/50, 336 ff.
20 Friedrich d. Gr., Antimachiavelli, 125
21 Adams, Defence, praef.

21. Im 19. Jh. hat der friderizianische Absolutismus nur noch wenig intelligente Verteidiger gefunden. Zu ihnen zählt Arthur Schopenhauer. Er hat in seinen >Paralipomena< von 1851[22] die hellenistischen Argumente zugunsten des Königtums an der Weltgeschichte überprüft und für richtig befunden. Souveränität des Volkes sei durch die Vernunft ebenso wohl begründet, wie die Fähigkeit des Volkes, sich selbst zu regieren, durch die Erfahrung widerlegt sei. Die demokratischen und republikanischen Systeme seien, aufs ganze der Staatengeschichte gesehen, bloß Ausnahmen geblieben, und durchaus nicht immer verlockende.

Darin hatte Schopenhauer nicht ganz unrecht. Die griechischen Demokratien funktionierten nur, indem sie Sklaven für sich arbeiten ließen. Die römische Republik lebte nur, solange sie sich ausdehnte und unterworfene Nachbarn Steuern zahlen ließ. Die nachantiken Republiken gediehen nur in kleinen Gemeinwesen, denken wir an die Hansestädte oder an die schweizerischen Kantone. Die französischen Anläufe zur Demokratie waren zu Schopenhauers Zeit noch keine mustergültigen Gegenbeispiele. Ernst zu nehmen waren nur die Vereinigten Staaten von Amerika. Aber auch deren System schien Schopenhauer wenig sympathisch. Er sah in Amerika skrupellose Geschäftemacherei und religiöse Bigotterie am Werk, er verurteilte den imperialistischen Expansionsdrang, namentlich gegen Mexiko, und verabscheute die „himmelschreiende Negersklaverei". All dies bewies ihm, daß eben doch die Monarchie die beste und natürlichste Staatsform für den Menschen sei, „fast so, wie sie es den Bienen und Ameisen, den reisenden Kranichen, den wandernden Elefanten, den zu Raubzügen vereinigten Wölfen und anderen Tieren mehr ist... Selbst das Planetensystem ist monarchisch", von der Sonne regiert. Schopenhauer meinte, das Facit der politischen Philosophie stünde bereits bei Homer[23]: „Nicht gut ist Vielherrschaft, einer soll Herrscher sein, einer König." Und in den Ausführungsbestimmungen schloß er sich Platons Lehre von den Philosophenkönigen an, die geboren würden, wenn die „edelmütigsten Männer" die „geistreichsten Weiber" heiraten. Konsequent hat Schopenhauer als Erben seines Vermögens die Witwen und Waisen jener Soldaten eingesetzt, die 1848 in der Verteidigung des Königtums gefallen waren.

---

22 Schopenhauer, Paralipomena § 126 f.
23 Hom. Ilias II 204

3. Demokratisch-populistische Bewegungen

3a. In der großen Verfassungskontroverse des 19. Jhs. zwischen den Anhängern der letztlich charismatisch begründeten absolutistischen Monarchie und den Vorkämpfern eines grundsätzlich demokratisch ausgerichteten liberalen Konstitutionalismus hat sich der letztere durchgesetzt. Auch die demokratischen Bewegungen fußen auf antiken Vorbildern, die mit dem Humanismus wieder ins Bewußtsein getreten waren. Das erste große Beispiel bietet Cola di Rienzo[24]. Geboren 1313 als Sohn eines Schankwirts in Rom, faßte ihn früh eine Begeisterung für die römische Geschichte, für die Denkmäler und Inschriften. Im Gegensatz zum Feudaladel schloß er sich der Popularenpartei an, die ihn als Gesandten zum Papst nach Avignon schickte. Hier verkehrte er mit Petrarca, der gleichfalls vom republikanischen Rom begeistert war. Nach seiner Rückkehr begann Rienzo, die römischen Inschriften zu sammeln. Dabei stieß er 1346 auf die sogenannte *lex regia*, genauer: die *lex de imperio Vespasiani*[25]. Ihr entnahm er, daß die Kaisergewalt vom Senat an den Imperator verliehen worden war. Der Kaiser war nicht durch Erbrecht oder durch päpstliche Krönung Herrscher, sondern Beauftragter des Volkes. Daraus leitete Rienzo ab, das römische Volk sei selbst die Quelle des Rechts. Rienzo ließ sich 1347 zum „Tribun der Freiheit, des Friedens und der Gerechtigkeit" erheben und betrieb die Einigung Italiens unter republikanischen Vorzeichen. Gegen die klerikalen und feudalen Mächte, gegen Papst, Kaiser und Adel suchte er den Geist der antiken *res publica* zu erneuern. Dem Prinzip des Gottesgnadentums stellte er die Idee der Volkssouveränität entgegen. Mit dieser Politik konnte Rienzo fahren, so lange die überkommenen Gewalten uneinig waren. Sobald sich aber Kaiser und Papst verständigten, mußte er ebenso scheitern wie frühere und spätere Reformversuche dieser Art.

3b. Seit dem 16. Jh. können wir unter den Gegnern des Absolutismus zwei demokratische Strömungen unterscheiden: eine radikale und eine gemäßigte. Carl Schmitt[26] spricht von einem radikal-egalitären Demokratismus, der zum Kommunismus führt, und einem liberal-antiegalitären Demokratismus, der in den Parlamentarismus mündet. Der radikale Demokratismus stimmt mit dem Absolutismus darin überein, daß die Staatsgewalt ungeteilt und unverantwortlich sein müsse, nun aber nicht beim Fürsten, sondern beim Volk liege.

---

24 Piur 1931
25 FIRA. I 154
26 Schmitt 1940, 19

Es gab ja schon seit der römischen Kaiserzeit ein demokratisches Gottesgnadentum, das Volkesstimme für Gottesstimme erklärt.

3c. Dieser demokratische Zentralismus knüpft zugleich an die jüdisch-christliche Eschatologie und an die antike Utopie an. Die namhaftesten Versuche, neue Staatswesen in eschatologischem Geiste zu gründen, entstammen der reformatorischen Täuferbewegung. 1525 unternahm der „neue Moses" Thomas Müntzer in Mühlhausen einen sozialrevolutionären Umsturz. Den Fürsten, Klöstern und Städten wurde der Kampf angesagt, die allgemeine Freiheit von Mensch und Tier verkündet und das Privateigentum aufgehoben. 1534 wiederholte sich ein solches Experiment in dem apokalyptischen Königtum des Wiedertäufers Johann aus Leyden in Münster, gekennzeichnet ebenfalls durch Ausrottung aller Widerstrebenden und der Verkündung von Gütergemeinschaft und Vielweiberei[27].

3d. Kommunistische Ideen stehen dann auch hinter den literarischen Utopien der frühen Neuzeit. 1516 erschien das namengebende Buch des späteren Erzkanzlers Heinrichs VIII von England, Thomas Morus. Es trug den Titel >De optimo rei publicae statu deque nova insula Utopia<. Morus kombinierte platonische und hellenistische Vorstellungen, sein Leitgedanke war die Aufhebung des Privateigentums, weil aus ihm alle Übel der Menschheit erwüchsen. Die Verteilung der Güter wird von staatlichen Behörden vorgenommen, desgleichen die Verteilung der Aufgaben. Alle Bürger müssen täglich sechs Stunden arbeiten, die Berufe vererben sich, Frauen sind gleichberechtigt und leisten Wehrdienst. Für die niederen Arbeiten werden Verbrecher und Kriegsgefangene herangezogen – also realer Sozialismus.

3e. Eine zweite, ähnliche Utopie stammt von dem Dominikaner Thomas Campanella. Dessen 1611 verfaßte >Civitas Solis< ist durch Platon und Jambulos angeregt. Auch hier sind Gütergemeinschaft und Weibergemeinschaft mit strenger Regulation verknüpft. Ein Obermetaphysikus und eine sich selbst ergänzende Zentralbehörde regieren. Während bei Morus Religionsfreiheit herrscht, läßt Campanella in seinem Sonnenstaat nur ein einziges Buch zu, >Die Weisheit<. Campanella verbindet sozialrevolutionäre Absichten mit eschatologischer Spekulation auf schwer entwirrbare Weise. Sein ‚Sonnenstaat' soll Einfluß gewonnen haben auf das Jesuitenregime in Paraguay.

---

27 L. v. Ranke, Deutsche Geschichte im Zeitalter der Reformation, 1839 ff, VI 9

3. Demokratisch-populistische Bewegungen

3f. Die radikal-demokratische Strömung fand ihren wichtigsten Theoretiker in Jean-Jacques Rousseau. Er erneuerte in seiner 1762 erschienenen Schrift >Du Contrat social< die Lehre der Sophisten vom Gesellschaftsvertrag. Er wird aus einer an Platon orientierten Entwicklungsgeschichte des Staates abgeleitet. Der >Contrat social< darf aber nicht als historische Hypothese mißverstanden werden. Vielmehr handelt es sich um eine normative Fiktion, aus der Rousseau beweist, daß die *volonté générale* als der ideale Gesamtwille (nicht unbedingt gleichlautend mit der *volonté de tous*, dem realen Gesamtwillen) die höchste Instanz im Staate sei. Ihr wird Unteilbarkeit[28] und Unfehlbarkeit bescheinigt, so daß wir eine absolutistische Demokratie vor uns haben[29]. In ihr dürfe es weder Parteien, noch unabhängige Organe geben, der Einzelne hat keinerlei Rechte gegenüber dem Staat[30] außer dem der Auswanderung[31]. Das Vorbild Rousseaus ist die römische Republik. Der Staat dieses „freiesten und mächtigsten Volkes der Erde" wird als Testfall durchexerziert[32], dabei stellt Rousseau allerdings nicht das Geflecht der Kontrollmechanismen, sondern das Prinzip der Volkssouveränität als das Wesentliche heraus. Das Christentum habe dann einen ewigen Loyalitätskonflikt gebracht, das Imperium in eine Despotie verwandelt und sie schließlich untergraben. Auf dem Boden der christlichen Demut sei kein Staat zu fundieren; was Heinrich IV zum Eintritt in die katholische Kirche bewog, müßte jeden anständigen Menschen zum Austritt aus ihr bestimmen[33].

3g. Erheblichen Einfluß hatte Rousseau auf die Französische Revolution, zumal auf ihren radikalen Flügel. Man griff über die christliche Zeit auf die Antike zurück und trieb mit den Staatsdenkern und Freiheitshelden des Altertums einen regelrechten Kult[34]. In der Malerei dominierten Darstellungen römischer Themen, zumal Brutus und Cato minor; dieselben Stoffe erschienen auf der Bühne[35]. Robespierre und Babœuf, Desmoulins und Danton begriffen sich als Volkstribune, als Tyrannenmörder, und schwärmten für

---

28 Rousseau, Contrat social II 2
29 l. c. II 3
30 l. c. II 4
31 l. c. IV 2
32 l. c. IV 4 ff.
33 l. c. IV 8
34 Parker 1937
35 G. Sprigath, Themen aus der Geschichte der römischen Republik in der französischen Malerei des 18. Jhs., 1968

die antiken Helden. Die Begeisterung für die Antike erfaßte auch Napoleon, den Vollstrecker der Revolution. Altrömische Begriffe wie Konsulat, Plebiszit, Tribunal, Präfektur und Empire traten wieder auf, der Kunststil ist klassizistisch. Napoleons Staatsmodell war die plebiszitäre Diktatur, der Cäsarismus. Sein Traum war die Wiederherstellung des Römischen Kaiserreiches. Er hat am 17. Februar 1810 Rom feierlich zur zweiten Stadt im Reich erklärt – nach Paris – und eine zweite Kaiserkrönung in Rom angekündigt. Es versteht sich, daß auch Napoleon III ein Verehrer Caesars war. So wie er sich auf die Imperatoren berief, argumentierte sein Kritiker Prévost-Paradol mit Tacitus.

3h. Den französischen Antikenkult traf der Spott von Karl Marx. Im ›Achtzehnten Brumaire‹ verhöhnte er das „wiederauferstandene Römertum – die Brutusse, Gracchusse, Publicolas, die Tribunen, die Senatoren und Caesar selbst". Für Marx war das Altertum eine vergangene, überwundene Gesellschaftsformation. Dennoch wußte er, daß auch seine eigene Lehre antike Wurzeln besaß. Dies gilt zunächst für die philosophischen Grundlagen, für Dialektik, Materialismus und Atheismus. Marx hat seine Auffassung von Dialektik von Hegel, und dieser fußt auf Heraklit. Seine Doktorarbeit widmete Marx den antiken Materialisten Demokrit und Epikur. Daneben schätzte Marx insbesondere Aristoteles, dem er seine Lehre von der Wertform verdankte. Aber auch das griechische Menschenbild schien Marx vorbildlich. „Die Griechen werden ewig unsere Lehrer bleiben", meinte er[36]. Die antike Sklaverei habe wenigstens einem edlen Zweck gedient, der Entfaltung der Individualität des Politen, während die gegenwärtige Maschinensklaverei bloß die schmutzigen Profite der Kapitalisten abwürfe. Marx träumte von einer Wiederherstellung jener Selbstbildung, sobald die Weltrevolution stattgefunden habe[37]. Engels konstatierte: Ohne antike Sklaverei kein moderner Sozialismus[38].

3i. Trotz seines kämpferischen Atheismus ist Marx geschichtsphilosophisch von der christlichen Eschatologie abhängig. Seine Idee, daß die Weltrevolution nahe herbeigekommen sei, daß nach einer vorübergehenden Diktatur des Proletariats die klassenlose Gesellschaft – entsprechend dem paradiesischen Urkommunismus – komme, ist säkularisierte Heilsge-

---

36 MEGA. I 1,140
37 Fetscher 1983
38 MEW. 20, 168

schichte. Friedrich Engels[39] hat das in anderen Worten selbst eingeräumt. Er meinte, die Endzeithoffnungen der frühen Christen seien religiöse Projektionen von Wünschen gewesen, die der Sozialismus alsbald in die Tat umsetzen werde. Der Kommunismus stellt sich selbst in die Tradition der radikalen Demokratie, Gewaltentrennung lehnt er – wie Rousseau und Hobbes – ab. Die politischen Sympathien des Marxismus galten den Utopisten und jeder Art von Volksbewegung, der größte Held des Altertums war Spartacus. Er erscheint als der „famoseste Kerl, den die ganze antike Geschichte aufzuweisen hat... *real representative* des antiken Proletariats"[40].

3j. Die bonapartische Antikenrezeption wiederholt sich in den faschistischen Bewegungen unseres Jahrhunderts. Wichtiger als die „Grünhemden" der rumänischen Legionärsbewegung mit ihrer Centurien-Ordnung[41], als die Pfeilkreuzer und die Eiserne Garde in Ungarn, als die Falange in Spanien, sind die Parteien von Mussolini und Hitler. Schon der Begriff „Fascismo" und sein Symbol versetzen uns in die Antike. *Fasces* sind die Rutenbündel mit eingebundenen Beilen, die von den Liktoren den römischen Magistraten vorangetragen wurden, um ihre Gewalt über Leib und Leben zu demonstrieren. Mussolini hat mit seiner Abkehr von Marx zunehmend römische Ideale aufgegriffen. „Rom, das Zauberwort, das zweitausend Jahre Geschichte füllt", sagte er 1920 in Triest. „Das brillante Vorbild der fernen, römischen Vergangenheit begeistert den Fascisten zum Siege". Immer soll Mussolini eine Büste Caesars vor sich gehabt haben[42]; den 21. April, Roms Geburtstag, hat er jährlich gefeiert. 1935, mit der Eroberung Abessiniens, erklärte er das Imperium für wiederhergestellt. Die Restauration der römischen Ruinen, der neorömische Baustil, die gigantische 2000-Jahrfeier für Augustus 1937 und seine Absicht, sich im eigens dafür wiederhergestellten Augustus-Mausoleum beisetzen zu lassen, – all das bezeugt, welchen Einfluß altrömische Reminiszenzen auf das politische Denken Mussolinis besaßen.

3k. Die antiken Komponenten im Nationalsozialismus zeigen Widersprüche. Generell eignete sich die Antike als Vorbild aus zwei Gründen. Der erste liegt im Monumentalen, Einfachen, Klaren ihrer Ordnungen. Das zweite betrifft das Säkulare, Vorchristliche in ihr. Beide Momente ließen sich bei

---

39 MEW. 30, 449
40 Marx 27. II. 1861
41 Horia Sima und Cornelius Codreanu 1930 – 1941; E. Nolte, Die Krise des liberalen Systems und die faschistischen Bewegungen, 1968, 237 ff.
42 G. Salvemini, Mussolini diplomatico, 1952, 192

Griechen und Römern finden und gegen die Welt ausspielen, die man überwunden zu haben meinte. Aufs ganze gesehen, spielte innerhalb der Partei das Germanische die größere Rolle. Der deutsche Nationalismus hat sich auf die ›Edda‹ und auf die ›Germania‹ berufen, Wotan und Arminius als seine Heroen betrachtet. Nicht der Süden, sondern der Norden ist die heilige Himmelsrichtung, daher kommt die „nordische" Rasse. Das Hakenkreuz wurde als altgermanisches Sonnensymbol gedeutet; Hitler wollte die von Albert Speer neugestaltete Hauptstadt des großgermanischen Reiches von „Berlin" in „Germania" umbenennen.

3l. Die Vorliebe für die Germanen verkörpert das romantische Element, die Neigung zu den Griechen dagegen die klassizistische Strömung im Nationalsozialismus. Vermittler ist hier das Preußentum. Moeller van den Bruck, der 1923 den Begriff des „Dritten Reiches" popularisiert hat, bezeichnete 1916 als den „preußischen Stil" den Klassizismus von Langhans, Gilly und Schinkel. In dieser Tradition stehen Hitlers Architekten, namentlich Speer. Er hat sich aber auch unmittelbar auf die griechischen Vorbilder bezogen; deren reinste Form schien ihm der dorische Stil. Das politische Gegenstück zur dorischen Ordnung war der spartanische Kosmos, dessen Staatsideal von Helmut Berve[43] gefeiert wurde.

3m. Gemäß der Rassenlehre entsprang nicht nur das Germanentum, sondern ebenso die griechische und römische Kultur dem indogermanischen Erbgut. Hitler verehrte das griechische Schönheitsideal und bewunderte die römische Staatskunst. „Insbesondere soll man im Geschichtsunterricht sich nicht vom Studium der Antike abbringen lassen. Römische Geschichte, in ganz großen Linien richtig aufgefaßt, ist und bleibt die beste Lehrmeisterin nicht nur für heute, sondern wohl für alle Zeiten"[44]. Der Führer hatte sich als Knabe für Rienzi begeistert und empfahl den Schülern, tüchtig Latein zu lernen[45]. Was Hitler an Rom fesselte, war die konsequente Priorität des Politischen. „Italien ist die Heimat der Staatsidee; war doch das römische Weltreich die einzige wirklich große staatspolitische Gestaltung" – so in den ›Tischgesprächen‹ am 21. Juli 1941. Solange dort ein gesundes Bauerntum seine arischen Rassenqualitäten bewahrte, wuchs und gedieh der Staat; als er aber zum völkerübergreifenden Imperium geworden war, entstand der Rassenmischmasch, in dem der orientalische-jüdische Einfluß die moralische

---

43 H. Berve, Sparta, 1937
44 Hitler, Kampf 470
45 Hitler, Kampf 466

4. Liberal-demokratische Strömungen

Widerstandskraft zersetzte. Als der letzte Staatsmann, der nochmals das Römertum zu retten suchte, erschien Kaiser Augustus, er wurde als Leitbild nordischen Führertums herausgestellt. Diese plebiszitäre Komponente erlaubte Joseph Goebbels am 19. IV. 1942 die Behauptung: „Wir Deutschen leben in einer wahren Demokratie", denn die Regierung werde vom Vertrauen des Volkes getragen.

4. LIBERAL-DEMOKRATISCHE STRÖMUNGEN

4a. Die behandelten Denker waren sich, bei allem Trennenden sonst, einig darin, daß der Staat auf dem Willen des Volkes beruhen solle, und daß dieser Wille unteilbar und unverantwortlich sei. Dieser populistischen Radikalität steht eine gemäßigte Strömung gegenüber, die zwar gleichfalls das Prinzip der Volkssouveränität verficht, aber größten Wert darauf legt, daß die Macht geteilt und überwacht wird. Während die radikale Richtung die Gleichheit der Bürger und die Macht des Staates obenan stellt, rangiert für die gemäßigte Richtung die Freiheit der Bürger und die Kontrolle der Macht höher.

4b. Für die Geschichte dieses Stranges im neuzeitlichen Staatsdenken müssen wir wieder ins 16. Jahrhundert zurückkehren, zunächst in den französischen Sprachraum. Johann Calvin setzte in seiner Genfer Verfassung von 1535 dem absolutistischen Gottesgnadentum der Herzöge von Savoyen eine biblisch begründete Republik entgegen. Ohne an der paulinischen Gehorsamspflicht der Untertanen gegenüber der Obrigkeit zu rütteln, betonte er, daß es innerhalb der Obrigkeit *populares magistratus* gebe, die im Interesse des Volkes die Könige kontrollieren müßten, wenn sie etwa ihre von Gott stammende Aufgabe, die *libertas populi* zu schützen, verletzte. Calvin weist diese Funktion den Ständeversammlungen zu und zieht als Parallelen die römischen Volkstribunen und die spartanischen Ephoren heran[46]. Insofern forderte Calvin eine Gewaltenteilung.

4c. Der nächste Schritt war dann die hugenottische Staatstheorie: das Volk selbst besäße natürliche, ihm von Gott verliehene Rechte. Auf diese Idee stützten sich die sog. Monarchomachen mit ihrem Anspruch auf ein Widerstandsrecht, das bis zum Tyrannenmord reichte. Als erster großer Theoretiker der Monarchomachen gilt der calvinistische Staatsrechtler François Hotman.

---

46 Corpus Reformatorum XXX 1116

Im Jahr nach der Bartholomäus-Nacht, 1573, erschien seine >Francogallia<. Darin verfocht er gegen Bodin und den Absolutismus ein parlamentarisches System, für das er sich einerseits auf die griechischen Amphiktionien, andererseits auf die Thingverfassung der Germanen berief. Die bei Caesar und Tacitus erwähnte Volksversammlung erschien ihm die eigentliche Quelle aller Staatsgewalt, als die Garantie jener Freiheit, die durch die Römer und ihre absolutistischen Nachfolger beseitigt worden sei. Hotman leitete aus dem germanischen Thing das fränkische Maifeld und daraus die Generalstände ab. Ihre Versammlung (*consilium, curia, conventus, parlamentum*) bilde die Basis der Legitimität einer im Idealfall gemischten Verfassung. Hier wird zugleich ein Rückgriff auf Polybios erkennbar.

4d. Die Autorität des Polybios beeinflußte auch die gehaltvollste und einflußreichste Staatstheorie der französischen Aufklärung, das Werk >De l'Esprit des Loix< (1748) von Montesquieu. Die drei reinen Herrschaftsformen der Demokratie, Aristokratie und der Monarchie werden unter dem Gesichtspunkt der Gewaltenregelung verglichen. Montesquieu unterscheidet in Anlehnung an Platons >Nomoi< eine legislative und eine exekutive Gewalt, letztere unterteilt in außenpolitisch-militärische und innenpolitisch-rechtsprechende Gewalt. Die Anordnung, genauer: die Trennung dieser drei Gewalten entscheide über die politische Freiheit, die in einem Staate herrsche. Da, wo sie in einer Hand vereinigt seien – wie im Sultanat – gebe es keine politische Freiheit, dort seien die Bürger Heloten[47].

4e. Montesquieus Lehre von Trennung der drei Gewalten ist nicht identisch mit der Theorie von der Mischverfassung. Dennoch ist sie aus dieser entstanden, denn beidemale steht das Prinzip des Gleichgewichts als regulative Idee im Hintergrund. Das demokratische Element entspricht der Legislative (das Volk beschließt die Gesetze), das monarchische der Exekutive (der König führt sie aus), das aristokratische Element hingegen ist nicht ohne weiteres mit der richterlichen Gewalt gleichzusetzen. Das früheste antike Beispiel einer Verbindung von Mischverfassung und Gewaltenteilung ist Platons Verfassungsentwurf für Syrakus[48]. Montesquieu bestreitet, daß eine Demokratie, wo der unmittelbare Volkswille herrsche, ein freier Staat sei. Er glaubt, jede Macht ohne Zügel ende im Mißbrauch. Darum lobt er die *gouvernements modérés*, die gemäßigten, gemischten Verfassungen wie die römische Republik oder die germanische Stammesordnung, die Tacitus in

---

47 Montesquieu, Esprit XI 6
48 Platon, 8. Brief

4. Liberal-demokratische Strömungen

der >Germania< beschrieben hat. Daraus leitete Montesquieu die von ihm besonders geschätzte Verfassung Englands ab. Die politische Freiheit wurzelte in den germanischen Wäldern. Die Sklaverei erklärte Montesquieu für menschenunwürdig. Montesquieu war ebenso wie Machiavelli vor ihm und Kant nach ihm ein Gesinnungsrepublikaner, der nur pragmatische Konzessionen an die Monarchie gemacht hat

4f. In England hat der Gedanke an die germanischen und britannischen Vorfahren demokratische Strömungen begünstigt. Während Karl I sich 1642 gegen die >Nineteen Propositions< auf die Mischverfassung berief[49], stützten sich die Levellers (so seit 1647) während der Puritanischen Revolution auf die britisch-germanische Tradition. John Milton verteidigte 1651 die Rechte des Parlaments unter Hinweis auf Tacitus' >Germania<; James Harrington entwarf 1656 sein *immortal commonwealth* >Oceana<, das eine gesetzliche Mischverfassung nach dem Vorbild von Rom und Venedig für England empfahl. Als „Vater des modernen Konstitutionalismus"[50] gilt John Locke mit seinen beiden Schriften von 1690 über die Regierung. Darin begründet er die Forderung, daß der König unter, nicht über dem Gesetz stehe, mit dem Prinzip der Volkssouveränität. Antike Autoritäten werden in diesem Werk kaum beschworen. Aber Locke betrachtete die Politik als Teil der Ethik und deren Leseliste eröffnete er mit Aristoteles, dem *archphilosopher*, gefolgt von Ciceros >De officiis< und dem Neuen Testament. Locke war auch als Gesetzgeber hervorgetreten, 1669 hatte er dem Staat Südkarolina eine Verfassung gegeben, die Kirche und Staat voneinander trennte und damit einen vorconstantinischen Zustand wiederherstellte.

4g. Stärker noch als die innere ist die äußere Politik Englands antiken Vorbildern gefolgt. Der zunächst ohne jeden abwertenden Sinn gebrauchte Begriff des Imperialismus verband die englische Herrschaft mit dem Imperium Romanum. Bereits im 18. Jh. war die Parallele zwischen dem britischen und dem römischen Imperium beliebt. Durch die Übernahme des Begriffs *empire* erhielt er eine offizielle Note; auch der Begriff *colony* schließt an Rom an. Unter den Vorkämpfern des britischen Imperialismus, die sich auf römische Vorbilder beriefen, ist Disraeli zu nennen, der sein Programm mit *Imperium et Libertas* umschrieb. *Imperium et Libertas* war auch der Wahlspruch der *Primrose League*, die 1883 in Erinnerung an Benjamin Disraeli

---

40 Weston 1956
50 Vorländer 1903, 135

(† 1881) zur Verbreitung konservativer und imperialistischer Gedanken gegründet wurde[51].

4h. Wie nahe die Rechtfertigungsgründe des römischen mit denen des britischen Imperialismus zusammengehen, zeigt eine Passage aus der Rede, die Joseph Chamberlain 1897 auf dem Jahresbankett des *Royal Colonial Institute* gehalten hat. „Wir fühlen heute, daß unsere Herrschaft... nur dann gerechtfertigt werden kann, wenn wir zeigen können, daß sie zum Glück und Wohlstand der Menschen beiträgt, und ich behaupte, daß unsere Herrschaft dies tut, und daß sie Ländern Sicherheit und Frieden und relativen Wohlstand gebracht hat, die diese Segnungen vorher nicht kannten. Ich sage nicht, daß alle unsere Methoden über jeden Vorwurf erhaben waren, aber ich sage, daß in fast allen Fällen, in denen die Herrschaft der Königin errichtet und die große *Pax Britannica* zur Geltung gebracht wurde, mit ihr auch größere Sicherheit für Leben und Besitz eingekehrt und für die Masse der Bevölkerung eine materielle Verbesserung der Verhältnisse eingetreten ist."

4i. In ganz ähnlichem Sinne äußerte sich der letzte große Vertreter der britischen Weltmachtsträume, Winston Churchill. „Welches Unternehmen", fragt er, „ist edler und ergiebiger, als fruchtbare und dichtbevölkerte Länder aus der Barbarei zu erlösen, kriegsliebenden Stämmen den Frieden zu schenken und Gerechtigkeit zu üben, wo vorher nichts als Faustrecht gegolten hat". In seiner Selbstbiographie nennt Churchill[52] seine Devise: *parcere subjectis et debellare superbos*, jene Aufforderung Vergils[53] an die Römer, die Welt ihrer politischen Ordnung zu unterwerfen. Churchill, dem der Autor verborgen blieb (er zitiert aus zweiter Hand), stellte bedauernd fest, daß die Römer die besten seiner Ideen vorweggedacht hätten und konzidiert ihnen die Patentrechte an dieser Maxime[54].

4j. So wie die imperialistische, zehrt auch die anti-imperialistische Argumentation vom römischen Vorbild. Gladstone, der liberale Gegner Disraelis, hat wie die englische so auch die römische Expansion verurteilt. Rom habe die fremden Völker lediglich unterjocht. Neville Chamberlain charakterisierte die Maßnahmen des Caesarverehrers Kitchener im Burenkrieg mit den

---

51 Straub 1964/72, 19 f.
52 W. Churchill, My Early Life, 1930, 346
53 Verg. Aen. XI 853
54 C. M. Wells 1972 p. VIII

4. Liberal-demokratische Strömungen

Worten des Calgacus aus Tacitus[55]: *They make a desert and they call it peace* – *ubi solitudinem faciunt, pacem appellant*[56].

4k. Die bedeutendste liberal-demokratische Verfassung der Neuzeit ist die der Vereinigten Staaten von Amerika. Der Einfluß antiken Gedankengutes auf die Väter der Verfassung ist teilweise vermittelt durch Montesquieu[57], teilweise beruht er auf der Lektüre der griechischen und römischen Autoren selbst. James Madison, Thomas Jefferson, Benjamin Franklin und John Adams waren in der klassischen Literatur glänzend bewandert. In den Berichten über den Verfassungskonvent 1787 erscheinen Beispiele aus dem Altertum auf fast jeder Seite[58], so daß wir es Benjamin Franklin glauben, wenn er am 28. VI. sagte: *We have gone back to ancient history for models of government and examined the different forms of those Republics, which having been formed with the seeds of their own dissolution, now no longer exist*[59]. Diese Fehler glaubte man nun behoben.

4l. Eine repräsentative Quelle für die geistesgeschichtliche Abkunft der amerikanischen Verfassung ist die 1787 erschienene >Defence of the Constitution< von John Adams. Man wollte einen Staat haben, der Freiheit, Eigentum und Glück sicherte, dessen Macht durch *checks and balances* austariert war, dessen Kräfte sich in einem kontrollierten Gleichgewicht befanden. Unter dieser Vorgabe werden die bekannten Staatsformen und Staatsideen durchmustert. Als systematisches Gerüst wählte Adams die drei reinen Staatsformen Monarchie, Aristokratie und Demokratie, die er im Verfassungsgespräch Herodots[60] zuerst dargestellt fand. Am eingehendsten befaßte er sich mit der Demokratie, insbesondere Athens, die überraschend schlecht abschneidet. Die Verfassung Solons habe nur hundert Jahre gehalten und auch in dieser Zeit die Freiheit nicht gewährleisten können[61]. Demokratie sei die Tyrannei der Mehrheit und ihrer Demagogen gegenüber einer ungeschützten Minderheit[62]. Im Anschluß an Hume werden die Exzesse und Massaker in den griechischen Demokratien breit ausgeführt. Als symptoma-

---

55 Tac. Agr. 30, 6
56 Straub a. O.
57 Chinard 1940, 42
58 Farrand 1911/66
59 Farrand 1911/66, I 451
60 Herodot III 80 f.
61 Adams I p. XXIV
62 Adams III 355

tischen Tiefpunkt betrachtet Adams – wie zuvor Hobbes – die Ausschreitungen in Kerkyra 427 v. Chr., wie sie Thukydides[63] beschreibt. Was der griechischen Demokratie gefehlt habe, das seien *checks and balances*. Die Sympathie von Adams, Madison und Hamilton gehört nicht der Demokratie, sondern der Mischverfassung, wie sie in Sparta, Karthago und Rom verwirklicht und von Aristoteles, Polybios und Cicero als beste Staatsform herausgestellt worden war. Nicht zufällig kommt der Begriff *democracy* in der amerikanischen Verfassung nicht vor, wohl aber *republic*.

4m. Adams übernimmt die Staatsdefinition Ciceros[64]: Der Staat ist die Sache des Volkes. *Res publica est res populi.* Ein Volk sei aber nicht jede zusammengelaufene Menschengruppe, sondern eine Gemeinschaft, die durch rechtliche Übereinkunft und gemeinsamen Nutzen vergesellschaftet sei. Cicero habe die in der ewigen Vernunft begründeten drei Elemente des Staates herausgearbeitet: die Staatsspitze als ausführendes Organ, den Senat als kontrollierendes Organ und die Volksversammlung als beschließendes Organ. *The Roman constitutiony formed the noblest people and the greatest power, that has ever existed*[65]. Dennoch seien die drei Potenzen in Rom nicht genügend selbständig, nicht hinreichend ausgewogen gewesen, um den Verfall der Republik aufhalten zu können[66].

4n. Besser sei das in den germanischen Staaten gewesen. *The Teutonic institutions, described by Caesar and Tacitus, are the most memorable experiment merely political, ever yet made in human affairs*[67]. 1800 Jahre hätten diese Gemeinwesen gedauert, doch hätten sie ihren alten, freiheitlichen Charakter nur in England bewahrt. Denn England habe die germanisch-feudalen Traditionen mit griechischen und römischen Ideen aufs glücklichste verschmolzen. Kehrte Cicero auf die Erde zurück, so würde er in der englischen Verfassung seine Ideen am reinsten verwirklicht finden[68].

4o. In der amerikanischen Verfassungsdebatte standen sich Vertreter eines Bundesstaates und Vertreter eines Einheitsstaates gegenüber. Letztere argumentierten, daß Bundesstaaten außenpolitisch wehrlos wären, wie die

---

63 Thuk. III 82 ff.
64 Cic. rep. I 39
65 Adams I 175
66 Adams I 361
67 Adams I p. XXV
68 Adams I p. XXII

4. Liberal-demokratische Strömungen 419

griechischen Amphiktionien bewiesen hätten. Als Muster wurden das lykische Koinon (nach Strabon) und der achäische Bund (nach Polybios) diskutiert, die aber beide trotz ihrer guten inneren Ordnung wenig Widerstandskraft besaßen. Madison, Hamilton und Adams forderten eine starke Zentralgewalt, in der das Repräsentantenhaus das demokratische Element und die Exekutive das monarchische Element darstellen sollten. Zwischen beide aber müsse ein Senat gestellt werden, der einerseits den föderativen Gedanken, andererseits die aristokratischen Elemente verkörpern solle. Natürlich dachte niemand im europäischen Sinne an einen Erbadel, aber desto entschiedener an einen Leistungsadel im antiken Sinne. Der Senat müsse die Exekutive ebenso wie die Legislative kontrollieren, um zu verhindern, daß die Mehrheit der Armen die Minderheit der reichen auf legalem Wege enteignet und sich einem populären Diktator ausliefert. Die Entwicklung von den Gracchen zu Caesar müsse durch eine entsprechende Stärkung des amerikanischen Senats verhindert werden[69]. Alle antiken Republiken hätten einen Senat besessen, meinte Madison, diese Institution garantierte die Freiheit[70]. Die Intensität der Auseinandersetzung mit der Antike spiegelt sich in der politischen Symbolik und im allgegenwärtigen Klassizismus Amerikas.

4p. Der Einfluß der Antike auf die liberaldemokratischen Strömungen in Deutschland ist schwächer als bei unseren westlichen Nachbarn. Was die Griechen einem Winckelmann für die Kunst, einem Goethe für die Literatur, einem Humboldt für die Bildung bedeutet haben, blieb ohne eigentlich politische Folgen. Der deutsche Philhellenismus war mit dem monarchischen Gedanken so wohl vereinbar, daß die Wittelsbacher den ersten griechischen König stellten.

4q. Dennoch gibt es einen politischen Humanismus auch bei uns. Der früheste Anwalt des demokratischen Gedankens in Deutschland war Samuel von Pufendorf. In seinem Hauptwerk >De iure naturae et gentium< (1688) wird das Naturrecht ciceronischer Prägung zur Grundlage politischer Ordnung gemacht. Staaten entstehen durch Übereinkunft in einem Dreischritt: der erste betrifft den Zusammenschluß, der zweite die Staatsform, der dritte die Auswahl der Regenten. Ganz in antikem Sinne wird hier der Staat von unten her konstruiert. So heißt es, die Demokratie sei die älteste, erhabenste und angenehmste Verfassung der Menschheit. Es entspreche der Natur und der Vernunft, den Staat auf regelmäßig zu berufende Volksversammlungen

---

69 Farrand 1911/66 I 430 ff.
70 Chinard 1940, 55 f.

zu gründen, wo mit Mehrheit die gemeinsamen Fragen entschieden und die Magistrate gewählt würden. Pufendorf stützt seine Theorie auf Cicero und Philon von Alexandria († 40 n. Chr.), jenen kosmopolitischen hellenisierten Juden, der platonische, stoische und biblische Ideen verschmolz und eine demokratisch-republikanische Weltregierung verfocht[71]. Pufendorf hat namentlich auf Locke gewirkt, der jenem seine wichtigsten Anregungen verdankt.

4r. Der Dichter der Freiheit in der deutschen Aufklärung war Schiller, der in Amerikas Antiquariaten am meisten angebotene deutsche Autor. 1789 schrieb er: „Ein Staat selbst ist niemals Zweck, er ist nur wichtig als eine Bedingung, unter welcher der Zweck der Menschheit erfüllt werden kann, und dieser Zweck der Menschheit ist kein anderer als die Ausbildung aller Kräfte der Menschen, Fortschreitung"[72]. An diesem Ideal maß er auch die antiken Staaten. 1790 veröffentlichte er seine Schrift über >Die Gesetzgebung des Lykurgus und Solon<[73]. Darin stellte er die militaristische Zwangsverfassung Spartas der bürgerlichen Freiheitsverfassung Athens gegenüber. Während in Sparta der einzelne dem Ganzen geopfert, der kulturelle Fortschritt im „traurigen Egoismus" des Staats erstickt worden sei, blühte Athen in der Demokratie Solons auf. Die Souveränität des Volkes sicherte den Geist der Freiheit, „das edelste Vorrecht der menschlichen Natur ist, sich selbst zu bestimmen". Schiller sieht einen Vorzug der antiken Staaten darin, daß sie „den Bürger nie von dem Menschen trennen, wie wir", ihm die politische Verantwortung nicht abnehmen und die Selbstbildung durch die Öffentlichkeit und in der Öffentlichkeit erstreben. Das „Grundprincipium, worauf alle Staaten ruhen müssen", sei: „sich selbst die Gesetze zu geben". In diesem Sinne erklärte Kant[74] 1795: „Die bürgerliche Verfassung in jedem Staate soll republikanisch sein".

4s. Schiller meinte, das „schwerste Problem, das die kommenden Jahrhunderte erst auflösen sollen", sei die glückliche Mitte zu finden zwischen der Neigung der Masse unten zur Anarchie und der Tendenz der Wenigen oben zur Despotie. Es ist das Grundproblem des Ausgleichs zwischen Freiheit und Ordnung, das Polybios und Cicero dadurch zu lösen suchten, daß sie die Gewalten geteilt, gemischt und ausgewogen wissen wollten. Die deutschen

---

71 Breitling 1977, 46 f.
72 Schiller XVI 109
73 Schiller XVI 93 ff.
74 Kant V 666

Verfassungen von 1848, 1919 und 1949 haben das Prinzip der Gewaltentrennung übernommen, Schiller wäre damit zufrieden.

5. SCHLUSS

5a. Wenn die Antike die Schule Europas ist, so hat sie, wie jede andere Schule, gute und schlechte Lehrer, bessere und schlechtere Schüler gehabt. Es hat wenig Sinn zu fragen, ob der Einfluß der Antike zu begrüßen oder zu bedauern ist. Es gibt Argumente für beides, die sich kaum gegeneinander abwägen lassen. Bleibe es dahingestellt, ob die schlechten Wirkungen am schlechten Lehrer oder am schlechten Schüler liegen! Es ist nicht das Amt des Historikers, *ex cathedra* Zensuren zu verteilen; das mag ein jeder für sich halten, wie er will. Der Historiker stellt einfach fest, daß sie alle bei den Alten in die Lehre gegangen sind: die Absolutisten und die Demokraten, die Imperialisten und die Faschisten, die Kommunisten und die Liberalen. Darum empfiehlt es sich, nicht nur die Antike, sondern zugleich ihre Rezeption zu studieren.

5b. Daß wir ohne das antike Erbe unser eigenes Staatsdenken nicht begreifen, lehrt schon die Begriffsgeschichte. „Staat" ist lateinischen, „Theorie" griechischen Ursprungs. „Ideal" ist das Denkbild, an dem wir das Reale messen, „Kritik" ist die Fähigkeit, zu urteilen und zu entscheiden; „Politik" ist die Kunst, eine Polis zu regieren. Wenn das Vokabular des Staatslebens der meisten europäischen Sprachen durch die klassische Tradition geprägt ist, wenn sich heute die Mehrzahl aller Staaten nach römischem Vorbild als Republik bezeichnet, nach griechischem Muster als Demokratie versteht, so zeigt dies, daß die politische Kultur der Neuzeit, trotz aller Unterschiede im einzelnen, dem Altertum entwachsen ist. Alle modernen Staatskonzepte enthalten griechische und römische, christliche und germanische Elemente, in jeweils verschiedener Menge, in jeweils verschiedener Mischung.

5c. 1849 schrieb der Nationalökonom Wilhelm Roscher[75], alle neueren Künste verdankten ihren Aufschwung dem Studium der Alten, und auch heute könne man aus dem Thukydides noch mehr für die Volkswirtschaft lernen als aus manchem neueren Buch. Ob das für Roschers Gegenwart zutraf, ist unsicher. Noch ungewisser ist das für die unsere. Uns liefert die Antike weniger Vorbilder als Verständnishilfen. Denn sicher ist, daß wir

---

75 Roscher 1849, 115 ff.

nicht wären, was wir sind, wenn die ständige Auseinandersetzung mit dem Altertum nicht stattgefunden hätte. Griechen und Römer haben die Suche nach dem besten Staat begonnen. Gefunden haben wir ihn immer noch nicht, aber wir ahnen allmählich, was wir suchen sollten. Auch das ist etwas wert. Recht sah es Goethe[76]: „Welche Regierung die beste sei? Diejenige, die uns lehrt, uns selbst zu regieren."

---

76 Goethe, Maximen und Reflexionen Nr. 353

LITERATUR

Literatur zu Kapitel I

Die jeweils zuvor genannten Schriften und Abkürzungen werden in den folgenden Literaturlisten nicht nochmals aufgeführt, auch wenn sie für die späteren Kapitel bedeutsam sind.

K. Adomeit, Antike Denker über den Staat, 1982
E. Barker, Greek Political Theory, Plato and His Predecessors, 1960
F. W. v. Bissing, Altägyptische Lebensweisheit, 1955
J. Burckhardt, Weltgeschichtliche Betrachtungen, 1868/1935
F. Dvornik, Early Christian and Byzantine Political Philosophy. Origins and Background, 1966
V. Ehrenberg, Der Staat der Griechen, 1965
A. A. T. Ehrhardt, Politische Metaphysik von Solon bis Augustin, I–III, 1959–1969
I. Fetscher + H. Münkler (Hgg.), Pipers Handbuch der politischen Ideen, I, 1988
FHG: Fragmenta Historicorum Graecorum, herausgegeben von C. und Th. Müller, 1841 ff.
GdA: Geschichte des Altertums, s. Ed. Meyer!
M. Gelzer, Gibt es eine klassische Form in der politischen Entwicklung? (1931) In: Ders., Kleine Schriften III, 1964, 3 f.
W. v. Goethe, Werke. Vollständige Ausgabe letzter Hand (Cotta), 1827 ff.
G. W. F. Hegel, Sämtliche Werke in 18 Bänden, 1832–1842
E. v. Hippel, Geschichte der Staatsphilosophie in Hauptkapiteln I/II, 1955/58
I. Kant, Sämtliche Werke in sechs Bänden (Insel), 1921
KHM: Kinder- und Hausmärchen der Brüder Grimm
Ch. Meier, Die Entstehung des Politischen bei den Griechen, 1980
Ed. Meyer, Geschichte des Altertums, 1910 ff.
Ernst Meyer, Römischer Staat und Staatsgedanke, 1980
MEW: Karl Marx und Friedrich Engels, Werke, 1962 ff.
Th. Mommsen, Römische Geschichte, I 1854/1912; II 1855/1908; III 1856/1909
F. Nietzsche, Werke in drei Bänden, herausgegeben von K. Schlechta, 1960
W. Nippel, Politische Theorien der griechisch-römischen Antike. In: H. J. Lieber (Hg.), Politische Theorien von der Antike bis zur Gegenwart, 1991, S. 17 ff.
OGIS: Orientis Graeci Inscriptiones Selectae, herausgegeben von W. Dittenberger I/II, 1903/05
PL: Patrologia Latina, ed. J. P. Migne, 1844 ff.
K. Popper, Die offene Gesellschaft und ihre Feinde, Bd. 1: Der Zauber Platons, 1944/70
RE: Pauly-Wissowas Realencyclopädie der classischen Altertumswissenschaft, 1894 ff.

RIC: The Roman Imperial Coinage, edd. H. Mattingly + E. A. Sydenham, 1930 ff.
F. v. Schiller, Sämtliche Werke (Cotta), 1827 f.
A. Schopenhauer, Sämtliche Werke in fünf Bänden (Insel), 1905 ff.
SHA: Scriptores Historiae Augustae
T. A. Sinclair, A History of Greek Political Thought, 1959
O. Suerbaum, Vom antiken zum frühmittelalterlichen Staatsbegriff, 1977
A. Thomas, A History of Greek Political Thought, 1951
VS: H. Diels + W. Kranz, Die Fragmente der Vorsokratiker, I–III, 1934–1937
WA: Weimarer Ausgabe der Werke Luthers
P. Weber-Schäfer, Einführung in die antike politische Theorie, 1976
K. W. Welwei, Die griechische Polis, 1903

Literatur zu Kapitel II

V. Ehrenberg, Die Rechtsidee im frühen Griechentum, 1921
Z. Franyo + P. Gan, Die frühen Elegiker, 1981 (darin Tyrtaios und Solon, griechisch und deutsch mit Erklärungen)
R. Hirzel, Themis, Dike und Verwandtes, 1907
K. Latte, Der Rechtsgedanke im archaischen Griechentum.In: Ders., Kleine Schriften zu Religion, Recht, Literatur und Sprache der Griechen und Römer, 1968, S. 233 ff.
Ed. Meyer, Forschungen zur Alten Geschichte II, 1899
R. v. Poehlmann, Geschichte der sozialen Frage und des Sozialismus in der antiken Welt, 1925
K. Raaflaub, Die Entdeckung der Freiheit, 1985
Ders., Die Anfänge des politischen Denkens bei den Griechen. In: Fetscher + Münkler, 1988, 189 ff.
B. Snell, Leben und Meinungen der Sieben Weisen, 1971

Literatur zu Kapitel III

C. J. Classen (ed.), Sophistik, WdF. 189, 1967
M. Emsbach, Sophistik als Aufklärung, Untersuchungen zu Wissenschaftsbegriff und Geschichtsauffassung bei Protagoras, 1980
A. H. M. Jones, Athenian Democracy, 1957
E. Kalinka, Die pseudo-xenophontische Schrift vom Staate der Athener, griechisch und deutsch, 1913
A. Pfeifenstein, Das Rechts- und Staatsdenken der Sophistik, 1953
G. Prestel, Die antidemokratische Strömung im Athen des 5. Jhs., 1939/74
K. Raaflaub, Die Sophisten und die Anfänge der politischen Theorie. In: Fetscher + Münkler 1988, 314 ff.

F. J. Stahl, Die Philosophie des Rechts (1830-1837). Eine Auswahl nach der 5. Auflage (1870). Eingeleitet und hg. von H. v. Arnim, 1926

LITERATUR ZU KAPITEL IV

J. Annas, Platon. In: Fetscher + Münkler, 1988, 369 ff.
E. Bickermann + J. Sykutris, Speusipps Brief an König Philipp, 1928
H. Breitenbach, Platon und Dion, 1960
L. Edelstein, Plato's Seventh Letter, 1956
P. Friedlaender, Platon, 1928/30
K. v. Fritz, Platon in Sizilien, 1968
Ders., Schriften zur griechischen und römischen Verfassungsgeschichte und Verfassungstheorie, 1976
K. Gaiser, Platon und die Geschichte, 1961
O. Gigon, Gegenwärtigkeit und Utopie, 1976
W. K. C. Guthrie, A History of Greek Philosophy. IV Plato. The Man and his Dialogues. Earlier Period. V, The Later Plato and the Academy, 1975/78
W. Jaeger, Paideia, 1936/59
R. Lerner + M. Mahdi (edd.), Medieval Political Philosophy, 1963/78
R. Maurer, Platons ‚Staat' und die Demokratie, 1970
W. Neumann + J. Kerschensteiner, Platons Briefe (griechisch und deutsch mit Kommentar), 1967 (Tusculum)
C. Ritter, Platon: sein Leben, seine Schriften, seine Lehren, 1910/23
E. I. J. Rosenthal, Political Thought in Medieval Islam, 1958
F. Rosenthal, Das Fortleben der Antike im Islam, 1965
R. F. Stalley, An Introduction to Plato's Laws, 1983
U. v. Wilamowitz-Moellendorff, Platon, 1919
A. Woerle, Die politische Tätigkeit der Schüler Platons, 1981

LITERATUR ZU KAPITEL V

H. v. Arnim, Zur Entstehungsgeschichte der aristotelischen Politik, 1924
A. Barker, The Political Thought of Plato and Aristotle, 1902
E. Barker, The Politics of Aristotle. Translated with an Introduction, Notes and Appendices, 1948/61
G. Bien, Die Grundlegung der politischen Philosophie bei Aristoteles, 1973
M. R. Dilts, Heraclidis Lembi Excerpta Politiarum (sc. des Aristoteles, gr.-engl.), 1971
J. G. Herder, Briefe zur Beförderung der Humanität I, 1803
W. Jaeger, Aristoteles. Grundlegung einer Geschichte seiner Entwicklung, 1955
W. L. Newman, The Politics of Aristotle, I–IV, 1887–1902 (wertvoller Kommentar)
W. Oncken, Die Staatslehre des Aristoteles, 1870

H. *Rackham* (ed.), Aristotle Politics. Greek Text with an English Translation (Loeb), 1932
W. D. *Ross,* Aristotelis fragmenta selecta, 1955
E. *Schitrumpf,* Aristoteles, Politik, I–III, deutsch mit Kommentar, 1991
P. *Spahn*, Aristoteles. In: Fetscher + Münkler, 1988, 397 ff.
U. v. *Wilamowitz-Moellendorf,* Aristoteles und Athen, I/II, 1893
O. *Willmann*, Aristoteles als Pädagog und Didaktiker, 1909

Literatur zu Kapitel VI

G. J. D. *Aalders*, Political Thought in Hellenistic Times, 1975
Aristeas-Brief s. Kautzsch S. 1–31
K. *Bringmann*, Studien zu den politischen Ideen des Isokrates, 1965
L. *Delatte*, Les traités de la Royauté d'Ecphante, Diotogéne et Sthénidas, 1942
A. *Demandt*, Metaphern für Geschichte. Sprachbilder und Gleichnisse im historisch-politischen Denken, 1978
G. *Dobesch,* Der Panhellenische Gedanke im 4. Jh. v. Chr. und der Philippos des Isokrates, 1968
F. K. *Dörner,* Der Thron der Götter auf dem Nemrud Dagh, 1987
H. J. *Gehrke*, Der siegreiche König. Überlegungen zur Hellenistischen Monarchie. Archiv für Kulturgeschichte 64, 1982, S. 247–277
Ders., Geschichte des Hellenismus, 1990
E. R. *Goodenough*, The Political Philosophy of Hellenistic Kingship. Yale Classical Studies 1, 1928, S. 55–102
J. D. *Grainger*, The Cities of Seleucid Syria, 1990
F. *Gschnitzer*, Die sieben Perser und das Königtum des Dareios, 1977
Ch. *Habicht*, Gottmenschentum und griechische Städte, 1956
M. *Hadas*, Aristeas to Philocrates, 1951 (griechisch, englisch, Kommentar)
P. *Hadot*, Fürstenspiegel. In: Reallexikon für Antike und Christentum VIII, 1972, S. 555–632
G. *Hill*, A History of Cyprus. I, 1940
J. *Kaerst*, Studien zur Entwicklung und theoretischen Begründung der Monarchie im Altertum, 1898
E. *Kautzsch* (ed.), Die Apokryphen und Pseudepigraphen des Alten Testaments I–II, 1900/1921
W. *Knauth* + S. *Nadjmabadi*, Das altiranische Fürstenideal von Xenophon bis Ferdousi, 1975
R. *Merkelbach*, Kritische Beiträge zu antiken Autoren mit den Fragmenten aus Ekphantos ‚Über das Königtum', 1974
Nizami, Das Alexanderbuch. Aus dem Persischen von J. Ch. Bürgel, 1991
W. *Schubart*, Charisma, Das hellenistische Königsideal nach Inschriften und Papyri, Archiv für Papyrusforschung 12, 1927, S. 1–26

A. *Steinwenter*, Nomos Empsychos. Zur Geschichte einer politischen Theorie. Anzeiger der Akademie der Wissenschaften Wien 83, 1946 (1947), S. 250–268
F. *Taeger*, Charisma, Studien zur Geschichte des antiken Herrscherkultes, I/II, 1957/1960
W. W. *Tarn*, Alexander der Große, 1948/1968
J. *Tatum*, Xenophons Imperial Fiction. On the Education of Cyrus, 1988
M. *Weber*, Die drei reinen Typen der legitimen Herrschaft. In: Ders., Gesammelte Aufsätze zur Wissenschaftslehre, 3. Auflage, 1968, S. 475–488

Literatur zu Kapitel VII

H. C. *Baldry*, Ancient Utopias, 1956
Ders., Zeno's Ideal State, Journal of Hellenic Studies 79, 1959, S. 3–15
R. *Bichler*, Zur historischen Beurteilung der griechischen Staatsutopie, Grazer Beiträge 11, 1984, S. 179–206
Ders., Athen besiegt Atlantis, Conceptus 20, 1986, S. 71–88
Ders., Politisches Denken im Hellenismus. In: Fetscher + Münkler, 1988, 439 ff.
H. *Braunert*, Ideologie und Utopie im griechisch-hellenistischen Staatsdenken. Geschichte in Wissenschaft und Unterricht 14, 1963, S. 145–158
Ders., Die heilige Insel des Euhemeros in der Diodor-Überlieferung. Rhein. Mus. 108, 1965, S. 255–268
Ders., Utopia. Antworten des griechischen Denkens auf die Herausforderung durch die sozialen Verhältnisse, 1969
A. *Cameron*, Crantor and Posidonius on Atlantis. Classical Quarterly 3, 1983, S. 81 ff.
H. J. *Drexhage*, Die Expositio totius mundi et gentium. Eine Handelsgeographie aus dem 4. Jh. n. Chr. Münsterische Beiträge zur antiken Handelsgeschichte 2, 1983, S. 3–41
D. R. *Dudley*, A History of Cynicism. From Diogenes to the 6th Century A. D., 1937
E. *Eleuterio*, Die Sozialphilosophie der Stoa, 1936
J. *Ferguson*, Utopias of the Classical World, 1975
M. I. *Finley*, Utopianism Ancient and Modern. In: The Critical Spirit (Festschrift Herbert Marcuse), 1967, S. 3–20
M. *Flashar,* Formen utopischen Denkens bei den Griechen, 1974
H. *Funke* (ed.), Utopie und Tradition, 1987
A. *Manguel* + G. *Guadalupi*, Von Atlantis bis Utopia. Ein Führer zu den imaginären Schauplätzen der Weltliteratur, I–III, 1984
Th. *Nipperdey*, Die Funktion der Utopie im politischen Denken der Neuzeit. Archiv für Kulturgeschichte 44, 1962, S. 357–378
E. *Panofsky*, Et in Arcadia ego. In: Philosophy and History, Essays presented to Ernst Cassirer, 1936, S. 223 ff.
L. *Paquet*, Les cyniques grecs. Fragments et témoignages, 1975

R. *Rougé* (ed.), Expositio totius mundi et gentium. Edition, traduction, commentaire, 1966
P. *Vidal-Naquet*, Athen und Atlantis. In: *Ders.*, Der Schwarze Jäger, 1989, 216 ff.
M. *Zumschlage*, Euhemeros, 1976

LITERATUR ZU KAPITEL VIII

G. J. D. *Aalders*, Die Theorie der gemischten Verfassung im Altertum, 1968
C. O. *Brink* + F. W. *Walbank*, The Constitution of the Sixth Book of Polybius. Classical Quarterly N. S. 4, 1954, S. 97–122
Th. *Cole*, The Sources and Composition of Polybius VI. Historia 13, 1964, S. 440–486
J. *Deininger*, Das Staatsdenken der Römer. In: Propyläen Geschichte der Literatur I, 1981, 343 ff.
R. *Heinze*, Vom Geist des Römertums, 1960
D. *Kienast*, Cato der Zensor, 1954
W. *Kierdorf*, Catos ‚Origines' und die Anfänge der römischen Geschichtsschreibung, Chiron 10, 1980, S. 205–224
R. *Klein*, (ed.), Das Staatsdenken der Römer, WdF. 46, 1966
F. *Klingner*, Cato Censorius und die Krisis Roms (1934). In: Ders., Römische Geisteswelt, 3. Aufl. 1956, S. 36–67
Ernst *Meyer*, Das politische Denken in Rom. Museum Helveticum 45, 1988 S. 219–247
C. *Nicolet*, Polybe et les institutions romaines. In: Polybe. Entretiens sur l'Antiquité classique 20, 1974, S. 207–258
W. *Nippel*, Mischverfassungstheorie und Verfassungsrealität in Antike und früher Neuzeit, 1980
E. *Olshausen*, Das politische Denken der Römer zur Zeit der Republik. In: Fetscher + Münkler, 1988, 485 ff.
H.*Oppermann* (ed.), Römische Wertbegriffe, WdF. 34, 1967
K. *Stiewe* + N. *Holzberg*, Polybios, WdF. 347, 1982
F.W. *Walbank*, A Historical Commentary on Polybios I, 1957
K.W. *Welwei*, Demokratie und Masse bei Polybius. Historia 15, 1966, S.282 ff.

LITERATUR ZU KAPITEL IX

K. *Büchner* (ed.), Das neue Cicerobild, WdF. 27, 1971
Cicero, De re publica, kommentiert von Karl Büchner, 1984
A. *Conig*, Naturrecht als wissenschaftliches Problem, 1966
M. *Fuhrmann*, Cicero und die römische Republik, 1989
M. *Gelzer*, Cicero. Ein biographischer Versuch, 2. Auflage, 1969

K. M. Girardet, Die Ordnung der Welt. Ein Beitrag zur philosophischen und politischen Interpretation von Ciceros Schrift De legibus, 1983

Ch. Habicht, Cicero der Politiker, 1990

A. Heuß, Ciceros Theorie vom römischen Staat, Nachrichten von der Akademie der Wissenschaften in Göttingen, 1975, 8, 1976

H. Th. Johann, Gerechtigkeit und Nutzen. Studien zur ciceronischen und hellenistischen Naturrechts- und Staatslehre, 1981

U. Knoche, Die geistige Vorbereitung der augusteischen Epoche durch Cicero. In: Das neue Bild der Antike 2, 1941, S. 200–218 und Klein, WdF. 46, (s. o.), S. 405–426

P. Kulica, Ciceros Stellungnahme zum moralischen Verfall der Republik, Graecolatina et Orientalia I, Bratislava 1969, 43–70

G. A. Lehmann, Politische Reformvorschläge in der Krise der späten römischen Republik, 1980

Th. Mayer-Maly, Gemeinwohl und Naturrecht bei Cicero (1966), In Büchner, WdF. 27 (s. o.), S. 371–387

Ed. Meyer, Caesars Monarchie und das Principat des Pompeius, 1922

K. H. Mühlhaus, Das demokratische Element in Ciceros Mischverfassung, 1946

U. Pöschl, Römischer Staat und griechisches Staatsdenken bei Cicero. Untersuchungen zu Ciceros Schrift De re publica, 1936/1962

K. Raaflaub, Freiheit in Athen und Rom: Ein Beispiel divergierender politischer Begriffsentwicklung in der Antike. Historische Zeitschrift 238, 1984, S. 529–567

F. Solmsen, Die Theorie der Staatsformen bei Cicero De re publica I, Philologus 88, S. 326–341

P. Stark, Ciceros Staatsdefinition. La nouvelle Clio 6, 1954, S. 56–69

D. L. Stockton, Cicero. A Political Biography, 1971

S. L. Uttschenko, Cicero, 1978

J. Vogt, Ciceros Glaube an Rom, 1935

Th. Zielinski, Cicero im Wandel der Jahrhunderte, 4. Aufl. 1929

Literatur zu Kapitel X

S. Albert, Bellum iustum, 1980

E. Badian, Römischer Imperialismus in der späten Republik, 1980

C. Becker, Fides. In: Reallexikon für Antike und Christentum, VII 1969, 801 ff.

G. Binder + B.Effe (Hgg.), Krieg und Frieden im Altertum, 1989

CIL: Corpus Inscriptionum Latinarum, ed. Th. Mommsen, 1863 ff.

H. Dessau, Inscriptiones Latinae Selectae, 1892 ff.

H. Drexler, Iustum Bellum, Rhein. Museum 102, 1959 S. 97 ff.

D. Flach, Der sogenannte römische Imperialismus. Sein Verständnis im Wandel der neuzeitlichen Erfahrungswelt. Historische Zeitschrift 222, 1976, S. 1–42

S. Freud, Zeitgemäßes über Krieg und Tod (1915). In: Ders., Kulturtheoretische Schriften, 1986, 33 ff.

H. Fuchs, Der geistige Widerstand gegen Rom in der antiken Welt, 1938/64

A. Heuß, Die völkerrechtlichen Grundlagen der römischen Außenpolitik in republikanischer Zeit, 1933

Ders., Der erste Punische Krieg und das Problem des römischen Imperialismus. Historische Zeitschrift 169, 1949, S.457–513

J. Huizinga, Homo Ludens, 1938

P. Jal, La guerre civile à Rome, 1963

F. Lammert, Kriegsrecht, RE. Suppl. VI 1935, 1351 ff.

M. Mantovani, Bellum Iustum. Die Idee des gerechten Krieges in der römischen Kaiserzeit, 1990

Th. Mommsen, Römisches Staatsrecht, I–III, 1871–1888

D. Nörr, Die Fides im römischen Völkerrecht, 1991

R. Werner, Das Problem des Imperialismus und die römische Ostpolitik im 2. Jh. v. Chr. In: Aufstieg und Niedergang der Römischen Welt I 1, 1972

F. Wieacker, Römische Rechtsgeschichte, I, 1988

Literatur zu Kapitel XI

(Aelius Aristides), Die Romrede des Aelius Aristides, hg. von R. Klein. Einführung 1981, Text mit Übersetzung und Erläuterungen, 1983

(Archipoeta), Die Geschichte des Archipoeta, kritisch bearbeitet von H. Watenphul, hg. von H. Krefeld, 1958

E. Barker, From Alexander to Constantine, 1956

J. Béranger, Recherches sur l'aspect idéologique du principat, 1953

W. Blum, Byzantinische Fürstenspiegel, 1981

E. Flaig, Den Kaiser herausfordern. Die Usurpation im römischen Reich, 1992

H. Fuchs, Der Friede als Gefahr, Harvard Studies in Classical Philology 63, 1958, 363 ff.

W. Gernentz, Laudes Romae, 1918

Th. Mommsen, Römisches Strafrecht, 1899

Plinius der Jüngere, Panegyrikus. Lobrede auf Kaiser Trajan. Herausgegeben, übersetzt und mit Erläuterungen versehen von W. Kühn, 1985

R. Rilinger, Das politische Denken der Römer: Vom Prinzipat zum Dominat. In: Fetscher + Münkler 1988, 521 ff.

J. Straub, Vom Herrscherideal in der Spätantike, 1939

R. Syme, The Roman Revolution, 1939

J. Vogt, Vom Reichsgedanken der Römer, 1942

Ders., Orbis, 1960

L. Wickert, Princeps, RE. 22, 1954, 1998–2296

LITERATUR ZU KAPITEL XII

H. Braun, Spätjüdisch-häretischer und frühchristlicher Radikalismus I/II, 1957
P. A. Brunt, Stoicism and the Principate. Papers of the British School at Rome 43, 1975, S. 7–35
W.Capelle, Griechische Ethik und römischer Imperialismus, Klio 25, 1932, S. 86–113
J. Deininger, Der politische Widerstand gegen Rom in Griechenland 217–86 v. Chr., 1971
J. H. Friedlieb, Die sibyllinischen Weissagungen, vollständig gesammelt, griechisch und deutsch, 1852
J. Geffcken, Komposition und Entstehungszeit der Oracula Sibyllina, 1902
E. Lohse, Die Texte aus Qumran, 1964
A. Malitz, Helvidius Priscus und Vespasian. Zur Geschichte der ‚stoischen' Senatsopposition. Hermes 113, 1985, S. 231–246
G. Molin, Qumran-Apokalyptik-Essenismus, Saeculum 6, 1955, 244 ff.
R. MacMullen, Enemies of the Roman Order, 1966 (dazu O.Murray, Journal of Roman Studies 59, 1969, S. 261 ff.)
J. Palm, Rom, Römertum und Imperium in der griechischen Literatur der Kaiserzeit, 1959
H. W. Parke, Sibyls and Sibylline Prophecy in Classical Antiquity, 1988
E. M. Sanford, Contrasting Views of the Roman Empire, American Journal of Philology 58, 1937, S. 437–456
U. Vogel-Weidemann, The Opposition under the Early Caesars. Acta Classica 22, 1979, S. 91–107
H. Volkmann, Antike Romkritik, Topik und historische Wirklichkeit, Gymnasium-Beiheft 4, 1964, S. 9–20

LITERATUR ZU KAPITEL XIII

Avianus, s. Mader, S. 321 ff.
J. Christes, Reflexe erlebter Unfreiheit in den Sentenzen des Publilius Syrus und den Fabeln des Phaedrus, Hermes 107, 1979, S. 199 ff.
A. Demandt, Politik in den Fabeln Aesops, Gymnasium 98, 1991, 397 ff.
H. Findeisen, Das Tier als Gott, Dämon und Ahne, 1956
J. Grimm, Wesen der Tierfabel (1834). In: Ders., Aus den kleineren Schriften, 1911, S. 343–363
C. Halm (ed.), Fabulae Aesopicae, 1852
P. Hasubek (ed.), Fabelforschung, WdF. 572, 1983
A. Hausrath (ed.), Corpus Fabularum Aesopicarum, I 1940, II 1956
J. G. Herder, Über Bild, Dichtung und Fabel (1787). In: Ders., Sämtliche Werke. Zur schönen Literatur und Kunst, XIII, 1821, S.1–67
W. Hey + O. Speckter, Fünfzig Fabeln für Kinder (o.J.)
S. W. Hirsch, Cyrus' Parable of the Fish, Classical Journal, 1986, 222 ff.

T. Karadagli, Fabel und Ainos. Studien zur griechischen Fabel, 1981
H. Kloft, Corpus rei publicae. Bemerkungen zur Institutio Trajani und zur organologischen Staatsauffassung im Mittelalter. In: W. Schuller (ed.), Antike in der Moderne, 1985 S.137–170
I. A. Krylow, Sämtliche Fabeln, 1960/84
G. E. Lessing, Fabeln (1759), 3. Auflage, 1801
L. Mader (Hg.), Antike Fabeln, 1951
M. Nojgaard, La Fable antique, I/II, 1964–1967
Perotti, s. Perry, S. 372 ff.
B. E. Perry (ed.), Babrius and Phaedrus, (Loeb), 1965
Ders., (ed.), Aesopica, 1952 (Aesop-Roman)
Romulus, s. Mader S. 335 ff.
H. C. Schnur, Lateinische Fabeln des Mittelalters, 1979
A. Wiechers, Aesop in Delphi, 1961

Literatur zu Kapitel XIV

N. H. Baynes, The Political Ideas of St.Augustine's De Civitate Dei (1936). In: Ders., Byzantine Studies, 1955, S. 288 ff.
Al Biruni, In den Gärten der Wissenschaft. Deutsch von G. Strohmeier, 1991
J. Burckhardt, Die Zeit Constantins des Großen, 1853/80
O. Cullmann, Der Staat im Neuen Testament, 1961
A. Demandt, Die Spätantike. Römische Geschichte von Diocletian bis Justinian 284–565 n. Chr., 1989
F. J. Dölger, Zur antiken und frühchristlichen Auffassung der Herrschergewalt von Gottes Gnaden. Antike und Christentum 3, 1932, S.117–127
H. A. Drake, In Praise of Constantine. A Historical Study and New Translation of Eusebius' Tricennial Orations, 1976
E. Ewig, Zum christlichen Königsgedanken im Frühmittelalter. Vorträge u. Forschungen 3, 1956, S. 7–75
FIRA = Fontes Iuris Romani Anteiustiniani, ed. S. Riccobono, 1940 ff.
H. Fuchs, Augustin und der antike Friedensgedanke, 1926
R. Klein, Das politische Denken des Christentums. In: Fetscher + Münkler, 1988, 595 ff.
H. Leisegang, Die Gnosis, 1924/55
F. G. Maier, Augustin und das antike Rom, 1955
C. Mirbt, Quellen zur Geschichte des Papsttums, 1901
J. Molthagen, Der römische Staat und die Christen im zweiten und dritten Jahrhundert, 1970
H. Nesselhauf, Der Ursprung des Problems „Staat und Kirche", 1975
E. Peterson, Theologische Traktate, 1951
E. Pucciarelli, I Cristiani e il servizio militare. Testimonianze dei primi tre secoli, 1987

H. Rahner, Kirche und Staat im frühen Christentum, 1961
W. Schneemelcher, Das Urchristentum, 1981
O. Treitinger, Die oströmische Kaiser- und Reichsidee nach ihrer Gestaltung im höfischen Zeremoniell, 1938
M. Vogelstein, Kaiseridee – Romidee und das Verhältnis von Staat und Kirche seit Konstantin, 1930
J. Vogt, Constantin der Große und sein Jahrhundert, 1949
K. Vorländer, Geschichte der Philosophie I/II, 1903

Literatur zu Kapitel XV

J. Adams, A Defence of the Constitutions of Government of the United States of America, I–III, 1787/1971
C. H. Beckmann, Das Erbe der Antike im Orient und Okzident, 1931
Th. Bieder, Geschichte der Germanenforschung, I–III, 1921–1924
A. Boeckh, Gesammelte kleine Schriften, II, 1859
R. R. Bolgar (ed.), Classical Influences on Western Thought A.D. 1650–1870, 1979
W. Breil, Republik ohne Demagogie. Ein Vergleich der soziopolitischen Anschauungen von Polybios, Cicero und Alexander Hamilton, 1983
R. Breitling, Zur Renaissance des Demokratiebegriffs im 18. Jh. In: Res Publica. Studien zum Verfassungswesen. Dolf Sternberger zum 70. Geburtstag, 1977, S.37–52
E. Cassirer, Vom Mythos des Staates, 1949
G. Chinard, Polybius and the American Constitution, Journal of the History of Ideas 1, 1940, 38 ff.
A. Demandt, Was wäre Europa ohne die Antike? In: Festschrift für Karl Christ, 1988; S. 113 ff.
R. Faber, Die Verkündigung Vergils, 1975
M. Farrand (ed.), The Records of the Federal Convention of 1787, 1911/66
I. Fetscher, Karl Marx und die Antike. Humanistische Bildung 7, 1983, S. 73–102
M. Gelzer, Das Römertum als Kulturmacht. Historische Zeitschrift 126, 1922, S.189–206
M. Göhring, Napoleon. Vom alten zum neuen Europa, 1959/1965
A. L. Guérard, The Life and Death of an Ideal: France in the Classical Age, 1928
R. M. Gummere, (gesprochen:Gámmerie), The American Colonial Mind and the Classical Tradition, 1963
G. P. Henderson, The Revival of Greek Thought, 1620–1830, 1970
O. Immisch, Das Nachleben der Antike, 1919/1933
F. Klein-Franke, Die klassische Antike in der Tradition des Islam, 1980
L. Krapf, Germanenmythos und Reichsideologie. Frühhumanistische Rezeptionsweisen der taciteischen Germania, 1924
R. Kuehnemund, Arminius or the Rise of a National Symbol in Literature, 1953/66
W. Kunkel, Römische Rechtsgeschichte, 1972

J. *Leeb*, The Ideological Origins of the Batavian Revolution, 1747–1800, 1973
Th. *Mayer (Hg.)*, Das Königtum. Seine geistigen und rechtlichen Grundlagen, 1956
MEGA = Marx-Engels-Gesamtausgabe, 1975 ff.
A. O. *Meyer*, Zur Geschichte des Wortes Staat. Welt als Geschichte 10, 1950, S.229–239
H. T. *Parker*, The Cult of Antiquity and the French Revolutionaries, 1937
P. *Piur*, Cola di Rienzo, 1931
H. *Quaritsch*, Souveränität, 1986
E.*Rawson*, The Spartan Tradition in European Thought, 1969
M. *Reinhold*, Classica Americana. The Greek and Roman Heritage in the United States, 1984
W. *Roscher*, Über das Verhältnis der Nationalökonomie zum klassischen Alterthume. Ber. d. sächs. Ges. d. Wiss. Phil.-hist. Kl. 1, 1849, S. 115—134
C. *Schmitt*, Positionen und Begriffe, 1940
K. *von See*, Germanenideologie, 1971
W. *Schuller (ed.)*, Antike in der Moderne, 1985
J. W. *Schulte-Nordholt*, Translatio studii and American Identity. In: R. Kroes (ed.), The American Identity, 1980, S. 65–79
J. *Straub*, Imperium et libertas (1964). In: Ders., Regeneratio Imperii. Aufsätze über Roms Kaisertum und Reich im Spiegel der heidnischen und christlichen Publizistik, 1972, S. 19–35
H. *Taine*, Die Entstehung des modernen Frankreich, 1875/193
W. *Treadgold (ed.)*, Renaissances before the Renaissance, 1984
G. *Voigt*, Die Wiederbelebung des klassischen Altertums, I–III, 1893
Wilhelm *Weber*, Zur Geschichte der Monarchie, 1919
F. *Wehrli (ed.)*, Das Erbe der Antike, 1963
C. M.*Wells*, The German Policy of Augustus, 1972
C. *Weston*, Beginnings of the Classical Theory of the English Constitution. Proceedings of the American Philosophical Society, 100, 1956, 133 ff.
D. *Wyduckel*, Princeps legibus solutus. Eine Untersuchung zur frühmodernen Rechts- und Staatslehre, 1979

REGISTER

Die im Inhaltsverzeichnis verwendeten Begriffe erscheinen nicht nochmals im Register. Unechte Werke werden unter den Namen der überlieferten Verfasser geführt.

A

Aasgeier XIII1d
Abessinien XV3j
Abimelech XIII2i
Abioi VII2e
Abisai X2b
Abrüstung XIII1h
Absolutismus
- aufgeklärter VI3g, XV2l
- friderizianischer XV2l
- hellenistischer VII3g
- mittelalterlicher XV2d
- neuzeitlicher I4b, XII6d, XV2,e-j
- römischer XI1h,3g,o
Accursius XV1g
Achaimeniden VI1h
Acis VII2b
Achaia XV4o
Achilles VI1e, X3a
Actium I5f, X3l, XI1i,2b,c,3l
Adams, John IXa, XV2k,4k,l
Adel II4c
- vgl. Aristokratie
- in Italien XV3a
Adler
- und Dohle XIII3c
- und Fuchs XIII2g
- Legionsadler XI1m
- und Prometheus VII1e
- für Rom XII5k,6c
- und Schildkröte XIIIo
- Vogelkönig VI3b
- Wappentier VII3b, XIIId
- des Zeus VI4d, XIIIb

Adoption XI1o,q
Adrianopel I5g, X3e,5h
Ägypten
- Alexander VI4c
- bei Aristoteles V4k
- vgl. Atlantis
- Fabeln XIIIm
- Fabelwesen XIIIf
- Königsidee VI3b,4g
- Peregrinus Proteus XII4f
- Pharao V 4k, VII 2h
- bei Platon IV1c,4w
- Tierverehrung XIIIb
Ährengleichnis II2j
Aelian XVf
Aelius Aristides I2b, I4i, XI3a,k
Aemilius Paulus VIII2a
Ämter
- bei Aristoteles V4q
- bei Diogenes VIII1f
Aeneas X5e, XI1w, XI2b,d
Aesop I3d, XIIIh
- Leben XIIIk-m
Aeternitas Romae XI2b,4a
Äthiopien VII2d,q
Ätna IVg
Ätoler XII4c
Affe XIIIa,2k,m
Agamemnon IIa,b,2b, V3i, VII1d,5b
Agapet XI4b
Agesilaos VI4d
Agonales Prinzip
- bei Burckhardt VIb
- Homer V4c

(Agonales Prinzip)
- bei Isokrates VI2k
- Sparta V4c
Agricola, Julius VIIIa, XII2e
Agrippa XI1n,3l
Ahnenbilder VIII2u
Ahnenschwindel XI1r
Ahorn X2a
Aischines III1g
Aischylos
- >Agamemnon< III1e
- >Eumeniden< IIe
- Freiheit X3b
- >Perser< V2i
- in Syrakus IV3b
Akademie
- Gründung IVh
- promakedonisch IV1f
- Schließung IV5b
Akademos IVh
Akragas XIII2d
Alarich XI4c, XII3g, XIV5d
Alba VIII2q, XII2a
Albertus Magnus V2e
Alesia XII2c
Alexander von Aphrodisias Vf
Alexander der Große
- und Aristoteles Vc
- und Barbaren VI3c
- Charisma VI4c
- und Diogenes VII1c
- Friede VI3d-g
- Gleichheit III1e, V2k, VI3c
- Gottessohn VI4b, XIV1f
- bei Hutten XV2c
- Idealkönig VI3c-f,i,4b,5c
- Imitatoren X7c
- im Koran VI3e
- Kriegsführung X2c
- Kult VI4c
- bei Lucan VI3e
- „Nachkommen" XI1r, XV2b
- als Räuber VI3e, IX3b
- bedroht Rom VIII1l

- und Seeräuber IX3b, XIIe
- bei Seneca VI3e
- und Theben VII1g
- Vorbild XV2e
- Weltmonarchie XIV6d
- Zeus-Sohn VI4c
Alexander Jannaeus XII5a
Alexander-Roman VI3e, VII3g
Alexander Severus IV5d
Alexandria
- Alexander-Kult VI4g
- Epiphanes XIV2i
- Gründung I4c
- Märtyrer-Akten XII4h
- Sibyllinen XII5g
- Theokrit VII2b
- Universität IV5b, V5e
- Vespasian XII1t
Alexarchos VII5d
Alfons von Neapel VI2d
Allia X5e
Alkaios V3i
Alkibiades
- Großmachtpolitik IVc
- Mehrheitsprinzip III3m
- Melos III4e, IVc
- Sizilische Expedition X3b
- Typus III3l
Alkidamas III1f
Alkinoos VII2f
Alkmaion von Kroton II2c
Alkohol s.Wein
Amalekiter XI1a
Amaurote
- bei Morus IV5a, VII2c
Amazonen III1g, IV4r, VII2e
Ambiorix XV2c
Ambrosius von Mailand VII4c, X6a, XIV4o,5c,q
Ameise XV2l
Amerika
- Antipoden VII2i,3f
- Darwinismus XIIIa
- Demokratie XV2l

(Amerika)
- Indianer XIIIc
- Klassizismus XV4o
- las Schiller XV4r
- Locke XV4f
- vgl. Negersklaverei
- Unabhängigkeitserklärung XII6d
- Verfassung IX2l, XV2k, XV4k,l
Ammianus Marcellinus X5h, XI4a, XII4b
Amnestie IV3e
Amyntas II von Makedonien Vb
Anacharsis III1a, XIII2c
Ananias XIV2f
Anarchie
- bei Diogenes VIII1f
- gnostisch XIV2i
- bei Platon IV2g
Anaxagoras von Klazomenai IVe
Anaximander von Milet II2d, VII3e
Anchises XI2b
Ancus Marcius IX2f, X3d
Andokides von Athen X3b,d
Anno-Lied XV2c
Anonymus Jamblichi III1c
Anostos VII3g
Antichrist XII5i, XIV4d,f
Antigoniden I5d
Antigonos Gonatas VI3a, XVf
Antike
- Definition I5
Antiochos III von Syrien X7c
Antiochos Epiphanes von Syrien X3g
Antiochos von Kommagene VI4g
Antipater VII5d
Antiphon aus Athen III1e,2b
Antipoden VII3e-g
Antisthenes
- Demokratiekritik III2j
- Fabel XIII2c
- zur Politik VIII1
Antoninus Pius XII4f,g
Apelles VI3d
Aphrodite VI4h, X3n, XI1l,r,w,2b,d, XIIIb,3d
Apokalyptik XII5i-k
Apollon
- von Delphi VII1b, X1b, XIII1,m
- und Diogenes VIII1b
- Hyperboreer VII2e
- auf Syrie VII2g
- Vater von Herrschern VI4f, XIV1f
- Verfassungsgeber IIe
Apollonius von Tyana XIII2l
Apuleius IX3c
Araber V 5e, IX 2d
Arabia felix VII2l,q
Arbeit
- bei Aristoteles V2c-g,l,4j
- bei Cato V2d
- bei Cicero V2d
- bei Hesiod V2d
- in der Utopie VII5c
Arbeitsteilung IV1c,p
Archaische Zeit Griechenlands I5b, VI1
Archidamos III von Sparta VI2i, X3b
Archilochos aus Paros II2k
Archipoeta XI4c, XV1c
Archiv V4q
Archon basileus VI1g
Archytas von Tarent V4s
Ares IX3c, X2f,3n
Arete (Königin) VII2f
Argenusenprozeß III2e
Argos VI1g
Aristarch von Samos XV2a
Aristeasbrief VI3f,g
Aristides aus Athen II2i
Aristipp IV3b, VII1h
Aristonikos VII5d
Aristophanes
- zur Demokratie III1b
- Frauenfrage III1g-h, IV1q
- >Lysistrata< III1g
- >Vögel< VII3b,c
- >Weibervolksversammlung< III1g
- >Wolken< IIIb
Aristokratie

(Aristokratie)
- in Athen II3s
- bei Herodot III1a
- bei Platon IV2b

Aristoteles I2a, I3b, I4b, IVa,e
- vgl. Ämter
- vgl. Alexander
- vgl. Arbeit
- über Asien V3e
- >Athenaion Politeia< I5c, II1e
- Autarkie V4f,g
- zu Barbaren Va,h,2h-o,4j, VI3c
- Bauern V2c, 3n, 4j
- Bürger V4i, n
- Demokratie V1b, 3c-h, VI2f
- Dialoge Ve, f
- bei Dion Chrysostomos VI3e
- Eigentum V2f
- Entelechie V1c
- Erziehung V4r-t
- Eudaimonia V4a-c, i
- Eugenik V4r
- Entwicklungsidee V1c
- Fabeln XIII2d
- Fortschritt V3b
- Frau Vb, 1c, 3b, j, n, 4q, r, 5d
- Freiheit V3e, m, n, IX11
- Fremde V3j, 4h
- Freundschaft V2m
- Geld V2e, 3l, 4f
- Gemeinwohl VIb
- Gerechtigkeit V4a, b
- Gewaltenteilung V3f
- Gleichheit V2f, 3o
- Gott Va, 4i, m
- Gymnastik V4t
- Handel V2c-g, 4g
- Herrschaft V4d
- Jagd V2j
- Karthago V3h, j
- Kinder V2a, f, 4r-t
- Knabenliebe V4r
- zum Königtum V3b, e-i, VI2f
- zu Kreta V3h
- zum Krieg V2j, 3d, 4c-e, X3b
- bei Locke XV4f
- bei Marx XV3h
- Mehrheitsprinzip V4p
- Metöken V4h
- zur Mischverfassung V3h, j
- Mitte Va
- bei Montesquieu V2j
- Musik Ve, 4i, t
- >Nikomachische Ethik< Vh
- >Oikonomia< V2m
- Oligarchie V3l
- Paideia V4t
- Panhellenismus V2h
- Peripatos Vc, 5e
- Perser V2j
- zu Pittakos V3i
- und Platon Vi
- Plutokratie V3l
- definiert Politeia I4d, h
- Politie (Demokratie) V3g,m
- >Politik< Vh,i
- zum Reichtum V2d-f,3b,l,m,n
- Rentner V4j
- Revolution V3o
- Sklaven V2a,g-o,3e,j,n,4h,j,k,s
- zu Solon V3i
- zur Sophistik IIIc
- zu Sparta V3h,m
- >Staat der Athener< Vf
- 158 Staatsverfassungen I4h
- Symposion V4m
- Testament V2m
- Thomas von Aquin V5e
- Tyrannis V3j
- Verfassungssammlung I4h
- Weberschiffchen V2l
- Wehrdienst V4k
- Zeugung V4r
- Zoon politikon V1a

Arkadien
- Bukolik VII2b,5b
- Dorfstruktur I4h, V2b
- Platon IV3a

Arles XIV4k
Arminius X2c,3a, XII3a-c, XV2c, XV3k
Armut s.Reichtum
Arpinum IXb
Aron VII2r
Artemis II2b,m, VII2g, X2c
Asebie (Gottlosigkeit) IVe
- Anaxagoras IVe
- Aristoteles IVe, Vd
- Aspasia IVe
- Diagoras IVe
- Phidias IVe
- bei Platon IV4v
- Protagoras III2c, IVe
- Prozesse I3d
- vgl. Sokrates
- Theodoros IVe
Asien s.Aristoteles
Askese VIIc, IX2d, XIV2d,5b
Aspasia aus Milet II3s, III1g, IVe,1q
Assisi XI2d
Assyrer VI1f, X1a, XIV1b
Astragal VIII1f
Astrologie IX2d
Asyl XI1m, XIII1,m
Asylum Romuli VIII1c,d, XII4d
Atarneus in Kleinasien Vb
Athavulf XII3g
Atheismus III2g, VII1h
Athen
- Agora VI4f
- Akropolis VI4e
- vgl. Archon basileus
- Argenusenprozeß III2e
- Bücherverbrennung III2c
- ehrt Demetrios VI4e
- Demokratie I3c, III2e, IVa, IX1p, XIc, XV4l
- Erziehung III3f
- Kerameikos II3f
- Könige VI1g
- Lykeion Vc
- Parthenon VI4e

- Peloponnesischer Krieg I5c, III1f,4, V4d
- Peripatos Vc
- Piräus II3b, V3d
- gute Quellenlage I5c
- bei Schiller XV4r
- Schule Griechenlands II3o,q
- Seebund V4d, VIc
- Sklaven II3i
- bei Solon II1
- Studienort XI2c
- Synoikismos I4c
- Totenrede des Perikles II3
- Ur-Athen VII2i
- Zwölf Götter-Halle VI4f
Athena III2d, VI4e, VII2h, XIIIb
Athenagoras III4a
Atlantis VII2h-j
Atlas VII2h
Atomistik VIII1k
Attalos III von Pergamon VII5d
Attis XIV1h
Auctoritas IX2k,l,5a
Aufklärung
- bei Sophisten III2h
- bei Vorsokratikern IIf
Augustin
- zu Alexander IX3b
- zum bellum iustum XIV5f
- Bürgerrecht X4i
- und Cicero IXh, XIV5g
- Civitas Dei I2c,3b, XIV5d
- Civitas terrena XIV5
- Fabeltiere XIIIf
- Feindesliebe XIV5n,o
- Frauen XIV5k
- Kaiserideal XIV5m
- Kriegsdienst XIV5n-p
- Leben XIV5a-c
- als Manichäer IV2d
- Reichsgedanke XIV5g
- Romfeindschaft X5b
- Sklaven XIV5l,o
- Summum bonum V4a

(Augustin)
- zu Varro V4a
Augustus
- vgl. Actium
- Außenpolitik X3j
- Bauten XI2d
- und Cicero IX7a
- Dichter XI2
- Euthanasie II3h
- „Evangelium" XI1d
- Forum XI1l,2c
- Frauen XI1n
- Freiheit (?) XI1b
- als Gott XI2d,e
- Gottessohn XIV1f
- Heeresbefehl XI1i
- und Horaz XI2c
- Janus Xb
- Juden XII4j
- als Juppiter XI2c
- erster Kaiser XV1c
- Klassizismus XVk
- Kriegsgründe X3c
- Mausoleum XV3j
- Monarchie I5f
- im Nationalsozialismus XV3m
- und Phaedrus XIIIn
- und Pompeius X2e
- Principat XI1b
- und Properz XI2d
- Reichszensus XIV4e
- Retter IX2h
- als res publica XI2e
- als Romulus XII1a
- Rücktritt 27 v.Chr. XI3o
- Sibyllinen XII5g
- als Titel XI1e,s
- Vergil VII4d, XI2a,b
- Vorbild XV2e
- Zweitausendjahrfeier XV3j
Augustustheologie XIV4e
Aurelian (Kaiser) XIV4h
Ausbeutung IV2d
Ausonius

- zur >Kyropädie< VI2d
- Romidee XI4a
Auspizien IX1m,2b, X5j
Avianus XIIIp,1j
Avignon XV3a

B
Baboeuf XV3g
Babrios XIIIg,j,3h
Babylon XIV1b
Bacchanalien XIV3c
Bacon, Francis VII2j, 5f, XV2h
Bär VII4d, XIII1d
Bagauden XIIe
Baiern XV2c
Balbilla V3i, XII1d
Bakchiaden VI1g
Banause V4j
Bar Abbas XIV1e
Barbaren
- vgl. Alexander
- vgl. Aristoteles
- bei Cato VIII1u
- bei Cicero X3m
- bei Demosthenes V2j
- Begriff III1e
- bei Homer V2i
- Kriegsgegner X3m, 4h
- bei Platon IV1f, 3f
- Römer VIII1u, Xb
- in Rom XI3k
- als Sklaven II3i, III1f
- bei den Sophisten III1e
- zivilisierbar X7d
Barbarossa, Friedrich VI5d, XI4c, XV1c
Barbelognostiker XIV3c
Bar Kochba XII5d, XIV1e, XV2c
Bartholomäus-Nacht XV4c
Basileia VII3c
Bataver XII3d
Bauer, Bauern
- vgl. Aristoteles
- bei Cato V2d, VIII1b,e

(Bauer, Bauern)
- bei Cicero V2d
- bei Hitler XV3m
- bei Luther XIV6a
- auf Panchaia VII2o
- und Schlange XIII3b
- in Ur-Athen VII2i
- bei Varro V2l
- bei Vergil VIII1f

Beamtengehälter III1d
Belos XIIIj
Benevent XI1u
Bentham V4c
Berlin IV2h, XV3k
Bernstein VII2e
Berufsverbot VII1h
Berve, Helmut, XV3l
Bethlehem XIV1f
Bias II1a
Bibel
- Altes Testament V2d, VI3f, VII4a, X1a,2b, XI2b, XIII2i, XIV4c
- Neues Testament IV4l, VII5f, XI2b, XIII4g
- Septuaginta VI3f

Biene
- und Drohne XIIIo
- bei Platon IV4l
- bei Schopenhauer XV2l
- bei Seneca XI3b
- staatenbildend VI3b

Bienenfabel XIII2o
Bildung s.Erziehung
Blitz XI1u
Blossius von Kyme VII5d
Bobbio IXh
Bodin, Jean I4b, XV2g
Böotien VII2b
Boiorix (König) X2f
Bologna XV1g
Bonifatius (Offizier) XIV5p
Bonifatius VIII (Papst) XIV5q
Bonum Commune s.Gemeinwohl
Boreas VII2e

Boudicca (Königin) XII2d, XV2c
Brecht, Bert VIII2q
Brehm, Alfred XIII4f
Briten, Britannien VII2e, X5a, XII2d,e, XV2b
Brutus der Ältere VIII2s, IX2h, XI1a,3g
Brutus der Jüngere XIc, XV2b,3g
Buddha IVe, XIV5b
Bücherverbrennung I3d, III2c
Bürgerkriege X3l
Bürgerrecht X4c, XII3f
Bukolik VII2a,b
Burckhardt, Jacob III5b, IVi, VIb, VIII3c, XIV4c
Busch, Wilhelm XIII1h
Byzanz s. Konstantinopel

C

Caesar
- im Annolied XV2c
- Ausnahmegewalt XIb
- in Britannien X5a
- Bürgerkrieg X3l
- zu Catilina IX2j
- als Frauenheld IX3d
- in Gallien IX7c
- als Gott VI4i, IX6c, XI1s
- Heeresbefehl XI1i
- bei Hutten XV2c
- für Kronprinz XI1p
- zur >Kyropädie< VI2d
- Monarchie I4i,5f
- bei Mussolini XV3j
- Retter IX2h
- aus der Revolution IV2h
- Romkritik XII2c
- Rubicon IX7a
- als Titel XI1e,j,p
- Tod XIc
- Triumvirat IXe

Caesarmörder I5f
Caesaropapismus I2c, XIV4m,5r
Calgacus X5b, XII2e, XV4j

Calvin, Johann XV4b,c
Camillus-Rede XI2c
Campanella, Thomas VII5f, XV3e
Cannae I4g, VIII2y, X5i,j
Caracalla X4i, XI1b
Carmina Burana XIII3d
Castor und Pollux XIV3b
Catilina IXd,2h, XIb
Cato Censorius
– vgl. Barbaren
– vgl. Bauern
– Censur VIII1n
– Erziehung VIII1x
– Frauen VIII1h,o-q
– Geld VIII1f
– Geschichtswerk VIII1h
– Griechenhaß I2b, VIII1u
– Handel VIII1f
– homo novus VIII1m
– Kollektivismus VIII1l
– Kriegsrecht X3h
– Leben VIII1a-c
– Luxus VIII1o-q,s
– Rhodier-Rede X3k, XII1a
– Sklaven VIII1h,s,x
– über Sokrates VIII1v
– Somnium Scipionis IX6, XIV5i
– in Spanien X2e
– Staatsideal VIII1
– Wein VIII1h,t
Cato Uticensis VIII1a, IX2j, X3i, XV3g
Caudinische Pässe X5h
CDU IV2h
Celtes, Konrad XV2c
Cerialis X4i, XII3e
Chaironeia VI2p
Chalkis auf Euböa Vd
Chamberlain, Joseph XV4h
Chamberlain, Neville XV4j
Chaos VII1a
Charisma
– vgl. Alexander
– von chairo VI4b
– bei Cicero IX6

Charondas von Katane II1h
Cheirokratie VIII2g
Cherusker
– vgl. Arminius
– Hirschleute XIIIc
Chiliasmus I3d
Chilon III1a
China XIV2e,5b
Christentum
– Ausbreitung I5g
– Genehmigung XIV3g
– Peregrinus Proteus XII4f
– Sklaverei III1f
– Sibyllinen XII5h
– Unsitten XIV3b
– Verfolgung XIV3
Christogramm XIV4a
Christus
– Messias XIV1a
– Schlachtenhelfer XIV4k
Chrysippos VII1j
Churchill, Winston XV4i
Cicero I2b,3b,c
– bei Adams XV4n
– anima christiana IX3c
– vgl. Arbeit
– zu Aristoteles Va
– zu Athen IX1p
– bei Augustin XIV5a
– Briefe IXf,g
– Demokratie IX1p,5a
– Erziehung IX2c
– Frauen IX4a
– Frieden X4a
– Geldherrschaft IX1o
– Gemeinwohl IX1f-i
– Gerechtigkeit IX2m,3a
– Gott IX1j,2c,3e,g,6b
– homo novus VIII1c
– Kriegsgrund X3c,j
– zur >Kyropädie< VI2d
– Leben IXb-e, 7a
– bei Locke XV4f
– Luxusverbot IX4a

(Cicero)
- Mischverfassung IX1o, 2g
- zur Monarchie IX5b
- >Philippische Reden< IX7a
- und Platon IXg, 1c
- über Pompeius XII1c
- bei Pufendorf XV4q
- zur Religion IX2c
- res publica amissa I4e
- Romkritik XII1b
- Sklaven IX1h, X4c
- Souveränität I4b
- Staatsdefinition IX1d, XV4m
- Theater IX4b
- Tod I5f, IX7a
- Verfassungskreislauf IX1n
- virtus IX3f
- Zeitkritik XId
- Zinsverbot V2d
Cincinnatus VIII1g
Cinna XIb
Civilis, Bataver X3l, XII3d, XV2c
Civitas
- Dei vgl. Augustinus
- Romana XII3f
- solis XV3e
- für Staat I4l
- terrena vgl. Augustinus
Claudian XI4b
Claudius X4i, XI1b
Claudius Gothicus XI1r
Clemens von Alexandria XIV2i
Coburg XIIIq
Coelestin, Papst V5f
Commodus XIb, 1w
Concordia IXe, 7b
Consensus IXe, 1f, 7b, XIIu
Constantin
- Ahnenschwindel XI1r
- aus Britannien XV2b
- Klassizismus XVk
- Milvische Brücke I5g, XIV4a
- politische Theologie I2c, XI4c, XIVb,4h

- Sonnenkult XIV4h
Constantius II. XIV4n
Constantinische Schenkung
- s.Constitutum Constantini
Constitutio Antoniniana
- s. Caracalla
Constitutum Constantini XIV5q, XV1a,f
Coriolan VIII1q
Corpus Iuris Civilis I5g
- Friedrich II. XV1d
- Kriegsrecht X3n
- Naturrecht XI 3e
- Rezeption XV1g
- Sklaven III1f
- Societas Leonina XIII1j
Crassus IXe
Critognatus XII2c
Cromwell, Oliver IV2h
Cursus honorum IXc
Cuspinianus, Johannes VI1h
Cynthia XI2d
Cypern VI1g, VIII1i
Cyprian XIV4i

D

Daimon (Genius) II2k, VI4f, XII w
Damnatio memoriae X3l
Damon der Sophist IV1i
Daniel XIV1d,4d,6c
Dante XIV5r, XV1e
Danton XV3f
Daphnis VII2b
Dareios
- Bestattungsformen III2i
- und Heraklit II2a
- Idealkönig VI1h
- Pferdeorakel VI1h,3i
- vgl. Verfassungsgespräch
Darwin, Charles III4g, XIIIa
David (König) X1a,2b,d, XIV1b,f,5p
David, Jacques-Louis, VIII2q
Decebalus XV2c
Decius (Kaiser) XIV3d

443

Decius Mus VIII2t
Deditio X4c
Dekadenz III1c
– vgl. Sittenverfall
Dekadenzmodell
– bei Isokrates VI2h
– bei Polybios VIII2l-m
Delphi IVe, VII1b, X1b
Delphin XIIIb,l
Demagogen IVc
– bei Platon IV1u
Demaratos II1g
Demeter IV4t, VI4e
Demetrios von Phaleron VI2p, X3b, XIIIk,n
Demetrios Poliorketes VI4e
Demokratia (Göttin) VI4f
Demokratie I3d
– absolutistische III 2e, XV3f
– bei Aesop XIII2r-t
– bei Alkibiades III3m
– in Athen I3c, III2e, IVa
– bei Cassius Dio XI3o
– bei Cicero IX1p
– bei Demokrit II2a
– in Deutschland XV4o
– erste Erwähnung II1b, III1b
– in der Fabel XIII2r-t
– bei Goebbels XV3m
– bei Heraklit II2b
– bei Herodot II1g, III1a
– bei Isokrates VI2h
– in der Kaiserzeit I4i
– bei Luther V5f
– im Olymp (?)VI1c
– bei Perikles II3e-s
– bei Platon IV1u,2d-j
– bei Polybios VIII2f-h
– ungleich Polykoiranie IIb
– bei Pufendorf XV4q
– in Rom XI3o
– bei Schiller XV4r
– bei Solon II1a,g
– in Syrakus III4a

– totalitäre III2e, XV 3f
– im Verfassungskreislauf IV2l-m
Demokratiekritik
– bei John Adams XV4l
– bei Aelius Aristides XI3k
– bei Aesop XIII2r-w
– bei Antisthenes III2j
– bei Aristoteles IV4x
– bei Cassius Dio XIc
– bei Cicero IX1p
– bei Epikur VII1m
– bei Heraklit II2i,j,4d
– bei Hobbes XV4l
– bei Hume XV4l
– bei Isokrates IV4x
– bei Luther V5l
– bei Montesquieu XV4e
– bei Platon IV1u,2d-j
– bei Plutarch IV4x
– bei Pseudoxenophon II3k,n
– bei Schopenhauer XV2l
– bei den Sophisten III3m,n
Demokrit
– vgl. Demokratie
– Euthymia V4a
– Gesetz II2g,h
– Maß III4d
Demos (Gott) VI4f
Demosthenes V1b
– vgl. Barbaren
– Fabel XIII2p
– gegen Philipp VId, XIII1g
Desmoulins XV3g
Deutschland
– Demokratie XV4p
Diagoras IVe
Dialektik II2f, III5a, IVh
Diallaktes II1b
Didius Julianus XII1k
Dido X5e
Dies ater X5g
Dikaiarch von Messene VII4b, VIII2i
Dikaiosyne s.Gerechtigkeit
Dike s.Recht

Dio Cassius
- Maecenas-Rede I4i, XI3a
- Romkritik XII2d

Diocletian
- Christenverfolgung XIV3f
- Dominat XI1g
- Manichäismus XIV5b
- Preisedikt XI4a
- Religiosität XIV4h
- Residenz XI4c
- vox populi V5f

Diodor
- über Ägypten IV1c
- über Athen II3o
- Kriegsgründe X3c,g

Diogenes aus Sinope
- vgl. Alexander
- vgl. Anarchie
- Anekdoten VII1b-f
- Bedürfnislosigkeit XII4e
- Frauen VII1f
- Freiheit VII1d
- Gerechtigkeit VII1e
- zum Herrscherideal VI3e
- Kosmopolis VII1a
- Leben VII1b-f
- Naturprinzip VII1d,f,i
- Sklaven VII1f

Diomedes X2a

Dion Chrysostomos von Prusa
- Ahnenschwindel XI1r
- Königsreden VI3e,4b, X3o, XI3a

Dion von Syrakus IVg,3d

Dionysios von Halikarnass IX1o

Dionysios I von Syrakus IVg, VIc, VI2i, VII1h

Dionysios II von Syrakus IV3b-f

Dionysios Chalkos II3a

Dionysos VI4e-g, XIV1f

Diotima aus Mantineia IV1q

Disciplina VIII2s

Disraeli, Benjamin XV4g

Divide et impera XIII1e

Dohle XIII3c

Domitian XI1b, XII4e, XIII2l

Dornbusch XIII2i,t

Drohne IV2d, XIII2o

Drossel VII3d

Droysen, Johann Gustav, VI3a

Druiden XIV3c

Dualismus IX2d

Duell X2a

Dynamis (Macht) IV3b

Dynastische Legitimation XI1m-s

E

Eber XIII1d

Ebner-Eschenbach, Marie von III4f

Ecclesia I4l

Edda XV3k

Eden VII2x

Egeria IIe

Ehe
- des Augustus XI1n
- unter Augustus XI1h,n
- bei Diogenes VII1f
- bei Epiphanes (Gnostiker) XIV2i
- bei Jambulos VII2u
- Komödie III1h
- bei Luther XIV6a
- Mani XIV5b
- Nordvölker VII2e
- bei Platon IV1r,4q
- bei Paulus XIV2e
- in Rom VIII1r, IX2m, XI3k
- bei Theodoros (Atheist) VII1h
- im Urchristentum XIV2i
- in der Utopie VII5c
- Wiedertäufer XV3c
- bei Zenon VII1j

Ei XIII2e

Eiapopeia III2g

Eiche XIII1f,2t

Eiserne Garde XV3j

Elbe XII5j

Elea II2l

Elefant VIII1l, XV2l

Eleusis II1f

Elisabeth II von England VI4i
Elysium IV5g, VII2g
Endoxos Douleia VI3a, XI3e
Engel IV1i,2d, VII4d, XIV1h
Engels, Friedrich IV2d, VII5g, XV3h
England
- Demokratie XV4f
- vgl. Elisabeth
- vgl. Heinrich VIII
- vgl. Imperialismus
- bei Montesquieu XV4e
- vgl. Karl I
- Verfassung XV4n
Ennius VIIIa,1d,w, X3a, XIIIe
Entelechie (Vollendung) V1c
Ephesos II2a
Ephialtes aus Athen II3a
Ephoren XV4b
Epikur aus Samos
- vgl. Atomistik
- Frauen III1h
- Freundschaft VII1k-m
- Garten VII1k
- Glück V4b
- Götter VII1k
- Leben VII1k
- in Rom VII5b
- vita contemplativa IX1a
Epiphanes von Alexandria XIV2i
Epiphanios von Salamis XIV3c
Er aus Pamphylien IX6a
Erasmus X5b
Eratosthenes VI3c, XV2a
Eros VII1j
Erosion VII2i
Erziehung
- in Athen II3l,p
- bei Cato VIII1x
- bei Cicero IX2c
- bei Herodot V2i
- bei Homer V4c, X2a
- bei Isokrates VI2i
- durch Krieg V4c
- bei Phaleas III1e

- bei Platon IV1h,i,k,q,r,x,2b,3f, 4b,r,u
- bei Polybios VIII2m-o,u
- durch Rom X4h
- bei Seneca VIII2v
- bei Sophisten III3f,g
- bei Xenophon VI2a-d
Esel
- bei Antisthenes III2j
- bei Apuleius IX3c
- bei Heraklit II2k
- und Hirte XIII2n
- Inzest VII1d
- Jesu XIV1g
- der Kybele XIII2h
- und Löwe XIII1j,3c
- bei Platon IV2g
- bei Samuel X1a
- und Schwein XIII3e
- stimmbegabtes Werkzeug V2l
- für Untertan VII1g
- und Wolf XIII3b
Eselsroman IX3c
Esra, 4.Buch XII5j
Essener XII5e
Etrusker IV2l, Vh, IX2e, X2e
Etzel X2c
Euagoras von Salamis VI2m,n
Euander XI2d
Euböa VII2b
Euboulia V4a
Eudaimonia
- vgl. Aristoteles
- bei Perikles II3h
- bei Platon I4d, IV1k
Euetheia (Wohlgesonnenheit) V4a
Eugenik
- vgl. Aristoteles
- bei Jambulos VII2u
- bei Platon IV1s
- in Sparta IV1s
- in Theben IV1s
Euhemerismus VII2m
Euhemeros von Messene VII2l-p

Eule VII3b, XIIIb
Eunomia III1c, III3n
Euripides aus Athen
- Bürgerideal V4o
- Epigramm auf ihn II3o
- Gleichheitsideal IIe
- >Ion< III1f
- und Protagoras III2c
- >Schutzflehende< V4o
Eurythmia (Wohlgemessenheit) V4a
Euschemosyne (Wohlanständigkeit) V4a
Eusebe VII3f
Eusebius von Caesarea
- politische Theologie I2c, XIV4l
- Tricennalien-Rede XIV4l
Euthanasie
- der Antipoden VII3f
- im Goldenen Zeitalter VII4b
- bei Herodot II1f,3h
- bei Hyperboreern VII2e
- bei Jambulos VII2v
- bei Junior VII2x
- auf Keos VII2y
- in Massilia VII2y
- bei Perikles II3h
- bei Platon IV1j
- bei Solon II1f,3h
Euthymia V4a
Euthynen (Priester) IV4w
Eva XIIIg
Evangelium vgl. Augustus, Bibel
Exemplum VIII2q-v
Expositio Mundi VII2x

F
Fabel
- Bedeutung XIIIh
Falange XV3j
Falke XIIIb
Faschismus XV3j
Fatum IX4b
Faustina minor XI1w
F.D.P. IV2h

Feige XIII2i
Feind Xd
Fetialen X3d,i, X5b
Feuer
- bei Antisthenes VII1l
- bei Heraklit II2b,e
- bei Prometheus III2d, VII1e
Fichte XIII2t
Fichte, Johann Gottlieb, X5c
Fides
- bei Augustin XIV5p
- Gerechtigkeit X3e-g
- gegenüber Juden XII5a
- bei Livius VIII1t
- bei Properz XI2d
- publica X5k
- in Rom XIe
Fidschi-Inseln VII5e
Finley, Moses I. IV3b
Fiscus vincitur XI3g
Fisch III4g, VII4c, XIII1n,2r
Flamininus, Titus Quinctius VI4h, VIII1t, X3f
Fledermaus XIII1l,m
Fleischlosigkeit VII2e
Fliege XIII2c
Flöte V4q, VI2g, VII2b
Flötenspieler XIII1n
Föderalismus XV4o
Fortschritt
- vgl. Aristoteles
- bei Cicero IX2a,4a
- bei Platon IV4g,m
- bei Schmitt X6c
Fortuna s.Tyche
Fortunatae Insulae VII2g
Franco (General) XV3j
Frank, Jakob (Messias) XIV1e
Franken XIIIp, XV1b,2b,2c,4c
Frankfurter Zeitung XIII1c
Franklin, Benjamin XV4k
Frauen
- der Abioi VII2e
- vgl. Amazonen

(Frauen)
- vgl. Aristophanes
- vgl. Aristoteles
- vgl. Augustin
- vgl. Cato
- vgl. Cicero
- vgl. Diogenes
- vgl. Epikur
- gefügsam (?) VI2l
- Hetären II3s, III1g,h
- bei Horaz VI2c
- der Hyperboreer VII2e
- der Juden XII5c
- Königin VI4g, VII2f
- Kommunismus VII5c
- Kriegsbeute X7d
- bei Morus XV3d
- der Phäaken VII2f
- philosophieren III1h
- bei Platon III1h, IV1p-s,x,4p-r,t
- Sabinerinnen VIII1c
- in der Sophistik III1g
- der Thraker VII2e
- und Wehrdienst II3i, IV4r, VII2h
- bei Zenon VII1j

Freidank XIII3d
Freiheit
- vgl. Aischylos
- vgl. Aristoteles
- in Athen II3j, VII2i
- in der Aufklärung XII6c
- vgl. Augustus
- Britanniens XII2d
- bei Cicero IX1k,l
- vgl. Diogenes
- Galliens XII2c,3e
- Germaniens XII3b-d
- Griechenlands XII4k
- bei Hobbes XV2i
- Italiens XII2a
- bei Madison XV4o
- von Melos III4e,f
- bei Platon IV2e-k
- im Prinzipat XI3g

- in Rhodos XII1a
- in Rom VIII1m, IX1m,2g,h,l, XIV5f
- bei Schiller XV4r,s
- bei Theodoros VII1h
- in der Urzeit VI4c

Freizeit II3k
Fremde
- bei Augustus X3j
- vgl. Aristoteles
- in Athen II3n
- bei Platon IV2h,4r
- in Rom X4i, XI3k
- in Sparta II3n

Freud, Sigmund
- Krieg Xd,5i
- Moral III3f
- Religion III2g

Freundschaft
- vgl. Aristoteles
- bei Platon IV3d

Friede
- vgl. Alexander
- bei Augustin XIV5k
- christlich XIV4d,g
- bei Cicero IX1l
- bei Dante XV1e
- der Endzeit XII5i
- Etymologie Xd
- Euphemismus XII2e
- in der Fabel XIII1,4c
- statt Freiheit XIII1k
- bei Homer X2a
- vgl. Pax
- der Phäaken VII2f
- bei Plinius XI3i
- bei Polybios X1b
- in Rom Xd, X3c, XII3e

Friedrich Barbarossa VI5d, XI4c
Friedrich II (Kaiser) VI5d, XV1d
Friedrich der Große
- zur Antike XV2k
- Diener des Staates XI3e
- zur Monarchie VI5d

(Friedrich der Große)
- Philosophenkönig IV1p
- Ruhmstreben X5b
- Stoizismus VII4d, XV2j

Friesen XII3f

Frosch, Frösche
- und Hasen XIII2c
- und Maus XIII3f
- und Ochse XIII3c
- und Schlange XIII2j
- und Stiere XIII2p

Fuchs
- und Adler XIII2g
- Held der Fabel XIII4g
- und Igel XIII1h,2h
- und Löwe XIII2l
- und Rabe XIII3f
- Reineke XIII4a
- in Rom XIV4d
- Schläue XIII1d
- und Trauben XIII4e

Fuchs, Harald XIIc

Fugger V2d

G

Galater VII2b

Galba XI1k,u

Galerius XIV3f,g

Galla Placidia XII3g

Gallienus IV5d, XII2e

Gallier IX2e, X5e, XII2c,f,3e

Garizim (Berg) XIII2i

Gegenaufklärung IVc

Geier XIII1d

Geiserich XI4c

Gelasius XIV5q

Geld II2e
- vgl. Aristoteles
- vgl. Cato
- bei Cicero IX1o
- bei Nordvölkern VII2e
- bei Platon IV1m,2d,g
- in Rom VIII2w,x
- bei Xenophon VI2b

- bei Zenon VII1j

Gellius X3n

Gemeinwohl (bonum commune) XVb
- vgl. Aristoteles
- vgl. Cicero
- bei Platon IV1,4g,i

Genf XV4a

Genius s.Daimon

Geometrie
- bei Cicero IX3d
- bei Diogenes VII1f
- bei Platon IV1x,3c,4r,v
- bei Pythagoras IV1h

Gerechtigkeit I1b
- der Abioi VII2e
- vgl. Cicero
- vgl. Diogenes
- in der Fabel XIII4d
- göttliche X5g,h, XIV5n
- gnostisch XIV2i
- bei Karneades VIII1v,w
- bei Platon IVf,i,1a,o
- bei den Sophisten III3h-m
- bei Thrasymachos IV1b
- bei Zenon VII1i

Germanen
- bei Adams XV4n
- vgl. Arminius
- bei Caesar XV4c
- gegen Caesar X3i
- bei Hitler XV3k
- bei Hotman XV4c
- Krieg X2a,c,3m
- bei Milton XV4f
- bei Montesquieu XV4e
- Religion XIV3b
- gegen Rom XII3
- bei Tacitus XIV3b, XV4c

Germanicus XII3c

Geschichte
- Fälschung II3s
- des Staatsdenkens (?)I2g
- Wesen I2e

Geschlechtsverkehr

449

(Geschlechtsverkehr)
- bei Aristoteles V4r
- bei Cato VIII1h
- bei Essenern XII5e
- bei Platon IV1j,r
- bei Pythagoras V4r

Gesellschaft, offen oder geschlossen II3q

Gesetz
- bei Antipoden VII3f
- beseeltes XI1x
- bei Cato VIII1m
- bei Cicero IX1k,l
- bei Demokrit II2h
- bei Epiphanes XIV2i
- erstes III2g
- göttliches IX3a
- nicht bei Goten XII3g
- bei Heraklit II2d,g, III2b
- bei Hitler III4g
- bei Juden XII5c
- bei Kallikles III3b-h
- bei Kleobul III1a
- bei Kritias III2g
- bei Lykophron III1c
- der Natur III4c,g
- bei Paulus XIV2i
- bei Perikles II3i, III3m
- bei Pindar II1g, III2i
- bei Platon III2j,3a,IV1c,3a,4i
- bei Pythagoras XI1x
- in Rom IX1k-m, XI3g
- Seele des Staats IV3a
- bei Seleukos VI3d
- bei Sokrates III1c
- bei Solon II1a, III2b
- bei den Sophisten III2a,b
- in Sparta II1g
- als Spinnwebe XIII2c
- Strafgesetz III3b
- als Tyrann III2b
- bei den Vorsokratikern II4b, IVb

Gewaltenteilung
- vgl. Aristoteles
- in Deutschland XV4s
- vgl. Mischverfassung
- bei Montesquieu XV4d,e

Ghibellinen XIV5q,r
Gibbon, Edward X5d, XIa,3j
Gift X2a
Gideon XIII2i
Gilgamesch VII3g
Giraudoux X2a
Gladstone XV4j
Glaukon IV1e
Glaukos X2a

Gleichheit
- vgl. Alexander
- bei Alkidamas III1f
- bei Antiphon III1e,3c
- bei Aristophanes III1h
- vgl. Aristoteles
- arithmetisch IV4x, IX1p
- nicht bei Augustin XIV5k
- bei Cicero IX1p
- nicht im Dominat XIV4o
- bei Euripides IIe
- in der Fabel XIII4d
- geometrisch IV4x, IX1p
- nicht bei Heraklit II2i,4d
- bei Hippias III2b,3c
- nicht bei Kallikles III3c
- bei Perikles II3i
- bei Phaleas II3a, V2f
- bei Platon IV2e,3a,4x
- bei den Sophisten III1d,3f
- in der Stoa III1e
- in der Urzeit VII4c
- bei Xenophon VI2b

Gloria VIII1m, X6b,7b, XIV5i

Glück
- vgl. eudaimonia

Gnostiker XIV2h,i,3c
Goebbels, Josef XV3m
Goethe, Johann Wolfgang von
- Christentum XIVa
- Faust I2f
- Fortschritt V3l

(Goethe, Johann Wolfgang von)
- Philhellenismus X5c, XV4p
- beste Regierung XV5c
- Reineke Fuchs XIII4a
- Rom XII Motto

Goldener Tisch VII2d
Goldenes Zeitalter
- bei Babrios XIIIg,3h
- bei Cassius Dio XI4a
- Euthanasie VII4b
- bei Hesiod VI1b
- bei Horaz XI2c
- bei Indern VII4b
- unter Kronos VII4a, XI2a
- bei Ovid XI2e
- für Rom VI1b, XI2a,b
- bei Theodosius VI1b
- bei Vergil XI2a

Goldener Schmuck VIII1o
Goliath X2b,d
Goten I5g, XII3g
Gott, Götter
- vgl. Aristoteles
- vgl. Cicero
- als Despot XIV6d
- vgl. Epikur
- Germaniens XII3c
- griechische II4c
- und Krieg Xe,f
- bei Moses XII5c
- Pantheismus II2b
- im Paradies VII4a
- bei Platon III2j, IV4i,k,t,v
- bei Plutarch VI3d
- bei Polybios VIII2x
- bei Pythagoras IX2d
- Reich Gottes VII5f, XIV6d
- Sophisten III1f,2g-i,3k,4c
- Stimme XI1u
- Vergeltung X5g
- Vorsokratiker II2l
- bei Zenon VIII1i,j
- Zorn XIV5n

Gottesgnadentum II4c, VI4i, XII6d, XIV4l, XV1d,3b
Gottesurteil X2d
Gottkönigtum VI4c-i, XI3,b,c,n
Gorgias von Leontinoi III2f, VI2g
Gracchen I5f, IV2l,4h, VII5d, IX1b,m,7c, X4g,5b
Gregor von Tours XIIIp
Gregor VII (Papst) XIV5q
Grenzen
- bei Zeus IV4l

Grimm
- Märchen IV4l, XIIIg

Grotius, Hugo Xd,6b
Gryllos VII4c
Gudea von Lagasch VI3b
Gulliver VII2w
Gut, höchstes
- 288 Theorien V4a

Gymnastik
- vgl. Aristoteles
- bei Zenon VIII1j

Gymnosophisten VI3d

H

Habicht
- und Frosch XIII3f
- und Nachtigall XIII2b
- und Taube XIII2k

Hades II2b
Hadrian XI1d, XII5d, XIV1e
Hakenkreuz XV3k
Halsband-Fabel XIII1k
Hams Blick V2n, XIV5l
Handel II3k
- vgl. Aristoteles
- vgl. Cato
- der Phäaken VII2f
- in Rom VIII1n, XI3h

Hannibal I4g, 5e, VIII1q,2y, IX6a, X3j,7c, XV2c
Harpyie XIIIf
Harrington, James XV4f
Hase
- bei Aesop XIIIm

(Hase)
- Gleichheit XIII2c
- und Löwe XIII3h
- bei Sophisten III3f

Hasmonäer XII5a
Hathor XIIIb
Hebamme IVe
Hecht XIII4h
Hegel
- zur Dialektik II2f
- Eule VIa
- Reich Gottes VII5f
- zur Sophistik IIIa

Hegesias VII1h
Heinrich IV (König) XIV5q
Heinrich IV von Frankreich XV3f
Heinrich V (Kaiser) XV1c
Heinrich VI (Kaiser) XV1d
Heinrich VII (König) XV1e
Heinrich VIII von England VII2b
Hekataios aus Abdera VII2e
Hekataios aus Milet II2k
Hekuba IV3d
Held X3a
Heldentod
- bei Horaz XI2c
- bei Krates VII1h
- bei Polybios VIII2p-t
- bei Solon II1f,2g,3h

Helena X2a
Heliopolis VII5d
Hellenismus I3d, I5d, IV2l, VI3a
Heloten III1f
Helvidius Priscus XV2k
Hephaistos III2d, VII2f
Hera VII2m
Herakleia am Pontos VI4d
Herakles
- Göttersohn XIV1f
- als Räuber III3a,h
- „Nachfahren" VI 4d, XI1r
- in Rom XI2d
- Selbstverbrennung XII4f
- „Vorfahr" Philipps VI4d

Heraklit II2
- Demokratiekritik II2i,4d
- Gegensatz Va
- bei Platon IV1u
- Sibylle XII5f

Heraldik XIIId
Herder, Johann Gottfried X5c, XII6c,e, XIIIp
Hermannia XV2c
Hermes III2d,e, XIIIk
Hermias von Atarneus Vb,2j
Hermippos II3k
Herodes Atticus XII4f
Herodot
- über Ägypten IV1c
- zur Aristokratie III1a-c
- zur Demokratie III1a-c
- vgl. Erziehung
- Fabel XIII1n
- zur Monarchie III1a-c
- Perser V2i
- Relativismus III2i
- über Solon II3h
- Theoria I3a
- Trojanischer Krieg X2a
- Verfassungsgespräch I4e, III1a-c, VI1h, XV4l

Hermodor aus Ephesos II2i
Hesekiel XII5c
Hesiod aus Askra
- vgl. Arbeit
- zu Elysion VII4g
- Fabel XIII2b
- vgl. Goldenes Zeitalter
- bei Heraklit II2k
- Mythos I2a
- bei Platon IV1h
- Recht IIc,d

Hey, W. (Fabeldichter) XIIIp
Hieronymus (Kirchenvater) XI1i
Himera (auf Sizilien) XIII2d
Hipparchia III1h
Hippias von Elis III2b
Hippo Regius XIV4c

453

Hippodamos aus Milet II3b,p
Hippolytos XIV4d
Hirsch XIIIc,1d,2d
Hirschkalb XIII1d
Hirschleute s.Cherusker
Hirte, Hirten
- eigennützig III3i
- und Esel XIII2n
- und Hund XIII2p
- und Wölfe XIII1g
Hitler, Adolf
- Darwinismus III4g
- Klassizismus XV3j-m
- Kriegsgründe X6d,7c
- Recht des Stärkeren III4g
- Romidee XV3m
- und Weimar IV2h
- als Wolf XIII1c
Hobbes, Thomas VIII1j, XIII2e XV2h-j, XV4l
Höhlengleichnis
- bei Platon IV1v-x
Hölle XIV5n,q
Homer
- für Athen II3o
- Barbarophonoi III1e, V2i
- Demodokos VIII1m
- zu Elysium VII2g
- allzeit der Erste V4c
- vgl. Erziehung
- bei Heraklit II2f,k
- Königtum IIc
- Fluch auf den Krieg II2f
- Mythos I2a
- vgl. Phäaken
- bei Platon IV1h
- Polis I4c
- politische Begriffe I4f
- Seele XIIIe
- Thersites IIa
- Vielherrschaft IIa,b, XV2l
- Völkerhirt VI3b
Homodoxia I1e
Homo mensura III2i

Homo novus VIII1c, IXc
Homosexualität s.Knabenliebe
Homonoia VI3c
Horatier und Curatier VIII2q, X2e
Horatius Cocles VIII2t
Horaz
- Actium XI2c
- Epikureismus VII5b
- Fabel XIII3e
- Gesetz IV1c
- griechischer Einfluß VIIIc
- Natur XIII3d
- Romidee I2b
Horen XIIIk
Horus XIIIb
Hosiannah XIV1g
Hosius von Cordoba XIV4a
Hospital V3l
Hostis (Feind) Xd
Hostis legitimus X3n
Hotman, François XV4c
Hahn VII3b
Hugenotten XV4c
Huhn
- Goldene Eier XIII2e
- Hahn VII3b
- heiliges X5j
- bei Heraklit II2k
- Inzest VII1d
Huizinga, Johan X7f
Humboldt, Wilhelm von X5c, XV4p
Hume, David XV4l
Hund, Hunde
- und Diogenes VII1b
- und Esel XIII3c
- aus Gold VII2f
- bei Heraklit II2k,m
- und Herde XIII2p
- und Hündin XIII1i
- Jagd IV4s
- Kanarische Inseln VII2g
- in der Kirche XIII3d
- des Odysseus XIIIf
- bei Platon IV1h,q,2g

(Hund, Hunde)
- im Wasser XIII3f
- und Wolf XIII1k
- und Wölfe XIII1e,g
- bei Zeus XIII3g

Hutten, Ulrich von XV2c
Hybris II1c, II2g
Hyperboreer VII2e,3f

I

Iason von Pherai VIc,2i
Ibis XIIIb
Ida IV4a
Idee
- bei Platon IV1v, Va

Igel XIII1h,2h
Illyrien X3m
Ilos X2a
Imagines VIII2u, IX6a
Imperator XI1e,i
Imperialismus
- englischer X5d, XV4g
- ökonomischer X6c
- römischer X5, XII3c,d,4c

Imperium
- als Bestie XIII2e
- Blutgewalt I4k, VIII2j, IX1j, XI1g
- Euphemismus XII2e
- Reich I4k
- sine fine XI2b

Inder
- Bestattungsformen III2i
- Goldenes Zeitalter VII4b
- Lebensalter VII2k
- Palibothra VII2w
- Seelenwanderung XIIIe
- Sklaven VII2k

Innocenz III (Papst) XIV5q
Insel der Seligen VII2g, XI2c
Inzest VII1d,j
Irenaeus von Lyon XIV2i,4d
Iris VII3c
Irnerius (Glossator) XV1g
Irokesen VII5e

Ironie
- bei Sokrates Va

Isidor von Sevilla IX1l, X6a, XIIIh
Isis XIV2h,3c
Isokrates
- über Ägypten IV1c
- vgl. Agonales Prinzip
- über Athen II3k
- vgl. Demokratie
- vgl. Demokratiekritik
- vgl. Erziehung
- zum Königtum VI2k-p
- zum Krieg VI2k
- Leben VI2g
- Philanthropie VI2k
- Politeia I4d
- zum Reichtum VI2l
- zum Sittenverfall VI2h
- und Sokrates VI2g
- zu Solon VI2h
- Theoria I3a
- zum Wohlstand VI2l

Isonomia s.Gleichheit
Israel VII2r
Israeliten s.Juden
Issos VI4c
Italien I4l,m
Ius civile IX3d
Ius gentium X5f-i
Ius naturale s.Naturrecht

J

Jagd
- vgl. Aristoteles

Jahwe VII1c
Jambulos VII2q-w
- Kinder VII2u
- Königtum VII2u
- bei Morus IV5a
- Reise-Utopie VII2q-w

Janus (Gott) Xb
Jefferson, Thomas XV4k
Jehovas Zeugen X7a
Jerusalem VI3f, XII5c,d,i,j, XIV1b,f

Jesaja VII4d, XIII3h, XIV1d,h
Jesbi (Philister) X2b
Jesuiten XV3e
Jesus
- Messias XII5e
- nur Mündliches IVe
- Schlange und Taube XIII4g
- zum Staat XIV1
- Unrecht leiden X7e
- als Usurpator XIV3c
- Weltreiche XIV4d
Joch X5h
Johannes-Apokalypse XII5j, XIV4d
Johannes-Evangelium XIV4e,5j
Johannes von Leyden XV3c
Johannes von Salisbury XIII2v
Johannes der Täufer XII5e, XIV1e
Josephus, Flavius XII5b-d, XIV1e
Jotapian (Gegenkaiser) XII1r
Jotham XIII2i
Judas von Gamala XIV1e
Judas Makkabäus X3g
Juden
- in Alexandria XII4h-j
- vgl. Aristeasbrief
- Exil XIV1b,c
- und Griechen XII4h-j
- im Imperium XIV3b
- Königtum VI1c, XIII2i, XIV1g
- Kriegsführung X1a
- in Mailand XIV4o
- Makkabäer X3g, XII5a, XIV1d
- Messianismus VII4d, XII3, 5d, XIV1c-e
- Monotheismus VII1c
- vgl. Moses
- und Philister X2b
- und Rom XII5
- Sekten XII5c
- Sibyllinen XII5h
- Sklaven V2n,o, X1a, XII5c,g
- Sündenbock VII2r
Jünger, Ernst XVa
Jugurtha XV2c

Julia (Augustus' Tochter) XII1n
Julia Domna XII1r,w
Julian Apostata XI4a, XII4g, XIV4n
Julianus s.Didius
Julius XI1l
Jungbrunnen VII3g
Junior (Philosoph) VII2x
Juppiter s.Zeus
Juppiter Optimus Maximus XIV4h
Justin VII2e
Justinian
- Akademie IV5b
- beseeltes Gesetz VI5d
- Ende der Antike I5a
- Katholizismus XIV4n
- Klassizismus XVk
- Stabilisierung I5g
Justinus Martyr XIV4g
Juvenal XI3j

K
Kaaba VI3e
Käse II3k
Kaiser
- lateinisch XII1e
Kakonomia III3n
Kallikles
- Machtprinzip III3b
- Mehrheitsprinzip III3d
Kalokagathie (Edeltrefflichkeit) V4t, VI3h
Kamel IV4l, X1a, XIII2w
Kampf ums Dasein III4g, X6d
Kanarische Inseln VII2g
Kannibalismus VIII1d
Kant, Immanuel
- Frieden X4e
- aufrechter Gang VII5e
- Macht und Geist IV1p, VIIIb
- Menschenbild V5c
- Platonisches IVa
- pragmatische Geschichte VIII3c
- Republik XV4r
- zur Revolution IV1u

(Kant, Immanuel)
- Staatsdefinition I4j
- Vernunftglaube IX3d

Kapernaum (in Israel) XIV4j,5p
Kardinaltugenden IV1o
Karer
- Barbaren III1e, V2i

Karl I von England XV2j,4f
Karl der Große XI4c, XII3g, XIV4l, XV1b
Karl V. VI1h
Karl der Kühne VI2d
Karolinger XVk
Karneades VIII1v, IX3a,c, X5b, XII4e
Karpokratianer XIV2i
Karthago
- Ämterkauf VIII2w
- vgl. Aristoteles
- Augustinus XIV5a
- Handel V4g
- Kriegsausbrüche X5e
- Landwirtschaft IX2e
- Mischverfassung VIII1k
- Philinos-Vertrag X5a
- bei Platon IV3b,4n
- vgl. Punische Kriege
- gegen Rom VIIIc,1b
- Sittenlosigkeit IX2b

Kassander VII2l,5d
Katharsis (Läuterung) IX2d
Katze XIII3d
Kaukasus VII1e
Kaulquappe III2j
Kausalität II2e
Kaviar VIII1s
Kellogg-Pakt X6b
Kelsos XIV4g
Kelten X2e,3m,5e, XII2f, XIV3c
Kentaur XIIIf
Keos VII2y
Kerameikos II3f
Kerkyra VII2f, XV4l
Kimbern X2c,f, XII2c
Kimon aus Athen II2i

- bei Platon IV1g

Kinder
- vgl. Aristoteles
- vgl. Jambulos
- Opfer XIV3c
- bei Perikles II3p
- bei Platon IV1k,r
- in Rom VIII1r

Kirke VII4c
Kitchener, Earl of Khartoum XV4j
Kition auf Cypern VII1i
Klassenstaat IV1c, VII2o
Klassik, griechische I5c
Klassizismus
- vgl. Amerika
- vgl. Augustus
- vgl. Constantin
- vgl. Hitler
- vgl. Justinian
- vgl. Mussolini
- vgl. Napoleon
- vgl. Speer

Klearch von Herakleia VI4d
Kleinias
- bei Platon IV 4a

Kleisthenes aus Athen II2i,3a, VI2h, VIII1k
Kleobulos von Lindos II1a,2c
Kleopatra I5f, X3l, XI2b, XI2c, XII4j,5g
Klientel X3k,4c, XI1j
Knabenliebe
- vgl. Aristoteles
- bei Platon IV4q,t
- in Rom VIII1s,t
- bei Zenon VII1j

Knossos IV4a, VI1d
Kodros VI1g
König, Königtum
- vgl. Alexander
- archaisch VI1
- vgl. Aristoteles
- vgl. Athen
- vgl. Endoxos Douleia

(König, Königtum)
- der Endzeit XII5h,i
- in der Fabel XIII2i-k,m
- als Gott XI1x
- vgl. Gottesgnadentum
- bei Hobbes XV2i,j
- vgl. Isokrates
- vgl. Jambulos
- vgl. Juden
- Königin VI4g
- Krone VI4f
- Kult VI4g
- vgl. lex animata
- in Metaphern VI3b
- im Mittelater XV2d
- vgl. Monarchie
- vgl. nomos empsychos
- in Persien VI1h, VII1e
- bei Platon IV2l,m,3f, VI2e
- bei Polybios VIII2d-h
- Primus inter pares XV2d
- in Rom IX2a-h
- bei Schopenhauer XV2l
- in Sparta VI1g
- Zepter VI4b
- Zeus II2b, V3b, VI1d
Königsfrieden VI2i, X4e
Kolumbus XV1g
Kommagene XIIIf
Kommunismus
- bei Campanella XV3e
- bei Engels XV3i
- bei Essenern XII5e
- gnostisch XIV2i
- Komödie III1h
- bei Mani XIV5b
- bei Morus XV3d
- vgl. Marx
- Mazdak XIV2i
- der Nordvölker VII2e
- persisch XIV2i
- bei Platon IV1m,r,4l
- urchristlich XIV2f
- Utopie VII5c
- der Wiedertäufer XV3c
Konstantinopel VI1b,3i, XIV4l,n
Konstanz XIIIo
Konstitutionen von Melfi XV1d
Konventionen III2b,3c
Kopernikus, Nikolaus XV2a
Koran V2d
- vgl. Alexander
Korinth
- Diogenes VII1c
- Könige VI1g
- Mädchen IV1j
- bei Paulus XIV2e
- Sittenlosigkeit IX2b
- Tyrann II2j
- Zerstörung X3k
Korinthischer Bund V4e, VId, X4e
Korkyra VII2f, XV4l
Kos VII2b
Kosmopolis V2k, VI3d, VII1a, XI3k
Kosmos II2e
Krake VII1d
Krähe XIIIo,2t
Kranich VI3b, VII4c, XIII3e, XV2l
Krates aus Theben III1h, VII1g,4c
Kreon III5c
Kreta
- vgl. Aristoteles
- Götter VII2m
- Kosmos II2e
- Minos IIe
- bei Platon IV3d,4
Kretisch-mykenische Palastkultur I5b
Krieg
- Abschreckung X3o
- der Antipoden VII3f
- bei Aristophanes III1g,2d
- in Athen II3l,s
- vgl. Barbaren
- und Bauernstand VIII1f
- christlich XIV4
- in der Demokratie III3n
- Erklärung IX2f
- in der Fabel XIII1,4c

(Krieg)
- frisch-fröhlich X3a
- gerechter IX2f, X
- bei Hitler III4g
- bei Homer X2a
- vgl. Isokrates
- Kinder IV1r
- in der Natur XIII1
- bei Platon IV1f,h,r,2j,4b,c,t, X3o
- bei Plinius XI3g
- bei Protagoras III2d
- bei den Sophisten III1c
- in Sparta II3l
- zwischen Ungleichen III4b-g
- Vater aller Dinge II2f

Krim VI1g
Kritias III2g-i
Kritik I3d
Kroisos II1f, VI2l, XIII1,1n
Kronos
- im Elysion VII2g
- Goldenes Zeitalter VI1b, VII4a, XI2a
- Kreta VII2m
- und Zeus VI1c

Krylow I. A. (Fabeldichter) XIIIp
Kuckuck XIII1i
Kuh II2d, V2e, VII4d, XIIIb
Kultur
- bei Platon IV1i

Kuß VIII1t
Kybele XIII2h
Kyniker VII5b, XII4e
Kyrene IV4w, VI1g,4c, VII1h
Kyros VI1h,2a-d,l, XIII1n, XIV1d,h

L

Labarum XIV4k
Lactanz IV1c, IXh,3a,6e, X5b, XIIIa
Lafontaine (Fabeldichter) XIIIp
Lamm XIII1b
Landwirtschaft s.Bauern
Langobarden XV1b
Larissa X4i

Lebensaltergleichnis VI5a
Lechaion VII1c
Legibus solutus s.Lex
Leo, Heinrich X3a
Leonidas X3a
Lepidus (Triumvir) XI1m
Lessing XIIIp,2n
Leviathan XIII2e
Lex
- animata VIe, XI1x, XV1d
- Claudia VIII1n
- Hortensia I5e
- de imperio Vespasiani XV3a
- legibus solutus VI2a, XI3o, XV2j,4f
- Oppia VIII1o-q
- regia XI1g, XV3a

Libanios (Rhetor) XI4a
Liberalismus IV2e
Libertas (Freiheit) IX1l, XI3g
Lichtenberg, Georg Christoph VI3b
Licinius (Kaiser) XIV4b
Liliencron, Detlef von IX1l
Livius
- Alexander VIII1l
- Camillus-Rede XI2c
- Fabel XIII2u
- fides VIII1t
- Horatier X2e
- Horatius Cocles VIII2t
- zum Kriegsrecht X2e,3j,o,5h
- Monarchie IX2g
- Romideal IX1c
- Romkritik XII2a
- virtus VIII1d

Locke, John XV4f
Löwe
- und Affe XIII2k
- auf Aia VII4c
- und Bär XIII1d
- für Christus XII5k
- und Eber XIII1d
- und Esel XIII1j,3c
- und Fuchs XIII2l

(Löwe)
- und Hasen XIII2c
- und Mädchen XIII1h
- und Maus XIII2f
- Milde XIII3h
- bei Sophisten III3f
- und Stiere XIII1f
- Tierkönig VI3b, XIII2k,3h
- bei Vergil XI2a
- Wappentier XIIId

Löwenanteil XIII1j
Logos IIf
Lokroi in Bruttium X5k
Lucan VI3e
Lucilius VIII2v
Lucretia IX2h,3d
Lucrez VII5b
Ludwig XIV. X6b, XV2j
Lukian aus Samosata XII4f
Luther, Martin
- Apokalypse XII5j
- zu Arminius XV2c
- vgl. Demokratie
- Fabeln XIIIq,1c,3f
- iustum pretium V2e
- als Mönch IV2d
- Obrigkeit XIV6a
- zur Tyrannis V5f
- Urkirche XV2a
- Zinsverbot V2d

Luxus
- vgl. Cato
- vgl. Cicero
- bei Juvenal XI3j
- bei Platon IV1j

Luzifer s. Teufel
Lykeion
- vgl. Athen
Lykien XV4o
Lykophron III1c
Lykurg von Sparta IIe, VIII1k,2i, XII5c
Lysander von Sparta VI4d
Lysistrata III1g

M
Machiavelli, Niccolo
- und Aristoteles V3j
- zum Kaisertum XV1f
- zur >Kyropädie< VI2d
- >Principe< XV2f
- zur Religion IX2c
- Rombild X5d
- Sophistik III5c
- Staatsbegriff I4m

Machimon VII3f
Macrobius IX6e, XIIIh
Madison, James XV4k,o
Maecenas VII5b, XI2a,c,d,3l-o
Maecenas-Rede I4i, XI1k
Mäeutik IVe
Märchen IV 4l, XIIIf, g
Märtyrer-Akten, heidnische XII4h-j
Magen
- und Glieder XIII2u
Magneten-Stadt IV4a
Mai, Angelus IXh
Maifeld XV4c
Maiestas populi Romani IX1m, XI1u, XII4j, XV2j
Mailand XIV4b,5c
Makedonien V4e, VI4g
Makkabäer s. Juden
Mammon XIV2b
Mandeville XIII2o
Mani XIV5b
Manichäer XIV3f,5a,b
Manlius (Konsul) VIII2s
Marathon I5c
Marbod X2c
Marc Anton I5f, IX7a, X3l, XI1n,2c, XII4j
Marc Aurel
- zu Brutus XI3g
- Fetialenrecht X3d
- Gute Zeit XIa,4a
- Kosmopolit VII1j
- Peregrinus Proteus XII4f
- zu Platon I3c, IV Motto,5d

(Marc Aurel)
- Stoizismus VII5b
- „Vater" des Septimius XI1r
Marcellinus XIV5n-p
Marcellus XI1n,o
Marcomannen X3d
Maria XIV1f
Marius I5f, VIII1c, IX7c, XIb
Markomannen X3d
Mars s.Ares
Marsilius von Padua XV1e
Mars Ultor XI1l
Martin von Tours XIV4i
Marx, Marxismus
- zum Altertum XV3h
- arm und reich IV4l
- Dialektik II2f
- Fabel XIII2r
- Kommunismus IV4l, XV3i
- pretium iustum V2e
- Sklaverei XV3h
- Utopie VII5g
- Wiederspiegelung I2f
Masinissa IX6a, XV2c
Maske s.Imagines
Maß
- bei Alkmaion II2c
- bei Cato maior XII1a
- bei Cicero IX1k, X3j
- bei Heraklit II2c
- bei Kleobul II2c
- bei Platon IV2g,4i
- bei den Vorsokratikern II2c,4b
Massilia
- vgl. Euthanasie
- Kinder der Beamten II3p
Maus
- und Fledermaus XIII1m
- und Frosch XIII3f
- Landmaus XIII3e
- und Löwe XIII2f
- und Stier XIII2g
- und Wiesel XIII2t
Maxentius (Kaiser) XIV4a

Medusa VII2h
Megalopolis I4c, IV3a, VIII2a
Megillos (bei Platon) IV4a
Mehrheitsprinzip
- vgl. Alkibiades
- vgl. Aristoteles
- vgl. Kallikles
- in Melos III4f
- bei Platon V4p
- bei Protagoras III2e,f
- bei Xenophon III3m
Meinecke, Friedrich I2f
Mela, Pomponius VII2g
Melankomas II2g
Meleager von Gadara VII1a
Melfi XV1d
Melito von Sardes XIV4f
Menalkas VII2b
Melierdialog III4b, XIII1a
Melos (Insel) III4b, XIII1a
Memphis VI4c
Menander IXg
Menelaos VI1e, X2a
Menenius Agrippa XIII2u
Menexenos s.Platon
Mensch
- bei Aristoteles V1a
- böse XII3f
- bei Cicero IX3e
- in der Sophistik III2
- bei Thukydides III4
Menschenfresserei VII1d, XIV3c
Menschenopfer XIV3c
Mentalitätsgeschichte I3b
Merowinger XIIIc,p, XIV5q
Messenien III1f
Messias
- Anwärter XIV1d,e
- Aristophanes VII3c
- Christus XIV1a
- Jesus XIV1f-i
- jüdisch VII4d
- Löwe XII5k
- politisch XIVa

Meteller IX4b
Metöken
- vgl. Aristoteles
- in Athen II3n
- bei Perikles II3n
- bei Xenophon V4j
Metron s.Maß
Meyer, Eduard II3d
Midas VII3g
Milchstraße IX6d
Milet II2j
Milton, John XV4f
Milvische Brücke I5g
Minos IIe, VI1d, VII2g, VIII1k
Minotaurus XIIIc
Mirabeau IV2d
Mischverfassung
- bei Aelius Aristides XI3k
- in Amerika XV4l
- vgl. Aristoteles
- bei Cicero IX1o
- bei Dikaiarch VIII2i
- bei Dionysios IX1o
- in England XV2j,4f
- bei Harrington XV4f
- bei Hotman XV4c
- in Karthago VIII2i
- in Kreta VIII2i
- bei Montesquieu XV4e
- bei Platon IV3f,4x, V3h, VIII2i, XV4e
- bei Polybios VIII2i-k
- in Rom XI3k
- in Sparta VIII2i
- bei Tacitus IX7c
Mistel XIII1m
Mistkäfer XIIIk
Mithras XIV1h
Mithridates VI von Pontos IXc, X5b, XII4d
Mittelalter
- Musik IV1i
Moeller van den Bruck XV3k
Mohammed IVe

Moloch XIV3c
Moltke, Helmuth von XII4b
Mommsen, Theodor I5f, IXe, X5c, XI1g,2c,3m
Monarchie
- bei Alkmaion II2c
- bei Aristoteles I4h
- in Athen II3g,s
- bei Herodot III1a
- bei Homer IIb
- in Rom IX7c, XI
Monarchomachen XV4c
Mond XIV5q
Mons Graupius XII2e
Montesquieu
- Amerika XV4k
- vgl. Aristoteles
- bellum iustum X5d
- Gewaltenteilung XV4d
- zur römischen Republik IX7c
- Sklaverei XV4e
- Wohlstand V2d
Mores maiorum VIII1d
Morgenstern, Christian XIII4h
Morus, Thomas IV5a, VII2c,5f, XV3n
Moscati VII5e
Moses
- Gesetzgeber IIe, XII5b,c
- und Gnosis XIV2h
- Gottesbild XII5c
- neuer XIV4l, XV3c
- Theokratie XII5c
Moskau
- drittes Rom XV1f
Müller, Adam X6c
Müntzer, Thomas XV3c
Münzen
- Alarichs XI4c
- Constantins XIV4b
- bei Diogenes VII1b,f
- mit fides X5k
- Friedrichs II. XV1d
- vgl. Geld
- Scipios VI4h

(Münzen)
- Trajans XI3g

Musik
- vgl. Aristoteles
- bei Cicero IX2m,6d
- bei Diogenes VII1f
- bei Herodot VI2l
- bei Hyperboreern VII2e
- bei Jambulos VII2t
- bei Phäaken VII2f
- bei Platon IV1i,2f,4r
- bei Polybios IV1i
- Sphärenharmonie IX6d

Musikanos VII2k
Mussolini, Benito XV3j
Mykene VI1d
Mythos
- griechischer IIc-f
- bei Nietzsche II4a
- bei Platon IV1h
- bei Protagoras III2d,e
- bei Theopomp VII3g

N

Nachtigall XIII2b
Naevius IX4b
Napoleon I
- und Alexander VI3e
- Erbe der Revolution IV2h
- Klassizismus XV3g
- Romidee XV3g

Napoleon III. XV3g
Nationalismus
- deutscher XV3k
- moderner X6c,7c, XII6e, XV2

Natur
- bei Aristoteles VI1a
- vgl. Diogenes
- in der Fabel XIII4f
- Recht des Stärkeren III3, XIII1b,c,h,j
- bei den Sophisten III1f,3
- bei den Vorsokratikern II2d, III2a
- bei Zenon VII1i

Naturanlagen IV1c
Naturphilosophie, ionische IIf
Naturrecht
- bei Aristoteles IX3a
- und Auctoritas IX2k
- im Corpus Iuris XI3e
- bei Cicero IX3
- bei Isokrates IX3a
- bei Karneades VIII1w, IX3a
- als Kriegsgrund X3c
- bei Seneca XI3e
- bei den Sophisten III2f,3h
- bei Xenophon IX3a

Naturzustand Xd,7d, XIII1a,3b,4c, XV2h,i
Naulochos X2e
Nebukadnezar XIV1b
Necho (Pharao) VII2h
Negersklaverei V2n,o, XV2e, XV2l
Neith (Göttin) VII2h
Nemrod Dag VI4g
Nephelokokkygia VII3b
Nero VI3e, XI1a,3a, XII3f, XIV3c,5j
Nerva XIa,1q
Nestle, Wilhelm IIf
Nestor VI1e
Neutralität III4b
Nibelungenlied X2c
Nicaea XIV4c,m,n
Nietzsche
- Bedenklichkeit VIIIb
- zur Demokratie V4n
- zur Herdenmoral III3f
- zum Mythos II Motto, II4a
- zu Platon IV5g
- zu Sokrates IVd
- zur Sophistik IIIa,5a
- zum Staat I Motto
- Umwertung VII1b

Nihilismus III2f
Nikokles VI2j
Nikomachos Vh
Ninive VI1e
Ninos VI1f, XIIIj

Nizami VI3e
Noah V2n, XII5g
Nomophylakes IV4m,u
Nomos s. Gesetz
Nomos empsychos VI2e,5d, XI1x
Notstand IX2i
Numa IIe, IX2c,d, Xb,3f
Numantia X3k
Nymphe VII4c

O

Obrigkeit XIV2a
Ochse V2l, VIII1s, X1a, XIII3c
Octavia XI1n
Octavian s.Augustus
Odovakar I5g, XI4c
Odysseus IIa,b, VI1e, VII2f, VII4c, X2a
Oedipus VII1d
Ölbaum XIII2i
Offenbach am Main XIV1e
Okeanos VII3e,f
Oktopus s.Krake
Oligarchie
– vgl. Aristoteles
– bei Platon IV2c
Olymp V3b, VII1c, VII3a, XIIIm,3g
Olympia X1b, XII4f
Onasandros X5i
Onesikritos VII2k
Orakel XI1v
Orgel XI1w
Orient, Alter X1a
Origenes XIV4g,l
Orphiker XIIIe
Ostrakismos s.Scherbengericht
Otto von Freising XV1c
Ovid XI2e

P

Paetus Thrasea XV2k
Pagasai II3k
Paideia (Bildung)
– vgl. Aristoteles

Paideusis s.Erziehung
Palästina XII5
Palibothra (Pataliputra) VII2w
Pambasileia V3i, XI1d
Panaitios von Rhodos IX1b
Panara VII2p
Panchaia (Insel) VII2l
Panhellenismus
– bei Isokrates VI2i
– bei Philipp VI2i
– bei Platon IV1f
Panther VII4d
Papst XIV4m,5q, XV1a,b, XV3a
Papyrus s.Antiphon
Paradies VII4a, XIIIg,3h
Paraguay XV3e
Paris (Alexandros) X2a
Parmenides aus Elea II2l, VII3e
Parusie-Verzögerung XIVb,6b
Pataliputra am Ganges VII2w
Pater patriae IX5b, XI3d
Pathos I3a
Patrimonium Petri (Kirchenstaat) XV1a
Paulus (Apostel)
– Feindesliebe XIV5n
– Galaterbrief XIV5i
– als Jude IV2d
– Kirche als Körper XIII2v
– Obrigkeit XIV4j
– und Platon IVa
– Römerbrief XIV2a
– und Seneca XI3e
– Staatsverständnis I2c, XIV2
Pax (Friede)
– Britannica XV4h
– Christiana XIV4d
– domestica XIV5k
– Persica XII5c
– Romana I2b,5g, X4d, XII5c, XIV4d
– Wortbedeutung Xd
Pazifismus X6a,d,7e, XII5e, XIV4j
Peisistratiden II4d
Peisistratos IV2h, XIII2j

Pelasger V2i
Pelopidas von Theben VII1d
Peloponnesischer Krieg
- Lysistrata III1g
Peregrinus Proteus XII4f
Pergamon VI4g, VII5d
Periander aus Korinth II2j
Perikles
- und Alkibiades III3l,m
- Asebie I3d
- Höhepunkt Athens I5c
- Kriegsgrund X3b
- Landfrieden X4e
- als Monarch II3g,4d
- bei Platon IV1g,5g
- bei Popper II3q, IV5f
- und Protagoras III2c
- Totenrede II3c-s
Peripatos
- vgl. Aristoteles
Perry, B.E., XIII2w
Persaios XVf
Persephone IV4t
Perser
- in der Akademie IV1f
- bei Alexander III1e
- zu Alexander VI3e
- Apokalyptik VII4d
- barbarische Sprache III1e
- vgl. Könige
- bei Philipp II von Makedonien V2j, X1b
- bei Platon IV4g
- vgl. Verfassungsgespräch
- bei Xenophon VI2a-i
Perserkriege III1e,4b, VII2i
- vgl. Marathon, Salamis
Perseus von Makedonien VII2h, X3h,j,7c, XII1a
Pertinax XI1k,w
Pescennius Niger XI1r
Peterson, Eric XIV4e
Petrarca X5d, XV3a
Petron VIII1a

Petrusbrief XIV5j
Petrus Damiani XIV5q
Pfau XIIIe,3e
Pfeilkreuzer XV3j
Pferd
- Achills XIIIf
- bei Antisthenes III2j
- bei Cato VIII1t
- hölzernes X2a
- Jagd IV4s
- des Papstes XIV5q
- des Pertinax XI1w
- bei Platon IV4s, V3d
- bei Sokrates IVd
- Wildpferd XIII2d
Pferdeorakel s.Dareios
Phäaken VII2f,s,5c
Phaedrus XIIIg,2h,n
Phaeton VII2e
Phalaris von Akragas XIII2d
Phaleas von Chalkedon II3a, III1e, V2f
Phallos-Prozession II2k
Pharao
- vgl. Ägypten
Pharisäer XIV1i
Pharsalos X4h
Pherekrates VII3d
Phidias von Athen IVe
Philanthropie
- vgl. Isokrates
Philhellenismus X5c, XV4p
Philinos-Vertrag X5a
Philipp II von Makedonien
- und Aristoteles Vc,h
- und Athen XIII1g
- Eroberer I5d
- und Hermias Vb
- Herrscherideal VI4b
- und Isokrates VI2i
- Nachkomme des Zeus VI4d
- Panhellenismus VI2i
- Reformen VId
Philipp V von Makedonien I4g, VI4h, X3f,4i

Philippi I5f, XI2c
Philippos von Opus IV4a,v
Philon von Alexandria XII5b, XV4q
Philophrosyne (Wohlwollen) IV4g
Philosophengesandtschaft VIII1v
Philosophie in Rom VIIIa
Philosophenkönige
- bei Platon IV1p,t,2b
Philosophenvertreibung XII4e
Philosophos IX2d
Philostrat VI4a
Phöniker VII2g
Phokylides V4o
Phronesis (Einsicht) IV3b
Physis s.Natur
Pittakos II1a
- vgl. Aristoteles
Piccolomini, Aeneas Silvius I1c, XV2c
Picener XIIIc
Pilatus, Pontius XII5d, XIV1g,i
Pindar
- zu Elysion VII2g
- zu Hyperboreern VII2e
- zu Nomos II1g, III2i,3a,3h
- zu Pantheismus II2b
Pinscher XIII3c
Piräus
- vgl. Athen
Plataiai X3b
Platon
- Anthropologie VIII1a
- Sohn Apollos XIV1f
- über Athen II3o
- vgl. Atlantis
- vgl. Barbaren
- Briefe IVg,3
- vgl. Cicero
- vgl. Demokratie
- Dialoge I2a
- vgl. Ehe
- Epinomis IV4v
- vgl. Erziehung
- vgl. Frauen
- vgl. Freiheit

- vgl. Fremde
- vgl. Geometrie
- vgl. Gesetze
- vgl. Gleichheit
- vgl. Gemeinwohl
- und Gnosis XIV2h
- >Gorgias< III3b
- Höhlengleichnis IV1v-x
- zur Idee IV1v
- bei Josephus XII5c
- vgl. König
- vgl. Karthago
- vgl. Knabenliebe
- vgl. Krieg
- >Kritias< VII2h
- >Kriton< III1c
- Leben IVg
- >Menexenos< II3r,4d, VIII2i
- vgl. Mischverfassung
- und Moses XII5c
- vgl. Musik
- >Nomoi< IV4, VIII2i
- Plutokratie IV2c
- >Politeia< I1b, III3i-k, IV1,2
- >Politikos< IV2m, VI2e, XV1d
- bei Popper II3r
- Dialog mit Popper IV5g
- Pretium iustum IV4w
- und Protagoras III2j, IV1b
- und Pythagoras IVe,g,1h,1m
- Reichtum IV1o,2d,m, IV4l,q
- Reisen IV3,4w
- Revolution IV1u,2d
- Rhetorik I3c
- Schüler IV5b, Vb, VI4d
- Sieben Weise III1a
- Sklaven IV2h, IV4f,l,q,s,u
- und Sokrates I5c, IVg
- >Sophistes< IIIc
- Sparta IV1m,2b,3d,e,4o, V3h
- Staat als Körper II1b
- Symposion IV1m,4p,t
- Syrakus IVg,1p,3
- Systematik I3b

(Platon)
- Theater IV1i
- Theben IV3a
- Theoria I3a
- >Theaitetos< III2j
- Theologie s.Gott
- >Timaios< IV4v, VII2h
- Triumvirat IV3f
- Tyrannis IV2i-m,3,5b

Platonopolis IV5d
Plautus IXg
Plinius maior VII2e,g
Plinius minor
- Christenbrief XIV3d
- Kaiserideal I2b, XI1q,3a,f-j

Plotin IV5d
Plutarch von Chaironeia
- vgl. Demokratiekritik
- vgl. Gott
- vgl. Gryllos
- Kriegsgründe X3h
- zu Politeia I4d
- Romkritik X4h
- Sieben Weise II1a
- Tyche XII4b

Plutokratie
- vgl. Aristoteles
- vgl. Platon
- bei Sokrates V3l
- bei Xenophon V3l

Poehlmann, Robert von II3a
Politeia I4d
Politik I4c
Polis I4c, I5b, VIb
Polybios aus Megalopolis
- zum achäischen Bund XV4o
- in der Aufklärung XV4d,l,o
- vgl. Erziehung
- Fische III4g
- Geschichtswerk VIII2b
- Kriegsgründe X3c
- Leben VIII1x,2a
- vgl. Mischverfassung
- zur Musik IV1i

- Recht des Stärkeren XIII1a
- Religion VIII2m,x
- und Rom I2b, VIII2
- Staatstheorie VIII2
- Theologie VII2m
- Totenreden II3c, VIII2m-o
- Verfassungskreislauf VIII2d-h

Polygamie s.Kommunismus
Polykoiranie IIa,b, XV2l
Polykrates IX2d
Polemos (Kriegsgott) VI3d
Pompeius
- Ausnahmegewalt XIb
- gegen Caesar I4i,5f
- und Cicero IXc,5b, X5a, XII1c
- in Judäa XII5a
- gegen Mithridates IX7c
- gegen Sertorius VII2g
- Stadtgründer VI4h
- Triumphe XIe
- Triumvirat IXe

Pompeius minor X2e
Pomponius Mela VII2g
Pontifex maximus XI1t
Popper, Karl
- vgl. Perikles
- zu Platon II3r, IVa,2h
- zu Protagoras III2e
- zur Sophistik IIIa

Popularklage
- bei Solon II1b

Populus s.Volk
Porsenna VIII2t
Poseidon II2b, VII2f,j,r
Praxagora III1h
Praxis I3a, I3c
Pretium iustum
- vgl. Luther
- vgl. Platon
- bei Thomas von Aquin V2e

Prévost-Paradol XV3g
Priamos XI1l
Primrose League XV4g
Princeps

(Princeps)
- civitatis IX5a, XI1f
- gottgleich IX6b
- iuventutis XI1p
- legibus solutus XI1h
- senatus XI1f
- als Titel XI1e,f

Principat
- bei Mommsen I5f, XI1g
- Staatsrecht XI1a

Proletarii IX2f

Prometheus
- Bruder des Atlas VII2h
- Empörer VI1c
- Feuer VII1e
- bei Protagoras III2d

Properz X3e, XI2d

Prophet XIV1b,4c

Prospero VII5c

Protagoras von Abdera
- >Antilogika< III2c
- vgl. Asebie
- vgl. Eubulia
- vgl. Mehrheit
- vgl. Platon
- vgl. Prometheus
- Rechtsbewußtsein III2d-g
- Staatsvertrag III2c-f, XV2j
- Utilitarismus III2g

Provincia I4k

Provocatio VIII2q, IX2i, X3h

Psammetich VII2h

Pseudo-Xenophon s. Xenophon

Ptolemäer I5d

Ptolemaios I. VI2p, XI1s, XIV1f

Ptolemaios II. VI3f, VII1h, XVf

Publilius Syrus XIIIk,1c,e,g,m,2j,3b,e-g

Pudel, philosophischer VII1h

Pufendorf, Samuel von X5c, XV4q

Punische Kriege VIIIb,1c,2l,r, IX1m,6a, X5j, XII4c

Pydna VIII2a

Pyrrhos X2f,3l

Pythagoras aus Samos
- bei Cicero IX2d
- bei Euklid II2k
- vgl. Geschlechtsverkehr
- und Moses XII5c
- vgl. Platon

Pythagoreer
- vgl. Archytas
- Erdkugel VII3e
- Gemeinde XIV2h
- Kinderrassel V4s
- Königtum XI1x
- Körper als Gefängnis IX6c
- und Platon IV3c
- Seelenwanderung XIIIe
- Zahlen IV4l

Pythia in Delphi VI4e

Pythias von Massilia Vb

Q

Quintilian IXf, XIIIk

Qumran XII5e, XIV1e

R

Rabe XIII3c,f

Räuber
- vgl. Alexander
- bei Apuleius IX3c, X3n, XIIe
- vgl. Herakles
- im Imperium XIIe
- auf Panchaia VII2o
- römisches Kriegsrecht X3h,n
- gleich Römer XII2e,4c
- am Roten Meer VII2q
- vgl. Seeräuber
- Selbstverständnis IX3c, X3n, XIIe
- bei Thrasymachos III3j

Rebhuhn XIII1h

Recht
- Dike bei Heraklit II2c
- Dike bei Hesiod IId
- vgl. Kallikles
- in der Natur II2d
- Naturrecht III2f
- vgl. Protagoras

(Recht)
- römisches X4f, XV1g
- des Schafs III3b,3i
- bei den Sophisten III2d-f
- bei den Vorsokratikern II4b
- bei Xenophon VI2b
- von Zeus IId, III2d,e,g, X3d

Rechtsstaat II3e
Reformation XIV4d
Regulus VIII2r, X3j, XIV5e
Reich
- Christi XIV1h
- Gottes VII5f, X7f, XIV6d
- tausendjähriges XII5i

Reichtum
- vgl. Aristoteles
- in Athen II3m
- in Atlantis VII2j
- zeigt den Charakter II2l
- bei Demokrit II2a
- bei Heraklit II2l
- vgl. Isokrates
- in der Oligarchie III4a
- bei Perikles II3m
- in Persien II1g
- vgl. Platon
- in Rom XI3h

Reims XII3d
Reiseliteratur VII
Relativismus II2k
Religio neglecta X5j
Religion
- vgl. Cicero
- Erfindung III2g
- Geschichtlichkeit III2h
- bei Machiavelli IX2c
- vgl. Polybios
- Privatsache? IV4v
- von religere IX2c
- Sophistik III2g

Religionskritik
- bei Sophisten III2g-i,4c
- bei Vorsokratikern II2k, III2i

Rembrandt XV2c

Remus s.Romulus
Renaissancen XVk
Rentner V4j
Res Publica
- amissa I4i, IXg
- bei Cicero I3c,4j, IX
- corruptissima XIb
- Definition I4i
- Idealstaat I3c
- libera XIc

Revolution
- vgl. Aristoteles
- französische II3f, VIII2q, X6b, XV3g
- vgl. Platon
- römische I5f, IV2h,l

Rhadamanthys VII2g
Rhodos II3k, XII1a
Rienzo, Cola di XV3a,m
Rind, Rinder VI3b, XI2a, XIII2h
Ringelnatter XIII2j
Robespierre XV3g
Rokoko VII2b
Roma (Göttin) X5k, XII5h
Romantik X6c, XII6e
Romfeindschaft X5b,c, XII
Romidee XI
- unter Augustus I2b
- bei Hitler XV3m
- bei Mussolini XV3j
- bei Napoleon XV3g
- in Rußland XV1f
- bei Vergil X4h, XI2a

Romulus VIII1c,d, IX2b, XI1a,s,w,2c, XII2a, XIIIc, XIV5d
Romtheologie XV1e
Roscher, Wilhelm XV5c
Rosette (in Ägypten) VI4g
Rostra VIII2n
Rotkehlchen XIII1i
Rousseau, Jean-Jacques
- Contrat Social III1c, XV3f
- Natur VII5e

Rudolf I von Habsburg XIII2l

Rumänien XV3j
Russen, Rußland XV1f,2b
Rutilius Namatianus XI4a

S
Sabiner VIII1g, X2f
Sabinerinnen VIII1c,q, XII4c
Sachsen XV2b,c
Sachsenspiegel XIV5q
Sacramentum XI1i
Sadduzäer XII5c
Saeculum novum XI2a,c
Sais VII2h
Salamis
- auf Cypern VI2j
- im Saronischen Golf I5c, II1c
Sallust
- zu Catilina IXd,2j
- Mithradates-Brief X5b, XII4d
- Romkritik XII2b,4d
- Sittenverfall VIII2l, X5j
Salomon (König) XIV1b,5j
Salus (Heil) VIII1m, XI3h
Samaria XIV1b
Samniten X5h
Samos VI4d, XIIIk,2h
Samuel X1a
Sappho III1g
Sardinien VIII1d,f
Saturnus s.Kronos
Saul (König) X1a, XIV1b
Sauromaten IV4r
Savoyen XV4b
Scaevola VIII2t
Schäferdichtung s.Bukolik
Schaf III3b,3i, X1a, XIII1b,c,g,2e,p,t
Scham III2e, VII1j
Scherbengericht II2i,j
Scheria VII2f
Schiffbruch VIII2w
Schildkröte XIIIo,1h
Schilf XIII2t
Schiller, Friedrich von V4a,e, XV4r,s
Schlange

- und Bauer XIII3b
- und Eva XIIIg
- in der Flasche XIIIp
- und Frösche XIII2j
- bei Jambulos VII2s
- bei Jesus XIII4g
- Schwanz XIII2w
Schlaraffenland VII5c
Schmitt, Carl I4b, X6c,7c, XIII4c, XV3b
Schopenhauer, Arthur
- zum Königtum XV2l
- Kriegszustand Xd
- Mitleid VII1i
- zur Monarchie VI3b
- Staatskritik XIIa
- Tiere moralisiert XIII4f
Schuld II2e
Schuldenerlaß II1b,d
Schuldknechtschaft II1d
Schwabe XV2c
Schwalbe XIII1m
Schwan XIII3c
Schwert XIV4j,5q,6a, XV1a
Schwein II2k,3k, VII4c, XIII3e
Schweinehirten IV1c
Schweinestall IV1e
Scipio maior VI4h, IX6a, XIV1f
Scipio Aemilianus VI2d, VIII2u, IXi,6
Scipionen VIII1u,2a, X3j
Secessio plebis IX2l
Seele IV1a, IX2d
Seelenwanderung IX2d, XIIIe
Seeräuber IX3b, X3n, XIIe
Segestes XII3b
Seisachtheia s. Schuldenerlass
Sejanus (Präfekt) XIIIo
Selbstmord VII1i,2e
Seleukiden I5d
Seleukos VI3d, XIIs, XIV1f
Senat
- bei Adams XV4m
- in Amerika XV4o
- Amtslokal X5k, XI1l,t

(Senat)
- Caesar XIb
- bei Cassius Dio XI3m
- bei Cicero IX5a, XV4m
- bei Machiavelli IX2c
- Notstand IX2i
- gegen Kaiser XIIg
- Kriegsrecht X3i,j
- bei Polybios VIII2j,y
- und Pompeius IXe
- SPQR XI1g
Seneca
- vgl. Alexander
- zu Epikur VII1l
- vgl. Erziehung
- Lebensaltergleichnis VI5a
- an Nero XI3a-e
- Sertorius VII2g
- Stoizismus VII4b
Septimius Severus XI1k,r,w, XIIg
Servius Tullius IX2f
Sesostris (Pharao) V4k
Severus Alexander XI1r,4a
Shakespeare VII5c, XIc
Sibylle XII5f,g
Sibyllinen XII5f,g, XIV4d
Sichem in Samaria XIII2i
Sickingen, Franz von X 7a
Sidonius XI4a
Sindbad VII2w
Sieben Weise II1a, XIIIm
Siegfried X3a
Silen VII3g
Silura VII2e
Sinope am Schwarzen Mer VIII1b
Sintflut VII2j
Sirene XIIIf
Sittenverfall
- in Athen IVg
- in Atlantis VII2j
- Christen XIV3d
- im Idealstaat IV2a,g
- vgl. Isokrates
- in Karthago IX2b

- in Korinth IX2b
- bei Polybios VIII2l
- in Rom VIII1m-v,2l, XI3j, XII4e
- bei Sallust VIII2l
- durch Seehandel II3k
- bei Xenophon VI2d
Sittenwächter VIII1b
Siwa (Oase) VI4c
Sizilien XII1b
Skarabäus XIIIm,2g
Sklaven
- Abschaffung III1f
- vgl. Aristonikos
- vgl. Aristoteles
- asiatische XII5h
- vgl. Athen II3i
- Aufstände X3n
- vgl. Augustinus
- vgl. Cato
- vgl. Cicero
- dichten XIIIk,n
- vgl. Diogenes
- bei Engels XV3h
- nicht bei Essenern XII5e
- in der Fabel XIII3g
- Freilassung X4i
- bei Heraklit II2f
- vgl. Inder
- vgl. Juden
- bei Krates VII4b
- Kriegsgefangene III1f, X5a
- bei Marx XV3h
- bei Montesquieu XV4e
- vgl. Negersklaverei
- im Neuen Testament XIV2c
- vgl. Noah
- vgl. Platon
- im römischen Recht III1f
- in Rom IX2f
- bei Seneca XI3b,e
- bei den Sophisten III1f
- bei Thomas von Aquin V2n, XIV5l
- der Urzeit VII4c
- in USA VIII1h

Skythen VII2e
Slawen III4g, V2o
Smaragdus XIII2v
Smerdis III1a
Societas Leonina XIII1j
Sokotra VII2l
Sokrates I5c
- bei Aristophanes IIIb
- vgl. Cato
- dichtet XIIIk
- vgl. Isokrates
- Kosmopolit VIII1a
- im >Kriton< III1c
- Leben IVd-g
- im >Menexenos< II3r
- bei Platon IVb,c,e,1q,u
- vgl. Plutokratie
- Schüler IVg, VI2g, VIII1h
- Tod I3d, II3s, IVb,c,e,v
- Unrecht leidend X7e
Solin VII2e
Solon
- bei Adams XV4l
- vgl. Aristoteles
- zu Atlantis VII2h
- bei Cato VIII1k
- Heldentod III1f,2g,3h
- vgl. Isokrates
- Isonomia II3i, IV2h
- und Judentum XII5c
- Lyrik I2a
- Reform II4c
- bei Schiller XV4r
- Staatsphilosophie II1
Sonne II2c, VII1c,2f,g,t, XIV5d,q, XV2l
Sonnengott XIV4a,h
Sonneninsel VII2q
Sonnenstaat XV3e
Sophia (Weisheit) IX2d
Sophisten I3b, II2k, IV1i
Sophokles
- Antigone IIe, III5c
- Oedipus Rex IIe

Soter (Retter) VI4e,g,h, XI1s, XIV1f
Sowjetstaat VII5g
Sozialismus II3a, VII5g
Spätantike I5g, IIIc,1c
Spanien VI4c, VII2g, IX2e, X2e,3m, XIV5b, XV3j
Sparta
- vgl. agonales Prinzip
- vgl. Aristoteles
- bei Calvin XV4b
- Demos-Statue VI4f
- Dörfer I4h
- Doppelkönigtum I5b
- Eugenik IV1s
- Frauen III1g
- Heloten III1f
- vgl. Königtum
- Kosmos II2e
- Kriegsführung X2c
- Messenischer Krieg II1c
- im Nationalsozialismus XV3l
- Peloponnesischer Bund VIc
- Peloponnesischer Krieg I5c, III4b
- vgl. Platon
- bei Popper II3r
- bei Schiller XV4r
Spartacus IX7a, XIIe, XV3i
SPD IV2h
Specht XIIIc
Speckter (Zeichner) XIIIp
Speer, Albert XV3k,l
Speusippos IV1f
Sphärenharmonie IX6d
Sphairos XVf
Sphinx XIIIf
Spinoza, Baruch IVa
Spolia opima X2e
Staat
- Definition I4, IX1d
- Egoismus IX3c
- Entstehung IV1c-k, VIII2c, IX2a
- etymologisch I1d
- als Familie V3l
- als Gefängnis V3l

(Staat)
- als Hospital V3l
- als Küche V3l
- als Markt V3l
- als Nachtwächter VII1m
- als Ordnung IX1j
- als Organismus IV1a,s, VI3b, IX1k,2a, XIII2v
- als Schiff IV2c
- als Schule V3l
- der Sklaven VII5d
- der Vögel VII3b,c,4c
- als Welt IX3f,6b, XIIx
Staatsentstehung IV1c
Staatsformen, reine
- s.Verfassungsgespräch
Staatsraison III5c
Staatsvertrag
- bei Polybios VIII2d
- in der Sophistik III1c
Stadt Gottes VII4d
Stageiros Vb,c
Stalin, Josef IV2h,i
Status I4m
Staufer XV1d
Stechfliege IVd
Sternberger, Dolf, XIII1c
Stesichoros IX2h, XIII2d
Stier, Stiere
- und Frösche XIII2q
- Leitstier VI3b
- und Löwe XIII1f
- und Maus XIII2g
- und Metzger XIII2h
Stilicho XI4b, XII5g
Stoa
- Gleichheit III1e
- und Judentum XII5c
- Welt VI3d
Stobaios III1a, XIIx
Stockbündel XIII1f
Strabon von Amasia
- über Ägypten IV1c
- über Äthiopien VII2d

- über Atlantis VII2j
- zum lykischen Koinon XV4o
- über Moses XII5b
- über Panchaia VII2p
Suda VI3i
Sündenbock VII2r
Sulla I5f, Vg, VI4h, IX7c, XIb, XIIIq
Sumerer VI3b
Surus (Elefant) VIII1l
Susa VI3c
Suum cuique IX3e
Symmachie I4h
Symmachus XI4a, XIV5a
Symposion
- vgl. Aristoteles
- vgl. Platon
Synoikismos I4c
Syrakus
- Demokratie III4a
- Gründung I4c
- Käse II3k
- Mischverfassung XV4e
- vgl. Platon
- Tyrannis VIc, VI1g, VI2a
Syrie (Insel) VII2g
Syrien VI4g, VII1a
Syssitien s.Symposion

T

Tacitus
- zu Arminius XII3b
- zum Bataver-Aufstand XII3d
- Freiheit XI3g
- Germania XIV3b, XV2c,4e,f
- Romkritik XII2e,3b-e
Tarent V4
Tarquinius Priscus IX2f, XII5f
Tarquinius Superbus I5e, IX2h,3d, XIIa
Tartaros VII3d
Taube VII5c, XIII2k,4g
Tausend und eine Nacht XIII1h
Telekleides VII4c
Tellos aus Athen II1f,3h

Tertullian XIV4d,f,5n
Teufel IV1i,2d, XIV1h,4d
Teukros VI2j
Teutoburger Wald XII3a
Thagaste XIV5a
Thales II1a
Thasos VI4d
Theater
- vgl. Cicero
- vgl. Platon
Theben in Böotien
- vgl. Alexander
- Geburtenkontrolle IV1s
- Hegemonie VIc
- vgl. Krates
- vgl. Pelopidas
- vgl. Platon
Themis IId
Themistios XI4a, XIV5m
Themistokles aus Athen
- Ostrakismos II2i
- bei Platon IV1g
Theoderich der Große XII3g
Theodoros Atheos IVe, VII1h
Theodosius I. VI5d, XII3g, XIV4n,o,5m
Theodosius II. VI1b
Theognis IId
Theokratia XII5c
Theokrit aus Syrakus VII2b
Theologie s.Gott
Theon von Alexandria XIIIh
Theophrast VIIa
Theopomp von Chios VII3f
Theoria I3
Thersites IIa, VI1e
Theseus VI1g,4f
Theudas (Messias) XIV1e
Theudebald (Merowinger) XIIIp
Thomas von Aquin
- vgl. Aristoteles
- vgl. pretium iustum
- vgl. Sklaverei
Thot XIIIb

Thrakien II3k, VII2e
Thrasybulos aus Milet II2j
Thrasymachos aus Chalkedon III3i-l, IV1b
Thukydides aus Athen
- zur Demokratie III1b
- Epigramm II3o
- bei Hobbes XV2h
- vgl. Kerkyra
- Kriegsgründe X3o
- Melierdialog III4, XIII1a
- Totenrede des Perikles II3c-s
- Volkswirtschaft XV5c
Thule XI4b
Thurioi in Unteritalien II3a, II2c
Tiberius VI3b, XI1b,n,o, XIIIn,2e
Tiere
- aus dem Abgrund XIV4d
- befreit XV3c
- Kriegszustand X4a
- Namen XIIIf
- rechtlos III1f,3b, VII1i
- nicht rechtlos XI3e
- seelenlos XIIIa
- sprechen XIIIf,g
- Urmensch III2g
- vermenschlicht XIII4f,g
Timagenes aus Alexandria XII4d
Timokratia II1b, IV2b, V3g, IX2f
- vgl. Solon
Tiro IX1h
Titus XII5d
Tomi XI2e
Topf XIII1j
Torquatus VIII2s
Totem XIIIc
Totenrede
- unter Augustus XI1o
- des Perikles II3c-s
- römische Republik II3c, VIII2m-o
Trajan XI1q,u,3a,g-j, XII4i
Translatio Imperii XIV4l, XV1c
Traum IX6, XI1w
Treitschke, Heinrich von, V5a

Tribunicia potestas IX1o,2l, XIII2u, XV4a
Trimalchio VIIIa
Triumph X3n,5a, XI1l, XI3i
Triumvirat
– erstes IXe
– vgl. Platon
Troglodyten VII2u
Troja IV3d, VI1d, X2a,5e, XI1l,2d,e, XV2b
Türken V2o, XII4k, XV2c,4d
Tullus Hostilius IX2f, X3d, XII2a
Tusculum VIII1b
Tyche VIII2c, XII4b
Tyrannen, Dreißig III2g, IVc,e
Tyrannenmord XV4c
Tyrannis
– vgl. Aristoteles
– in Athen II1e,3g,4d
– bewundert III3j
– in Ephesos II2g
– der Gesetze III2b
– bei den Griechen I5b
– in Korinth II2j
– vgl. Luther
– in Milet II2j
– vgl. Platon
– bei den Sophisten III1c,3j
– in Syrakus IVg
Tyrtaios aus Sparta I2a, II1c, II2g

U

Ulpian XI1g,h,3e, XIII1j, XV2j
Ultimatum X3d
Unbekannter Soldat II3f
Ungarn XV3j
Unrecht
– leiden III3b
Upoliteia VII2c
Ur XIIIj
Uranopolis VII5d, XIe
Uranos VII2m,3a
Utilitarismus III2g
Utopia (Insel) XV3d

Utopie VII2c, XV3d

V

Valentinian I. XIV4n
Valerian XIV3d
Valerius Maximus X3f,j
Vandalen I5g, XIV5c
Varro V2l,4a
Varus-Schlacht XII3a
Vegetius X3o
Velleius Paterculus XI1c
Venedig XV4f
Venus
– vgl. Aphrodite
– Genetrix XI1w
Vercellae X2c
Vercingetorix XV2c
Vereinte Nationen X6b
Verfassungen
– vgl. Mischverfassung
– reine III1a, IX1n
Verfassungsgespräch s.Herodot
Verfassungskreislauf
– vgl. Cicero
– vgl. Polybios
Vergil
– Aeneis XI2b, XV4i
– und Augustus XI2a,b
– 4.Ekloge VI1b, VII4d, XI2a, XIII3h, XIV1e,4c
– und Homer IXg
– Leben XI2a
– Rachemotiv X5e
– Romidee I2b, X4h, XV4i
– Schildbeschreibung XI2b
Verres IXc, XII1b
Versailler Vertrag X6b
Vespasian
– Ahnenschwindel XI1r
– und Civilis X3l, XII3e
– guter Kaiser XI1b
– als Messias XIV1e
– Philosophenvertreibung XII4e
– rächt Galba XI1k

(Vespasian)
- tut Wunder XI1t
Vielherrschaft VI1e
Vielweiberei s.Kommunismus
Viriathus XV2c
Virtus
- bei Ammian XII4b
- bei Augustinus XIV5g,h,j
- bei Cicero IX1a,3f
- bei Cyprian XIV4i
- bei Lactanz XIV4i
- bei Livius VIII1d
- bei Lucilius VIII2v
- bei Moltke XII4b
- bei Plutarch XII4b
- in Rom XIe, XII4b
- bei Seneca XI3c
Vitellius XI1k
Völkerhirt
- vgl. Homer
Völkerrecht X5f-i, XIII4co
Völkerwanderung XI4c
Vogel VII2u,3b
Vogel, Hans-Jochen IV2h
Vogt, Joseph XIV4c
Volk
- in Athen II3m
- bei Cicero I4j, IX1e
Volkssouveränität XV3a,4f

Volkstribunat s.Tribunicia potestas
Volusianus (Offizier) XIV5n
Vorsokratiker I3b, II4b

W

Wächter
- bei Platon IV1k-r
Waffentausch X2a
Wagner, Richard XV3m
Washington, George VIII1g,h
Wasser des Lebens VII3g
Wasserfee VII4c
Wasserleitung VIII1s
Wassermühle VII4c

Weber, Max VI5b, VIII1n
Weibergemeinschaft s.Kommunismus
Weimar III3n, IV2h
Wein
- vgl. Cato
- Fabel XIIIp,2i,t
- bei Platon IV2f,i,4c-f
- vgl. Symposion
- in Syrie VII2g
- in der Urzeit VII4c
Weizsäcker, Richard von IV2h
Welpen XIII1i
Welt
- verkehrte XIII3h
Weltfrieden X7f
Weltherrschaft
- Alexander VI3c,d, XII1x
- Israels XII5d,k
- Rom IX3f,7a, XI1x,2b,d,e, XII5k
Weltkrieg
- Erster X6b,c
- Zweiter X7c
Weltreich
- römisches XIe
- viertes XII5k, XIV4d
Weltrevolution XV3h,i
Weltstaat
- vgl. Kosmopolis
- vgl. Stoa
Weltuntergang VII2j, IX6d, XII5i,j
Weser XII3c
Wespe XIII2c,o
Whitehead, Alfred North IVa
Wiedehopf VII3b
Wiedertäufer XV3c
Wiesel XIII1h,m,2t
Wieselweibchen XIII3d
Wilder, edler VII5e
Wilson, Woodrow IV5f, X6c
Wimpheling, Jakob XV2c
Winckelmann, Johann Jakob X5c, XV4p
Wittelsbacher (Dynastie) XV4p
Wohlstand

(Wohlstand)
- vgl. Isokrates
- im Hellenismus VIIb
- bei Xenophon VI2l

Wolf, Wölfe
- auf Aia VII4c
- und Esel XIII3b
- und Hirten XIII1g
- bei Hobbes XIII2e
- und Hund XIII1k
- und Hunde XIII1e
- bei Jesaja VII4d
- und Lamm XIII1b,c
- Lupa Capitolina XII2a, XIIIc
- für Rom XII2a
- in Rom XIV4d
- Rudel VI3b
- bei Schopenhauer XV2l
- bei Solon II1d
- bei Sophisten III3b
- für Staat XIII2e
- Werwolf XIIIf
- Wölfin XI1w

Wolfsschanze III4g
Wolkenkuckucksheim VII3b
Wotan XV3k
Wucher VIII1f
Wunder XI1t

X

Xenophanes aus Kolophon
- bei Heraklit II2k
- Religionskritik III2i

Xenophon
- Demokratiekritik IV2c
- vgl. Erziehung
- >Hieron< VI2l
- >Kyropädie< VI2a-e, X3b
- >Memorabilien< III3m, IV2c, V3l
- vgl. Plutokratie
- (Pseudo-) >Staat der Athener< II3k, III4a
- >Vectigalia< V4j
- vgl. Wohlstand

Xerxes II1g

Z

Zacharias (Papst) XIV5q
Zarathustra VII4d, XIV1c,2h,5b
Zauberflöte III2e
Zaunkönig XIIIg
Zebaoth IIe
Zecke XIII2h,r
Zeit II2d
Zeloten XIV1e, XV2c
Zenon von Kition
- vgl. Gerechtigkeit
- Gleichheit III1e
- Herrscherideal VI3d
- Leben VII1i

Zephyr VII2g
Zeus (Juppiter)
- Adler XIIIb,m
- vgl. Alexander
- Ammon VI4c
- Amouren VI4e, VII3c
- bei Aristophanes VII3c
- vgl. Dike
- und Eichen XIII1f
- und Frösche XIII2i
- Gigantenkampf XI2c
- vgl. Götterkönig
- vgl. Grenzen
- Herrschaft XI1u
- und Hunde XIII3g
- vgl. Ida
- vgl. Königtum
- vgl. Kronos
- Lieblinge VII2g
- vgl. Pambasileia
- auf Panchaia VII2m
- vgl. Philipp II
- vgl. Prometheus
- vgl. Recht
- über Rom XI2b
- Söhne VI4c,d,f
- Triphylios VII2l
- Weltenherrscher XI1d

(Zeus / Juppiter)
- Xenios V4k, Xe
- Zephir VII2f
- Zepter VI4b
- und Ziegenbock XIII3e
Ziege VII2b,4d, XIII3e
Zins V2d, VIII1f, XV1c
Zion XIV1b
Zitterrochen IVd
Zoon politikon
- vgl. Aristoteles
- bei Seneca XI3e
Zug der Zehntausend VI2a
Zweikampf X2
Zwölf Götter-Halle s. Athen
Zwölf Tafel-Gesetz IX1a,2m
Zyniker VII1b
Zypresse II3f

Verfaßt unter Mitwirkung von Michael Redies